吉林省矿产资源潜力评价系列成果，
是所有在白山松水间
辛勤耕耘的几代地质工作者
集体智慧的结晶。

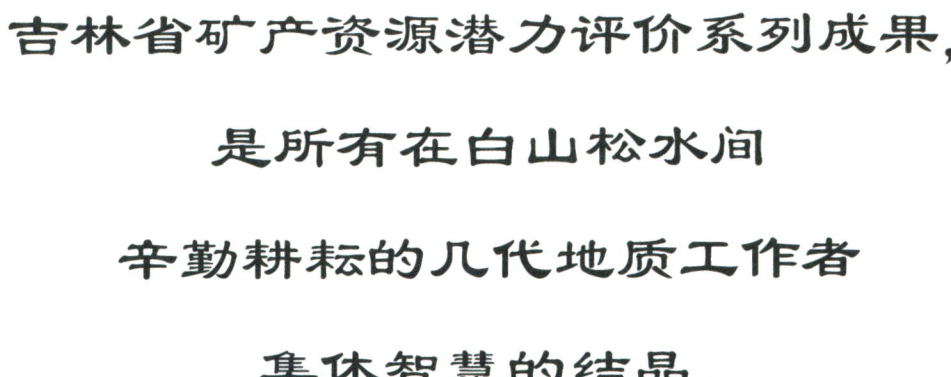

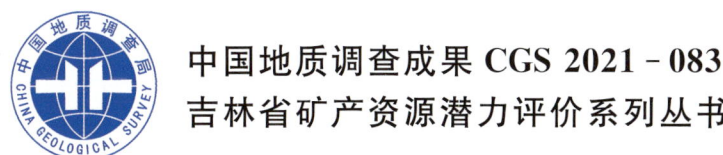

中国地质调查成果 CGS 2021-083

吉林省矿产资源潜力评价系列丛书

吉林省矿产资源潜力评价重力资料应用研究

JILIN SHENG KUANGCHAN ZIYUAN QIANLI PINGJIA
ZHONGLI ZILIAO YINGYONG YANJIU

王 信 袁 平 李春霞 李世杰 等编著

图书在版编目(CIP)数据

吉林省矿产资源潜力评价重力资料应用研究/王信等编著.—武汉:中国地质大学出版社,2022.3
(吉林省矿产资源潜力评价系列丛书)
ISBN 978-7-5625-5212-3

Ⅰ.①吉…
Ⅱ.①王…
Ⅲ.①重力勘探-科技资料-应用-矿产资源-资源潜力-研究-吉林
Ⅳ.①F426.1

中国版本图书馆CIP数据核字(2022)第030079号

吉林省矿产资源潜力评价重力资料应用研究		王 信 袁 平 李春霞 李世杰 等编著	
责任编辑:周 豪	选题策划:毕克成 段 勇 张 旭		责任校对:何澍语
出版发行:中国地质大学出版社(武汉市洪山区鲁磨路388号)			邮编:430074
电 话:(027)67883511	传 真:(027)67883580		E-mail:cbb@cug.edu.cn
经 销:全国新华书店			http://cugp.cug.edu.cn
开本:880毫米×1230毫米 1/16		字数:781千字	印张:24.75
版次:2022年3月第1版		印次:2022年3月第1次印刷	
印刷:武汉中远印务有限公司			
ISBN 978-7-5625-5212-3			定价:258.00元

如有印装质量问题请与印刷厂联系调换

吉林省矿产资源潜力评价系列丛书编委会

主　任：林绍宇
副主任：李国栋
主　编：松权衡
委　员：赵　志　赵　明　松权衡　邵建波　王永胜
　　　　于　城　周晓东　吴克平　刘颖鑫　闫喜海

《吉林省矿产资源潜力评价重力资料应用研究》

编著者：王　信　袁　平　李春霞　李世杰　苑德生
　　　　庄毓敏　张　敏　王　浩　徐　曼　李　楠
　　　　李　斌　闫　冬　马　晶　陈焕忠　尹玉杰
　　　　毛　贺　刘　帅　杨添慧　王鹤霖　张明仁

前　言

根据中国地质调查局地质调查工作项目任务书要求，"东北地区矿产资源潜力评价与综合"项目吉林省部分由吉林省地质调查院承担。

省级工作项目编码：1212011121005，项目任务书编号：资〔2007〕038－01－07号、资〔2008〕02－01－08号、资〔2009〕增16－07号、资〔2010〕增22－07号、资〔2012〕02－001－007、资〔2013〕01－033－001。"吉林省矿产资源潜力评价与综合重力研究"专题为"吉林省矿产资源潜力评价与综合"项目之下"综合信息研究"课题的子课题。该资源评价项目工作时间为2006—2013年。

"综合信息研究"课题是以物探、化探、遥感、自然重砂4个专题为主线，以分别开展工作为基础，发挥各自学科优势，为矿产资源潜力评价提供信息，按照项目总体技术要求进一步集合成综合信息，服务于矿产资源潜力评价。

在现有吉林省地质工作程度基础上，全面总结和充分利用各专业地质技术方法，结合吉林省基础地质调查和矿产勘查工作成果和资料，实现以下三方面的任务：

（1）充分应用现代矿产资源预测评价的理论方法和GIS评价技术，开展吉林省铁、铜、铅、锌、钨、金、锑、稀土、磷、镍、铬、钼、银、硼、硫、萤石等矿产资源的潜力评价，以成矿区（带）为单元，在全省范围内对上述矿产开展资源潜力评价。

（2）以成矿地质理论为指导，为吉林省区域成矿地质构造环境及成矿规律研究，建立矿床成矿模式、区域成矿模式及区域成矿谱系研究提供信息，为圈定成矿远景区和找矿靶区、评价成矿远景区资源潜力、编制成矿区（带）成矿规律与预测图提供物探、化探、遥感、自然重砂方面的依据。

（3）建立并不断完善与矿产资源潜力评价相关的物探、化探、遥感、自然重砂数据库，实现省级资源潜力预测评价综合信息集成空间数据库，为今后开展矿产勘查的规划部署奠定扎实的基础。

2007—2013年物探专题目标任务如下：

围绕铁、铜、铅、锌、钨、金、锑、稀土、磷、镍、铬、钼、银、硼、硫、萤石等矿产预测工作，充分收集各类矿产预测工作区大比例尺磁测、重力等资料，开展数据处理、分析和找矿信息提取、地质解释工作，提交相应磁测、重力图件和数据库，全面完成各矿种的矿产资源总量预测中有关物探的工作任务，提交各矿种资源潜力评价物探专题研究成果报告。

任务完成情况如下：

（1）收集了吉林省各个时期物探工作的岩（矿）石物性资料，并进行了归纳、汇总；收集了吉林省区域重力、磁测综合研究成果资料。

（2）编制完成1∶50万《吉林省重力工作程度图》《吉林省布格重力异常图》《吉林省剩余重力异常图（30km×30km）》《吉林省剩余重力异常图（14km×14km）》《吉林省重力推断地质构造图》共计5张图件及数据库。

（3）编制完成铁、铜、铅、锌、钨、金、锑、稀土、磷、镍、铬、钼、银、硼、硫铁矿、萤石16个矿种114个预测工作区1∶5万重力工作程度图、布格重力异常平面图、剩余重力异常平面图、重力推断地质构造图共计353张图件及数据库。

（4）编制完成铁、铜、铅、锌、钨、金、锑、镍、铬、钼、银、硼、硫铁矿、萤石14个矿种64个典型矿床地质矿产及物探剖析图154张。

（5）在《吉林省剩余重力异常图》上进行了统一重力异常编号，登记编号重力局部异常329个，其中重力高编号188个、重力低编号141个。筛选出与矿产关系密切的剩余重力异常95个。

(6)完成了与铁、铜、铅、锌、钨、金、锑、镍、铬、钼、银、硼、硫铁矿、萤石典型矿床成矿有关的地质体重力异常2.5D定量计算剖面52条。

(7)按照全国矿产资源潜力评价重力、磁测专业汇总技术要求,在前期工作的基础上,2013年开展物探工作成果的深化和提升,完成物探专业汇总报告、提交验收、成果资料汇交等相关工作。

取得的主要成果如下:

(1)收集了吉林省1:100万、1:20万区域重力报告中岩(矿)石密度参数资料,标本共计42 814块,并按沉积岩类、变质岩类、火成岩类及矿石分别进行了归类整理统计,为全省区域重力异常解释推断奠定了坚实的基础。

(2)完成吉林省重力推断断裂构造,一级断裂8条(5条一级大断裂带),二级断裂50条,三级断裂79条。其中出露28条,半隐伏、隐伏109条,总计137条。重力构造单元分区,一级构造单元2个,二级构造单元6个,三级构造单元17个,四级构造单元38个。圈定出酸性岩体261个,其中隐伏岩体40个,半隐伏岩体100个,出露岩体121个。圈出中性岩体5个,其中半隐伏岩体4个,出露岩体1个。圈定出基性、超基性岩体(群)共计34个,其中隐伏岩体16个,半隐伏岩体15个,出露岩体3个。划分重力构造岩浆岩带26条。圈定出老地层302处,其中隐伏地层53处,半隐伏地层231处,出露地层86处。划分中、新生代盆地97个,其中中生代断陷盆地77个,新生代断陷盆地20个。

(3)完成铁、铜、铅、锌、钨、金、锑、镍、铬、钼、银、硼、硫、萤石14个矿种114个预测工作区重力推断地质构造图编制,其中半隐伏和隐伏地质构造的圈定具有重要地质找矿意义。

(4)建立了铁、铜、铅、锌、钨、金、锑、镍、铬、钼、银、硼、硫、萤石14个矿种64个典型矿床地质-地球物理综合找矿模型,为资源潜力评价重力异常解释和建立各预测类型的预测准则奠定了基础。

(5)编写了工作成果报告。在2006—2013年各个阶段铁、铜、铅、锌、钨、金、锑、稀土、磷、镍、铬、钼、银、硼、硫、萤石矿重力资料应用研究成果基础上,经过系统整合、汇总,编写了《吉林省矿产资源潜力评价与综合重力资料应用研究成果报告》(2006—2013年)。

本书依据《吉林省矿产资源潜力评价与综合重力资料应用研究成果报告》(2006—2013年)修编而成,共分8章内容。第二章第一节、第六章中地质部分主要为松权衡等编写,其余各章节为王信、李世杰等编写。主要编写人员有王信、袁平、李春霞、李世杰、苑德生、庄毓敏、张敏、王浩、徐曼、李楠、李斌、闫冬、马晶、陈焕忠、尹玉杰、毛贺、刘帅、杨添慧、王鹤霖、张明仁等。最后由王信统稿。吉林省地质调查院刘帅、王鹤霖、毛贺,吉林省勘查地球物理研究院张强、张震等参加了阶段性重力资料的整理工作。

"吉林省矿产资源潜力评价"项目物探、化探、遥感、自然重砂综合信息评价课题之重力专题工作在实施过程中,始终得到全国矿产资源潜力评价项目物探项目组张明华、雷受旻、乔记花、孙中任等专家、领导的悉心指导和帮助,还得到吉林省勘查地球物理研究院丁雷研究员、关键研究员给予的大力支持和帮助,在此一并表示衷心的感谢!

编著者
2021年3月

目 录

第一章　工作现状 ………………………………………………………………………………（1）
　第一节　重力调查工作程度 …………………………………………………………………（1）
　第二节　使用的重力资料情况 ………………………………………………………………（3）

第二章　区域地质-地球物理特征 ………………………………………………………………（5）
　第一节　区域地质构造 ………………………………………………………………………（5）
　第二节　岩(矿)石密度参数特征 ……………………………………………………………（15）
　第三节　区域重磁异常特征 …………………………………………………………………（22）

第三章　数据处理解释方法与成果图件编制方法 ……………………………………………（40）
　第一节　数据处理解释方法与使用软件 ……………………………………………………（40）
　第二节　省级重力工作程度图及编制方法 …………………………………………………（43）
　第三节　省级布格重力异常图和剩余异常图及编制方法 …………………………………（44）
　第四节　省级重力推断地质构造图及编制方法 ……………………………………………（45）
　第五节　预测区布格重力异常图和剩余重力异常图编制方法 ……………………………（46）
　第六节　预测区重力推断地质构造图编制方法 ……………………………………………（47）
　第七节　典型矿床剖析图编制方法 …………………………………………………………（48）

第四章　省级重力资料地质解释成果 …………………………………………………………（50）
　第一节　重力异常分区及地质构造单元划分 ………………………………………………（50）
　第二节　断裂构造推断 ………………………………………………………………………（63）
　第三节　侵入岩体的圈定 ……………………………………………………………………（67）
　第四节　古老变质岩系地层划分 ……………………………………………………………（73）
　第五节　中、新生代构造盆地的圈定和研究 ………………………………………………（75）
　第六节　重力推断地质构造要素在矿产预测中应用情况 …………………………………（82）
　第七节　重大地质找矿问题的重力资料综合研究 …………………………………………（88）

第五章　成矿区(带)重力异常特征及推断地质构造成果 …………………………………（89）
　第一节　吉林省成矿区(带)划分 …………………………………………………………（89）
　第二节　成矿区(带)重力异常特征及推断地质构造成果 ………………………………（91）

第六章　典型矿床地质-地球物理特征 ………………………………………………………（116）
　第一节　铁矿典型矿床地质-地球物理特征 ………………………………………………（116）
　第二节　铜镍矿典型矿床地质-地球物理特征 ……………………………………………（145）
　第三节　铅锌矿典型矿床地质-地球物理特征 ……………………………………………（179）
　第四节　金矿典型矿床地质-地球物理特征 ………………………………………………（192）

第五节　钨矿典型矿床地质-地球物理特征	(236)
第六节　锑矿典型矿床地质-地球物理特征	(239)
第七节　铬铁矿典型矿床地质-地球物理特征	(243)
第八节　钼矿典型矿床地质-地球物理特征	(249)
第九节　银矿典型矿床地质-地球物理特征	(267)
第十节　硫铁矿典型矿床地质-地球物理特征	(292)
第十一节　硼矿典型矿床地质-地球物理特征	(312)
第十二节　萤石矿典型矿床地质-地球物理特征	(316)
第七章　预测工作区重力资料应用成果	(329)
第一节　铁矿产预测重力资料应用成果	(329)
第二节　铜矿产预测重力资料应用成果	(335)
第三节　铅锌矿产预测重力资料应用成果	(348)
第四节　金矿产预测重力资料应用成果	(350)
第五节　钨矿产预测重力资料应用成果	(358)
第六节　锑矿产预测重力资料应用成果	(358)
第七节　稀土矿产预测重力资料应用成果	(358)
第八节　磷矿产预测重力资料应用成果	(359)
第九节　钼矿产预测重力资料应用成果	(359)
第十节　镍矿产预测重力资料应用成果	(364)
第十一节　铬矿产预测重力资料应用成果	(369)
第十二节　银矿产预测重力资料应用成果	(370)
第十三节　硫矿产预测重力资料应用成果	(376)
第十四节　萤石矿产预测重力资料应用成果	(377)
第十五节　硼矿产预测重力资料应用成果	(379)
第八章　结论与建议	(381)
第一节　结　　论	(381)
第二节　建　　议	(382)
主要参考文献	(383)

第一章　工作现状

第一节　重力调查工作程度

吉林省重力调查工作，先后完成全省1∶100万、东部山区及白城地区1∶20万区域重力调查工作。提交的生产、科研成果有《吉林省区域1∶100万重力调查成果报告》《吉林省东、中部地区1∶20万区域重力调查生产报告》《长春市、四平市、辽源市、梅河口市幅1∶20万区域重力解释报告》《通化市、浑江市、桓仁县、集安市幅1∶20万区域重力调查成果解释报告》《吉林省深部构造研究报告》。

吉林省1∶100万、1∶20万区域重力调查工作程度见表1-1-1和图1-1-1。

表1-1-1　吉林省重力工作程度统计表

工区名称	行政省区名	工作单位	完工时间	工作比例尺	重力系统	正常场公式	高程测量方法	成果报告名称	成果报告完成时间
长春市幅	吉林省长春市	吉林省勘查地球物理研究院	1983年	1∶20万	归算1985年网系	1980年正常公式	航片测点	《吉林省长春市幅1∶20万区域重力调查工作报告》	1984年
海龙县幅	吉林省柳河县、海龙县、辉南县、通化市、东丰县、东辽县及辽宁省清原县、西丰县	吉林省勘查地球物理研究院	1982年	1∶20万	归算1985年网系	1980年正常公式	航片测点	《吉林省海龙县幅1∶20万区域重力调查工作报告》	1983年
吉林省东南部山区	吉林省吉林市、通化市、延吉市	吉林省勘查地球物理研究院	1984年	1∶100万	归算1985年网系	1980年正常公式	航片测点	《吉林省1∶100万区域重力调查工作报告》	1985年
吉林省西北部平原	吉林省长春市、白城市	吉林省勘查地球物理研究院	1985年	1∶100万	归算1985年网系	1980年正常公式	航片测点	《吉林省1∶100万区域重力调查工作报告》	1985年
罗子沟春化幅	吉林省延吉市、图们市	吉林省勘查地球物理研究院	1994年	1∶20万	归算1985年网系	1980年正常公式	航片测点	《罗子沟-春化1∶20万区域重力调查工作报告》	1994年
通化、浑江、集安、桓仁	吉林省通化市、浑江市、集安市	吉林省勘查地球物理研究院	1988年	1∶20万	归算1985年网系	1980年正常公式	航片测点	《通化市、浑江市、桓仁县、集安市幅1∶20万区域重力调查工作报告》	1989年
延吉市幅及其外围	吉林省延吉市	吉林省勘查地球物理研究院	1987年	1∶20万	归算1985年网系	1980年正常公式	航片测点	《延吉市1∶20万区域重力调查工作报告》	1988年

续表 1-1-1

工区名称	行政省区名	工作单位	完工时间	工作比例尺	重力系统	正常场公式	高程测量方法	成果报告名称	成果报告完成时间
吉林市幅及向阳山幅	吉林省吉林市	吉林省勘查地球物理研究院	1998年	1:20万	归算1985年网系	1980年正常公式	航片测点	《吉林市幅北半部、向阳山幅西南部 1:20万区域重力调查工作报告》	1999年
农安县幅、怀德县幅	吉林省长春市、德惠市、九台市、农安县	吉林省勘查地球物理研究院	1997年	1:20万	归算1985年网系	1980年正常公式	航片测点	《农安县幅、怀德县幅 1:20万区域重力调查工作报告》	1998年
舒兰县幅	吉林省榆树市、九台市、德惠市、蛟河市、舒兰市、永吉县(长春地区和吉林地区)	吉林省勘查地球物理研究院	1996年	1:20万	归算1985年网系	1980年正常公式	航片测点	《舒兰县幅 1:20万区域重力调查工作报告》	1997年
蛟河县幅	吉林省蛟河市、桦甸市、敦化市、舒兰县	吉林省勘查地球物理研究院	1995年	1:20万	归算1985年网系	1980年正常公式	航片测点	《蛟河县 1:20万区域重力调查工作报告》	1996年
榆树市幅	吉林省榆树市、敦化市、沙兰站、四平市	吉林省勘查地球物理研究院	2001年	1:20万	归算1985年网系	1980年正常公式	航片测点	《榆树市幅 1:20万区域重力调查工作报告》	2002年
敦化市幅	吉林省敦化市	吉林省勘查地球物理研究院	2000年	1:20万	归算1985年网系	1980年正常公式	GPS定位	《敦化市幅 1:20万区域重力调查工作报告》	2001年
四平-辽源幅	吉林省四平市、辽源市	吉林省勘查地球物理研究院	1986年	1:20万	归算1985年网系	1980年正常公式	航片测点	《四平-辽源幅 1:20万区域重力调查工作报告》	1986年
磐石市幅、靖宇幅	吉林省磐石市、靖宇县	吉林省勘查地球物理研究院	1990年	1:20万	归算1985年网系	1980年正常公式	航片测点	《磐石市幅、靖宇幅 1:20万区域重力调查工作报告》	1991年
桦树林子幅、安图县幅	吉林省桦树林子、安图县	吉林省勘查地球物理研究院	1989年	1:20万	归算1985年网系	1980年正常公式	航片测点	《桦树林子幅、安图县幅 1:20万区域重力调查工作报告》	1990年
抚松漫江幅	吉林省抚松县漫江镇	吉林省勘查地球物理研究院	1991年	1:20万	归算1985年网系	1980年正常公式	航片测点	《抚松漫江幅 1:20万区域重力调查工作报告》	1992年
和龙幅、吉林市幅	吉林省吉林市和龙县	吉林省勘查地球物理研究院	1992年	1:20万	归算1985年网系	1980年正常公式	航片测点	《和龙幅、吉林市幅南半部 1:20万区域重力调查工作报告》	1992年

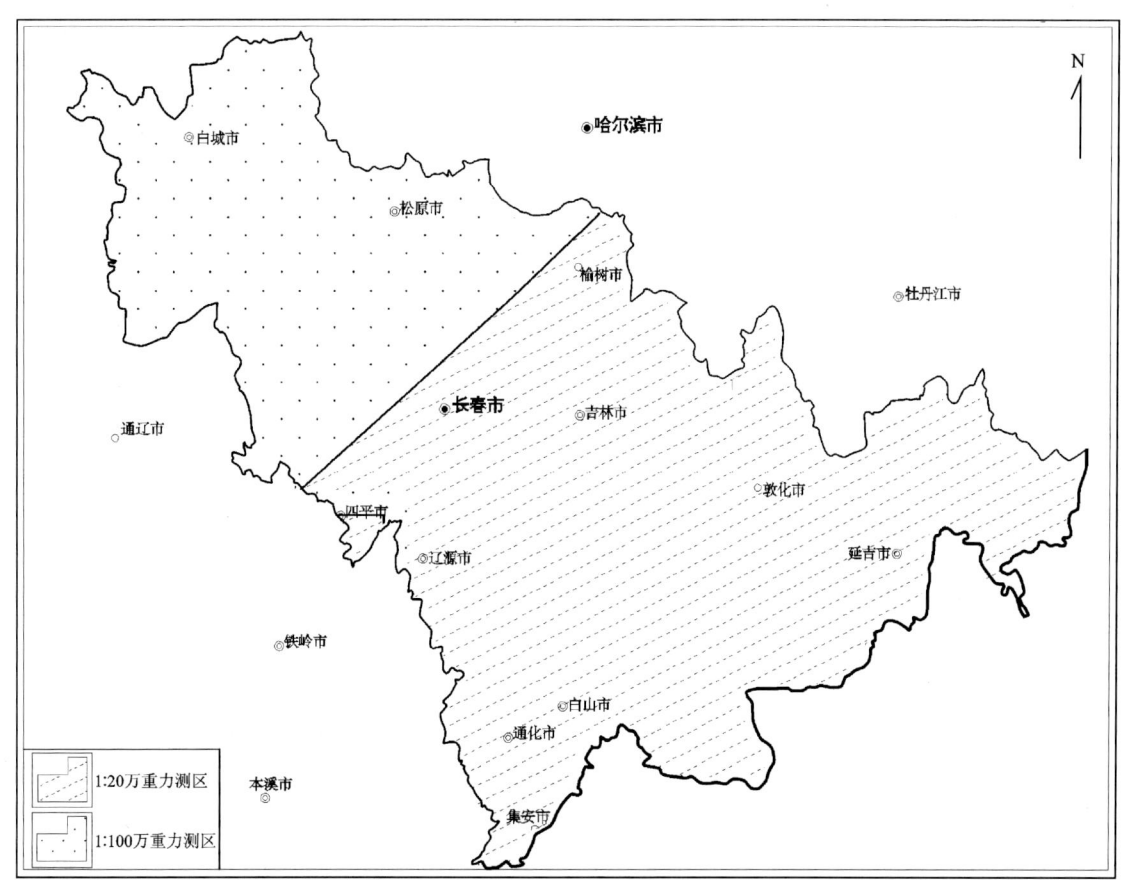

图 1-1-1 吉林省重力工作程度示意图

第二节 使用的重力资料情况

一、以往区域重力调查技术方法概述

(1)吉林省1∶100万区域重力调查于1984—1985年完成外业实测工作,共计完成面积为$18×10^4 km^2$。所使用重力仪型号为美产Wordtn,重力点位采用1∶5万地形图解求X、Y、Z,布格异常总精度好于$1.2×10^{-5} m/s^2$。1987年5月完成报告的编制工作。

(2)1982年吉林省首次按国际分幅开展1∶20万重力调查。截至2001年,在吉林省东、中部地区共完成33幅区域重力调查,面积约$12×10^4 km^2$。所使用重力仪型号主要为美产Wordtn,在1996年以前重力测点点位求取采用航空摄影测量中电算加密方法,1997年后重力测定点位求取采用GPS求解,布格异常精度好于$0.6×10^{-5} m/s^2$。

(3)重力调查工作中重力系统为1985国家重力基本网。地改半径166.7km。

二、主要资料概况

(1)吉林省1∶100万区域重力调查数据、吉林省1∶100万区域重力调查成果解释报告和相应的图件。图件包括《吉林省1∶100万布格重力异常平面图》《吉林省1∶100万自由空间重力异常图》《吉林省1∶100万重力推断构造纲要图》。

(2)吉林省 33 幅 1:20 万区域重力调查数据:

对《长春市、四平市、辽源市、梅河口市幅 1:20 万区域重力解释报告》中的实测数据进行了场的分离、转换,从而获得了大量的二维信息,通过上延、水平一阶导数、水平二阶导数对各图幅内的构造、重点地段采取综合剖面进行了认真解释。编制了 73 张图件。

以《通化市、浑江市、桓仁县、集安市幅 1:20 万区域重力调查成果解释报告》为主要数据来源,除常规处理方法外,引进了一些新的数据处理方法,并编制了相应的解释图件共计 64 张。

此外,1:100 万重力和东部山区、白城西部 1:20 万重力测量调查报告及部分综合研究成果报告中尚提供了全省区域性岩(矿)石密度参数资料。

(3)深部构造研究资料主要有《吉林省深部构造研究报告》《吉林省 1:100 万莫氏面等深度图》《吉林省 1:100 万康氏面等深度图》。

三、以往资料解释程度

(一)以往工作取得的主要成果

1. 吉林省 1:100 万区域重力调查

本次工作解释推断出 66 条断裂,其中 34 条断裂与以往断裂吻合,新推断出 32 条断裂。结合深部构造和地球物理场的特征,划分出 3 个 I 级构造区和 6 个 II 级构造分区。

(1) I 级构造区:中朝准地台(I_1)、天山-兴安地槽褶皱区(I_2)和滨太平洋地槽褶皱区(I_3)。

(2) II 级构造分区:胶辽台隆(II_1)、内蒙优地槽褶皱带(II_2)、松辽中断陷(II_3)、吉林优地槽褶皱带(II_4)、延边优地槽褶皱带(II_5)和春化优地槽褶皱带(II_6)。

2. 吉林省东部 1:20 万区域重力调查

(1)吉林省长春市、四平市、辽源市、梅河口市幅 1:20 万区域重力调查外业工作于 1981—1986 年完成,1989 年底提交解释报告。

通过资料分析,综合预测贵金属及多金属找矿区 9 处;通过居里等温面的计算,长春—吉林以南、辽源—桦甸以北,均属于高地温梯度区,是寻找地热的远景区;通过深部剖面的解释,伊舒断裂带西支断裂 F_{32}、东支断裂 F_{33},四平-德惠断裂带东支断裂 F_{30},均属深大断裂。

本次工作推断 71 条断裂构造,圈定 33 个隐伏岩体和 4 个隐伏含煤盆地。

(2)通化市、浑江市、桓仁县、集安市幅 1:20 万区域重力调查外业工作于 1988 年完成,1990—1991 年,历时 2 年完成该报告的编制工作。

本次工作通过数据处理和场的转换,提供了多方面和多层次的地球物理信息,深化了重力资料的解释。对重磁场做了分区,进行了大地构造单元划分,全区共划分出 III 级构造单元 2 个、IV 级构造单元 6 个、V 级构造单元 6 个,划分断裂构造 51 条,并对 33 个局部异常逐个进行解释。圈定出隐伏和半隐伏岩体 20 个,中生代盆地 12 个,划分出 7 个岩浆岩带,计算了基底上、下界面的深度,深化了地质研究程度。这些成果对进一步研究本区的区域地质问题具有重要参考价值。对金属、贵金属矿产地的分布圈定出 I 级预测区 14 处、II 级预测区 15 处。

(二)以往成果的利用

本次工作对重力资料的应用研究吸收了以往的工作成果,在编制《吉林省重力推断地质构造图》的过程中,主要参考了《吉林省 1:100 万区域重力调查成果报告》和前述 8 幅 1:20 万区域重力调查成果报告,以及《吉林省深部构造研究报告》中的成果资料。

第二章 区域地质-地球物理特征

第一节 区域地质构造

一、大地构造位置

吉林东部地区位于西伯利亚古板块与华北古板块之间的中亚造山带东端与滨西太平洋中新生代活动大陆边缘造山带的复合部位。前晚三叠世的具体大地构造位置为龙岗-和龙地块及其北部陆缘活动带，佳木斯地块、兴凯地块的南部陆缘活动带。中新生代以来，经历了滨西太平洋大陆边缘造山运动，地质构造演化与成矿作用极为复杂。

二、区域地层特征

长期以来对于吉林省地层单元划分各家众说纷纭。为了统一认识，本书应用矿产资源潜力评价的地层单元划分成果，仅对与金、银、铜、铅锌、镍、钼成矿有关的地层自老至新加以概述。

（一）中太古界

老牛沟岩组：主要岩石类型为斜长角闪岩、黑云变粒岩。厚度2800～3000m。原岩为中基性—酸性火山（碎屑）岩、硅铁质沉积岩。U-Pb年龄为2740Ma；Pb-Pb年龄为2490Ma。

三道沟岩组：主要岩石类型为绢云石英片岩、磁铁石英岩、绢云绿泥片岩、斜长角闪岩。厚度1277～2800m。原岩为火山质含硅铁质沉积。

（二）元古宇

1. 古元古界

荒岔沟（岩）组（$Pt_1h.$）：岩石组合为石墨变粒岩、含墨黑云变粒岩、含墨透辉变粒岩、含墨浅粒岩、含墨大理岩夹斜长角闪岩。原岩为玄武岩、火山岩、复碎屑岩夹灰岩。该岩组厚度变化在40～650m之间。矿产主要有铅、锌、金等。

大东岔（岩）组（$Pt_1d.$）：主要岩石类型为含榴堇青夕线斜长片麻岩、石榴子石片麻岩、黑云变粒岩、浅粒岩。矿产主要有金等。

珍珠门(岩)组($Pt_1z.$)：岩石组合为碳质条带状白云质大理岩，块状、糖粒状、角砾状白云质大理岩，硅化、透闪石化、滑石化白云质大理岩，含方柱石白云质大理岩等。视厚度952.2m。变质相为绿片岩相，原岩以白云质灰岩为主。矿产主要有胶磷矿、铅、锌、铜、金等。

花山(岩)组($Pt_1h.$)：主要岩石类型为云母石英片岩、十字石二云片岩、二云片岩及大理岩。原岩为一套砂泥质岩石及灰岩，遭受了较强的区域变质作用。矿产主要有铅、锌、铜、金等。

临江(岩)组($Pt_1l.$)：岩石组合为长石石英岩、石英岩、黑云变粒岩、含榴夕线堇青斜长片麻岩、黑云斜长片麻岩、十字石二云片岩、含榴二云片岩等，普遍夹薄层—厚层石英岩。视厚度773m。变质程度属低—高角闪岩相。原岩以多硅高铝为特征，为长石石英砂岩、石英砂岩、粉砂岩、粉砂质黏土岩及泥岩等。

大栗子(岩)组($Pt_1dl.$)：主要岩石类型有薄层石英岩、二云片岩、石英片岩、十字石片岩、千枚状片岩、绢云千枚岩、绿泥绢云千枚岩、中厚层大理岩、白云质大理岩等。大理岩类以钙质为主，夹镁质大理岩。视厚度1527～2634m。变质程度相当高绿片岩相。原岩为黏土岩、泥质岩夹灰岩和薄层石英砂岩。主要矿产有铁、金、锑、铜、钴。

2. 新元古界

钓鱼台组：主要岩石类型由紫色、灰白色、白色长石砂岩，石英砂岩，海绿石石英砂岩组成。底部铁质石英角砾岩中夹1～2层低品位赤铁矿层(伴生磷、锰矿化)，谓之"浑江式"铁矿。矿产以金为主。

南芬组：杂色岩层，由紫色、蛋青色、黄绿色页岩、粉砂质页岩、钙质页岩、泥质粉屑灰岩组成。厚度790m。在下部层由底而上有铁、钾(海绿石层)、磷、铜矿化。

新东村(岩)组：主要岩石类型为黑云角闪斜长片麻岩、黑云斜长片麻岩。原岩属于钙碱性系列的火山岩。变质程度达高绿片岩相—高角闪岩相。

长仁大理岩：青龙村一带岩石类型为含石墨或含硅质条带大理岩。厚度大于312m。伊泉地区主要为泥质结晶灰岩、含透闪石结晶灰岩、含石墨结晶灰岩等。厚度达980m。

(三)古生界

1. 寒武系

岩性主要为碎屑岩、生物碎屑岩夹灰岩，为矽卡岩型铅锌矿、铜矿的赋矿围岩。

2. 奥陶系

岩性主要为碎屑灰岩，为矽卡岩型铅锌矿、铜矿的赋矿围岩。

黄莺屯(岩)组：以变粒岩、含石墨变粒岩、硅质条带大理岩、含石墨硅质条带大理岩、含电气石石榴二云片麻岩为主。厚度大于4371m。该地层为山门银矿的赋矿层位。

3. 寒武系—奥陶系五道沟群

马滴达组：以紫灰—灰黑色杂砂岩、细砂岩、粉砂岩夹灰紫色变质中性火山岩为特征。总厚度大于227.6m。

杨金沟组：以灰绿色角闪片岩、黑云石英片岩、角闪石英片岩，夹少量变质砂岩、条带状大理岩透镜体的一套绿片岩系为特征。总厚度570.4m。

香房子组：下部为红柱石二云片岩与粉砂岩（或细砂岩）互层；上部为二云石英片岩、黑云角闪片岩。厚度大于1 225.58m。

4. 志留系

桃山组：以深灰色含笔石粉砂岩、粉砂质板岩为主，偶夹含砾砂岩及少量火山岩。厚度大于276.7m。

石缝组：以变质长石砂岩、粉砂岩夹片岩、结晶灰岩、大理岩为特点。

弯月组：下部为片理化酸性熔岩；中部为片理化中酸性—中性熔结凝灰岩和熔岩；上部为片理化流纹岩夹两层结晶灰岩。

椅山组：下部为砂岩与灰岩互层；顶部为结晶灰岩。厚度1 926.28m。

5. 志留系—泥盆系

西别河组：张家屯段以砾岩、含砾粗砂岩、粉砂岩及细砂岩为主，夹灰岩透镜体。厚度大于751m。二道沟段为粗粒长石砂岩、细砂岩、粉砂岩夹页岩和灰岩透镜体。

6. 泥盆系

王家街组：呈石炭纪地层中的构造残片。下段由粗碎屑岩到粉砂岩、泥晶灰岩的基本层序组成；上段以灰岩为主，夹两层以珊瑚和层孔虫为骨架的生物礁。

7. 石炭系

余富屯组：总体特征为绿色岩系，由石英角斑岩、角斑岩、角斑质凝灰岩、细碧岩、细碧玢岩夹大理岩、砂岩组成。厚度300～3000m。

鹿圈屯组：以砂岩、粉砂岩、灰岩或砂岩、粉砂岩、板岩为主。

磨盘山组：下部为砂屑灰岩（或鲕粒灰岩）、亮晶灰岩、泥晶灰岩、硅质岩；上部为泥晶灰岩、亮晶灰岩到砂屑灰岩。厚度800～2379m。

石嘴子组：下部为砂岩与页岩互层；上部是具凝灰质的页岩与砂岩互层。出露厚度578.00m。

天宝山组：下部为角岩化钙质粉砂岩、角岩化页岩、结晶灰岩、燧石条带结晶灰岩，厚度大于120m；中部为黑色板岩、熔结凝灰岩（？）、燧石条带结晶灰岩、泥质灰岩、结晶灰岩等，厚度650m；上部为角岩化粉砂岩、长石石英砂岩、钙质粉砂岩、燧石结核结晶灰岩、条带状灰岩、质纯灰岩等。

山秀岭组：仅残留于开山屯彩秀岭地区。以灰岩为主，下部有火山灰凝灰岩。出露厚度大于517m。

8. 二叠系

窝瓜地组：以英安岩、安山岩及凝灰岩为主，夹灰岩。总厚度大于845m。

寿山沟组：主要岩性为灰色、灰黑色板岩，粉砂质板岩，变质系砂岩，夹有生物碎屑灰岩、粒屑灰岩及含砾砂岩。厚度1 269.4m。

大河深组：以酸性熔岩类为主，其次有酸性熔结凝灰岩，正常沉积岩夹层较少，以灰岩透镜体为主。厚度大于3486m。

范家屯组：由砂岩、凝灰质砂岩、板岩、粉砂岩组成，含少量火山岩及火山碎屑岩，夹灰岩透镜体。

杨家沟组：主要岩性为含砾砂岩，黑灰色粉砂岩、细砂岩、板岩。

大蒜沟组：仅见于开山屯一带。主要为砾岩，成分有硅质岩和各种火山岩。此外，有纯橄榄岩、辉长岩等基性—超基性岩岩块。

开山屯组：仅见于开山屯一带。主要以砾岩和砂岩为主，砾岩成分中以花岗岩、各种火山岩为主；其次有下伏岩层的砂岩、板岩和少量灰岩。

亮子川组：见多层长石粉砂岩，含泥碳质成分较高，为一套相对较细的陆源碎屑岩组合。凝灰质成分较少，未见火山岩。

关门嘴子组：为一套海相火山岩系，其中夹粉砂岩及灰岩，底部含大理岩透镜体。

庙岭组：主要岩性为长石石英砂岩、杂砂岩、粉砂岩，夹板岩和灰岩透镜体，局部夹有凝灰质砂岩、凝灰岩。

解放村组：主要由粗砂岩、砂岩、粉砂岩、粉砂质泥岩、泥岩、板岩组成，偶见含砾砂岩和砾屑灰岩。

大东沟组：由砂质砾岩、变砂岩、变粉砂岩、变泥质岩等岩石组成，为一套陆源冲积扇相砂砾岩。

五道岭组：仅出露于敦化柳树河子、青沟子、尔站西沟。岩石组合主要为碳质板岩、砂岩、砾岩或含砾砂岩。

红山组：以灰黑色细碎屑沉积为主要特点。

（四）中—新生界

1. 三叠系

大酱缸组：为一套黑色、灰绿色凝灰质泥岩，粉砂岩夹薄煤层。厚度677m。

四合屯组：以灰绿色、紫灰色安山岩为主，夹安山质熔结凝灰岩。厚度397.5m。

柯岛群：山谷旗组以砾岩、含砾砂岩、砂岩为主，偶夹灰岩透镜体和硅质岩团块；滩前组以杂色千枚岩、（片理化）板岩、粉砂质板岩、粉砂岩、凝灰质板岩为主，偶夹含砾千枚岩。

大兴沟群：托盘沟组以安山质熔岩、凝灰岩、流纹质熔岩为主；马鹿沟组以黑色、灰色变质凝灰质砂岩、板岩、粗砂岩、粉砂岩为主；天桥岭组以灰色安山岩、酸性凝灰岩、流纹岩为主，夹少量凝灰质砂岩、板岩。沉积厚度近1000m。

小河口组：以砾岩、砂砾岩为主，含煤段以灰色、灰黑色砂岩、粉砂岩、泥岩为主。厚度880.7m。

长白组：以安山岩、流纹岩为主。

2. 侏罗系

红旗组：主要由河流相、河漫滩相及湖相碎屑堆积的含煤岩系组成，岩性为砾岩、砂岩、粉砂岩。

玉兴屯组：岩性以凝灰质砾岩、凝灰质砂岩为主。

南楼山组：由中酸性火山角砾岩、安山岩、英安岩及少量流纹岩等组成。厚度一般在1000m左右。

屯田营组：以安山质凝灰角砾岩、凝灰岩、安山岩、夹凝灰质砂岩的中性火山岩及相应火山碎屑岩为主，夹少量凝灰质砂岩。厚度1515m。

长财组：由砾岩、砂岩、页岩、泥岩、煤层等组成的含煤岩系。

鹰嘴砬子：属于湖相碎屑含煤建造，由砾岩、砂岩、粉砂岩、页岩组成。厚度437m。

林子头组：由凝灰质砾岩、砂岩、粉砂岩及中酸性晶屑、岩屑凝灰岩互层组成。厚度214m。

土门子组：下段为砂岩、粉砂岩、黏土岩夹硅藻黏土和硅藻土；上段由砂岩、粉砂岩、黏土岩互层及玄武岩组成，夹硅藻黏土；底部为砾石层。

三、区域岩浆岩特征

吉林省岩浆活动自太古宙延续至新生代,其强烈程度、控矿作用各时期表现不一。

(一)阜平期岩浆岩特征

阜平期侵入岩体,分布于龙岗复合地块内的太古宙龙岗岩群和夹皮沟岩群之中。

中酸性侵入岩主要有老牛沟变质二长花岗岩岩体、老金厂变质二长花岗岩岩体、五道沟正长花岗岩岩体、三源蒲正长花岗岩岩体、进化变质二长花岗岩岩体、三源蒲变质二长花岗岩岩体。中酸性侵入岩岩体面积一般在几平方千米至百余平方千米。

基性—超基性侵入岩岩体主要有柳河县凉水河子变质橄榄岩岩体、红石橄榄岩岩体、西南岔变质辉长岩岩体、旺清变质辉长岩岩体、板庙子变质辉长岩岩体、夹皮沟变质辉长岩岩体等。本期的基性—超基性岩普遍有铜、镍矿化,部分超基性岩含有较多的磷灰石。阜平期是吉林省重要的成金时代。

火山岩有四道砬子河期、杨家店期、老牛沟期和三道沟期喷发的基性及中酸性火山岩类。这套火山岩经过多期变质、变形,形成麻粒岩(局部)相、角闪岩相的变质岩石,以表壳岩形式分布。原岩以拉斑玄武岩为主,间或有科马提岩。该套火山建造以原始富金、铁为主要特征,为金、铁的主要矿源层和赋矿层位。

(二)五台-中条期岩浆岩特征

五台-中条期侵入岩比较发育,主要分布在龙岗复合地块内龙岗山脉及和龙一带。

中酸性侵入岩主要有红石变质正长岩岩体、夹皮沟变质正长岩岩体、漫江斜长花岗岩岩体、和龙斜长花岗岩岩体、进化斜长花岗岩岩体、大路碱长花岗岩岩体。花岗岩岩体面积一般为几平方千米,有的甚至有几百平方千米。本期的花岗岩岩浆活动与区内的金、铜、稀有矿产及放射性矿产发育具有一定联系。

基性—超基性侵入岩主要有柳河县凉水河子辉长辉绿岩岩体、夹皮沟辉长辉绿岩岩体、露水辉长辉绿岩岩体、赤柏松变质辉长岩岩体、和龙变质辉长岩岩体、快大茂子变质辉长岩岩体。基性—超基性岩体面积一般在 $0.5km^2$ 左右。该期基性—超基性侵入岩与铜、镍成矿关系密切。

火山岩为大陆边缘岛弧增生阶段形成的火山产物,为钙碱性系列的玄武岩-安山岩-流纹岩组合。受变质后呈斜长角闪岩、蚀变安山岩、片理化流纹岩。与铁、磷、硫、钒成矿关系密切。

(三)加里东期岩浆岩特征

加里东期岩浆岩主要分布于机房沟、塔东、放牛沟和下二台、呼兰、江域等地。本期侵入岩中基性—超基性岩较少,随着区域变质作用的发生,发育了中酸性岩浆侵入活动,并形成了过渡性地壳同熔型花岗岩。

中酸性侵入岩以花岗闪长岩、黑云母花岗岩、闪长岩、石英闪长岩、二长花岗岩为主,与成矿关系不明显。

基性—超基性岩体沿着陆缘北缘分布,延边地区有江源变质辉长岩岩体、万宝大蒲柴河变质辉长岩岩体、和龙獐项和和龙柳水坪基性—超基性岩岩体。吉林地区有杨木林子辉长岩岩体。和龙獐项和和龙柳水坪基性岩岩体产有小型铜镍矿。本期基性—超基性岩大部分具有铜、镍矿化。

火山岩作用仅见于华北陆块北缘弧盆系中,可划分为3个火山幕:第Ⅰ幕为头道沟基性、中性火山活动;第Ⅱ幕为盘岭火山活动,时代为奥陶系;第Ⅲ幕火山喷发活动强烈,有由弯月安山岩类和巨厚的放牛沟安山岩-英安岩及其凝灰岩组成的多次喷发旋回。加里东火山旋回的主要岩石类型是钙碱性系列的中性—酸性火山岩。上述岩石经广泛的区域变质作用,成为低角闪岩相—绿片岩相的变质岩。这套岩石虽经变质,但由于变质较浅,普遍保留了原火山结构特征。

(四)海西期岩浆岩特征

海西期中酸性侵入岩分布广泛,出露面积大,带状分布明显,由于经历了复杂的地质演化历程,在不同时期不同的构造背景下,岩浆侵入各具特色。吉林地区有松江闪长岩岩体、财源正长岩岩体、红甸子黑云母花岗岩岩体。延边地区有石砚花岗闪长岩岩体,江源、春阳、贤儒、罗子沟、大柴河、大石头、沙河花岗闪长岩岩体,江源石英闪长岩岩体,江源闪长岩岩体。吉中地区有磐石、富太、细枝、红旗岭、呼兰、三棚、桦甸正长花岗岩岩体,三棚二长花岗岩岩体,土顶子花岗闪长岩岩体,新站英云闪长岩岩体,拉法英云闪长岩岩体,永吉石英闪长岩岩体,石苇子、石驿、大山嘴子、二道甸子花岗闪长岩岩体,左家、劝农山、山门花岗闪长岩岩体,河湾子花岗闪长岩岩体,孟家岭花岗闪长岩岩体,靠山屯斜长花岗岩岩体。该期中酸性侵入岩与铁、铜、铅、锌、金成矿有密切的成因关系。

海西期基性—超基性侵入岩主要是发育在早期和晚期。早期基性—超基性岩浆的侵入活动形成的岩体一般呈脉状、岩墙状,岩石内的岩体具有东西向成带、北西向结群的分布特点。本期的基性—超基性侵入岩岩体主要分布在吉林中部侵入岩区,有红旗岭橄榄岩岩体,呼兰镇橄榄岩岩体,漂河川橄榄岩岩体,一座营子、黄泥河子、额穆、细枝、唐大营、土顶子、蛟河、石峰等辉长岩岩体,富太橄榄岩岩体,放牛沟橄榄岩岩体、放牛沟辉长岩岩体、溪河辉长岩岩体、延边江源橄榄岩岩体、天桥岭辉长岩岩体、老牛沟辉长岩岩体。该期基性—超基性侵入岩与铜、镍成矿关系密切。

海西期火山岩分布较广,在华北陆块北缘、松佳兴拼贴地块南缘均有分布。石炭纪—二叠纪火山活动可划分为3个火山幕:第Ⅰ幕为石炭纪早中期发生的余富屯细碧岩系,石头口门细碧角斑岩系和安山岩类;第Ⅱ幕为南部陆缘带的窝瓜地英安质火山岩系,火山活动较弱;第Ⅲ幕发生于二叠纪中晚期,分布于中间岛弧和弧陆拼合造山带。除五道岭英安岩和流纹岩外,海西期火山岩主要以英安质凝灰岩为主夹在碎屑岩系中。分布于松佳兴拼贴地块南缘的满河安山岩及其凝灰岩属一套钙碱性火山岩。

(五)印支期岩浆岩特征

本期主要以中酸性岩侵入为主,太平岭-鸭绿江侵入岩区有湾沟、闹枝二长花岗岩岩体,闹枝闪长岩岩体,闹枝石英闪长岩岩体,闹枝花岗岩岩体,石英黑云母花岗岩岩体,西口二长花岗岩岩体,松江闪长岩岩体,红甸子黑云母花岗岩岩体,大财河花岗岩岩体,财源正长岩岩体。张广才岭-吉林哈达岭侵入岩区有三源二长花岗岩岩体,贤儒花岗岩岩体,复兴二长花岗岩岩体,罗子沟碱长花岗岩岩体,三源花岗闪长岩岩体。吉林侵入岩区有伊丹、沙河子、小城、大山嘴二长花岗岩岩体,蛟河碱长花岗岩岩体,猴石花岗闪长岩岩体,白石二长花岗岩岩体,拉法二长花岗岩岩体,向阳碱长花岗岩岩体,杨木林子二长花岗岩岩体。大黑山条垒侵入岩区有三家子黑云母花岗岩岩体,靠山、河湾子二长花岗岩岩体。

印支期侵入岩与金、银、铜、铅、锌、钼成矿作用关系密切。

(六)燕山期岩浆岩特征

燕山期岩浆侵入活动十分频繁,侵入岩分布广泛,岩石类型复杂多样,基性—超基性、中基性、中酸性、酸性及碱性岩类均有出露,其中以花岗岩类分布最为广泛。

本期侵入岩以中酸性侵入岩为主,出露面积占整个燕山期侵入岩的1/2以上,主要岩石类型为碱长花岗岩、黑云母花岗岩、花岗闪长岩,其次为斜长花岗岩、二长花岗岩、正长花岗岩等。本期中酸性侵入岩与金、银、铜、铅、锌、钼成矿作用关系密切,几乎改造了吉林省东部地区的所有有色及贵金属矿床。

基性—超基性侵入岩有头道沟橄榄岩岩体、亮兵辉长岩岩体。

本期火山岩以钙碱性系列的安山岩、英安岩、流纹岩及其火山碎屑岩等过渡类型岩石为特征。本旋回火山岩可划分为4个火山幕:第Ⅰ幕发生于晚三叠世到早侏罗世早期,分布于张广才岭-哈达岭火山盆地和太平岭-老岭火山盆地,长白中酸性火山岩,天桥岭酸性火山岩,托盘沟安山岩,四合屯、玉兴屯英安岩类属第Ⅰ幕的火山产物;第Ⅱ幕发生于中、晚侏罗世,火山岩发育遍及全省,包括付家洼子、火石岭德仁、屯田营和果松安山岩及其凝灰岩类等;第Ⅲ幕发生于晚侏罗世晚期到白垩纪早期,分布于吉林省晚中生代盆地,主要岩性为酸性及英安质火山岩及其凝灰岩;第Ⅳ幕发生在白垩纪晚期至古近纪早期,仅分布于松辽盆地、大黑山火山盆地和太平岭-老岭火山盆地,主要岩性为中基性火山岩。本期火山岩与金、银、铜、铅、锌成矿作用关系密切。

(七)喜马拉雅期岩浆岩特征

新生代以来,继中生代构造格架进一步活化,表现在近北东向平行分布的一系列深大断裂和相伴的火山喷发活动。新生代火山喷发以裂隙式喷溢为主,而中心式喷发和超浅成火山侵入活动很少。火山产物为以碱性、钙碱性为主的橄榄玄武岩、石英粗面岩、碱性流纹岩为特征,形成一套碱性橄榄玄武岩-拉斑玄武岩-石英粗面岩-碱性流纹岩岩石共生组合,即双模式火山活动。本期火山岩分布于吉林省广大地区。

四、区域构造特征

吉林省的大地构造位置位于中亚造山带的东端滨西太平洋东北亚陆缘造山带的南段,为古亚洲构造域与滨太平洋构造域复合造山区。大地构造框架的基本结构特征:一是该区在西伯利亚古板块和中朝古板块间夹持微板块群,可暂称为"东北(亚)微板块群"或"松佳微板块群",这一微板块群北部与西伯利亚古陆间构成"蒙古-鄂霍茨克褶皱带"的主体,而南部与中朝古陆之间则铸造了古吉黑造山带;二是自晚三叠世以来为滨西太平洋构造叠加,形成了陆缘火山弧和盆岭构造,使古吉黑造山带受到新吉黑造山运动的强烈改造。区域构造特征详见表2-1-1—表2-1-3。

表 2-1-1 吉林省东部地区前南华纪大地构造特征

I级		II级		III级		IV级		所属构造阶段	主要建造
编号	名称	编号	名称	编号	名称	编号	名称		
I 1	天山-兴蒙造山系	I 1-II 1	小兴安岭弧盆系	I 1-II 1-III 1	机房沟-塔东-杨木桥子岛弧盆地地带	I 1-II 1-III 1-IV 1	机房沟弧盆	陆缘增生阶段	中基性含铁变质火山岩岩石、中酸性火山-碎屑碳酸盐岩建造、海相-海陆交互相(火山)碎屑岩-碳酸盐岩建造及磨拉石建造
						I 1-II 1-III 1-IV 2	塔东弧盆		
						I 1-II 1-III 1-IV 3	杨木桥子弧盆		
		I 1-?	失踪的结合带	I 1-?-III 2	杨树河子片岩状花岗岩构造残留岩片	I 1-?-III 2-IV 4	杨树河子构造残片	拼合造山阶段	构造岩片
		I 1-II 2	包尔汉图-温都尔庙弧盆系	I 1-II 2-III 3	金银别-海沟岛弧残留陆地带	I 1-II 2-III 3-IV 5	色洛河弧盆	陆缘增生阶段和碰撞阶段	海相-海陆交互相(火山)碎屑岩-碳酸盐岩建造及中酸性火山-碎屑岩-碳酸盐岩建造、中基性含铁火山岩建造
						I 1-II 2-III 3-IV 6	金银别弧盆		
						I 1-II 2-III 3-IV 7	海沟弧盆		
I 2	华北陆块	I 2-II 3	华北东部陆块	I 2-II 3-III 4	龙岗-陈台沟-沂水前新太古代陆核	I 2-II 3-III 4-IV 8	夹皮沟新太古代残块	陆核形成、克拉通化及陆表海阶段	麻粒岩相-高角闪岩相变质深成侵入岩体(TTG)、滨海陆源碎屑岩-碳酸盐岩建造、类陆盆地磨拉石建造
						I 2-II 3-III 4-IV 9	会全栈中太古代残块		
						I 2-II 3-III 4-IV 10	和龙新太古代陆核		
						I 2-II 3-III 4-IV 11	光华古元古代裂谷		
						I 2-II 3-III 4-IV 12	板石新太古代地块		
						I 2-II 3-III 4-IV 13	清源中太古代地块		
				I 2-II 3-III 5	胶辽吉古元古代裂谷带	I 2-II 3-III 5-IV 14	老岭坳陷盆地	构造伸展、克拉通化及陆表海阶段	裂谷型变质(含硼)基性火山岩建造、复理石建造、陆源碎屑-碳酸盐岩建造、类前陆盆地磨拉石建造
						I 2-II 3-III 5-IV 15	集安裂谷盆地		

表 2-1-2 吉林省东部地区南华纪—中三叠世大地构造特征

Ⅰ级		Ⅱ级		Ⅲ级		Ⅳ级		所属构造阶段	主要建造
编号	名称	编号	名称	编号	名称	编号	名称		
Ⅰ1	天山-兴蒙-吉黑造山系	Ⅰ1-Ⅱ3	小兴安岭-张广才岭弧盆系	Ⅰ1-Ⅱ3-Ⅲ2	小顶山-张广才岭-黄松裂陷槽	Ⅰ1-Ⅱ3-Ⅲ2-Ⅳ2	大顶子-石头口门上叠裂陷盆地		中基性含铁变质火山岩,中酸性碎屑岩-碳酸盐岩建造,海相-海陆交互相(火山)碎屑岩建造及磨拉石建造
						Ⅰ1-Ⅱ3-Ⅲ2-Ⅳ3	双阳-永吉-蛟河上叠裂陷盆地	陆缘增生阶段	
				Ⅰ1-Ⅱ3-Ⅲ3	放牛沟-里水-五道沟陆缘岩浆弧	Ⅰ1-Ⅱ3-Ⅲ3-Ⅳ4	汪清-珲春上叠裂陷盆地		
		Ⅰ1-Ⅱ4	头道沟-山秀岭残留蛇绿岩带	Ⅰ1-Ⅱ4a	头道沟残留铁镁超铁镁质岩系			拼合造山阶段	构造岩片
				Ⅰ1-Ⅱ4b	山秀岭残留铁镁超铁镁质岩系			拼合造山阶段	构造岩片
		Ⅰ1-Ⅱ5	西拉木伦-土门结合带						
		Ⅰ1-Ⅱ6	包尔汉图-温都尔庙弧盆系	Ⅰ1-Ⅱ6-Ⅲ4	下二台-呼兰-伊泉陆缘岩浆弧	Ⅰ1-Ⅱ6-Ⅲ4-Ⅳ5	磐梼上叠裂陷盆地	陆缘增生阶段	海相-海陆交互相(火山)碎屑岩建造及磨拉石建造,中酸性火山岩-碎屑岩-碳酸盐岩建造,中基性含铁火山岩建造
				Ⅰ1-Ⅱ6-Ⅲ5	清河-西保安-江域岩浆弧	Ⅰ1-Ⅱ6-Ⅲ5-Ⅳ6	图们-山秀岭上叠裂陷盆地		
Ⅰ2	华北陆块	Ⅰ2-Ⅱ7	华北东部陆块	Ⅰ2-Ⅱ7-Ⅲ6	龙岗-陈台沟-沂水前新太古代陆核	Ⅰ2-Ⅱ7-Ⅲ6-Ⅳ7	样子哨坳陷盆地	构造伸展阶段	海相-海陆交互相(火山)碎屑岩建造及磨拉石建造,中酸性碳酸盐岩建造,碎屑岩-碳酸盐岩建造,中基性含铁火山岩建造
						Ⅰ2-Ⅱ7-Ⅲ6-Ⅳ8	靖宇-和龙隆起	挤压造山阶段	
				Ⅰ2-Ⅱ7-Ⅲ7	胶辽吉古元古代裂合带	Ⅰ2-Ⅱ7-Ⅲ7-Ⅳ9	八道江坳陷盆地	构造伸展阶段	
						Ⅰ2-Ⅱ7-Ⅲ7-Ⅳ10	老岭隆起	挤压造山阶段	
						Ⅰ2-Ⅱ7-Ⅲ7-Ⅳ11	集安-长白坳陷盆地	构造伸展阶段	

表 2-1-3 吉林省东部地区晚三叠世—新生代大地构造特征

I级编号	I级名称	II级编号	II级名称	III级编号	III级名称	IV级编号	IV级名称	所属构造阶段	主要建造
I 1	东北叠山-加造山-裂合系	I 1-II 3	小兴安岭-张广才岭叠加岩浆弧	I 1-II 3-III 3	张广才岭-哈达岭火山-盆地区	I 1-II 3-III 3-IV 2	大黑山条垒火山-盆地群	滨太平洋构造体制陆缘火山弧发展阶段	陆相中酸性火山岩建造、陆相含煤(火山)碎屑岩建造
						I 1-II 3-III 3-IV 3	伊通-舒兰走滑-伸展复合地垒		
						I 1-II 3-III 3-IV 4	南楼山-辽源火山-盆地群		
				I 1-II 3-III 4	太平岭-英额岭火山-盆地区	I 1-II 3-III 4-IV 5	敦化-密山走滑-伸展复合地垒	滨太平洋构造体制陆缘火山弧发展阶段	陆相中酸性火山岩建造、陆相含煤(火山)碎屑岩建造，大陆玄武岩建造
						I 1-II 3-III 4-IV 6	老爷岭火山-盆地群		
						I 1-II 3-III 4-IV 7	罗子沟-延吉火山-盆地群		
I 2	华北叠山-裂合系	I 2-II 4	胶辽吉叠加岩浆弧	I 2-II 4-III 5	吉南-辽东火山-盆地区	I 2-II 4-III 5-IV 8		滨太平洋构造体制陆缘火山弧发展阶段	陆相中酸性火山岩建造、陆相含煤(火山)碎屑岩建造
						I 2-II 4-III 5-IV 9			
						I 2-II 4-III 5-IV 10			

第二节 岩(矿)石密度参数特征

一、资料来源及统计整理

区域性岩(矿)石密度参数是直接关系到重力异常解释推断成果质量的重要基础资料。本书采用的岩(矿)石密度资料主要来源为吉林省勘查地球物理研究院于1983—2001年开展的全省1:100万和东部山区1:20万区域重力调查中物性实测成果。在11个重力调查工作区内共收集到岩(矿)石密度参数资料计标本 42 814 块,详见表 2-2-1,标本采集和参数测定精度均符合有关规范要求,质量可靠。

对收集到的各类岩(矿)石标本参数进行了适当的检查和筛选,舍去了以往重复利用的多余部分,并将过去资料使用 CGSM 单位制统一改算为 SI 国际单位制,对吉林省内的有关沉积岩类、变质岩类、火成岩类以及矿石分别进行了归类统计整理,算取平均值。此外,视需要还对出露的各时代地层岩系及中酸性、酸性侵入岩类又分别按时代单元进行了挑选、合并、计算,为全省区域重力异常解释推断奠定了坚实的基础。

二、各类岩(矿)石密度特征

从图 2-2-1 和表 2-2-1—表 2-2-4 中各类岩(矿)石密度参数看出,吉林省出露的沉积岩系、变质岩系、火成岩系以及铁矿石类标本密度参数表现有如下特征:

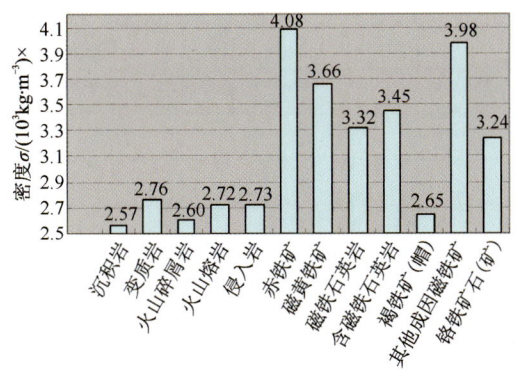

图 2-2-1 吉林省各类岩(矿)石密度参数直方图

表 2-2-1 岩矿石密度工作范围统计表

序号	行政省区名	工作比例尺	成果报告名称	报告完成时间	标本块数/块
1	吉林省吉林市、通化市、延吉市	1:100 万	《吉林省 1:100 万区域重力调查工作报告》	1985 年	9024
2	吉林省延吉市图们市	1:20 万	《罗子沟—春化 1:20 万区域重力调查工作报告》	1994 年	6609
3	吉林省通化市、浑江市、集安市	1:20 万	《通化市、浑江市、桓仁县、集安市幅 1:20 万区域重力调查工作报告》	1989 年	7641
4	吉林省延吉市	1:20 万	《吉林市幅北半部、向阳山幅西南部 1:20 万区域重力调查工作报告》	1999 年	2960

续表 2-2-1

序号	行政省区名	工作比例尺	成果报告名称	报告完成时间	标本块数/块
5	吉林省长春市、德惠市、九台市、农安县	1∶20万	《农安县幅、怀德县幅1∶20万区域重力调查工作报告》	1998年	634
6	吉林省榆树市、九台市、德惠市、蛟河市、舒兰市永吉县（长春地区和吉林地区）	1∶20万	《舒兰县幅1∶20万区域重力调查工作报告》	1997年	1339
7	吉林省蛟河市、桦甸市、敦化市、舒兰县	1∶20万	《蛟河县1∶20万区域重力调查工作报告》	1996年	228
8	吉林省榆树市、敦化市、四平市	1∶20万	《榆树市幅1∶20万区域重力调查工作报告》	2002年	2693
9	吉林省敦化市	1∶20万	《敦化市幅1∶20万区域重力调查工作报告》	2001年	2925
10	吉林省四平市、辽源市	1∶20万	《四平-辽源幅1∶20万区域重力调查工作报告》	1986年	8436
11	华北地台北缘东段长白玄武岩地区	—	《华北地台北缘东段长白玄武岩地区频率测深调查报告》	—	325

表 2-2-2 吉林省沉积岩岩(矿)石密度参数统计总表

岩(矿)石类别	矿石名称	标本块数/块	密度 $\sigma/(\times 10^3 kg \cdot m^{-3})$ 平均值	密度 $\sigma/(\times 10^3 kg \cdot m^{-3})$ 变化范围	岩石密度平均值/($\times 10^3 kg \cdot m^{-3}$)
沉积岩	淤泥质亚黏土	3	1.55		2.57
	亚黏土	5	1.82		
	中细砂岩	5	1.77		
	中砂岩	10	2.51		
	紫红色砂岩	33	2.17		
	含砾砂岩	52	2.56		
	砂岩	1378	2.57	1.95～2.79	
	细砂岩	6	2.63		
	含砾凝灰质砂岩	10	2.47		
	凝灰质砂岩	15	2.74		
	角岩化粉砂岩	20	2.74		
	长石石英砂岩	10	2.36		
	砾岩	75	2.59	2.29～2.81	
	泥岩	68	1.96		
	白灰色泥岩	20	2.14		
	粉砂质泥岩(泥岩)	16	2.62		
	沉积物	14	2.29	1.51～2.62	
	泥灰岩	180	2.59	1.89～2.96	
	页岩	316	2.68	2.20～2.93	
	结晶灰岩	26	2.59	2.38～2.74	
	灰岩	236	2.72	2.52～2.96	

表 2-2-3 吉林省变质岩岩(矿)石密度参数统计总表

岩(矿)石类别	矿石名称	标本块数/块	密度 $\sigma/(\times 10^3 \mathrm{kg \cdot m^{-3}})$		岩石密度平均值 $/(\times 10^3 \mathrm{kg \cdot m^{-3}})$
			平均值	变化范围	
变质岩	板岩	308	2.58	2.25~2.85	2.76
	板岩、千枚岩	471	2.69	2.55~2.87	
	绿泥绢云板岩(斑点板岩)	40	2.7		
	碳质板岩	63	2.72		
	千枚岩	258	2.77		
	阳起石片岩	10	2.93		
	角闪石英片岩	26	2.76		
	云母石英片岩	20	2.77		
	片岩	1204	2.77	2.30~3.18	
	角岩	173	2.69		
	硅质角岩	18	2.88		
	变粒岩	450	2.75	2.12~3.16	
	黑云斜长变粒岩	17	2.81		
	变质凝灰质砂岩	10	2.92		
	变质砂岩	45	2.68	2.50~2.92	
	大理岩	1631	2.73	2.50~3.35	
	混合岩	1375	2.62	2.13~3.89	
	眼球状混合花岗岩	48	2.61		
	混合花岗岩	350	2.6	2.18~3.05	
	角闪(透辉)斜长片麻岩	13	2.93		
	片麻岩	2487	2.73	2.40~3.35	
	浅粒岩	98	2.62	2.48~3.07	
	蛇纹石化橄榄岩	32	2.8	2.65~2.86	
	石英砂岩	55	2.64	2.57~2.74	
	石英岩	125	3.05	2.32~3.62	
	斜长角闪岩	1270	2.88		
	角闪岩	2401	2.88		
	片理化变质粉砂岩	10	2.73		

表 2-2-4 吉林省岩浆岩岩(矿)石密度参数统计总表

岩(矿)石类别	矿石名称	标本块数/块	密度 $\sigma/(\times 10^3 \mathrm{kg \cdot m^{-3}})$		岩石密度平均值 $/(\times 10^3 \mathrm{kg \cdot m^{-3}})$
			平均值	变化范围	
火山碎屑岩	片理化安山质凝灰岩	10	2.80		2.60
	酸性岩屑凝灰岩	10	2.64		
	中酸性火山凝灰岩	10	2.69		
	中酸性岩屑晶屑凝灰岩	16	2.68		
	凝灰岩	579	2.59	2.22~2.90	2.60
	火山角砾岩集块岩	69	2.59	2.26~2.89	

续表 2-2-4

岩(矿)石类别	矿石名称	标本块数/块	密度 $\sigma/(\times 10^3 \text{kg} \cdot \text{m}^{-3})$		岩石密度平均值 /($\times 10^3 \text{kg} \cdot \text{m}^{-3}$)
			平均值	变化范围	
火山熔岩	片理化蚀变中性火山岩	18	2.88		2.63
	安山岩	676	2.62	2.29~3.12	
	变质安山岩	2	2.55	2.51~2.59	
	片理化安山岩	18	2.69		
	粗面岩	13	2.48	2.42~2.54	
	片理化酸性火山岩	9	2.72		2.60
	片理化酸性熔结凝灰岩	5	2.60		
	流纹岩	119	2.54		
	流纹斑岩	10	2.48		
	英安岩	96	2.67	2.30~2.85	
	酸性熔岩	65	2.62	2.38~2.74	
	气孔-杏仁状玄武岩	22	2.34		2.77
	玄武岩	1563	2.78	2.22~3.08	
	块状橄榄玄武岩	34	2.79		
	橄榄玄武岩	10	2.64		
	安山玄武岩	8	2.67	2.60~2.76	
侵入岩	超基性岩	187	2.95	2.58~3.16	2.94
	橄榄岩	35	2.91	2.67~3.00	
	橄榄辉石岩	226	2.94		
	辉石岩	17	3.00		
	玢岩	339	2.70		2.90
	辉长岩	1475	2.94	2.78~3.07	
	辉石闪长玢岩	11	2.99		
	基性岩	467	2.90	2.61~3.44	
	蚀变细粒辉长岩	8	3.35		
	煌斑岩	16	3.02	2.79~3.20	
	闪长玢岩	82	2.76	2.59~3.07	2.73
	花岗闪长岩	138	2.64		
	辉石闪长岩	10	2.83		
	闪长岩	2353	2.73	2.08~3.27	
	石英闪长岩	49	2.73		
	花岗斑岩	110	2.65	2.49~2.79	2.59
	二长花岗岩	80	2.60		
	花岗岩	2751	2.59	2.26~3.00	
	钾长花岗岩	66	2.56		
	钠长斑岩	69	2.62	2.47~2.83	2.58
	正长岩	250	2.57		
	正长斑岩	2	2.63	2.61~2.65	
	正长花岗岩	65	2.59		

1. 沉积岩

沉积岩类标本密度相对变质岩类、火成岩类偏低,总体岩系平均值为 $2.57\times10^3 \text{kg/m}^3$,其变化范围相对较大,一般为 $(1.55\sim2.72)\times10^3 \text{kg/m}^3$,比变质岩类平均低 $0.19\times10^3 \text{kg/m}^3$,比火成岩类平均低 $0.11\times10^3 \text{kg/m}^3$。沉积岩密度与岩石类型关系密切,未成岩黏土类沉积物最低,一般为 $(1.55\sim1.82)\times10^3 \text{kg/m}^3$。其次为泥岩类,一般为 $(1.96\sim2.14)\times10^3 \text{kg/m}^3$;砂岩类密度为 $(2.17\sim2.74)\times10^3 \text{kg/m}^3$,细砂岩为 $2.63\times10^3 \text{kg/m}^3$,含砾砂岩为 $2.56\times10^3 \text{kg/m}^3$;沉积岩中的灰岩类密度为 $(2.59\sim2.72)\times10^3 \text{kg/m}^3$。

2. 变质岩

变质岩类岩(矿)石密度总体要较正常沉积岩类和火成岩类偏高,其岩系平均密度值为 $2.76\times10^3 \text{kg/m}^3$,一般多在 $(2.58\sim2.93)\times10^3 \text{kg/m}^3$ 之间变化。密度大小有随变质程度加深而增大的趋势,例如板岩密度为 $2.58\times10^3 \text{kg/m}^3$,片岩密度为 $2.77\times10^3 \text{kg/m}^3$,角闪斜长片麻岩密度为 $2.93\times10^3 \text{kg/m}^3$。

3. 火成岩

火成岩类密度按侵入岩和火山熔岩、火山碎屑岩类分别进行了归纳统计,总体平均密度为 $2.67\times10^3 \text{kg/m}^3$,低于变质岩而高于正常沉积岩类密度。

对于火成岩类密度,侵入岩类($2.75\times10^3 \text{kg/m}^3$)>火山熔岩($2.67\times10^3 \text{kg/m}^3$)>火山碎屑岩($2.60\times10^3 \text{kg/m}^3$)。其中侵入岩类和火山熔岩类明显具有随岩性基性程度增加而增大的规律。侵入岩中花岗岩密度($2.59\times10^3 \text{kg/m}^3$)<闪长岩密度($2.73\times10^3 \text{kg/m}^3$)<辉长岩密度($2.94\times10^3 \text{kg/m}^3$)<超基性岩密度($2.95\times10^3 \text{kg/m}^3$);在火山熔岩中,流纹岩密度($2.54\times10^3 \text{kg/m}^3$)<安山岩密度($2.62\times10^3 \text{kg/m}^3$)<玄武岩密度($2.78\times10^3 \text{kg/m}^3$)。

4. 磁性矿石类

各类铁矿石的密度除了褐铁矿偏低($2.65\times10^3 \text{kg/m}^3$)外,其他矿石密度均较高,一般为 $(3.24\sim4.08)\times10^3 \text{kg/m}^3$,而明显高于正常沉积岩、变质岩、火成岩的密度(表2-2-5)。这种密度差异的存在为采用重力测量各类磁性铁矿床提供了有益的地球物理依据。

表 2-2-5 吉林省磁性矿石密度参数统计总表

岩(矿)石性质	矿石名称	标本块数/块	密度 $\sigma/(\times10^3 \text{kg}\cdot\text{m}^{-3})$ 平均值	变化范围
矿石	赤铁矿	51	4.08	2.68~5.04
	磁黄铁矿	9	3.66	3.12~4.46
	磁铁石英岩	794	3.32	2.48~4.39
	含磁铁石英岩	8	3.45	
	褐铁矿(帽)	10	2.65	2.20~3.24
	其他成因磁铁矿	413	3.98	2.51~5.10
	铬铁矿石(矿)	46	3.24	2.85~3.66

三、不同时代各类地质单元岩系密度特征

(一)各时代地层单元岩系密度特征

从表 2-2-6 和图 2-2-2 中看出,不同时代地层单元岩系,总体平均密度间存在一定的差异,并有随时代由新至老而增大的变化规律。新生界密度(2.17×10^3 kg/m³)<中生界密度(2.57×10^3 kg/m³)<古生界密度(2.70×10^3 kg/m³)<元古宇密度(2.76×10^3 kg/m³)<太古宇密度(2.83×10^3 kg/m³)。此外,各地层中不同岩系密度亦存在一定的差别。

表 2-2-6　吉林省地层各类岩(矿)石密度(σ)参数统计总表

地层单位		岩性	样品块数/块	密度 $\sigma/(\times10^3$ kg·m$^{-3})$		
				变化范围	系(群)平均值	界平均值
新生界	第四系(Q)	现代冲积物、Ⅰ级阶地冲积物、Ⅱ级阶地冲积物,淤泥质亚黏土,(含砂)黄土,亚黏土,黄土状亚黏土,砂黏土,砂岩,粉砂质黏土,砂砾岩	59	1.78~2.18	1.91	2.17
	新近系+古近系(N、E)	泥岩,砂岩,黏土矿	272	1.93~2.59	2.23	
中生界	白垩系(K)	安山岩,粉砂质泥岩,页岩,凝灰岩,砂岩,泥岩,凝灰岩,酸性火山岩,黑曜岩,珍珠岩,流纹岩,流纹质火山岩(沸石),火山角砾岩	874	2.01~2.88	2.43	2.57
	侏罗系(J)	砂岩,流纹岩,凝灰岩,砂砾岩,板岩,玄武安山岩,马鹿沟玉石,凝灰质砂岩,凝灰质熔岩,英安岩,安山岩,玄武岩,长石石英砂岩,火山岩,流纹斑岩,熔结凝灰岩,角砾岩,晶屑岩屑凝灰岩	2837	2.22~3.00	2.59	
	三叠系(T)	褐铁矿化泥质粉砂岩,砂岩,凝灰质砂岩,粉砂岩,黑色板岩,流纹岩,安山岩,流纹质熔结凝灰岩,英安质凝灰岩	468	2.58~2.95	2.68	
古生界	二叠系(P)	凝灰质砾岩,凝灰质砂岩,中酸性火山熔岩,火山碎屑岩,角岩,板岩,变质砂岩,片岩,砂岩,大理岩,斜长片麻岩,混合岩,酸性熔结凝灰岩,绢云片岩,中酸性凝灰岩,角闪片岩	1945	2.22~2.83	2.68	2.70
	石炭系(C)	大理岩,灰岩,石英砂岩,硅质角岩,泥质粉砂岩,板岩,粉砂岩,凝灰质砂岩,泥灰岩,细碧岩,石英角斑岩,矽卡岩	532	2.53~2.89	2.71	
	泥盆系(D)	含砾凝灰质砂岩,灰岩	78	2.49~2.74	2.64	
	志留系(S)	砂岩,含砾粗砂,粉砂岩,变质粉砂岩,斜长阳起石岩,灰绿色变质砂岩,大理岩	148	2.53~3.01	2.73	
	奥陶系(O)	角闪斜长片麻岩,浅粒岩,斜长角闪岩,大理岩,黑云石英片岩,片麻岩,变粒岩,绢云绿泥、石英片岩,角闪石英片岩,混合岩,阳起石片岩,碳质板岩,灰岩,英安质熔结凝灰岩	424	2.63~2.77	2.72	
	寒武系(∈)	大理岩,变质砂岩,结晶灰岩,板岩,片岩,灰岩,页岩	181	2.67~2.79	2.71	

续表 2-2-6

地层单位		岩性	样品块数/块	密度 $\sigma/(\times 10^3 kg \cdot m^{-3})$		
				变化范围	系(群)平均值	界平均值
元古宇	震旦系(Z)	页岩,灰岩,泥灰岩	103	2.68~2.73	2.71	2.76
	青白口系(Qb)	石英砂岩,变质细砂岩、粉砂岩,泥质灰岩,泥质粉砂岩	45	2.50~2.92	2.68	
	老岭岩群($Pt_1L.$)	片岩,褐铁矿化片岩,绢云母片岩,大理岩,绿泥片岩,片理化白云质灰岩,大理岩	228	2.50~3.01	2.75	
	集安岩群($Pt_1J.$)	黑云变粒岩,浅粒岩,石墨大理岩,片麻岩,斜长角闪岩,混合岩	1270	2.06~3.55	2.77	
太古宇	夹皮沟岩群($Ar_4J.$)	片岩夹斜长角闪岩,磁铁石英岩	50	—	2.90	2.83
	龙岗岩群($Ar_3L.$)	斜长角闪岩,混合岩,含磁铁石英岩,片麻岩,石英岩,变粒岩,片麻岩夹磁铁石英岩	3627	2.23~4.39	2.83	

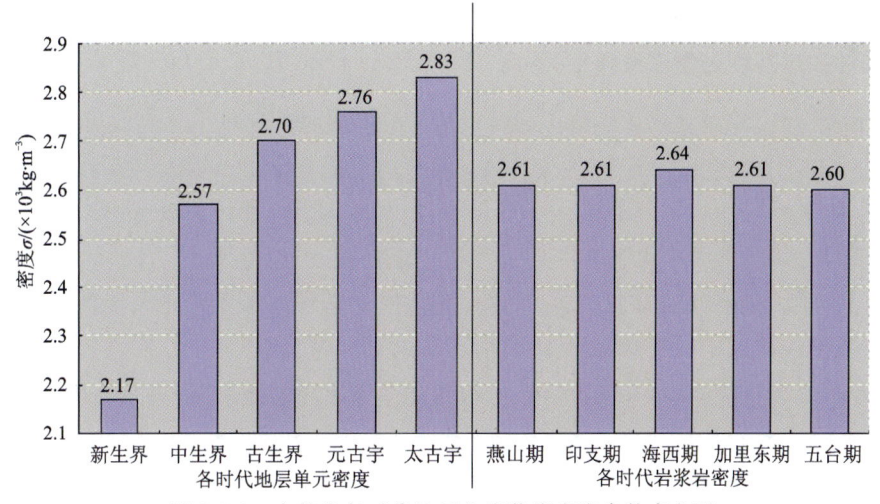

图 2-2-2 吉林省各时代地层和岩浆岩密度参数直方图

综上可知,各地层单元岩系密度差异的存在,为采用重力测量圈定和划分不同时代地层空间分布提供了较好的依据,尤其是为研究各地质构造单元基底界面起伏变化奠定了基础。

(二)不同时代侵入岩类密度特征

1. 中酸性、酸性侵入岩类密度特征

吉林省各时代中酸性花岗岩类极为发育,出露面积约占基岩出露面积的60%。为了研究各时代花岗岩系的密度特征,特将阜平期、五台期、加里东期、海西期、印支期、燕山期等岩浆岩侵入旋回中酸性和酸性花岗岩类的标本按时代进行了归并统计。

从表2-2-7和图2-2-2看出,各时代花岗岩类岩(矿)石密度变化无明显差异,一般为$(2.60\sim2.64)\times10^3 kg/m^3$,总体平均值为$2.61\times10^3 kg/m^3$,其大小除了略高于中、新生代地层岩系密度外,均低于古生宇、元古宇、太古宇岩系的密度,故各时代花岗岩岩体相对各自赋存的层岩系内,会有重力低异常反映。

表 2-2-7 中性—酸性侵入岩各类岩(矿)石密度(σ)参数统计总表

侵入期次	岩性	样品块数/块	密度 $\sigma/(\times 10^3 \text{kg} \cdot \text{m}^{-3})$	
			平均值	变化范围
燕山期	斜长花岗岩,碱长花岗岩,黑云钾长花岗岩,似斑状黑云花岗岩,流纹斑岩,闪长岩,黑云母闪长岩,花岗岩,钾长花岗岩,花岗斑岩,石英闪长岩,正长花岗岩,辉石闪长岩,花岗闪长岩,次流纹岩,二长花岗岩,流纹岩	957	2.61	2.45~2.85
印支期	花岗斑岩,二长花岗岩,花岗闪长岩,花岗岩,钾长花岗岩,石英闪长岩,石英脉,斜长花岗岩	397	2.61	2.50~2.70
海西期	次安山岩,二长花岗岩,二长岩,黑云母斜长花岗岩,花岗斑岩,花岗闪长岩,花岗岩,碱长花岗岩,闪长岩,石英脉,似斑状花岗岩,似斑状钾长花岗岩,细粒石英二长岩,斜长花岗岩,正长花岗岩	975	2.64	2.51~2.84
加里东期	似斑状钾长花岗岩,二长花岗岩,花岗闪长岩,花岗岩,混合花岗岩,钾长花岗岩,碱长花岗岩,闪长岩,石英闪长岩	204	2.61	2.58~2.62
五台期	二长花岗岩	10	2.6	

2. 中性、基性和超基性岩类密度特征

据各时代中性、基性和超基性岩类密度的统计发现,各岩系密度变化亦较稳定,各时代同类岩石密度均无明显变化,中性岩类密度多在 $2.70 \times 10^3 \text{kg/m}^3$ 左右,超基性岩类多在 $3.00 \times 10^3 \text{kg/m}^3$ 左右。将其与各时代地层岩系密度比较可以看出,中性、基性、超基性岩的密度均远远大于中、新生代盖层岩系的密度,存在较大密度差值;对古生界、元古宇、太古宇岩系密度,中性侵入岩密度与古生界岩系密度相近,无显著差异,但其略低于元古宇和太古宇岩系密度;基性、超基性岩密度明显大于各时代地层岩系密度。由此可知,侵入各时代地层中的基性、超基性岩会有重力高异常反映,但中性侵入岩仅在中、新生代地层内会有重力高异常反映,在元古宙和太古宙地层内将会有重力低异常出现,而在古生代地层内不存在密度差异。

第三节 区域重磁异常特征

一、区域重力异常特征

从吉林省布格重力异常等值线平面图(图 2-3-1)可以看出,重力异常宏观上呈现西部高、东部低,西部形态简单、东部形态复杂的特征。在广阔的负重力异常区中,仅在西部白城、中部大黑山及东部春化-敬信 3 处规模大且强度高的重力高异常带上出现局部正重力异常。东南部长白山区出现以天池为中心的重力低异常区,在长白附近出现最低异常值,等值线围绕天池呈弧形分布。

华北陆块北缘断裂、敦化-密山断裂、伊通-舒兰断裂在布格重力异常平面图上极为醒目。华北陆块北缘超岩石圈断裂由辽宁省进入吉林省,经海龙、桦甸、和龙,向东延伸至朝鲜境内,在吉林省南部呈近东西走向,波状起伏,显示出线性梯度带、重力低异常带及不同场区分界线的特征。敦化-密山断裂呈北

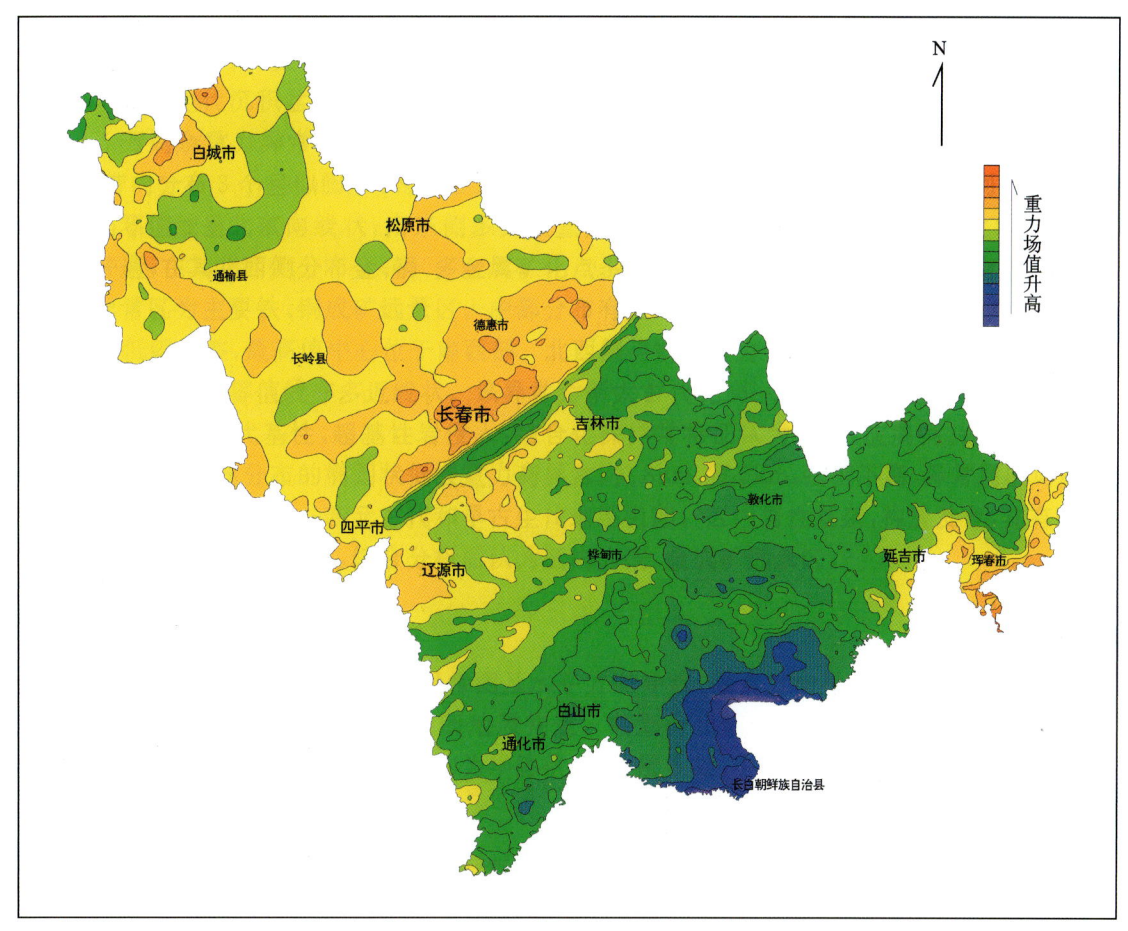

图 2-3-1　吉林省布格重力异常等值线平面图

东走向,在吉林省内长约 326km,向南、北分别延入辽宁省、黑龙江省,在布格重力异常图上,显示为线性梯度带、狭窄重力低异常带及异常错动带。伊通-舒兰断裂在吉林省内长约 300km,在南段显示为重力低异常带,宽度较大,中间最宽处为 19km,北段为狭窄线性重力低异常带,宽度约 6.8km。

　　松辽盆地以大面积重力高异常区为背景,背景强度较高。局部重力高、低异常多呈椭圆状,形态规整,规模较大,以北东走向为主,北西走向次之,南北走向较少,变化幅度大,处在西侧白城、东侧大黑山两处北东向展布重力高异常带所夹持区域,反映了上地幔隆起的重力场特征。西侧白城重力高异常带在北部呈北北东走向,在南部通榆附近呈北西走向,为大兴安岭褶皱带基底隆起的反映。东侧大黑山重力高异常带呈北东走向,西南窄、东北宽,为吉林褶皱带基底隆起的反映。

　　伊通-舒兰断裂与敦化-密山断裂所夹区域,重力异常强度整体上明显低于松辽盆地区。西南部异常呈片状,规模大、强度高,总体走向北西,形态波动变化。辽源与双阳-榆木桥子两处规模较大重力高异常带之间为西苇-细林北西向重力低异常带。双河—榆木桥子一线北东广大区域,以北东走向的条带状异常为主,相对规模较小,形态较规整。在伊通-舒兰重力低异常带毗邻的东侧,有一重力高异常带始终相伴,其宽度南宽北窄,强度南高北低,与重力低异常带变化趋势大致同步。重力高异常带(区)主要由新元古界变质岩、古生界引起。重力低异常带(区)主要由海西期、印支期、燕山期中酸性侵入岩体及中新生代火山-沉积盆地的引起。整体反映了以磐石—双阳为分界线,西南部石岭隆起区和东北部吉林复向斜区重力场分布特征。

　　在华北陆块北缘断裂以北的敦化-密山断裂东侧,敦化-沙河沿重力低异常呈北东走向,主要为中、新生代沉积盆地的反映。

位于陆块北缘断裂带上的大蒲柴河-西城重力低异常带呈北西走向起伏状，宽度较大，异常带内局部重力低异常以椭圆状、条带状为主，为沿陆块北缘断裂带侵入的加里东早期、海西晚期及燕山期中酸性岩浆岩带的反映。

延边地区西北部区域重力场分布为敦化隆起的反映。大石头—安图一带为强度有所升高的重力高异常区，所分布的局部重力高异常以北东走向为主，幅度变化不大，主要为青龙村（岩）群、五道沟群及海西期、印支期、燕山期中酸性侵入岩体的综合反映。经过春阳的北东走向重力高异常带位于吉林、黑龙江两省交界处，由断续分布的局部重力高异常组成，与东部经过天桥岭的强度较高、规模较大的北东向重力高异常带平行分布，中间以重力低异常带相隔。春阳重力高异常带主要由半隐伏的五道沟群引起，少数由下二叠统庙岭组引起。天桥岭重力高异常带位于延边复向斜的北西翼，主要出露有下二叠统庙岭组、满河组，上二叠统解放村组，上三叠统大兴沟群，偶见五道沟群出露。重力低异常带主要由海西晚期、印支期中酸性侵入岩体及中生代沉积盆地引起。

罗子沟椭圆状重力低异常，北北西走向，强度较低，分布范围与已知的罗子沟中生代沉积盆地基本吻合。罗子沟东南侧团块状重力高异常推断由隐伏的新元古界杨木组和下二叠统满河组引起。复兴北东侧北东走向的条带状重力高异常，推断由下二叠统庙岭组、上二叠统解放村组、上三叠统大兴沟群引起。大兴沟-复兴重力低异常带总体呈北西走向，宽度较大，位于延边复向斜的轴部，主要为海西晚期、印支期、燕山期中酸性侵入岩体及中生代沉积盆地引起。

沿中、朝边境开山屯—图们—珲春的环形区域，以重力高异常为背景，叠加的局部重力高异常多呈团块状、短轴状，走向以北东向为主，北西向、东西向数量少，强度高，梯度陡，主要为下二叠统庙岭组、满河组，上二叠统解放村组，上三叠统大兴沟群及古生代基底隆起的反映。环形区域的重力高背景异常推断为日本海边缘上地幔凸起的反映。

春化-敬信重力高异常带，在春化附近呈南北走向，西侧线性梯度带较陡，向南至中、俄边境转为南西走向，沿边境线分布，异常不完整，中心在俄罗斯一侧，北西侧线性梯度带较陡，强度高。主要出露有寒武纪—奥陶系五道沟群、下二叠统满河组、上二叠统解放村组、上三叠统大兴沟群，推断异常主要为早古生代基底隆起及日本海周边上地幔凸起的反映。

吉林省南部的华北陆块区，北部属铁岭-靖宇台拱区，南部属辽吉元古宙裂谷区。区域重力场总体呈现出西部高、东部低、北部高、南部低的特征。

西部重力高异常带从水道至老金厂，沿北东向展布，异常宽大，强度较高，异常边部梯度带较陡，北西边部线性梯度带走向平直，为敦化-密山断裂的反映。重力高异常带反映了龙岗陆核太古宙基底的特征，其东南侧相伴分布的重力低异常带，为三棵榆树-二密中生代火山-沉积盆地、靖宇第四纪玄武岩、五台期与燕山期中酸性侵入岩的反映。海龙-山城以西的两处东西走向重力低异常带，反映了陆块北缘加里东期、海西期、印支期及燕山期中酸性侵入岩比较发育。

两江—和龙一带分布有一近东西向的不规则状重力高异常带，由一系列椭圆状、条带状、团块状的局部重力高异常组成，走向以北东、北西为主，梯度带较陡，反映了和龙地块太古宙、古元古代基底的重力高异常特征。北侧即为和龙地块北缘断裂古洞河段，南侧重力低异常与五台期花岗闪长岩、燕山期花岗岩及第四纪玄武岩火山机构分布有关。

财源和通化两处局部重力高异常呈团块状，北东东走向，规模较大，强度较高；大路南、北侧的椭圆状局部重力高异常规模相对较小。重力高异常与古元古界集安岩群、老岭岩群基底隆起及新元古界青白口系、震旦系，下古生界寒武系、奥陶系有关。七道沟-临江重力高异常带呈北东东走向，西宽东窄，两侧梯度陡，为中太古界、古元古界老岭岩群基底隆起的反映。

榆林、热闹、石人、闹枝、仙人桥等地的重力低异常，呈椭圆状、团块状等，强度较低，主要为燕山期酸性侵入岩及侏罗纪火山-沉积盆地引起，少数为晚三叠世花岗岩引起。

临江东南部宝山—宝泉山一带不明显的重力高异常为古元古界老岭岩群基底隆起及下古生界寒武

系、奥陶系的反映。

宝泉山-十四道沟重力低异常带,走向近东西,为燕山期酸性侵入岩及侏罗系火山-沉积盆地引起。天池-长白扇形重力低异常区在吉林省内规模最大、强度最低,与地幔凹陷及火山机构分布有关。

二、区域航磁异常特征

吉林省地势东南高、西北低,起伏变化较大,基本上可分为东部山地,中部丘陵区,西部松辽平原区及西北边部的大兴安岭边缘区。在吉林省航磁异常图上,四平—长春—榆树一线以东为波动变化的大黑山-老爷岭-长白山磁场区,该磁场区向东分别进入俄罗斯和朝鲜境内,向南、向北分别进入辽宁省和黑龙江省;四平—长春—榆树一线以西,白城—镇赉以东为低缓平稳的松辽磁场区;松辽磁场区以西为大兴安岭东部边缘强度不高的波动变化磁场区,向北、西、南进入内蒙自治区。这3个磁场区及区内异常整体上沿北东向展布,松辽磁场区与大黑山-老爷岭-长白山磁场区、大兴安岭东部边缘磁场区分别以四平—长春—榆树、白城—东屏不同磁场区分界线相分野,该两条分界线与嫩江岩石圈断裂、四平-长春-榆树岩石圈断裂位置基本一致;大黑山-老爷岭-长白山磁场区内分布贯穿全省的北东走向的伊通-舒兰断裂和敦化-密山断裂,为著名的郯-庐断裂带北延的2个分支,华北陆块北缘断裂呈近东西向起伏状,这3条岩石圈断裂以醒目的巨大规模的线性梯度带、线性负磁异常带、串珠状磁异常带、不同磁场区分界线等综合异常为特征。

大黑山-老爷岭-长白山磁场区内磁异常呈线状、链状、片状、椭圆状及弧状分布,异常强度大,梯度陡,以北东—北北东走向为主,北西向及东西向次之,南北向数量较少。北东—北北东走向磁异常遍布全区,主要受滨太平洋北西向构造运动挤压、拉张作用控制,北西向磁异常在陆块北缘断裂带两侧二道甸子—万宝—和龙一线和吉中地区南部石岭隆起西北部分布比较明显。东西向异常在陆块北缘断裂带梅河口段的南侧及北部石岭隆起分布数量略多,在集安西南部、和龙地体东部及长白地区南部也有少量分布,反映了古亚洲构造域的痕迹。弧形异常以龙岗地块北东边部、和龙地体东部两处较明显,由北东向、北西向、东西向磁异常及南北向串珠状磁异常组成,显示出受不同方向的交叉断裂构造影响。在南部陆块区主要表现为太古宇、元古宇、古生界变质岩、沉积岩,新生代火山岩及五台期、加里东期、燕山期侵入岩的磁场特征,部分局部异常为沉积变质型磁铁矿的反映。北部造山带主要表现为广泛分布的海西期、印支期侵入岩及中、新生代火山岩的磁场特征,燕山期侵入岩引起的异常比较分散、面积较小,但强度较大。

松辽磁场区中部北北东向展布的宽缓正异常为震旦纪及寒武纪磁性基底隆起所致,其两侧大面积负磁场区为巨大规模沉降带的磁场特征,在盆地东、西两侧边部的规模相对较小的正磁异常,呈北东向或弧形分布,为海西期以来隐伏侵入岩岩体引起。

松辽磁场区以西为大兴安岭东部边缘异常规模不大、强度不高的波动变化磁场区,为中、新生代侵入岩及火山岩的磁场特征。

这种宏观的磁场图景反映了吉林省大地构造受三叠纪以来滨太平洋北西向构造运动的强烈影响。构造活动形成日本岛弧第一巨型隆起带、日本海第一凹陷带、吉林省东部山区第二巨型隆起带、松辽平原第二巨型凹陷带、大兴安岭巨型隆起带。巨型隆起带与巨型凹陷带沿北东向展布,沿北西向相间排布,显示出鲜明的大地构造分布格局(图 2-3-2)。

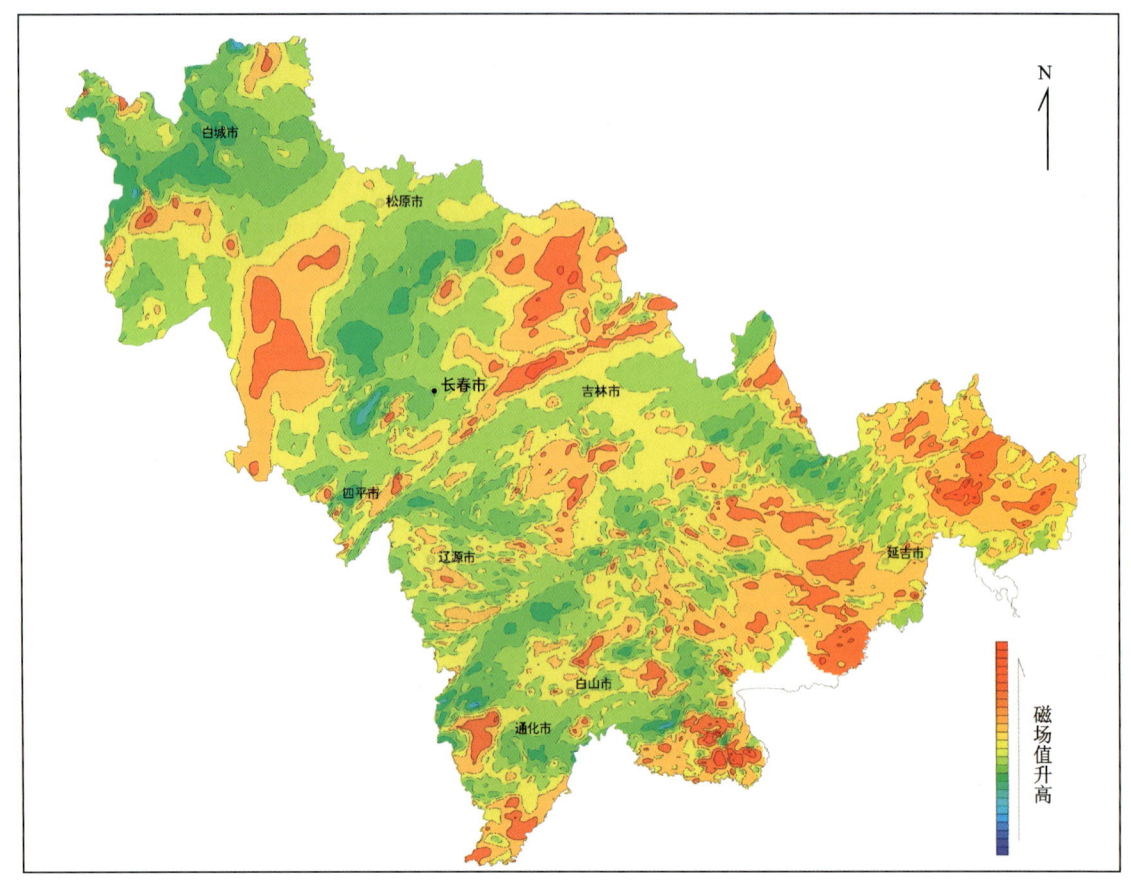

图 2-3-2 吉林省航磁异常等值线平面图

三、相关地质构造因素重力异常特征

(一)断裂重力异常特征

吉林省地质构造复杂,在漫长的地质历史演变中,经历过多次地壳运动,在各个地质发展阶段和各个时期的地壳运动中,均相应形成了一系列规模不等、性质不同的断裂。这些断裂,尤其是深大断裂一般都经历了长期的、多旋回的发展过程,它们与吉林省地质构造的发展、演化及成岩成矿作用有着密切的关系。前人将吉林省断裂按切割地壳深度的规模大小、控岩控矿作用以及展布形态等大致分为超岩石圈断裂、岩石圈断裂、壳断裂和一般断裂及其他断裂。现结合重力资料在已知断裂带上的重力特征加以阐述。

1. 超岩石圈断裂

依据《吉林省区域地质志》(1988)中关于断裂划分,吉林省已知超岩石圈断裂只有一条,即中朝准地台北缘超岩石圈断裂。它系指赤峰-开原-辉南-和龙深断裂。这条超岩石圈断裂横贯吉林省南部,由辽宁省西丰县进入吉林省海龙、桦甸、和龙,向东延伸至朝鲜境内,是一条规模巨大、影响很深、发育历史悠久的断裂构造带(图 2-3-3)。

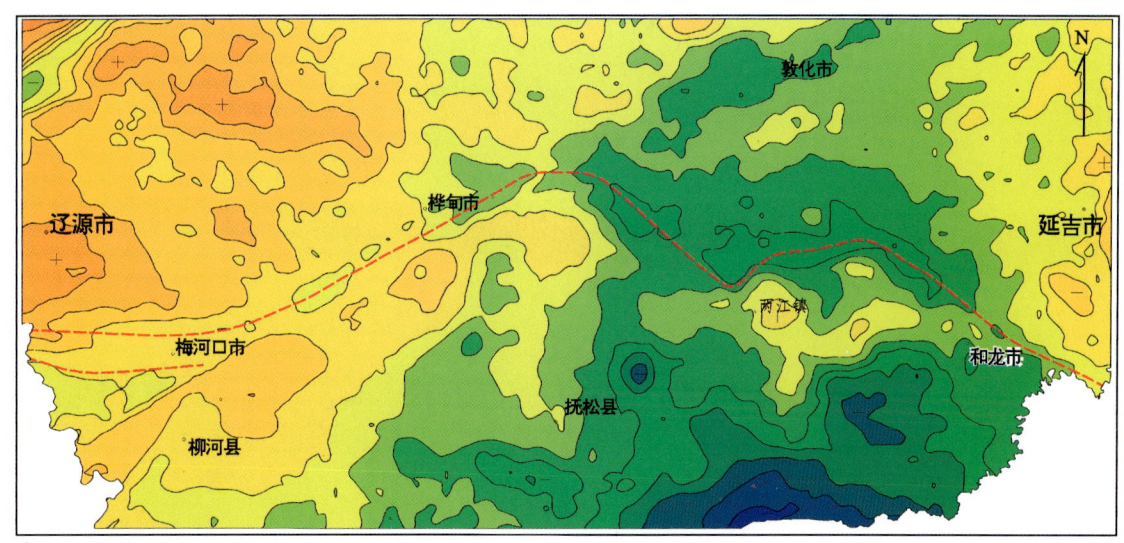

图 2-3-3　开原-桦甸-和龙超岩石圈断裂

断裂线在布格重力异常平面图上呈北东向、东西向密集梯度带排列，南侧为环状、椭圆形，西部断裂以北东向的重力异常为主。这种不同性质重力场的分界线，无疑是断裂存在的标志。

从东丰到辉南段为重力梯度带，梯度较陡；夹皮沟到和龙段，也是重力梯度带，水平梯度走向有变化，应该是被多个断裂错断所致，但梯度较密集。

在重力场上延 10km、20km，以及重力垂向一阶导数、二阶导数平面图上，该断裂更为显著，东丰经辉南到桦甸折向和龙。除东丰到辉南一带为线状的重力高值带外，其余均为线状重力低值带，它们的极大值和极小值便是该断裂的位置。

从莫氏面等深度图上可见，该断裂只在个别地段有某些显示，说明该断裂切割深度并非连续均匀。西丰至辉南段表现同向扭曲，辉南至桦甸段显示不出断裂特征，而桦甸至和龙段有同向扭曲，表明有断裂存在。莫氏面上显示深度为 37～42km，从而断定此断裂在部分地段已切入上地幔（图 2-3-3）。

因此，该断裂为超岩石圈断裂。

2. 岩石圈断裂

吉林省有已知岩石圈断裂 5 条，从中选择依兰-伊通岩石圈断裂带为例说明如下：

该断裂带位于二龙山水库—伊通—双阳—舒兰一线，呈北东方向延伸，过黑龙江依兰—佳木斯—箩北进入俄罗斯境内。该断裂于二龙山水库，被北东向四平-德惠断裂带所截。该断裂带在吉林省内由两条相互平行的北东向断裂构成，宽 15～20km，走向 45°～50°，在吉林省内长达 260km。在其狭长的"槽地"中，沉积了厚达 2000 多米的中、新生代陆相碎屑岩，其中古近纪、新近纪沉积物厚度应有 1000 多米，从而形成了狭长的依兰-伊通地垒盆地（图 2-3-4）。

由图 2-3-4 可以看出，断裂带处布格重力异常梯度带密集，呈线状，走向明显，在吉林省布格重力异常垂向一阶导数、二阶导数平面图，及滑动平均（30km×30km、14km×14km）剩余重力异常平面图上均有明显反映，在其两侧狭长延展的重力高值带的衬托下，异常带显著。该重力低值带宽窄不断变化，并非均匀展布，而在伊通至乌拉街一带稍宽大些，这段分别被东西向重力异常隔开，这说明在形成过程中受到了东西向构造的影响。

从重力场上延 5km、10km、20km 等值线平面图上看，该断裂显示得尤为清晰、醒目，线状重力低值带与重力高值带相依为伴，并行延展，它们的极小值与极大值，便是该断裂在重力场上的反映。重力二阶导数的零值及剩余重力异常图的零值，为圈定断裂提供了更为准确可靠的依据。

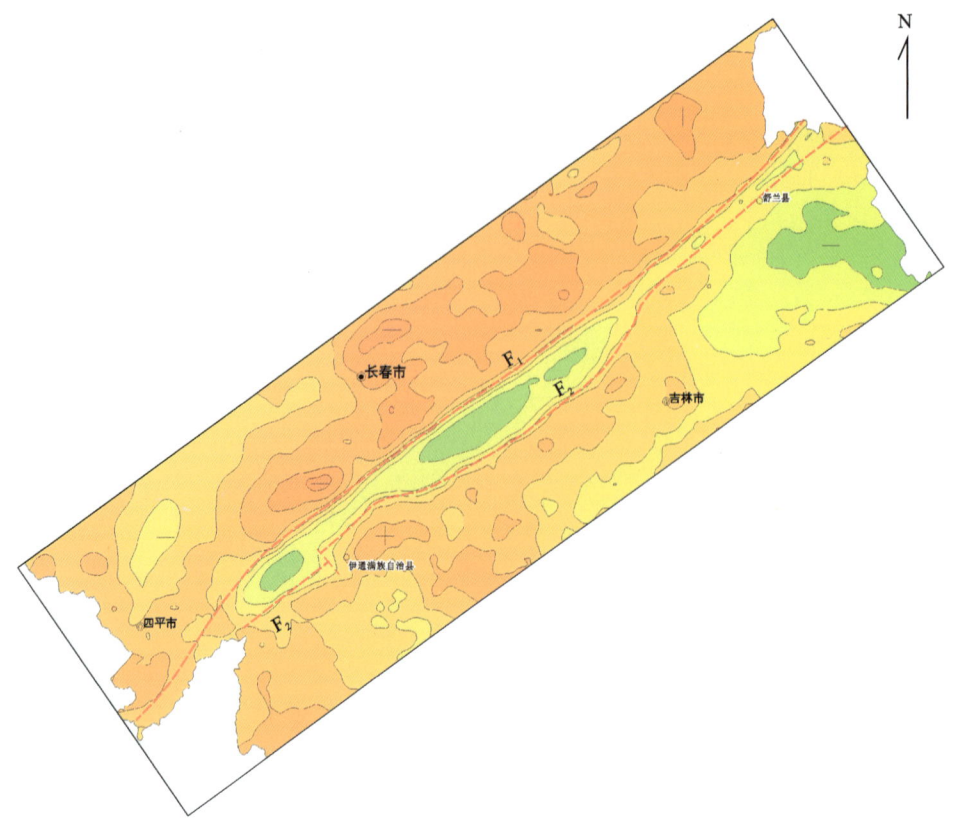

图 2-3-4 吉林省依兰-伊通岩石圈断裂

从莫氏面等深图及滑动平均 60km×60km 剩余重力异常图可以看出,该断裂等值线密集,重力梯度带十分明显;双阳至舒兰段,莫氏面等厚线密集,形状规则,呈线状展布。沿断裂方向莫氏面深度为 36～37.5km,断裂的个别地段已切入下地幔。由上述重力特征可见,此断裂反映了岩石圈断裂定义的各个特征。

3. 壳断裂

吉林省壳断裂有 33 条,从中选择四道沟-春化断裂(图 2-3-5)为例,叙述如下:

该断裂位于吉林省最东部珲春的四道沟—五道沟—春化—大房子一线,呈南北向延伸,在吉林省内长 90 余千米,带宽 15km。重力异常梯度带极为明显。断裂的南部有一东西向的梯度带,可见还有一东西向断裂存在,将其错断。在剩余重力异常(滑动平均 14km×14km)、一阶导数及二阶导数图上呈现为一串珠状正异常,在布格重力趋势 5 阶分析剩余重力异常平面图上可见零值线;在上延 5km、10km、20km 重力异常平面图上均为密集的梯度带;在剩余重力异常(滑动平均 60km×60km)平面图、莫氏面等深图上北部反映为梯度带的特征。

4. 其他断裂

其他断裂规模小,走向延伸至数万米,切割深度不大,地球物

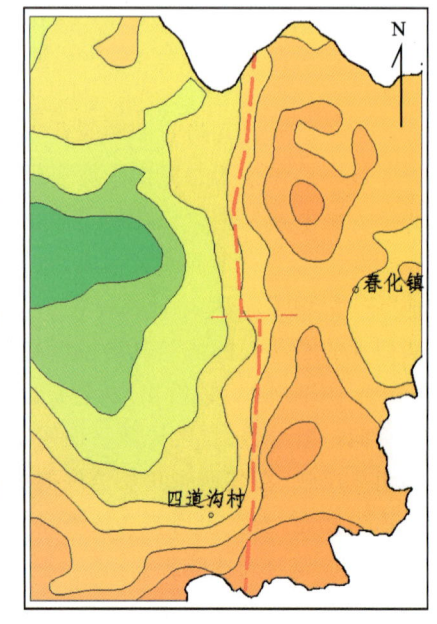

图 2-3-5 吉林省四道沟-春化壳断裂

理场反映微弱或无反映。

(1)大兴沟断裂:为重力异常错动所致;由两组断裂组成,一组为北东向,另一组为北北东向(图 2-3-6);在剩余重力异常(30km×30km 滑动平均)、一阶导数及二阶导数异常图上清晰可见。

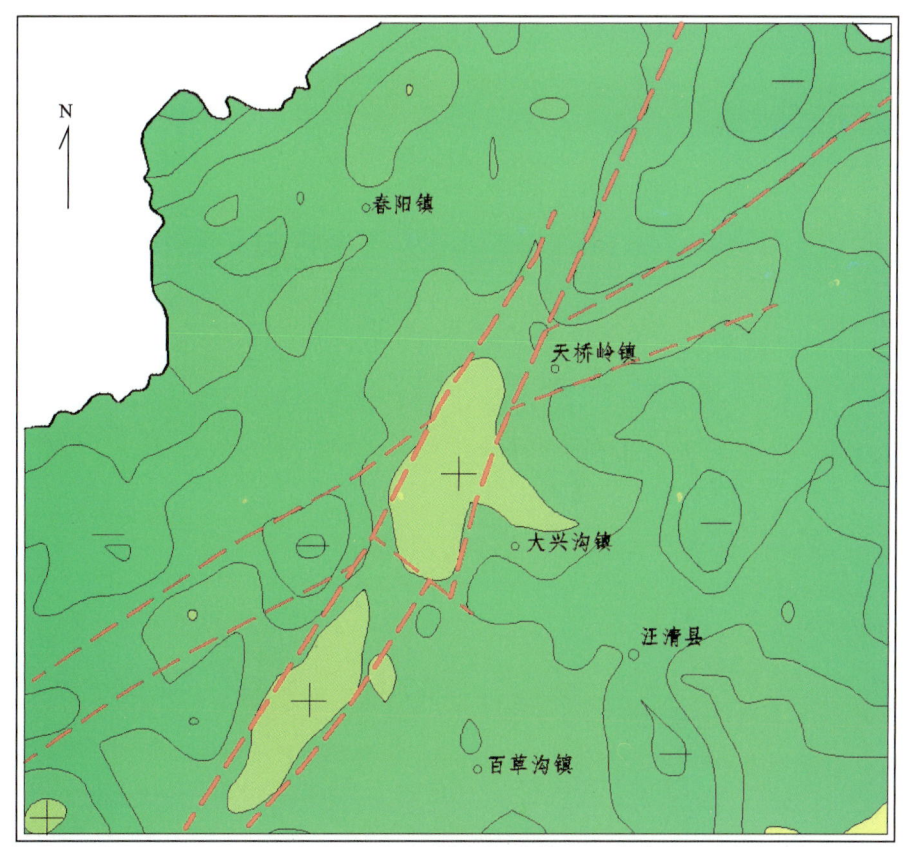

图 2-3-6　大兴沟断裂布格重力异常图

(2)营口-宽甸断裂:位于八道沟—长白朝鲜族自治县一带,在剩余重力异常(14km×14km 滑动平均)及一阶导数、二阶导数异常平面图,布格重力剩余异常(滑动平均 30km×30km)图上为一串珠状重力异常,在布格重力异常图上为一线性梯度带(图 2-3-7),其走向均为近东西向。

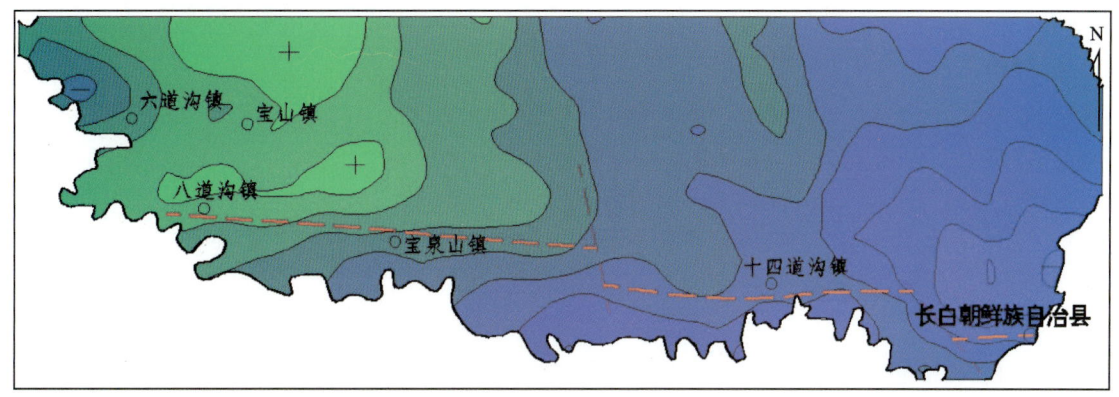

图 2-3-7　营口-宽甸(八道沟-长白)断裂布格重力异常图

(3)大安-太平川断裂:位于松原-乾安-长岭的大安—乾安—太平川一带,在布格重力异常图,上延 5km、10km、20km、50km 重力异常图上可见不同重力场分区界线,西部异常较平缓、重力值低,而东部异常较陡,无明显走向,呈同心圆状(图 2-3-8)。

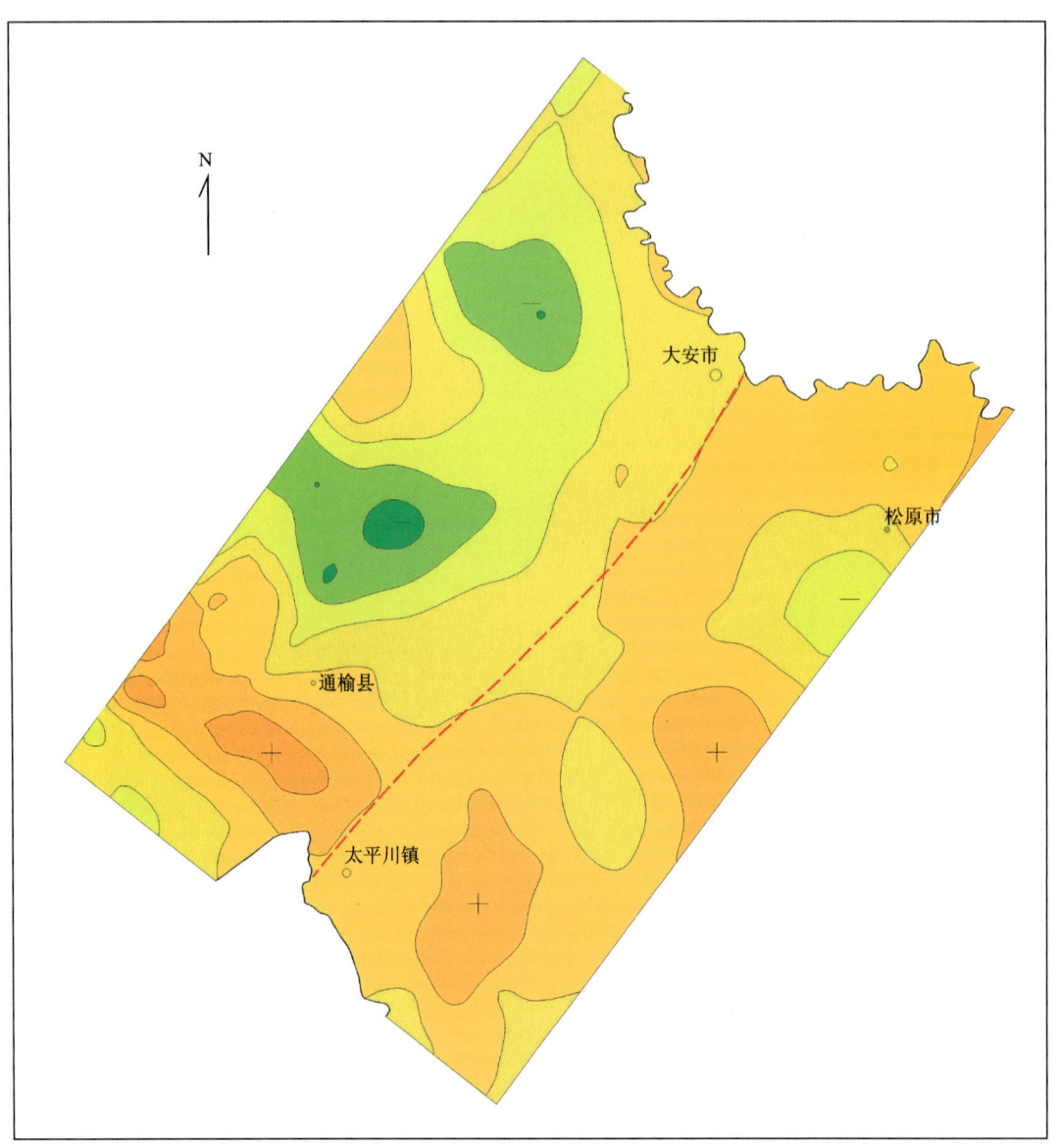

图 2-3-8 大安-太平川断裂布格重力异常图

(4)东丰断裂:从图 2-3-9 可知,F_1 断裂为吉林省超岩石圈断裂,由辽宁省开原至吉林省东丰经桦甸—和龙,呈重力梯度带,它与 F_2 断裂及 F_4、F_5 断裂共同形成的剪切力而产生了 F_3 断裂,在布格重力异常等值线上呈同形扭曲。而 F_2、F_4、F_5 断裂均呈重力梯度带。

(二)各类侵入体重力异常特征

吉林省地质构造复杂,侵入岩浆活动十分频繁,其中以花岗岩类最为发育,采用剩余重力异常(滑动平均 14km×14km)图,在吉林省内划分出 34 个基性—超基性岩体。现选择其中典型的岩体叙述如下。

1. 超基性、基性岩体

具有一定规模的超基性、基性体(或密集岩体群)具有重力高、磁力高异常特征,现举例说明如下:

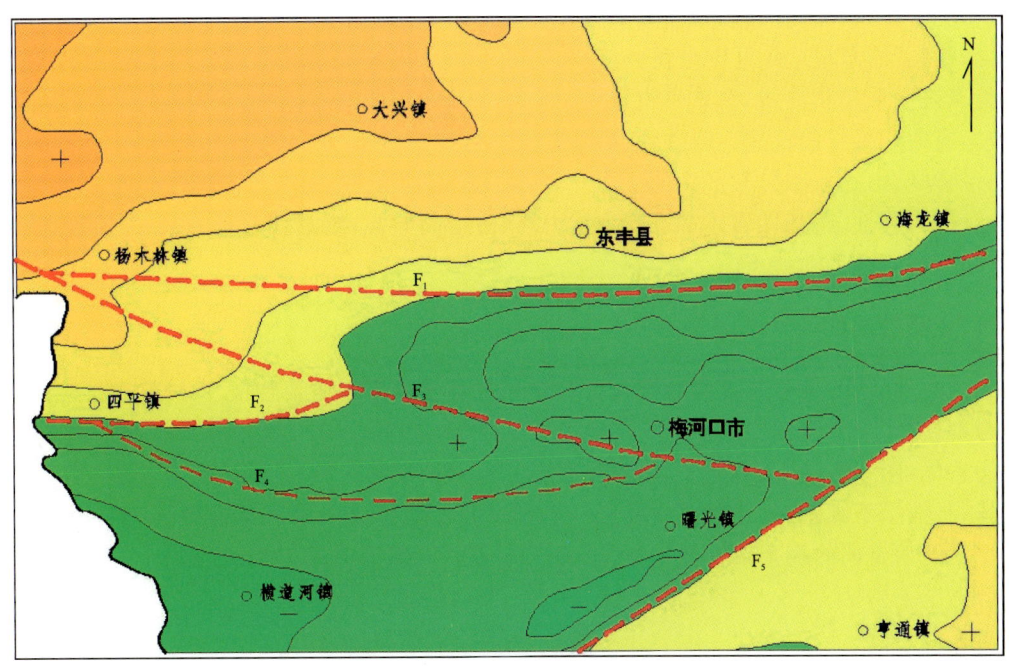

图 2-3-9　东丰断裂布格重力异常图

(1)和龙岩体(图 2-3-10A):位于中朝准地台台缘超岩石圈断裂东部,二叠纪末期—三叠纪早期吉黑地槽系褶皱之中为海西期第一期侵入的岩体。岩体多呈岩滴状、岩瘤状和小岩株状,基性程度较高。岩体群以阜平期变基性岩(元古宙变质辉长岩)为主。剩余重力高异常呈北西走向,等值线封闭圈形态,位置与基性岩体分布基本吻合。航磁异常为正异常,北西走向,航磁等值线封闭圈形态,位置与岩体基本吻合。

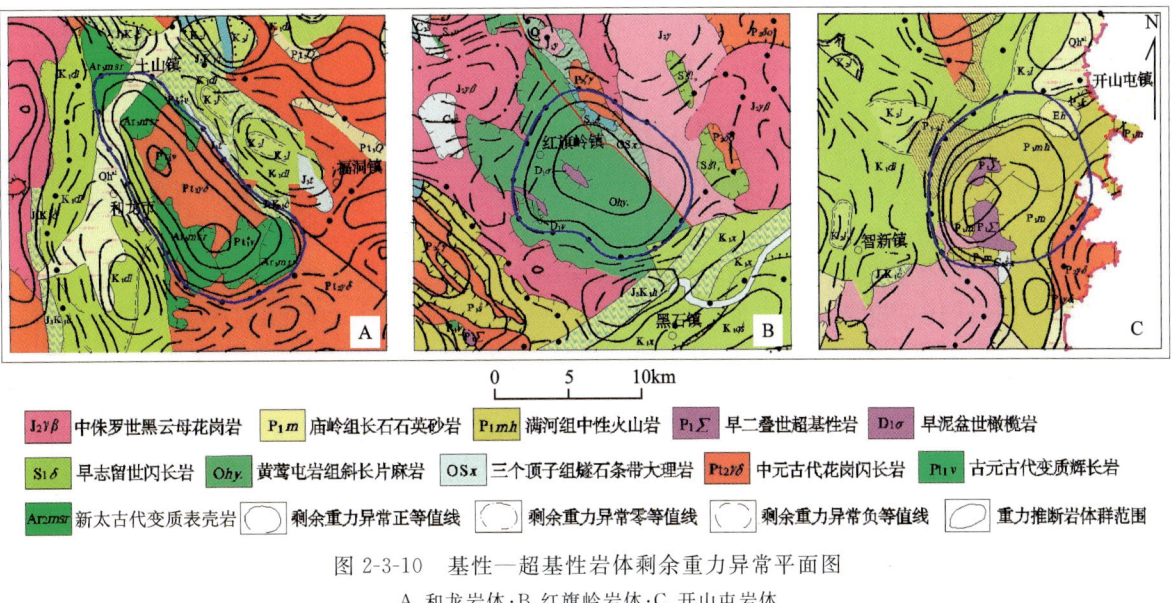

图 2-3-10　基性—超基性岩体剩余重力异常平面图
A.和龙岩体;B.红旗岭岩体;C.开山屯岩体

(2)红旗岭岩体(图 2-3-10B):位于红旗岭矿田区,共有岩体 12 个,大型矿床 2 个,小型矿床 8 个,矿点 2 个;红旗岭岩体位于吉黑褶皱系张广才岭优地槽褶皱带南缘,围岩为下古生界呼兰群片麻岩。岩体分加里东晚期、海西早期、海西晚期三期侵入。岩体以基性—超基性岩为主,岩性为辉长岩-辉石岩-橄辉岩-橄榄岩,角闪岩-角闪辉石岩。该岩体的磁性高于火成岩磁性,仅低于铁矿(以磁铁矿为主)的磁性。重力异常为重力高异常,等值线封闭圈,形态与岩体群分布形态、位置基本吻合,说明重力异常反映了岩体群分布情况。航磁异常为局部正异常。

(3)开山屯岩体(图 2-3-10C):位于开山屯南侧,即中朝准地台台缘超岩石圈断裂——"赤峰-开源-辉南-和龙深断裂"的东端——开山屯镇。该带由东向西有 10 个基性—超基性岩体群,开山屯岩体群的岩石化学特点是镁质超基性岩,在该带中开山屯岩体群基性程度最高,岩体为海西期的产物。该岩带具有多期活动,有向东推移的规律。岩性为纯橄榄岩-斜辉橄榄岩,表现为剩余重力高异常,异常形态与岩体群相近,位置吻合;在航磁异常平面图上为磁力高异常,与重力异常分布大致吻合,形态基本相同。

从上述可知,基性、超基性岩体都表现为重力高、磁力高异常,超基性岩重力、磁力值最高,基性岩次之,基性—超基性岩最低的特点。

2. 酸性、中酸性岩体

吉林省内酸性、中酸性岩体以剩余重力低异常和中弱磁异常为主要特征。

1)五台期岩体

闹枝沟岩体(图 2-3-11E),分布于集安市闹枝沟门一带,属五台期(新元古代)二长花岗岩体、混合碱长花岗岩体,平面呈不规则状,北北西向展布。主要以海相酸性火山岩和细碎屑岩、灰岩为主。重力异常表现为呈北北西走向的剩余重力低异常,异常区内多个封闭等值线,异常形态呈不规则状,与岩体形态基本吻合。

2)加里东期岩体

夹皮沟岩体(图 2-3-11D),分布于桦甸市夹皮沟镇北部,属加里东期(寒武纪)花岗闪长岩体,平面呈不规则状,北西向展布。重力异常表现为北西走向的剩余重力低异常,异常区内多个封闭等值线,等值线封闭圈形态与岩体形态基本吻合。航磁异常走向为北西向,与岩体走向吻合,其值为正负异常区。

3)海西期岩体

四道沟岩体(图 2-3-11C),分布于珲春市马商达乡四道沟一带,属海西期(晚二叠纪)花岗闪长岩体,平面呈不规则状,东西向展布。重力异常表现为剩余重力低异常,其西部呈东西走向,东部呈南北走向,异常走向受东部四道沟-春化南北向断裂带控制,西部受南部珲春东西向断裂。负重力异常等值线封闭圈位置与岩体位置基本吻合。航磁为正负异常区。

4)印支期岩体

梨树沟岩体(图 2-3-11B),分布于白山市蚂蚁河乡至闹枝沟乡一带,为印支期(晚三叠世)黑云母花岗岩体,呈团块状展布。重力异常表现为近东西走向的剩余重力低异常,强度最低为负值,异常等值线封闭圈与岩体形态吻合。航磁异常为正异常,异常等值线封闭圈与岩体形态基本吻合。

草山岩体(图 2-3-11B),分布于白山市蚂蚁河乡至闹枝沟乡一带,属印支期(晚三叠世)黑云母花岗岩体。平面呈圆形展布。重力异常表现为剩余重力低异常,呈东西走向。异常中心有 3 个闭合等值线,西部为老秃顶子岩体,东部两个异常重力低封闭等值线,此两个极值异常同时也反映了老秃顶子岩体的一部分;而中部及东部中心异常为东西走向,说明深部岩体受东西构造控制,岩体浅部都受东西构造控制。另一中心异常为南北走向,说明岩体深部受南北向构造控制;航磁异常为负值区,等值线形成封闭圈。

老秃顶子岩体(图 2-3-11B),分布于白山市蚂蚁河乡至闹枝沟乡一带,为印支期(晚三叠世)花岗岩体,呈团块状展布。重力异常表现为近东西走向的剩余重力高异常,异常区内有极值点,西部异常形成封闭等值线,异常与岩体位置稍向西错动。另外两个极值点为草山岩体。

由于为正异常,岩体深部可能存在隐伏的中性岩体;航磁异常为正异常,异常等值线封闭圈与岩体形态基本吻合。

5)燕山期岩体

六道沟岩体(图 2-3-11A),位于通化地区六道沟一带,属燕山期(晚侏罗世)碱长花岗岩、花岗闪长岩-二长花岗岩类,平面上呈北西向展布,不规则状。重力异常表现为北西走向的剩余重力低异常,异常等值线密集,等值线封闭圈与岩体走向、位置吻合;航磁异常为正异常。

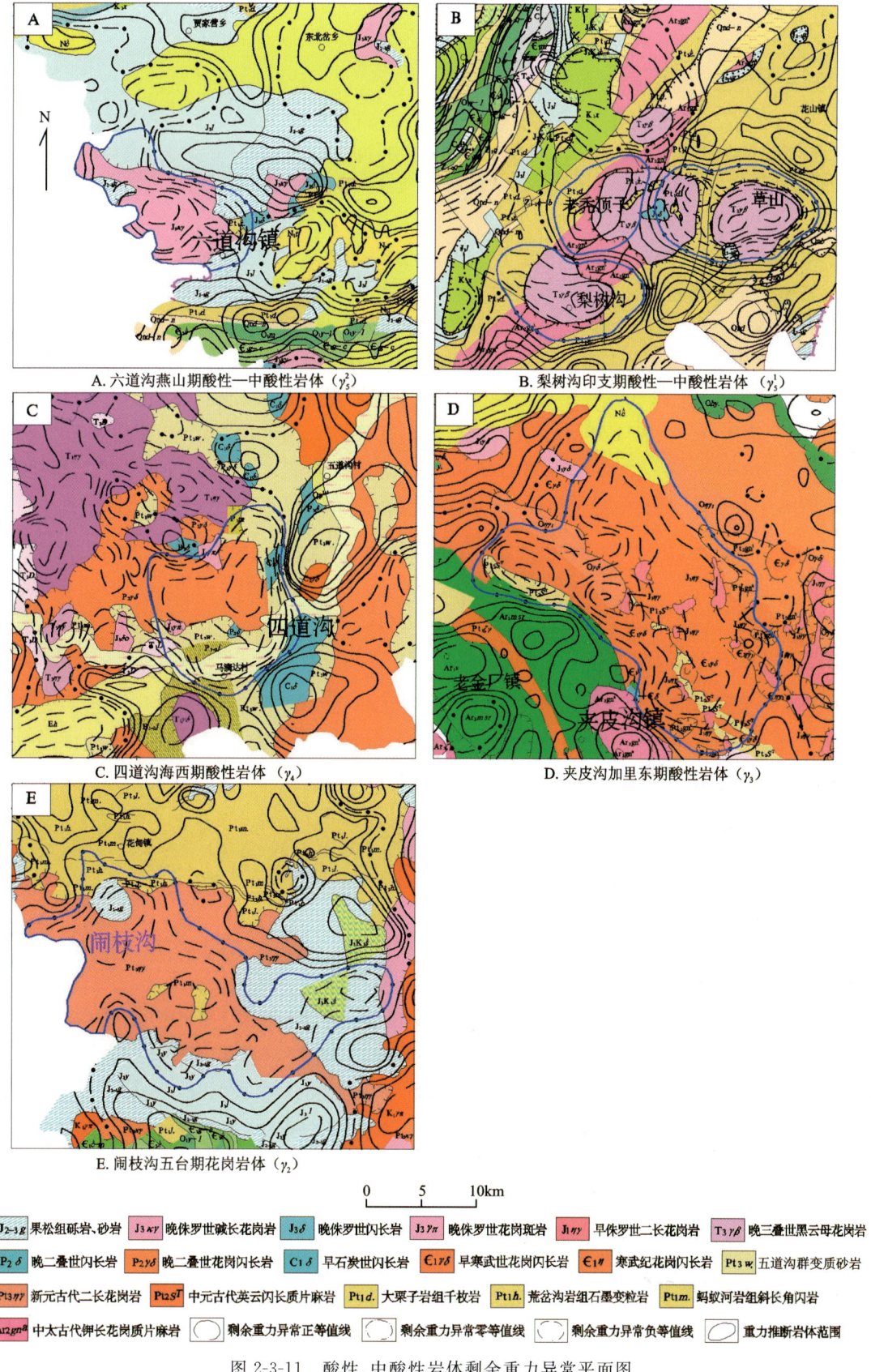

图 2-3-11 酸性、中酸性岩体剩余重力异常平面图

从上述可知,酸性、中酸性岩体均表现为剩余重力低异常,与岩(矿)石密度的统计中花岗岩体比围岩密度值低的特征相符。

(三)古老变质岩地层重力异常特征

本书选取几个典型的与成矿有关的地层,分别阐述如下。

1. 太古宇

(1)永兴杨家店岩组(图2-3-12A),位于桦甸永兴地区,属中太古界龙岗岩群上部层位,为太古宙古老陆核部分,也是最古老的基底变质岩系,分布于龙岗山脉的龙岗复式背斜翼部,呈北东向展布,主要由一套石榴子石、辉石、黑云角闪片麻岩、黑云角闪变粒岩、片岩、片麻岩、斜长角闪岩夹磁铁角闪石英岩组成,为深变质角闪质变质建造的各种混合岩及混合花岗岩,变质达角闪岩相—麻粒岩相,厚4076m。赋存铁、磷、铜和金、铜、镍等矿产,铜镍矿床规模大,具有重要工业价值。桦甸县桦南乡九星村铁矿点位于异常区内。同位素年龄约大于3000Ma。龙岗岩群的密度值为 $2.83\times10^3\ kg/m^3$,磁化率为 2363×10^{-5} SI,剩余磁化率为 $890\times10^{-3}\ A/m$。剩余重力异常为重力高,主体呈北西走向,等值线梯度较宽缓,有两个极大值,异常中心呈近椭圆状,异常边部呈不规则状,异常形态、位置与地层分布位置吻合。

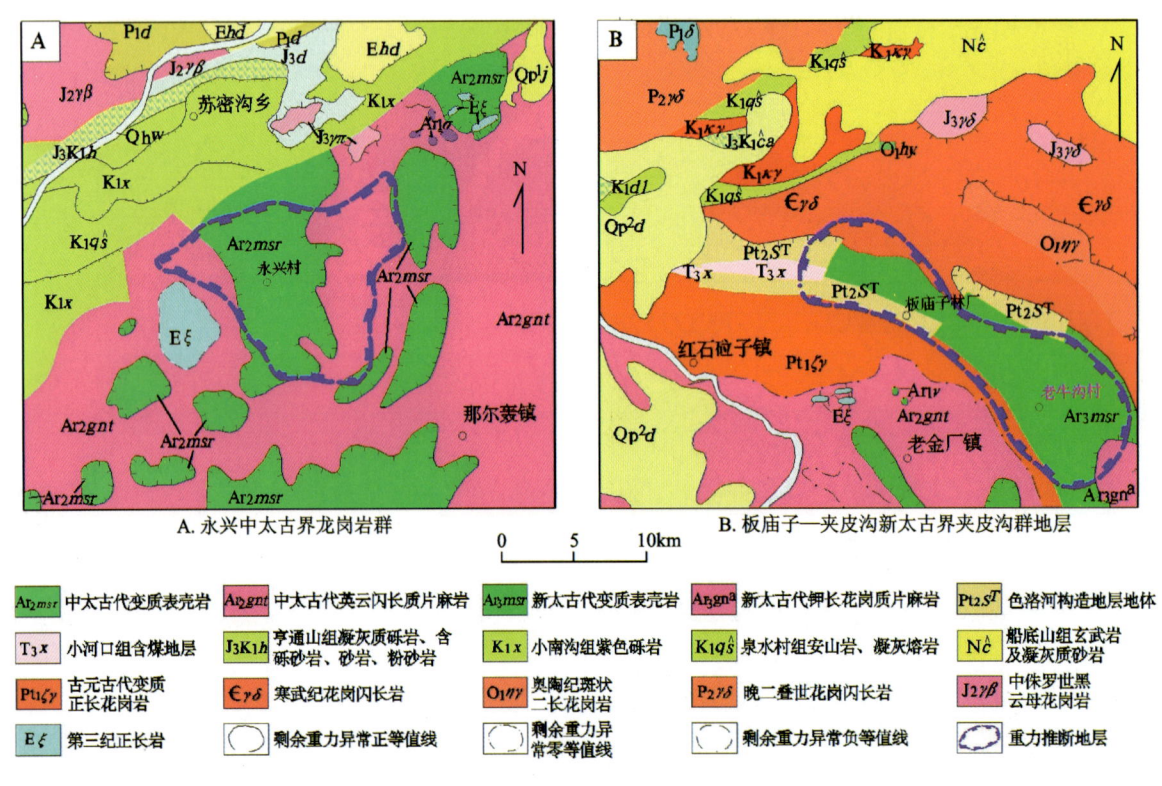

图2-3-12 太古宇剩余重力异常平面图

(2)板庙子—夹皮沟三道沟组(图2-3-12B),位于桦甸市夹皮沟镇至板庙子一带,属新太古代夹皮沟岩群三道沟岩组变质表壳岩,其地层的混合岩化相对较弱,区域变质作用相对较浅。原岩为基性—中基性—酸性火山岩和火山碎屑岩及硅铁质沉积岩,具太古宙晚期浅变质绿岩建造特征。地层呈北西向展布,主要由绢云石英片岩、黑云绿泥片岩,夹斜长角闪片岩及角闪磁铁石英岩层组成,厚1277~1990m。该地层是吉林省重要的金、铁矿含矿层位,如桦甸红旗沟金矿、桦甸市老牛沟铁矿,同位素年龄值大于

2500Ma。矿产包括具有工业价值铁矿床、金矿床,含低品位晶质磷矿岩系及含石榴子石矿岩系。夹皮沟岩群的密度值为 2.90×10^3 kg/m³,磁化率为 2843×10^{-5} SI,剩余磁化率为 980×10^{-3} A/m。剩余重力异常为重力高异常区,呈北西走向,异常有极大值,异常形态、位置与地层分布位置基本吻合。

2. 元古宇

通化-白山青白口纪—震旦纪地层(图 2-3-13A),位于白山市—通化市一带,呈北东向展布。岩性为石英砂岩、粉砂质页岩、页岩、碎屑岩、藻礁灰岩、叠层石灰岩、白云岩。本区的矿产有白山市板庙子金矿、浑江板石沟铁矿、通化二道江铁矿、白山市六道江铜矿。震旦系桥头组中的海绿石 K - Ar 法年龄值为 656~629Ma。震旦系的密度值为 2.71×10^3 kg/m³,磁化率为 538×10^{-5} SI。剩余重力异常为重力高,呈北东走向,异常封闭等值线形态、位置与地层分布位置基本吻合。

花山老岭岩群大栗子岩组与珍珠门岩组(图 2-3-13B),位于临江市七道沟—花山一带,长 115km,宽 10~30km。地层呈北东向展布,主要以各种大理石、片岩(十字片岩等)、石英岩、千枚岩为主。矿产主要有临江市八里沟金矿点,铁、磷、硫铁矿、金、铜、钴、铅锌、滑石、石棉等。同位素年龄为 2000~1700Ma。老岭岩群的密度值为 2.75×10^3 kg/m³,剩余重力异常为重力高,近北东走向,异常封闭等值线形态、位置与地层分布位置基本吻合。

凉水集安岩群临江岩组(图 2-3-13C),位于通化地区集安市凉水乡杨木林子一带,分布于集安桦树岭向斜槽部,西接辽宁省宽甸群,东南延入朝鲜,总面积 1360km²,最大厚度 2562m。临江岩组主要岩性为长石石英岩、石英岩、变粒岩、片麻岩、含石墨石英片岩、二云片岩夹厚—中薄层石英岩。同位素年龄 2500~1600Ma。新开河岩组矿产以非金属为主,主要有硼、石棉、云母、安绿石等,其次有铀、铁、石墨、稀土、放射性矿等。集安岩群的密度值为 2.77×10^3 kg/m³,剩余重力异常为重力高,为近北西西向,异常封闭等值线形态、位置与地层分布位置基本吻合。地层磁化率为 693×10^{-5} SI,剩余磁化率为 199×10^{-3} A/m。

3. 下古生界

景台奥陶系(图 2-3-14A),位于伊通县景台镇大黑山一带,呈北东向展布,分布于五台子-孙家复式背斜南部,主要以放牛沟火山岩,英安质熔结凝灰岩夹英安质凝灰岩及凝灰质砂岩,英安质熔结凝灰岩夹英安质熔结凝灰岩及结晶灰岩,粉砂质、硅质结核大理岩,黑云变粒岩,黑云斜长变粒岩,变质流纹岩为主。矿产为石灰岩矿,大理岩矿,及铜、锌、锑矿等,如伊通西大城号铜矿,同位素年龄为 455Ma。奥陶系密度值为 2.72×10^3 kg/m³,磁化率为 132×10^{-5} SI。剩余重力异常为重力高,呈北东走向,异常面积为 7.95km²。异常强度高,异常封闭等值线形态、位置与地层分布位置吻合。

4. 上古生界

双阳区山河镇—烟筒山石炭系(图 2-3-14B),位于长春市双阳区山河镇—烟筒山一带,呈北东向展布。岩性主要以细碧角斑岩、碎屑岩、灰岩、石英角斑岩、细碧岩、角斑质凝灰岩互层夹凝灰质砂岩、凝灰质砂岩互层夹细碧岩及大理岩为主。磨盘山组生物面貌以蜓类组合对比确属中石炭统。矿产主要为山河川金矿,含煤地层,耐火黏土等。石炭系的密度值为 2.71×10^3 kg/m³,围岩白垩系密度值为 2.43×10^3 kg/m³,三叠系密度值为 2.68×10^3 kg/m³,异常与围岩之间存在着密度差,差值分别为 0.28×10^3 kg/m³、0.03×10^3 kg/m³。区内剩余重力异常为重力高异常,呈北北西走向。异常中心走向:北部呈北西西向,南部呈北北西向,可见异常受北东向断裂控制。异常封闭等值线形态、位置与地层分布位置吻合。异常面积为 4.77km²。磁化率为 4157×10^{-5} SI。航磁异常为正负异常梯度带,梯度较密集。

从上述可知,所有老地层均表现为重力高异常,异常形态反映了地层平面形态,异常位置也反映了地层所在的位置。因此利用重力高异常来寻找老地层可达到位置准确、形态吻合的目的。

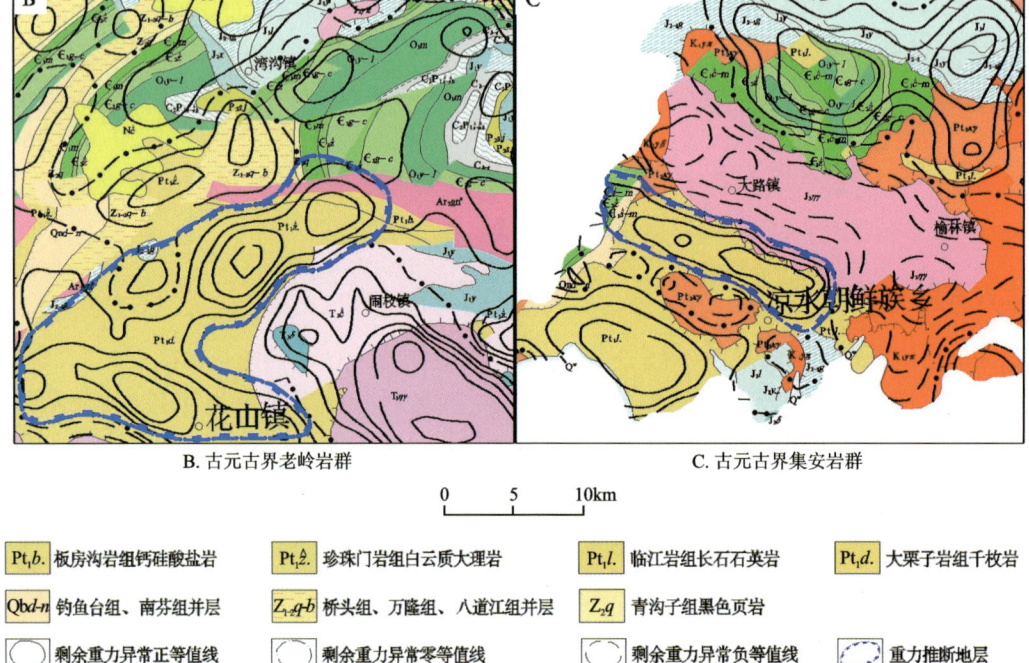

图 2-3-13 元古宇剩余重力异常平面图

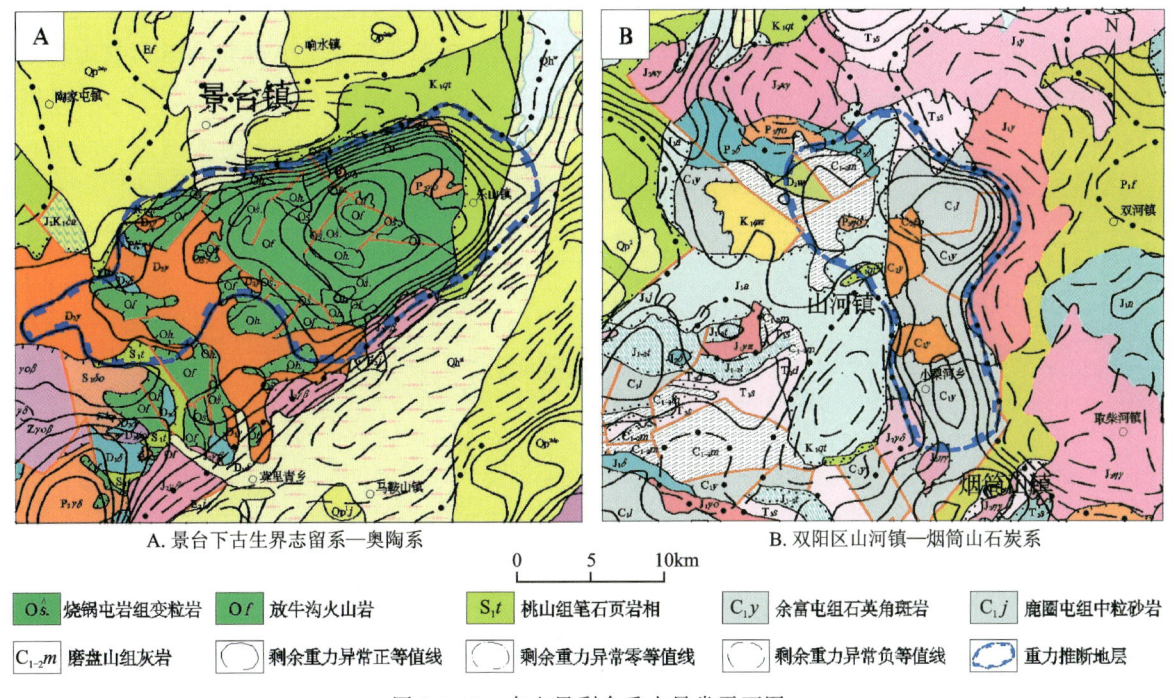

图 2-3-14 古生界剩余重力异常平面图

（四）中、新生代盆地重力异常特征

1. 中生代断陷盆地

双阳盆地（图 2-3-15A），异常位于双阳—太平镇一带，属中生代三叠纪—侏罗纪盆地，大部分为中更新世地层覆盖，核部为泉头组，主要为泥岩、砂岩、砾岩；东翼为安民组、久大组、太阳岭组、板石顶子组，西翼为安民组；尚有大酱缸组、金家屯组。轴向为北北东，盆地北西翼被依兰-伊通断裂破坏。古生代地层为基底；盆地近方形，宽 15km，长 17km，面积约 260km²。异常北宽南窄，异常宽 12km，长 17km；面积约 200km²。剩余重力低异常等值线密集，为北北东走向，重力低异常区有两个中心。该异常在航磁图上对应于负磁异常区，异常为北东向，可见基底由北至南为隆起—坳陷—隆起。异常北部宽缓，南部密集。异常受北东向断裂控制。基底为晚古生代地层（其密度值为 $2.70\times10^3 kg/m^3$），盆地中生代地层密度值为 $2.57\times10^3 kg/m^3$，其密度差为 $0.13\times10^3 kg/m^3$。异常形态、位置与盆地形态、位置吻合，盆地四周为重力高。所含矿产有双阳煤矿长焰煤、无烟煤、气煤。

罗子沟盆地（图 2-3-15B），位于汪清县罗子沟镇西侧，属中生代白垩纪盆地，核部大拉子组，主要以砾岩、砂砾岩为主，上部为砂岩、粉砂岩、泥岩、页岩、油页岩。两翼为泉水村组，主要以中性火山岩夹劣质煤为主。北东翼倾向南西西，南西翼倾向北北东，核部岩层近水平。轴向为北北西，盆地两侧分别受北北东向断裂及南北向断裂控制。盆地长 30km，宽 10km，面积约 220km²；剩余重力低异常为近椭圆状、北北西走向，长 20km，宽 10km，面积约 18km²；基底为上古生界（密度值为 $2.70\times10^3 kg/m^3$）及海西期闪长花岗岩（密度值为 $2.58\times10^3 kg/m^3$），上古生界与盆地白垩系（密度值为 $2.43\times10^3 kg/m^3$）的密度差为 $0.27\times10^3 kg/m^3$。盆地四周为重力高。

蛟河盆地（图 2-3-15C），异常位于蛟河市，属晚中生代白垩纪地层。核部为保家屯组；东翼为磨石砬子组、乌林组、奶子山组，倾向北西；西翼为磨石砬子组，倾向南东，轴向北北东，轴线偏西，受北北东向和北北西向断层控制。盆地长43km,宽8~18km,面积约400km²;表现为剩余重力低异常,异常长15km,宽10km,面积约100km²。异常呈南北走向、椭圆状,异常梯度较密集且独立。异常形态与盆地形态相近,其位置基本吻合。基底为晚古生代地层(密度值为$2.70×10^3 kg/m^3$),盆地为中生代白垩系(密度值为$2.43×10^3 kg/m^3$),两者密度差为$0.27×10^3 kg/m^3$。盆地四周为重力高。所含矿产有蛟河煤田长焰煤,部分为气煤。

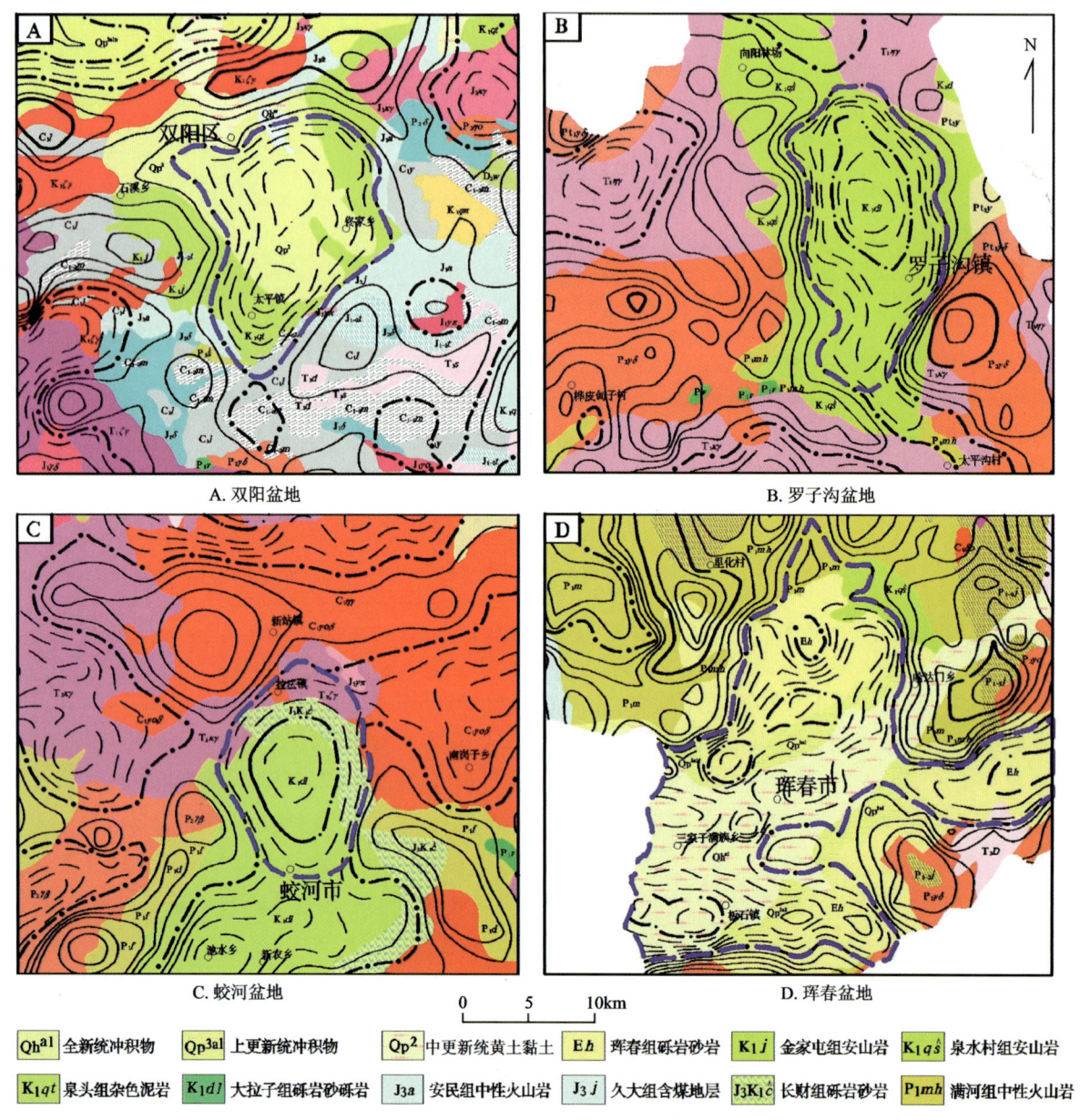

图2-3-15 中、新生代盆地剩余重力异常平面图

2. 新生代坳陷盆地

珲春盆地(图2-3-15D),异常中心位于珲春市附近,属古近系珲春组,盆地基底为中生界(密度值为$2.57×10^3 kg/m^3$),新生界密度值为$2.17×10^3 kg/m^3$,两者密度差为$0.4×10^{-3} kg/m^3$。盆地受东西向断裂控制;盆地长40km,宽4~8km。剩余重力低异常分为3个局部重力低异常。北部为北东走向,宽11km,长22km,异常强度最低,面积约180km²;南部为东西走向,长19km,宽5km,异常强度较低,面积

约 80km²;东部异常密集,为弱北东走向,长 23km,宽 5km,异常强度较低,面积约 100km²。整体异常形态与盆地形态相似,且基本吻合。盆地四周为重力高。所含矿产有珲春北山矿区及五家子等 9 个井田中型褐煤矿床,属古近系煤,含煤 70 余层,可采煤层 16 层。本区煤区处于北北东向反"S"形延展的莫氏面梯度带上,该梯度带由珲春一带逐渐转为北东—北北东向。珲春煤田位于该处,这一地带地壳厚度陡变的地带,有利于盆地生成,是寻找古近系煤田的有利地区。珲春市柳树河子砂金矿位于本区边缘。

从上述可知,盆地地层密度均低于基底密度,盆地的重力异常均为重力低异常,异常形态基本反映了盆地的形态,可以利用重力低异常寻找盆地。

第三章 数据处理解释方法与成果图件编制方法

第一节 数据处理解释方法与使用软件

一、数据处理解释方法

(一)布格重力异常与数据的预处理

1. 布格重力异常"五统一"

根据全国项目组下发的吉林省 1∶20 万和 1∶100 万重力数据,编制吉林省布格重力异常图。松辽平原为 1∶100 万重力数据,松辽平原西部和松辽平原东部山区均为 1∶20 万重力数据。下发的 1∶20 万和 1∶100 万的重力数据已经按《区域重力调查技术规范》(DZ/T 0082—2006)进行了"五统一"改算。即:

(1)统一采用 2000 国家重力基本网系统。
(2)统一采用 1954 北京坐标系和 1985 国家高程基准。
(3)统一采用国际大地测量学会(IGA)推荐的 1980 年公式计算重力异常值。
(4)统一采用《区域重力调查技术规范》(DZ/T 0082—2006)规定的公式进行布格改正和中间层改正,密度统一采用 $2.67g/cm^3$。
(5)统一采用 166.7km 的半径进行地形改正。

2. 数据处理

(1)布格重力异常数据处理。采用中国地质调查局发展中心提供的 RGIS2008 重磁电数据处理软件,绘制图件采用 MapGIS 软件,按全国矿产资源潜力评价《重力资料应用技术要求》执行。

(2)扩边处理。数据扩边能够减少数据处理导致的边界数据范围损失,宜尽量采用已有数据进行,即将所要处理的区域向外进行适当扩大。吉林省为 1∶20 万和 1∶100 万布格重力异常数据,数据向外扩边距离大于 20km。

(3)离散数据网格化。编制平面图前对测点的布格重力异常值网格化,形成对应网格化文件(*.GRD 文件)。网格化方法采用"Kring 泛克立格法",网格化间距 2km×2km,搜索类型采用八方位,搜索半径等于 40km。其他变差函数类型:线型模型、漂移类型、无漂移;块金效应:测量误差效应值为 0,微结构误差效应值为 0;几何异向性参数:比率为 1,角度为 0。

(二)剩余重力异常计算

运用 RGIS2008 软件滑动平均模块进行剩余重力异常计算。

剩余重力异常的计算方法采用矩形窗口滑动平均法。滑动平均窗口选定为 30km×30km 和 14km× 14km,前者为全国统一要求,后者是根据吉林省具体地质特征来确定的。采用窗口滑动平均的异常值作为窗口中心点的区域背景场,该点重力值与区域背景场相减即为该点的剩余重力异常。数据扩边范围大于滑动平均窗口的半边长。

二、定性解释技术

(1)定性解释的任务是根据地质图、物性资料、航磁资料,对重力异常的起因做出定性判断。对隐伏地质体依据地质环境、物性资料和异常特征加以判断。它是解释工作中最重要的一步,也是定量反演的基础。

(2)定性解释既要用原始布格重力异常,也要用处理图件。它包括布格重力异常图、剩余重力异常图、重力异常水平梯度图和重力垂向二阶导数异常图、区域重力异常图,以充分利用和全面分析所有重力场信息。对局部异常要与地形进行相关分析,排除中间层和地形改正不完善引起的假异常。

(3)重力资料定性解释要与其他地球物理资料,尤其是航磁资料进行综合解释,方便时重、磁定性解释可同步进行,互为印证与补充和约束,以研究重、磁异常的相关性,以及更加准确地判断异常的起因。

(4)根据测区内或其他地区在已知各类地质目标物上建立的地质-地球物理概念模型显示的标志(异常强度、形态、梯度、走向、规模、展布特点等)来判断异常的起因;根据地质图和本区物性资料,经过半定量正演估算加以验证,特别要注意发现隐伏的地质体。局部异常的定性解释一般首先从强度大、形态简单、干扰小或有岩石出露的异常入手。

(5)在进行地质解释时要尽量运用地学界成熟的新理论、新观点,收集最新的地质资料,并吸纳国内外的最新成果。

三、定量、半定量数据处理方法

(一)定量、半定量解释技术

定量解释的任务是运用各种定量反演方法求取有关场源(拟探测目标物或目标层)的几何参数和物理参数。

(1)基本形态已得到反映,定性解释认为对区域成矿预测有意义的异常,一般都应进行定量、半定量解释。预测区外全省重力推断地质构造图(1:20 万、1:50 万、1:100 万)解释一般可进行半定量解释;预测区内,满足定量解释前提(异常剖面实测点数大于 10 个)的重力异常一般应进行定量解释。

(2)进行定量解释的重力异常,应在平面研究的基础上,选择一条典型的或几条具有较好代表性的完整剖面,剖面重力异常数据可采用图切法获得。重力剖面选取,要根据异常形态确定。非等轴异常的解释剖面应尽量选择与异常长轴方向垂直,且向两端取数到正常场区;长轴较大或条带状异常,应尽量多选取几条剖面,以全面反演场源体在不同部位的形态。对选取的异常剖面,采用人机联作2.5D或3D反演等方法进行解释。

(3)对于单一界面和简单规则形体的定量反演也可采用线性公式和特征点法求其几何参数、质心的质量等。

(4)定量反演要尽可能用区内实测的物性参数、已有工程控制的地下地质情况以及其他物探方法得到的反演结果,作为先验控制信息,并选用最有可能的目标物的形态、产状、物性参数作为初始模型和控制条件,以减少定量反演的多解性。

(5)基于重力位场的特点,在人机联作的反演中要考虑到数据的测网密度和场的观测精度。

(6)当不具备严格的定量反演条件时,可只进行半定量反演。对规模较大(上顶宽大于上顶埋深)的地质体边界可以根据垂直于地质体的水平一阶导数极值线或垂向一阶导数、二阶导数的零值线大致确定;对接触面的倾斜方向可根据水平一阶导数曲线的不对称性(曲线缓变化的一侧为倾斜方向)或延拓不同高度的水平一阶导数极值的位移(极值向倾斜方向位移)粗略加以判断。

(7)重力异常的定量解释应平面解释与剖面解释相结合,互为补充、借鉴和约束。对于侵入岩体边界的确定、沉积盆地的基底界面起伏和埋深的研究,可以根据多条剖面人机联作定量反演的结果绘制推断解释平面图或栅状断面图,以能更好地给出地下立体概念。

(8)定量与半定量解释结果应由第二人复审。

(二)定量、半定量反演可靠性分级

1. 可靠

(1)有精测剖面且有个别工程控制结果约束的长条状异常的带地形2D反演;
(2)有详查资料且有个别工程控制结果约束的带地形3D反演。

2. 较可靠

(1)有精测剖面且有地质体先验模型约束的长条状异常的带地形2D反演;
(2)有详查资料且有地质体先验模型约束的带地形3D反演。

3. 可供参考的

(1)依据1∶20万～1∶100万数据密度较稀的调查资料进行的定量反演;
(2)依据转换数据进行的定量反演;
(3)地形明显起伏地区未考虑地形影响的定量反演;
(4)对无明显走向异常进行的2D定量反演;
(5)半定量反演,包括依据梯度带、水平一阶导数极值、垂向导数零值确定的断裂位置、地质体边界。

三、数据处理与反演解释等采用的软件

布格重力异常数据处理采用中国地质调查局发展中心研发的RGIS重磁电数据处理解释软件系统。

第二节 省级重力工作程度图及编制方法

一、资料来源

(1)使用全国项目组下发的吉林省1∶100万重力数据,松辽平原西部和松辽平原东部山区1∶20万重力数据。下发的1∶20万和1∶100万的重力数据已经按《区域重力调查规范》(DZ/T 0082—2006)进行"五统一"改算。

(2)测区信息。从吉林省勘查地球物理研究院(原吉林省地矿局物探大队)收集全省区域重力调查成果资料,吉林省不同比例尺的区域重力野外实测的工区数及相关信息;所有测区的重力资料情况,包括资料来源、工作时间、数据比例尺、数据精度等测区信息详细内容见吉林省重力工作程度登记表(本书略)。

(3)编图范围。编图范围:E121°30′—131°30′,N40°10′—46°40′。

二、图示内容

(1)地理底图图层。使用吉林省统一规定的地理底图。

(2)图层设置。成果图层为重力工作程度区文件图层,按照数据模型规定的图式图例编制,重力工作程度图包括野外工作年度、工作单位、工作比例尺、工作精度、提交报告名称以及提交时间等18项属性内容。

(3)重力工作程度为面域和线性两部分,整饰图层部分有责任表、图例及对图件的说明注释。

三、编图方法

(1)根据从吉林省勘查地球物理研究院收集的全省区域重力调查成果资料,编制《1∶50万吉林省重力工作程度图》。将各次重力测量工作区,以不同色区表示,工区边界以细黑实线表示。同时还须在适当位置标注野外工作年度及工作比例尺,如$\left(\frac{1985}{1:50\,000}\right)$。

具体方法按全国矿产资源潜力评价《重力资料应用技术要求》《重力资料应用数据模型》执行。

(2)成图采用的比例尺、坐标系、投影参数、中央经线等内容按照总项目组下发的空间坐标系统及其参数规定分册中要求,本次编制的吉林省重力工作程度图成图比例尺为1∶50万,采用1954北京坐标系,投影方式为兰伯特等角割圆锥投影,第一标准纬度42°00′00″、第二标准纬度46°00′00″、中央子午线经度126°30′00″、投影原点纬度40°40′00″。

第三节　省级布格重力异常图和剩余异常图及编制方法

一、资料来源

根据全国项目组下发的吉林省1∶100万重力数据,松辽平原西部和松辽平原东部山区均为1∶20万重力数据,编制吉林省布格重力异常图、剩余重力异常图。下发的1∶20万和1∶100万的重力数据已经按《区域重力调查技术规范》(DZ/T 0082—2006)进行"五统一"改算。

二、编图与建库过程

编图使用全国项目组提供的吉林省地理底图。

1. 成图参数

按照总项目组下发的空间坐标系统及其参数规定分册中要求,成图比例尺为1∶50万,采用1954北京坐标系、投影方式为兰伯特等角割圆锥投影,第一标准纬度42°00′00″、第二标准纬度46°00′00″、中央子午线经度126°30′00″、投影原点纬度40°40′00″。

编图范围:E121°30′—131°30′,N40°10′—46°40′。

2. 编图技术方法

(1)布格重力异常、剩余重力异常数据处理采用中国地质调查局发展中心提供的RGIS2008重磁电数据处理软件。绘制图件采用MapGIS软件,按全国矿产资源潜力评价《重力资料应用技术要求》执行。

(2)布格重力异常数据扩边处理。数据扩边能够减少数据处理导致的边界数据范围损失。宜尽量采用已有数据进行,即将所要处理的区域向外进行适当扩大。吉林省为1∶20万和1∶100万布格重力异常数据,数据向外扩边距离大于20km。编制平面图前对测点的布格重力异常值进行离散数据网格化,形成对应网格化文件(* .GRD文件)。网格化方法采用"Kring泛克立格法",网格化间距2km×2km,搜索类型采用八方位,搜索半径等于40km。其他变差函数类型:线型模型;漂移类型:无漂移;块金效应:测量误差效应值为0,微结构误差效应值为0;几何异向性参数:比率为1,角度为0。

(3)剩余重力异常计算。运用RGIS2008软件滑动平均模块进行剩余重力异常计算。剩余重力异常的计算方法采用矩形窗口滑动平均法。滑动平均窗口选定为30km×30km和14km×14km,前者为全国统一要求,后者为根据吉林省各地质单元、地质体分布规律与重力异常对应关系选定的。采用窗口滑动平均的异常值作为窗口中心点的区域背景场,该点重力值与区域背景场相减即为该点的剩余重力异常。数据扩边范围大于滑动平均窗口的半边长。

(4)等值线绘制。运用MapGIS软件DTM分析模块进行等值线绘制。

线型特点:零等值线用点划线表示。以零等值线起算每5条绘一条计曲线。布格重力异常图等值线距为$2\times10^{-5}\mathrm{m/s^2}$,剩余重力异常图等值线距为$1\times10^{-5}\mathrm{m/s^2}$。在图面合适部位注记重力等值线数值。等值线注记的颜色与其等值线相同,注记字体为宋体,字体大小为2.2mm×2.2mm。

在吉林省布格重力异常图的布格重力高、重力低上标注有布格异常符号(点)"＋、－"。

在吉林省剩余重力(30km×30km滑动平均)异常图(1∶50万)上进行了统一剩余重力异常编号,

编号异常共计 329 个,其中重力高编号 188 个,格式为 G 吉—000160,重力低编号 141 个,格式为 L 吉—000065。图上标注有剩余异常符号(点)"＋、－"。

吉林省剩余重力(14km×14km 滑动平均)异常图(1∶50 万)上剩余重力异常编号是在剩余重力(30km×30km 滑动平均)异常图(1∶50 万)的异常编号基础上编分编号,其中重力高编号 350 个,格式为 G 吉—0180-(1),重力低编号 298 个,格式为 L 吉—0138-(5)。图上标注有剩余异常符号(点)"＋、－"。等值线平面图色阶方案,使用全国项目办"20090512 版子图库"为基础的统一系统库。基本特点是冷色调为负场区,暖色调为正场区,且越接近与零值场区颜色越浅。

3. 数据库建设

按照《重力资料应用技术要求》及数据模型的重力分册规定,布格重力异常符号(点)和剩余重力异常符号(点)文件挂接属性,建立数据库。对全省布格异常符号(点)、剩余重力异常符号(点)进行提取,填制属性登记表,建立属性库,通过 GeoMAG 软件规范并建立布格重力异常图、剩余重力异常图数据库。

第四节　省级重力推断地质构造图及编制方法

一、成图参数

按照总项目组下发的空间坐标系统及其参数规定分册中要求,使用全国总项目组提供的吉林省地理底图。

成图比例尺为 1∶50 万,采用 1954 北京坐标系,投影方式为兰伯特等角割圆锥投影,第一标准纬度 42°00′00″、第二标准纬度 46°00′00″、中央子午线经度 126°30′00″、投影原点纬度 40°40′00″。

编图范围:E121°30′—131°30′,N40°10′—46°40′。

二、编图方法

根据吉林省 1∶50 万布格重力异常等值线平面图、剩余重力异常等值线平面图,参考布格重力异常水平梯度模平面图、垂向一阶导数平面图、垂向二阶导数平面图、(0°、45°、90°、135°)方向水平一阶导数平面图、上延(5km、10km、20km、50km)等值线平面图等数据处理图件,结合《吉林省区域地质志》和吉林省 1∶50 万地质图、构造纲要图,1∶25 万地质图,吉林省区域物性(磁、重)参数特征,从已知到未知、由浅入深、由表及里地进行重力推断研究,进行定性解释与定量解释,提取成果信息,编制吉林省重力推断地质构造图。异常解释推断过程中,全面收集资料与深入分析资料相结合,充分利用好以往工作成果资料。

根据全国矿产资源潜力评价《重力资料应用技术要求》中推断地质构造的内容、依据和方法,进行吉林省重力推断地质构造图的编制。

三、编图内容

吉林省重力推断地质构造图图示内容包括根据以往重力推断成果整理的、新解释发现的、修改的、补充的和其他资料印证的地质构造信息。

编图内容包括:①重力推断的隐伏、半隐伏断裂构造和经其他资料印证的断裂带;②重力推断的隐伏、半隐伏岩体、岩浆岩带;③重力推断的隐伏、半隐伏地层或印证的地层;④重力推断的沉积盆地;⑤重力异常对应构造单元名称;⑥重力异常分区与面积。

四、数据库内容

重力推断成果图层包括:①重力推断断裂构造图层;②重力推断侵入岩体图层;③重力推断盆地图层;④重力推断岩浆岩带图层;⑤重力推断地层图层;⑥重力推断构造单元图层。

第五节 预测区布格重力异常图和剩余重力异常图编制方法

一、资料来源

全国项目组下发的吉林省1:100万重力数据和1:20万重力数据已经按《区域重力调查技术规范》(DZ/T 0082—2006)进行"五统一"改算。预测区全部分布在吉林省东部山区,1:20万重力数据基本全部覆盖。

二、编图与建库过程

异常图编制使用全国项目组下发的吉林省1:20万和1:100万布格重力异常数据,全国项目组提供的吉林省地理底图。重力资料来源、数据处理方法、绘制图件建立重力异常图数据库等事项与编制全省布格重力异常图、剩余重力异常图的方法技术基本相同。

1. 成图参数

按照总项目组下发的空间坐标系统及其参数规定分册中要求,成图比例尺为1:5万,采用北京1954坐标系;投影方式为高斯-克吕格投影,依标准6度分带,投影分带的中央经线的经度123°00′00″或129°00′00″。

2. 编图技术方法

(1)布格重力异常、剩余重力异常数据处理采用中国地质调查局发展中心提供的RGIS2008重磁电数据处理软件。绘制图件采用MapGIS软件,按全国矿产资源潜力评价《重力资料应用技术要求》执行。

(2)布格重力异常数据扩边处理。与编制省级布格重力异常图、剩余重力异常图的布格重力异常数据扩边处理方法相同。

(3)剩余重力异常计算。根据全省预测工作区各地质单元、地质体分布规律与重力异常对应关系,滑动平均窗口选定为14km×14km。其他与编制省级剩余重力异常图时的剩余重力异常计算方法相同。

(4)等值线绘制。与省级布格重力异常图、剩余重力异常图等值线绘制方法相同。

3. 数据库建设

按照重力资料应用技术要求及数据模型的重力分册规定,对剩余重力异常符号(点)文件挂接属性,包括异常点位置经纬度、异常形状、走向、长度、面积、强度,通过 GeoMAG 软件规范并建立剩余重力异常图数据库。

第六节 预测区重力推断地质构造图编制方法

一、成图参数

按照总项目组下发的空间坐标系统及其参数规定分册中要求,成图比例尺为 1∶5 万;采用北京 1954 坐标系;投影方式为高斯-克吕格投影,依标准 6 度分带,投影分带的中央经线经度 123°00′00″或 129°00′00″。

二、编图方法

根据预测工作区布格重力异常等值线平面图(1∶5 万)、剩余重力异常等值线平面图(滑动平均 14km×14km)(1∶5 万),参考布格重力异常水平梯度模平面图、布格重力异常垂向(一阶、二阶)导数平面图、布格重力异常(0°、45°、90°、135°)方向水平一阶导数平面图、布格重力异常上延(5km、10km、20km)等值线平面图(1∶5 万)等重力数据处理图件,结合《吉林省区域地质志》和吉林省 1∶50 构造纲要图、1∶25 万地质图、1∶5 万地质图,吉林省区域物性(磁、重)参数特征,预测工作区航磁等值线图及推断成果图,对预测工作区重力异常开展解释推断,编制预测工作区重力推断地质构造图。

异常解释推断过程中,全面收集资料与深入分析资料相结合,定性解释与定量解释相结合,从已知到未知,由浅入深,进行重力推断研究。同时充分利用好以往工作成果资料。

预测工作区 1∶5 万重力推断地质构造图的编制,符合《全国矿产资源潜力评价重力资料应用技术要求》《全国矿产资源潜力评价重力资料应用数据模型》的规定。

三、编图内容

预测区重力推断成果图与省级重力推断地质构造图的编图内容相同。

四、数据库内容

预测区重力推断成果图层与省级重力推断地质构造图数据库内容相同。

第七节 典型矿床剖析图编制方法

典型矿床重磁场特征系列图由典型矿床所在区域地质矿产及物探剖析图（1∶25万）、典型矿床所在地区地质矿产及物探剖析图（1∶5万—1∶10万）、典型矿床所在位置地质矿产及物探剖析图（1∶2000万—1∶2万）和典型矿床勘探剖面（或概念模型）图组成。

一、典型矿床所在区域地质矿产及物探剖析图

1. 编图方法

(1) 地质矿产图比例尺为1∶25万。
(2) 重力图使用1∶20万数据，绘制1∶25万布格重力异常图和剩余重力异常图。
(3) 航磁图使用2km×2km数据，绘制航磁异常图、航磁化极异常图、航磁化极垂向一阶导数等值线平面图。

2. 表现样式

一张典型矿床所在区域地质矿产及物探剖析图占一张A3纸，格式为JPG形式，分辨率不低于300dpi。剖析图中各专题图位置按《磁测资料应用技术要求》中本图规定样式摆放，各专题图的大小为10cm×10cm，其代表的实际范围以能完整反映矿床所在区域的区域成矿背景及区域地球物理场特征为宜。

在图例说明中说明原地质矿产图、航磁数据和重力数据的比例尺。

二、典型矿床所在地区地质矿产及物探剖析图

1. 编图方法

(1) 地质矿产图比例尺为1∶5万，没有1∶5万则使用1∶25万。
(2) 重力图使用1∶10万（含1∶10万）以上比例尺重力数据数据，不满足这一条件，则布格重力异常图和剩余重力异常图省略。
(3) 航磁剖面平面图使用1∶5万或1∶10万测量比例尺的航磁原始剖面数据绘制。
(4) 航磁 ΔT 化极等值线平面图和航磁 ΔT 化极垂向一阶导数等值线平面图使用1∶5万或1∶10万航磁原始剖面数据。

2. 表现样式

一张典型矿床所在地区地质矿产及物探剖析图占一张A3纸，格式为JPG形式，分辨率不低于300dpi。与典型矿床所在区域地质矿产及物探剖析图表现样式相同。

三、典型矿床所在位置地质矿产及物探剖析图

1. 编图方法

(1)地质矿产图原则上应使用1∶1万以上比例尺的地质矿产图缩编而成,但若没有大比例尺地质矿产图时,也可使用小比例尺地质矿产图放大形成。

(2)重力图要求使用1∶5万(含1∶5万)以上比例尺重力数据直接绘制。吉林省无1∶5万(含1∶5万)以上比例尺的重力数据,则布格重力异常图和剩余重力异常图省略。

(3)地磁剖面平面图使用1∶1000—1∶5万测量比例尺的地磁原始剖面数据直接绘制,有多个比例尺的地磁资料时,采用大比例尺资料;如绘制的地磁剖面图中剖面线的间距小于0.5cm时,可将原始剖面数据进行适当抽稀后再绘制。

(4)地磁等值线平面图,使用1∶5万(含1∶5万)以上测量比例尺的地磁原始剖面数据。

2. 表现样式

一张典型矿床所在位置地质矿产及物探剖析图原则上占一张A3纸或A4纸,格式为JPG形式,分辨率不低于300dpi。

四、典型矿床所在位置模式图

典型矿床模式图,即典型矿床勘探剖面图或概念模型图,由物探剖面曲线、地质构造及矿体断面图、2.5D拟合模型截面图等组成。

当典型矿床有勘探剖面图时,地质构造及矿体剖面图可以直接引用勘探剖面图。若典型矿床上没有勘探剖面,则采用推断地质构造图(即概念模型图)。

第四章　省级重力资料地质解释成果

第一节　重力异常分区及地质构造单元划分

一、吉林省重力异常分区

(一) 区域重力异常分区依据与方法

重力异常解释一般从场的分区开始，重力异常区域单元划分是以区域布格重力场宏观特征以及剩余重力异常群体特征进行划分的。重力场分区采用了如下方法：

(1) 在区域布格重力异常图上，根据区域布格重力场的强度、范围等标志进行区域场的分区。

(2) 在剩余异常图上，根据异常群的形态、梯度、走向、变化规律及异常群的组合特征并结合地质资料、化探异常、磁异常的分布特征为准则进行分区。Ⅰ级场的分区边界以明显的梯度带或不同特征区域场的分区界线。Ⅱ级场的边界划在布格重力异常和剩余异常群体特征分区的边沿处。1个Ⅱ级重力场区在宏观上是性质大体相同，异常值相近，区域上是同一个重力高（或低），也可以是几个异常特征相似或有一定分布规律的局部场集合。场区界线为梯度带或重力高、低的过渡带或两侧异常特征明显不同的分界线。Ⅲ级场的划分是在Ⅱ级场区内进一步划分的，其局部重力异常有明显差异；其界线是局部重力异常差异的分界线；而Ⅳ级场的划分是在Ⅲ级场区内进一步划分的，根据重力场异常的形态、展布相近进行划分。

(3) 通过与地质构造图件的对应分析，初步研究场的分区与已知不同级别构造单元的关系，推断各区域异常的地质起因。

(4) 在对重力场进行分区和定性解释的基础上，可对地质构造进行初步划分，为进一步研究区内其他地质问题提供地质构造背景。在全面地质解释后，还应根据其他解释成果修改、调整地质构造分区，使其更为合理。

(二) 区域重力异常分区

依据以上重力场分区的原则，结合地质构造分区，将吉林省区域划分为南、北2个Ⅰ级重力异常区（图4-1-1）。

Ⅰ₁异常区，位于省内西北部，区内划分为Ⅱ级4个区，区号为1—4；Ⅲ级14个分区，区号为1—14；Ⅳ级9个小区，区号为1—9。

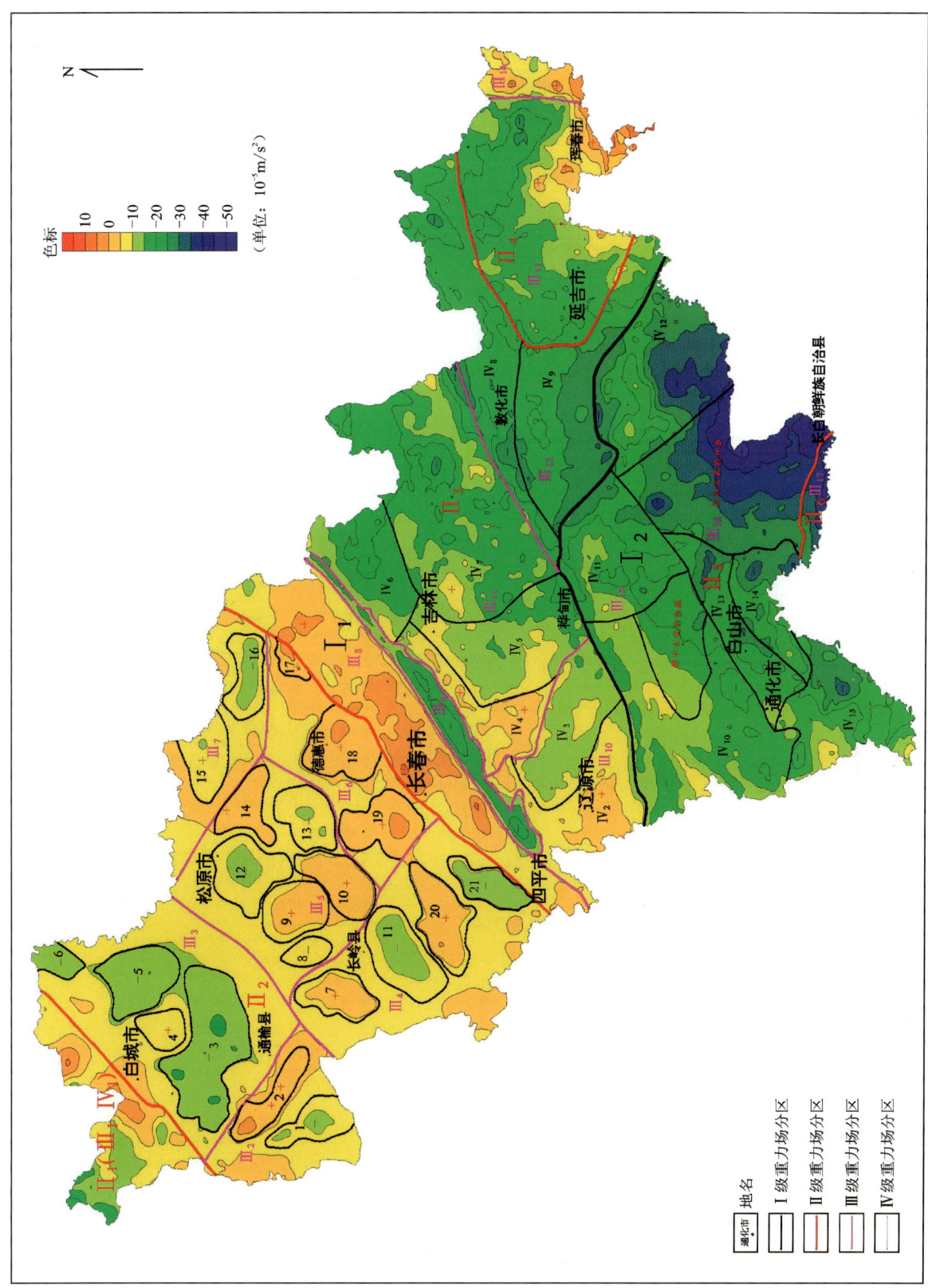

图 4-1-1 吉林省布格重力异常分区平面图

I₂异常区,位于省内东南部,区内划分Ⅱ级2个区,区号为5—6;Ⅲ级3个分区,区号为15—17;Ⅳ级6个小区,分区号为10—15。

全区共划分6个Ⅱ级重力场区,17个Ⅲ级重力场区,15个Ⅳ级重力场区(表4-1-1)。

表4-1-1 吉林省重力场分区一览表

Ⅰ级分区	Ⅱ级分区	Ⅲ级分区	Ⅳ级分区
Ⅰ₁白城-吉林-延吉复杂异常区	Ⅱ₁大兴安岭东麓异常区	Ⅲ₁乌兰浩特-哲斯异常分区	Ⅳ1 瓦房镇-东屏镇正负异常小区
	Ⅱ₂松辽平原低缓异常区	Ⅲ₂兴龙山-边昭正负异常分区	(1)瞻榆重力低异常小区;(2)新兴重力高异常小区
		Ⅲ₃白城-大岗子低缓负异常分区	(3)黑水重力低异常小区;(4)六合重力高异常小区;(5)安广重力低异常小区;(6)五棵树重力高异常小区
		Ⅲ₄双辽-梨树负异常分区	(7)三团重力高异常小区;(11)新安重力低异常小区;(20)双山重力高异常小区;(21)万发重力低异常小区
		Ⅲ₅乾安-三盛玉负异常分区	(8)查干花重力低异常小区;(9)乌兰重力高异常小区;(10)伏龙泉重力高异常小区;(12)宝甸重力低异常小区;(13)哈拉海重力低异常小区;(14)增盛重力高异常小区;
		Ⅲ₆农安-德惠正负异常分区	(17)榆树重力高异常小区;(18)德惠重力高异常小区;(19)龙王重力高异常小区
		Ⅲ₇扶余-榆树负异常分区	(15)长春岭重力低异常小区;(16)扶余重力低异常小区
	Ⅱ₃吉林中部复杂正负异常区	Ⅲ₈大黑山正负异常分区	
		Ⅲ₉伊-舒带状负异常分区	
		Ⅲ₁₀石岭负异常分区	Ⅳ₂辽源异常小区
			Ⅳ₃椅山-西堡安异常低值小区
		Ⅲ₁₁吉林弧形复杂负异常分区	Ⅳ₄双阳-官马弧形负异常小区
			Ⅳ₅大黑山-南楼山弧形负异常小区
			Ⅳ₆小城子负异常小区
			Ⅳ₇蛟河负异常小区
		Ⅲ₁₂敦化复杂异常分区	Ⅳ₈牡丹岭负异常小区
			Ⅳ₉太平岭-张广才岭负异常小区
	Ⅱ₄延边复杂负异常区	Ⅲ₁₃延边弧状正负异常区	
		Ⅲ₁₄五道沟弧线形异常分区	
Ⅰ₂龙岗-长白半环状低值异常区	Ⅱ₅龙岗复杂负异常区	Ⅲ₁₅靖宇异常分区	Ⅳ₁₀龙岗负异常小区
			Ⅳ₁₁白山负异常小区
			Ⅳ₁₂和龙环状负异常小区
		Ⅲ₁₆浑江负异常低值分区	Ⅳ₁₃清和复杂负异常小区
			Ⅳ₁₄老岭负异常小区
			Ⅳ₁₅浑江负异常小区
	Ⅱ₆八道沟-长白异常区	Ⅲ₁₇长白负异常分区	

注:Ⅱ级异常称为区,Ⅲ级异常称为分区,Ⅳ级异常称为小区。"(1)"为Ⅲ级异常区内独立异常小区。

1. Ⅰ级异常分区特征

Ⅰ₁ 白城-吉林-延吉复杂异常区，区内在剩余重力异常平面图（14km×14km 滑动平均）上以零值线为区域分界线；在布格重力异常图上区内存在正、负异常，并呈条带状分布，且较为复杂。异常各小区走向各不相同，中部伊-舒断裂区梯度带极为显著，且等值线密集，梯度陡；伊-舒断裂带以西异常为弧线形状、环状；布格重力异常值较高，大黑山区Ⅲ₈ 为正、负异常区，出现区内布格重力异常最高值，也是Ⅰ₁异常区最高值；区内最低重力值出现在伊-舒断陷盆地重力低异常带内，本区异常复杂，起伏较大。

Ⅰ₂ 为龙岗-长白半环状低值异常区，南、北两侧异常特征和走向不同，在布格重力异常垂向一阶导数平面图及重力上延5km等值线平面图上，可见此区分界线处有极为明显的梯度带及重力低异常带。区内异常大多呈北东走向，东部部分异常为东西向，漫江附近异常为南北向，异常有规律，走向明显，与深部异常均表现为环状。区内均为负重力异常值，最低异常值出现在本区长白山附近，为吉林省内最低异常区；异常梯度较密集。八道沟—长白南部一带异常为东西走向，与北部走向明显不一致。在莫氏面上表现为半环状等深线，且在 60km×60km 滑动平均图上为一幔坪区；而在莫氏面等深图上的等深线较密集，由东至西等深线为 46.6～37.5km，东深西浅。在剩余重力异常平面图（14km×14km 滑动平均）上以零值线为区域分界线。

2. Ⅱ级异常分区特征

Ⅱ₁（Ⅲ₁、Ⅳ₁）为大兴安岭东麓异常区（乌兰浩特-哲斯异常分区，瓦房镇-东屏镇正负异常小区）。东、西两侧异常分布不同，中部异常大多为北东向弧形梯度带，且梯度较东部异常区陡，在布格重力异常图上东部为正负相间的异常场，最高异常值位于东屏镇西部，最低异常值位于万宝镇北部；在莫氏面、60km×60km 滑动平均图上异常呈北东走向。

Ⅱ₂ 松辽平原低缓异常区，区内为块状多个径向-同心圆型异常，异常平缓。在布格重力异常图上东侧有部分正异常场出现，最高异常值位于卡伦镇与景台镇附近，最低异常值位于洮南东部。

Ⅱ₃ 吉林中部复杂正负异常区，异常梯度带明显，区内西部梯度带异常呈北东走向，正负异常相间，西南部走向变化很大；60km×60km 滑动平均图上为北东向梯度带，异常值较西部区域低，而高于东部；最高异常值位于伊通县附近，最低值位于大浦柴河镇南部，区内异常较为复杂。

Ⅱ₄ 延边复杂负异常区，异常形态、走向出现一稍高弧状异常带而与Ⅱ₃区截然不同；围绕复兴镇有一近椭圆状异常重力低异常；区内东部的深部异常为一反"S"形异常梯度带，由东至西异常值逐渐增大且有一小部分为正异常区。区内布格重力异常最高值位于敬信镇南部，异常梯度陡。

Ⅱ₅ 龙岗复杂负异常区，东部异常为北东走向，西部为围绕长白山呈弧状展布，通化南部大部分为东西走向，全区均为负异常，最低值位于长白山天池（白头山天池）附近，其异常梯度陡；最高值位于板石河镇附近。异常复杂，形态不规则。

Ⅱ₆（Ⅲ₁₇）八道沟-长白异常区（Ⅲ₁₇长白负异常分区），异常均为东西向梯度带，梯度密集，异常均为负值；在14km×14km 滑动平均剩余重力异常平面图上可见清晰的东西向正异常区，表现为串珠状异常；异常走向随上延距离由 5km→10km→20km，东西走向越来越变化为北东向，至上延50km时均为北东走向。

3. Ⅲ级异常分区特征

Ⅲ₁ 为乌兰浩特-哲斯异常分区，内容见"Ⅱ₁异常区"。

Ⅲ₂ 兴龙山-边昭正负异常分区，北东部为北西走向重力高异常，最高异常值位于兴龙山镇北东侧，西部为南北走向相对重力高异常,南部为北西走向重力低异常带,最低异常值位于瞻余镇及其北西部。60km×60km滑动平均图上异常呈北东走向,从而形成向西半弧形。异常区内可分为:(1)瞻榆重力低异常小区,为北西走向,相对邻区为重力低,异常为近椭圆形;(2)新兴重力高异常小区,存在一小的正异常区,异常为长条状。区内有2个近椭圆状的封闭异常。

Ⅲ$_3$白城-大岗子低缓负异常分区,区内异常群形态为团块状。异常群为:(3)黑水重力低异常小区,为北东走向,近椭圆状;(4)六合重力高异常小区,为北东走向,团块状;(5)安广重力低异常小区,为北西走向,近椭圆状;(6)五棵树重力高异常小区,为北东走向,近椭圆状,东、西边界异常为北东向。整体区内异常走向形成近环状,受北东向及北西向断裂的控制。本区异常值为负且低缓,最高异常值位于白城市,最低异常值位于洮南东部,60km×60km滑动平均图上呈尤为明显的平缓异常。

Ⅲ$_4$双辽-梨树负异常分区,区内具多个径向-同心圆型异常。异常群为:(7)三团重力高异常小区,为近南北走向,近椭圆状;(11)新安重力低异常小区,为北东走向,呈椭圆弯曲状;(20)双山重力高异常小区,位于双辽县附近,异常整体为北东走向,区内存在2个同心圆形异常,均为北北东走向;(21)万发重力低异常小区,位于梨树县,为北北东走向,呈条带状。最高异常值位于桑树台镇附近,最低异常值位于郭家店镇附近。

Ⅲ$_5$乾安-三盛玉负异常分区,为平缓负异常区、多个径向-同心圆形异常群。异常群为:(8)查干花重力低异常小区,为北西走向,近椭圆状;(9)乌兰重力高异常小区,为北西走向,椭圆状;(10)伏龙泉重力低异常小区,为北东走向,近椭圆状;(12)宝甸重力低异常小区,为块状,异常区中部为东西走向,可见异常深部受东西向断裂控制;(13)哈拉海重力低异常小区,为北东走向,近椭圆状;(14)增盛重力高异常小区,为北西走向,平面呈鼻状。全区最高异常值位于三青山镇附近,最低异常值位于松原市西南附近。

Ⅲ$_6$农安-德惠正负异常分区,区内多个径向-同心圆形异常,正负相伴。异常群为:(17)榆树重力高异常小区,为北东走向,近椭圆状;(18)德惠重力高异常小区,为团块状,北部、东北部为北北西走向,西部为近南北走向;(19)龙王重力高异常小区,区内有2个封闭异常等值线区,北部为南北走向,南部为北北东走向,均为椭圆状。本区最高异常值位于大青嘴镇,最低异常值位于哈拉海镇附近。异常梯度比东部区域密集,但西部比本区梯度更密集。

Ⅲ$_7$扶余-榆树负异常分区,区内异常群为负异常区。异常群为:(15)长春岭重力低异常小区,为近东西走向,椭圆状;(16)扶余重力低异常小区,为东西走向,近椭圆状。最高异常值位于长春岭镇以北,最低异常值位于扶余县弓棚镇。异常梯度为西缓东陡。

Ⅲ$_8$大黑山正负异常分区,区内异常正、负异常相间,异常值起伏变化较大,局部异常等值线密集、梯度陡;异常在重力异常图、重力剩余异常图、60km×60km滑动平均图上多呈北东走向;布格重力垂向二阶导数异常平面图的零值线为与Ⅲ$_9$异常的分界线。最高异常值位于长春市北,最低异常值位于上河湾镇附近。

Ⅲ$_9$伊-舒带状负异常分区,异常梯度带密集,走向明显呈北东向。在布格重力异常垂向二阶导数异常平面图上以零值线为区域的分界线。最高异常值位于乌拉街满族镇以北,最低异常值位于万昌镇附近。

Ⅲ$_{10}$石岭负异常分区,异常整体呈北西走向,局部异常沿北西、东西、北东均有分布,异常北部比较复杂;异常值变化幅度不显著。南部、东部异常密集,西部、北部异常较疏缓,异常值南高北低。

Ⅲ$_{11}$吉林弧形复杂负异常分区,区内异常密集,北部异常为北东走向,南部走向变化较大,为负异常值,异常小群体较多且密集。在30km×30km滑动平均剩余重力异常平面图上区内异常正、负相间,大部分呈弯曲弧状。最高异常值位于伊通县附近,最低异常值位于漂河川镇附近。

Ⅲ$_{12}$敦化复杂异常分区,区内有著名的敦-密断裂,其附近异常呈北东走向,而在 14km×14km 滑动平均剩余重力异常平面图上可见清晰表现出来;北部异常宽缓,南部密集;与相邻分区比异常值低且均为负值,最高异常值位于黄泥河镇附近,最低异常值位于大山嘴子镇东北部。异常南部呈北西走向,其余大部分为北东走向,在 60km×60km 滑动平均图及莫氏面等深图上为一幔坪区。

Ⅲ$_{13}$延边弧状正负异常区,区内异常大部分为负值,珲春南异常值为重力高异常区,最高异常值位于敬信镇南部,最低异常值位于复兴镇南。南部异常呈北西走向,北部呈北东走向,中部大部分呈南北走向,整体呈弧状。深部异常与Ⅲ$_{14}$异常区部分形成一反"S"形状,在莫氏面等深图上尤为明显,可见受深部构造控制明显。

Ⅲ$_{14}$五道沟弧线形异常分区,本区内与Ⅲ$_{13}$异常区深部异常为一反"S"形状梯度带;南部有部分正值异常出现,且异常呈南北走向,异常密集,梯度较陡。最低异常值位于春化镇南,南部异常值最高。

Ⅲ$_{15}$靖宇异常分区,区内异常呈向北弯曲的弧线形,位于东丰县附近呈东西走向,梯度带密集明显,中部呈北东走向,梯度宽缓,值稍高,老金厂至夹皮沟及万宝至和龙这两个地段呈北西走向且梯度密集。最高异常值位于板石河镇附近,最低异常值位于江源镇北。

Ⅲ$_{16}$浑江负异常低值分区,区内异常走向以长白山为中心点整个区域呈现半圆状异常,为吉林省重力异常低值区;60km×60km 滑动平均图上呈尤为明显的半圆状重力低负值异常区。

Ⅲ$_{17}$长白负异常分区,见"Ⅱ$_6$异常区"描述。

4. Ⅳ级异常小区特征

Ⅳ$_2$辽源异常小区,为相对重力高区,异常为北西走向,东南部为重力低且东西走向,西部北东走向,中部异常宽缓且为重力高区。从走向上形成向西半弧形状。区内异常值变化幅度较大。

Ⅳ$_3$椅山-西堡安异常低值小区,异常走向呈北西向,与周围小区相比较区内中部异常值稍高而周围为重力低区。区内异常值变化幅度较大。

Ⅳ$_4$双阳-官马弧形负异常小区,相对周边各小区异常值稍高为重力高异常区。异常区在中南部为北西走向,在北部为北东向,全区形成向西弯曲的弧形异常带。区内异常值变化幅度较大。

Ⅳ$_5$大黑山-南楼山弧形负异常小区,区内异常值向西侧呈逐步增高趋势,且梯度增密;为负异常区。异常在南部分为东南部南北走向与西南部北西走向;在北部为北东走向,整体异常区形成弧线形向西弯曲;从剩余重力异常平面图(14km×14km 滑动平均)上也可见正负异常群走向为向西弯曲的弧形。

Ⅳ$_6$小城子负异常小区,异常西部呈北东走向、东部呈东西走向,东、西两侧异常密集,中部较宽缓,中部最低异常位于小城镇。

Ⅳ$_7$蛟河负异常小区,异常走向为北东向,梯度较密集,异常值较低且均为负值,最低异常值位于额穆西北部,最高异常值位于漂河川。在 60km×60km 滑动平均图上区内呈向南弯曲的弧形梯度带。

Ⅳ$_8$牡丹岭负异常小区,区内异常东西走向,呈扭曲状,东南部为北西走向,异常最低值区位于大浦柴河镇南部,最高值位于江源镇东,可见本小区的异常均处于重力低值区。在 60km×60km 滑动平均图上区内为一幔坪区。

Ⅳ$_9$太平岭-张广才岭负异常小区,异常呈北东走向,南部边界部分走向近东西向,为负异常区,其最低值位于大山嘴子镇东部,最高异常值位于天桥岭镇。

Ⅳ$_{10}$龙岗负异常小区,异常为北东走向,中部为重力高,边部稍低,东部、南部异常呈扭曲状。东丰、辉南一带为东西走向,异常梯度密集。

Ⅳ$_{11}$白山负异常小区,区内异常走向北部近东西向北西西向,形成近似菱形异常,南部为北东向;北部梯度密集，中部为重力高值区且异常梯度较缓。

Ⅳ₁₂和龙环状负异常小区，异常走向北部为东西向，南部为北北西向，形成向北东弯曲的弧形异常，为重力低小区。梯度陡，最高异常值位于两江镇，最低异常值位于异常区南部。

Ⅳ₁₃清和复杂负异常小区，区内异常南部呈北东向，北部为一近东西向、位于仙人桥附近、形态为近椭圆状封闭重力低异常区。

Ⅳ₁₄老岭负异常小区，区内有多个同心圆形异常，异常群走向南部为北东向，北部为北西向。区内北部有一封闭近椭圆状异常低值区，位于闹枝附近。在剩余重力异常 14km×14km 滑动平均图上呈北北东向串珠状异常。

Ⅳ₁₅浑江负异常小区，区内异常复杂，南部为北西走向，中部北东、北西、东西走向，北部为北东走向。最低异常值位于阳岔镇北部，最高异常值位于江甸子镇南部。在剩余重力异常 60km×60km 滑动平均图上呈北北东向梯度带。

（三）深部构造特征

从吉林省地矿局物探大队 1987 年 1∶100 万重力调查成果报告中的莫氏面图（图 4-1-2）上可见，重力异常形态及分布，具有明显的规律，其主要呈线状梯度带和椭圆状沿北东向相间排列。西北部及东南两侧呈平缓椭圆状或半椭圆状。西北部洮南-乾安为幔坳区，中部松辽为幔隆区，中东部为北东走向的幔坡带，东南部为张广才岭-长白山地幔坳陷区。在东部延吉珲春汪清为幔凸区。安图—延吉、柳河—桦甸一带所出现的北西向及北东向等深线梯度带表明，华北板块北缘边界断裂，反映了不同地壳的演化史，也是形成的不同地质体的体现。据莫氏面特征，可将吉林省深部构造主要划分如下几个部分：大兴安岭上地幔坳陷区、松辽平原上地幔隆起区、长白山上地幔坳陷区。

1. 大兴安岭上地幔坳陷区

该区位于科右前旗—洮南西部一带的一小部分地区，莫氏面形态呈北东向线状梯度带，变化单调，但梯度较陡，阶梯状下降，每 10km 下降 0.4km。地壳厚度一般为 36～46km。

2. 松辽平原上地幔隆起区

莫氏面形态主要为椭圆状，其深度变化在 35～38km 之间，具有相对隆起的特征。长春—德惠一带为最高隆起区，为 35.5km 等深线构成北东向中央隆起带，呈椭圆状，在乾安、洮南之间形成下降的幔坳区，为 37.5km 等深线。在农安-榆树中央隆起带的南东侧一带，莫氏面较平坦，构成相对隆起的幔坡带，一般在 35.5～37km 之间变化。在白城—镇赉一线有一条十分明显的北北东向梯度带，莫氏面深度从 36km 变化到 37km，梯度变化较陡，每 10km 下降 0.3km。在通辽—通榆—洮南一带，莫氏面变化较平坦，呈略微凸凹相间的幔坪带，莫氏面深度一般在 36km～37.5km 内变化。

3. 长白山上地幔坳陷区

该区位于四平—长春—五常一线东南地区。以中朝准地台北缘深大断裂为界，将长白山上地幔坳陷区分为两个次一级的深部构造区，即南部龙岗-长白山上地幔坳陷区和北部吉林-延边上地幔坳陷区。南、北两个区上地幔坳陷特征不同，南部地区简单，北部地区较复杂。地壳厚度 36～46.5km。莫氏面形态以伊通—舒兰一线北东向线状梯度带最醒目，莫氏面深度 36～38km，其两端分别延出省外，梯度变化较陡，最密集梯度带为每 10km 变化 1km。敦化-密山断裂，虽有线状梯度带显示，但由于东西向和北西

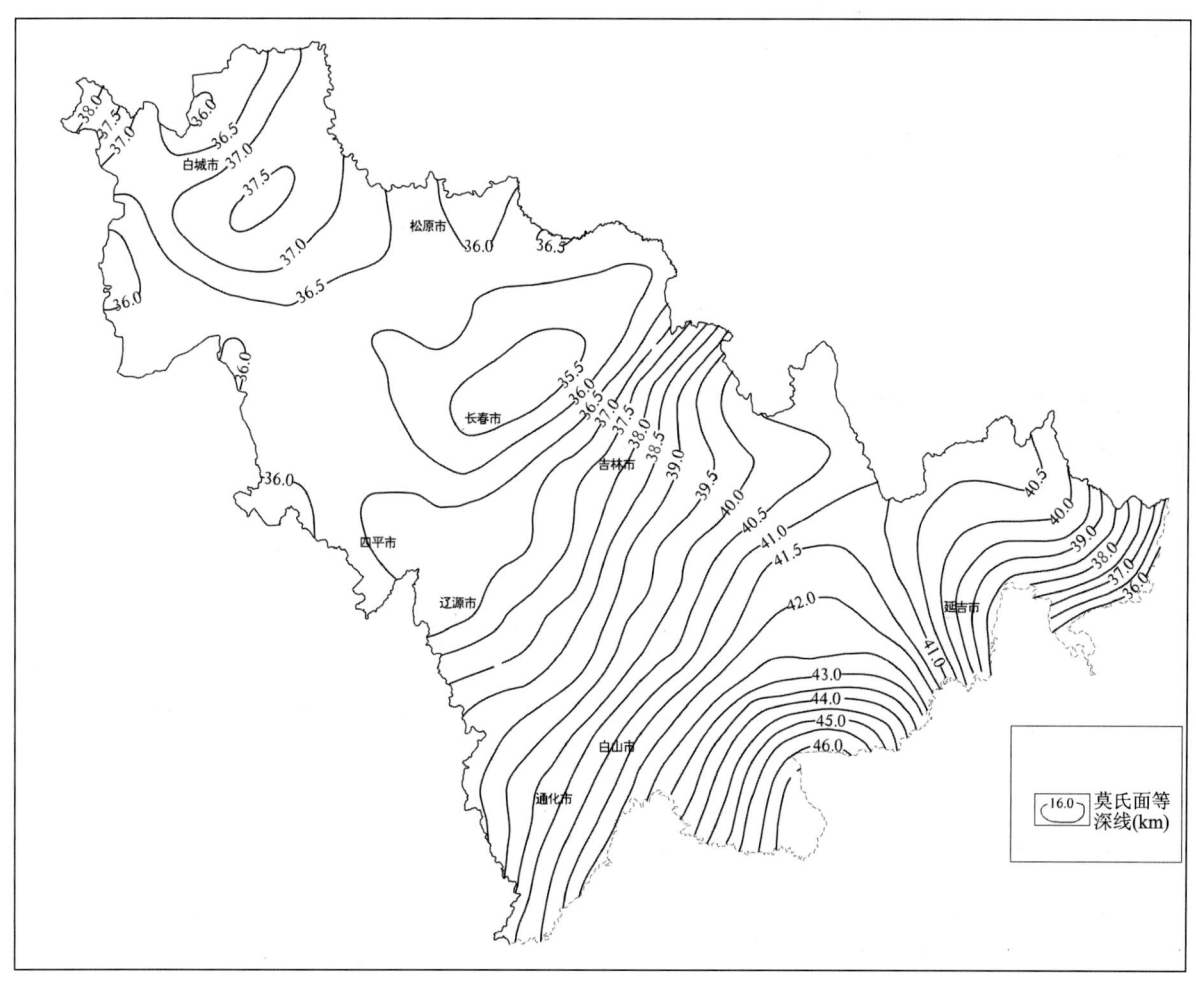

图 4-1-2　吉林省莫氏面等深图(引自李昌吉,1987)

向断裂的影响不明显,以同形扭曲的形式显示有断裂的存在。在抚松—敦化和蛟河—汪清一带,莫氏面较平坦,为 39.5~42.5km,呈北东端抬升而南西端倾斜的倒马鞍形,鞍轴为北东向。在长白山天池(白头山天池)一带,莫氏面显示北东向呈椭圆状的一地幔坳陷中心,范围大,梯度较陡,为 41~46.5km,大约每 10km 下降 1km。

北纬 43°~44°之间,莫氏面图上显示有一条较宽的东西向深部构造变异带,称为通辽-长春-蛟河-罗子沟东西向深部构造变异带。

综上所述,从吉林省莫氏面形态可以看出,其结构为"两幔坳夹一幔隆"。从剖面图上看,以东南长白山天池(白头山天池)坳陷最深处 46.5km 为起点,向北逐步升高,经过一段陡坡,在桦甸为 39.5km,到永吉 38km,再经过一段陡坡,逐渐过渡到松辽平原上地幔隆起区。经过九台—农安 35.5km 上升到隆起的最高点,到乾安降至 37km,乾安至洮南有一小型的幔坳区,为 37.5km,继续向西北方向稍有上升至白城西 36km,再往西下降而跨入大兴安岭上地幔坳陷区,由内蒙古自治区科右前旗 38km 下降到索伦 46km 终止。这基本上反映出吉林省深部构造的概貌,对于划分重力异常分区提供了可靠的依据。

二、吉林省地质构造单元划分

应用重力资料划分地质构造单元以构造活动多旋回观点和板块构造理论为指导思想,从吉林省区域重力调查资料比例尺(1:20万—1:100万)实际出发,按照《吉林省区域地质志》有关构造单元划分准则,将吉林省地区构造单元划分为Ⅰ—Ⅳ级。为便于综合信息解译,构造单元命名采用了地质常用命名系统,凡与其性质、级别及范围相同或基本相同者使用原构造单元名称,否则重新命名。

(一)构造单元划分依据和方法

(1)重力场分区是地质构造单元划分的基础。在同一地质构造环境下形成和发展的各类地质要素重力异常群体,必然会出现以特有的强度、形态、规模、走向及固有的结构特征与其他区块异常相区别而独立存在。因此,以重力异常群体特征为标志进行重力场分区,则是划分构造单元的基础和依据。

(2)各级地质构造单元多以不同规模的断裂构造为边界。岩石圈—超岩石圈断裂常为地质Ⅰ、Ⅱ级构造单元的界线,壳断裂和基底断裂则多与Ⅲ、Ⅳ级构造单元边界有关。由此可见,划分和研究不同规模断裂构造和其空间产出部位,可为确定不同级别的构造单元界线提供必要的信息。

(3)以重力场分区为标志,采用地质、航磁、构造、地球化学等综合信息分析和划分地质构造单元,则是一种科学有效的方法。

(二)地质构造单元划分

1. 重力资料的选择

地质构造单元划分采用的重力资料,在吉林省东部、西部山区和中部平原地区分别选用1:20万和1:100万区域重力调查成果,按1:50万成图要求经过"五统一"处理的网格化数据资料。

重力场分区研究是以布格重力异常图为基础图件,浅部局部重力异常分区侧重应用了30km×30km和14km×14km两种窗口滑动平均剩余重力异常和垂向一阶、二阶导数异常的电算成果;深部区域重力异常分区研究采用了60km×60km窗口滑动平均取得的区域异常和向上50km延拓转化异常资料。

2. 构造单元划分

依照前述构造单元划分准则,采用以重力场分区为依据,以地质、航磁、构造、地球化学等有关综合信息分析方法,对全省地质构造单元进行了划分,为全面深入认识基本地质构造特征和区域成矿地质背景提供了有益的信息。

全省共划分Ⅰ级构造单元2个,Ⅱ级构造单元6个,Ⅲ级构造单元17个,Ⅳ级构造单元15个。有关地质构造单元体系划分结果见表4-1-2。

表 4-1-2 吉林省地质构造单元体系

Ⅰ级单元	Ⅱ级单元	Ⅲ级单元	Ⅳ级单元
天山-兴安地槽褶皱区	内蒙-大兴安岭褶皱系		
	Ⅱ₁内蒙优地槽褶皱带	Ⅲ₁乌兰浩特-哲斯复向斜	Ⅳ₁葛根庙-大泡子褶皱束
	吉黑褶皱系		
	Ⅱ₂松辽中断陷	Ⅲ₂西南断陷	(1)瞻榆重力低小区 (2)新兴重力高小区
		Ⅲ₃西部断陷	(3)黑水重力低小区 (4)六合重力高小区 (5)安广重力低小区 (6)五棵树重力低小区
		Ⅲ₄南部断陷	(7)三团重力高小区 (11)新安重力低小区 (20)双山重力高小区 (21)万发重力低小区
		Ⅲ₅中部断陷	(8)查干花重力低小区 (9)乌兰塔拉重力高小区 (10)伏龙泉重力高小区 (12)宝甸重力低小区 (13)哈拉海重力低小区 (14)增盛重力高小区
		Ⅲ₆东部断陷	(17)榆树重力高小区 (18)德惠重力高小区 (19)龙王重力高小区
		Ⅲ₇北部断陷	(15)长春岭重力低小区 (16)扶余县重力低小区
	Ⅱ₃吉林优地槽褶皱带	Ⅲ₈大黑山条垒隆起	
		Ⅲ₉伊-舒地堑断陷	
		Ⅲ₁₀石岭隆起	Ⅳ₂辽源火洼陷
			Ⅳ₃椅山断隆
		Ⅲ₁₁吉林复向斜	Ⅳ₄双阳-官马褶皱束 Ⅳ₅大黑山火山断陷盆地 Ⅳ₆小城子隆起 Ⅳ₇蛟河隆起
	Ⅱ₄延边优地槽褶皱带	Ⅲ₁₂敦化隆起	Ⅳ₈太平岭隆起 Ⅳ₉牡丹岭隆起
		Ⅲ₁₃延边复向斜	
		Ⅲ₁₄五道沟隆起	
中朝准地台	Ⅱ₅辽东台隆	Ⅲ₁₅铁岭-靖宇台拱	Ⅳ₁₀龙岗断块 Ⅳ₁₁白山断块 Ⅳ₁₂和龙断块
		Ⅲ₁₆太子河-浑江坳陷褶断束	Ⅳ₁₃浑江断陷 Ⅳ₁₄老岭断块 Ⅳ₁₅清河台弯
	Ⅱ₆营口-宽甸台拱	Ⅲ₁₇长白断隆	

(三)重力场分区构造单元的基本特征

在吉林省重力推断地质构造单元平面图(图 4-1-3)上可见,重力场宏观分区格局与已划定的地质构造单元展布具有较高的重现性,Ⅰ、Ⅱ级基本相重合,Ⅲ、Ⅳ级除了有些增减和部分有改动外,大体框架亦基本相似。由此判定,重力场分区特征是相应地质构造单元的一种地球物理属性,两者有着密切的成因关系。因此,重力场分区特性是划分地质构造单元不可缺少的一种地球物理信息。

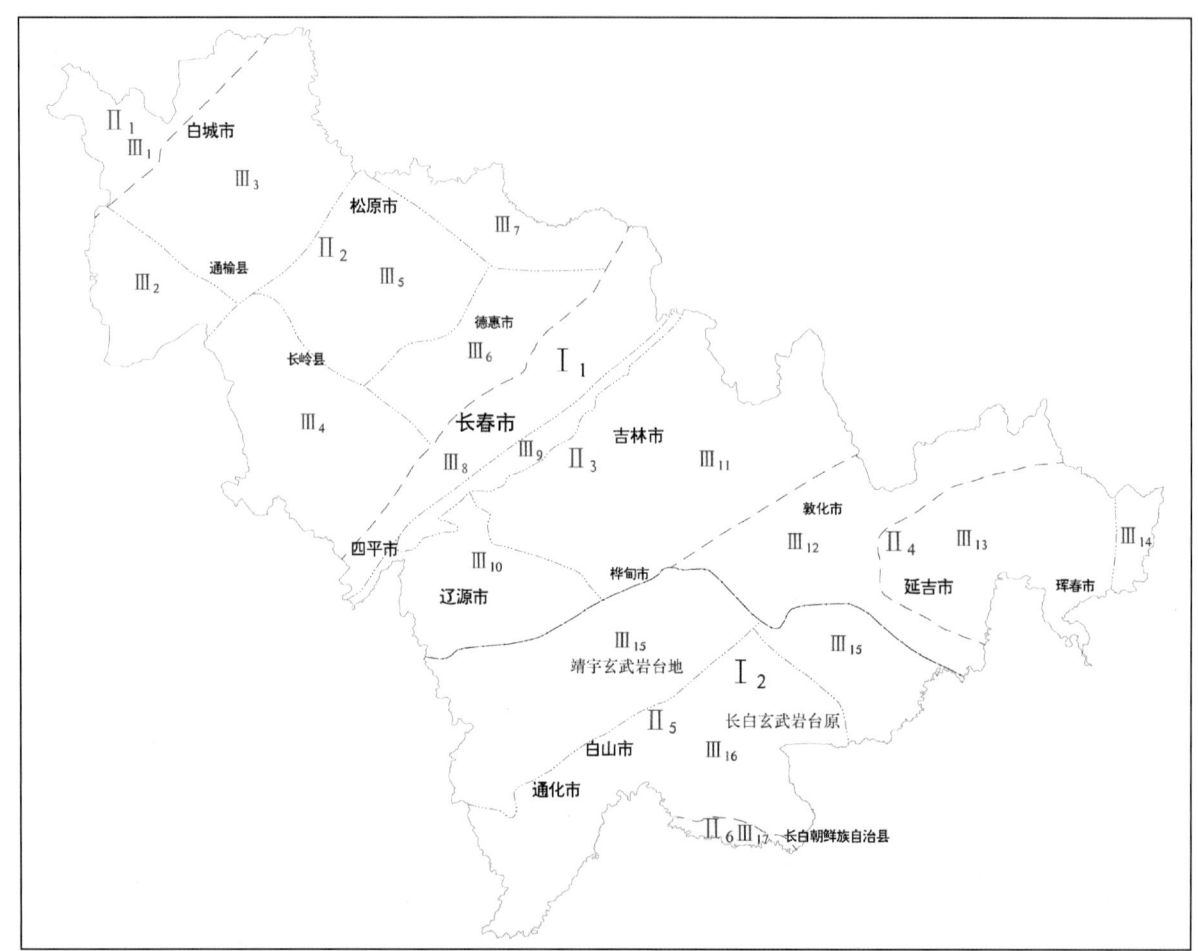

图 4-1-3　重力推断地质构造单元平面图

由于根据重力场划定的构造单元与地质划定的构造单元吻合较好,有关各级地质构造单元的地质特征在已有的地质文献中均有详尽叙述,故本节不再赘述。下面仅就重力场分区与相应已知地壳构造单元的相关性,以及二者存在的差异概述如下。

1. 横向低—高—低宏观重力场分区特征揭示出了控制地质构造格局的壳幔活动状态

纵观吉林省布格重力异常图可醒目地看出西部泰赉—白城—洮南—科右中旗,中部开原—伊通—舒兰—五常区域重力场突变带将全省宏观布格重力场分为强度、形态、结构不同的3个区段:西部和东部重力场强度相对较低,形态复杂,而中部则相对偏高,形态平缓单一,形成了低—高—低重力场模型。关联地质分析,这一场态特征反映了吉林省上地壳中生代以来构造活动状况。这是由于太平洋板块自晚三叠世开始向欧亚板块俯冲活动而造成了陆缘造山活动的结果,东部隆起形成有长白山、张广才岭;中部裂开形成了松辽平原;西部有大兴安岭产生。东西部地壳活动剧烈,岩层发生强烈褶曲隆起,断裂纵横，大量岩浆侵入、喷发；中部地壳开裂下沉形成了巨厚陆相碎屑沉积盖层，这是引起重力场"两低夹一高"模型的上地壳浅部地质构造形态。

由 60km×60km 窗口滑动平均和上延 50km 转换获取的深源区域重力异常，计算出的莫氏面等深图看出，深部莫氏面起伏变化在相应区段同样出现了三段结构特征，由东而西形成了长白山、张广才岭上地幔坳陷区，松辽盆地上地幔隆起区和大兴安岭上地幔坳陷区。由此不难判断，吉林省"两坳夹一隆"的深部构造分区形成了上地壳"两隆夹一坳"的构造形态特点，这也是形成内蒙-大兴安岭褶皱系、吉黑褶皱系的深部地质构造因素。

2. 重力场分区格局与已知各级地质构造框架基本一致

(1)重力场南北分区和东西分带格局与Ⅰ、Ⅱ级地质构造单元基本相同。

在布格重力场上，沿小四平—海龙—桦甸—和龙一线，出现一条近东西向并略向北突出的弧形负重力异常带，将宏观重力场分为南、北 2 个构造形态和结构完全不同的 2 个大区。南区构造线北东向、北西向和东西向均较发育，但各组分布不够均匀，北东向构造线主要发育在该区的东半部，而北西向主要集中在西半部，两者向北靠拢联合而构成了向北突出的弧形态势，弧顶出现在老金厂一带。东西向构造均较发育，相对南部较为集中，故本区构造格架大体呈现尖端指向北的三角形，代表了本区特征性构造结构。该区西北侧吉林中部地区和北东侧延边地区，构造线分布的结构各有特征。前者以北西向和北东向构造联合形成了向西南突出的弧形，后者以北东向和东西向构造联合构成了向东突出的弧形，清晰地反映了 2 个邻区构造格架特征。由上述可以看出，南、北两区最大的差异是构造形态和结构上的差别。

综合地质分析，南、北两大重力场分区较好地反映出了中期准地台和吉黑褶皱系 2 个Ⅰ级构造单元的分布，以及以伊-舒和海-敦两大负重力异常带为界的吉林优地槽和延边优地槽 2 个Ⅱ级构造褶皱带的展布。重力场分区宏观格局实属Ⅰ、Ⅱ级地质构造单元属性，是划分Ⅰ、Ⅱ级构造单元重要的地球物理依据。

(2)区块重力场异常群体特征，则是划定Ⅲ、Ⅳ级地质构造单元的重要标志。

区块重力场异常群体系指在空间分布上有紧密联系的正、负局部重力异常的排列组合。某一重力场分区可能是以正异常为主或负异常为主，亦可是二者兼备。这些异常以特有的强度、形态、规模、走向及结构特征而独立存在。以重力异常群体特征划分的Ⅲ、Ⅳ级地质构造单元多数与地质已划定的构造单元相吻合，从而为划分省域内Ⅲ、Ⅳ级地质构造单元提供了有力支持。

吉林省共划分出Ⅲ级构造单元 17 个，Ⅳ级构造单元 15 个。例如南部台区铁岭-靖宇台拱Ⅲ级构造单元东北端和龙Ⅳ级断块就与重力场和龙小区$Ⅳ_{12}$相一致。在布格异常图上清晰可见北东向、北西向和东西向异常特征线显著，其联合可构成一个似环状结构。受其控制的一些重力剩余正异常呈似椭圆状亦显有环带状分布的特点，异常环内为负异常充填。综合地质分析，区内北东向、北西向、东西向断裂发育，并控制了太古宇龙岗岩群硅铁质建造断块呈环带状产出，中部则有五台期老变质花岗质岩体赋存，并有后期燕山期花岗岩侵入，呈现一个独立存在的古老地块Ⅳ级构造单元。又如吉林中部吉林复向斜$Ⅲ_{11}$中的大黑山火山断陷盆地($Ⅳ_5$)，恰处于区域性重力异常特征线由北西向转为北东向的交会部位，局部出现了环形结构特征，其内由多个以负异常为主组成的环形负异常区。经关联地质分析，该区是北东向、北西向及东西向断裂交会而形成似环状构造特点，并控制晚印支期火山岩浆喷出和大量岩浆的侵入，形成了大黑山火山断陷盆地，可划分为一个独立的Ⅳ级构造单元。

3. 有关重力地质构造单元划分几个问题的讨论

重力场分区虽然与地质构造单元关系密切，但是二者确实还存在一定的差异，值得进一步深入认识。

(1)松辽中断陷(II_2)有关Ⅲ级构造单元划分，原地质调查工作提出了"四分"（西部断阶、中央坳陷、东南隆起、西南隆起）方案，但依据重力异常分区和磁场特征，可以划分出 6 个Ⅲ级构造单元，即东部、南部、西部、北部、中部及西南部断陷构造区。各区与基底隆起、坳陷相关的重力高、低异常的强度形态、走向及结构均有所不同，而且明显受北东向太平川-乾安-大安、双辽-农安-五家店和北西向长春-长岭-通榆、德惠-松原-大安两组壳断裂联合组成的"井"字形构造格局控制，反映了各区块基底构造活动存在的差异性。

(2)吉林优地槽褶皱带(II_3)和其内的Ⅲ、Ⅳ级构造单元划分与原地质划分差异较大。

吉林优地槽褶皱带(II_3)原西侧边界是以四平-德惠-三岔河断裂为界，东侧边界以天桥岭-安图-两江断裂为界。但依据断裂构造重新厘定和重力场分区特征，认为西侧边界四平-德惠-三岔河断裂在布格重力场上德惠以北段，不存在重力断裂异常标志，该断裂并不是一条很连续且完整的区域性大断裂，其界线定在四平-长春-榆树大断裂上是适宜的。东侧边界依据区域重边场分区特点，以敦化-密山断裂为界较为合理。

关于该区Ⅲ级构造单元，原划分为石岭隆起、吉林复向斜和敦化隆起 3 个单元。按照重力场分区特征，大黑山条垒和伊-舒地堑断陷的重力场和其东侧的场区特征是完全不同的。如果把原来"三分"变为"四分"，将大黑山条垒和伊-舒地堑断陷从原来构造单元分区中分离出来，另设 2 个新的Ⅲ级单元更趋于合理。此外，将原来敦化隆起中敦-密断裂以西张广才岭隆起归拼到吉林优地槽褶皱带吉林复向斜内更为协调，故此，依据重力场分区可将该区Ⅲ级构造单元"三分"改动变为大黑山条垒、伊-舒断陷、石岭隆起、吉林复向斜 4 个Ⅲ级构造单元。

关于区内Ⅳ级构造单元划分，按照各Ⅲ级构造单元内重力异常区块划分，石岭隆起可进一步划分出辽源火山洼陷、椅山断隆 2 个Ⅳ级构造单元。吉林复向斜又可划分为双阳-官马褶皱束、大黑山火山断陷盆地、小城子隆起及蛟河隆起 4 个Ⅳ级构造单元。

(3)延边优地槽褶皱带(II_4)内重力Ⅲ级构造单元与原划分有部分改动。

延边地区构造单元仅划分出延边优地槽褶皱带 1 个Ⅲ级构造单元和其内春化-四道沟中间凸起 1 个Ⅳ级构造单元。依照重力场分区特征，将原来敦化隆起中张广才岭隆起、太平岭隆起及牡丹岭隆起中的张广才岭隆起并入吉林复向斜(III_{11})内，而将敦-密断裂以东的太平岭隆起和牡丹岭隆起划到延边优地槽褶皱带内，用敦化隆起命名的 1 个独立的Ⅲ级构造单元，其内又可划分出太平岭隆起和牡丹岭隆起 2 个Ⅳ级构造单元。

此外，原延边复向斜(III_{13})中的春化-四道沟中间凸起Ⅳ级构造单元，依据重力场特征将其改划为独立的Ⅲ级隆起带更为合适，以五道沟隆起(III_{14})相区别。因此，基于重力异常特征，将延边优地槽褶皱带(II_4)共划分出敦化隆起、延边复向斜及五道沟隆起 3 个Ⅲ级构造单元。

(4)中朝准地台(Ⅰ)重力构造单元划分，其中Ⅰ、Ⅱ、Ⅲ级构造单元与原地质划分相一致，仅在Ⅳ级构造单元划分上有一定的差异：铁岭-靖宇台拱(III_{15})内的Ⅳ级单元划分，将原"四分"（李家台断块、龙岗断块、样子哨凹椭断束、色洛河断块、和龙断块）划法，改为龙岗断块、白山断块及和龙断块 3 个Ⅳ级构造单元。太子河-浑江凹陷褶断束(III_{16})中的Ⅳ级构造单元，由"五分"方案改为"三分"，进一步划成清河台穹、老岭断块及浑江断陷 3 个Ⅳ级构造单元。

第二节 断裂构造推断

一、断裂构造重力异常标志及划分方法

(一)断裂构造重力异常标志

(1)两种截然不同性质区域重力场区分界线,是两大区域地质构造单元界线,多为区域性大断裂的赋存部位。

(2)线状重力高、重力低异常带,前者主要反映了古老基底狭长地垒式隆起带的分布,后者则是充填沉积有低密度碎屑物质地堑式断陷带的反映。两者均属断裂构造带的异常标志。

(3)线性串珠状重力高、重力低异常带,二者分别是基性—超基性和酸性—中酸性岩浆沿断裂构造断续侵位的反映,亦是断裂构造重要异常标志。

(4)线性重力异常梯度带,多是具有相同密度地质体发生垂向错动的结果,或是2个相邻密度不同(高、低)地质体间过渡带的反映,它们都是常见的断裂构造异常特征。

(5)重力异常等值线出现同形、同向扭曲或是带状重力异常带发生轴向错位,以及重力异常强度、形状突然升高(低)或变窄(宽),亦都是断裂构造活动和存在的表现。

(6)环状、弧形重力异常变异带,则是与火山活动形成的火山盆地、破火山口断陷或是穹隆构造周边断裂,以及大的岩浆侵入体或古基底隆起周边断裂存在密切关系。

(二)重力解译断裂构造方法技术

1. 重力资料应用的选择

断裂构造重力解译资料,是以省域内1:20万和1:100万区域重力调查数据绘制的1:50万布格重力异常图和经电算处理转换的各类过渡性图件为基础,并且因断裂构造重力信息标志不同而进行了有针对性地选择和应用。

(1)与断裂有关的重力异常梯度带,重力异常等值线同形、同向扭曲和环形、弧形变异带,以及异常强度、形状突变带等信息识别主要应用布格重力异常图,以及其水平方向导数和水平导数梯度模等图件。

(2)与区域性大断裂有关的不同重力场区分界线的划分,采用了布格重力异常图,以及其垂向一阶、二阶导数图,30km×30km窗口滑动平均剩余重力异常图。

(3)与断裂有关的条带状、串珠状异常提取,是以垂向一阶、二阶导数图和30km×30km、14km×14km两种窗口滑动平均剩余重力异常图为主,布格重力异常图为辅。

(4)有关断裂构造深部信息判别,主要采用了60km×60km滑动平均获取的深源区域异常图和重力垂向向上延拓50km、30km位场转换异常图。

2. 断裂构造要素确定方法

断裂构造要素是在定性解释基础上采用半定量和定量解释来确定的。断裂构造长度直接在断裂推

断构造图上量取。

由地质体由垂向错动形成的台阶引起的线性梯度带和由相邻不同密度地质体间界线过渡带引起的梯度带,是以异常曲线拐点或是垂向一阶、二阶导数曲线零值点,以及水平导数、总梯度模极值点的连线来定位断裂顶部水平投影位置。由断裂控制的线性条带状、串珠状重力高、重力低异常,其位置是采用垂向一阶、二阶导数异常或滑动平均剩余异常的零值点连线确定,亦可采用水平导数极值点连线定位。

断裂切割深度是应用电算技术分离出的不同深度区域异常有关断裂标志信息存在与否来判定。此外,在条件具备的前提下可利用 2.5D 软件定量计算其延深深度。

断裂倾向解释,通常以垂向一阶导数异常曲线两侧梯度陡缓来判定,一般向缓的一侧倾斜。此外,亦可采用不同高度延拓异常的垂向二阶导数零值点的连线方向推断其倾向。在条件具备的情况下,利用 2.5D 计算倾向也是可行的。

依据重力推断的线性异常位置的地质特征,与已知断裂出露吻合或基本吻合定为出露断裂,部分吻合确定为半隐伏断裂,无断裂存在者为隐伏断裂。

二、断裂构造级别划分

《重力资料解释应用技术要求》规定,以区域重力资料划分断裂构造可分为Ⅰ级、Ⅱ级、Ⅲ级。为便于综合信息解译的需要,将这三级规模断裂赋予了相应级别的地质涵意。依据 1974 年我国著名地质学家张文佑教授根据断裂切割深度将断裂划分为岩石圈断裂(超岩石圈断裂)、壳层断裂、基底断裂、盖层断裂四级,经过对吉林省已知各种级别断裂构造上重力反映的效果和异常特征分析,对省域内断裂划分Ⅰ级、Ⅱ级、Ⅲ级。

Ⅰ级断裂(岩石圈—超岩圈断裂):吉林省规模最大的一级断裂,它切穿岩石圈并深入至软流圈,是省域内Ⅰ级、Ⅱ级区域地质构造单元分界线,控制了地质历史的发展和演化,对沉积盆地或沉积相有一定的影响,沿断裂或其附近有基性、超基性岩分布,并有混合岩化带出现,对成矿带有明显控制作用。重力深部和浅部异常很明显,多呈规模很大的区域重力场分界线或重力异常,线性梯度带,走向长达 100km 至数百千米。

Ⅱ级断裂(壳层断裂):规模较大,可切割地壳到达上地幔,在吉林省控制了Ⅲ级地质构造单元的分布,对深成中酸性侵入岩浆侵入有控制作用,对矿田形成和分布有很大影响。重力浅源信息明显,深部亦有异常显示,规模一般在数十千米至百余千米,长者可达数百千米。

Ⅲ级断裂(基底断裂):规模长十几千米至数十千米,切割硅铝层到达硅镁层,多为Ⅳ级地质构造单元的分界线,对浅成岩和矿床的形成有一定的控制作用。重力浅源信息清晰,而深源信息微弱。

三、断裂构造划分

依据上述重力断裂异常标志准则,以地质为先验,结合航磁、遥感有关信息,对布格重力异常图和其电算转换各类过渡性图件中所蕴涵的有关断裂信息,进行了全面系统地判识和提取。经过对其定性、半定量解释,吉林省共划分出断裂构造 139 条。其中,北东向断裂 49 条,占总数的 35.7%;北西向 31 条,占总数的 22.6%;东西向 33 条,占总数的 24%;南北向 24 条,占总数的 17.5%;环形断裂 2 条,占总数的 1.5%。

按照断裂级别划分原则,省域内划分出Ⅰ级断裂 5 条,占总数的 3.6%;Ⅱ级断裂 50 条,占总数的 36.5%;Ⅲ级断裂 79 条,占总数的 57.6%。

四、断裂构造基本特征分析

吉林省内断裂构造十分发育,北东向、北西向、东西向及南北向断裂均有产出,其相互穿插、切割、联合交织成网而形成了独具特点的断裂构造体系。现将吉林省区域重力推断的断裂构造特征分析如下。

(一)断裂构造时空分布特征

1. 不同地质时代断裂构造体系划分

经对北东向、北西向、东西向及南北向4组断裂产出的数量、分布、规模、连续性及相互穿插关系的统计分析,其中北东向断裂数量最多,分布广泛,规模大,连续性好,多切割、错断东西向断裂,由此判定该组断裂形成时代较新,是省域内最主要的断裂。其次是东西向断裂,数量仅次于北东向,分布不如北东向广泛,多集中分布于吉林省东部山区太古宇和古生界地层出露区,规模一般较大,但其连续性不如北东向断裂完整,多被北东向断裂切割而断续产出。由此可见,东西向断裂形成时代要早于北东向断裂,亦是省域内骨干断裂之一。然而,北西向和南北向断裂无论在数量上、规模上还是在分布上,都不如北东向和东西向断裂发育广泛,但其产出分别与北东向和东西向断裂关系更为密切和协调。

综上可知,重力推断出的断裂构造是以北东向和东西向断裂为主干断裂,形成时代前者要晚于后者,它们分别代表了早、晚两个不同地质时代构造活动所形成的主体构造线的方向。结合吉林省地质构造演化历史分析,北东向断裂形成是晚印支期开始太平洋板块向欧亚板块俯冲陆缘构造活动产物,是中生代以来所产生的断裂主体;东西向断裂为早印支期前多期构造活动所遗留下来的"古构造"的痕迹,为古生代及以前断裂构造活动影像。由此亦可进一步看出,中生代构造活动主应力场方向应为北西-南东向,而古生代及以前时代构造活动主应力场方向为南北向,北东向和东西向断裂是在挤压应力作用形成的,而北西向和南北向断裂多属在主应力场相伴产生共轭应力作用下形成配套的张性断裂。

综上分析,重力推断的断裂构造按时代分布可归并成以北东向和北西向组合,代表了中生代以来的断裂构造体系;东西向和南北向组合应归属为古生代及以前构造活动形成的古断裂构造体系。二者重合叠加、联合交错而形成了吉林省近代断裂构造格局。

2. 断裂构造空间分布特征

从上述分析可以看出,重力推断的断裂构造在空间分布上,具有如下特征:

(1)按断裂展布方向,总体上可归纳成北东向、北西向、东西向及南北向4组,其中北东向和东西向占主导,二者在空间产出有近似等间距的趋势,构筑了省域内断裂基本构造格架,控制了各级地质构造单元格局的展布(图4-2-1)。

(2)北东向断裂和东西向断裂规模大,多由数条次级平行或斜列组成的断裂带产出,形成了吉林省内岩石圈—超岩石圈断裂带。小四平-海龙-桦甸-和龙近东西向超岩石圈深大断裂带将吉林省分为南北性质不同(中朝准地台和吉黑海西期褶皱带)两大Ⅰ级构造单元。泰赉-白城-保安屯-科右中旗、伊通-舒兰、山城镇-敦化3条北东向平行的岩石圈大断裂带,又将吉林省地槽区划分成构造特征不同的4个Ⅱ级构造单元(内蒙-大兴安岭褶皱带、松辽中断陷、吉林优地槽褶皱带及延边优地槽褶皱带)。

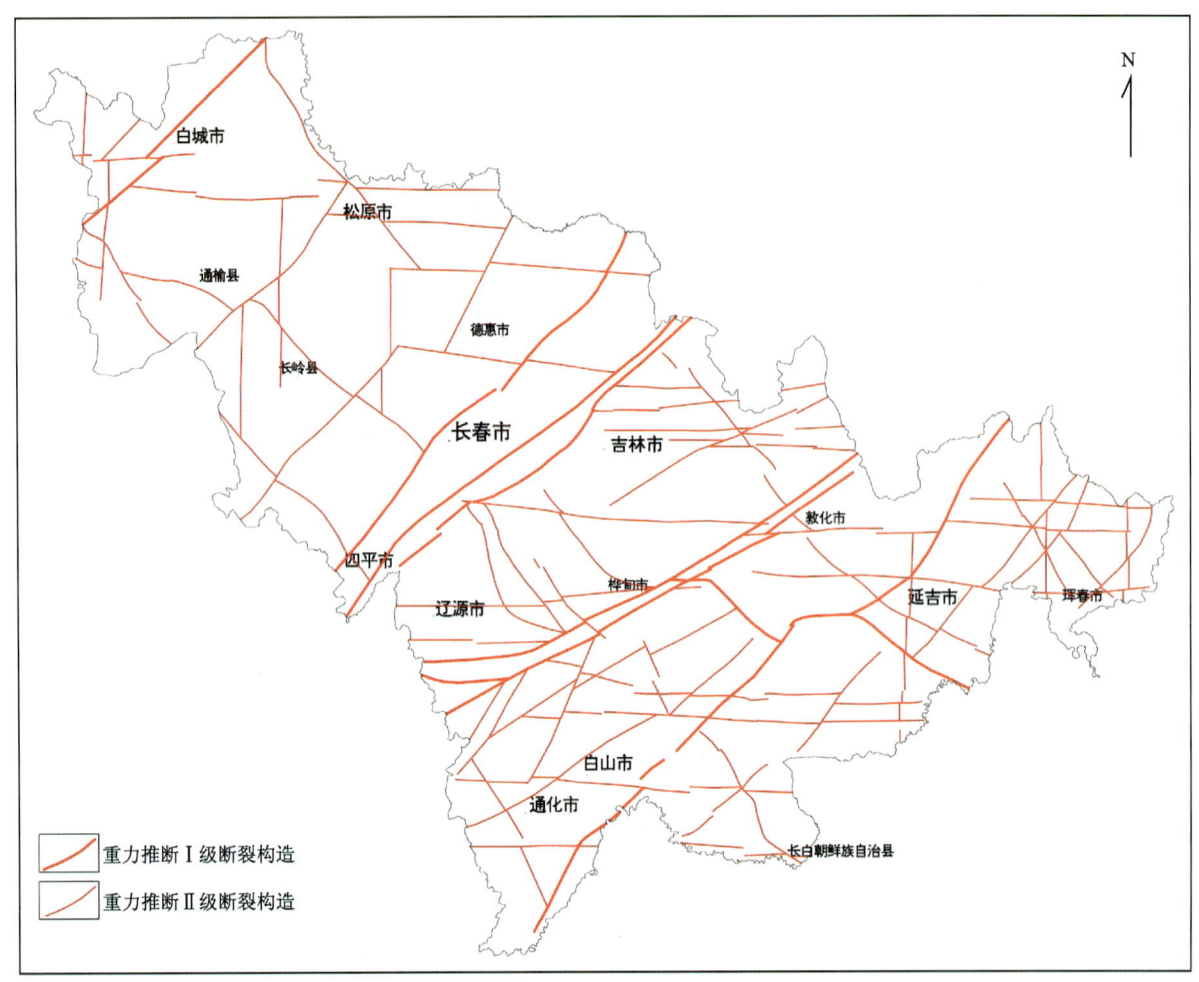

图 4-2-1 重力推断断裂构造平面示意图

(二)各级地质构造单元断裂构造体系特征

1. 中朝准地台-辽东台隆(省域内)断裂构造分布和结构特征

区内北东向和东西向断裂十分发育,两者呈等间距遍布全域。但北西向断裂分布不均,多集中分布在六道沟—仙仁桥—老金厂,南北向断裂带以西,与其东侧北东向断裂呈共轭状态,二者联合形成了向北收敛的弧形,弧顶在老金厂一带,与东西向断裂共同构成了坐南向北的"△"形特有结构模式,代表了省域内断裂组合结构特征。

值得注意的是,铁岭-靖宇台拱断裂构造分布和结构大体分为 3 种类型:和龙地区主要出现北东向、东西向、北西向 3 组断裂,联合组成多边形环状结构;白山镇地区呈现北东向和北西向 2 组断裂交织网格状结构;兴华—靖宇一带,断裂是以北东向为主,其次为东西向,二者组成菱块状结构。这 3 种断裂组合类型较好地指示了铁岭-靖宇台拱存在和龙、白山、龙岗 3 个块体的构造特征,为进一步划分Ⅳ级地质构造单元提供了佐证。

此外,太子河-浑江凹陷褶断束,亦有明显的断裂组合特征。北东向、北西向、东西向 3 组断裂发育,以北东向和北西向断裂更为醒目,二者向北鼎立相交而形成了坐南朝北钟形结构,其内Ⅳ级单元地块断裂排布亦不相同,如清河台穹断裂是以东西向为主,浑江凹陷是以北东向为主,老岭断块是以弯曲的弧状断裂为特征。

2. 吉黑褶皱系断裂分布及结构特征

前已叙及，泰赉-白城-保安屯-科右中旗、伊通-舒兰、山城镇-敦化 3 条北东向岩石圈断裂将吉林省地槽区切割成 4 个 Ⅱ 级构造单元，每个单元的断裂排布和结构各有特色。其中，西部内蒙-大兴安岭褶皱系在省域内面积甚小，断裂分布和结构特征不易看出，故予以省略。现就吉黑褶皱系中的松辽中断陷、吉林优地槽褶皱带、延边优地槽褶皱带的断裂构造特征分述如下。

1) 松辽中断陷

该区东西边缘分别以北东向四平-长春-榆树和泰赉-白城-保安屯-科右中旗两条岩石圈断裂为界，向北延入黑龙江省，向南伸入到内蒙古自治区和辽宁省。由于区内区域重力调查仅有 1∶100 万资料，因此，有关断裂信息不如东西两侧山区(1∶20 万)详细。但就断裂重力异常标志特征，按其规模分为两个层次，即区域性壳断裂和局部基底断裂。

推断的区域性断裂排布和结构特征明显。区内北东向和北西向壳断裂发育，其次为东西向断裂。长春-长岭-通榆和德惠-松原-大安两条壳断裂与太平川-乾安-大安和双辽-农安-弓棚子两条北东向壳断裂联合形成了"井"字形断裂格架，将松辽中断陷(省域内)分割成东、南、西、北、中及西南 6 个断陷区块，各区块内反映基底起伏的重力高、低异常强度、形态均有所不同。由此看出，这一"井"字形断裂结构控制了区内次一组区块基底构造活动，它呈现了中断陷的区域性断裂排布和结构特征。

各断陷区块内的基底断裂多显龟裂状而无明显方向性。它们控制基底断块的升降活动，应该是 Ⅳ 级构造单元的分界线。

2) 吉林优地槽褶皱带

吉林优地槽褶皱带为北东向四平-长春-榆树和山城镇-敦化两条岩石圈断裂间夹持地带，呈北东向分布，南、北分别延伸至辽宁省和黑龙江省。区内东西向、北东向及北西向断裂构造发育。除了东西向断裂遍布全区外，北西向断裂主要分布在南半部，而北东向断裂则主要展布在北半部，这 3 组断裂在大黑山一带交汇形成了大黑山似环状构造。北东向与北西向断裂的衔接，致使两组断裂由东向西逐渐靠拢构成了吉中地区的弧形构造。

3) 延边优地槽褶皱带

该区西侧以北东向山城镇-敦化岩石圈断裂与吉林优地槽褶皱带相邻，南部边缘是以桦甸-和龙超岩石圈断裂为界与中朝准地台相毗邻。向北延伸至黑龙江省，向东进入俄罗斯和朝鲜境内。

区内东西向和北东向断裂发育，其次为北西向和南北向断裂。东西向断裂主要有 3 条，集中横贯在本区的中部，北东向断裂多集中产于中部天桥岭—安图一带，北西向断裂多出现在其南部，南北向断裂多发育在该区的东部。由于各组断裂分布的不均匀性，北东向、北西向及南北向断裂的排列组合，在本区依然出现了坐东朝西横卧的"△"形构造特征，对区内构造单元划分有着明显的控制作用。

第三节 侵入岩体的圈定

一、侵入岩基本特征

吉林省岩浆侵入活动按时间由老至新可划分为阜平期、五台期、加里东期、海西期、印支期及燕山期 6 个侵入旋回，其中海西期和燕山期最为活跃强烈。侵入岩种类繁多、齐全，超基性、基性、中性、酸性及碱性岩类均有产出，其中花岗岩类占主导，约占基岩出露面积的 60%。

1. 阜平期侵入岩类

该期侵入岩是在古大洋岛太古宙古陆核形成初期发生了基性—超基性岩类多以岩株、岩脉顺层侵入太古宙龙岗岩群老变质岩系地层内,并受穹隆构造(短轴褶皱)和深大断裂控制。酸性花岗质岩类多被认为是经过阜平期构造运动发生强烈区域变质作用和混合岩化作用而形成的混合岩、混合花岗片麻岩类,其熔浆属于地壳改造重熔型。

2. 五台期侵入岩类

五台期侵入岩类是以酸性花岗质混合岩占主导,主要产于古元古代和太古宙地层复式褶皱的核部,岩性中以混合花岗岩、片麻岩、斜长花岗岩、混合质碱长花岗岩分布广泛,其形成于古大陆增生-裂陷(坳拉槽)环境,岩浆类型亦属陆壳改造重熔型。此外,本次岩浆侵入活动仅见有少量幔源分异成因的辉长岩、透辉岩基性小岩株零星出露。

3. 加里东期侵入岩类

本期岩浆活动主要发生在加里东晚期,有基性—超基性和中酸性两种类型侵入岩产出。多分布于南部地台北缘外侧和佳木斯隆起地块南缘的早古生代地层内(呼兰群或青龙村群),受近东西向开原-和龙深断裂构造控制明显,幔源分异成因的基性—超基性岩体群沿断裂形成一明显的东西向岩带,并有铜镍硫化物矿床形成。中酸性花岗岩类呈岩株、岩基状产出,岩石类型以斜长花岗岩-花岗闪长岩-二长花岗岩组合为主,是早古生代大陆边缘造山(岛弧)活动的产物,成因为过渡地壳同熔型。

4. 海西期侵入岩类

该期岩浆活动频繁,侵入岩发育,分布广泛,按时间可划分为早、中、晚3个侵入期。该期侵入岩是华北板块与西伯利亚板块南北相向运动,于晚古生代—三叠纪早期发生弧-弧、陆-弧及陆-陆碰撞造山而形成的,呈东西向带状分布于吉林省北部地槽区,形成所谓的花岗岩之"海"。岩石类型主要为石英闪长岩-花岗闪长岩-二长花岗岩系列,其成因类型为陆壳改造重熔型,伴生有铜、铅锌、钨、钼及金等成矿作用。早、晚两期岩浆活动均有幔源分异形成的基性—超基性岩群产出,并伴随有铜、镍矿化作用发生。该期侵入岩分布亦受开原-和龙深断裂控制,呈东西向岩带产于古生代残留地块中。

5. 印支期侵入岩类

自早三叠世末华北板块与西伯利亚板块对接形成欧亚大陆后,于晚三叠世太平洋板块发生向欧亚板块俯冲初期,在大陆边缘引发了印支期岩浆喷发和侵入活动,形成了与钙碱性火山岩共生为特征的过渡地壳同熔型花岗岩类,以及幔源分异的基性岩类。该期岩浆活动按时间分为早、晚两期,分别有花岗闪长岩-二长花岗岩-花岗岩和石英闪长岩-花岗闪长岩-二长花岗岩2个组合系列产出,其分布遍及以往槽、台地区,并明显受北东—北北东向构造控制,在吉林省东部基岩出露山区可分为西(舒兰-吉林早期)、中(靖宇-敦化早、晚期)、东(延边晚期)3个岩带,并伴有金、铜、钨、锡、锑、硫等矿化活动。

6. 燕山期侵入岩类

燕山期岩浆活动十分活跃,遍及吉林省,可分为燕山早期(侏罗纪)和燕山晚期(白垩纪)两个旋回,又可进一步划分出5个侵入阶段。该期岩浆活动特点:岩石类型复杂多样,从基性—超基性—酸碱性岩均有产出;每期侵入活动都有先喷发后侵入的演化过程;每个旋回都是由基性—超基性岩浆侵入开始,以酸性熔浆最后侵入告终。

以幔源分异形成的基性—超基性岩多以小岩株、岩脉状产出,岩性有辉长岩、橄榄岩。中酸性岩以过渡地壳同熔型花岗岩类为主,早、晚期各以花岗闪长岩-二长花岗岩和二长花岗岩-花岗岩-石英正长岩、碱性花岗岩两个组合系列为特征。它们是三叠纪晚期—侏罗纪—白垩纪陆内造山、非造山活动的产物,明显受中生代北东—北北东向主体构造线控制,多以岩株状产出。与之有关的金、铜、铅锌、钼、锑、硫等矿化活动亦十分活跃,是吉林省贵金属和有色金属成矿的鼎盛时期。

二、重力资料圈定侵入岩类的地球物理(密度)依据

1. 各类型侵入岩岩石密度参数(σ)特征

省域内侵入岩类型复杂、齐全,超基性、基性、中性、酸性及碱性岩类均有产出,为了分析重力测量圈定各类型侵入岩体的效果,现将已往区域岩(矿)石密度(σ)资料成果中的有关各类侵入岩标本密度参数整理归纳于表 4-3-1 中。

表 4-3-1 各类侵入岩系密度参数

岩石类型	岩石名称	标本块数/块	密度 $\sigma/(\times 10^3 \text{kg} \cdot \text{m}^{-3})$	密度 σ 平均值/$(\times 10^3 \text{kg} \cdot \text{m}^{-3})$
碱性岩 (或偏碱性)	正长岩	250	2.57	2.57
	正长花岗岩	65	2.59	
	钾长花岗岩	66	2.56	
酸性岩	花岗岩	2751	2.59	2.61
	花岗斑岩	110	2.65	
	二长花岗岩	80	2.6	
中性岩	闪长岩	2353	2.73	2.74
	石英闪长岩	49	2.73	
	闪长玢岩	82	2.76	
基性岩	辉长岩	1475	2.94	2.93
	基性岩(粉)	467	2.99	
	角闪岩	2401	2.88	
超基性岩	超基性(未分)	187	2.95	2.95
	橄榄岩	35	2.91	
	辉石岩	17	3.00	

从表 4-3-1 中可以看出,各类侵入岩岩石密度具有随其基性度增大而增加规律。其中酸—碱性岩岩石密度最低($2.57\times 10^3 \sim 2.61\times 10^3 \text{kg/m}^3$),中性岩居中($2.74\times 10^3 \text{kg/m}^3$),基性—超基性岩最高($2.93\times 10^3 \sim 2.95\times 10^3 \text{kg/m}^3$)。由此可知,不同类型侵入岩体会有不同强度的重力异常反映。对于具有与中性侵入岩相同密度值的围岩而言,中酸性、酸性岩类会有相对低值的异常反映,超基性岩、基性岩会有相对高值的异常产生,然而中性岩则无异常反映。

2. 不同侵入旋回中性—酸性花岗岩类岩(矿)石密度特征

为研究不同侵入旋回中性—酸性花岗岩类岩(矿)石密度的变化规律,特将省域内各时期中性—酸性花岗岩类岩石标本密度参数按时代进行了归纳统计,花岗岩类密度结果为:燕山期 $\bar{\sigma}=2.61\times 10^3 \text{kg/m}^3$,印支期 $\bar{\sigma}=2.61\times 10^3 \text{kg/m}^3$,海西期 $\bar{\sigma}=2.64\times 10^3 \text{kg/m}^3$,加里东期 $\bar{\sigma}=2.61\times 10^3 \text{kg/m}^3$,五台期 $\bar{\sigma}=2.60\times 10^3 \text{kg/m}^3$。

由上可见,各时期中性—酸性花岗岩类密度无明显变化,相对较为平稳,均在 $2.61\times 10^3 \text{kg/m}^3$ 左右,对于相对较高密度围岩而言,各时代中性—酸性花岗岩类岩体均会引起相对低值的重力异常反映,故此可利用负的剩余重力异常圈定不同时代的各类花岗岩体,会取得相同的地质效果。

3. 各时代侵入岩类与其相关围岩的密度特征

各时代不同类型侵入岩与其相关围岩有足够的密度差,则是决定重力圈定各类侵入岩体效果的前提。岩石密度特征研究表明,不同时代相同类型岩石的密度参数值相对较为稳定,变化不大,花岗岩密度 $\bar{\sigma}=2.59\times10^3\,\text{kg/m}^3$,闪长岩密度 $\bar{\sigma}=2.73\times10^3\,\text{kg/m}^3$,辉长岩密度 $\bar{\sigma}=2.94\times10^3\,\text{kg/m}^3$,橄榄岩密度 $\bar{\sigma}=2.95\times10^3\,\text{kg/m}^3$。但是,相同类型侵入岩由于形成时代不同,跨越地质演变发展历史阶段也不同,各围岩建造亦各具特色。时代愈新其围岩类型愈复杂,时代愈老其围岩亦愈简单。现仅以花岗岩、闪长岩、辉长岩、橄榄岩为典型,研究其与不同时代可能形成的围岩组合及二者的密度参数的差异。凡是低于围岩的密度值以负值表示,大于围岩密度差值则以正值表示。

(1) 阜平期侵入岩:岩石类型以超基性为主,其围岩为龙岗岩群变质岩系,二者存在 $\Delta\bar{\sigma}=-2.83\times10^3\,\text{kg/m}^3$。

(2) 五台期侵入岩:围岩是以古元古界集安岩群为主,侵入岩以花岗质岩石占主导,二者密度差 $\Delta\bar{\sigma}=0.18\times10^3\,\text{kg/m}^3$。

(3) 加里东期侵入岩:围岩主要为下古生界呼兰群(或青龙村群),侵入岩以花岗岩类、中性岩类及基性和超基性为主。密度值差异计算结果:花岗岩与围岩 $\Delta\bar{\sigma}=-0.13\times10^3\,\text{kg/m}^3$、闪长岩与围岩 $\Delta\bar{\sigma}=+0.01\times10^3\,\text{kg/m}^3$、辉长岩与围岩 $\Delta\bar{\sigma}=+0.22\times10^3\,\text{kg/m}^3$、橄榄岩与围岩 $\Delta\bar{\sigma}=+0.23\times10^3\,\text{kg/m}^3$。

(4) 海西期侵入岩:围岩以早、晚古生代地层为主,各类侵入岩均有产出。密度值差异计算结果:花岗花与围岩 $\Delta\bar{\sigma}=-0.11\times10^3\,\text{kg/m}^3$、闪长岩与围岩 $\Delta\bar{\sigma}=+0.01\times10^3\,\text{kg/m}^3$、辉长岩与围岩 $\Delta\bar{\sigma}=+0.22\times10^3\,\text{kg/m}^3$、橄榄岩与围岩 $\Delta\bar{\sigma}=+0.23\times10^3\,\text{kg/m}^3$。

(5) 印支期侵入岩:主要侵入岩为酸性和中性岩类,其围岩是以古生代地层为主,其次为元古宙及太古宙各类建造。密度值差异计算结果:①古生代围岩,花岗岩、闪长岩、基性岩及超基性岩与围岩的密度差与海西期相同;②元古宙围岩,花岗岩与围岩 $\Delta\bar{\sigma}=-0.17\times10^3\,\text{kg/m}^3$、闪长岩与围岩 $\Delta\bar{\sigma}=+0.03\times10^3\,\text{kg/m}^3$;③太古宙围岩,花岗岩与围岩 $\Delta\bar{\sigma}=-0.24\times10^3\,\text{kg/m}^3$、闪长岩与围岩 $\Delta\bar{\sigma}=-0.10\times10^3\,\text{kg/m}^3$。

(6) 燕山期侵入岩:围岩是以古生宙地层为主,其次为太古宙、元古宙地层。各类侵入岩均有出露。密度值差异计算结果:①古生代围岩,各类侵入岩与古生代围岩密度差异和海西期相同;②元古宙围岩,花岗岩与围岩 $\Delta\bar{\sigma}=-0.17\times10^3\,\text{kg/m}^3$、闪长岩与围岩 $\Delta\bar{\sigma}=+0.03\times10^3\,\text{kg/m}^3$、基性岩与围岩 $\Delta\bar{\sigma}=+0.18\times10^3\,\text{kg/m}^3$、橄榄岩与围岩 $\Delta\bar{\sigma}=+0.19\times10^3\,\text{kg/m}^3$;③太古宙围岩,花岗岩与围岩 $\Delta\bar{\sigma}=-0.24\times10^3\,\text{kg/m}^3$、闪长岩与围岩 $\Delta\bar{\sigma}=-0.10\times10^3\,\text{kg/m}^3$、基性岩与围岩 $\Delta\bar{\sigma}=+0.11\times10^3\,\text{kg/m}^3$、橄榄岩与围岩 $\Delta\bar{\sigma}=+0.12\times10^3\,\text{kg/m}^3$。

综上可以看出,各时代的酸性花岗岩类密度均低于不同时代围岩密度,一般相差 $-0.18\times10^3\sim-0.11\times10^3\,\text{kg/m}^3$,重力测量在各时代地层中均可测到相对低的异常反映,以负的剩余重力异常圈定酸性花岗岩侵入体具备有较好的地球物理前提。基性—超基性岩密度无明显的差异常,二者相对各时代地层围岩均具有较高的密度值,与各时代围岩密度相差 $-0.23\times10^3\sim+0.18\times10^3\,\text{kg/m}^3$,重力测量在各时代围岩中均会测到相对较高的异常反映,以正的剩余重力异常圈定基性—超基性岩体均会取得同样的密度值反映。中性岩类密度仅相对太古宙围岩具有 $-0.10\times10^3\,\text{kg/m}^3$ 差异,重力会有相对低的异常反映。然而对其他各时代围岩密度只有 $0.01\times10^3\,\text{kg/m}^3$ 左右微弱差别,难以产生较明显的重力异常。因此,重力圈定中性侵入岩类的前提尚不够充分,应引起重视。

三、中酸性、酸性花岗岩体及基性、超基性岩体的圈定

(一)侵入岩体圈定、划分方法和技术

(1)圈定和划分侵入岩体资料,主要采用了全省 1∶50 万垂向一阶、二阶导数异常图及 30km×30km 和 14km×14km 两种窗口滑动平均剩余重力异常图。

(2)负重力圈闭异常和正重力圈闭异常分别是圈定和划分中酸性、酸性花岗岩和基性、基性—超基性、超基性岩体的重力异常标志。岩体的边界、形态、分布是由垂向一阶、二阶导数异常和滑动平均剩余重力异常零值线的圈闭范围和形状来确定。

(3)综合地质、航磁有关信息解译是提高重力异常圈定和划分侵入岩体效果的必然保证。重力与地质资料叠置关联,可综合判断岩体出露情况(出露、半出露、隐伏)、赋存状态,亦可提供岩体及其围岩的岩石类型、地质时代、蚀变矿化等信息。重力与航磁异常综合解释可减少在隐伏条件下重力异常的多解性,提高异常定性解释地质效果。依据对应航磁异常的强度、形态特征区分火山岩和花岗岩类引起的重力低异常的性质;重力高和磁力高异常组合应多是基性岩、超基性岩体所引起,重力低和磁力低异常组合多半是与酸性花岗岩体关系密切,重力低和磁力高组合多为中酸性侵入岩体反映。

(4)视需要,在条件具备时可采用 2.5D 软件定量计算岩体上、下界面的埋深和其产状,提供量化数据。

(二)侵入岩体的圈定

依据上述方法对吉林省中酸性、酸性和基性、超基性侵入岩体进行了全面系统的圈定和划分。

1. 中酸性、酸性花岗岩体的圈定

以重力低圈闭剩余重力异常为标志,综合地质、航磁有关信息,对省域内中酸性岩体进行了圈定。全省共圈出酸性花岗岩体 261 个,其中隐伏岩体 40 个,半隐伏岩体 100 个,出露岩体 121 个。中性岩体 5 个,其中半隐伏岩体 4 个,出露岩体 1 个。

由图 4-3-1 可以看出,吉林省中酸性、酸性花岗岩类十分发育,主要分布在吉林省东西部的山区,总面积约占分布区面积的 60%。岩体形态多呈不规则似圆形、椭圆形、带形,规模多为数十平方千米至数百平方千米,多以岩株状或岩基状呈北东向、北西向及东西向产出。

此外,岩体重力推断成果图与区域地质图叠置关联可以看出,二者在空间分布结构上十分相近,均反映出岩体成群集中分区成带产出特征,进而指示了重力与地质从不同侧面反映中酸性、酸性熔浆侵入活动的规律性,是同一目标物的地质、地球物理属性的统一。二者不同点是,重力圈出的岩体个数远远多于地质填图划分出的岩体数量,并将原成片展布的大岩区化解出多个独立的小岩体,而且更进一步细化了岩体空间分布规律性。在某种程度上显示出了重力深源信息成分作用的所在,为深入研究吉林省岩浆构造活动提供了有益的重力成果。

2. 基性、超基性岩体的圈定

基性、超基性岩体圈定是以重力、航磁及地质综合信息解译为依据进行的。以往的地质调查和科研成果表明,省域内基性、超基性岩浆活动具有时间跨度大、分布普遍的特点,岩体分布不受槽、台构造单元限制,明显受岩石圈—超岩石圈断裂控制,岩体多集中成群产于槽、台接触带上。此外,各时代基性、

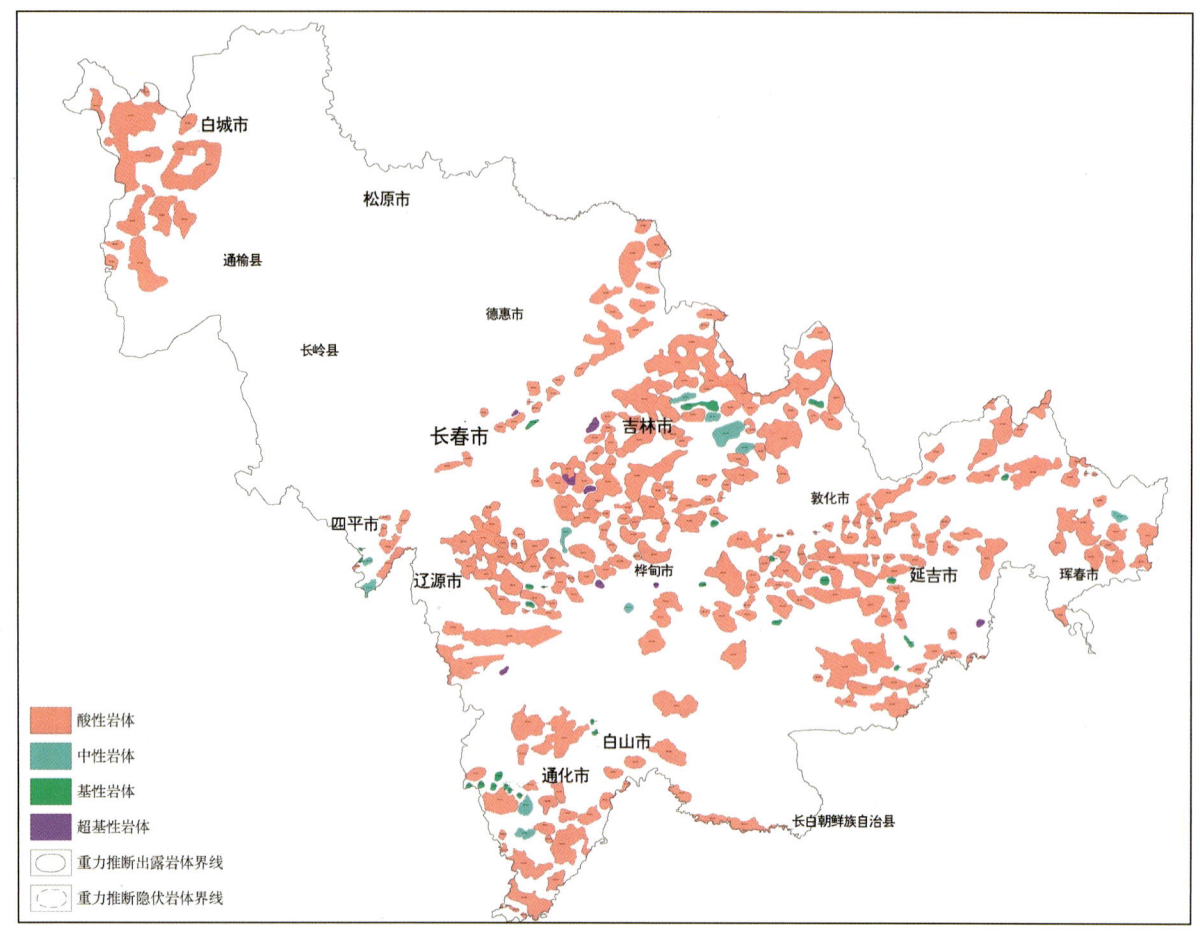

图 4-3-1　重力推断侵入岩体平面图

超基性岩浆活动多伴有程度不同的铜、镍矿化作用,并有大、中、小型深源熔浆分异铜镍矿床形成,而且占据吉林省铜、镍资源的主导地位,因此,利用区域重力资料圈定和划分基性、超基性岩体,深入掌握其分布规律,对铜、镍资源潜在远景评价意义重大。

通过综合信息解释,在省域内圈定和划分基性、超基性岩体(群)共计 34 个,其中隐伏岩体 16 个,半隐伏岩体 15 个,出露岩体 3 个。大多数半出露半隐伏的岩体群分布区是进一步寻找隐伏岩体有利地段。

重力圈定基性、超基性岩群区空间分布主要集中产于开源-桦甸-和龙超岩石圈断裂带的两侧,呈近东西向带状展布,东西长 400 余千米。其次在该岩带南、北地台和地槽区尚有两条岩带分布。其南带处于台区由辽宁的抚顺-清源东西向岩带往东伸入吉林省通化县赤柏松村,并由此转向北东至靖宇一带,长 200km 左右(省内);其北带处于槽区西起九台经吉林、蛟河、敦化到汪清县的太平沟一带长约 190km。基性—超基性岩除受东西向构造控制外,亦应注意北东向区域性大断裂的控岩作用。

(三)中酸性、酸性侵入岩带的划分

1. 侵入岩带与构造空间展布关系

吉林省岩浆活动具有构造控制的普遍特点,中酸性和酸性岩体分区、分带性主要受如下几种区域性构造类型控制。

(1)岩石圈—超岩石圈断裂带,往往是区域性大的岩区(带)的边界,是控制幔源岩浆分异成因基性—超基性岩体成带产出的主要因素；壳断裂和基底断裂控制了基性、中性、酸性岩浆活动的分带性；断裂构造复合交会处，是岩浆活动最强烈地段，多是岩浆喷发（火山活动）和侵入的主要场所，亦是形成岩浆多次活动而造成多种岩石类型复合岩体的主要地质构造前提。

（2）区域性褶皱造山带也是相伴的区域岩浆活动带展布区（带），其所形成的不同级别褶皱、断裂控制了岩带的空间分布。

（3）不同级别区域大地构造单元转换带（构造分界线）对于岩浆活动有明显控制作用。隆起区边缘构造活动带是断裂构造发育地段，也是岩浆活动集中地带，多控制了岩浆岩的成带分布。

2. 侵入岩带的分级

重力推断的中酸性、酸性岩包括了阜平期、五台期、加里东期、海西期、燕山期（喜马拉雅期除外）五大构造岩浆旋回期所形成的花岗质岩体。各时代岩体空间分布范围随时代由老至新而由小到大。其中海西期和燕山期岩浆活动最为活跃，分布于吉林省各时代地质单元内且遍及全省。海西期侵入岩空间分布主要受古亚洲近东西构造控制，燕山期则主要受北北东—北东向中生界构造控制。但由于后者是属于自晚三叠世以来滨太平洋构造域（陆缘活动带）构造岩浆活动的产物，又因本期构造活动塑造了吉林省现代大地构造基本格架，对古老构造既有继承发展的一面，又有改造重组的一面，它代表了当代区域构造形迹的主流。因此，侵入岩带以燕山期构造岩浆岩空间展布特征划分出Ⅰ—Ⅳ级。其中Ⅳ级岩带控矿作用最为明显、具体，故此，将Ⅳ级岩带作为本书研究的重点。

Ⅰ级岩带：重力推断岩体分布的西部大兴安岭东麓岩带（区）和东部的张广才岭、长白山岩带（区）合并划为Ⅰ级岩带。这是由于其属于古亚洲大陆东缘滨太平洋构造域Ⅰ级构造单元的北东向分布的第二造山和第三造山隆起带所控制。

Ⅱ级岩带：因西部大兴安岭岩区面积过小（省内部分）而无法划分外，东部岩区依据重力推断岩体群分布特征，可划分出张广才岭-吉林哈达岭和长白山2个Ⅱ级区域性岩带。二者分别受吉林优地槽褶皱带和延边优地槽褶皱带2个Ⅱ级构造单元所控制。

Ⅲ级岩带：Ⅲ级岩带是Ⅱ级岩带的细化，它往往受Ⅲ级构造单元控制。张广才岭-吉林哈达岭Ⅱ级岩带，依据局部岩区结构特征共划分有伊通-磐石Ⅲ级岩带、桦甸-双河镇-吉林Ⅲ级岩带、小城子Ⅲ级岩带、蛟河Ⅲ级岩带及梅河Ⅲ级岩带5个岩带；长白山Ⅱ级岩带划分了集安、光华、天合兴-那尔轰、百里坪、牡丹岭、安图-汪清、大荒沟、太平岭8个Ⅲ级岩带（区）。省域内共划分Ⅲ级岩带（区）14个，它们多受Ⅲ级构造单元所控制。

Ⅳ级岩带：Ⅳ级岩带是在Ⅲ级岩带中，重力推断与岩体有关的线性条带状、串珠状异常带，并相应伴有正负串珠状、条带状航磁异常，地质上与其有密切空间关系的线性串珠状或脉状侵入岩带及区域断裂或线性紧闭褶皱构造带、断陷盆地边缘等相共存者作为Ⅳ级岩带划分依据。全区共划分出有编号的花岗岩类岩带26条，其中隐伏1条，半隐伏17条，出露8条，为深入划分中酸性、酸性侵入岩带提供了重力异常信息。

第四节　古老变质岩系地层划分

吉林省太古宇、元古宇及古生界出露地层主要分布于东部、西部山区，仅占基岩出露面积15％左右。太古宇和元古宇均分布在南部地台区，区内有1/3的面积被新生代玄武岩覆盖；古生界除了南部台区有少量分布外，大部分产于北部地槽区。由于受海西期、燕山期等多次强烈岩浆侵入活动冲击和破坏，多呈残缺不全的块体零星散布于大片花岗岩岩海之中。

吉林省地跨中朝准地台和天山-兴安地槽两大构造单元，在地壳演化的各个阶段形成了各具特色的含矿建造,出现了相应不同的含矿层位。这些层位在成矿过程中不仅可以提供有关的成矿元素而且控制了各种层控矿床的形成和分布,因此,利用区域重力信息圈定和划分不同类型含矿建造,特别是寻找和研究被广泛覆盖下的隐伏古老含矿层位,对于今后找矿和资源预测无疑意义重大。

一、不同时代地层岩系密度参数特征

各个时代地层单元岩系之间的密度参数差异大小,是采用重力信息圈定和划分各时代地层的前提和依据。各时代地层单元岩系岩石是在特定构造环境下,相同沉积建造下形成的一组岩石系列,各单元岩系必将以独有的群体物理特征区别于其他单元岩系。为分析研究各时代地层岩系群体密度趋向性特征,将吉林省历年来野外重力调查所测定的不同时代沉积岩类的密度参数,按时代进行了归并统计,各时代地层单元岩系密度(σ)参数有如下特征:

(1)各时代地层单元(界),岩系密度(σ)参数常见值,具有由新到老有随地质时代增长而增大的趋势。中、新生界盖层岩系相对古老地层岩系会有明显相对重力低异常反映,而老地层能够引起相对高值异常。

(2)吉林省地跨中朝准地台和兴安-天山地槽两大构造单元。地台区太古宙—古元古代属地槽发育时期,即龙岗岩群、夹皮沟岩群及集安岩群形成了基底岩系,其密度平均值为 $2.80\times10^3 kg/m^3$,较其老岭岩群以后各时代的岩系要高,可引起相对高值重力异常。槽区基底等古生代岩系,其平均密度值为 $2.70\times10^3 kg/m^3$,自晚三叠世以后均属盖层岩系,平均密度为 $2.37\times10^3 kg/m^3$,二者相差 $0.17\times10^3 kg/m^3$。基底岩系相对盖层岩系能够引起高强度重力异常。由此可见,应用重力信息圈定和划分台区和槽区基底岩系具有较好的地球物理前提。

二、老地层圈定和划分

(一)地层圈定和划分方法技术

(1)地层圈定和划分重力资料,主要包括吉林省 1:50 万布格重力异常图和其垂向一阶、二阶导数异常图及 14km×14km 和 30km×30km 两种窗口滑动平均剩余重力异常图。有关基底隐伏地层的圈定主要是以布格重力异常为主,其边界采用 1/2 极值圈定;浅部出露或半出露地层主要是利用导数和滑动平均剩余重力异常零值线来圈定。

(2)通过各时代已知地层重力异常模型建立和经过重力和地质相应图件叠置关联,对出露的各时代地层上重力异常特征分类统计,太古宇、元古宇和古生界中各单元地层相对中新生界盖层和中酸性花岗岩类侵入体均有相对重力高异常反映。各时代老地层之间的异常强度也有随其时代变老而增强的趋势。结合各时代地层岩系密度特征分析,以重力高异常圈定各时代老地层的分布是有效的。同时视其异常相对强弱来定性判别地层相对新老时代。总之,剩余重力高异常是圈定老地层的重要标志。

(3)地台区太古宇和古元古界岩系组成的基底和地槽区由早、晚古生代地层构成的基底岩系相对各其盖层岩系均有密度界面存在,当密度差异足够大时,可利用 2.5D 软件计算基底顶界面埋藏深度,提取需要的量化信息。

(4)关于地层时代划分,主要综合地质和航磁有关信息来划定。地质能够提供有关地层岩石类型、形成时代、地层出露情况,产出形态、产状和分布以及蚀变和矿化等资料,这对于重力推断的地层时代划分,地层的含矿性都是不可缺少的。综合航磁异常特征,区分岩性是十分必要的。实践表明,重力高、磁力高异常组合,往往是由太古宇、古元古界和下古生界引起,这主要是与它们岩石基性程度大有关;重力高、磁力低组合,是由陆源碎屑岩和碳酸盐岩组成的中、新元古代和晚古生代陆相碎屑岩系盖层引起的。此外,中、新生代火山岩层尚能够提供独有的航磁信息。总之,采用综合信息解译方法圈定和划分老地层是有效的手段。

(二)老地层的圈定

依据上述方法,对于与老地层有关的重力、航磁及地质等信息进行了提取和综合分析,共确定了302个重力高异常定性推断由老地层引起,其中太古宇57处,元古宇108处,古生界137处(图4-4-1)。推断各时代地层,隐伏地层53处,半隐伏地层231处,出露地层86处。

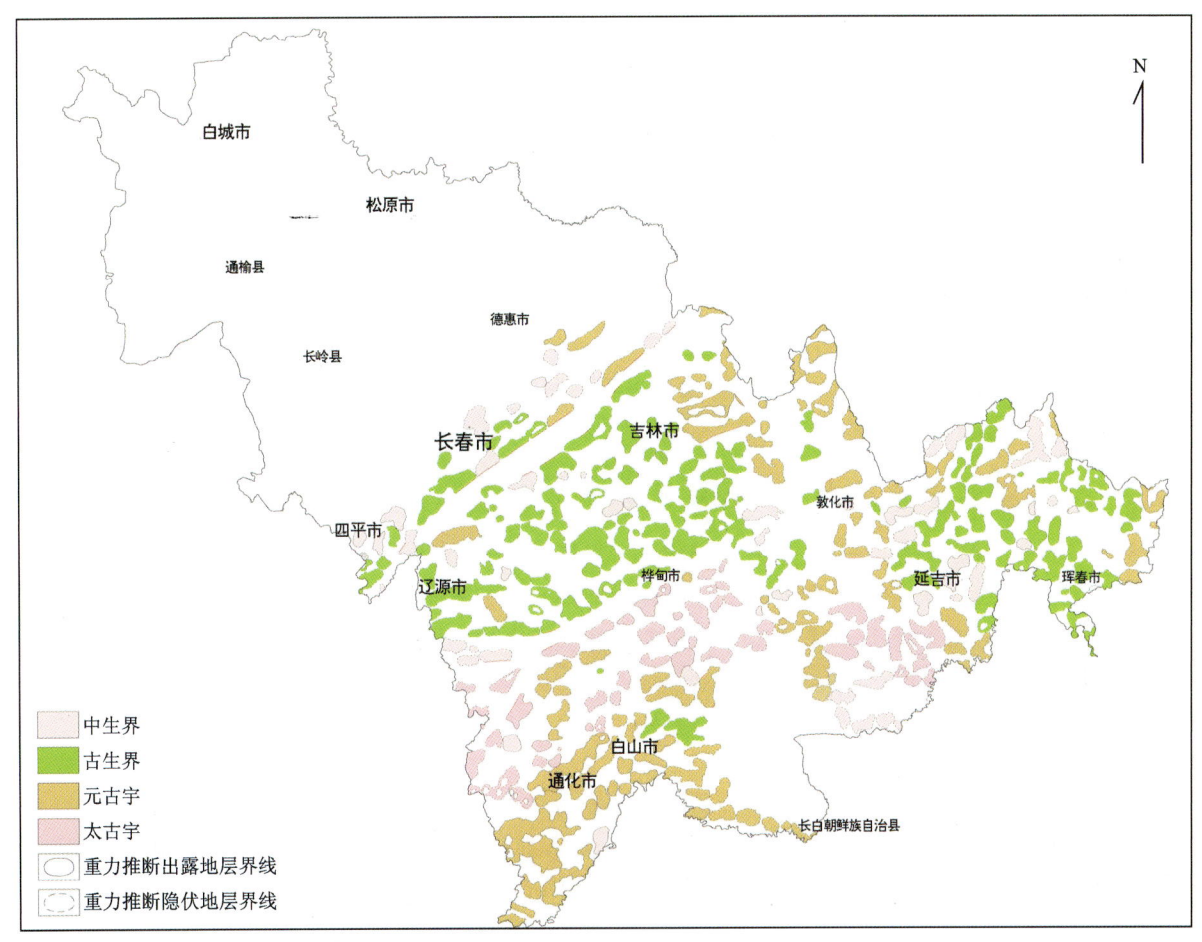

图 4-4-1 重力推断老地层平面图

第五节 中、新生代构造盆地的圈定和研究

吉林省构造盆地是经过地台发育早期稳定阶段(新元古代—晚古生代)早印支亚构造旋回褶皱活动和地台发育晚期大陆边缘活化阶段(晚三叠世以来盖层)晚印支期、燕山期及喜马拉雅期3个亚构造旋回地壳升降活动的产物。前者仅分布台区局部地段,无论在数量上还是在分布上均不如中、新生代构造盆地发育、广泛,尤其与煤、石油、油页岩及非金属矿产成矿关系上,后者更为重要。因此,本节主要侧重于中、新生代构造盆地的圈定和研究。

一、中、新生代构造盆地的基本特征

经对吉林省内已知构造盆地的研究和分析,中、新生代构造盆地具有如下特征:

(1)中、新生代构造盆地是阿尔卑斯构造旋回——晚印支期、燕山期、喜马拉雅期 3 个构造亚旋回时期的产物,其中燕山期是构造盆地形成鼎盛时期。

(2)中、新生代构造盆地成因类型,主要分为断陷、坳陷、断坳 3 种。据已知 70 个盆地成因统计,断陷盆地 32 个,断坳盆地 21 个,坳陷 17 个。

(3)中、新生代构造盆地沉积建造类型,以陆相火山岩-火山碎屑岩,湖沼相陆源含煤、油(油页岩)碎屑岩最为广泛。

中、新生代构造盆地形成过程多伴有火山喷溢和岩浆侵入活动。盆地盖层多由火山熔岩和碎屑岩与正常碎屑沉积岩互层产出,所以这一时期的沉积盆地亦多是火山盆地。

(4)中、新生代构造盆地的形态和分布受基底褶皱断陷和基底断裂构造的形态和分布控制。盆地一般规模不大,多零星产出断陷和断坳盆地,空间分布具有北东成带、东西成行的特征。盆地多产在北东向断裂与东西向断裂的交会处。

(5)中、新生代构造盆地是吉林省煤、石油、油页岩、天然气以及非金属矿产的重要产地。据 70 个盆地调查,其中有 30 个盆地为含煤、油(油页岩)沉积盆地。煤主要赋存于侏罗系及古新统中。油页岩多产于下白垩统和古近系沉积层中,下白垩统也是主要的含油层位。

二、不同时代盆地盖层、基底岩系密度特征

各时代地层岩系密度平均值由老至新有明显递减的规律。据此分析,吉林省地台发育早期和地台发育晚期构造盆地盖层和基底岩系密度值存在如下特征。

1. 地台发育早期盆地

地台发育早期盆地分布于吉林省东南部地台区内,其盖层由新元古代—晚古生代地层组合而成,基底则由太古宇—中元古界古老褶皱变质岩系组成。盖层各岩系密度多在 $(2.64 \sim 2.71) \times 10^3 \, kg/m^3$ 之间变化,平均值为 $2.70 \times 10^3 \, kg/m^3$。基底可分为古、中元古界岩系和太古宇岩系两种情形,前者密度为 $2.76 \times 10^3 \, kg/m^3$,后者为 $2.83 \times 10^3 \, kg/m^3$,两者之间层面剩余密度值不大,重力圈定该时期盆地的地球物理前提不够充分。

2. 地台发育晚期构造盆地

地台发育晚期(中、新生代)构造盆地盖层主要由上三叠统、侏罗系、白垩系及古近系、新近系组合而成,基底由古生界—下三叠统组成。盖层各时代地层岩系密度亦有由老至新递减的规律。但各时代基底地层岩系密度却比较相近,无明显变化,平均值为 $2.70 \times 10^3 \, kg/m^3$。经二者关联可看出,无论是单一时代盆地盖层还是多时代继承式叠置盆地盖层与基底都存在大小不同的密度的差异。由此可见,重力在古生代褶皱区圈定新近纪、古近纪、白垩纪盆地地球物理前提充分,会出现较明显重力低异常,圈定侏罗纪盆地前提不如前二者好,但依然具有一定的前提,会有重力低异常显示,而晚三叠世盆地前提不够充分,只可能会出现与古生代地层同样的剩余重力高异常出现。如果盆地是继承式叠置盆地,盖层平均密度为 $2.37 \times 10^3 \, kg/m^3$,与基底密度相差 $0.33 \times 10^3 \, kg/m^3$,重力工作前提依然充分,效果依然明显,同样划分中生代叠置盆地或是新生代叠置盆地,重力均能取得良好的地质效果。

此外，盆地盖层新生界与中生界存在明显剩余密度层面，中生界与古生界亦有较大密度界面存在，由此为采用定量解释手段量化不同层面的深度和起伏状态提供了较好的物理前提。

三、中、新生代盆地划分

(一)盆地划分方法技术

(1)盆地划分应用资料主要采用了1:50万布格重力异常图，垂向一阶、二阶导数异常图，不同窗口滑动平均剩余重力异常图及不同高度延拓异常图。

(2)负的重力一阶、二阶导数和滑动平均剩余重力异常是圈定和划分盆地的重要标志。盆地边界是以剩余重力异常的零值线来确定，其沉积盖层垂向厚度是以不同高度延拓剩余重力异常强度衰减快慢加以判断，慢者相对较厚，快者则相对较薄。此外，当盖层和基底岩系间密度差异较大时，可利用2.5D软件平台计算基底上界面埋深，量化盖层厚度和基底界面的起伏变化。

(3)盆地成因类型推断是以盆地异常边缘界线重力高、低之间梯度带的宽窄和梯度变化率来判断，窄而变化大者多是断陷式盆地，宽而缓者则是坳陷式盆地。

(4)盆地地质时代只能通过异常内地质出露或半出露岩系地质时代来划定。当被第四系广泛覆盖时，可依据盆地空间分布的规律性，借鉴临近盆地地质时代来划分。

(5)中、新生代盆地形成过程多伴有火山活动，火山岩建造和正常沉积建造是组成盆地盖层主要岩系。盖层岩系划分可利用航磁或地磁资料成果综合分析，以火山岩为主的盆地会出现重力低、磁力高的异常组合，如以正常碎屑岩建造为主的盆地则会出现重力低、磁力低异常组合。

(6)基底岩性推断亦可采用磁测成果综合判定。台区盆地基底以太古宙老变质岩系为主会有重力低和低弱磁力高异常组合出现。当以元古宙岩系为基底时，会有两种情况出现，一是有重力低、磁力低异常时，基底多半是中、新元古代岩系，如有重力低、低缓磁力高异常出现，则多半是古元古代变质岩系。在槽区盆地的基底如果是早古生代地层则会有较弱正异常产生，若为晚古生代地层则会有低磁异常出现。

基底岩系和盖层火山岩引起的磁异常的区别主要在于异常强度的变化，往往是以前者弱而后者强为特征。

(二)盆地划分

吉林省中、新生代盆地圈定是以剩余重力负异常为标志，并且结合有关地质、航磁综合信息进行划分的。全省共圈定和划分中、新生代盆地97个，其中中生代断陷盆77个，新生代断陷盆20个。

通过综合信息推断，侏罗纪盆地盖层多为火山岩建造夹有正常碎屑岩建造，并以前者为主，白垩纪盆地多以正常碎屑岩建造为主，并夹有少量火山岩建造。新生代古近系、新近系沉积盆地则以碎屑岩建造占主导。

由图4-5-1看出，中、新生代盆地空间分布，槽区较台区更为发育，其分布有北东成列、东西成行的规律。前者受四平-长春-榆树、伊通-舒兰、山城镇-敦化(敦-密)、天桥岭-明白-松江、东定-太平沟-延吉及浑江等北东向大断裂控制，后者多与春化-汪清-敦化、马滴达-图们-新合及辽源-磐石等东西向大断裂关系密切。

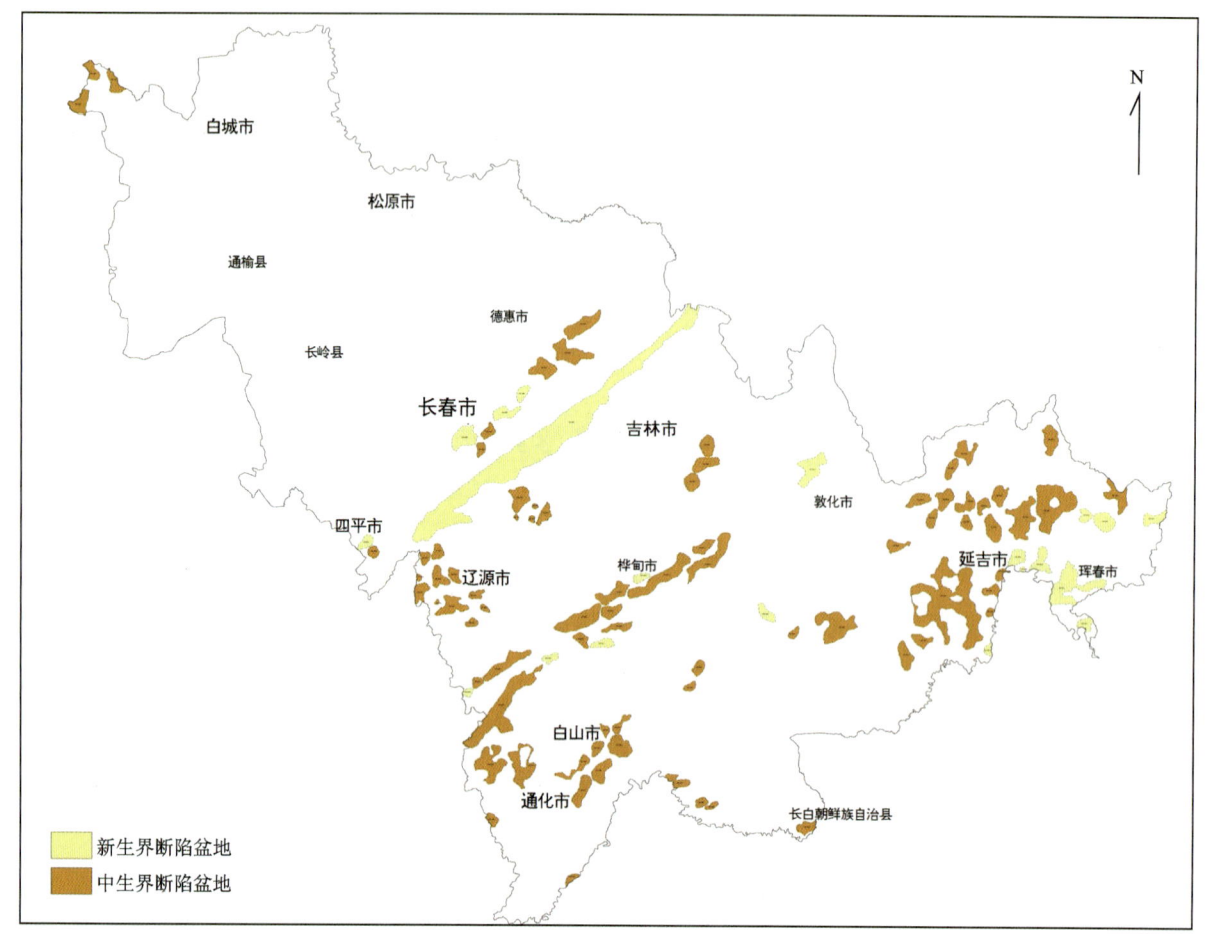

图 4-5-1　重力推断中、新生代构造盆地平面图

（三）主要盆地重力异常特征分析

1. 地台发育早期构造盆地重力异常特征

由于该时期盆地盖层岩系密度与基底岩系密度相近而无明显差异，因此在盆地上方与出露的古老基底岩系同样有正的剩余重力异常反映，并能揭示盆地的空间分布特征。据吉林省东南台区新元古代—晚古生代盆地重力异常特征分析，地台发育早期盆地重力异常是以规整低缓的正剩余重力异常为基本特征，现举例分述如下。

1）样子哨盆地（向斜构造）

该盆地位于柳河县三源浦北—辉南样子哨一带，呈北东向条带状产出，长 110km，宽 7～15km。盆地盖层向斜核部为下奥陶统马家沟组灰岩，两翼分别为寒武系及震旦系、青白口系，基底为太古宙古老变质岩系。盆地属于一不对称舒缓向斜构造。

该盆地主体部分在 1∶50 万重力垂向一阶导数图和 14km×14km 窗口滑动平均剩余重力异常图上呈现一北东向带状重力高异常，长约 80km，宽 5～10km。异常带由 4 个似椭圆状重力高串珠状异常组成。异常形态低缓规整，异常带两侧重力场分别由侏罗系和古近系、新近系岩系引起的重力低异常相陪衬。它与地质关联，重力异常带与盆地主体部分相一致，实为盆地引起。

2）浑江盆地（复向斜构造）

该盆地呈北东向带状产于浑江流域，长约 150km，宽 20～30km。盆地盖层由青白口系、震旦系、寒武系以及下奥陶统、上石炭统和二叠系岩系组成,基底为中元古界、太古宇变质岩系。该盆地自北西向南东依次由次一级的浑江向斜、横道河子背斜及红土崖向斜组成复式向斜构造。

在1:50万剩余重力异常图上,该盆地主体部位上呈现有北东向带状分布的正、负相间的4个异常。自北西向南东,第一个异常为重力高异常带,南起通化市北,向北东经过板石至新开岭,长75.0km,宽5～15km,由多个串珠状重力高异常组成,由复式向斜北西侧青白口系、震旦系单斜构造引起。第二个异常由3个串珠状重力低异常组成,重力低异常带分布于白山市—六道江一带,长42km,宽5～8km。白山和六道江分别出现重力低异常中心。该异常由覆盖的白垩系、侏罗系的白山、六道江等次级盆地引起。第三个异常又为一北东向分布的重力高异常带,南起鸭园,北止于孙家堡子,长50km,宽5～7km,亦由多个串珠状重力高异常组成,该异常带是由青白口系、震旦系、寒武系及奥陶系组成的次一级背斜构造的反映。第四个异常位于浑江复式向斜的东南侧,由3个串珠状重力低异常组成重力低异常带,南起果松,北到石人镇,长44km,宽7～15km,3个重力低异常强度分别为石人、红土崖、果松3个侏罗纪沉积盆地的反映。

综上所述,浑江盆地古元古代—晚古生代盖层盆地也以重力高异常为特征。

3)长白盆地(向斜构造)

该盆地处在鸭绿江褶断束东段,位于长白八道沟—长白镇间鸭绿江的北侧,总体呈近东西向带状,长约110km,宽7～15km。向斜的核部为石炭系—二叠系,两翼依次为寒武系—奥陶系、震旦系及青白口系,其轴向近东西向,向斜北翼岩层倾角较南翼要陡,核部倾角变缓。

盆地剩余重力异常为一近东西向串珠状正异常带,长约90km,宽7～10km,由多个似椭圆形圈闭的低缓正重力高局部异常组成。经与地质关联,异常范围与盆地边缘吻合,推断该异常由盆地盖层岩系引起。

4)高地盆地(向斜构造)

该盆地位于集安县高地—治安村一带,属宽缓状短轴向斜,长约17km,宽约10km。盆地南侧被燕山早期花岗岩侵入,北部被上侏罗统中性火山岩覆盖。

重力在该盆地上有明显的正剩余重力异常出现,异常呈北西向似椭圆状,长约15km,宽约10km。异常规整低缓,异常形态、范围与盆地一致,实属盆地盖层岩系的综合反映。

2. 地台发育晚期大陆边缘活化阶段构造盆地重力异常特征

物性资料整理统计结果表明,中、新生代盆地盖层(上三叠统、侏罗系、白垩系及古近系、新近系)地层岩系密度存在有较大的差异,具备有重力圈定和划分该时期构造盆地的地球物理前提。经过对已知单一时代和继承式不同时代叠置盆地重力异常特征统计,中、新生代盆地重力异常是以低值异常为特点,可作为圈定和划分构造盆地的重要标志。

1)依-舒新生代断陷盆地

该断陷盆地位于吉林省中部伊通—舒兰一带,是由两条呈北东走向相互平行岩石圈深断裂夹持的新生代断陷盆地。在省域内主体部分(小孤山—乌拉街)长约170km,宽13～20km。地堑两基底岩系主要为古生界变质岩类和以海西期为主的花岗岩建造。盆地形成经历了早白垩世初期裂陷、晚白垩世拉张、古近纪张裂拉伸断陷、新近纪缓慢下降萎缩4个阶段。古近纪末为地堑封闭阶段。盆地内沉积了巨厚的古近纪含煤、油陆相碎屑岩系,其厚可达1km左右。此外,沿断裂带附近有团山子、左家溪河、永和屯、小绥河及青堆子基性—超基性岩体群分布,而且在伊通附近的大孤山、小孤山、马鞍山等地还有古近纪火山喷发,由此指示盆地两侧断裂规模较大,实属切割岩石圈的深大断裂。

在省域内1:50万布格重力异常图上,以及各方向一阶水平导数图上,盆地均有十分明显狭长的重力低异常反映,其两侧重力梯度带清晰、平直,反映了深大断裂异常特征。盆地内正、负重力异常排列有序,结构清晰,在纵向上以小孤山—马鞍山—鹿乡—万昌—孤店子一线将盆地负重力异常分南、北两个次一级负异常带。北带异常强度、规模要大于南带。北带由南西向北东赋存有靠山镇、陈家屯、新安镇、花家、新胜5个条带状负异常。两者被鹿乡-万昌-搜登站次一级带状相对重力高异常相隔离。

经与地质及区域岩石密度资料关联,可作出如下推断:①这一大的负重力异常带是由伊-舒断陷盆地内巨厚的古近纪、新近纪陆相碎屑沉积盖层岩系引起;②两侧线性重力梯度带则分别是控制盆地形成的两条深断裂反映。依据梯度带等值线疏密变化,推断北西侧断裂产状近直立略向北西倾斜,而南东侧断裂产状较缓并向北西倾斜;③盆地内重力异常在横向上出现了次级重力相对低—高—低反映,在纵向上由局部异常组成,这都说明了盆地盖层沉积厚度并非是均一的,其厚薄受基底褶皱和断裂构造控制。由重力异常特征分析,盆地基底在横向上存在有低—高—低次级褶皱起伏,而且北西侧下伏要大于南东侧。南、北两个沉降带在纵向上,基底由于受横向断裂切割而分成多个块体,因各自下降速率不一则形成了多个较深断陷,并控制了盖层的沉积厚度,出现了相应的多个沉积中心。

2)松辽中生代断陷盆地

松辽盆地位于吉林省中—西部广大地区,地跨辽、吉、黑三省,在吉林省内面积约 $10\times10^4 km^2$。盆地西侧以镇赉-白城-科右中旗岩石圈断裂(嫩江大断裂)为界与内蒙-大兴安岭褶皱系相邻;东侧以四平-长春-榆树岩石圈断裂相隔与吉林优地槽褶皱带相毗邻。

该盆地属于滨西太平洋陆缘活动带第二陆内沉降带。盆地形成始于中晚侏罗世燕山运动的第三幕,基本结束于第五幕,经过了扩张期—兴盛期—收缩期—再度扩张期—再度兴盛期—萎缩期6个"两兴两衰"的形成发展历程。自燕山运动第三幕在吉林省内第一次由挤压状态转变为拉张状态以来,其刚性基底产生了大量张性正断层及地壳大规模的裂陷,主要以断陷式、地堑式沉积了中上侏罗统一套陆相含煤-火山岩建造。在盆地西部赋存有中侏罗统万宝组或白城组,上侏罗统洮南组。早白垩世是盆地沉陷发展鼎盛时期,白垩系是组成盆地主要沉积岩系,为一套湖沼相、陆相含油"类复理石建造"和红层建造,厚达5km以上,其中以下白垩统为主,厚度可达4km,是盆地主要含油岩系,自下而上分为登娄库组、泉头组、青山口组、姚家组、嫩江组;上白垩统分为四方台组和明水组。

松辽盆地基底岩系属于内蒙-大兴安岭古生代地槽褶皱系的一部分。据大庆油田研究院资料指出,盆地基底构造由九台-宾县复背斜、长岭肇东向斜、乾安-明水复背斜、安广-林甸复向斜及富拉尔基复背斜等组成。各背、向斜均呈北东向相间产出,且均延至吉林内并形成了盆地基底波浪式褶皱构造。盆地基底断裂十分发育,呈龟裂状遍布于全区,它们控制了基底断块的起伏变化和沉积盖层的薄厚。区内岩石圈及壳层断裂北东向和北西向两组均很发育,二者联合形成了"井"字形构造格局,并控制了基底断裂的展布和基底断块的起伏。

在1:50万布格重力异常图上,省域内松辽盆地显示有与其两侧山区截然不同的重力场态,在其东、西两侧的四平-长春-榆树和镇赉-白城-科右中旗两条场区突变线之间的重力场,是由20余处强度相近、形态相似、分布均一、规模较大的正、负异常组成。异常多呈似圆状和椭圆状,正、负相间产出,强度低缓、接近。各异常面积较大,多为 $500\sim1500 km^2$。根据异常强度、形态、走向等群体特征,可将区内异常划分成东、中、西、南、北、西南6个场区。东、中、西3个异常区的异常形态多为无明显走向的似圆状,但各区异常强度不一,东区偏高,西区偏低,而中区则介于二者之间。其他3个异常区的异常形态多为似椭圆形,但各区异常强度、走向、结构不尽相同。北区以东西走向、平行分布的负异常为主,南区则以北东向和北北东走向为主,正、负异常相间排布。西南区以北西向异常展布为特征。

盆地东、西两侧山区重力场背景明显低于中部平原背景强度。局部异常亦较其更加复杂多变。这两种截然不同的场态应是大型构造沉降带和隆起褶皱造山带的地球物理属性。

依据省域内松辽盆地地质构造特征及其基底和盖层岩系密度特征,对盆地重力异常推断解释如下:

(1)由吉林省区域布格重力异常图上可醒目看到,镇赉-白城-科右中旗和四平-长春-榆树两条区域重力场线性突变带恰是中部平原区和其两侧的重力场的分界线。前者位于已知嫩江大断裂的延长部位,后者与大黑山条垒西侧断裂构造带相吻合。由此推断二者是切割较深岩石圈大断裂的位置,是松辽中断陷Ⅱ级地质构造单元的分界线,应是省域内松辽中断陷的东、西边界。

(2) 以地震测深震相推断的深部地壳结构层面深度为准则,采用区域重力 60km×60km 窗口滑平均数据计算的莫氏面成果,在省域内北西-南东横向剖面上,莫氏面的深度出现了中部平原区浅而东、西两侧山区深的"两低夹一高"的模型特征。根据地壳均衡理论可推断,地壳的构造形迹受深部构造的制约,因此,松辽中断陷的形成内在因素与上地幔上隆有直接关系。表壳层出现的区域性大型复式背斜和复式向斜亦往往与上地幔活动形成局部幔凸和幔凹有关。

(3) 相关地质研究表明,松辽中断陷基底应属内蒙-大兴安岭古生代地槽褶皱系的一部分,其盖层是以中生代侏罗系和白垩系沉积岩系为主,特别是后者分布更为广泛、发育。区域地层岩系物性资料表明,基底(古生界)和盖层(中生界)岩系密度平均值分别为 2.70×10^{-3} kg/m³ 和 2.57×10^{-3} kg/m³,二者相差 0.13×10^{-3} kg/m³,由此推断,二者剩余密度界面是引起重力异常的主导因素,剩余重力正异常和负异常应是基底界面起伏的反映。全区推断基底隆起构造 11 个,坳陷 10 个,它们控制了沉积盖层的薄厚。研究盆地基底块体升降活动可以为重力解译提供依据。

(4) 依据盆地内局部布格重力异常和 60km×60km 窗口滑动平均区域异常特征,将盆地重力异常划分为 6 个异常小区($Ⅲ_2$—$Ⅲ_7$)。各异常小区内的局部布格异常的形态、走向及规模和结构等都以各自独有的特征相互区别。此外,各区的区域异常强度亦不尽相同。据此推断省域内松辽中断陷基底是由性质不同、构造形态各异、升降尺度不一的 6 个次一级单元拼接而成,绝非是简单的统一体。依据各区平均重力场强度可判断基底升降速率不同而致使各单元沉降幅度的差异。沉降中心是由东向西迁移,东部区($Ⅲ_6$)基底埋深较浅,西部区($Ⅲ_3$)相对较深,其他各区介于中间。

(5) 在盆地内依据重力信息推断的北东向太平川-乾安-大安和双辽-农安-弓棚子断裂,北西向长春-长岭-通榆和德惠-松原-大安断裂规模较大,切割较深,应属壳层断裂,是区内最大的 4 条断裂,将盆地基底划分为 6 个次级构造单元,控制了区内构造单元分布的格局。

3) 延吉中、新生代断陷盆地

A. 延吉盆地地质特征

延吉盆地是吉林省东部中新生代的一个内陆断陷盆地,面积约 1500km²。在古生代地层和海西期花岗岩的断陷基础上发育了一套侏罗系、白垩系和新生界盖层。侏罗系屯田营组为一套含煤火山碎屑沉积建造,受断裂控制呈北西向展布,属地堑式沉积。白垩系从下而上由大拉子组和龙井组组成。前者分为下部类磨拉石建造的砂砾岩段,中上部砂页岩夹油页岩的页岩段,属深水湖相沉积,厚 269~3627m。后者分上、下两个岩段,下部为砂、砾岩段,上部为泥岩段,属于红色沉积建造,厚 290~1150m。侏罗系主要分布在盆地的西北部老头沟一带。白垩系分布广泛,大拉子组出露在盆地南、北两侧,呈北北西走向,龙井组展布在盆地中部,为北东走向。此外,在延吉市北侧尚有古近系珲春组含煤、油页岩地层产出。

盆地基底断裂十分发育,主要为东西向、北东向、北西向及南北向断裂。它们不仅控制了盆地形成,而且控制了盆地基底起伏活动及构造形态。

B. 盆地重力异常特征

该盆地在 1∶50 万布格重力异常,垂向一阶、二阶导数异常及不同窗口滑动平均剩余重力异常图上均有清晰的异常反映。布格重力异常大体呈不规则状负的正方向异常,南北长约 40km,东西长约 40km,总面积约 1600km²。但局部剩余重力异常则由数个明显的正、负异常组成。负异常多为条带状和椭圆状,正异常多为椭圆状。条带状负异常有东侧边部的延吉-智新南北向负常带,可分为延吉和智新两个主要负异常中心,西南部为北北西向的龙水-勇新负异常带,西北部为铜佛寺-老头沟东西向负异常带,西城北西向椭圆状负异常,朝阳川北东向低缓负异常。盆地内正剩余重力异常有 4 处,形态均呈椭圆状,主要有头道异常、细鳞河异常、东盛勇异常、仲兴异常。

上述异常特征反映了延吉盆地的地质构造特点,对研究延吉盆地基底构造、沉积作用形式及沉积盖层空间分布有较大指导意义。

C. 重力异常解释推断

(1) 依据盆地盖层和基底岩系密度资料分析，盆地内正、负异常直接反映了基底与盖层剩余密度界面的起伏状态，较好地揭示了盆地盖层沉积厚度变化，为了解盆地沉积层空间分布提供了重力信息。

(2) 盆地负异常多呈带状产出，沉积作用明显受基底断裂控制，东西向和南北向构造是影响沉积活动的主导因素。由此推断早期沉积应以地堑式沉积为主，并不是基底整体下沉的结果。

(3) 根据区域断裂构造分析，延吉盆地形成是受北东向东宁-太平沟-延吉大断裂、北西向平顶山-安图(明月镇)-官地-平安镇大断裂、东西向马滴达-延吉-新合大断裂以及南北向依兰-延吉-智新大断裂联合控制的结果。

(4) 由重力和地质关联可以发现，延吉盆地普遍覆盖有下白垩统大拉子组和上白垩统龙井组重力异常，却呈现近南北向和东西向条带状异常，二者的不协调性指示盆地早期沉积应以地堑式沉积为主，而后期则以普遍下沉坳陷式沉积为主。此外，这还说明，延吉盆地自喜马拉雅运动以来，一直是处于上升时期，经受了较强的风化剥蚀作用，导致了重力深部信息的加强。

第六节　重力推断地质构造要素在矿产预测中应用情况

研究有关矿产成矿控制要素(容矿地层、成矿岩浆岩及控制构造)与重力异常的关系，总结、归纳各类成矿要素重力异常特征，建立各种控矿要素的重力异常模型，是重力矿产资源潜力预测评价应用的一项重要工作。

在充分掌握区域成矿规律基础上，以典型矿床地质-地球物理综合模型标志为依据，结合有关地质、矿产、化探及航磁综合信息，应用重力信息追索和圈定与成矿有密切关系的容矿地层、成矿岩体和控矿构造，是一种快速有效的方法。

一、容矿地层重力异常特征分析

容矿地层指省域内各大构造活动成矿期形成的与层控矿床有生成关系的沉积含矿建造(矿源层)所赋存的最小地层单位，是重力资源潜力评价重点研究的目标物之一。

吉林省约70%的大、中型矿床产出受地层层位控制，并多具有同生沉积成矿或预富集特征。按照《吉林省区域矿产总结报告》中有关金、多金属含矿建造划分原则，吉林省可初步划分为5个含矿建造岩系组合：①绿岩型含矿建造(硅铁质)；②海相火山-沉积型含矿建造(类硅铁质)；③(含碳质)碎屑岩(碳酸盐岩)型含矿建造(陆源碎屑-碳酸盐岩)；④变质火山岩型含矿建造(海底火山-细碧角斑岩系)；⑤陆相火山岩型含矿建造(钙碱性-中酸性火山岩—次火山岩)。上述5个含矿建造岩系组合集中产于不同时代的12个地层单元中，形成了吉林省主要的容矿层位。

经与地质关联和岩石物性资料分析可知，各时代容矿地层岩系岩石密度参数众数值具有随时代由新变老而增高、随变质岩系原岩基性度增高而增大、随变质深度增加而变大的趋势。容矿地层岩系的密度差异性则是引起强度不同重力异常的内在因素。经一些已知容矿地层单元上剩余重力异常特征统计分析，发育前4种含矿建造的地层单元大多数可引起强度、形态规模不同的重力高异常(正异常)，而含有第五种含矿建造的地层单元则多出现重力低异常(负异常)。各容矿地层单元异常的统计性规律在资源潜力预测中具有较可靠的适用价值。

有关容矿地层单元划分和其剩余重力异常特征详见表4-6-1。

表 4-6-1　容矿地层单元划分和其剩余重力异常特征

容矿地层单元			含矿建造类型（典型矿床）	含矿特点		地球物理特征	
界	系（统）	群（组）		主要成矿元素	伴生元素	含矿岩系密度参数（众数值）/(10^3kg·m^{-3})	剩余重力异常特征
中生界	中侏罗统	屯田营组	陆相火山岩型（刺猬沟金矿）	Ag	Cu	2.22～3.00 (2.59)	出现弱重力低异常
上古生界	下二叠统	庙岭组、满河组、山旗谷组	海相火山-沉积型（红太平多金属矿）	Cu、Pb、Zn	Ag	2.22～2.83 (2.68)	弱重力高异常
	上石炭统	石嘴子组	变质火山岩型（石咀铜矿、头道川金矿）	Cu	Au、Ag	2.54～2.89 (2.71)	重力高异常
	下石炭统	鹿圈屯组		Au	Ag		重力高异常
下古生界	下志留统	桃山组	海相火山-沉积型（放牛沟多金属硫铁矿）	多金属			重力高异常
	上奥陶统	石缝组		Ag、多金属	Au	2.53～3.01(2.72)	重力高异常
	寒武系—奥陶系	呼兰群（吉中）；青龙村群（延边）		Cu、Pb、Zn	Au、Ag		重力高异常反映
	下寒武统	张夏组、徐庄组、毛庄组	（含碳质）碎屑岩（碳酸盐岩）型矿洞子—郭家岭—浑江一带铅锌矿（铜矿化）	Pb、Zn	Cu		重力高异常显示
中元古界	色洛河岩群		海相火山-沉积型（海沟金矿、红旗岭金矿）	Ag	Pb、Zn		重力高异常显示
古元古界	老岭岩群	大栗子岩组	（含碳质）碎屑岩（碳酸盐）型、荒沟山铅锌矿、大横路铜钴矿	Fe、Au、Co	Mo、Pb、Zn	2.50～3.01 (2.75)	清晰重力高异常
		临江岩组		Pb	Au		
		花山岩组		Au			
	集安岩群	珍珠门岩组		Pb、Zn	Au		
		荒岔沟岩组	（含碳质）碎屑岩（碳酸盐岩）型（正岔铅锌矿）	Pb、Zn	Cu、Au	2.06～3.55 (2.77)	较明显重力高异常
		蚂蚁河岩组		Pb、Zn、B	Au		
新太古界	夹皮沟岩群	三道沟岩组	绿岩型（硅铁质）（夹皮沟金矿）	Au、Fe	Cu、Ag	(2.90)	明显重力高异常
中太古界	龙岗岩群	杨家店岩组	绿岩型（硅铁质）（板石沟铁矿）	Fe		(2.90)	明显重力高异常

二、成矿侵入岩体重力异常特征分析

内生金属矿床是岩浆侵入成矿作用（直接或间接）的产物。吉林省中酸性花岗岩类出露面积约占基岩出露面积的60%。岩浆活动频繁剧烈，岩石类型齐全发育，从而造就了内生金属矿种类多、成因类型复杂、资源潜力丰富的特点。

岩浆成矿有明显的专属性，不同的岩石类型可形成与之有密切关系的矿产，不同类型的成矿岩体控制了与其有成因联系一组（系列）矿产的分布。因此，配合有关地质、矿产、化探及航磁等资料，研究成矿侵入岩体与重力异常的关系，建立与成矿有关的各类侵入岩体重力异常模型，借以筛选预测区有意义的重力异常，并通过定量解释提取成矿岩体空间三维形态参数，对全面圈定认识成矿岩体特征、深入进行资源潜力预测评价具有较大意义。

(一) 矿岩体类型划分

成矿岩体属与形成内生金属矿床有关的各种类型（超基性岩、基性岩、中性、酸性、碱性岩）侵入岩体。为了便于对成矿岩体与重力异常关系的研究，按照1984年博罗达耶夫斯卡娅等提出的地质建造划分原则，将成矿岩体划分为生矿岩体（建造）和造矿岩体两个大类。前者成矿物质主要由岩浆本身携带并在成矿作用中起矿质搬运剂和能源作用的岩体；后者成矿物质主要来自侵入容矿围岩（矿源层）。矿质岩浆本身不带（或部分携带）矿质，在成矿过程中只起能源作用，萃取围岩矿质富集成矿或自身提供部分矿质叠加萃取围岩矿质富集成矿。

现将与生矿和造矿两类成矿岩体有关的成矿作用类型、岩浆岩类型、岩石系列及有关矿产列表于表4-6-2。

表 4-6-2 成矿岩体类型划分表

成矿岩体类型	成矿作用类型	矿床成因类型	岩浆岩类型	有关矿产	典型矿床及岩石系列
生矿岩体	岩浆自身为矿质携带者	岩浆熔离型	幔源分异深成基性、基性—超基性、超基性侵入岩	Cu、Cr、Ni、Co、Pt、Pa、V、Ti、Fe	红旗岭铜镍矿；海西早期花岗岩系列
		斑岩型	过渡地壳同熔型浅成—超浅成中酸性、酸性花岗斑岩	Cu、Mo、W、Au	大黑山铜钼矿；燕山中期花岗闪长岩-花岗闪长斑岩系列
		岩浆期后热液充填型	过渡地壳同熔型深成中酸性花岗岩	Cu、W、Sb、Fe、Au、Ag	青沟子锑矿；花岗岩系列
		岩浆热液交代型（矽卡岩型）	地壳改造重熔型—过渡地壳同熔型中浅成中性、中酸性花岗岩	Fe、Cu、Pn、Zn、W、Mo、S	天宝山铅锌矿；海西晚期—燕山中晚期花岗闪长岩-石英闪长岩系列
		火山热液型	过渡地壳同熔型钙碱性火山熔浆喷发晚期侵入中性、中酸性火山岩	Au、Ag、Cu、W	小西南岔铜金矿；海西早期—燕山中期闪长岩-石英闪长岩-花岗斑岩系列
造矿岩体	矿质部分来自岩浆本身和岩浆热液作用萃取容围岩矿质叠加成矿	沉积内生叠加型	地壳改造重熔型中—深成中酸性、中性侵入岩类	Au、Ag、Cu、Pn、Zn	正岔铅锌矿；海西期—燕山期闪长岩-花岗斑岩系列
	岩浆不携带矿质，而岩浆改造容矿围岩萃取矿质成矿	沉积改造型	过渡地壳同熔型中深成中酸性、酸性花岗岩类	Pb、Zn	矿洞子-郭家岭铅锌矿；燕山期二长花岗岩-花岗岩系列

(二)成矿岩体重力异常特征分析

各类型侵入岩石和有关围岩密度特征,以及重力圈定具有一定规模的基性—超基性岩类和中酸性花岗岩类的有效性,已在本书第三章第一节和第四章第三节作了较详细地论述,在此不再重述。本节重点讨论生矿岩体和造矿岩体的地质、化探、航磁、重力等标志信息特征,目的在于采用有效的综合信息分析方法提取与成矿岩体有关的重力异常,并通过定量计算出目标物 3D 形态几何参数,充分发挥重力在深部资源潜力预测评价中的作用。

依据对典型内生金属矿床地质-地球物理-地球化学综合找矿标志的研究,现将生矿岩体和造矿岩体主要综合信息标志归纳总结如下。

1. 成矿岩体综合信息标志

1)与铜、镍矿有关的基性—超基性岩

(1)地质特征:褶皱带早期幔源分异深成基性—超基性岩浆,基性度高,富含 Cu、Ni、Cr、Co 等成矿元素;岩体分异性好,相带较复杂;成岩成矿有多阶段性,形成复式岩体并表现有多种成矿作用(就地熔离、深熔-贯入及后期富硫化物熔浆上侵)。含矿岩体时代多出现在古元古代。

(2)区域化探(水系沉积物测量)异常特征;出现有一定规模 Cu、Ni、Co、Cr、V、Ti 等元素组合异常。

(3)区域重力、航磁异常:呈现一定强度的重力高(正剩余异常)和磁力高异常。

2)与铁、铜、金、银、钼、铅锌多金属矿有关的中性—中酸性侵入岩

(1)地质特征:褶皱带形成晚期及地台活动带过渡地壳同熔型(Ⅰ型)中—深成中性—中酸性岩(闪长岩-石英闪长岩-花岗闪长岩系列),岩体富含 Fe、Cu、Au、Ag、Mo、Pb、Zn、Sb、W、Bi 等元素。岩体岩相分带明显,在热侵入接触带内外常有较强蚀变和矿化,在构造有利部位多形成矽卡岩型、热液充填型铁铜、铜钼、铜、铅、锌、钨、锑等矿床。成岩时代多以海西期、印支期、燕山期为主。

(2)区域化探异常特征:围绕岩体内外接触带形成 Cu、Pb、Zn、Ag、Au、W、Mo、Bi、Sb 等元素异常,元素异常有一定分带性。

(3)区域重力、航磁异常特征:在岩体上重力多呈不甚明显的负重力异常;航磁有中等强度波状起伏的正异常,在岩体边缘内外接触带尚有局部叠加复合异常出现。

3)与钨、锡、铋、钼、金、银、铜、铅、锌等矿床有关的中酸性—酸性侵入岩

(1)地质特征:褶皱带形成晚期及地台活动带地壳改造重熔型(S型)浅成—超浅成中酸性—酸性侵入岩(花岗闪长岩-石英闪长岩-花岗斑岩系列)。岩体多为同源多期继承性侵入形成的复式岩体,各期侵入岩体具有从早到晚,规模由大到小,成矿元素由贫到富的规律。成矿多出现在晚期侵入的小型斑岩体中。岩体内常有面状矿化蚀变,亦常见线状蚀变和矿化。在岩体内部接触内外带上成矿有利构造部位多形成斑岩型、斑岩-矽卡岩型、破碎蚀变岩型矿体。岩体产于燕山期构造火山-岩浆盆地内,并有先喷发后侵入成岩的特点。

(2)区域化探异常特征:在岩体内外接触带附近形成有 W、Sn、Bi、B、Au、Ag、Cu、Pb、Zn 等组合异常,异常元素有明显套合浓集中心和分带性。

(3)区域重力、航磁异常特征:在岩体上呈现有较明显的叠加负重力异常,在较大的弱异常内叠加有一个或多个局部小的负值中心;航磁多为低缓或弱负的低值异常出现,在接触带附近亦会有局部小的正叠加异常。

2. 造矿岩体综合信息标志

(1)岩体特征:岩体多产于陆缘活动裂陷槽内,伴随褶皱造山活动形成的深—中成中性—中酸性—酸性侵入岩类。侵入活动在加里东期、海西期、印支期和燕山期均有发生,尤以燕山期更为发育,多侵入

各构造沉积旋回地层内。由于岩体本身成矿元素稀少,很难富集成矿,一旦侵入到含矿地层中,往往在岩浆侵入热作用下可使围岩地层中原矿体发生改造重新富集成矿,亦可使原未成矿的矿源层中的元素活化、迁移、富集形成新的矿体,岩浆活动起到了热液成矿作用。在南部台区新太古代绿岩建造中金矿床,多是成矿元素重新改造就位成矿。古一中元古代和早古生代形成的含铅锌、金、铜的碳质碎屑岩-碳酸盐岩建造的成矿元素重新富集形成了沉积改造型铅锌矿床、金铜矿床。另外,在北部槽区,早、晚古生代含金、多金属含矿建造中已形成的海相火山-沉积型金银矿床、多金属硫铁矿床,在后期岩浆侵入热液作用下则改造成为沉积复合内生型矿床。

(2)区域化探异常特征:在岩体内仅见有不明显的简单单元素弱异常,然而在外接触带地层中见有Cu、Pn、Zn、Au、Ag等复杂多元素组合异常分布,异常浓集中心和分带明显。

(3)区域重力、航磁异常特征:在岩体上重力出现有强弱不等的负异常,航磁有中—弱波状异常出现。

三、控矿构造重力异常特征分析

区域成矿规律研究表明,区域矿产生成和空间分布除了受容矿层位和含矿岩浆活动制约外,更受控于断裂、褶皱和基底隆起与坳陷等构造活动的影响。有关诸多构造要素与重力场关系的分析和重力异常推断结果,已在本书第四章作了较充分的论述,在本节只重点分析重力地质构造异常特征与区域矿产产出空间分布的内在联系,充分地提取与重力有关的控矿构造方面的间接找矿信息,为资源潜力预测圈定成矿远景区(带)提供依据。

将经重力推断的区域地质构造要素图与相应比例尺区域矿产图叠置关联研究可以看出,各类矿产的产出和空间展布与重力构造异常有着密切的关系,并存在一定的规律性。现将重力推断的断裂、褶皱和基底起伏等构造控矿作用分析如下。

(一)断裂构造控矿作用

1. 线性区域大断裂的控矿作用

以区域布格重力资料和其位场转换资料推断的岩石圈(或超岩石圈)断裂(Ⅰ)、壳断裂(Ⅱ)和基底断裂(Ⅲ)等不同规模的区域性大断裂,控制了省域内相应级别与岩浆活动成矿有关的内生金属成矿带的空间展布。例如槽台分界的开原-海龙-和龙超岩石圈大断裂,控制了吉林省硫化铜镍矿和铁、金矿矿带的产出。又如伊-舒岩石圈断裂控制了大黑山条垒金、银及多金属矿带的产出。

值得注意的是,省域内大、中型矿床和矿化集中区多数都出现在这些区域大断裂的复合、交叉部位。不同时期断裂活动的联合,形成了多期岩浆成矿活动叠加的有利部位,提供了大、中型内生金属矿床形成的良好条件。例如红旗岭大型硫化铜镍矿床产于北东向敦-密大断裂与其北西侧扩容性北西走向黑石-驿马区域断裂的交会处,海沟大型金矿床则出现在北东向集安-两江大断裂与开原-海龙-和龙深大断裂的交会处。

2. 古裂谷、裂陷槽控矿作用

古裂谷、裂陷槽伴随漫长地质构造演化,形成了巨厚火山-沉积地层,与此同时由于海底火山喷发携带了大量成矿物质而沉积形成了层状胚胎型矿体或矿源层,经受后期热液作用或含矿热液叠加改造常产生层控叠生改造型矿产。受裂谷、裂陷槽控制的容矿地层经过后期回返造山挤压活动,多出露在古褶皱造山带上。因此,海相火山-沉积改造型矿床产出较明显地受古裂谷、裂陷槽回返造山带控制。这些古老变质容矿岩系的密度值相对较大,常在剩余重力异常图上有相对高值异常反映。因此,正的高值重力异常带与古裂谷、裂陷槽分布有密切关系。这种重力构造信息为寻找圈定含矿区(带)提供了地球物理依据。如龙岗陆核北缘夹皮沟金、铁矿带分布与夹皮沟北西向裂陷槽产出相一致。又如吉林省中部头道川-磐石裂陷槽控制了头道川—石咀子一带贵金属、多金属成矿带的分布,再如小西南岔-马滴达金、铜、钨成矿带与五道沟早古生代裂陷带相一致。

3. 非线性弧形、环形断裂

多组方向断裂联合以及深部底辟构造上拱或隐伏的大型岩浆上侵成岩活动过程形成的弧形和环形断裂,对火山-岩浆热液内生贵金属和有色金属矿产有一定的控制作用。前者弧形断裂多与弧形挤压褶皱造山带相伴,如荒沟山"S"形断裂构造带与老岭褶皱造山带分布相一致,并且控制了老岭金、铅锌、锑、钴、硫等矿带的展布。又如古陆缘夹皮沟北西向弧形断裂带明显地控制了夹皮沟金、铁、多金属矿带产出。后者环形断裂带往往与火山构造盆地相一致,控制了火山热液型、斑岩型矿产的分布。例如吉林省中部大黑山环形断裂带控制了大黑山-南楼山火山岩的分布,并形成了大黑山铜、钼、多金属矿化集中区和南楼山铅、锌、铜矿化集中区。大黑山特大型钼(铜)矿床产出明显受该环形构造的控制。

(二)褶皱构造控矿作用

内生金属矿产展布与区域性褶皱带相吻合。如吉林中部红旗岭—石咀子—烟筒山—头道川—吉林—小城子一带的铜、镍、银、锑、钼矿产的弧形展布就与著名的吉林省中部弧形的区域褶皱造山带相一致。此外,单一褶皱控矿亦很明显,如二道甸子大型金矿床就产于漂河川-二道甸子北东向背斜的南部倾没端,又如正岔铅锌矿则受虾蟆沟-四道阳岔背斜控制。区域性大的褶皱带和单一性褶皱构造都形成于古生代和以前的各个构造活动期,变形地层岩系均属古老的变质岩类物性,具有较高的密度值,在重力异常图上多出现重力高异常,并能形成各具特色的重力构造信息。

(三)区域性隆起和坳陷控矿作用

为应用重力资料分析矿产空间分布与深部构造间的关系,本书重点研究了深部壳幔硅镁层与铁镁层间界面(莫氏面)的密度层面构造形态对矿产种类及空间分布的制约关系。

莫氏面以1:20万区重力数据利用 $60km \times 60km$ 滑动平均重力场,采用统计线性公式计算绘制。将质量界面与相应尺度构造地质矿产图叠置套合不难看出,深部构造起伏与矿产类型及空间分布确实存在一定的联系和规律性。目前,对这种相关性的机制认识虽然存在不同的看法,但其对划分不同级别成矿单元、预测矿产类型和圈定成矿远景区(带)尚有可利用的一面。

按照莫氏面区域性起伏特征,将深部地质构造划分出幔隆、幔坡、幔坳3个基本构造形式,并且依据莫氏面等深线出现的局部变异又可进一步划分出幔凸、幔凹、幔坪Ⅱ级构造单元。前者指出了地幔表面地形起伏变化趋势,而后者则反映了上地幔物质活动的不均一性。吉林省深部构造在横向上大体上具有"两坳夹一隆"的模式。东、西两侧分别为长白山和大兴安岭幔坳区,中部为松辽坳陷幔隆区。幔坳区地表对应山地隆起区,地壳厚度大,构造岩浆活动强烈,构造活动是以挤压造山为主,花岗岩分布广泛,应属硅铝型地壳;幔隆区地表对应坳陷盆地,地表较薄,构造岩浆活动较弱,属于相对稳定区,构造活动则以断块升降为主,应属铁镁型地壳。由此可见,莫氏面起伏反映了新构造运动间的关系,而且也控制了有关矿产的宏观分布。

在省域内深部幔坳控制的山区矿产以金、银、铜、铅、铅、锌、钨、钼、锑、铁、钴、镍等金属矿产为主,幔隆区制约的沉降盆地则以石油、天然气、煤炭等能源矿产为主。前者金属矿产产出与深部Ⅱ级构造要素关系更为密切,一般多集中在幔坡的突变带上,以及幔凸和幔凹、幔坪位置上;后者石油、天然气则多出现在坳陷盆地内基底相对隆起区,而煤炭多产在规模较小的沉降区(带)内。

综上所述,省域内莫氏面深部构造制约了内生金属矿产和能源矿产的产出,而且控制了省级(Ⅱ级)成矿单元的范围。

第七节 重大地质找矿问题的重力资料综合研究

西部白城-东屏重力高异常带由6处局部重力高异常组成,强度高,为吉林省强度第二高值异常带,处在松辽盆地西部边缘大面积第四系覆盖区。向西为大兴安岭东麓面积较大的下古生界沉积地层、侏罗系火山-沉积地层及海西晚期酸性侵入岩体分布区,异常强度明显降低,且整体上低于松辽盆地重力场值。

西侧白城-东屏重力高异常带位于面积较大的负磁场区中,有几处局部正磁异常分布,与几处局部重力高异常位置比较接近,为同一起因。通过对比,该重力高异常带与省内中部大黑山条垒重力场特征有相似之处,同处于松辽盆地东、西边部,向东、向西分别进入吉林褶皱系和大兴安岭褶皱系,同为褶皱系基底隆起重力高异常的反映。大黑山条垒已经出露地表,走向北东,推断白城-东屏重力高异常带为大兴安岭褶皱系基底隆起的反映。因此白城-东屏重力高异常带有进一步研究价值,具有寻找隐伏热液型矿产、热液改造型矿产的前景。

春化-敬信重力高异常带为吉林省强度第三高值异常带,走向北北东,对应北北东向展布的低缓正磁异常区,推断为下古生界基底隆起及日本海周边上地幔隆起的反映。该重力高异常带与天山-兴蒙造山系大地构造背景迥异,具有基础地质构造背景研究意义。在1987年吉林省1∶100万区域重力调查成果报告中也体现了相似观点。

第五章 成矿区(带)重力异常特征及推断地质构造成果

第一节 吉林省成矿区(带)划分

在全国成矿区(带)Ⅰ、Ⅱ、Ⅲ级划分的基础上,吉林省成矿规律与预测组依据成矿区(带)划分原则,结合全省各种矿产控矿因素、成矿规律、空间分布特点及东北大区的宏观特征,又进一步划分出Ⅳ、Ⅴ级成矿区(带)。其中,Ⅰ级1个,Ⅱ级3个,Ⅲ级6个,Ⅳ级13个,Ⅴ级36个。详见表5-1-1,图5-1-1。

表5-1-1 吉林省成矿区(带)划分

Ⅰ级	板块	Ⅱ级	Ⅲ级	Ⅳ级	代表性矿床(点)
Ⅰ-4 滨太平洋成矿域	西伯利亚板块	Ⅱ-12 大兴安岭成矿省	Ⅲ-50 突泉-翁牛特 Pb、Zn、Fe、Sn、REE 成矿带	Ⅲ-50-③ 万宝-那金 Pb、Zn、Ag、Au、Cu、Mo 成矿带	闹牛山金铜钼矿点
	吉黑板块	Ⅱ-13 吉黑成矿省	Ⅲ-51 松辽盆地石油、天然气、铀成矿区		
			Ⅲ-52 小兴安岭-张广才岭(造山带)Fe、Pb、Zn、Cu、Mo、W 成矿带	Ⅲ-52-④ 兰家-上河湾 Au、Fe、Cu、Ag 成矿带	兰家金矿,八台岭金银矿,福安堡钼矿,季德屯钼矿,牛头山萤石矿
				Ⅲ-52-⑥ 福安堡-塔东 Mo、Fe、W、Cu、Au、Pb、Zn、Ag 成矿带	敦化市大石河钼矿,塔东铁矿(伴生磷),金家屯萤石矿
			Ⅲ-55 吉中-延边(活动陆缘)Mo、Au、As、Cu、Zn、Fe、Ni 成矿带	Ⅲ-55-① 山门-乐山 Ag、Au、Cu、Fe、Pb、Zn、Ni 成矿带	山门银矿,放牛沟多金属硫铁矿,山门镍矿
				Ⅲ-55-② 那丹伯-一座营 Au、Mo、Ag、Pb、Zn、Cu、Ni 成矿带	西苇钼矿,弯月金矿
				Ⅲ-55-③ 山河-榆木桥子 Au、Ag、Mo、Ni、Cu、Fe、Pb、Zn 成矿带	石嘴铜矿,民主屯银矿,永吉头道沟多金属硫铁矿,小绥河铬铁矿,大黑山钼矿,桦甸市兴隆钼矿,新立屯多金属矿,南梨树萤石矿,金家屯萤石矿,驿马锑矿,头道川金矿,倒木河金矿,官马金矿
				Ⅲ-55-④ 红旗岭-漂河川 Ni、Au、Cu 成矿带	红旗岭铜镍矿,漂河川铜镍矿,西台子硫铁矿,桦甸市火龙岭钼矿床,磐石铁汞山钨钼矿,二道甸子金矿
				Ⅲ-55-⑤ 海沟-红太平 Au、Fe、Cu、Pb、Zn、Ag、Mo、Ni 成矿带	海沟金矿,红太平多金属矿,安图县刘生店钼矿,敦化三岔子钼矿,敦化市官瞪沟铜钼矿,安图县双山多金属(钼、铜)矿,东清稀土矿

续表 5-1-1

Ⅰ级	板块	Ⅱ级	Ⅲ级	Ⅳ级	代表性矿床(点)
Ⅰ-4 滨太平洋成矿域	吉黑板块	Ⅱ-13 吉黑成矿省	Ⅲ-55 吉中-延边(活动陆缘)Mo、Au、As、Cu、Zn、Fe、Ni 成矿带	Ⅲ-55-⑥ 五凤-百草沟 Au、Cu、Ag、Pb、Zn、Fe 找矿远景区	刺猬沟金矿,闹枝金矿
				Ⅲ-55-⑦ 天宝山-开山屯 Pb、Zn、Au、Ag、Ni、Mo、Cu、Fe 成矿带	天宝山多金属矿,龙井县东凤北山钼矿,开山屯铬铁矿,长仁铜镍矿,金谷山金矿
			Ⅲ-53 佳木斯-兴凯(地块)Fe、Au、P、石墨、夕线石成矿带	Ⅲ-53-⑤ 新华村-小西南岔 Au、Cu、W、Pb、Zn、Ag、Fe、Mo、Pt、Pd 成矿带	小西南岔金铜矿,杨金沟钨矿
	华北板块	Ⅱ-14 华北(陆块)成矿省	Ⅲ-56 辽东(隆起)Fe、Cu、Pb、Zn、Au、U、B、菱镁矿、滑石、石墨、金刚石成矿带	Ⅲ-56-① 铁岭-靖宇(次级隆起)Fe、Au、Ag、Cu、Pb、Zn 成矿带	夹皮沟金矿,六批叶金矿,香炉碗子金矿,赤柏松铜镍矿,二密铜矿,西林河银矿,百里坪银矿,刘家堡子-狼洞沟金银矿,天合兴铜钼矿,那尔隆铜矿,和龙市石人沟钼矿
				Ⅲ-56-② 营口-长白(次级隆起、Pt₁ 裂谷)Pb、Zn、Fe、Au、Ag、U、B、菱镁矿、滑石成矿带	西岔金银矿,金英金矿,荒沟山金矿,南岔金矿,正岔铅锌矿,矿洞子铅锌矿,大营铅锌矿,荒沟山铅锌矿、硫铁矿,临江市铜山镇铜钼矿,临江市六道沟铜钼矿(冰湖沟),高台沟硼矿,珍珠门磷矿,板石磷矿,青沟子锑矿

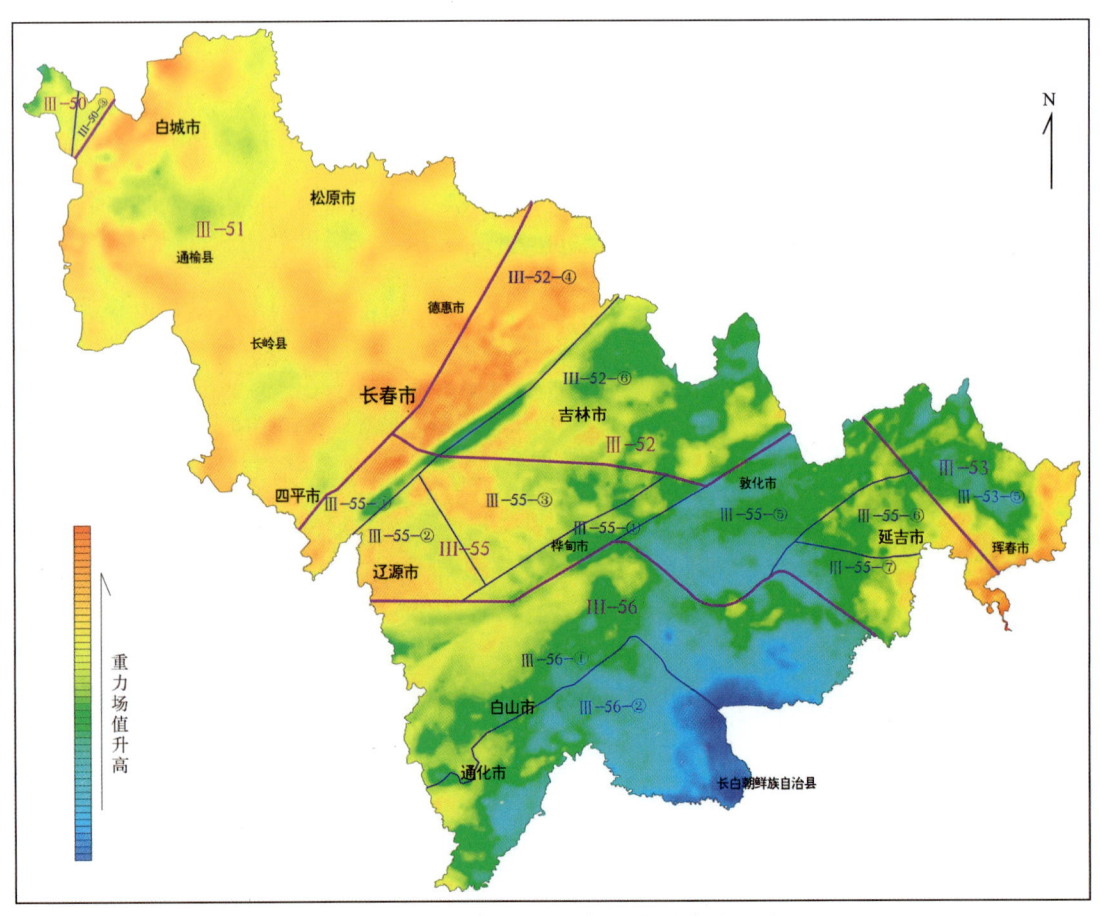

图 5-1-1 吉林省成矿区(带)重力异常平面图

第二节　成矿区(带)重力异常特征及推断地质构造成果

吉林省处于西伯利亚古板块与华北古板块之间的中亚造山带东端,与滨西太平洋中新生代活动大陆边缘造山带的复合部位。地质构造演化与成矿作用复杂,控制了吉林省的大地构造发展和矿产分布规律。吉林省五级成矿区(带)的划分,与所处的大地构造单元及其分区具有密不可分的联系。由于吉南陆块区太古宙—中元古代褶皱基底、北部造山带古生代褶皱基底及盖层分布特点,构造、岩浆活动的多阶段性、多期次性,不同地质构造单元具有相应的成矿专属性,所表现出的重、磁场特征也多姿多彩。因此,所划分的各级成矿区(带)乃至所属的各种成因类型矿床所显示的重、磁场特征也独具特色,反映各自具有的内在规律。下面根据全省布格重力异常图、剩余重力异常图简要论述Ⅲ、Ⅳ级成矿区(带)的重力异常特征。在成矿规律研究基础上,根据典型矿床地质、地球物理、地球化学特征及找矿标志,对Ⅴ级找矿远景区内剩余重力异常开展综合研究,进行定性解释,筛选出具有找矿意义的剩余重力异常及推断地质构造,进行矿产预测。

一、大兴安岭成矿省(Ⅱ-12)

大兴安岭成矿省(Ⅱ-12),与所含的一个三级成矿带和一个四级成矿带范围相同,并含有一个五级找矿远景区。三级为Ⅲ-50突泉-翁牛特Pb、Zn、Fe、Sn、REE成矿带,四级为Ⅲ-50-③万宝-那金Pb、Zn、Ag、Au、Cu、Mo成矿带,五级为Ⅴ1闹牛山-偏坡营子Au、Cu、Mo找矿远景区。三级成矿带Ⅲ-50内本次矿产资源潜力评价项目未布置预测工作区。

Ⅲ-50突泉-翁牛特Pb、Zn、Fe、Sn、REE成矿带(Ⅲ-50-③万宝-那金Pb、Zn、Ag、Au、Cu、Mo成矿带)重力异常特征如下:

本成矿带地处吉林省西北部的角落,在布格重力异常图上属大兴安岭东麓异常区。布格重力异常,宏观上东高西低,在东南部和东北部重力高异常上出现最高值,在西北端出现最低值。重力高、重力低交错分布,在与内蒙古自治区交界上的异常大部分未封闭,异常规模大小、强度明显小于东部的松辽平原区,反映出松辽地块地幔隆起区向西进入地幔坳陷区。

在剩余重力异常图上,北部万宝以北到岭下剩余重力异常比较明显,局部异常呈条带状、椭圆状,走向以南北向为主,少数为东西向、北西向、北东向,特别是那金以西的五级成矿带Ⅴ1闹牛山-偏坡营子Au、Cu、Mo找矿远景区内剩余重力异常强度较大,重力高异常为下二叠统哲斯组的反映,重力低异常为海西晚期、燕山期中酸性侵入岩体和中、新生代火山-沉积地层的反映。

洮南县东升铜矿点位于重力高异常边部,洮安县巨宝乡马厂小型铜矿床处在重力高异常与重力低异常的过渡部位。根据重力高异常圈定的下二叠统哲斯组,根据重力低异常圈定的海西晚期、燕山期中酸性侵入岩体及中生代火山岩范围,对确定接触带位置,进而寻找热液型铜钼矿有指导意义。

二、吉黑成矿省(Ⅱ-13)

吉黑成矿省(Ⅱ-13)划分出4个三级成矿区(带),在此基础上进一步划分出10个四级成矿区(带),

20个五级找矿远景区。

(一) Ⅲ-51 松辽盆地石油、天然气、铀成矿区

该区地处松辽平原,为松辽中生代断陷盆地,基底隆起与坳陷相间分布。

区内呈现大面积高背景重力异常区,为深部莫氏面隆起所致。西部、东部沿北北东向、北东向异常明显升高,分布的局部重力高、低异常规模小,数量多,异常走向以北东为主,北西次之,南北向及东西向较少,强度高,梯度较陡,西部异常特征尤为显著,分别为大兴安岭褶皱带和吉林褶皱带基底隆起的反映。

西部重力高异常带东侧洮南、舍力附近的几处局部重力低异常,出现盆地内最低值,与地质上划分的西部断阶相对应。根据钻孔资料显示在深部有海西期花岗岩存在。

松辽平原中部高背景异常区上叠加的局部重力高、低异常规模大,梯度缓,强度比东、西边部异常低,走向以北东向、北北东向、北西向为主,南北向、东西向数量少,为前侏罗纪变质岩系褶皱基底起伏及中、新生代巨厚火山-沉积盆地的反映。

西南部通榆—长岭一带的北西西向重力高异常带由北西西、北北西走向的局部重力高异常组成,与西南隆起相对应。

该区是吉林省石油、天然气等的主要产区,未进行Ⅳ、Ⅴ级成矿区(带)划分。区内主要有吉林油田、秦家屯油田等。

该Ⅲ级成矿带内本次矿产资源潜力评价项目未布置预测工作区。

(二) Ⅲ-52 小兴安岭-张广才岭(造山带)Fe、Pb、Zn、Cu、Mo、W 成矿带

该三级成矿带包括2个四级成矿带,5个五级找矿远景区。重力异常总体上呈现西部高、东部低,变化幅度较大(图5-2-1)。

1. 重力异常特征

1) Ⅲ-52-④ 兰家-上河湾 Au、Fe、Cu、Ag 成矿带

该成矿带位于大黑山条垒中段—北段,与大黑山条垒布格重力高异常带主体部分分布范围一致。重力高异常带呈北北东走向,南西部略窄,梯度陡,强度高,最大值出现在卡伦镇西侧,北东部略宽,强度降低,最低值出现在弓棚西侧。强度明显高于西侧的松辽平原异常区,东部以伊通-舒兰断裂带狭窄重力低异常为界。叠加的局部重力高异常数量较多,有椭圆状、条带状等,走向以北东向为主,北西向、南北向较少;有几处较为明显的条带状局部重力低异常,走向以东西向、北东向为主。

重力高异常带与下古生界基底隆起有关。区内西部及北部为第四系覆盖区,仅东部有出露,经对比分析,局部重力高异常为新元古界机房沟岩群、下二叠统哲斯组、下二叠统范家屯组、上二叠统林西组、下三叠统卢家屯组、上三叠统大酱缸组、晚三叠世石英闪长岩等引起。局部重力低异常推测与断(坳)陷盆地有关。东侧新安—朝阳一带密集平直的巨大线性梯度带为伊通-舒兰断裂带西支的反映。

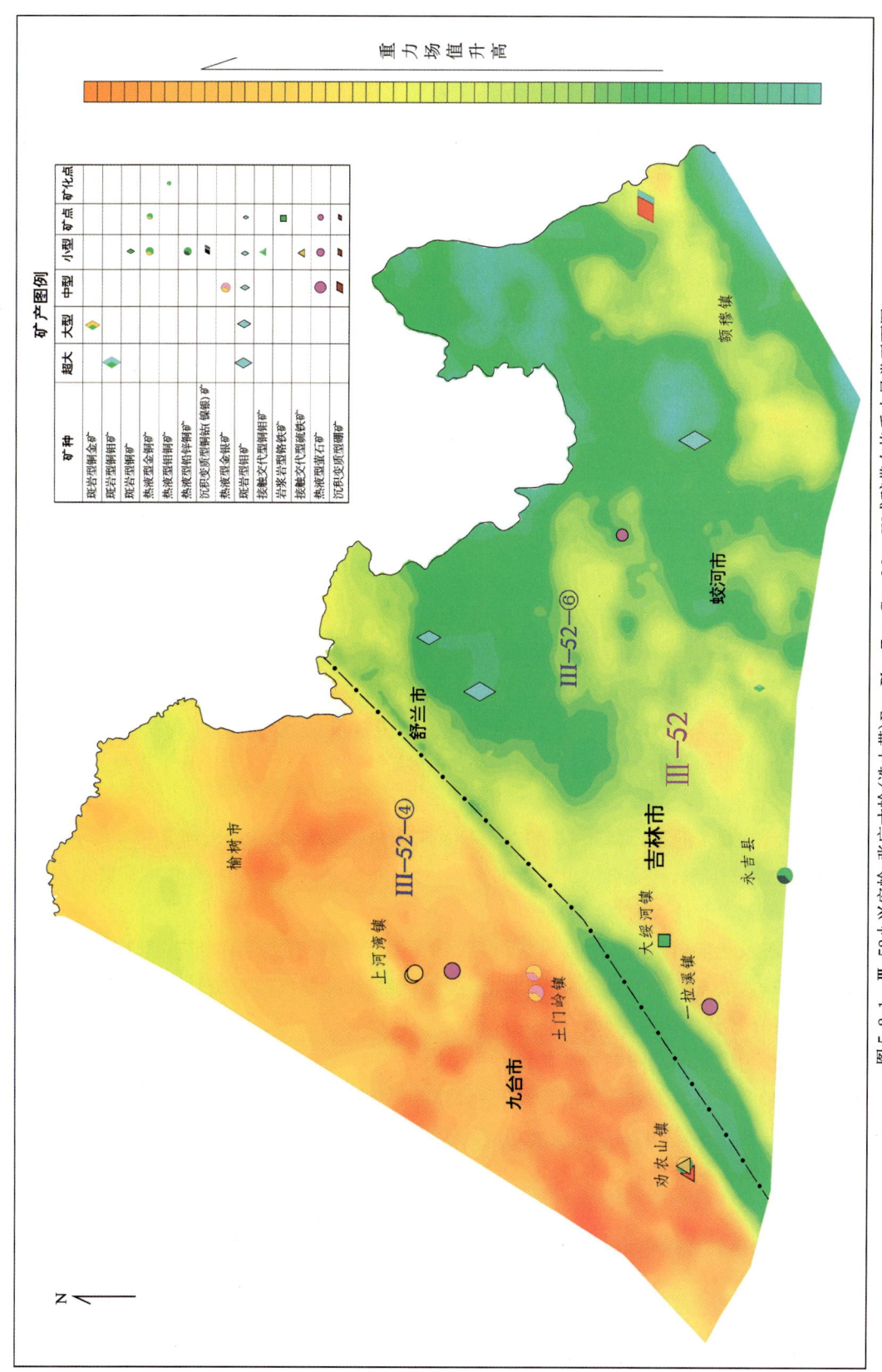

图 5-2-1　Ⅲ-52小兴安岭-张广才岭(造山带)Fe、Pb、Zn、Cu、Mo、W成矿带布格重力异常平面图

在剩余重力异常图上，南部重力高、低异常相间分布，排列紧密，北东向条带状、线状特征明显；北部异常形态较为复杂，有条带状、线状、弧状等，走向有北东向、北北东向、东西向。东部北东走向重力高异常带规模大、强度高，兰家小型接触交代型金矿床、铜铁矿床、东风小型接触交代型硫铁矿床位于该异常带向北凸出部位。最大值出现在劝农山以南，为下二叠统哲斯组、上二叠统林西组、晚三叠世石英闪长岩引起；放牛沟南侧和东侧附近分布两处北东走向椭圆状重力高异常，为下二叠统哲斯组、晚三叠世石英闪长岩、早志留世闪长岩引起；劝农山西南部有一处北北东向短轴状重力高异常，为上二叠统林西组引起；放牛沟与劝农山之间有一条由3个椭圆状、条带状、等轴状局部重力低异常构成的北东向重力低异常带，主要出露有侏罗纪花岗岩和侏罗系、白垩系、新近系沉积地层。八台岭小型金银矿床、黑背村小型金矿床，位于左家东北部等轴状剩余重力高异常上，为下三叠统卢家屯组、上三叠统大酱缸组引起。牛头山小型萤石矿床，位于北西西走向短轴状重力低异常上，出露白垩系沉积地层；北部上河湾附近有两处北西向平行分布的条带状局部重力高、低异常，分别为新元古界机房沟岩群和上河湾白垩纪沉积盆地引起，上河湾镇三台小型金矿床、姜家沟小型金矿床位于局部重力高异常之上。

2）Ⅲ-52-⑥福安堡-塔东 Mo、Fe、W、Cu、Au、Pb、Zn、Ag 成矿带

从宏观上看，布格重力异常强度西部高，东部低，南部高，北部低。西部岔路河—缸窑、中西部旺起—新站、东部黄泥河—塔东分布有3处规模较大的北东向布格重力高异常带；天岗—小城、松江—蛟河及白石山—黄松甸3条北东向展布的布格重力低异常带与重力高异常带相间分布。北部小城—海源有一宽大重力低异常带沿北西西向展布。

西部北东向重力异常带，沿北东向分布在依-舒盆地东侧，岔路河—大绥河一线强度高；吉—舒北东一线强度较低。主要出露有规模不大的志留系—泥盆系西别河组，下石炭统通气沟组，下二叠统大河深组，下二叠统范家屯组、蒋家窑组较发育，推断异常为上古生界及下古生界基底隆起的反映。大口钦东侧局部重力高异常呈北东向条带状，为上二叠统林西组地层引起。平安镇以东重力高异常由两部分组成，南部低缓异常呈北东向短轴状，北部异常升高进入黑龙江省域。地表出露新元古界新兴组、固安屯组，五道岭组，可引起重力高异常。

中西部旺起-新站北东向重力高异常带上，旺起及东侧重力高异常呈北东向条带状，与下二叠统寿山沟组、大河深组、范家屯组、蒋家窑组出露范围大体一致；新站南侧及北部重力高异常呈北西向短轴状及条带状，与出露的下二叠统大河深组和新元古界新兴组有关。

东部黄泥河-塔东北东向布格重力高异常带，西南段主要出露海西期、印支期酸性岩体及规模较小的海西期基性辉长岩，分布有磁力高异常，推断重力高异常为深部规模较大的海西期隐伏基性辉长岩引起。北东段重力高异常分为两支，异常为新元古界塔东岩群和二叠系五道岭组、红山组地层引起。结合磁力高异常，可以作为塔东岩群中寻找铁矿的有利地段。

天岗-小城北东向布格重力低异常带，为印支期及燕山期酸性岩体的反映。松江-蛟河松北东向布格重力低异常带，宽度较窄，为中新生代沉积盆地的反映。白石山-黄松甸北东向布格重力低异常带，宽度较窄，为海西期及印支期酸性岩体的反映。北部小城-海源北西西向宽大重力低异常带，靠近吉林、黑龙江省界，异常中段进入黑龙江省边部，印支期酸性岩体广泛分布，海西期及燕山期酸性岩体规模较小。西段重力低异常有舒兰市季德屯大型斑岩型钼矿床和福安堡小型斑岩型铜钼矿床分布；东段分布重力低异常；东南重力低异常分布有敦化大石河大型斑岩型钼矿床；该重力低异常带为斑岩型铜钼矿床的重要远景区。

在14km×14km滑动平均剩余重力异常图上，依-舒断裂东侧、敦-密断裂西侧剩余重力高异常呈北东向线状分布，规模大。南部剩余重力高、低异常以北东向条带状为主，沿北西向相间分布，北部剩余重力高、低异常形态多样，有条带状、椭圆状、等轴状，北西走向、东西走向、北东走向均有分布。

2. 剩余重力异常找矿意义评价

在成矿规律研究基础上,根据典型矿床地质、地球物理、地球化学特征及找矿模型标志,对Ⅲ-52成矿带内剩余重力异常与地质体、地质构造、矿产分布关系开展综合研究,进行定性解释,筛选出具有找矿意义的剩余重力异常19个(表5-2-1)。

表5-2-1　Ⅲ-52 小兴安岭-张广才岭 Fe、Pb、Zn、Cu、Mo、W 成矿带具有找矿意义的剩余重力异常登记表

异常编号	形状	走向	面积/km^2	强度/($\times 10^{-5}$m·s^{-2})	相关矿种
G吉-0119-(1)	条带状	NE	26.12	12.84	铜、钼
G吉-0119-(2)	椭圆状	NW	16.00	4.25	铜、钼
G吉-0137	线状	NE	333.16	10.57	铜、金、铁、硫
G吉-0139-(1)	线状	NE	160.75	8.71	铬、萤石
G吉-0145-(3)	片状	NWW	60.48	2.97	钼
G吉-0147-(1)	椭圆状	NEE	73.41	10.93	铁、磷
G吉-0147-(2)	椭圆状	NE	26.21	4.08	铁、磷
G吉-0160	等轴状	NE	43.81	9.19	金、银
G吉-0168-(1)	椭圆状	NE	58.48	7.51	金
G吉-0168-(2)	椭圆状	EW	10.73	5.95	金
L吉-0080-(3)	条带状	NE	74.13	−6.09	铜、钼
L吉-0094-(7)	椭圆状	NE	26.68	−3.69	金、银
L吉-0094-(8)	椭圆状	NE	38.27	−3.45	金、银
L吉-0097-(3)	椭圆状	NE	32.39	−3.60	铜、硫
L吉-0101-(1)	椭圆状	EW	53.34	−7.36	钼
L吉-0111-(1)	不规则状	NW	36.36	−6.77	萤石
L吉-0111-(2)	椭圆状	NEE	14.54	−6.23	萤石
L吉-0114	不规则状	NE	60.06	−3.88	铜、钼
L吉-0121	不规则状	EW	109.69	−3.77	铜、钼

3. 推断地质构造及找矿意义评价

Ⅲ-52成矿带内重力推断地质体、构造及与矿产的关系统计结果如下:

本次工作共划分出断裂构造68条,其中一级7条,二级24条,三级37条;出露22条,半隐伏46条;北东走向25条,北西走向7条,东西走向28条,南北走向8条;控矿6条,导矿15条,赋矿1条,成矿1条,无关22条,未知23条(图5-2-2)。

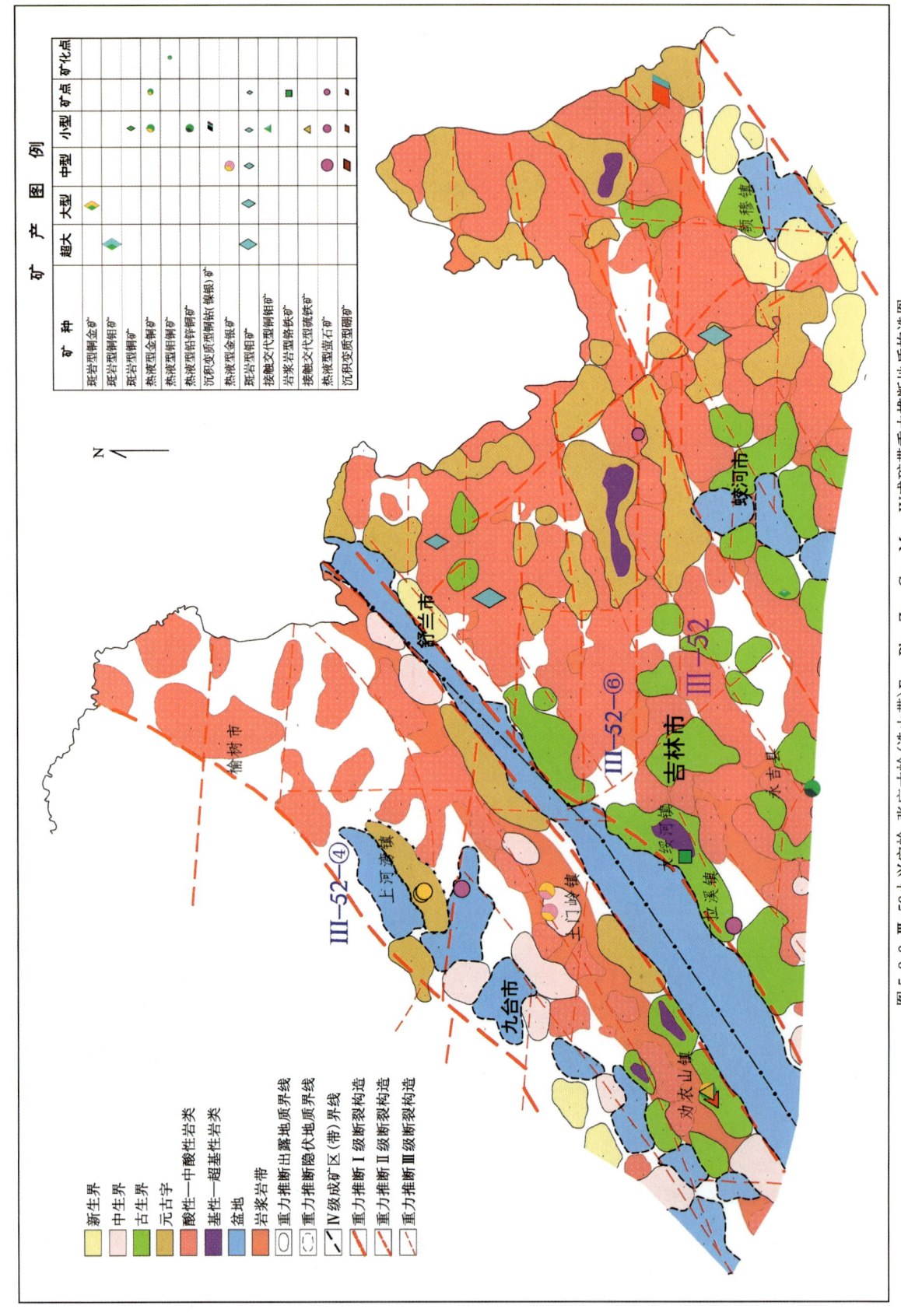

图 5-2-2 Ⅲ-52小兴安岭-张广才岭(造山带)Fe、Pb、Zn、Cu、Mo、W成矿带重力推断地质构造图

圈定出侵入岩体 68 个,出露 39 个,半隐伏 13 个,隐伏 16 个。其中基性岩体 5 个,酸性 63 个;控矿 5 个、赋矿 4 个、无关 53 个、未知 6 个。

圈定出岩浆岩带 7 条,其中出露 6 条,半隐伏 1 条;导矿 4 条、赋矿 1 条、无关 2 条。

老地层 78 处,出露 21 处,半隐伏 49 处,隐伏 8 处;控矿 7 处、赋矿 1 处、无关 40 处、未知 30 处。

圈定出盆地 13 个,其中中生界断陷盆地 8 个,新生界断陷盆地 5 个;赋矿 1 个。

(三)Ⅲ-53 佳木斯-兴凯(地块)Fe、Au、P、石墨、夕线石成矿带

该三级成矿带只含有Ⅲ-53-⑤新华村-小西南岔 Au、Cu、W、Pb、Zn、Ag、Fe、Mo、Pt、Pd 四级成矿带,两者范围相同。在四级成矿带内进一步划分出 3 个五级找矿远景区(图 5-2-3)。

1. 重力异常特征

该区布格重力异常东部高,南部高,中部低,北部低,两处重力低异常区之间以北东走向天桥岭-罗子沟重力高异常带相隔。重力高、低异常以北东走向为主,南北向、北西向较少。最高值出现在东南部闹枝沟东南,在杜荒子南侧出现最低值,与北部重力低异常强度接近。北东向、南北向、北西向线性梯度带发育规模大,梯度陡,数量多,反映了断裂构造发育。

在东部,金泉岗-小西南岔-杨金沟南北向重力梯度带以东区域呈现出高背景异常特征,推断为日本海边缘上地幔凸起的反映。重力梯度带东侧南北向重力高异常带,向北进入黑龙江省,向南延入俄罗斯境内,平均宽 13.5km,异常强度高,最高值出现在南部,与下古生界五道沟岩群、下二叠统满河组、上二叠统解放村组及下古生界基底隆起有关。西侧南北向重力梯度带陡,与区域性大断裂位置大致吻合,附近有珲春市小西南岔大型斑岩型铜金矿床,小型斑岩型铜金矿床,热液型铜金、金、钨矿床多处,为金、铜、钨矿的控矿构造;东侧春化附近重力低异常区,为海西晚期酸性侵入岩体及新生代火山-沉积地层的反映,与重力高异常带过渡部位分布有黄松甸子中型砂金矿床及多处小型砂金矿床。复兴屯东北向短轴状重力高异常呈北北东走向,梯度较缓,为上二叠统解放村组、上三叠统大兴沟群的反映,边部分布有 3 处小型金矿床。

南部解放林场—庙岭一带重力高异常区,主要由北东走向的条带状局部重力高异常组成。其中庙岭附近重力高异常强度较高,为下古生界五道沟岩群、下二叠统满河组、上二叠统解放村组、上三叠统大兴沟群等引起;昌兴洞附近重力高异常强度较低,为下二叠统庙岭组、满河组,上二叠统解放村组,上三叠统大兴沟群引起;解放林场重力高异常强度较低,为下二叠统庙岭组、满河组,上二叠统解放村组及海西期、燕山期中性侵入岩体综合引起。异常边部分布有头道沟小型热液型金矿床、苍林小型热液型铜矿床及青林小型矽卡岩型铁矿床,柳树河子中型砂金矿床。

天桥岭-罗子沟北东向重力高异常带,异常低缓,为下古生界五道沟岩群、下二叠统满河组、早二叠世辉长岩、早二叠世闪长岩综合引起。

天桥岭-小西南岔北西向展布的重力低异常带,主要为印支期、海西期酸性侵入岩体及中部中新生代火山-沉积地层综合引起。

在 14km×14km 滑动平均剩余重力异常图上,北西部重力高异常以北东走向为主,中部以东西向、南北向为主,东南部以南北向为主,反映了浅部老地层褶皱隆起的走向及断裂构造活动分布格局。

2. 剩余重力异常找矿意义评价

在成矿规律研究基础上,根据典型矿床地质、地球物理、地球化学特征及找矿模型标志,对Ⅲ-53 成矿带内剩余重力异常与地质体、地质构造、矿产分布关系开展综合研究,进行定性解释,筛选出具有找矿意义的剩余重力异常 13 个(表 5-2-2)。

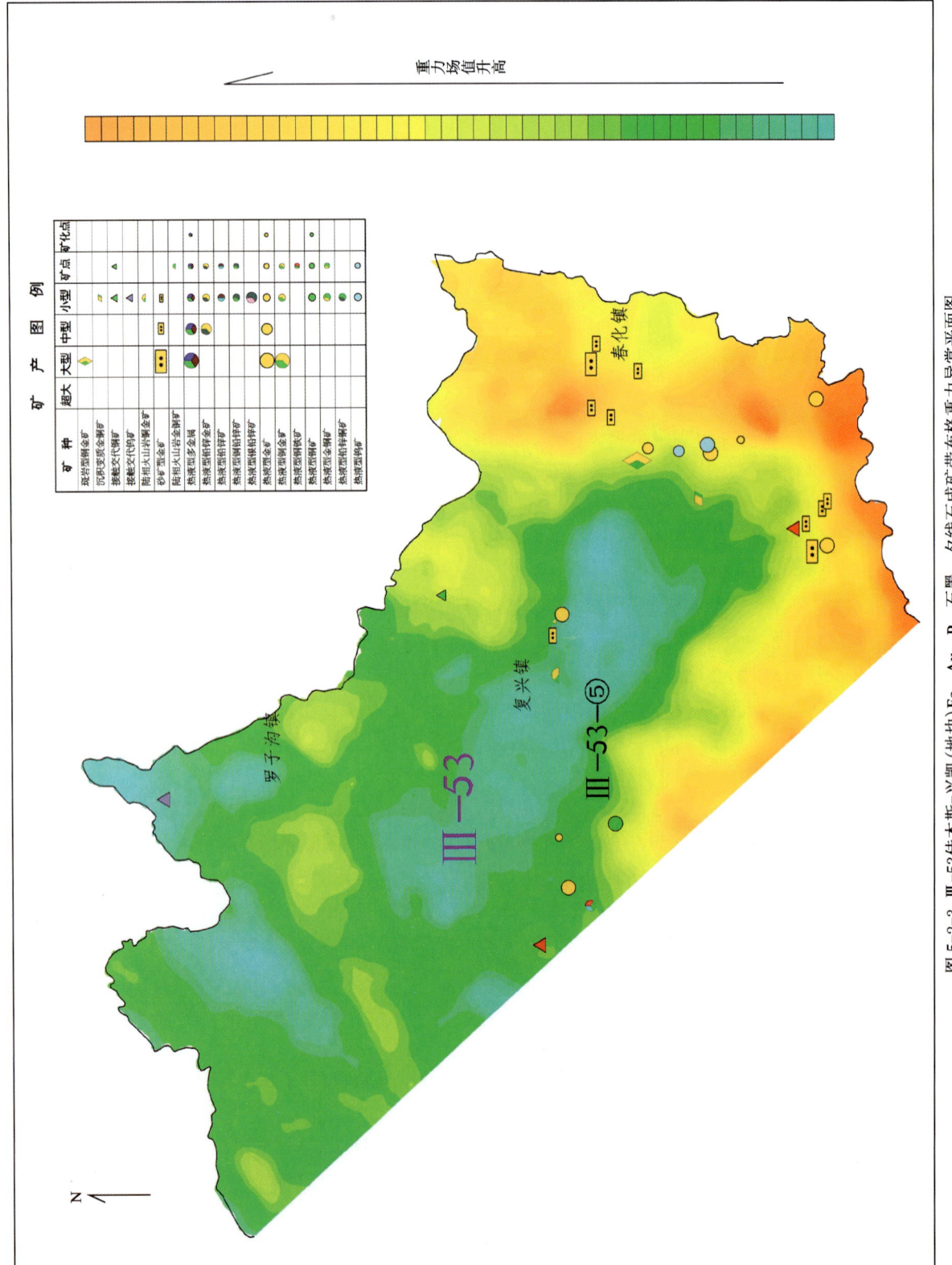

图 5-2-3 Ⅲ-53佳木斯-兴凯(地块)Fe、Au、P、石墨、夕线石成矿带布格重力异常平面图

表 5-2-2　Ⅲ-53 佳木斯-兴凯(地块)Fe、Au、P、石墨、夕线石成矿带具有找矿意义的剩余重力异常登记表

序号	异常编号	形状	走向	面积/km²	强度/($\times 10^{-5}$m·s^{-2})	相关矿种
1	L吉-0070-(2)	椭圆状	NE	32.44	−6.65	金
2	L吉-0070-(4)	椭圆状	NWW	49.72	−7.38	金、钨、铜
3	L吉-0071-(2)	等轴状	EW	45.00	−5.20	金
4	G吉-0082-(1)	等轴状	NEE	28.67	7.78	金
5	G吉-0082-(2)	椭圆状	NE	41.18	6.04	金
6	G吉-0107-(1)	椭圆状	NE	32.76	9.67	铜
7	G吉-0109-(1)	椭圆状	NE	41.89	14.55	金、钨、铜
8	G吉-0109-(2)	椭圆状	NE	27.79	6.49	金、钨、铜
9	G吉-0109-(3)	弧状	EW	23.12	6.13	金、钨、铜
10	G吉-0110-(1)	团块状	NW	30.25	11.64	金
11	G吉-0110-(2)	椭圆状	SN	30.50	6.63	金
12	G吉-0133-(2)	等轴状	NNE	28.97	6.39	铜
13	G吉-0133-(3)	椭圆状	NW	22.46	5.79	金、铜

3. 推断地质构造及找矿意义评价

Ⅲ-53 成矿带内重力推断地质体、构造及与矿产的关系统计结果如下：

共划分出断裂构造 36 条,其中二级 28 条,三级 8 条;出露 12 条,半隐伏 24 条;北东走向 7 条,北北东走向 3 条,北西走向 7 条,东西走向 12 条,南北走向 7 条;控矿 9 条,导矿 2 条,赋矿 8 条,无关 9 条,未知 8 条(图 5-2-4)。

圈定出侵入岩体 24 个,出露 13 个,半隐伏 11 个;基性岩体 1 个,中性岩体 2 个,酸性岩体 21 个;控矿 5 个,赋矿 1 个,无关 14 个,未知 4 个。

圈定出岩浆岩带 4 条,其中控矿 3 条,无关 1 个。

老地层 34 处,出露 9 处,半隐伏 22 处,隐伏 3 处;控矿 10 处,无关 6 处,未知 18 处。

圈定出盆地 10 个,其中中生界断陷盆地 6 个,新生界断陷盆地 4 个;赋矿 2 个。

(四) Ⅲ-55 吉中-延边(活动陆缘)Mo、Au、As、Cu、Zn、Fe、Ni 成矿带

该三级成矿带包括 7 个四级成矿带,又进一步分为 12 个五级找矿远景区,如图 5-2-5 所示。

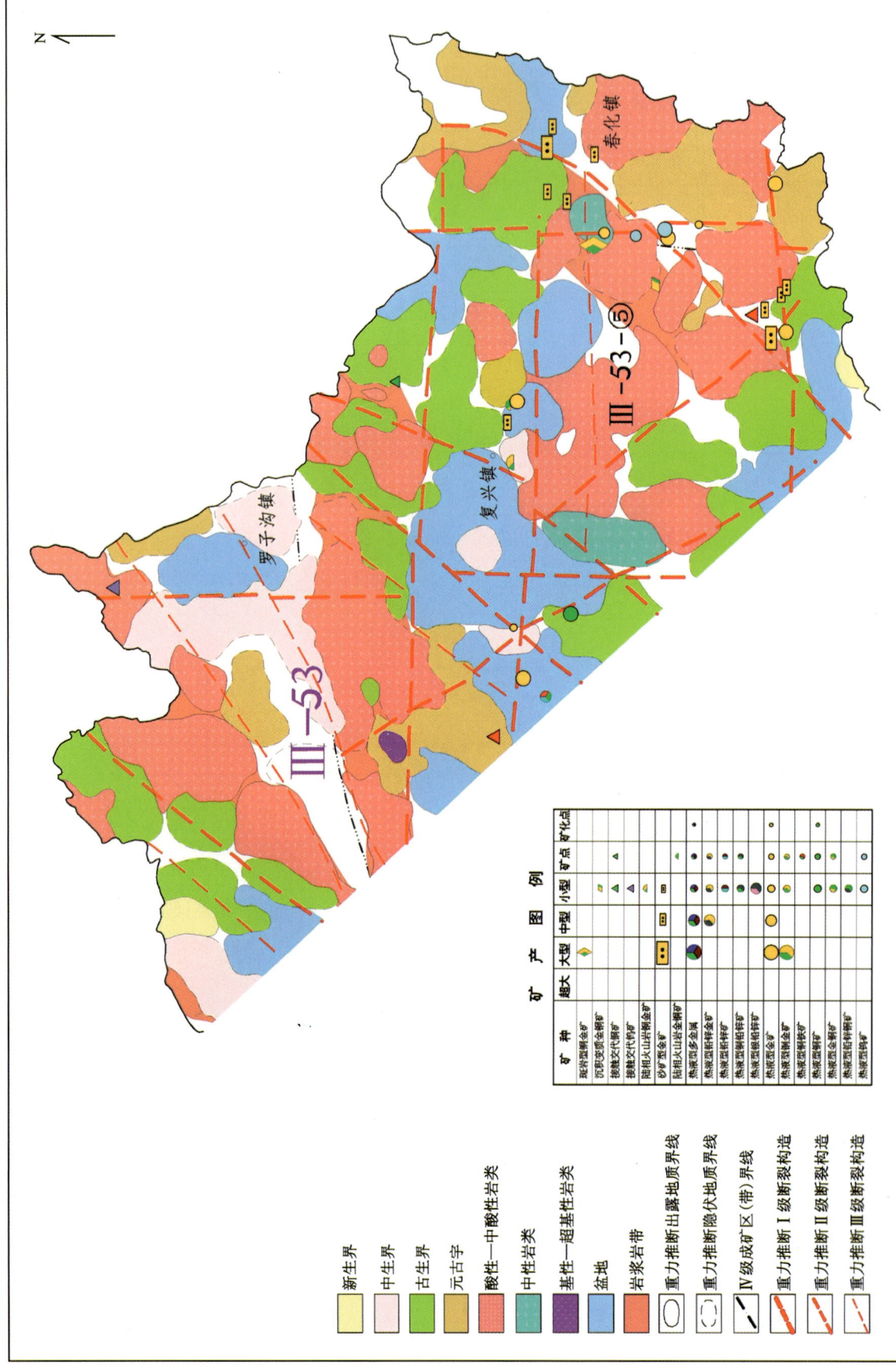

图 5-2-4 Ⅲ-53佳木斯-兴凯(地块)Fe、Au、P、石墨、夕线石成矿带重力推断地质构造图

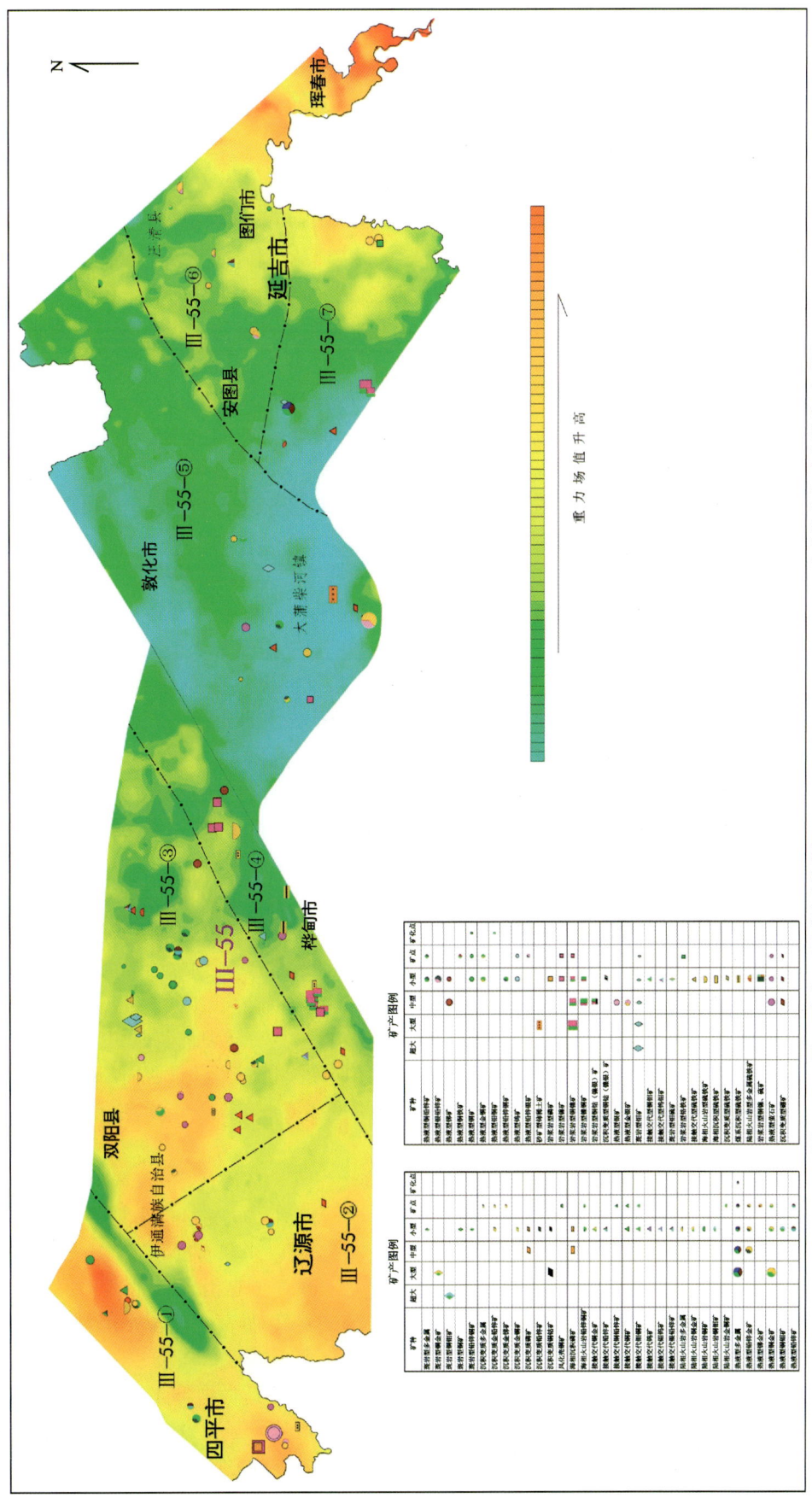

图 5-2-5 Ⅲ-55吉中-延边（活动陆缘）Mo、Au、As、Cu、Zn、Fe、Ni成矿带布格重力异常平面图

1. 重力异常特征

1) Ⅲ-55-①山门-乐山 Ag、Au、Cu、Fe、Pb、Zn、Ni 成矿带

本区西北部分布有规模较大的北东走向长轴状布格重力高异常，为区内强度最高异常区，与东侧依-舒盆地南段狭长重力低异常带以笔直的线性梯度带相隔。西南部经过蔡家-石岭低缓重力高异常区，到西南端进入山门-叶赫升高重力异常区。

西北部长轴状布格重力高异常，北东走向，规模大，强度高，东南侧梯度陡，北西侧梯度缓。伊通县放牛沟中型多金属矿床、马鞍乡王家油房小型铜矿床、大城号小型铜矿床及多金属矿点主要分布在异常边部等值线扭曲处和顶端位置。地表出露有大面积奥陶系变质岩，规模较小的志留系变质岩，五台期、加里东期、海西早期中性侵入岩体，海西期、印支期、燕山期酸性侵入岩体。推断重力高异常为下古生界基底隆起及海西晚期以前的中性侵入岩体引起。

蔡家-石岭重力高异常带，近南北走向，强度不高。主要矿产有梨树县大顶子小型多金属矿床，中马家油房铅、锌矿点。由于奥陶系、志留系地层分布规模较小，而海西期、印支期、燕山期酸性侵入岩体分布面积较大，因此不能引起较强重力高异常。

西南部重力高异常，走向北东，位于吉林、辽宁两省交界处，主要出露有断续分布的规模较小奥陶系地层和规模较大的加里东期、燕山期中性侵入岩体，为引起重力高异常的主要因素。异常上分布有四平市山门大型金银矿床、中型镍矿床、小型磷矿床。

在 14km×14km 滑动平均剩余重力异常图上，西北部长轴状布格重力高异常分解为 2 个短轴状局部重力高异常，放牛沟中型多金属矿床、马鞍乡王家油房小型铜矿床位于 2 个局部重力高异常之间低缓异常上，中部由南北走向条带状异常构成，西南部呈北东走向条带状。依-舒断裂使石岭-叶赫异常梯度带显得突出，与大南—靠山段陡梯度带连接，一起组成依-舒断裂的西南段，该断裂具有导矿和控矿作用。

2) Ⅲ-55-②那丹伯-一座营 Au、Mo、Ag、Pb、Zn、Cu、Ni 成矿带

布格重力异常图上，本区西北部分布有北东向条带状重力高异常带，西南部为规模较大的片状低缓重力高异常区，东北部为北西西向展布的宽大重力低异常带。3 处不同异常区以等值线线性梯度带、不同场态分界线相隔，反映了 3 条主要断裂的分布位置。

西北部北东向重力高异常带，由两处条带状局部重力高异常组成。伊通附近局部重力高异常，主要出露有海西期、印支期酸性侵入岩体，下古生界石缝组零星出露，推断重力高异常为下古生界基底隆起的反映；大孤山东侧局部重力高异常，主要出露有加里东期、海西期、燕山期酸性侵入岩体，元古宇西保安岩组稀疏分布，推断重力高异常为元古宇基底隆起的反映。重力高异常带西北侧线性梯度带梯度陡，沿东西向产生较大错动，显示出依-舒断裂带东支被近东西向断裂错断。该东西向断裂向东错断重力高异常带，与东南侧北东向梯度带交会位置，分布有 7 处热液型小型金矿床及金矿点，反映出北东向、北西向交会断裂对金矿床产出具有控制作用。

西南部规模较大的片状低缓重力高异常区，海西期酸性侵入岩体广泛发育，燕山期、印支期酸性侵入岩体少量分布。在辽源以西，侏罗系、白垩系分布面积较大，辽源东南方向侏罗系呈狭长带状分布。下古生界石缝组在异常区星罗棋布，元古宇西保安岩组仅在辽源以东和石驿以东零星分布。由此推断片状重力高异常区为下古生界及元古宇基底隆起所致。重力高异常区北东侧北西向线性梯度带规模大，梯度较陡，东丰西保安小型沉积-变质型铁锰矿床位于的东南段，推断辽河源东南方北西走向条带状局部重力高异常为半隐伏元古宇西保安岩组引起，具有寻找沉积-变质型铁锰矿床的潜力。

东北部为北西西向展布的宽大重力低异常带，无明显异常中心。在中部出现两处弱小局部重力高异常，辽源弯月东山金矿床、弯月铅锌矿床、辰隆金矿点处于这两处局部重力高异常上，与出露的石缝组范围比较吻合。其北部局部重力高异常，地表出露海西期、印支期酸性侵入岩体，推断为深部隐伏石缝组引起。

在 14km×14km 滑动平均剩余重力异常图上,局部重力高、低异常以北西向、东西向为主,北东向、南北向数量少,反映了构造活动受近东西向的北陆块北缘东段断裂带和北西向盘双断裂带双重影响。

3) Ⅲ-55-③山河-榆木桥子 Au、Ag、Mo、Ni、Cu、Fe、Pb、Zn 成矿带

布格重力异常图上,本区西部重力高,东部重力低。吉昌-驿马近东西向梯度带,榆木桥子-旺起近南北向梯度带,反映了区内两条规模较大的断裂构造。双河-取柴河-南楼山-旺起环形重力梯度带反映了南楼山火山盆地周边环形断裂构造。

双阳中新生代沉积盆地反映出南北向短轴状重力低异常。

双阳盆地西南部和东北部重力高异常在盆地东南合为一体,向东南方向延伸至榆木桥子附近,异常宽度逐渐变窄,强度逐渐降低,幅度变化大。地表下石炭统鹿圈屯组、余富屯组、磨盘山组发育;奥陶系黄莺屯岩组、小三个顶子组;志留系石缝组、弯月组;上石炭统石嘴子组;下二叠统寿山沟组、大河深组、范家屯组,海西期基性岩体,燕山期中性岩体等,零散分布,出露面积大小不等。这些古生界及基底隆起,与具有一定规模的基性—中性侵入岩体可以共同产生重力高异常。重力高异常区内及边缘梯度带、扭曲部位,分布有近 10 处小型金矿床和矿点,几处铜、银小型矿床和矿点,如磐石市明城南梨树中型萤石矿床、磐石驿马小型锑矿床等。

取柴河-南楼山-旺起-永吉-黄榆-取柴河环形重力梯度带所围成的似圆形复杂的重力低异常区,与上三叠统四合屯组中性火山岩,下侏罗统南楼山组中性、中—酸性火山岩,以及燕山期酸性岩类关系密切;区内局部重力高异常多半是下古生界寒武系头道岩组,中二叠统范家屯组等古生界地层,为海西期、燕山期中性岩体及隐伏基底的反映。环形断裂构造控制了大黑山和南楼山两处火山活动中心,为基本控矿构造,永吉县前撮落超大型斑岩型钼矿床及两处小型多金属硫铁矿床处于中心部位,另有 10 余处小型铜、铅锌矿床和矿点分布在环形断裂构造附近。

东部榆木桥子-旺起重力低异常区,局部重力异常以东西走向、南北走向为主。局部重力低异常呈团块状、条带状、椭圆状,面积较大,数量较多,主要与海西期、燕山期中酸性侵入岩体关系密切;局部重力高异常,呈条带状、椭圆状、等轴状,规模较小,为奥陶系黄莺屯岩组、志留系石缝组及隐伏基底的反映。几处小型铁、铅锌矿床分布在重力低异常上,一处小型锑矿床分布在重力高异常边缘。

吉昌—驿马一线以南,整体上显示出重力低异常区,局部重力高、低异常以北西走向为主,两者规模相近,相间分布,强度变化幅度大。重力低异常为海西期、印支期、燕山期酸性侵入岩体的反映;重力高异常为奥陶系黄莺屯岩组、小三个顶子组,志留系石缝组,下石炭统鹿圈屯组、磨盘山组,上石炭统石嘴子组等地层及隐伏基底的反映。局部重力高、低异常过渡带上分布有吉昌铁矿床、石嘴铜矿床、富太镍矿床等小型矿床。

4) Ⅲ-55-④红旗岭-漂河川 Ni、Au、Cu 成矿带

本区布格重力异常以桦甸为界,西南部为重力高异常区,中部、东北部重力低异常区,异常多呈北东及北西走向。东侧北东向线性梯度带及负磁异常带为敦-密断陷盆地的反映。

西南部重力高异常分布区,红旗岭重力高异常呈等轴状,与奥陶系黄莺屯岩组、早泥盆世橄榄岩关系密切,红旗岭大型铜镍矿床分布在异常区南部;其他几处重力高异常则为Ⅲ-55-③、Ⅲ-55-②成矿带向东南方向延伸的异常末端,下石炭统鹿圈屯组、下二叠统寿山沟组及隐伏基底的反映,异常上有小型金矿床、铁矿床分布。另外,细林附近椭圆状重力低异常呈北西走向,为海西期、燕山期酸性岩体的反映。

中部、东北部重力低异常区,几处局部重力低异常呈条带状及不规则状,面积较大,为海西期、燕山期酸性岩体的反映,分布有火龙岭小型钼矿床;两处局部重力高异常,呈北东东向蝌蚪状、北东向条带状,规模不大,为奥陶系黄莺屯岩组、志留系石缝组、中泥盆世辉长岩及隐伏基底的反映,重力高异常边部分布有二道甸子大型金矿床、漂河川小型铜镍矿床、幸福小型锑矿床。

5) Ⅲ-55-⑤海沟-红太平 Au、Fe、Cu、Pb、Zn、Ag、Mo、Ni 成矿带

布格重力异常宏观上呈现西部低,南部低,中部高,东北部高的分布特征。

西部重力低异常带呈北东向展布,异常低缓,为敦-密断陷盆地的反映。

南部重力低异常带位于华北陆块北缘断裂带上,整体上呈北西走向起伏状,宽度较大,梯度缓;异常带内局部重力低异常呈北西走向、东西走向,多为椭圆状、条带状,主要与沿断裂带侵入的加里东早期、海西晚期及燕山期酸性花岗岩带有关。重力低异常带内,分布有官瞎沟小型铜钼矿床、小蒲柴河小型铁矿床、马圈子小型锰矿床、大线沟小型金矿床、刘生店中型钼矿床、东清大型独居石砂矿,北侧近东西向梯度带上分布有双山小型多金属(钼、铜)矿床及三岔子北山金矿点;海沟大型金矿床位于低异常带与东南元古宇重力高异常接触带重力高一侧。接触带呈"S"形,梯度陡。

中部江源-亮兵重力高异常带,呈北东东向展布,南侧梯度带较陡,北侧较缓。西段有明显异常中心,推断为新元古界青龙村岩群隐伏基底引起。东段没有明显异常中心,地表有多处下古生界五道沟群出露,推断为半隐伏下古生界引起。

官地南侧的北东东向局部重力高异常,规模不大,位于敦-密断陷盆地之上,有多处规模较小的新元古界塔东岩群及下二叠统庙岭组分布,推断异常为新元古界、古生界及隐伏基底的反映。

亮兵-春阳重力高异常带,主要由数量较多、规模不大、梯度较陡的,北东向、北北东向分布的,条带状、椭圆状局部重力高、低异常组成。在天桥岭西南"人"字形局部重力高异常上分布有汪清县红太平小型多金属矿床。

在14km×14km滑动平均剩余重力异常图上,东北部局部重力高、低异常带平行排列,强度高、梯度陡,北东走向线性特征明显;中部异常强度低、梯度缓,走向规律不明显;南部重力低异常比重力高异常规模大,以北西走向、东西走向为主。西部重力低异常同样比重力高异常规模大,但是以北东走向、东西走向为主。

6)Ⅲ-55-⑥五凤-百草沟 Au、Cu、Ag、Pb、Zn、Fe 成矿带

布格重力异常宏观上呈现东南部高、西北部低的分布特征。

东南部石岘—敬信一带,以重力高异常为背景,叠加的局部重力高异常多为短轴状、不规则形状,走向以北东向为主,北西向、东西向数量少,强度高,梯度陡,在板石—敬信一带重力高异常向东北方向延入Ⅲ-53佳木斯-兴凯成矿带内。几处局部重力低异常分布在不同重力高异常之间,呈条带状、椭圆状、等轴状,规模不大,走向为北东向、北西向。局部重力高异常主要为下二叠统庙岭组、满河组,上二叠统解放村组引起。珲春东部Ⅲ-53内,局部有下古生界五道沟群出露,推断板石—敬信一带局部重力高异常与下古生界五道沟群、下二叠统庙岭组、上二叠统解放村组关系密切。推断重力高背景异常为日本海周边上地幔凸起的反映。局部重力低异常主要为珲春、敬信新生代沉积盆地及海西期酸性侵入岩体等引起。重力高异常及边部分布有陆相火山岩型刺猬沟中型金矿床、闹枝小型金矿床,明星屯热液型金矿化点,棉田小型接触交代型铅锌矿床,前安山村热液型铜矿化点。

西北部石门—百草沟一带,局部重力高、低异常交错分布,异常多为条带状,走向有北东向、北北东向、北北西向、近东西向,低缓,强度不大,但异常变化幅度大。重力高异常为下二叠统庙岭组、满河组引起,重力低异常为加里东期、海西期及燕山期酸性花岗岩及中生代火山-沉积地层引起。异常区内分布的矿产有五星山小型热液型金矿床、五凤山小型热液型金矿床、吉青岭热液型金矿化点。

7)Ⅲ-55-⑦天宝山-开山屯 Pb、Zn、Au、Ag、Ni、Mo、Cu、Fe 成矿带

布格重力异常宏观上呈现东部高、西部低的分布特征。

延吉—东城一线以东为重力高异常区,整体上呈南北向展布,局部重力高异常呈北东向、北西向、近东西向条带状,开山屯以北出现最高值,开山屯以南局部重力高异常上分布有后底洞小型热液型金矿床、金谷山小型热液型金矿床、开山屯小型岩浆岩型铬铁矿床。重力高异常区中间有延吉-智新近南北向线状重力低异常带通过,重力低异常带北段为中生代断陷盆地引起,智新以南与已知断裂带位置吻合,推断与断裂破碎带及燕山期酸性侵入岩体通道有关,其东侧近南北向线性梯度带,反映了中生代沉积盆地与东部古生界隆起的断层接触关系。重力低异常带西侧龙井附近局部重力高异常呈北西走向,梯度较陡,为新元古界青龙村岩群引起。东城-依兰北北东向重力异常梯度带,在朝阳川沿北西向发生错动,反映了北北东向断裂被北西向断裂错断。

西南部天宝山-西城重力低异常区，由南西到北东方向强度升高，天宝山—西城一线西南侧重力低异常带，呈北西走向，位于华北陆块北缘古洞河断裂带上，异常宽度大，为沿断裂带侵入的加里东早期、海西晚期及燕山期酸性花岗岩带的反映。天宝山—西城一线东北侧重力低异常区异常平缓，强度比西南侧有所升高，为大面积分布的延吉中生代火山-沉积盆地引起。天宝山-西城重力低异常区梯度带较陡，反映了古洞河断裂带的北界位置。

长仁中型基性—超基性岩型铜镍矿床，位于弱小重力高异常上，天宝山-西城断裂具有控矿作用。天宝山中型多金属矿床位于条带状局部重力低异常向北东东方向伸出的尖端部位，也是与重力高异常的过渡部位，矿床受天宝山-西城北西向断裂与北东东向断裂交会控制。獐项小型铜镍矿床，位于重力高异常与重力低异常间南北向梯度带上，两处小型铁矿床分布在新元古界青龙村岩群产生的重力高异常的边部。

在 14km×14km 滑动平均剩余重力异常图上，除后底洞小型金矿床、金谷山小型金矿床、开山屯小型铬铁矿床位于剩余重力高异常上外，其余多金属矿床、铜镍矿床、铁矿床都处在剩余重力高异常边部零值线附近。

2. 剩余重力异常找矿意义评价

在成矿规律研究基础上，根据典型矿床地质、地球物理、地球化学特征及找矿模型标志，对Ⅲ-55 成矿带内剩余重力异常与地质体、地质构造、矿产分布关系开展综合研究，进行定性解释，筛选出具有找矿意义的剩余重力异常 57 个（表 5-2-3）。

表 5-2-3　Ⅲ-55 吉中-延边（活动陆缘）Mo、Au、As、Cu、Zn、Fe、Ni 成矿带具有找矿意义的剩余重力异常登记表

序号	异常编号	形状	走向	面积/km^2	剩余重力异常/($\times 10^{-5}$m·s^{-2})	相关矿种
1	G 吉-0046-(2)	椭圆状	NWW	32.07	6.55	铁
2	G 吉-0052	椭圆状	NE	44.92	7.65	铬、金
3	G 吉-0053-(1)	条带状	NE	141.18	4.54	金、银
4	G 吉-0055-(2)	条带状	NW	87.54	2.60	锰、磷、铁
5	G 吉-0055-(3)	椭圆状	NWW	31.48	4.54	钴
6	G 吉-0058-(1)	条带状	NW	50.76	4.22	铜、镍
7	G 吉-0058-(2)	不规则状	EW	67.96	3.83	铁、金
8	G 吉-0059	椭圆状	NW	42.95	4.92	铜、镍
9	G 吉-0066	等轴状	EW	31.06	7.55	金、银、锑、铁
10	G 吉-0068	椭圆状	NW	5.22	4.63	铁、锰
11	G 吉-0071	哑铃状	NW	34.38	4.71	铜、镍、铁
12	G 吉-0073-(1)	椭圆状	EW	47.27	3.50	铜、铅、锌、钼
13	G 吉-0073-(2)	椭圆状	NWW	21.45	4.45	铜、铅、锌、钼
14	G 吉-0075-(4)	椭圆状	NW	17.47	4.17	铜、镍
15	G 吉-0087-(1)	条带状	NEE	114.50	8.22	金
16	G 吉-0088-(1)	等轴状	EW	13.41	5.43	铅、锌、金
17	G 吉-0090-(1)	哑铃状	NNW	76.79	3.95	铜、金
18	G 吉-0090-(2)	片状	NE	39.67	4.83	银
19	G 吉-0091	椭圆状	EW	30.52	6.02	镍
20	G 吉-0093	条带状	NE	91.94	4.64	锑
21	G 吉-0094-(1)	扁豆状	SN	56.02	5.37	金、钼
22	G 吉-0094-(2)	椭圆状	NE	20.37	5.15	铅、锌
23	G 吉-0095-(1)	哑铃状	EW	55.45	5.88	锑

续表 5-2-3

序号	异常编号	形状	走向	面积/km²	剩余重力异常/($\times 10^{-5}$m·s^{-2})	相关矿种
24	G吉-0096	三角状	NE	106.02	4.83	金、铜、镍
25	G吉-0098-(1)	哑铃状	EW	109.42	7.02	铜、镍
26	G吉-0100-(2)	哑铃状	NNE	33.00	3.29	铁
27	G吉-0101-(2)	等轴状	EW	28.12	4.62	铅、锌
28	G吉-0102-(2)	椭圆状	EW	20.49	2.75	金
29	G吉-0104	楔状	NE	28.01	6.26	铜
30	G吉-0106	椭圆状	NW	39.51	5.45	金
31	G吉-0112	椭圆状	NE	43.26	10.96	铜、铅、锌、铁、金、硫
32	G吉-0114	片状	NE	88.61	14.05	铜、铅、锌、铁、金、硫
33	G吉-0116	椭圆状	NWW	47.54	6.26	金
34	G吉-0117	哑铃状	NE	16.35	5.74	硫
35	G吉-0118-(2)	串珠状	NEE	93.23	3.78	铜
36	G吉-0119-(4)	条带状	NNW	32.79	4.26	锌、铁
37	G吉-0130-(2)	椭圆状	NE	38.08	3.77	铜、铅、锌
38	L吉-0045-(3)	不规则状	NW	45.52	-4.55	钼
39	L吉-0046-(1)	椭圆状	NEE	13.63	-9.29	硫
40	L吉-0048-(1)	等轴状	NW	23.28	-4.77	铜、钼
41	L吉-0048-(3)	椭圆状	NE	25.50	-3.64	钼
42	L吉-0049-(1)	葫芦状	NW	77.50	-8.74	金
43	L吉-0049-(2)	条带状	NWW	34.11	-4.34	Ree
44	L吉-0050-(2)	等轴状	NE	14.61	-5.64	金
45	L吉-0052	条带状	EW	58.33	-6.75	铜、铅、锌、钼
46	L吉-0057-(1)	条带状	EW	59.31	-4.92	铁、CaF
47	L吉-0057-(2)	等轴状	SN	68.15	-3.55	铁
48	L吉-0058-(1)	团块状	EW	74.58	-5.36	金、铜
49	L吉-0058-(2)	椭圆状	NW	11.70	-4.48	钨、钼
50	L吉-0059	椭圆状	NWW	73.83	-6.23	锑
51	L吉-0060-(3)	等轴状	NW	32.91	-6.04	铜、铅、锌
52	L吉-0065-(1)	条带状	SN	50.47	-4.28	金
53	L吉-0065-(3)	椭圆状	EW	60.29	-4.89	金
54	L吉-0078-(1)	椭圆状	NW	74.33	-5.20	金
55	L吉-0079-(1)	条带状	NE	97.47	-4.00	铜、硫
56	L吉-0079-(2)	不规则状	EW	69.11	-3.83	铜、钼
57	L吉-0079-(3)	椭圆状	NNE	62.56	-3.51	钼

3. 推断地质构造及找矿意义评价

Ⅲ-55成矿带内重力推断地质体、构造及与矿产的关系统计结果如下：

共划分出断裂构造95条，其中一级14条，二级38条，三级43条；出露30条，半隐伏65条；北东走向27条，北北东走向4条，北西走向29条，东西走向22条，南北走向13条；与矿产有关的断裂构造60条，控矿30条，导矿21条，赋矿7条，成矿2条，无关13条，未知22条（图5-2-6）。

圈定出侵入岩体131个，出露69个，半隐伏51个，隐伏11个；基性岩体13个，中性2个，酸性116个；控矿30个，赋矿10个，导矿2个，无关70个，未知19个。

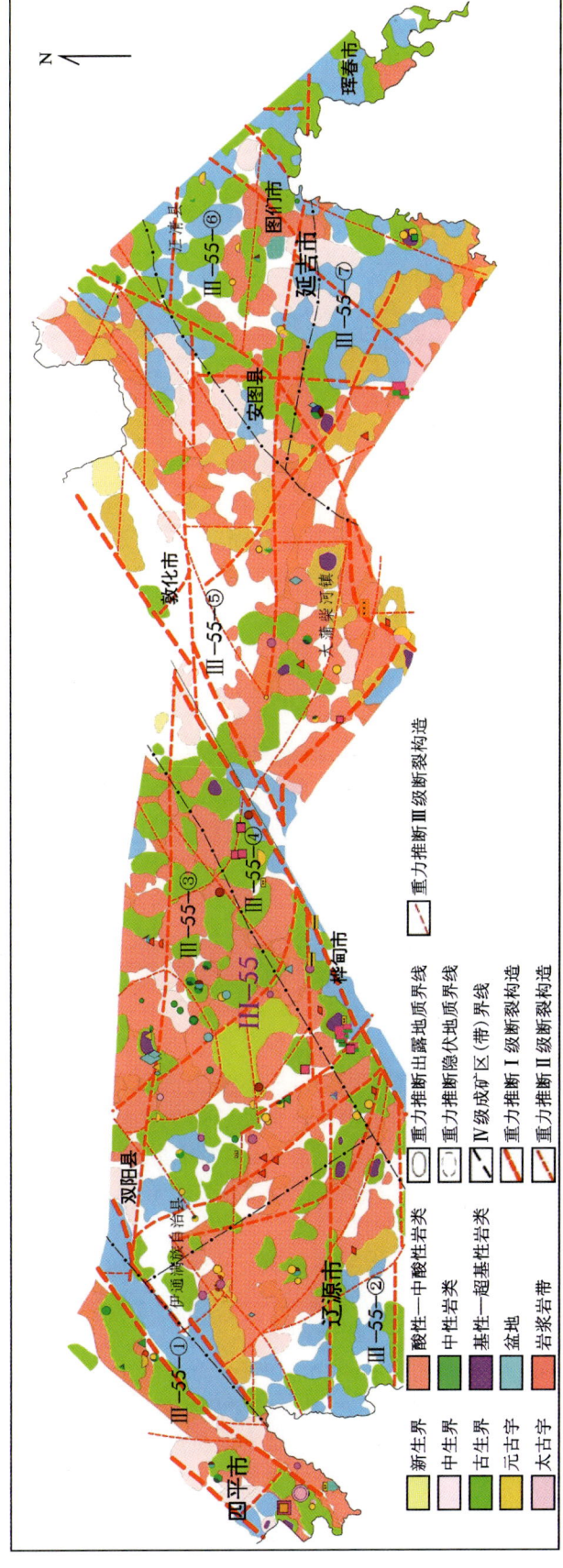

图 5-2-6　Ⅲ-55 吉中－延边(活动陆缘) Mo、Au、As、Cu、Zn、Fe、Ni 成矿带重力推断地质构造图

圈定出岩浆岩带12条,其中出露4条,半隐伏8条;导矿9条,控矿2条,无关1条。

老地层147处,出露34处,半隐伏95处,隐伏18处;控矿35处,赋矿6处,无关41处,未知65处。

圈定出盆地45个,其中中生界断陷盆地35个,新生界断陷盆地10个;赋矿2个。

本次工作还对具有找矿意义的重力推断断裂、老地层、侵入岩体、岩浆岩带、盆地进行了筛选登记。

三、华北(陆块)成矿省(Ⅱ-14)

华北(陆块)成矿省(Ⅱ-14)包含1个三级、2个四级成矿带、15个五级找矿远景区。三级成矿带即Ⅲ-56辽东(隆起)Fe、Cu、Pb、Zn、Au、U、B、菱镁矿、滑石、石墨、金刚石成矿带(图5-2-7)。

1. 重力异常特征

1) Ⅲ-56-①铁岭-靖宇(次级隆起)Fe、Au、Ag、Cu、Pb、Zn成矿带

区内布格重力异常总体呈现出西部高,东部低,北部高,南部低的特征。

西部重力高异常带从水道至老金厂,沿北东向展布,在样子哨附近最宽,异常强度也高,在水道西南的吉林、辽宁省界附近出现最大值;异常边部梯度陡或较陡,北西边部线性梯度带走向平直,沿北东向贯穿全区,为著名的敦-密断裂的反映,东南边部呈蜿蜒起伏状,与东南侧的重力低异常带交错、相伴分布。重力低异常带沿北东向展布,由一系列明显的局部重力低异常组成,在东北端转为北北东向,被兴参附近的强度不高的近南北向重力高异常带所阻断,出现在靖宇西南部。综合分析可知,重力高异常带为龙岗陆核的反映,主要出露有中太古代英云闪长质片麻岩,中太古代、新太古代变质表壳岩,在三源浦—样子哨一线出露有震旦系、寒武系、奥陶系。重力低异常带主要为三棵榆树—二密中生代火山-沉积盆地、靖宇第四纪玄武岩、古元古代花岗质片麻岩、燕山期中酸性侵入岩体分布区。

兴参—夹皮沟以东区域,重力异常背景值明显低于西部。局部重力低异常多呈等轴状、团块状,异常强度最低出现在长白山天池(白头山天池)。在靠近和龙地块北缘断裂古洞河段,分布有一不规则形状的重力高异常带,由一系列椭圆状、条带状、团块状的局部重力高异常组成,走向以北东、北西为主,梯度带较陡,最高强度出现在两江东部。综合分析可知,重力高异常带为和龙地块的反映,主要出露有中太古代英云闪长质片麻岩、新太古代英云闪长质片麻岩、新太古代变质表壳岩、古元古代集安岩群、老岭岩群变质岩地层,新元古代青白口系轻变质岩及沉积地层。重力低异常带的地表主要出露有五台期花岗闪长岩、燕山期花岗岩、第四纪玄武岩。

敦-密断裂以西的倒三角形较小区域,重力高、低异常带东西走向,呈现"两低夹一高"的特征,北部五道岗附近分布有重力低异常带;南部横道河附近分布有重力低异常带,在山城镇附近被断开;中部分布有梅河口重力高异常带。综合分析可知,重力高异常带西端四平镇附近有规模较小的三叠系大酱缸组出露,北部东丰附近有规模较小的志留系石缝组出露,推断重力高异常带为隐伏的古生界地层引起;五道岗附近重力低异常带为早三叠世花岗闪长岩、早侏罗世二长花岗岩引起;横道河附近重力低异常带为寒武纪花岗闪长岩、晚二叠世花岗闪长岩引起。

本区矿产丰富,在水道重力高异常上分布有香炉碗子中型金矿床1处、小型金矿床2处、金矿点1处。安口-石道河子重力高异常带上,分布有沉积变质型铁矿、金矿及热液型金矿,数量较多,多为小型,与中太古代英云闪长质片麻岩、变质表壳岩关系密切。

在会全栈似团块状相对重力高异常与其北东侧重力异常梯度带上,分布有夹皮沟、六批叶等大型、中型、小型金矿床48处,铜金、铅锌小型矿床各1处。在老金厂附近有老牛沟大型铁矿床及小型铁矿床5处。

在天合兴-那尔轰燕山期花岗岩引起的北北东走向串珠状重力低异常带上,分布有3处沉积变质型小型铁矿床,2处斑岩型小型铜钼矿床,6处小型金矿床,1处小型铜矿床,2处金矿点。

在二密-板石重力低异常带上,分布有板石沟大型铁矿床、四方山中型铁矿床,朝阳、五道羊岔、爱林、羊场、长春沟、杨木桥子、新华、许可地、庆升、太安等10余处小型铁矿床,一般处于太古宙表壳岩引起的规模较小的局部重力高异常上。二密中型铜矿床位于局部重力低异常边部。

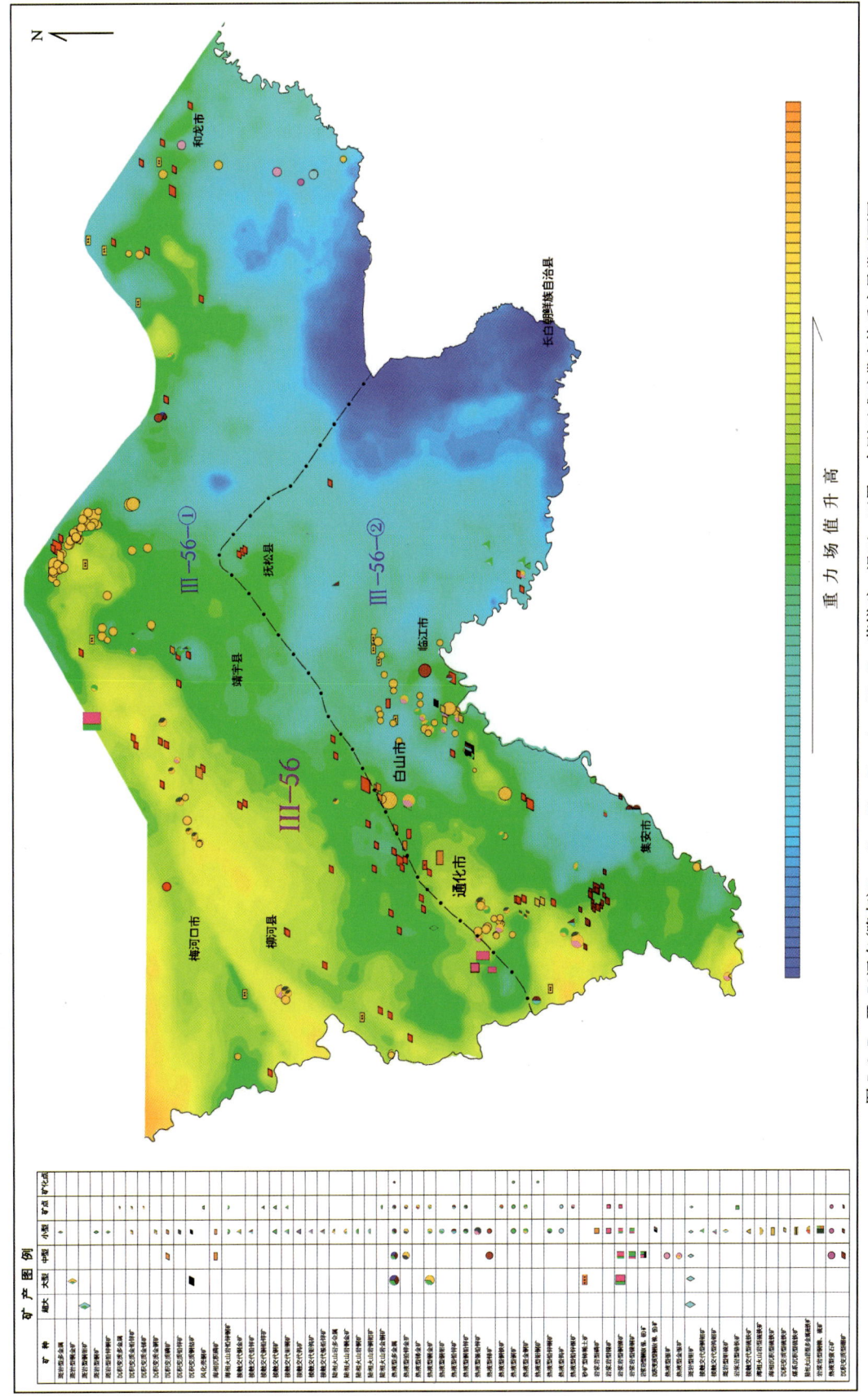

图 5-2-7 Ⅲ-56辽东(隆起)Fe、Cu、Pb、Zn、Au、U、B、菱铁矿、滑石、石墨、金刚石成矿带布格重力异常平面图

在英额布-通化低缓重力高异常上,分布有赤柏松中型铜镍矿床及两处小型铜镍矿床。

在两江-和龙不规则形状的重力高异常带,分布有官地中型铁矿床及6处小型铁矿床,5处小型金矿床,2处小型银矿床。

在崇善镇西部、西北部的重力低异常内分布有1处小型钼矿床,1处金矿点,1处银矿点。

2)Ⅲ-56-②营口—长白(次级隆起、Pt_1裂谷)Pb、Zn、Fe、Au、Ag、U、B、菱镁矿、滑石成矿带

区内布格重力异常呈现西部高、东部低的分布特征。在临江以西,局部重力高、低异常交错分布,多呈条带状、椭圆状、团块状,走向以北东为主,其次为北西西向及东西向。

财源附近局部重力高呈团块状,北东走向,向西延入辽宁省,异常强度为区内最高值。通化局部重力高呈团块状,北东走向,中部平缓,边部梯度较陡,异常中心不明显;大路南侧局部重力高呈椭圆状,北西西走向,向外延入辽宁省;榆林北侧局部重力高呈条带状,近东西走向,边部梯度较陡;七道沟-临江重力高异常带,北东东走向,西宽东窄,两侧梯度陡。综合分析可知,财源附近重力高区地表出露有大面积集安岩群蚂蚁河岩组、荒岔沟岩组、大东岔组,推断为古元古界隆起引起。英额布-鸭园重力高异常带为中太古代英云闪长质片麻岩,新元古界青白口系,震旦系,下古生界寒武系、奥陶系及上古生界石炭系的反映。大路-榆林南、北两侧重力高异常为古元古界老岭岩群临江岩组,震旦系钓鱼台组、南芬组,下古生界寒武系、奥陶系的反映。七道沟-临江重力高异常带,主要出露有中太古代英云闪长质片麻岩、古元古界老岭岩群珍珠门岩组、临江岩组、大栗子岩组及新元古界青白口系,推断为太古宇、元古宇基底隆起引起。

榆林局部重力低呈楔状,北西西走向,东宽西窄;热闹东侧局部重力低呈团块状,北东走向;重力低异常与地表出露的晚侏罗世二长花岗岩、早白垩世正长花岗岩、花岗斑岩分布范围完全吻合。

热闹东侧较大范围的片状重力低异常区,总体呈北东走向,为侏罗系果松组火山-沉积地层、晚侏罗世正长花岗岩、早白垩世花岗斑岩的反映。

石人附近3处局部重力低异常组成倒"V"形异常,为晚三叠世黑云母花岗岩、侏罗系林子头组火山-沉积地层、白垩系小南沟组沉积地层引起。

临江—湾沟一线以东,局部重力高异常不明显,局部低异常较为突出,重力低异常多呈条带状、椭圆状,走向有北西向、近东西向,主要分布在仙人桥、闹枝、六道沟、宝泉山-十四道沟等地;在长白山天池(白头山天池)周围广大地区等值线围绕呈弧形分布,形成以天池为中心的扇形重力低异常区;在长白附近出现规模较小的近圆形重力低异常区,向北与天池重力低异常区以低缓重力高异常带相隔,向东延入朝鲜境内,为全省布格重力最低值。综合分析可知,闹枝重力低异常为晚三叠世二长花岗岩及上三叠统长白组火山岩地层的反映。仙人桥重力低异常为晚侏罗世花岗岩及侏罗系果松组、林子头组火山-沉积地层的反映。宝泉山-十四道沟重力低异常带为晚侏罗世碱长花岗岩、侏罗系果松组火山-沉积地层引起。天池-长白广大区域重力低异常与地幔凹陷及火山机构分布有关。

主要矿产有数10处,主要为与古元古界老岭岩群有关的大型铜钴矿床及中型、小型金矿床、铅锌矿床、硫铁矿床、铁矿床、锑矿床,与古元古界集安岩群有关的中型、小型金矿床、银矿床、铅锌矿床、硼矿床,与寒武系有关的小型铅锌矿床,与奥陶系接触带有关的小型铜钼矿床等。

2. 剩余重力异常找矿意义评价

在成矿规律研究基础上,根据典型矿床地质、地球物理、地球化学特征及找矿模型标志,对Ⅲ-56成矿带内剩余重力异常与地质体、地质构造、矿产分布关系开展综合研究,进行定性解释,筛选出具有找矿意义的剩余重力异常80处。

3. 推断地质构造及找矿意义评价

Ⅲ-56成矿带内重力推断地质体、构造及与矿产的关系统计结果如下:

共划分出断裂构造114条,其中一级9条,二级55条,三级50条;出露46条,半隐伏68条;北东走向34条,北北东走向6条,北北西走向2条,北西走向18条,东西走向36条,南北走向18条;控矿55条,导矿10条,赋矿7条,成矿3条,无关20条,未知19条(图5-2-8)。

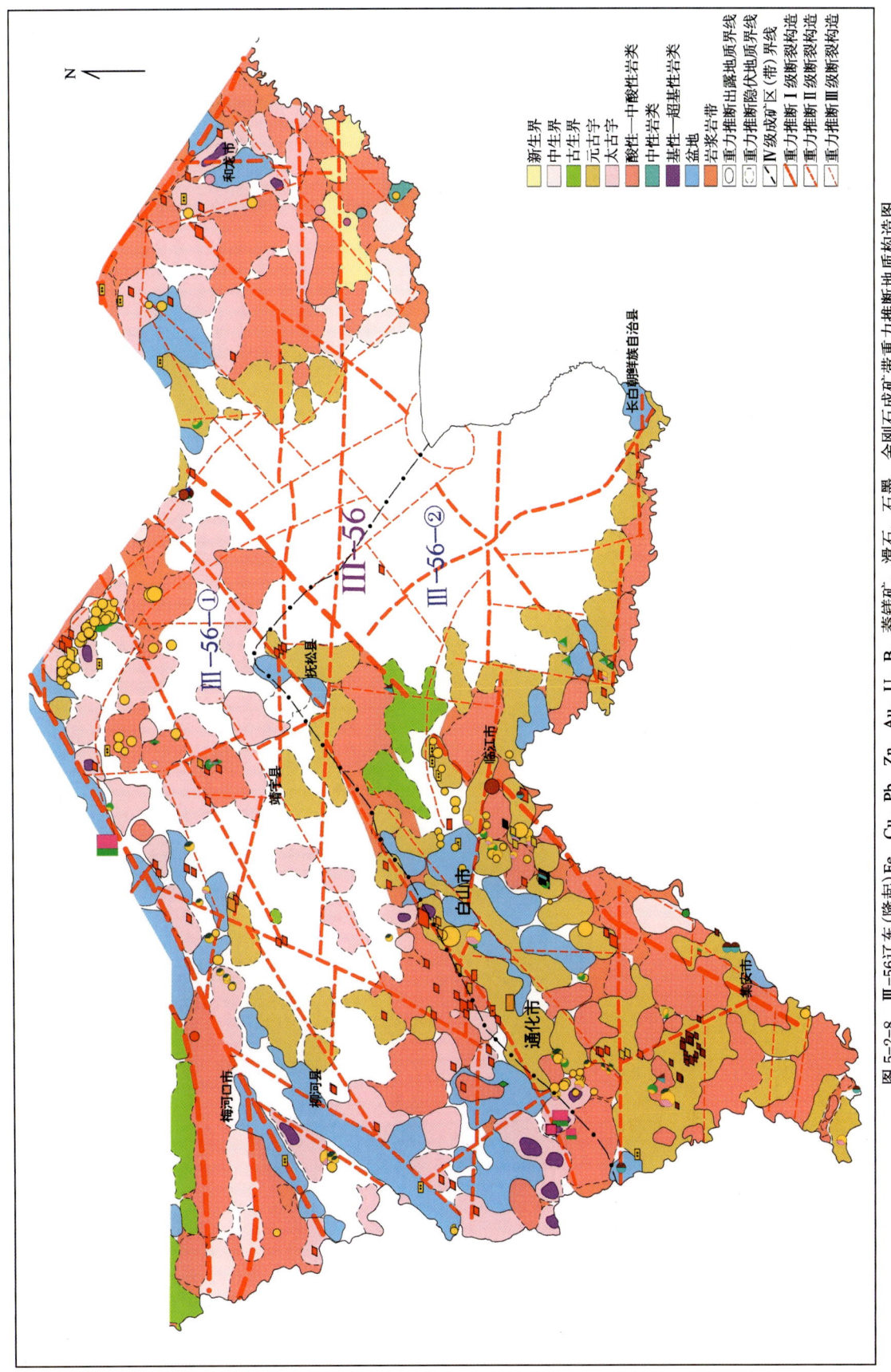

图 5-2-8 Ⅲ-56辽东(隆起)Fe、Cu、Pb、Zn、Au、U、B、菱镁矿、滑石、石墨、金刚石成矿"带"重力推断地质构造图

圈定出侵入岩体 68 个,出露 39 个,半隐伏 13 个,隐伏 16 个;基性岩体 5 个,酸性 63 个;控矿 5 个、赋矿 4 个、无关 53 个、未知 6 个。

圈定出岩浆岩带 10 条,均为半隐伏;控矿 2 条、导矿 8 条。

老地层 121 处,出露 26 处,半隐伏 70 处,隐伏 25 处;控矿 22 处、赋矿 37 处、无关 13 处、未知 49 处。

圈定出盆地 34 个,其中中生界断陷盆地 31 个,新生界断陷盆地 3 个;赋矿 3 个。

本次工作对具有找矿意义的重力推断断裂、老地层、侵入岩体、岩浆岩带、盆地进行了筛选登记,结果见表 5-2-4。

表 5-2-4　Ⅲ-56 辽东(隆起)Fe、Cu、Pb、Zn、Au、U、B、菱镁矿、滑石、石墨、金刚石成矿带具有找矿意义剩余重力异常登记表

序号	异常编号	形状	走向	面积/km²	强度/($\times 10^{-5}$m·s^{-2})	相关矿种
1	G吉-0065-(3)	哑铃状	NEE	30.23	3.88	金、铁
2	L吉-0046-(2)	线状	NE	135.09	-6.59	硫
3	G吉-0065-(1)	椭圆状	NEE	39.47	7.40	金、铁
4	G吉-0063-(1)	哑铃状	NE	87.42	6.29	铁
5	G吉-0061	椭圆状	NW	64.76	5.01	铜、金
6	L吉-0049-(3)	条带状	EW	110.15	-5.49	金
7	L吉-0047-(1)	椭圆状	EW	46.89	-7.61	金
8	G吉-0065-(2)	椭圆状	NW	19.31	5.15	金、铁
9	G吉-0064-(1)	椭圆状	NW	32.88	4.86	金
10	G吉-0064-(2)	椭圆状	NE	19.04	3.22	金、铁
11	G吉-0070	椭圆状	EW	59.79	11.25	铁、金
12	G吉-0060	椭圆状	EW	25.92	6.65	铁
13	L吉-0047-(2)	椭圆状	SN	58.61	-4.56	金、铜、银
14	G吉-0057	条带状	NE	55.95	4.29	铁
15	L吉-0031	不规则状	NE	133.82	-5.58	铁
16	G吉-0046-(1)	椭圆状	EW	87.57	7.17	金
17	G吉-0048	等轴状	EW	52.45	6.78	铁、金
18	G吉-0047-(1)	椭圆状	NE	38.82	10.34	铁
19	G吉-0049	条带状	SN	75.75	6.02	铁、金、银
20	G吉-0040	条带状	EW	129.49	3.71	金
21	L吉-0033-(1)	等轴状	NNE	92.71	-7.10	铜、铁、钼
22	G吉-0050	条带状	NW	48.32	7.79	铁、金、银
23	G吉-0047-(2)	椭圆状	NW	35.65	7.57	铁
24	L吉-0028	片状	NW	112.75	-4.21	金
25	L吉-0037-(2)	椭圆状	SN	36.57	-4.85	金
26	G吉-0026	条带状	NE	147.03	6.05	金
27	L吉-0027-(2)	椭圆状	EW	23.98	-4.06	银
28	G吉-0029-(2)	条带状	NE	44.65	3.29	铁
29	G吉-0031-(1)	条带状	SN	112.49	4.81	铁
30	L吉-0020-(1)	条带状	NE	230.91	-4.25	金
31	G吉-0015-(2)	椭圆状	NE	67.04	4.00	铁
32	L吉-0023-(1)	条带状	NWW	148.46	-7.46	铅、锌
33	G吉-0032	椭圆状	NEE	37.28	4.87	铁
34	G吉-0029-(1)	椭圆状	EW	45.67	3.98	铁
35	L吉-0027-(2)	椭圆状	SN	20.36	6.11	铁
36	G吉-0035-(4)	椭圆状	NEE	40.05	4.33	金
37	G吉-0018-(2)	等轴状	NE	13.95	3.45	铁
38	G吉-0027-(1)	等轴状	NE	34.41	6.45	铁
39	G吉-0028	椭圆状	NNW	9.18	8.00	金
40	G吉-0018-(1)	椭圆状	EW	40.13	5.43	铁
41	L吉-0020-(2)	扁豆状	NE	47.31	-4.38	金

续表 5-2-4

序号	异常编号	形状	走向	面积/km²	强度/($\times 10^{-5}$ m·s^{-2})	相关矿种
42	G吉-0027-(4)	椭圆状	NE	29.05	5.06	金、铁、磷、银、铜
43	G吉-0021-(2)	哑铃状	NE	38.09	6.27	金
44	L吉-0012-(1)	条带状	NNE	91.76	-3.58	铁
45	G吉-0014	哑铃状	NE	36.63	8.33	铁
46	L吉-0012-(3)	椭圆状	NE	51.64	-3.44	铁
47	L吉-0011	椭圆状	SN	37.26	-7.11	铜
48	G吉-0021-(1)	椭圆状	NW	32.17	5.67	金、锑
49	G吉-0022-(2)	椭圆状	NWW	12.27	5.18	金
50	G吉-0027-(5)	椭圆状	SN	26.77	3.72	金、铁、磷、银、铜
51	L吉-0015	椭圆状	EW	58.92	-10.60	金、钴、锑
52	G吉-0019	椭圆状	NE	41.69	6.22	金、钴
53	G吉-0022-(3)	条带状	EW	44.43	4.72	金
54	G吉-0022-(1)	条带状	NE	31.11	4.10	金
55	L吉-0013-(2)	椭圆状	EW	33.23	-7.68	金、铁、钴
56	G吉-0020	哑铃状	EW	65.17	7.65	铁、金、铅、锌、硫
57	G吉-0023-(1)	弧状	NE	57.01	6.17	铜、钼
58	G吉-0007-(2)	哑铃状	NEE	53.68	4.29	金
59	G吉-0007-(1)	椭圆状	NNW	29.82	6.07	金
60	G吉-0023-(2)	椭圆状	EW	29.39	4.76	铜、钼
61	G吉-0010	串珠状	NE	225.37	6.94	铁、金、钴
62	L吉-0005-(1)	椭圆状	EW	214.56	-6.83	铜、镍
63	L吉-0005-(2)	椭圆状	NNE	58.41	-5.97	金
64	G吉-0011-(2)	椭圆状	EW	29.78	6.08	铁、铜、钼
65	L吉-0008-(1)	条带状	NE	70.45	-4.92	铁、金
66	L吉-0009-(3)	椭圆状	EW	44.89	-5.93	铜、钼
67	G吉-0006-(2)	椭圆状	EW	29.28	5.96	金
68	L吉-0006-(2)	椭圆状	NE	15.85	-5.18	金、银、铅、锌、铜
69	G吉-0009	椭圆状	SN	84.87	3.86	铅
70	L吉-0004-(1)	椭圆状	SN	61.87	-6.83	铁、硼、铅、锌
71	L吉-0003-(1)	椭圆状	NE	43.37	-5.30	硼
72	G吉-0003	等轴状	EW	43.81	5.71	铁、硼、硫
73	L吉-0004-(2)	等轴状	NW	20.95	-7.82	铁、硼、铅、锌
74	G吉-0005-(1)	椭圆状	NNE	18.69	5.12	铅、锌、铁、金、硼
75	G吉-0004	椭圆状	NEE	22.44	7.05	金
76	G吉-0001-(1)	椭圆状	NW	50.88	7.57	金
77	G吉-0007-(3)	椭圆状	SN	17.73	3.64	铜、镍
78	G吉-0006-(3)	条带状	SN	49.16	3.28	铁、硼、硫
79	L吉-0029	串珠状	NE	160.86	-7.23	金
80	L吉-0012-(2)	条带状	NE	27.30	-6.58	铁

四、成矿区(带)上的预测工作区分布

吉林省Ⅲ级、Ⅳ级成矿区(带)上预测工作区分布情况见表 5-2-5。

表 5-2-5　成矿区（带）上的预测工作区分布

Ⅲ级	Ⅳ级	预测工作区名称
Ⅲ-50 奚泉-翁牛特 Pb、Zn、Fe、Sn、REE 成矿带	Ⅲ-50-③万宝-那金 Pb、Zn、Ag、Au、Cu、Mo 成矿带	
Ⅲ-51 松辽盆地石油、天然气、铀成矿区		
Ⅲ-52 小兴安岭-张广才岭（造山带）Fe、Pb、Zn、Cu、Mo、W 成矿带	Ⅲ-52-④兰家-上湾金 Au、Fe、Cu、Ag 成矿带	兰家矽卡岩型铜矿预测工作区、兰家矽卡岩型金矿预测工作区、八台岭-孤店子岩浆型银矿预测工作区，其塔木火山热液型金矿预测工作区
	Ⅲ-52-⑥福安堡-塔东 Mo、Fe、W、Cu、Au、Pb、Zn、Ag 成矿带	小绥河侵入岩浆型铬矿预测工作区、一拉溪热液充填交代型萤石矿预测工作区、季德屯-福安堡斑岩型钼矿预测工作区、大石河-尔沾斑岩型钼矿预测工作区、塔东沉积变质型铁矿预测工作区、大山嘴岩浆基性-超基性岩浆型铅离一贯人型镍矿预测工作区
Ⅲ-55 吉中-延边（活动陆缘）Mo、Au、As、Cu、Zn、Fe、Ni 成矿带	Ⅲ-55-①山门-乐山 Ag、Au、Cu、Fe、Pb、Zn、Ni 成矿带	山门矽卡岩型金矿预测工作区、川连沟-二道岭子基性-超基性岩浆熔离一贯人型镍矿预测工作区、山门火山岩型银矿预测工作区、放牛沟火山热液型铅锌矿预测工作区、放牛沟海相火山岩型硫矿预测工作区
	Ⅲ-55-②那丹伯-一座营 Au、Mo、Ag、Pb、Zn、Cu、Ni 成矿带	双凤山基性-超基性岩浆熔离一贯人岩浆型镍矿预测工作区（在V9东南侧），西苇斑岩型钼矿预测工作区
	Ⅲ-55-③山河-榆木桥子 Au、Ag、Mo、Ni、Cu、Fe、Pb、Zn 成矿带	头道沟-吉昌矽卡岩型铁矿预测工作区、石嘴-官马火山岩型铜矿预测工作区、头道沟变质海相火山岩型火山岩型银矿预测工作区、石嘴岩浆型热液型铜矿预测工作区、民主屯火山岩预测工作区、官马金型型钼矿预测工作区、明城热液充填交代型萤石矿预测工作区、大黑山-铜盆地局子-倒木河火山热液型铜矿预测工作区、地局子-倒木河一头道沟矽卡岩型铬矿预测工作区、头道沟侵人岩浆型铬矿预测工作区、倒木河一头道沟矽卡岩型硫矿预测工作区
	Ⅲ-55-④红旗岭-漂河川 Ni、Au、Cu 成矿带	红旗岭岩浆基性-超基性岩浆融离一贯人型铜矿预测工作区、漂河川基性-超基性岩浆熔离一贯人型镍矿预测工作区、红旗岭海相火山岩型硫矿预测工作区、西台子湖相沉积型硫矿预测工作区
	Ⅲ-55-⑤海沟-红太平 Au、Fe、Cu、Pb、Zn、Ag、Mo、Ni 成矿带	海沟沉积变质型铁矿预测工作区、海沟岩浆型金矿预测工作区、万宝山岩浆型铜矿预测工作区、西北岔风化壳型稀土矿预测工作区、万宝矽卡岩型稀土矿预测工作区、天宝山岩嘴子型金矿预测工作区、天宝山斑岩型钼矿预测工作区、大山嘴子基性-超基性岩浆熔离一贯人岩浆型铜矿预测工作区、梨树沟-红太平火山热液型银矿预测工作区
	Ⅲ-55-⑥五凤-百草沟 Au、Cu、Ag、Pb、Zn、Fe 找矿远景区	闹枝-棉田火山热液型铜矿预测工作区、刺猬沟-九三沟火山热液型金矿预测工作区、五凤火山热液型金矿预测工作区、天宝山火山热液充填型银矿预测工作区、闹枝-棉田火山热液型金矿预测工作区、闹枝-棉田斑岩型金矿预测工作区、刺猬沟-九三沟火山热液充填型银矿预测工作区

续表 5-2-5

Ⅲ 级	Ⅳ 级	预测工作区名称
Ⅲ-55 吉中-延边（活动陆缘）Mo, Au, As, Cu, Zn, Fe, Ni 成矿带	Ⅲ-55-②天宝山-开山屯 Pb, Zn, Au, Ag, Ni, Mo, Cu, Fe 成矿带	长仁-漳项基性-超基性岩型金矿预测工作区，天宝山海相火山沉积型铅锌矿预测工作区，金合山-后底洞火山岩型金矿预测工作区，六颗松-长仁基性-超基性岩浆熔离一贯入型镍矿预测工作区，金合山-后铬矿预测工作区，刘生店斑岩型钼矿预测工作区，天宝山斑岩型钼矿预测工作区，天宝山电侵入岩浆型铬矿预测工作区，刘生店斑岩型钼矿预测工作区，天宝山热液充填型银矿预测工作区
Ⅲ-53 佳木斯-兴凯（地块）Fe, Au, P, B, 石墨 夕线石成矿带	Ⅲ-53-⑤新华村-小西南岔 Au, Cu, W, Pb, Zn, Ag, Fe, Mo, Pt, Pd 成矿带	梨树沟-红太平岩浆热液型银矿预测工作区。刺猬沟-九三沟火山岩热液型铜矿预测工作区，杜荒岭火山热液型金矿预测工作区，小西南岔-杨金沟斑岩型铜矿预测工作区，衣坪-前山岩浆热液型金矿预测工作区，小西南岔-杨金沟岩浆热液型金矿预测工作区，洋春河流域砂型金矿预测工作区，小西南岔热液型铜矿预测工作区，山岩浆热液型金矿预测工作区，黄松甸子砬岩型钼矿预测工作区，小西南岔-杨金沟金浆热液型钨矿预测工作区
	Ⅲ-56-①铁岭-靖宇（次级隆起）Fe, Au, Ag, Cu, Pb, Zn 成矿带	安口镇沉积变质改造型铁矿预测工作区，安口镇沉积变质改造型铜矿预测工作区，香炉碗子-山城镇火山热液型金矿预测工作区，石棚沟-石道河子沉积变质改造型金矿预测工作区，天合兴-那尔轰沉积变质型铁矿预测工作区，天合兴电岩浆热液型铜矿预测工作区，石棚沟-石道河子绿岩型金矿预测工作区，夹皮沟-濡河沉积变质型铁矿预测工作区，夹皮沟-濡河绿岩型金矿预测工作区，大肚川-露水河基性-超基性岩变质改造型铜矿预测工作区，金城洞-贯人型镍离矿预测工作区，金城洞-贯人型银矿预测工作区，金城洞蚀型银矿预测工作区，金工城洞-木兰屯火山岩型铁矿预测工作区，百里坪火山岩型银矿预测工作区，西林河构造蚀变型金矿预测工作区，四方山-板石沉积变质型铁矿预测工作区，赤柏松-金斗铜镁硫化物型铜矿预测工作区，四方山-板石沉积变质绿岩型工作区，二密-老岭变质型铜矿预测工作区，赤柏松-金斗铜镁硫化物型铜矿预测工作区，四方山-板石沉积变质绿岩型工作区，岩浆熔离-贯人型镍矿预测工作区
Ⅲ-56 辽东（隆起）Fe, Cu, Pb, Zn, Au, U, B, 菱镁矿，滑石，石墨，金刚石成矿带	Ⅲ-56-②营口-长白（次级隆起）Pt, Au, Ag, U, B, Fe, Au, Ag, U, B, 菱镁矿，滑石成矿带	正岔-复兴屯沉积改造型铁矿预测工作区，正岔-复兴屯岩浆热液型银矿预测工作区，正岔-复兴沉积改造型铅锌矿预测工作区，浑江南海相沉积改造型铁矿预测工作区，高台沟沉积改造型硼矿预测工作区，冰湖沟沉积变质型铁矿预测工作区，荒岔-青石沟岩浆热液型铁矿预测工作区，浑江北海相沉积变质型铁矿预测工作区，浑北岩浆热液改造型金矿预测工作区，上甸子-七道岔火山岩型银矿预测工作区，荒沟山-南岔沉积变质型镍矿预测工作区，荒间-青石岩浆热液型硫矿预测工作区，鸭园六道江沉积变质型硫矿预测工作区，热间-青石岩浆热液改造型铁矿预测工作区，鸭园-六道江沉积变质型磷矿预测工作区，热间-青石岩浆热液型磷矿预测工作区，古马岭-活龙岩浆热液改造型金矿预测工作区，大营-万良砂卡岩型金矿预测工作区，荒沟山-南岔沉积变质型铁矿预测工作区，荒沟山-南岔沉积型铝土矿预测工作区，浑江南海相沉积型铅锌矿预测工作区，荒沟山-南岔沉积变质型锑矿预测工作区，荒沟山-南岔沉积型铝土矿预测工作区，鸭园-六道江沉积型硫铁矿预测工作区，上甸子-七道岔火山岩型银矿预测工作区，鸭园-六道江沉积变质型磷矿预测工作区，热间-青石岩浆热液改造型硫矿预测工作区，冰湖沟沉积变质型铁矿预测工作区，上甸子-七道岔火山岩型镍矿预测工作区，荒沟山-南岔沉积变质型硫矿预测工作区，六道沟-八道沟江沉积变质型镁矿预测工作区，六道沟-八道沟岩浆改造型钼矿预测工作区，长白十六道沟岩浆热液改造型金矿预测工作区

第六章 典型矿床地质-地球物理特征

典型矿床研究是资源潜力预测综合信息类比方法的一项基础性工作。它的研究程度深浅将直接关系到资源潜力预测评价的效果。

以矿床成矿系列和成矿地质建造理论为指导，重点选择和解剖各种类型典型矿床，研究其成矿环境、成矿因素、控矿条件和各类（地质、物探、化探等）找矿标志，建立地质-地球物理-地球化学综合找矿模型，为在类似的地质环境和成矿条件的预测远景区内开展矿产资源潜力评价制定预测准则和类比提取成矿信息奠定基础。

划分有关矿产预测类型，遴选有代表性的典型矿床和研究典型矿床地质-地球物理特征，建立综合找矿模型为本章研究分析的重点。

第一节 铁矿典型矿床地质-地球物理特征

根据吉林省铁矿的成因类型及主要的铁矿资源特征，预测类型主要划分为沉积变质型、矽卡岩型、沉积型。主要分布在吉林中部和龙岗复合地块边缘，双阳-磐石、向阳镇-红石、板庙子-两江-官地、四方山-板石、七道沟-大栗子5条铁矿成矿区（带）内，基本囊括了吉林省铁矿的大中型矿产地。铁矿典型矿床有沉积变质型塔东铁矿床（塔东式），沉积变质型老牛沟、板石沟、官地铁矿床（鞍山式），沉积变质型大栗子、七道沟、乱泥塘（大栗子式）铁矿床，沉积型青沟子、白房子铁矿，矽卡岩型吉昌、放牛沟铁矿床。

一、塔东铁矿床

塔东早古生代海相火山-沉积变质铁矿，位于吉、黑两省交界处。矿床划分为南、中、北3个矿段，南矿段位于吉林省域内，而中、北矿段归属黑龙江省管辖。处于吉林省内的南矿段业已探明大小矿体40个，总储量已达大型规模。

（一）矿体地质概况

塔东铁矿区处于吉黑海西造山带之张广才岭隆起南段的东南侧。区域构造位于敦-密深断裂北西侧，宁安东西向构造带与牡丹江南北构造带的交会处。

区内出露地层为下古生界志留系二合营子群红光组变质岩系，呈孤岛状残留于大片海西晚期黑云斜长花岗岩之中。根据原岩建造红光组变质岩系划分为3个岩性段：中段下部为含铁、磷基性火山岩相，上部为海相沉积碳酸盐相；下段含矿建造主要岩性有磷灰石磁铁角闪岩、斜长角闪岩、斜长角闪片麻岩等；上段岩性为透辉岩、榴辉岩、透灰大理岩及变粒岩等。中段为塔东铁矿的含矿层位。

该区岩浆活动频繁而剧烈,其中海西期岩浆活动规模最大,主要表现在早期的混合岩化作用和晚期的黑云斜长花岗岩广泛的侵位,其结果不仅造成了普遍的混合岩化和岩性变质,而且也为找矿元素活化和再富集提供了热源。

矿石类型主要有黄铁磷灰石磁铁矿和磷灰石磁铁矿两种类型。

塔东铁矿属于伴生磷、钒、钴高硫贫铁矿床,矿石化学成分复杂而不稳定。矿石品位 TFe 平均 22.7%(最高 54.96%)、P_2O_5 1.43%(最高 10.81%)、S 3.15%(最高 19.42%)、V_2O_5 0.18%(最高 0.52%)、Co 0.007%(最高 0.075%)。

(二)矿床地球物理异常特征

1. 矿床所在区域重磁场特征

塔东铁矿在区域重力场上处于海龙-敦化北东向重力低异常带北东段西侧秃顶子林场局部重力高异常北侧边缘变异带上(图 6-1-1)。异常呈北东东向似椭圆状,长 13km,宽 8km。异常南侧等值线平行密集,北侧等值线向北西出现同向弯曲变异,形成了明显的正向变异异常,长 7km,宽 5km,塔东铁矿位于其南西侧。

该区重力场特征较清晰地反映了塔东铁矿的区域构造地质背景。北东向海龙-敦化重力低异常带为已知敦-海断陷带反映,其北东段北侧秃顶子林场高值重力异常是由早古生代变质岩基底隆起引起。异常北缘北西向正变异异常则是含铁下古生界志留系二合营子群红光组变质岩系产出的位置。此外,重力异常指出塔东铁矿区恰处在北东向和北西向构造交会处。综上可知,区域重力异常是圈定该类型铁矿成矿远景地段和研究成矿地质构造背景的重要地球物理信息。

在 1:25 万区域航磁异常图上,铁矿床位于东部正磁异常高值区中部北东走向的近椭圆状局部正磁异常上,异常长约 7km,宽 3.7km,最大值为 120nT,地表出露含铁的中元古界塔东岩群。两侧梯度带南东比北西略陡,南东侧有与异常平行的低磁异常带出现;在航磁异常化极和化极垂向一阶导数异常图上,局部正磁异常呈扁豆状,北东走向,铁矿床位于异常的南侧边缘,梯度带南东比北西明显变陡,在垂向一阶导数异常图上,扁豆状正异常北侧出现负值,南侧出现条带状负磁异常带,负值中心在矿床南侧附近。该条带状负磁异常带与敦-密断裂带的北支位置较为吻合。

2. 矿床所在地区磁场特征

图 6-1-2 中吉 C-60-33 为塔东铁矿 1:5 万航磁异常反映。异常由 33-1、33-2、33-3 共 3 个局部异常组成。3 个异常由南至北呈左斜列式排布,构成了一个近南北向分布的异常带,长约 6km,宽 1~2km。异常特点是强度高、梯度陡、呈尖峰带状。33-1 号异常位于异常带南段,形态近椭圆形,长轴近南北向,长 1.8km,宽 1~1.5km,异常强度和梯度北大南小,最大值达 4000nT,北东侧伴有明显负值;33-2 号异常位于异常带的中段,呈北东 50°带状产出,长约 2km,宽 1.5km 左右,曲线两侧梯度陡而对称,强度为 2800nT;33-3 号异常位于异常带的北段,因受测区限制而未有封闭,异常大体呈北西向、椭圆状,梯度陡峻,规模小于中段和南段。

经与地质关联,上述 3 个局部异常为塔东铁矿床南、中、北 3 个矿段内矿体群的综合反映。航磁异常不仅可以直接揭示矿床的存在,而且尚能划分各矿段的分布,找矿效果显著。

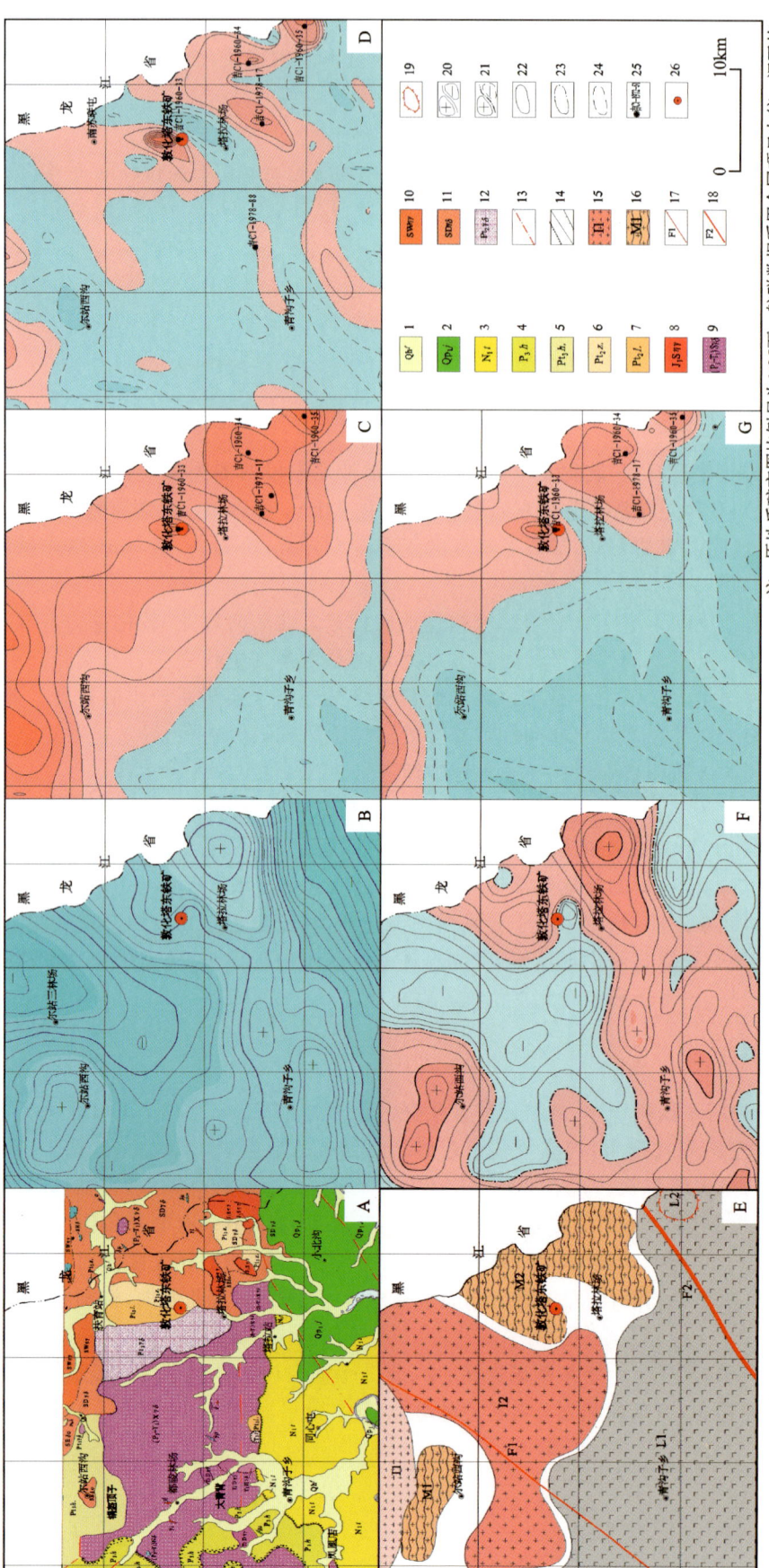

图 6-1-1 塔东典型铁矿床所在区域地质矿产及物探剖析图

A. 地质矿产图；B. 布格重力异常图；C. 航磁ΔT等值线平面图；D. 航磁ΔT化极垂向一阶导数等值线平面图；E. 重磁推断地质构造图；F. 剩余重力异常图；G. 航磁ΔT化极等值线平面图

1. 沼泽沉积层淤泥；2. II级阶地洪冲积层；3. 土门子组地层；4. 红山组粉砂岩夹斜长角闪岩；5. 石英片岩夹大理岩；6. 接触带绿帘、透闪、阳起片岩；7. 角闪花岗闪长斜长片麻岩；8. 透辉变粒岩夹斜长角闪岩；9. 中细粒二长花岗闪长岩；10. 中粗粒黑云母花岗闪长岩；11. 中粗粒闪右花岗闪长岩；12. 黑云角闪花岗闪长斜长片麻岩；13. 遥感推断断层；14. 重磁推断酸性岩体及接触；15. 重磁推断变质岩岩体及注记；16. 重磁推断 I 级断裂及注记；17. 重磁推断 II 级断裂及注记；18. 重磁推断 III 级断裂及注记；19. 重磁推断火山机构；20. 布格重力高；21. 剩余重力高；22. 低异常；23. 航磁零等值线；24. 航磁负等值线；25. 航磁异常点及注记；26. 铁矿床

注：原地质矿产图比例尺为1:25万；航磁数据采用全国项目办统一调平的2km×2km网格数据，重力为1:20万数据，重磁推断地质图比例尺为1:25万。

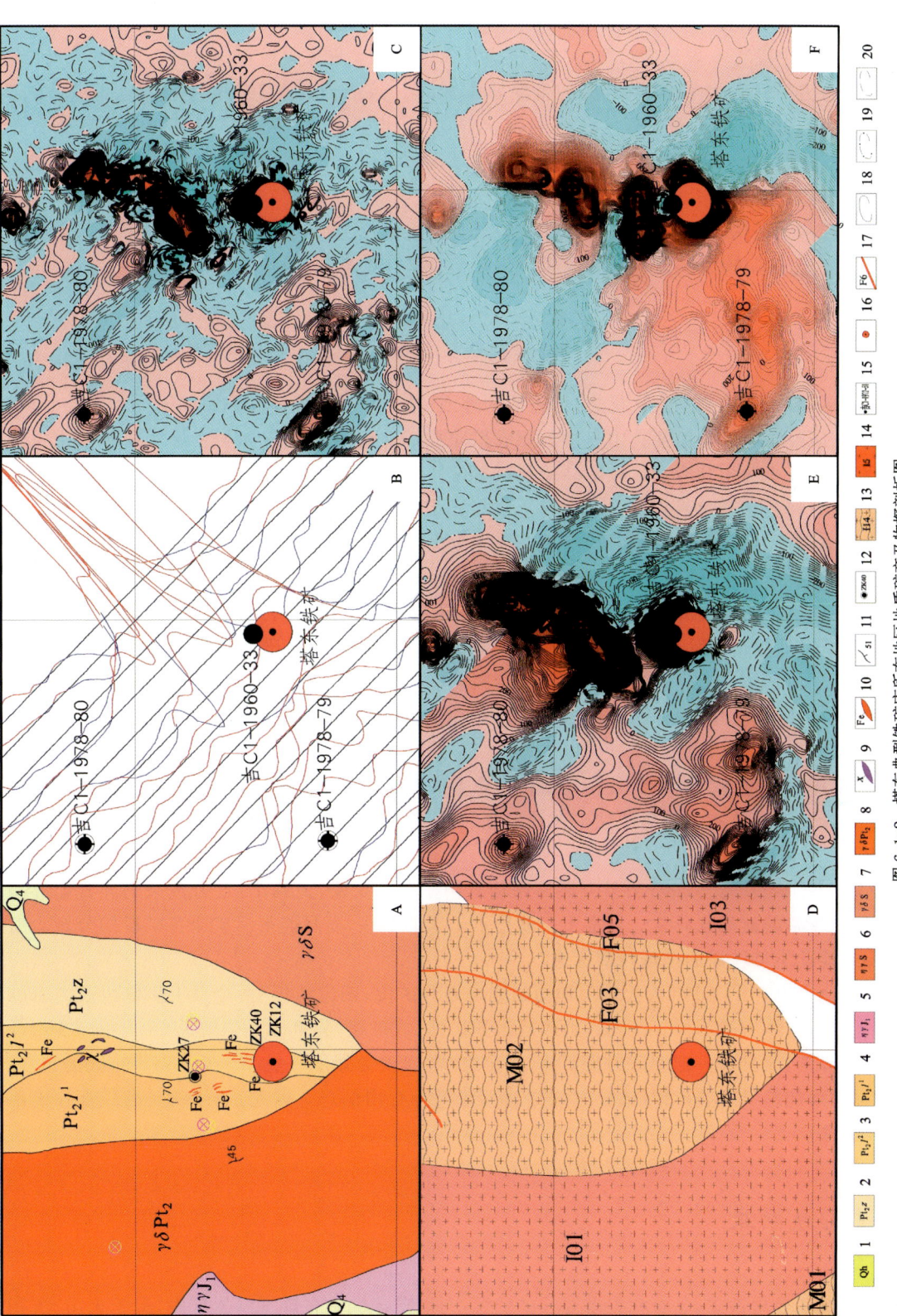

图 6-1-2 塔东典型铁矿床所在地区地质矿产及物探剖析图

A. 地质矿产图；B. 航磁ΔT剖面平面图；C. 航磁ΔT化极等值线平面图；D. 航磁推断地质构造图；E. 航磁ΔT化极垂向一阶导数等值线平面图；F. 航磁ΔT化极等值线平面图

1. 全新世冲积砂砾石及黏土；2. 黑云斜长片麻岩；3. 斜长角闪岩；4. 浅粒岩；5. 早侏罗世二长花岗岩；6. 志留纪花岗闪长岩；7. 古中元古代花岗闪长岩；8. 古中元古代花岗闪长岩；9. 煌斑岩脉；10. 铁矿体；11. 产状及注记；12. 钻孔及注记；13. 航磁推断变质岩地层反注记；14. 航磁推断酸性岩体及注记；15. 航磁异常位置及编号；16. 铁矿床；17. 断层及注记；18. 正等值线；19. 零等值线；20. 负等值线

3. 地磁异常

矿区有1:1万地面磁异常14处,依据异常空间展布亦可划分出3段,南段有3处异常(M1、M2、M3),近南北向分布;中段有6处异常(M4、M5、M6、M7、M8、M9),北东向展布;北段有5处异常,北西向产出。总体形态为一近南北向似反"S"形的带状异常带,全长约7km,宽200~400m。从图6-1-3可以看出,地磁异常特征多为高强度尖峰状狭窄的带状异常,其规模大小不等,一般长200~1500m,宽30~100m,强度多为$n\times10^3\sim n\times10^4$nT。此外,区内除了高、尖、窄异常外,在各异常段内还存在少量强度小于5000nT的低缓异常。

矿区地面磁异常经钻探、勘探几乎全部得到了验证,绝大多数为含磷磁铁矿体引起。尖峰状高强异常多为出露或近地表的矿体反映,而低缓异常多半为隐伏盲矿体引起,详见图6-1-4。

(三) 矿床地质-地球物理找矿模型

综合前述矿床地质、地球物理找矿标志,可将矿床地质-地球物理找矿模型归纳如下:

(1)塔东铁矿床经历了原始海底火山喷发沉积成矿阶段后又经区域变质和岩浆热液成矿作用叠加改造,形成海相火山沉积变质含磷、钒、钴的高硫贫铁矿床。

(2)矿体产出严格受下古生界志留系二合营子群红光组中段基性火山喷发沉积含铁建造控制。铁矿与角闪质岩石关系极为密切,这类岩石均赋存在红光组中段的3个喷发旋回的底部,是该类型铁矿赋存的基本规律。

(3)岩(矿)石标本之间明显存在着密度差异,这一差异的密度模型,为利用重力找矿提供了有利物理依据。矿区岩(矿)石标本磁性测定指出,磁铁斜长角闪岩、磁铁角闪岩、磁铁角闪斜长片麻岩是塔东铁矿床的主要矿石类型,均属较强磁性,而其上、下盘围岩磁性较弱,二者存有明显磁性差异。矿体与围岩存在低—高—低的磁性模型,为磁法找矿提供了有利物理前提。利用重力、磁法的物性参数,即矿体与围岩的物性差异是找矿的可靠依据。

(4)塔东铁矿床在区域重力场上是处在局部相对重力高异常内,其反映了早古生代底层褶皱隆起构造特征。这一古隆起直接控制了该类型铁矿含矿层位产出,因此,区域局部重力高异常是确定找矿远景区段的重要信息。

(5)塔东铁矿在1:20万—1:5万航空磁测中均有明显异常反映,尤其1:5万成果的异常能够呈现出高强度、形态规整的陡峰状异常。异常不仅能指示矿床的存在,而且能揭示矿床各矿段的分布。航磁异常是直接寻找此类型铁矿的区域找矿标志。

(6)矿区的1:1万—1:5000大比例尺地面磁测是划分矿段、圈定矿组(两个以上矿体组成的密脉带)或规模较大单一矿体有效手段。区内近地表或出露矿体(成矿组)异常多是强度$n\times10^3\sim n\times10^4$nT的狭窄尖峰带状异常,而具有一定埋深的盲矿体(或矿组)常表现为强度一般小于5000nT的低缓异常。此外,地面磁异常尚能提供有关矿体(或矿组)的产状、埋深等有用信息。因此,地面磁测是详查找矿不可缺少的重要方法。

二、老牛沟铁矿床

老牛沟大型沉积变质铁矿,是吉林省重要铁矿资源产地,产于太古宙晚期绿岩带内,近于火山-沉积型向沉积型过渡类型。与世界古老变质岩铁矿床类比,老牛沟应属"阿尔果玛B型"。

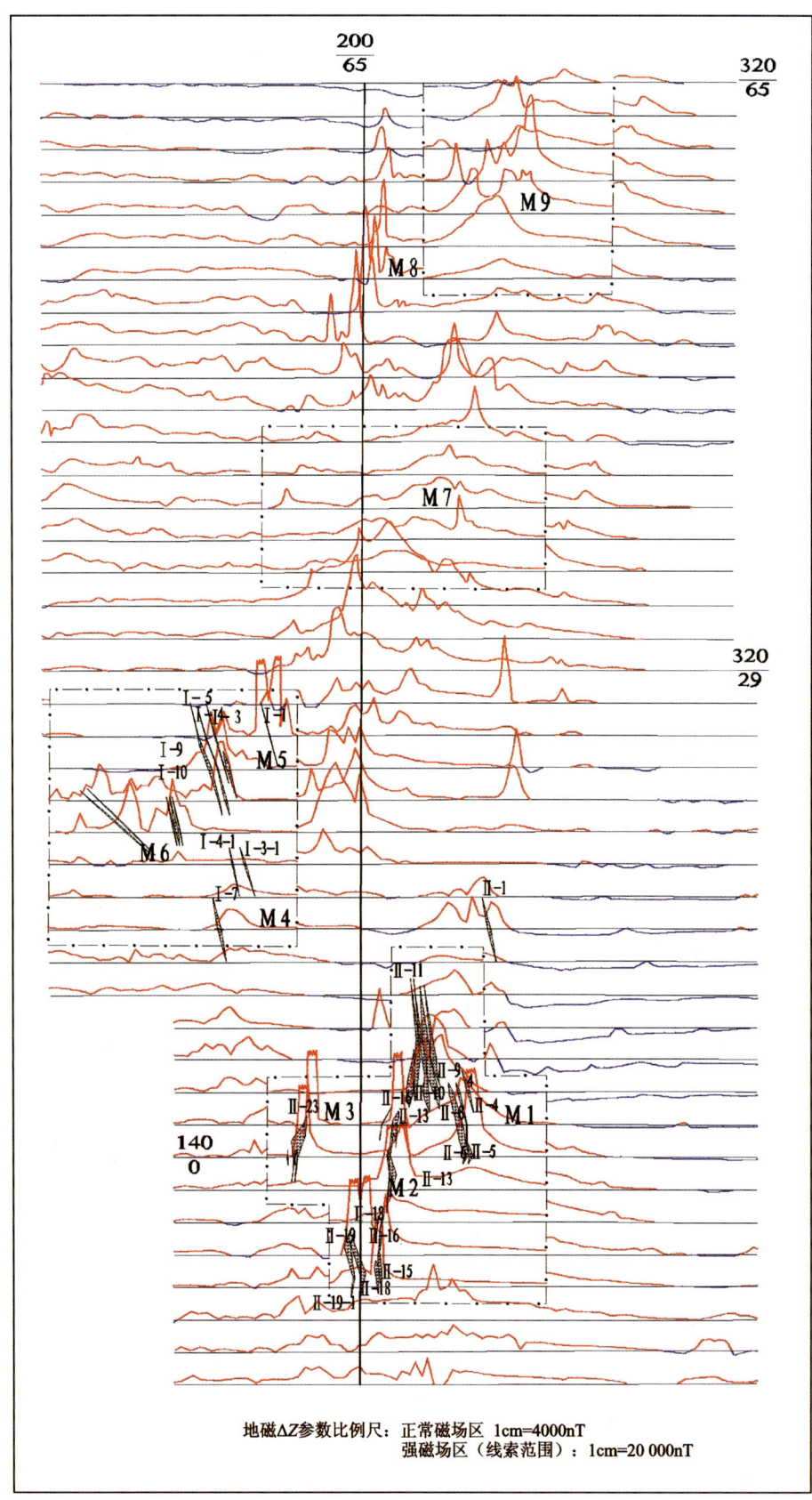

图 6-1-3 塔东铁矿区地面磁测异常图（引自王金库和许学洙，1980）

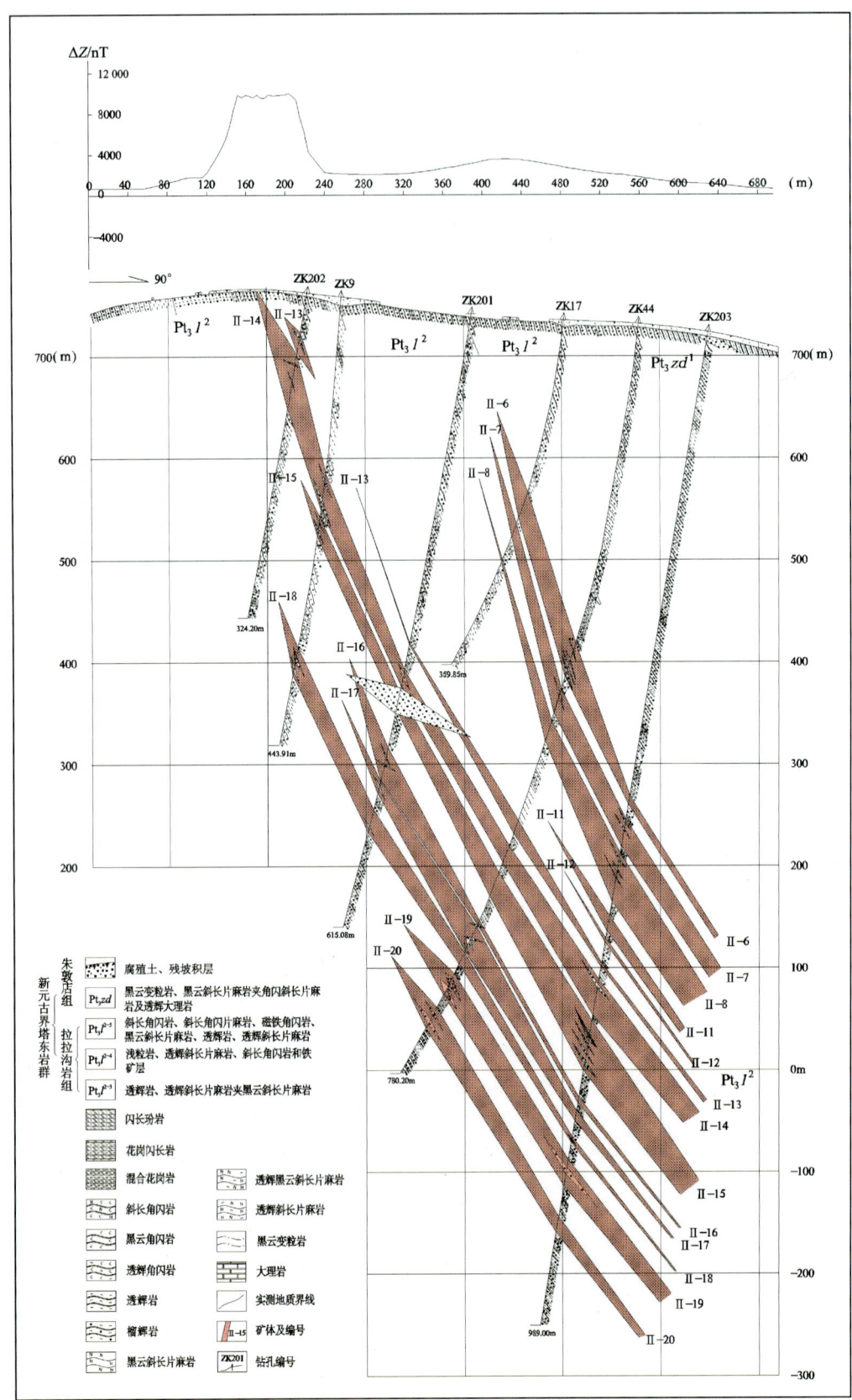

图 6-1-4 塔东铁矿区 2 号勘探线综合剖面图(引自王金库和许学洙,1980)

(一) 矿床地质简述

该矿床位于吉林省南部地台区龙岗复式背斜北东端会全栈古穹隆北侧边缘的北西向挤压构造带内。矿区内次级近于平行的北西向（290°～310°）高角度逆断层发育，控制了老牛沟铁矿带分布。

区内出露地层主要为太古宇夹皮沟岩群三道沟岩组一套绿片岩相—角闪岩相变质岩系，原岩属海相基性火山-沉积建造，为老牛沟铁矿的赋矿层位。三道沟岩组按其火山-沉积旋回可分为上、下2个亚组，形成了2个含铁硅铁质建造，特别是上亚组对铁矿富集更为有利。三道沟岩组下亚组岩性为斜长角闪岩夹多层绢云石英片岩、磁铁闪石岩及少量混合岩、混合花岗岩；上亚组岩性为绢云母石英片岩、绿泥石角闪片岩夹斜长角闪岩及磁铁石英岩。这2个含矿层位应归属太古宙晚期浅变质（绿片岩相）绿岩建造。区内三道沟岩组上、下亚组分别是该矿床北矿带和南矿带的赋矿层位。

矿石金属矿物以磁铁矿为主，次为钛铁矿、钛磁铁矿、钛铁尖石、板钛矿、锐钛矿、黄铁矿、磁黄铁矿、黄铜矿、闪锌矿、方铅矿等；次生矿物主要为赤铁矿、褐铁矿、孔雀石。矿石多为条带状、片麻状、块状构造。矿石类型以磁铁石英岩和磁铁闪石岩两种类型为主。前者主要出现在东部矿体，后者常见于西部矿体，中部矿体以混合型矿石为主。矿石铁的品位沿走向和倾向变化不大，一般较稳定，TFe多在20%～40%之间，平均为31.49%。

该矿床成矿物质主要来源于海底中基性火山喷发-沉积，经过海水搬运和溶解沉淀富集，并且叠加后期区域变质、混合岩化热液变质改造而形成。

(二) 矿床地球物理异常特征

1. 矿床所在区域重磁场特征

由图6-1-5可见，老牛沟铁矿恰好位于会全栈圆形布格重力高异常的北东侧梯度带上。重力高异常东西长70km、南北宽60km。异常中心位于老金厂附近，该异常是由中部高值区和周围环形梯度带两部分组成。在高值区向周边梯度带的过渡带上局部重力等值线出现正向变异（如苇厦子、老牛沟、夹皮沟等）。经与地质关联，异常处于龙岗古隆核的北端，出露岩性系属太古宇四道砬子河岩组、杨家店岩组及三道沟岩组中—深变质的古老岩系。异常周边被深大断裂所环绕。北西侧有辉发河深断裂、北东侧有富尔河深断裂、东南为两江深断裂、南西侧有一北西向区域断裂存在。据此判定此异常是由太古宙古穹隆构造所引起，这是本区基本构造格架特征。高值区与太古宇四道砬子河岩组和杨家店岩组地层关系密切，而周边局部正向变异多与太古宙晚期绿岩地体有关。由已知矿产分布不难看出，异常周边的环形梯度带控制了区内金、铁矿产的分布，特别是北东侧的苇厦子-夹皮沟北西向的梯度带控制夹皮沟金矿带和老牛沟铁矿带的产出。此外，异常梯度内正向变异部位往往与中大型金、铁矿床有关，例如苇厦子变异带有板庙子金矿、苇厦子铁矿，老牛沟变异带赋存有老金厂金矿、老牛沟铁矿，夹皮沟变异带则是夹皮沟、二道岔、六批叶金矿床分布区。由此不难推断，会全栈高值重力异常周边环形梯度带和异常的四周正向变异带是重要的找矿信息，不应忽视。

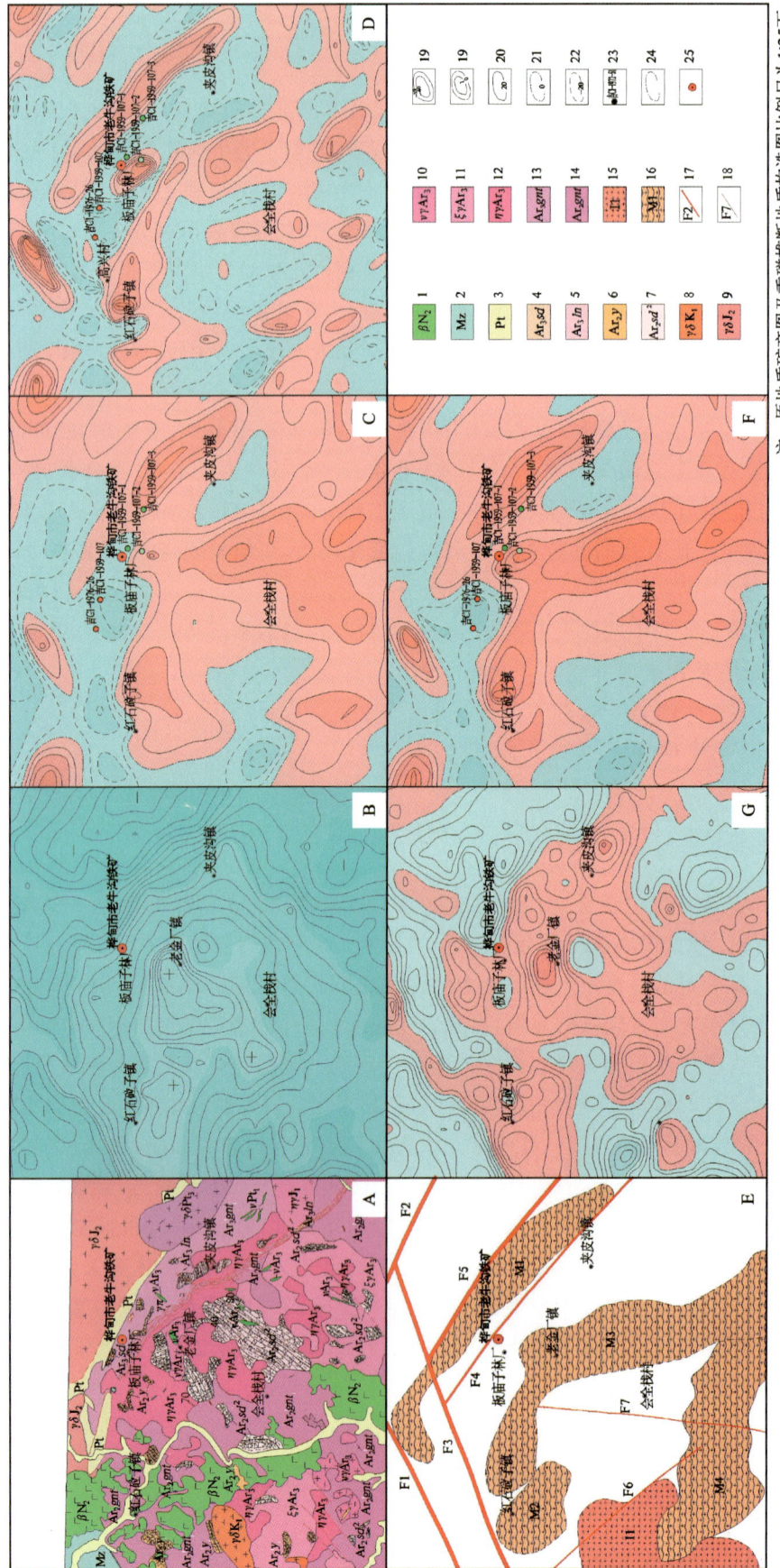

图6-1-5 老牛沟典型铁矿床所在区域地质矿产及物探剖析图

A. 地质矿产图；B. 布格重力异常图；C. 航磁ΔT化极等值线平面图；D. 航磁ΔT化极垂向一阶导数等值线平面图；E. 重磁推断地质构造图；F. 剩余重力异常图；G. 航磁ΔT化极等值线平面图
1. 新生代新近纪上新世玄武岩；2. 中生代火山岩；3. 元古宇碳酸盐岩、碎屑岩及轻变质岩；4. 三道沟岩组；5. 老牛沟岩组；6. 杨家店岩组；7. 四道砬子河岩组；8. 早白垩世花岗闪长岩；9. 中侏罗世花岗闪长岩；10. 新太古代变辉苏花岗岩；11. 新太古代变闪长花岗岩；12. 新太古代变角闪长二长花岗岩；13. 新太古代英云闪长质片麻岩；14. 中太古代英云闪长质片麻岩；15. 早白垩世花岗闪长岩；16. 中侏罗世变质岩变辉绿岩；17. 重磁推断二级断裂及注记；18. 重磁推断一级断裂及注记；19. 布格重力异常 (14km×14km)；20. 剩余重力异常；21. 航磁正等值线；22. 航磁零值线；23. 航磁负等值线；24. 航磁异常点及注记；25. 铁矿床

注：原地质矿产图及重磁推断地质构造图比例尺均为1:25万；航磁数据为2km×2km网格数据，重力为1:20万数据。

在1∶25万区域航磁异常图上,铁矿床位于南北向和北西向正局部磁异常在北西方向的会合处,在区内为北部正、负磁异常区交界处,正、负磁异常形态多样,但总体上以东西向、北东向、北北西向为主,反映出异常受槽、台交界处区域性深大断裂构造及两侧次一级断裂构造控制的基本特征。负磁异常区地表分布有新元古界红旗沟岩组、达连沟岩组大理岩、变质砂岩等轻变质沉积地层及北西向延伸的韧性剪切带。正磁异常区地表出露中太古代英云闪长质片麻岩、新太古代变质花岗岩及新太古代表壳岩,新太古代表壳岩与正磁异常区上叠加的局部高磁异常关系密切。在航磁异常化极和化极垂向一阶导数异常图上,正磁异常条带状及走向特征清晰、醒目,铁矿床处于规模较小的北西向椭圆状局部正磁异常北东侧边缘上,梯度较陡,异常长7.5km,宽3.5km。经过矿床的北北西向梯度带和北侧的北西向梯度带特征更明显,反映出断裂构造存在的位置。

2. 矿床所在地区磁场特征

老牛沟沉积变质铁矿床,在1∶10万和1∶5万航磁图上均有清晰高磁异常反映,尤其后者更为明显(图6-1-6)。矿床1∶5万航磁异常,是由C-59-107、C-59-107-1、C-59-107-2、C-59-107-3及C-76-26共5个异常组成的北西向异常带,长24km,宽1.5~5km。该异常于三道沟开始向东分成南、北两支(北支由C-59-107-1和C-59-107-3组成,南支为C-59-107-2异常),二者之间相距1.7~5km。老牛沟铁矿1∶5万航磁异常为一在较平稳负背景场上出现的高强度、陡峰状、带状异常,其强度两端弱(167~586nT)、而中间强(1335~3270nT),两侧的梯度陡伴有负值出现。南、北2个异常带是由多个近椭圆形的局部异常组成(图6-1-6)。北部异常带由西至东分布有$I_{1,2}$(586~1158nT)、II(1335nT)、III(1625nT)、IV(1490nT)、$V_{1,2}$(135~307nT)、VI(390nT)共6个异常;南带展布有VII(1770nT)、VIII(3070nT)、IX(2640nT)、X(167nT)共4个异常。经与地质关联,北带的6个局部异常分别是北矿带上的苇厦子、头道河子、三道沟、大西沟东山、稻草沟、四道河6个矿段内矿体群的综合反映;南带上的4个局部异常则分别由南矿带中的大西沟、杨树沟、小东沟、高力屯4个矿段中的矿体群综合引起。

综上可知,航磁异常特征反映了老牛沟铁矿南、北分带,带内分段,段内矿体成群的特点。

3. 地磁异常特征

截止到1979年10月,矿区完成了近100km^{2}的1∶5000地面磁测,发现了强度、规模不等磁异常百余处。由于矿床各类铁矿石与围岩磁性差异大,各矿段内已知矿体均有地磁异常反映,一些未知异常经工程查证,亦多由埋深不等的盲矿体所引起。找矿勘查表明,地磁找矿效果不仅具有1∶5万航磁划分矿带和区分矿段作用,还能直接圈定出露或近地表较大矿体(或密脉带)及发现一定埋深盲矿体,找矿效果更为显著。

图6-1-7为大西沟东山矿段地磁异常等值线图,该矿段地磁异常分为两条北西向近平行异常带,北侧主要由C2、C3、C4三条紧密相邻的狭窄带状异常组成,强度多在2000~8000nT之间;南侧由断续分布的C10-1和C10-2两个异常组成,异常形态较北侧异常复杂,但规模相对较大,强度亦多在2000~8000nT之间。经与地质图关联,矿体与异常基本吻合,形态大体一致,异常系由矿引起。出露或近地表较大的单一矿体或密脉带上的异常均为狭长、高强度、陡梯度、北侧伴有一定负值带状异常。单矿体上的异常多为规整的单峰状异常;由相邻很近的2~3条矿体组成的矿带,其异常常出现双峰状或多峰状。当矿体有一定埋深盲矿体(或脉带)时,则地磁异常多呈规整、低缓状异常(图6-1-8、图6-1-9)。

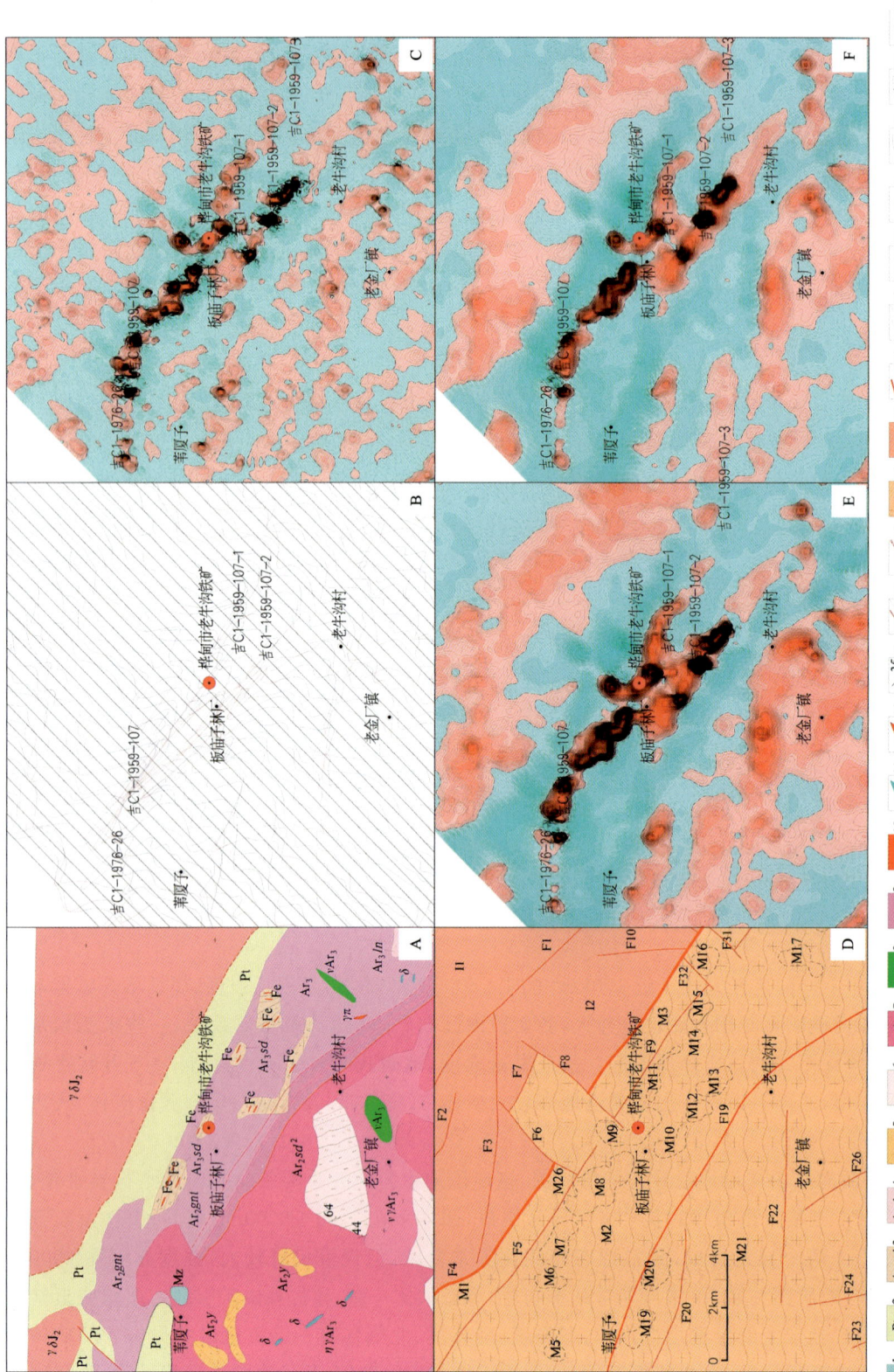

图 6-1-6 老牛沟典型铁矿床所在地区地质矿产及物探剖析图

A. 地质矿产图；B. 航磁 ΔT 剖面平面图；C. 航磁 ΔT 化极平面图；D. 航磁断裂地质构造图；E. 航磁 ΔT 化极垂直一阶向导数等值线平面图；F. 航磁 ΔT 等值线平面图

1. 中生代火山岩、砂岩、粉砂岩；2. 元古宙碳酸盐岩、碎屑岩及轻变质岩；3. 三道沟岩组；4. 老牛沟岩组；5. 杨家店岩组；6. 四道砬子河岩组；7. 新太古代变一长花岗岩；8. 新太古代变辉长-辉绿岩；9. 中太古代英云闪长质片麻岩；10. 花岗质岩脉；11. 闪长岩脉；12. 磁铁石英脉；13. 产状；14. 性质不明断层/推测断层；15. 韧性剪切带；16. 重磁推断变质岩地层及注记；17. 磁推断酸性岩体及注记；18. 重磁推断一级断裂/二级断裂；19. 重磁推断出露地质界线/隐伏半隐伏地质界线；20. 航磁异常编号；21. 铁矿床；22. 正等值线；23. 零等值线；24. 负等值线

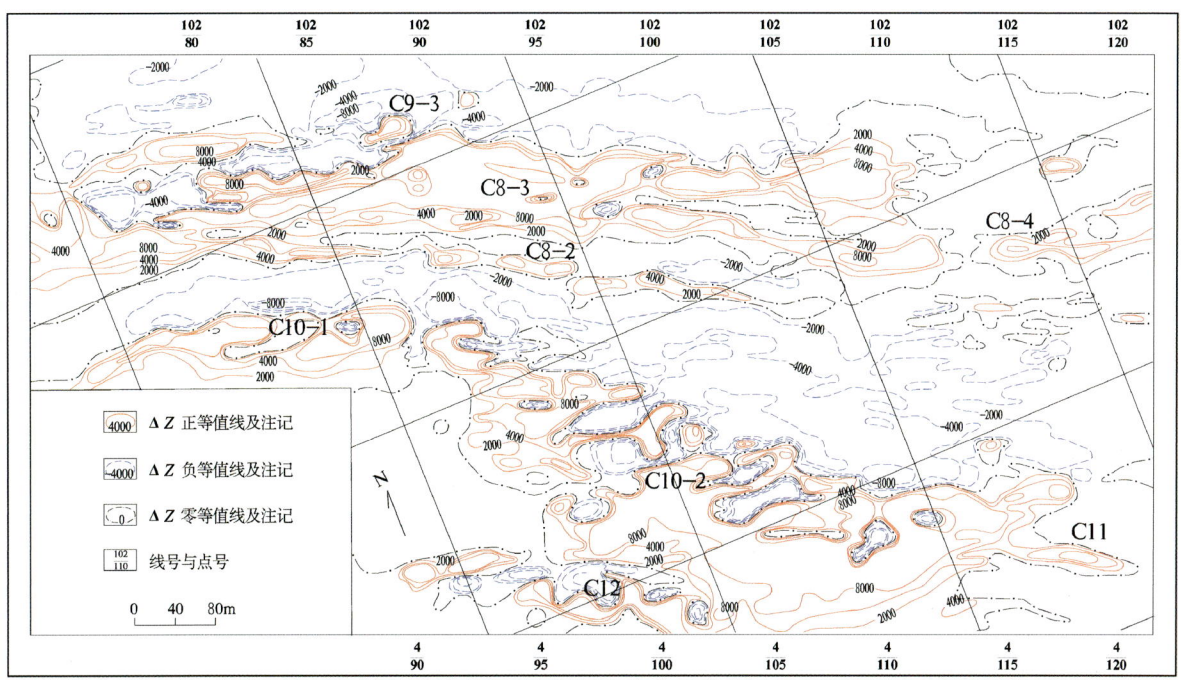

图 6-1-7　桦甸市老牛沟铁矿区大西沟东山矿段 ΔZ 等值线平面图（引自关显祖等，1983）

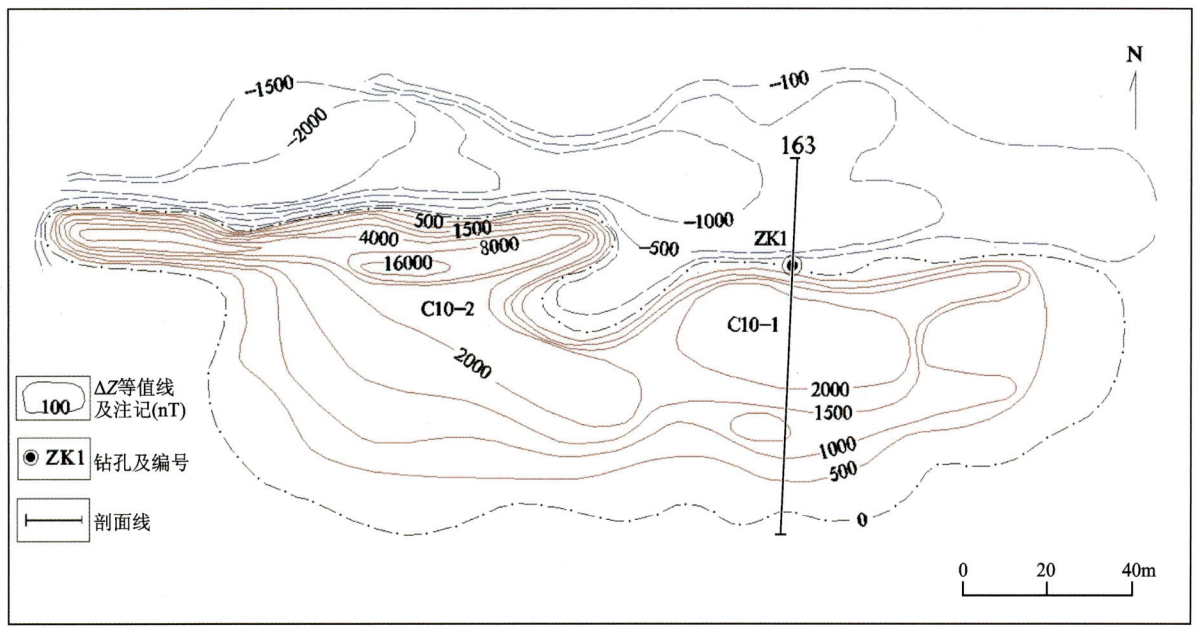

图 6-1-8　C10 异常 ΔZ 等值线平面图（引自关显祖等，1983）

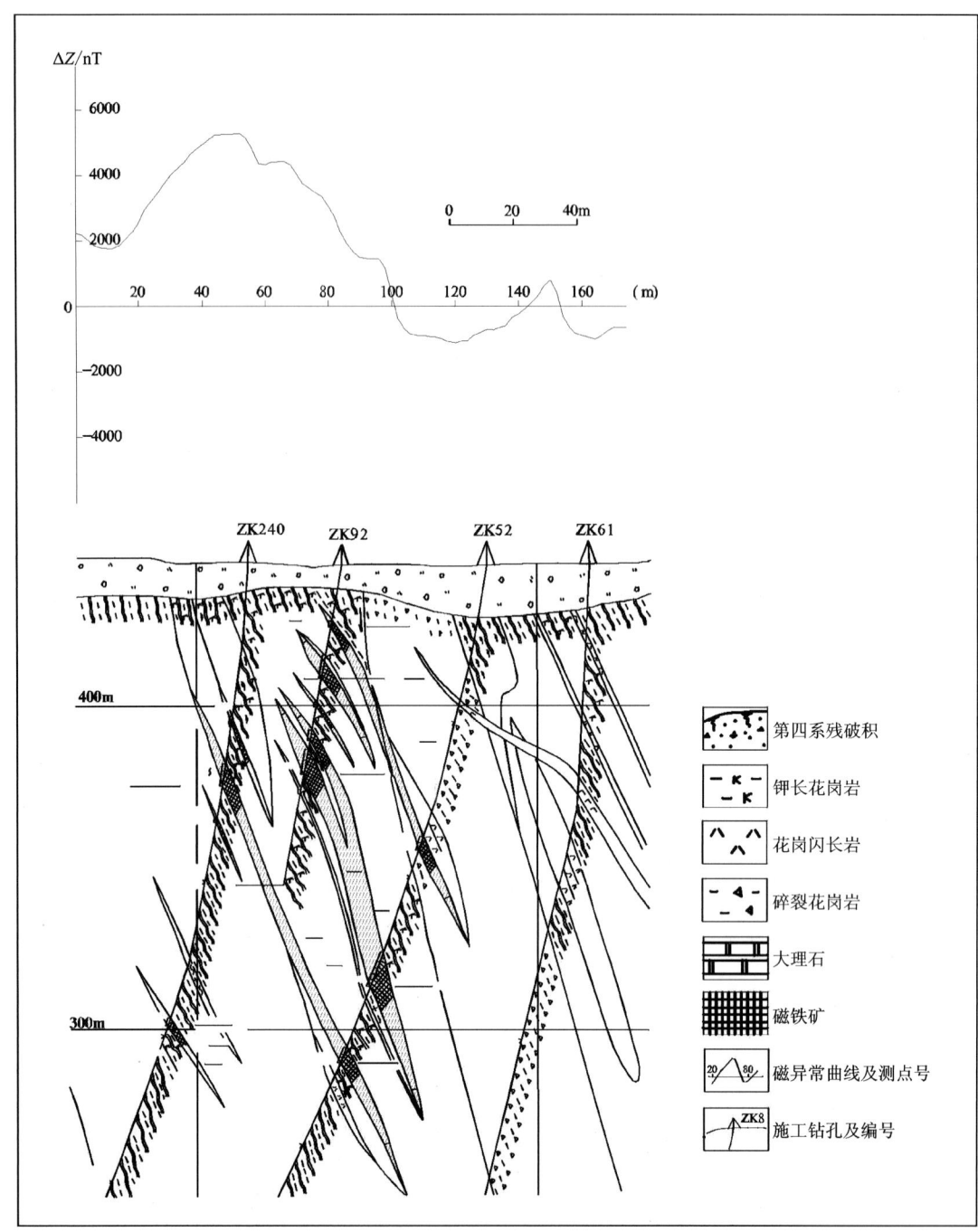

图 6-1-9　桦甸市老牛沟铁矿区(稻草矿段)163号勘探线综合剖面图(引自关显祖等,1983)

(三)矿床地质-地球物理找矿模型

老牛沟铁矿地质-地球物理找矿模型,依据前述矿床地质特征和地球物理异常标志可归纳总结如下:

(1)老牛沟铁矿成矿物质主要来源于海底中基性火山喷发-沉积作用。矿床经历了早期火山喷发-沉积阶段,中期铁质聚集阶段、区域变质(含混合岩化)作用阶段。

(2)该矿床严格受北西向区域性挤压构造带控制,呈北西带状产出。太古宇夹皮沟岩群上部三道沟岩组绿岩建造为本矿床含铁地层。矿床北矿带主矿体往往都产于三道沟岩组上亚组的下部,而南矿带则赋存在下亚组的上部,这是矿床成矿的重要标志。

(3)岩(矿)石物性特征。岩(矿)石标本重力密度参数:其他成因磁铁矿、磁铁石英岩、赤铁矿密度值分别为 $3.98(\times10^3 kg/m^3)$、$3.32(\times10^3 kg/m^3)$、$4.08(\times10^3 kg/m^3)$,太古宙夹皮沟岩群密度参数为 $2.90\times10^3 kg/m^3$,矿体与围岩密度差分别为:$1.08(\times10^3 kg/m^3)$、$0.42(\times10^3 kg/m^3)$、$1.18(\times10^3 kg/m^3)$,其之间存在明显的密度差异,这一差异的密度模型,为利用重力找矿提供了有利物理依据。

磁铁石英岩和磁铁角闪石岩是老牛沟铁矿床矿体的两种主要矿石类型。经矿区岩、矿石物性标本测定,两类矿石均属强磁性矿石,前者常见磁化率(κ)为 $97\,000\times10^{-5}$SI,Jr 为 $29\,000\times10^{-3}$A/m。但矿区广泛分布的变质岩类和混合岩类磁性相对较弱,与矿石磁性差异较大。因此,本类型矿床具有较充分的磁测找矿物理前提。

(4)老牛沟铁矿位于 1:25 万区域重力场中高、低布格异常间北西向的线性梯度带上和其局部正向变异扭曲部位。重力异常特征能够清晰地反映成矿的地质构造条件和产出的有利部位。故区域重力区域异常特征是划分此类型铁矿成矿远景区、段的重要地球物理信息。

(5)1:5 万航磁异常具有直接圈定矿带和划分矿段的找矿效果,其异常特征是在平稳负背景场上呈现由强度 167~3270nT 不等的多个椭圆状局部异常有规则排布呈带状的异常,与其附近异常比,具有强度高、梯度陡、形态规律的特征。

(6)1:5000 地面磁测可以直接圈定出露或近地表规模较大的铁矿体或多个矿体组成的矿脉带,两者均有强度大(1000~5000nT)、梯度陡、狭长带状异常反映,但对于异常形态,前者多为规律的单峰状,而后者常见为双峰状或多峰状。此外,地面磁测尚能发现有一定埋深且具规模的盲矿体,异常多为强度小于 5000nT 的低缓异常。

三、板石沟铁矿床

(一)矿床地质概述

板石沟大型沉积变质铁矿床位于吉林南部台区龙岗复背斜南翼边缘四方山-板石沟北东向倒转复式向斜北东段的珍珠门-上青沟向斜核部,其西南侧与浑江凹陷相邻。

矿区出露地层为太古宇夹皮沟岩群杨家店岩组的一套角闪岩相沉积变质岩系,原岩归属太古宙早期硅铁质绿岩建造的上部层位,为鞍山式铁矿的主要赋矿层位。其中,含磷硅铁质建造成矿最为有利,为板石沟铁矿的赋存层位。岩石组合主要有斜长角闪岩、黑云斜长片麻岩、角闪片岩、浅粒岩夹磁铁石英岩等。

矿区构造以北东向构造体系和东西向构造体系联合作用为特点,控制了矿区地层和矿体的空间分布。出露地层走向为北东东向,倾向北西,倾角 40°~60°。矿带呈纺锤状近东西向产出,长 8km,宽 3km(最宽处)。全区共查明工业矿体 142 个,按其产出可划分 15 个矿组。

该矿床产于杨家店岩组上亚组含磷硅铁质建造中,矿体形态以似层状为主,界线与围岩清晰,产状一致。矿体围岩为含铁斜长角闪岩、角闪片麻岩、角闪石岩、云母片岩及混合岩。矿体多成群分段产出,规模大小不一,长 100~1150m,厚几米至 35m,延深多小于延长。矿石类型主要为石英磁铁矿、石英角闪磁铁矿和角闪磁铁矿 3 种。

(二)矿床地球物理异常特征

1. 矿床所在区域重磁场特征

板石沟铁矿在1∶25万区域布格重力等值线图上处于一相对局部重力高异常内(图6-1-10)。异常呈北东向规整椭圆状,长8km,宽4km,为一北东向重力高异常带上叠加异常,矿区叠加剩余异常形态和范围与板石沟铁矿带基本吻合。经与地质资料综合分析,异常恰处在板石镇向斜上,与杨家店岩组上亚组含磷硅铁质建造层位相同,故认为该异常与古太古代上部旋回顶部角闪岩相含铁绿岩地层关系密切,进而指出了板石沟鞍山式铁矿赋矿层位的分布和矿区控矿构造基本特点,是间接找矿的重要地球物理标志。在剩余重力等值线图上,铁矿床处于区内中部局部重力高异常带西侧梯度带由南西转为北西的转折部位,反映出2个方向的断裂构造在此交会的特征。在1∶25万区域航磁异常图上,铁矿床位于椭圆状局部正磁异常上,以100nT等值线圈定的局部正磁异常呈北东东走向,长7.5km,宽4.2km,最大值200nT,异常北西侧为强度较低的负磁异常。该处地表出露太古宇杨家店岩组含磷硅铁质建造。在航磁异常化极和化极垂向一阶导数异常图上,由于消除了地磁场斜磁化的影响,铁矿床处于局部正磁异常中心位置。

2. 矿床所在地区磁场特征

板石沟铁矿在1∶5万航磁异常图上有明显异常反映(图6-1-11),异常系由吉C-77-15、吉C-77-17、吉C-77-239、吉C-77-16、吉C-77-21共5个异常组成,其形态呈一北东东向似纺锤状异常带,长11km,最宽5km。异常强度大(190~888nT),梯度北陡南缓,北侧伴有-220~-150nT负值异常。

该异常是由多个近椭圆状局部异常构成,大体可分为南、北两带:北带呈向北凸出的弧形,由上述5个异常组成,各异常间连续性较好,规律性明显;南带呈略向南突出弧形串珠状异常带,异常出现在西半段。异常规模大小不一,其中吉C-77-17号异常最大,长2.5km,宽1.2km,呈北东向椭圆状,最大强度888nT,梯度北西侧略大于南东侧,北端伴有不大的负值异常,经综合分析,该异常应由埋深较大的盲矿体引起。北带吉C-77-21号异常系由上清沟矿段1~8矿组综合引起,吉C-77-16和吉C-77-239两异常为李家堡子的9~15矿组综合反映;南带吉C-77-15和吉C-77-17异常则由棒棰园子矿段的16~18矿组所引起。由此可以看出,1∶5万航磁异常能够较准确圈出板石沟矿带范围,清晰划出各矿段的分布。

3. 地磁异常

由图6-1-12可以看出,板石沟铁矿区1∶1万地面磁法找矿效果十分显著,依然测出了一近东西分布的似纺锤状异常带,长9km,最宽处3.5km,其结构亦同航磁一样出现了南、北2个异常带。总的来看,地磁异常具有强度高(1000~10 000nT)、梯度陡、呈狭窄尖峰状、北侧多伴有一定的负值等特征。异常具成带、分段、成群分布等特征。经矿区工程勘探表明,区内绝大多数异常系由铁矿体所引起。图6-1-13上的各编号异常与相应编号的矿组对应,地磁异常为矿区找矿评价的重要标志。

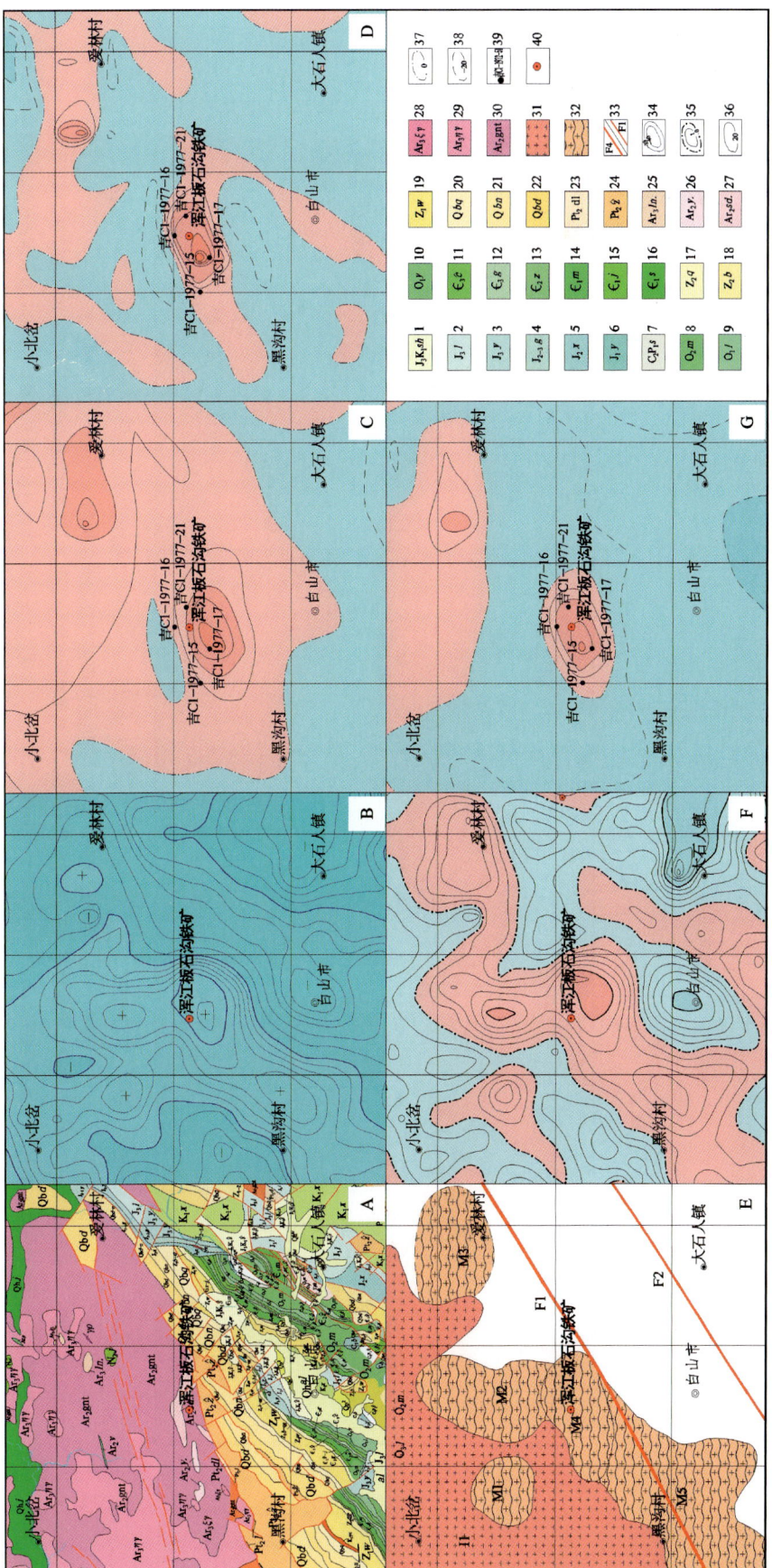

图 6-1-10 板石沟典型铁矿床所在区域地质矿产及物探剖析图

A. 地质矿产图；B. 布格重力异常图；C. 航磁ΔT等值线平面图；D. 航磁ΔT化极垂向一阶导数等值线平面图；E. 重磁推断地质构造图；F. 剩余重力异常图；G. 航磁ΔT化极等值线平面图

1. 石人组；2. 林子头组；3. 鹰嘴砬子组；4. 果松组；5. 小东沟组；6. 义和组；7. 石嘴子组；8. 小东沟组；9. 亮甲山组；10. 冶里组；11. 炒米店组；12. 崮山组；13. 张夏组；14. 馒头组；15. 碱厂组；16. 水洞组；17. 青沟子组；18. 八道江组；19. 万隆组；20. 桥头组；21. 南芬组；22. 钓鱼台组；23. 大栗子岩组；24. 珍珠门岩组；25. 老牛沟岩组；26. 杨家店岩组；27. 四道砬子河岩组；28. 变钾长花岗岩；29. 变二长花岗岩；30. 英云闪长质片麻岩；31. 重磁推断酸性岩体及注记；32. 重磁推断变质岩地层及注记；33. 重磁推断一级断裂、二级断裂及注记；34. 布格重力异常线；35. 剩余重力异常等值线；36. 航磁正等值线；37. 航磁零等值线；38. 航磁负等值线；39. 航磁异常点及编号；40. 铁矿床

注：原地质矿产图、重磁推断地质图比例尺为1:25万；航磁数据为2km×2km网格数据，重力为1:20万数据。

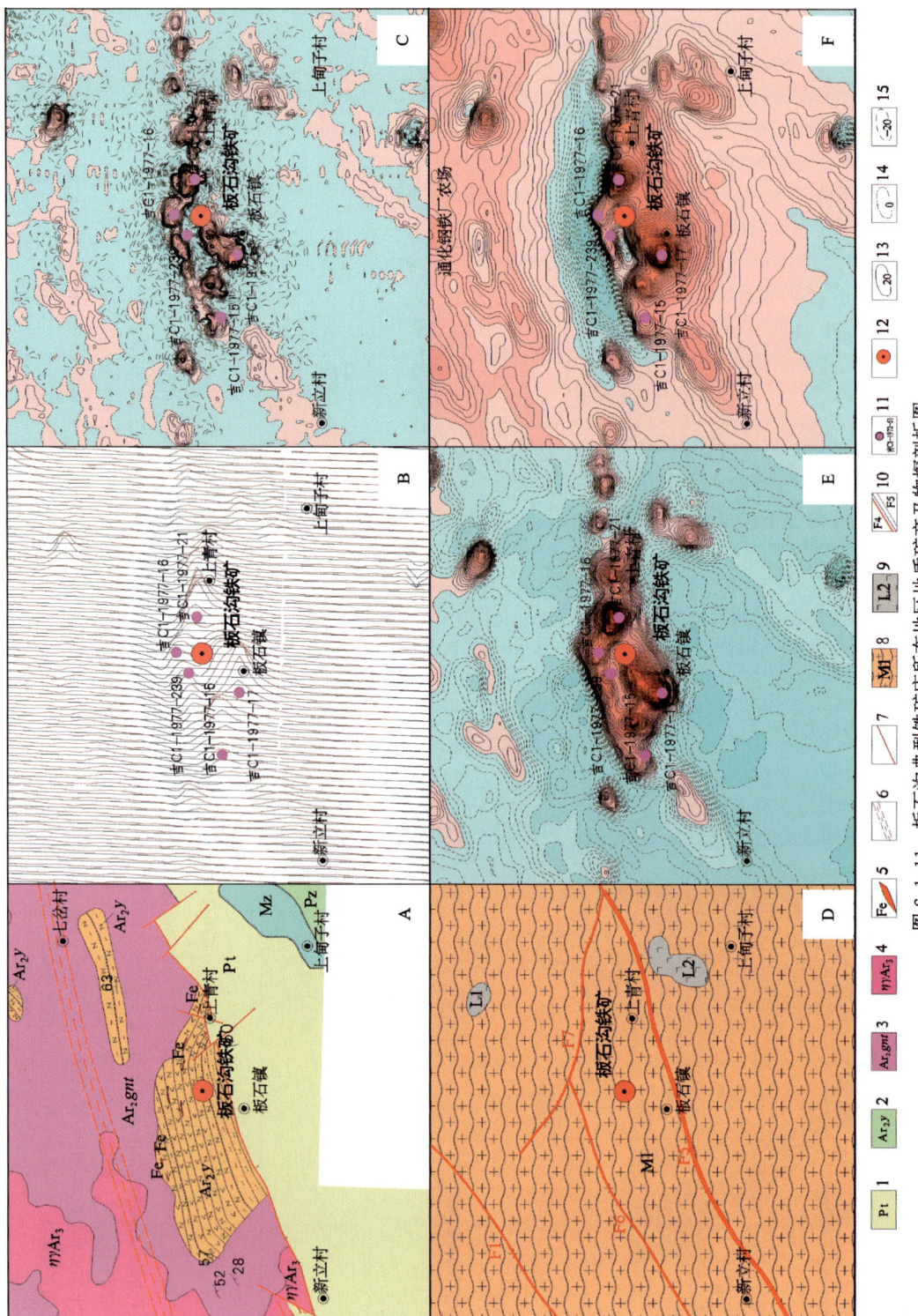

图 6-1-11 板石沟典型铁矿床所在地区地质矿产及物探剖析图

A. 地质矿产图；B. 航磁ΔT剖面平面图；C. 航磁ΔT化极平面图；D. 航磁推断地质构造图；E. 航磁ΔT化极等值线平面图；F. 航磁ΔT等值线平面图

1. 元古宙碳酸盐岩；2. 碎屑岩及轻变质岩；3. 杨家店岩组斜长角闪岩、黑云斜长片麻岩、含榴黑云变粒岩、黑云斜长片麻岩、二云片岩、磁铁石英岩；4. 中太古代英云闪长质片麻岩；5. 磁铁石英岩；6. 韧性剪切带；7. 性质不明断层；8. 重磁推断变质岩地层及注记；9. 重磁推断火山岩及注记；10. 重磁推断二级断裂、三级断裂及注记；11. 航磁异常点及编号；12. 铁矿床；13. 正等值线；14. 零等值线；15. 负等值线

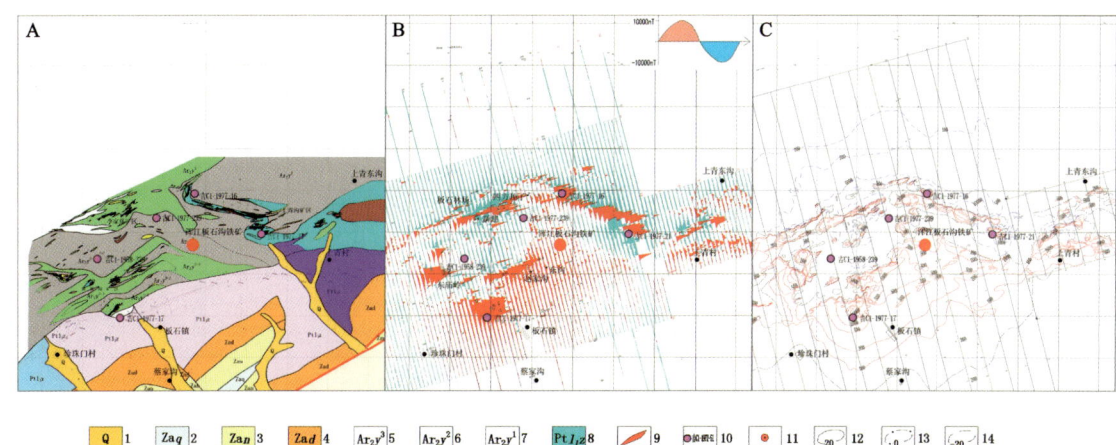

图 6-1-12　板石沟铁矿典型矿床所在位置地质矿产及物探(地磁)剖析图(引自宋志文和盛晔华,1978)
A.地质矿产图；B.地磁 ΔZ 剖面平面图；C.地磁 ΔZ 等值线平面图
1.第四系泥质、砂质、砾石冲积层；2.桥头组棕黄色、灰白色石英砂岩夹页岩；3.南芬组紫色页岩夹鸭蛋青色灰岩；
4.钓鱼台组石英砂岩底部含铁角砾岩；5.杨家店岩组第三亚组；6.杨家店岩组第二亚组；7.杨家店岩组第一亚组；
8.珍珠门岩组；9.矿体；10.异常编号；11.矿点；12.航磁亚异常等值线；13.航磁零值线；14.航磁负异常等值线

(三)矿床地质-地球物理找矿模型

依据上述矿床地质、地球物理找矿标志,将该矿床地质-地球物理找矿模型归纳如下：

(1)板石沟铁矿床铁质来源于海底中基性火山喷发-沉积作用,经过火山喷发间歇或者后期的海水聚集形成含磷硅铁质建造后,再经过区域变质和混合岩化热液叠加、改造而形成。矿床处于区域北东向和东西向两组构造体系联合控制的珍珠门-上清沟向斜,太古宙早期绿岩带上部沉积旋回,杨家店岩组第三亚组角闪岩相地层中。

(2)石英磁铁矿、角闪磁铁矿是板石沟铁矿的主要矿石类型,标本磁性测定表明两类矿石均属极强磁性,前者磁化率(κ)为 130 000×10^{-5} SI,剩余磁化强度(Jr)为 30 610×10^{-3} A/m；后者磁化率为 112 300×10^{-5} SI,剩余磁化强度为 23 150×10^{-3} A/m。然而,矿体围岩磁性均属弱—中等强度,与矿石磁性差异十分明显,具有较充分磁性找矿前提。岩(矿)石标本重力密度参数：磁铁石英岩、其他成因磁铁矿密度分别为 3.32×10^3 kg/m^3、3.98×10^3 kg/m^3,太古宙杨家店岩组密度参数为 2.90×10^3 kg/m^3,矿体与围岩密度差为 0.42×10^3 kg/m^3、1.08×10^3 kg/m^3,其之间明显存在着密度差异。这一差异的密度模型为利用重力找矿提供了有利物理依据。

(3)板石沟铁矿在 1:25 万区域布格重力等值线图上,恰好处于区域负重力场中相对局部重力高异常内。经与地质关联,异常与该矿床赋矿层位(硅铁质建造)关系密切。因此,重力高异常是该类型矿床重要的区域间接找矿标志。

(4)该矿床在 1:5 万航磁异常图中有十分明显的异常反映。异常平均强度大(190~888nT),梯度陡,北侧伴有较大负值。异常不仅能够圈定出矿带,而且尚能够指示矿段的空间分布。

(5)1:10 万地磁找矿效果更为翔实、具体,地磁异常除了能够确定矿带和划分矿段外,更大的作用是可以直接圈定出露或近地表规模较大的单个矿体或矿组(密脉带)。前者异常多为强度 10 000~20 000nT 的单峰状狭窄的带状异常,后者多为尖陡的双峰或多峰异常带。板石沟铁矿床地质-地球物理找矿模型详见图 6-1-13。

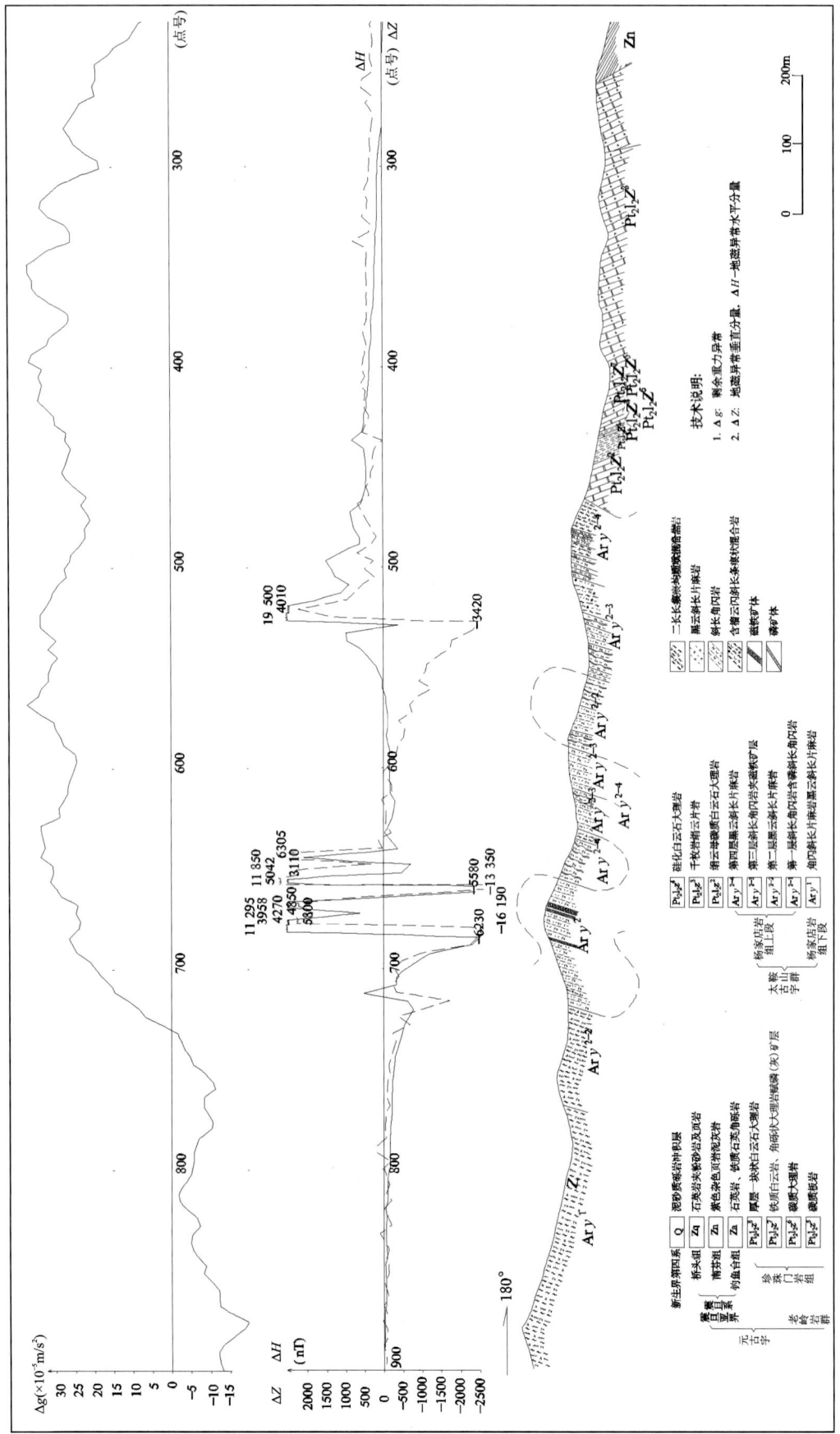

图 6-1-13 板石沟铁矿 598 号勘探线综合剖面图（引自宋志文和盛晔华，1978）

四、大栗子式铁矿床（小栗子铁矿床）

大栗子式沉积变质铁矿是吉林省重要的富铁矿床类型，位于大栗子铁矿区外围西南2km处的小栗子铁矿，是中型大栗子式富铁矿床。建立该矿床地质-地球物理找矿模型，对于加强大栗子矿区外围普查找矿，扩大找矿远景具有较大指导意义。

（一）矿床地质概述

小栗子铁矿床位于中朝准地台辽东台隆，太子河-浑江陷褶断束之老岭复式背斜的东南翼。小栗子铁矿属于震旦系覆盖层下的大栗子式铁矿床，盖层厚度50~400m，主要岩性为一套石英砂岩、页岩、泥灰岩、碳酸盐岩。矿区地质情况详见图6-1-14。

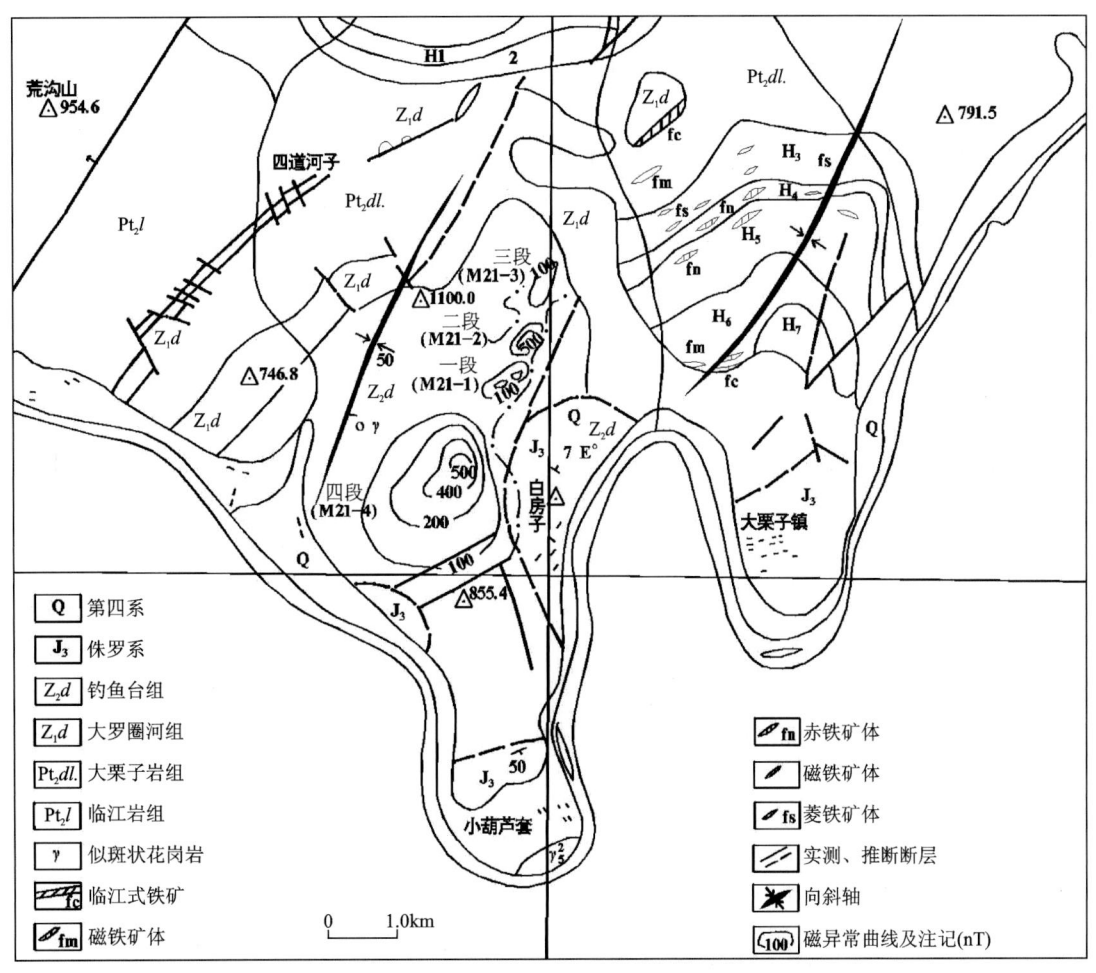

图6-1-14 小栗子铁矿区地质示意图（引自张秋生和傅万成，1986）

小栗子铁矿床由4个矿段（原为区）组成，各矿段分别与4个磁异常相对应。矿带呈北东10°~20°断续展布，工程控制长3500m，宽30~150m，控制延深300m。产状与地层产状一致，倾向北西西，倾角60°~75°，矿带为一单斜构造。截止到20世纪90年代末，在一、二、四矿段共探明工业矿体24条。

矿体呈层状、似层状，与围岩呈整合接触，沿走向、倾向具有同步变形特征。主要矿体长30~500m。

矿体成群产出，矿体间多成平行或斜列式展布。所见含矿层为大栗组 H_4、H_5 的主要含矿岩段，属于含铁碳酸盐岩建造。主要矿体群均产于千枚岩夹变质粉砂岩向碳酸盐岩相的过渡带中。

矿石中金属矿物以磁铁矿为主，其次为赤铁矿、菱铁矿、铁绿泥石、水锰矿等。依据这些铁矿物在矿石中所占比例的不同组成了不同的矿石类型，主要有菱磁铁矿、菱铁赤铁矿及磁铁菱铁矿等。

(二)矿床地球物理异常特征

磁法找矿是常用的有效手段，大栗子铁矿也不例外，由于该类型矿床矿石是以弱磁性的赤铁矿、菱铁矿或赤铁菱铁矿石类型为主，则无论地面磁测还是航空磁测均未取得理想的找矿效果。然而，该区找矿实践认识到矿石中的赤铁矿、菱铁矿一旦遭受岩浆热液蚀变则大部分可以转化为有磁性的磁铁矿或赤铁磁铁矿、菱铁磁铁矿。经采样物性测定，赤铁磁铁矿石 κ 为 $(18\,400 \sim 91\,400) \times 10^{-5}$ SI，Jr 为 $(1820 \sim 20\,900) \times 10^{-3}$ A/m，菱铁磁铁矿 κ 为 $(64\,800 \sim 201\,600) \times 10^{-5}$ SI，Jr 为 $(3740 \sim 18\,000) \times 10^{-3}$ A/m，均显示有较强的磁性，进而指示了这一改造型铁矿体具有磁法找矿的物理前提。20 世纪 80 年代初在矿区外围小栗子沟查证地面磁法 M21 号异常，在震旦系盖层下找到了经热液蚀变改造的大栗子式富铁矿床。

1. 矿床所在区域重磁场特征

由图 6-1-15 可以看出，在 1∶25 万重力异常图上，本区重力场以负场为特征，其中四道阳岔-二道河子-小西沟相对重力高异常带最为规律、明显。在图域内，异常带大体分为东、西两段，西段(四道阳岔—错草—浑江铅锌矿)呈北东走向，长约 18km，宽 3～7km；东段(浑江铅锌矿—工人宿舍)近东西向，长约 17km，宽 4～6km。该异常带由四道阳岔、错草和小西沟 3 个椭圆状的局部重力高异常组成，剩余强度由西至东逐渐降低。

经与地质、矿产资料关联发现，在该异常带内集中分布有中、小型大栗子式富铁矿床和矿(化)点达 21 处之多，其中大栗子和小栗子 2 个中型富铁矿就分布在小西沟局部重力高异常的东部和南部边缘梯度带上。此外，异常带形态和方位恰与老岭背斜北东段基本吻合，与古元古界老岭岩群分布大体一致，3 个局部重力高异常区内老岭岩群上部层位——大栗子岩组千枚岩夹大理岩含铁建造发育。综上可知，重力高异常主要与老岭岩群变质岩系关系密切，含铁碳酸盐岩建造应是引起异常带内局部重力高异常的主要地质因素。因此，本区域重力异常不仅能够反映出大栗子式沉积变质铁矿的基本成矿地质构造全貌，同时亦能指示含矿层位的分布，为深入找矿提供重要的地球物理信息。

在 1∶25 万区域航磁异常图上，小栗子铁矿床位于平稳低缓负磁场区中，区域上由北西向南东磁场值缓慢降低，等值线平直且延伸较长，呈北东走向，负磁异常中心在中朝边境附近，表现出新元古界青白口系和古元古界大栗子岩组的低磁性特征。矿床处场值约为 -120nT。

2. 矿床所在地区磁场特征

小栗子铁矿在 1∶5 万高精度航磁图(图 6-1-16)上有较清晰的异常反映，在一北东向平稳负值梯度带南东侧小栗子沟一带出现一近北北西向近椭圆形的局部低缓弱异常，编号为吉 C-90-114，长 2500m，宽 1250m，横向曲线左右对称，纵向曲线北密南缓，其中心偏向北侧。异常幅值仅有 80nT，属于负磁场中相对微弱高值异常。该异常位于小栗子铁矿带的南半部，与矿带上的地磁 M21-4 号异常吻合，是南部矿段隐伏矿体群的反映。

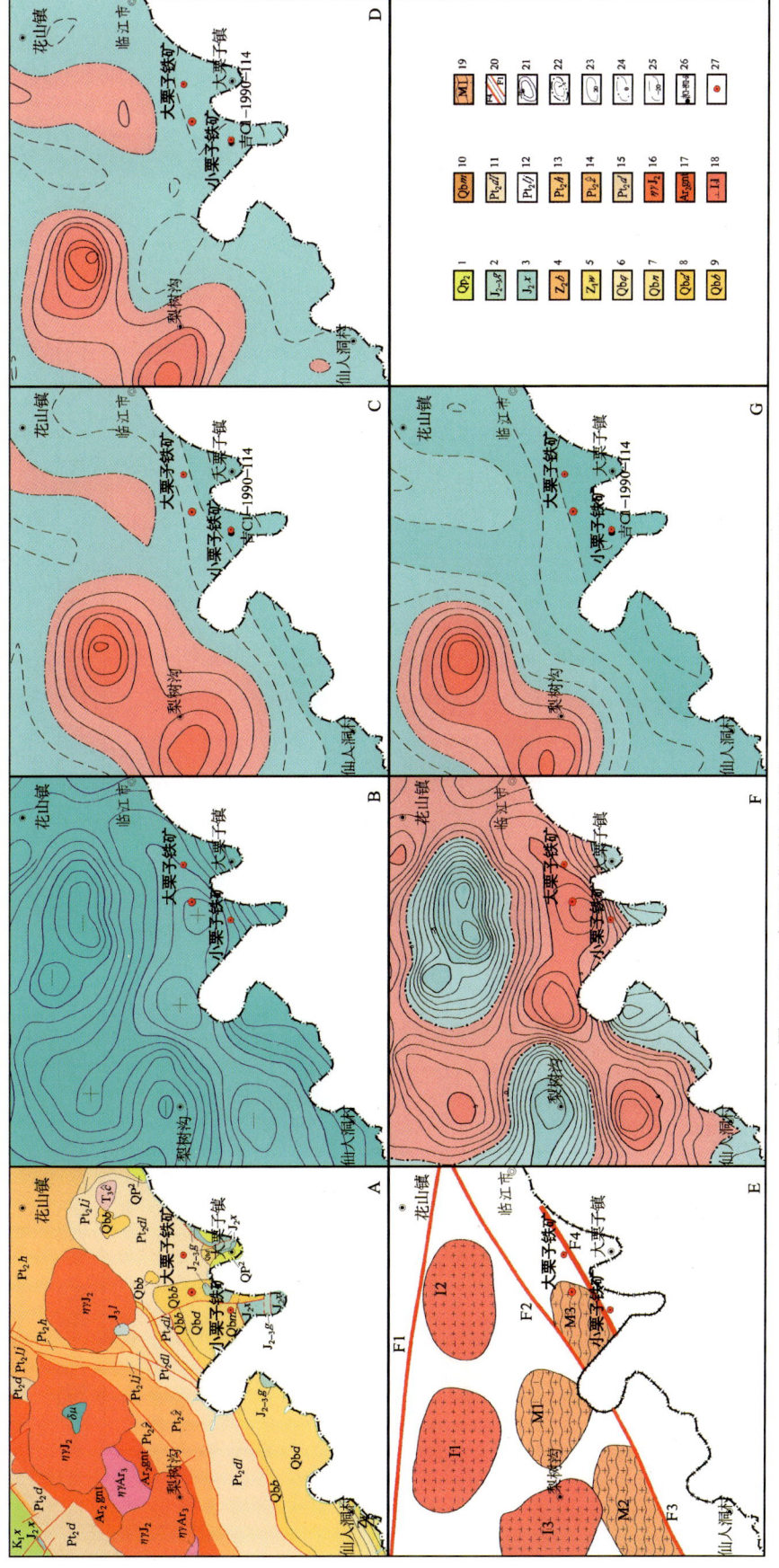

图 6-1-15 大栗子典型铁矿床所在区域地质矿产及物探剖析图

A. 地质矿产图；B. 布格重力异常图；C. 航磁ΔT等值线平面图；D. 航磁ΔT化极垂向一阶导数等值线平面图；E. 重磁推断地质构造图；F. 剩余重力异常图；G. 航磁ΔT化极等值线平面图

1. 第四系；2. 果松组；3. 小东沟组；4. 八道江组；5. 万隆组；6. 桥头组；7. 南芬组；8. 钓鱼台组；9. 白房子组；10. 马达岭组；11. 大栗子组；12. 临江岩组；13. 花山岩组；14. 珍珠门岩组；15. 达台山岩组；16. 果松组；17. 中侏罗世二长花岗岩；18. 重磁推断酸性岩体及注记；19. 中太古代英云闪长质片麻岩；20. 重磁推断一级断裂、二级断裂及注记；21. 布格重力异常等值线；22. 剩余重力异常等值线；23. 航磁正等值线；24. 航磁负等值线；25. 航磁零值线；26. 航磁异常点及编号；27. 铁矿床

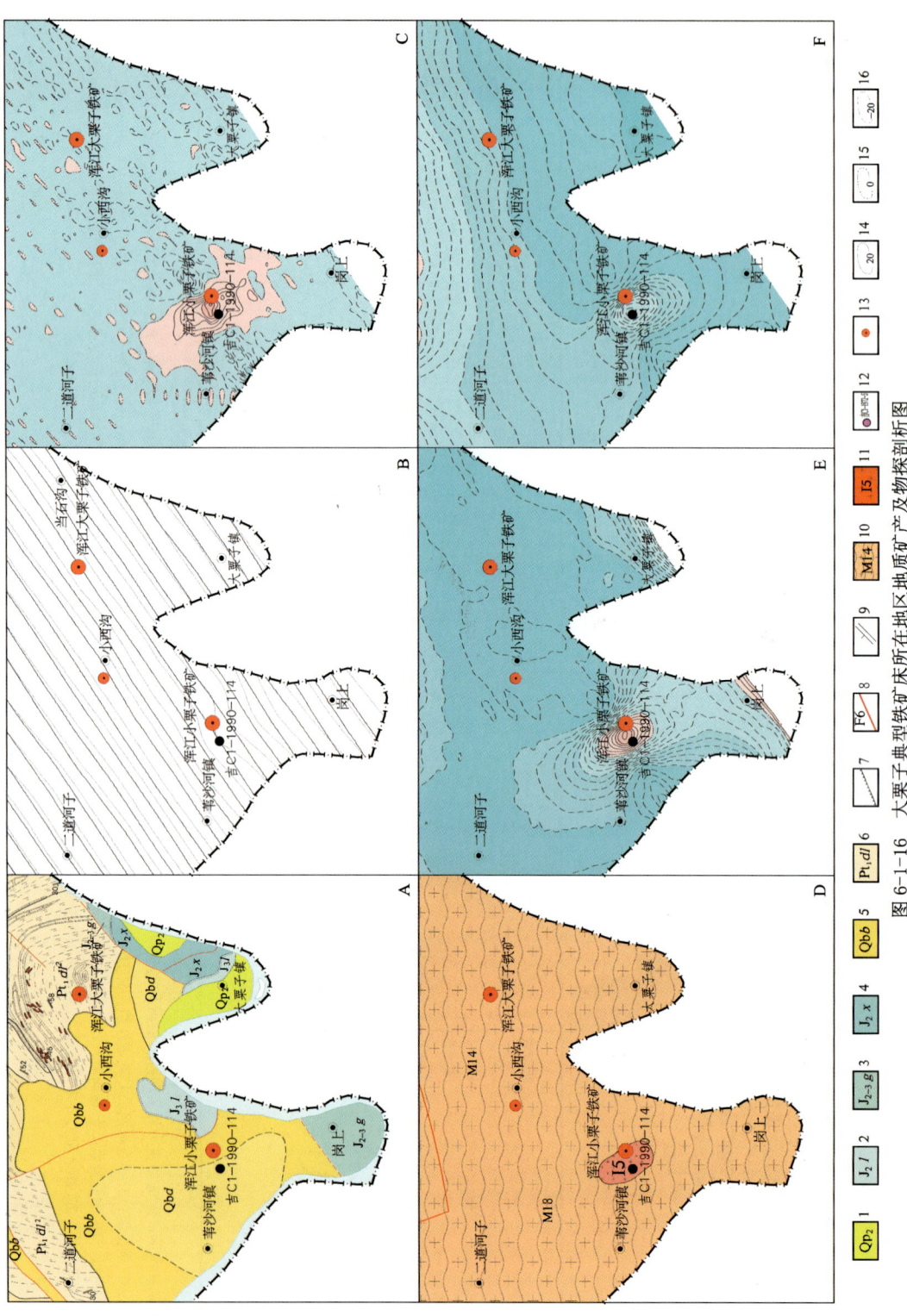

图 6-1-16 大栗子典型铁矿床所在地区地质矿产及物探剖析图

A. 地质矿产图; B. 航磁 ΔT 剖面平面图; C. 航磁 ΔT 化极垂向一阶导数等值线平面图; D. 航磁推断地质构造图; E. 航磁 ΔT 化极等值线平面图; F. 航磁 ΔT 等值线平面图

1. Ⅱ级阶地堆积; 2. 中侏罗统林子头组; 3. 中—上侏罗统果松组; 4. 中侏罗统大栗子岩组; 5. 青白口系白房子组; 6. 古元古界大栗子岩组二云片岩; 7. 角度不整合地质界线; 8. 断层界线; 9. 产状; 10. 重磁推断变质岩岩性体及地层; 11. 重磁推断酸性岩体及注记; 12. 航磁异常点及注记; 13. 铁矿床; 14. 正等值线; 15. 零等值线; 16. 负等值线

3. 地磁异常特征

小栗子铁矿是查证地磁 M21 号异常发现的。由图 6-1-17 可见,该异常是由 4 个呈北北东向串珠状排布的局部异常组成。异常均属似椭圆状的低缓异常。异常规模和强度有由南向北变小变弱的趋势。M21-1 号异常长 400m,宽 100m,最高强度 500nT;M21-2 号异常长 600m,宽 150m,最高强度 700T;M21-3 号异常长 700m,宽 200m,最高强度 200nT;M21-4 号异常长 2500m,宽 2000m,最高强度 1000nT。4 个异常经钻探查证,均为震旦系盖层下大栗子式富铁矿引起。例如:①M21-1 号异常 ZK8061 孔,穿过 20m 震旦系盖层后于井深 51.30m 后陆续见到 6 层富铁矿,总厚度为 31.42m,品位 53.50%;②M21-4 号异常的 ZK8288 孔,在孔深 363m 穿过震旦系盖层后共见富铁矿 6 层,总厚度为 27.29m,品位 57.21%;③M21-2 号异常二区 0 号勘探线 Z59 孔,穿过 68m 震旦系盖层后于井深 96m 后陆续见到 3 层富铁矿,其实测曲线与 Z59 钻孔矿体理论曲线不符。之后又打了 3 个钻孔,陆续见到比较大的富铁矿,其实测曲线与矿体理论曲线基本吻合(图 6-1-18)。

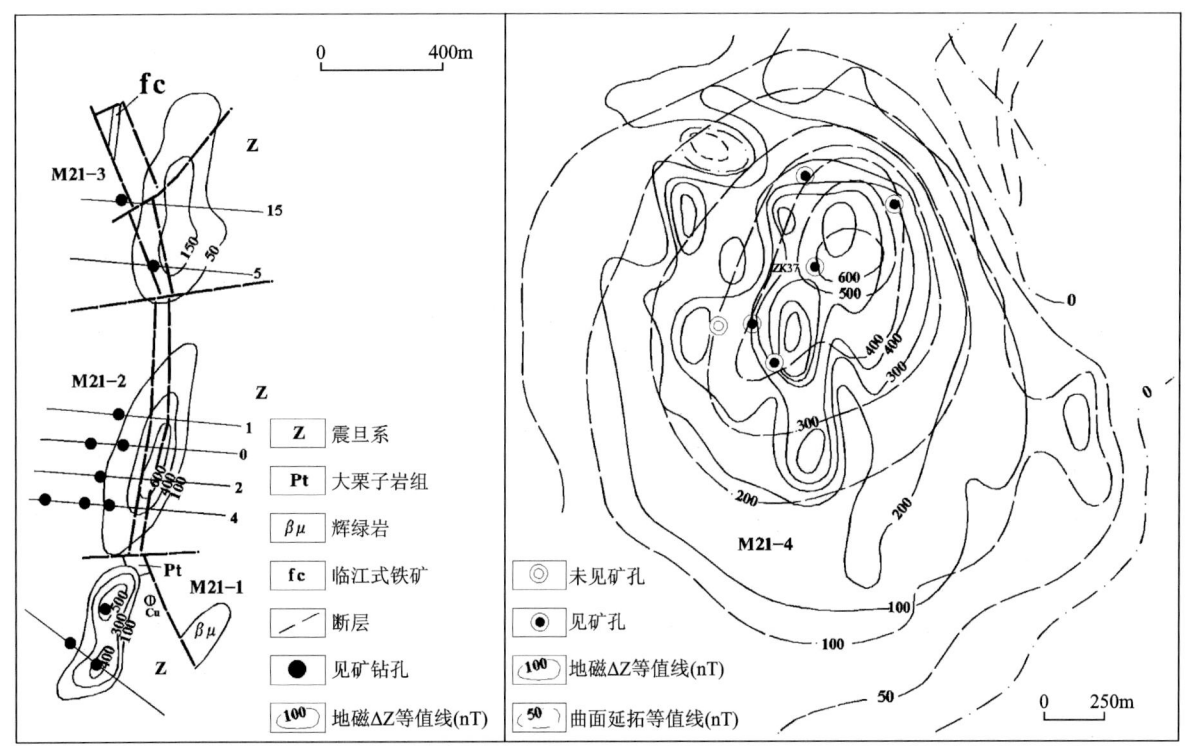

图 6-1-17　M21 异常等值线平面图(引自张秋生和傅万城,1986)

总之,异常查证表明,4 个地磁异常系属各隐伏矿段中平行或斜列排布的矿体群综合反映(图 6-1-18)。与航磁异常比较,后者仅在以磁铁矿石为主的南矿段有明显反映,而在北部以赤铁矿石为主的矿段则无异常出现。在圈定矿体、揭示矿体埋深及大致了解矿体产状等方面,地磁效果明显好于航磁效果。

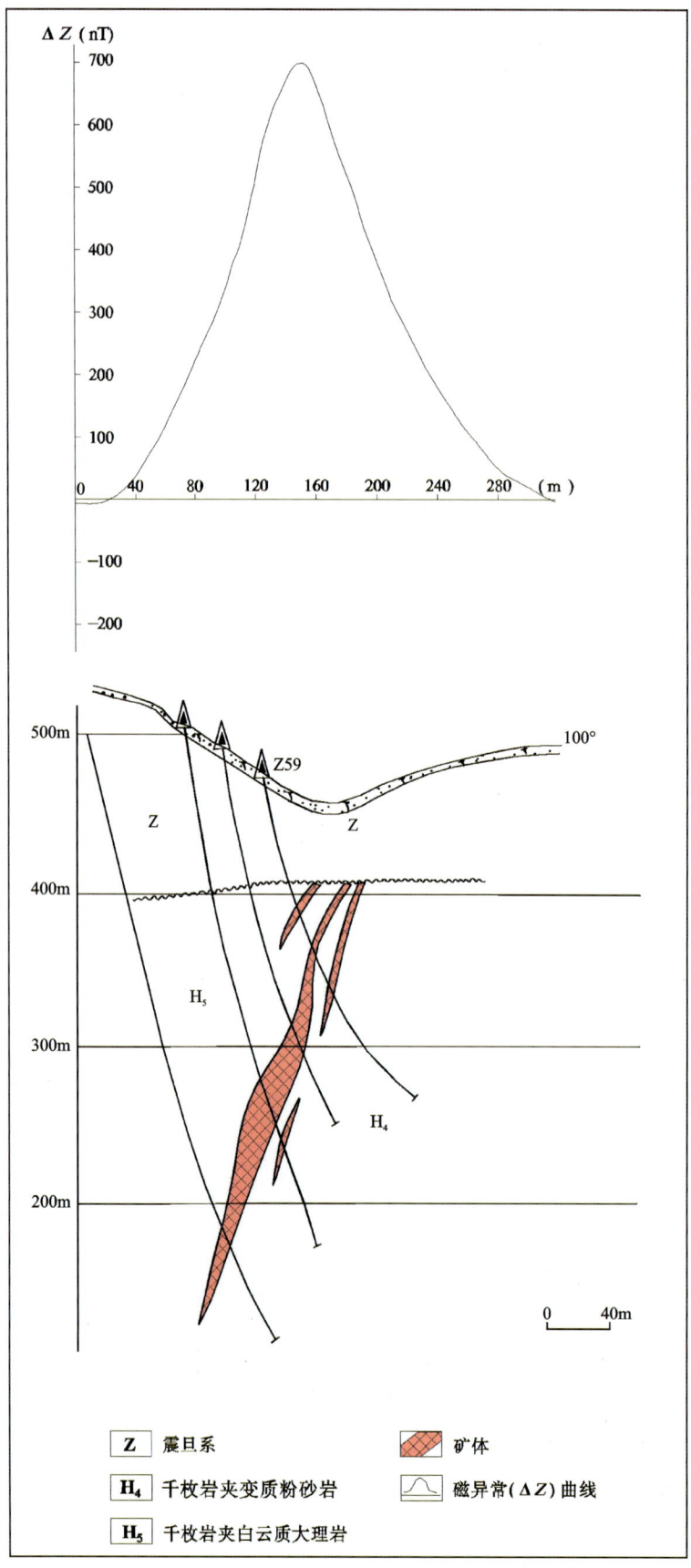

图 6-1-18 小栗子二区 0 号勘探线剖面图(引自张秋生和傅万城,1986)

(三) 矿床地质-地球物理找矿模型

综合上述矿床地质、航磁、地磁异常特征，现将小栗子式富铁矿床地质-地球物理找矿模型归纳如下：

(1) 小栗子富铁矿床属震旦系盖层下经岩浆热液蚀变改造隐伏的大栗子式富铁矿床。盖层厚 50～400m，下部含矿层位是与已知大栗子富铁矿床同属于古元古界老岭岩群上部大栗子岩组千枚岩夹大理岩层。矿体呈层状、似层状产出，严格受含矿层位和岩相控制。含铁层位为 H_4、H_5 岩段，岩相与铁白云石大理岩关系密切，应归属含铁碳酸盐岩建造。小栗子富铁矿层产于千枚岩夹变质粉砂岩向碳酸盐岩相过渡带中。矿体产出因受褶皱变形影响和断裂构造控制，在空间分布上多是成带、分段、成群展布。

(2) 小栗子铁矿与已知大栗子铁矿的差异主要在于，前者处于岩浆活动较强烈的地质环境，矿体均不同程度地遭遇了岩浆热液变质作用，原来矿石中的赤铁矿、菱铁矿大部分或部分形成了有磁性的磁铁矿、赤铁磁铁矿、菱铁磁铁矿，致使矿体磁性与围岩磁性产生较明显差异，而大栗子矿区各矿段并未有遭受如此强的热液变质作用，矿石类型仍然以赤铁矿、菱铁矿为主，这是磁法找矿效果不同的根本原因。

(3) 大栗子和小栗子铁矿分布在东西向重力高异常带东段小西沟局部重力高异常南侧北东东向重力梯度带上，重力高异常是该类型铁矿成矿远景区(段)的重要划分标志。

(4) 1∶5 万航空磁测在小栗子铁矿床上取得了一定的找矿效果。磁场以在北东向负场线性梯度带边部出现的规则似椭圆状强度较弱的低缓异常($\Delta T_{max}\approx 80\text{nT}$)为特征，这种负磁场中的低值弱异常是此类型矿床较典型的找矿标志。

(5) 该矿床地磁异常均属强度一般不超过 1000nT 的呈串珠状、有规律分布的低缓异常，地面磁测是寻找经过岩浆热液蚀变改造的大栗式富铁矿的一种最有效手段。

(6) 验证埋深较大的隐伏矿床引起的低缓磁异常，往往钻探工程布置很难一步有效到位，在落空井中配施磁测井工作是取得查证成功重要手段。在 M21-4 号规模较大异常查证过程中，能在 370m 以下找到 9 条富铁矿体，磁测井发挥了重要作用。

岩(矿)石标本重力密度参数：赤铁矿、其他成因磁铁矿密度为 $4.08\times 10^3\text{kg/m}^3$、$3.98\times 10^3\text{kg/m}^3$，震旦系密度参数为 $2.71\times 10^3\text{kg/m}^3$，矿体与围岩密度差为 $1.37\times 10^3\text{kg/m}^3$、$1.27\times 10^3\text{kg/m}^3$，其之间存在明显的密度差异。这一差异的密度模型，为利用重力找矿提供了有利的物理依据。

五、吉昌铁矿床

(一) 矿床地质概述

吉昌(大猪圈)小型矽卡岩型铁矿床位于吉林优地槽吉林复向斜双阳-磐石褶皱束西南侧磐双接触带的中段。

由于矿区处在太平岭花岗岩体与其北侧晚古生代地层接触带内带，区内地层极不发育，仅见少量零星分布的下石炭统鹿圈屯组地层残留体，其岩性为一套海相火山碎屑岩-碎屑岩-碳酸盐岩建造，主要岩性有大理岩、石英岩及角岩等。区内燕山期花岗岩类广泛发育，太平岭偏碱性花岗岩体为侏罗纪多期次岩浆侵入活动形成的复合式岩体，岩性组合有斜长花岗岩、正长花岗岩、钾质花岗岩。矿区东西向、南北向及北西向断裂构造发育，对区内岩浆活动和矿体分布有较明显的控制作用。

该矿床共查明矿体 31 个，呈星点状分布在南北长 2km、东西宽 1km 的矿带内。其中，Ⅰ、Ⅱ、Ⅱ(新)、Ⅲ、Ⅸ、Ⅹ、Ⅺ共 7 个矿体(组)，是提供工业储量和开采的主要矿体。矿体围岩为矽卡岩或花岗岩，前者界线不清,属渐变关系,而后者清楚。矿体形态多为透镜状或扁豆状。矿体规模较小,一般长 20～100m 不等,最大长度 168m(Ⅲ号),厚度多在 2.5～8.0m 之间,最厚可达 60m(Ⅰ号),延深 30～128m。矿体走向多为近南北向或北西向,倾角较陡,一般为 50°～75°。矿石类型为石榴子石磁铁矿和辉石磁铁矿两种,矿石矿物组合中,金属矿物以磁铁矿为主,其次为磁黄铁矿、黄铜矿、褐铁矿、辉铜矿、闪锌矿、方铅矿;非金属矿物主要为石榴子石、钙铁辉石、透辉石、石英角闪石、硅灰石等。矿石为粒状变晶结构,块状、浸染状、斑杂状、条带状构造。矿石 TFe 含量一般在 22.85%～36.5% 之间,富者可达 50%。

(二)矿床地球物理异常特征

1. 矿床所在区域重磁场特征

吉昌-新立铁矿化集中区在 1∶25 万布格重力等值线图上,位于沙河镇区域重力低异常与其北侧烟筒山重力高异常之间,呈北西向分布于伊通-桦甸重力梯度带的中段,吉昌-联合村东西向重力梯度带南侧近南北分布的红石村-太平岭局部重力低异常的北半部。该异常在剩余重力等值线图上可分解成 2 个叠加局部异常(红石村和太平岭)。红石村异常呈南北条带状,长 20km,东西宽 10km,其北部太平岭叠加异常呈东西椭圆状,长 15km,宽 7.5km。吉昌铁矿位于此异常的西端。

经综合资料分析,区域性伊通-桦甸重力梯度带是由沙河镇北西向分布的海西期大的花岗岩基与其北东侧烟筒山晚古生代地层侵入接触带引起。该接触带应属一条复杂的断裂构造带,对本区后期岩浆活动有明显控制作用。红石村-太平岭低值异常为燕山期沿前述断裂带侵入的复合式偏碱性侵入体的反映。红石村岩体为早侏罗世侵入的斜长花岗岩;太平岭岩体为晚侏罗世侵位的钾质花岗岩。吉昌铁矿形成应该与这两期岩浆活动有着密切关系。

在 1∶25 万区域航磁异常图上,铁矿床位于中东部块状负磁异常区西北部,异常东西长 15.1km,南北宽 13.6km,最低值为 -150nT。该负磁异常区内及边部集中分布有 12 处矽卡岩型小型铁矿床或矿点,地表出露大面积的晚三叠世红石砬子正长花岗岩体,岩体上有 4～5 处下石炭统鹿圈屯组砂岩、粉砂岩夹灰岩地层以捕虏体形式零星出露,岩体与地层的热液交代形成吉昌式矽卡岩型铁矿。周围负磁场背景有所抬高,其上分布有 6～7 处规模大小不等、走向各异、强度不大的正磁异常,地表出露有中三叠统太平岭组黑云母正长花岗岩体。

2. 矿床所在地区磁场特征

吉昌铁矿在 1∶5 万航磁剖面平面图上,仅在一条测线上呈一孤立点异常显示。该异常是在一片负背景场上出现的正、负急剧变化的陡峰状小异常。正值出现在南侧,为一尖峰状,强度 135nT,其北侧相伴负值强度远大于正值,ΔT 为 -875nT,异常规模小,涉及范围约 0.375。经与地质结合,异常落于矿区内,经地面检查,为含铁矽卡岩所引起。异常规模小与该矿床矿体小,产出分散,加之测线平行矿带走向等因素有关。

异常规模小、强度相对较弱、多呈孤立峰状,是该区矽卡岩型磁铁矿的航磁异常特征。

3. 地面磁异常

矿区 1∶5000 地面磁测共发现异常 27 处。异常为集中出现在矿区近南北向不规则椭圆状负背景场上的一些近南北向零星分布的孤岛状小异常。各孤立异常规模大小不一,一般长 50～200m,宽 30～100m,异常强度较大,极大值多在 400～6400nT 之间,曲线规整,对称性较好,北侧多伴有负异常。异常特征详见图 6-1-19。

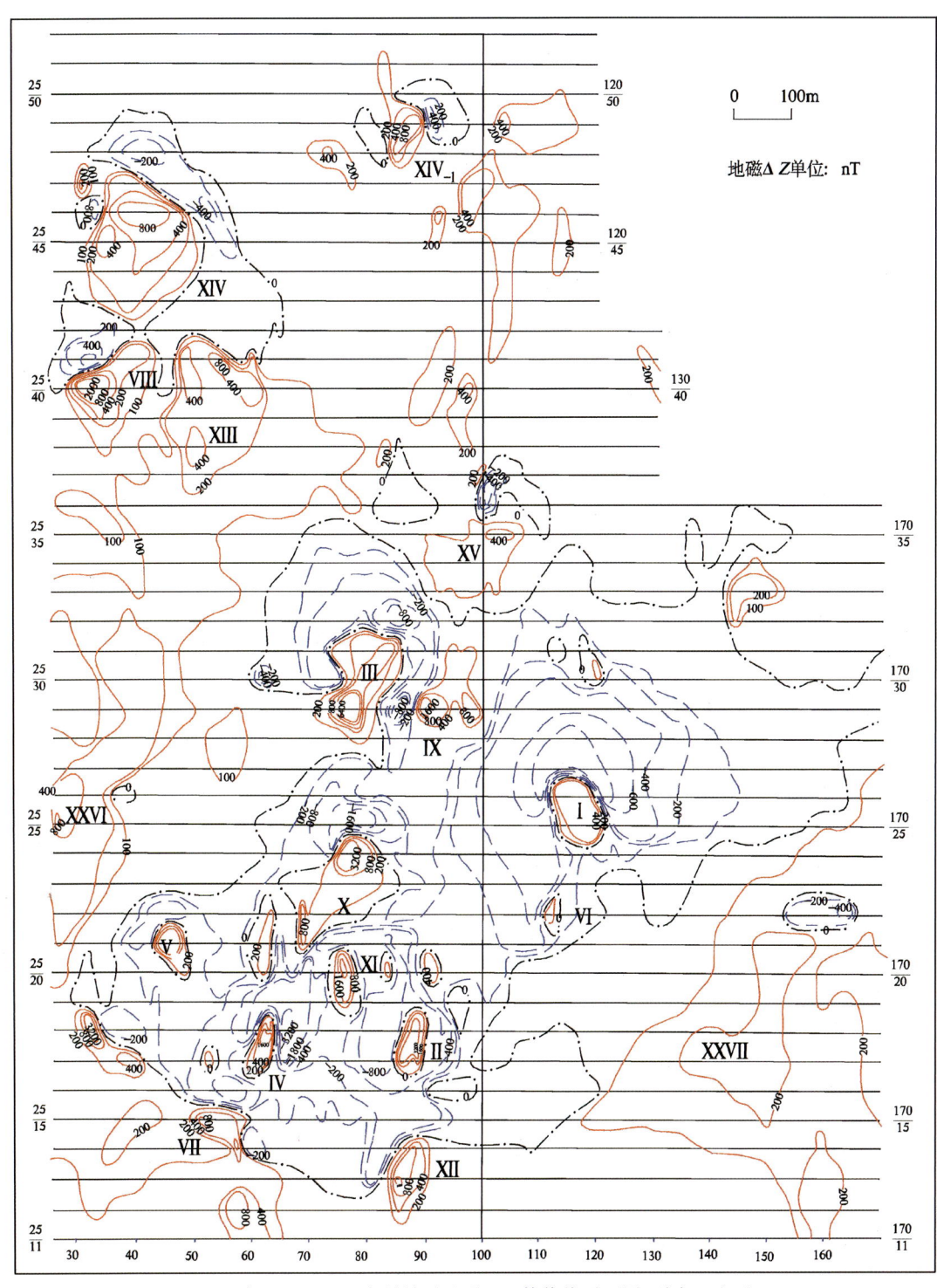

图 6-1-19 吉 C-72-51 吉昌铁矿地磁 ΔZ 等值线平面图(引自王金元,1979)

矿区内编号异常多数已被工程查证,均与含铁矽卡岩体有关,是详查找矿的重要标志。有一定规模近地表的矿体均可引起大于 1000nT 的陡峰状异常,例如Ⅲ号矿体磁异常极大值可达 6400nT,Ⅱ号矿体为 3200nT,Ⅹ号矿体为 3200nT。而强度小于 1000nT 的低缓异常,多半是有一定规模的隐伏矿体的反映,如矿区北部ⅩⅣ号异常(图 6-1-20)。经Ⅰ号线 801 孔查证,在深部钻获水平板状磁铁矿体(图 6-1-20)。由此可见,地面磁测在寻找圈定出露或近地表矿体,以及探查一定规模的盲矿体均取得了较明显的地质效果。

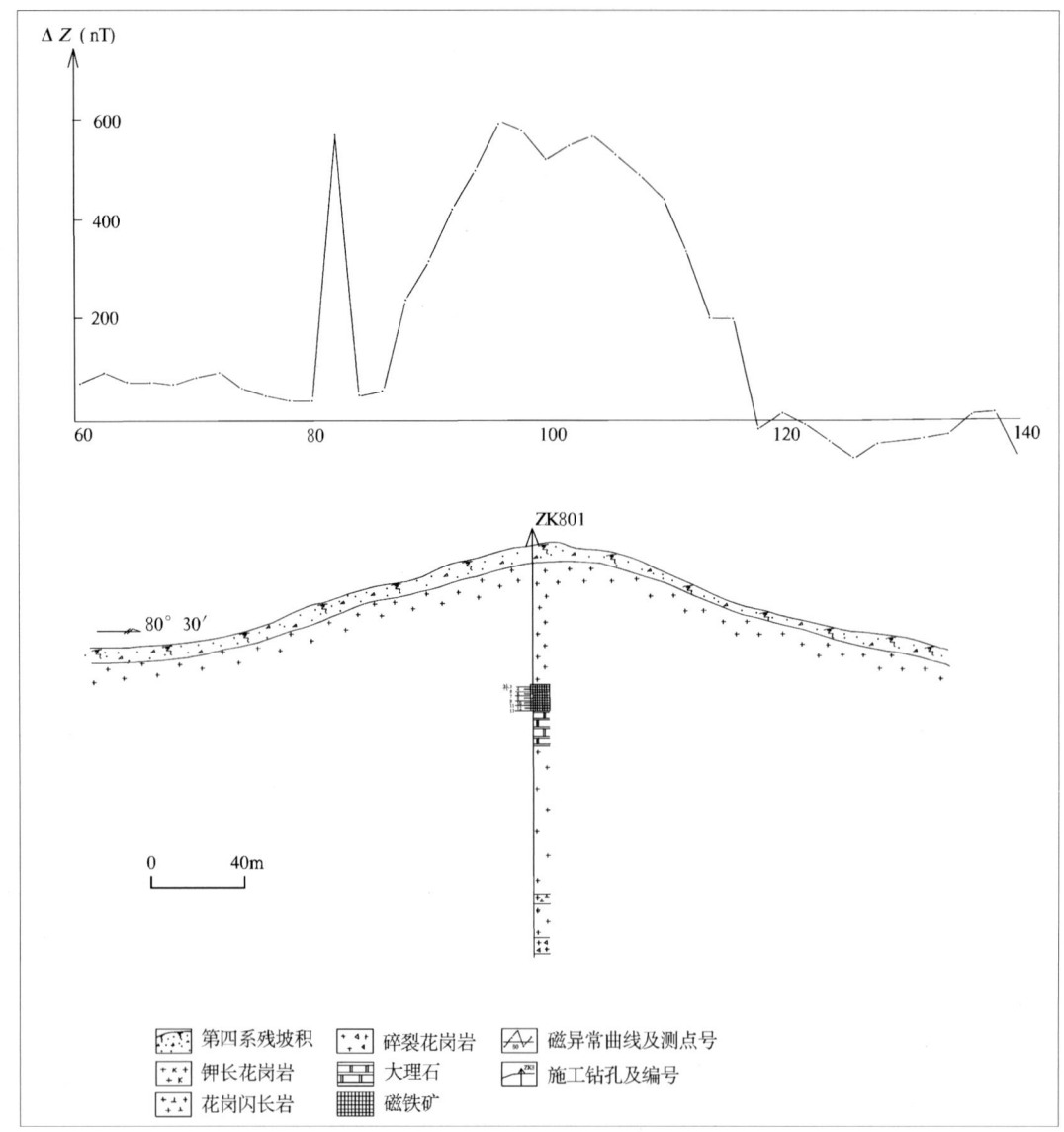

图 6-1-20 吉昌铁矿 XIV 号磁异常 I 线综合剖面图(引自王金元,1979)

(三)矿床地质-地球物理找矿规模

依据上述矿床地质、地球物理找矿标志,可将吉昌铁矿床找矿模型归纳如下:

(1)该矿床属燕山期花岗岩与上古生界下石炭统鹿圈屯组残留体大理岩接触带经岩浆热液渗透交代大理岩而形成的矽卡岩型磁铁矿床。据综合资料分析,铁质来源一是下石炭统海底火山喷发-沉积含铁建造,二是晚侏罗世偏碱质花岗岩浆晚期含矿热液,矿床具有多物质来源特征。矿床产出受太平岭钾长花岗岩侵入接触带控制,矽卡岩化带是找矿的重要标志。

(2)矿区岩(矿)石物性标本测定表明,磁铁矿石具有强磁性,κ 为 $14\,200\times10^{-5}$ SI,Jr 为 $34\,000\times10^{-3}$ A/m。其次,含铁辉石矽卡岩和含铁石榴子石矽卡岩亦具较强磁性,κ 为 $(27\,400\sim43\,700)\times10^{-5}$ SI,Jr 为 $(18\,300\sim19\,800)\times10^{-3}$ A/m。然而,其围岩花岗岩和大理岩均属弱—极弱磁性,与磁铁矿石和含铁矽卡岩存在很大的磁性差异,而且磁铁矿体与矽卡岩有着共生关系,可作为统一磁性找矿目标考虑,二者是引起有找矿意义异常的两个不可分离的综合因素。

(3)吉昌铁矿处在北西向区域性重力梯度带的中段,太平岭近东西向分布的负重力局部异常内,进而指出该矿床产出受呈北西向分布的花岗岩与晚古生代地层接触内带控制,是形成矽卡岩型铁矿的地质构造前提。此外,燕山中—晚期偏碱质花岗岩岩浆侵入后期含矿热液裂隙充填亦是成矿不可忽视的因素。

(4)由于矽卡型矿床矿体规模较小,而且盲矿体较多,因此,航空磁测比例尺大小决定了找矿地质效果,本区1∶5万航磁才有矿致异常显示。吉昌铁矿床航磁异常具有规模小、强度相对较弱、呈现有孤立的单峰状异常的特征。

然而,1∶5000地面磁测具有较好的找矿作用,现有的编号地磁异常多数与相应探明的磁铁矿体对应,一般强度大于1000nT高峰状异常属近地表矿体引起,而小于1000nT宽缓异常多为具一定埋深的盲矿体反映,地磁异常是矿区详查找矿十分有效的标志(图6-1-20)。

第二节 铜镍矿典型矿床地质-地球物理特征

铜、镍在吉林省有色矿产资源中占有重要的地位,其中镍矿储量位于全国前列。中华人民共和国成立以来,虽然都探明了一定的储量,但满足不了经济发展的需要,属短缺矿种。这些矿产中大、中、小型矿床多,单矿种矿床少,而伴生矿床多,具有多矿质来源、多种成矿叠加的特征,表现出了复杂的成因类型。据铜、镍矿种以往资料分析,可划分出如下几种成因类型(表6-2-1):

表6-2-1 铜镍矿典型矿床矿产预测类型划分一览表

序号	典型矿床	矿产预测类型	成矿时代	矿种	预测方法类型	预测工作区
1	磐石红旗岭铜镍矿床	红旗岭式基性—超基性岩浆熔离-贯入型	印支期、海西期	Cu、Ni	侵入岩体型	红旗岭、双凤山、川连沟-二道岭子、大山嘴子
2	通化赤柏松铜镍矿床	赤柏松式基性—超基性岩浆熔离-贯入型	前寒武纪	Cu、Ni	侵入岩体型	赤柏松-金斗、大肚川-露水河
3	桦甸漂河川铜镍矿床	红旗岭式基性—超基性岩浆熔离-贯入型	印支期	Cu、Ni	侵入岩体型	漂河川
4	和龙长仁铜镍矿床	红旗岭式基性—超基性岩浆熔离-贯入型	海西期	Cu、Ni	侵入岩体型	六颗松-长仁
5	白山杉松岗铜钴镍矿床	杉松岗式沉积变质型	前寒武纪	Cu、Ni	变质型	荒沟山-南岔
6	通化二密铜矿床	二密式斑岩型	燕山期	Cu	侵入岩体型	赤柏松-金斗、二密-老岭沟
7	白山大横路铜钴矿床	大横路式沉积变质型	前寒武纪	Cu,Co	变质型	荒沟山-南岔

(1)基性—超基性岩浆熔离-贯入型铜镍矿床,以铜、镍为主,是一种与基性—超基性岩有关的矿床。表现有侵入熔浆就地熔离和深部分异矿浆贯入成矿两种作用。基性—超基性岩浆活动受区域性深大断裂控制。在北部槽区集中产于槽台分界线——开原-和龙深大断裂北侧吉林褶皱系边缘活动带中,侵入围岩为下古生界呼兰群(青龙村群)变质岩系,主要成矿期为海西早期;在南部台区,基性—超基性岩浆侵入活动受古元古代裂谷盆地边缘本溪-浑江深断裂控制,产于其北侧龙岗陆核穹隆构造的边缘,侵入围岩为四道砬子河岩组古志片麻岩,侵入时代为阜平—五台构造活动期。典型矿床主要有红旗岭硫化铜镍矿床、桦甸漂河川铜镍矿床、和龙长仁铜镍矿床及赤柏松硫化铜镍矿床。

(2)斑岩型铜矿床,以铜、铜金、铜钼占主导,是与浅成—超浅成中酸性花岗质斑岩体(或次火山岩体)有关的矿床。含矿岩体本身富含成矿元素,并随同源岩浆的侵入演化而成矿元素浓集增高,成矿多以晚期阶段活动成矿。岩浆活动受区域性复合断裂控制。成矿期多发生在印支期和燕山期,且以后者为主。典型矿床主要有二密铜矿床、小西南岔铜金矿床、大黑山铜钼矿床。

(3)沉积变质型铜镍矿床,具有层控矿床特征,古元古界老岭岩群珍珠门岩组白云质大理岩和下古生界寒武系—奥陶系泥砂岩、碳酸盐岩建造为矿源层。北东向区域性断裂为控岩、控矿构造,矿体产于层间构造破碎带或断裂中。典型矿床主要有白山杉松岗铜钴镍矿床、白山大横路铜钴矿床。

按矿产预测类型,对赤柏松大型硫化铜镍矿床、红旗岭硫化铜镍矿床、白山市杉松岗铜钴(伴生镍)矿床、通化二密铜矿床分述如下。

一、磐石红旗岭铜镍矿床

(一)典型矿床成矿地质特征

1. 矿田地质简述

红旗岭硫化铜镍矿床位于吉林褶皱系南部边缘活动带东西成矿亚带西段。这一成矿亚带分布在南部地台与北部地槽过渡地带。基性、超基性岩体的侵入均受两大地质构造单元分界线开源-和龙深大断裂控制。已知主要铜镍矿田(红旗岭、漂河川、长仁-獐项等)明显集中产于这一深大断裂的北侧槽区边缘活动带。下古生界呼兰群与青龙村群为一套变质中酸性火山喷发建造和以碳酸盐岩为主的沉积建造。老变质岩地层中,基性、超基性岩浆活动主要发生在中志留世末期加里东运动地层面返褶皱期和海西早期,晚期槽台间深断裂第二期、第三期构造活动期。红旗岭基性、超基性岩群位于呼兰复式背斜东南部,受辉发河深大断裂与其北西侧次级北西向区域性压性断裂带(黑石镇-烟筒山及桦甸-双河镇断裂)联合控制(图6-2-1)。岩群产出因受北西向构造控制而分带展布,由西南向北东可划分为Ⅰ、Ⅱ、Ⅲ共3个北西向岩带。Ⅰ号岩带有13个岩体,Ⅱ号岩带有17个岩体,Ⅲ号岩带有5个岩体,共计35个(不包括其外围岩体)。岩体形态多样,有盆状、单斜状、脉状及墙状等。岩石类型包括辉长岩-辉石岩-橄榄岩型和角闪岩-角闪辉石岩-角闪辉长岩型两类岩体。区内前者多属含矿岩体,Ⅰ号岩带岩体多为此类岩体,而Ⅱ、Ⅲ号岩带岩体多属后种类型,成岩时代各带岩体亦不相同。Ⅰ号岩带岩体多为海西早期侵位,而Ⅱ、Ⅲ号岩带岩体则多为加里东期和海西晚期。

红旗岭矿田共有含矿岩体6个(包括1号、2号、3号、新3号、7号、9号岩体),这些含矿岩体均分布在Ⅰ号岩带之内。大型矿床2个(1号、7号岩体),小型矿床4个(2号、3号、新3号、9号岩体)。矿床成因类型是以深成矿浆贯入为主,就地结晶熔离成因为次。

2. 1号、7号含矿岩体大型硫化铜镍矿床地质特征

1)红旗岭1号含矿岩体

1号含矿基性—超基性岩体位于岩区Ⅰ号岩带的中部。岩体属于辉长岩-辉石岩-橄榄岩-橄辉岩类型,于海西早期侵入位于下古生界呼兰群黑云母片麻岩、角闪片岩等变质岩系中。出露面积0.2km²,平面呈似纺锤型,走向北西40°,长980m,宽150~280m,延深560m。岩体横断面形态为似盆状,纵断面呈一向北西侧侧伏的不对称岩盆状,北西端倾角75°,南东端倾角36°,岩体埋深由南而北逐渐变深,于南端翘起处矿化强,铜、镍富集(图6-2-1)。

1号岩体在平面上由里向外可划分出3个同心椭圆状岩相带,依次为辉长岩相、辉石岩相—橄榄岩相、橄辉岩相。三者体积比为1:95:4。早期研究认为,3个岩相为彼此过渡结晶相变关系,但近年来研究认为三者之间是侵入或隐蔽侵入接触关系,总体应是一个复式岩体。各相带岩石蚀变不强,次闪石

化、蛇纹石化、滑石化、黑云母化及绿泥石化等蚀变与矿化关系密切。含矿岩相有辉石岩相和橄榄岩相（橄辉岩相），矿体主要赋存于橄榄岩相中。金属硫化物平均在35%左右，由上至下其含量有逐渐增加的趋势。其中，辉长岩相金属硫化物含量甚微，呈极细乳滴状散布于造岩矿物颗粒之间。含长辉橄岩相中有"上悬透镜状"与"底部似层状"矿体，前者规模小，品位低，工业意义不大；后者位于岩体底部，与岩体呈渐变过渡关系，矿石以稠密浸染型与海绵陨铁构造为特征。无论是上悬矿体抑或底部矿体，矿石均由磁黄铁矿（60%）、镍黄铁矿（35%）与黄铜矿（5%）组成。在矿石中Ni/Cu=2:3。此外，在含长橄辉岩相中还赋存有"底部似层状"矿体，其形态与产状变化同所在岩相一致。矿化在岩体东南端翘起部位含长橄辉岩相中最强，铜、镍品位最高。矿石矿物组合除了磁黄铁矿（60%）、镍黄铁矿（30%）与黄铜矿（5%）外，尚见少量斑铜矿、黄铁矿及砷镍矿。矿石中Ni/Cu=5:3。岩体中矿体分布特征详见图6-2-1。

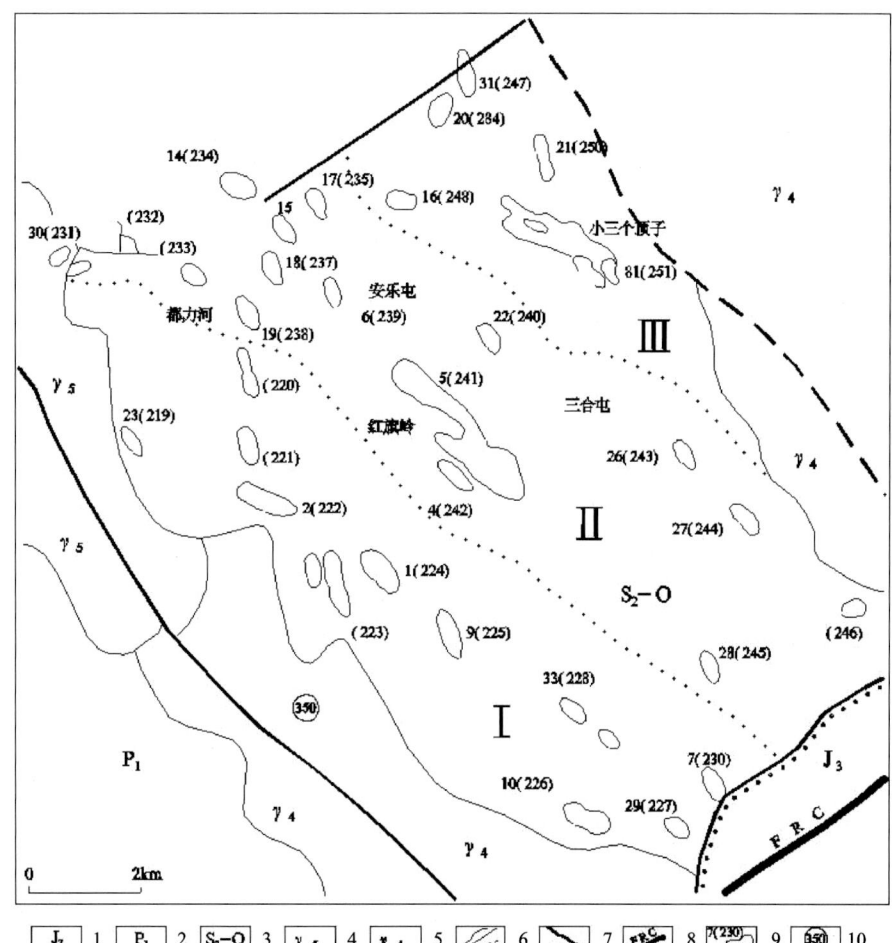

图6-2-1　红旗岭铜镍矿床地质图（引自张秋生等，1986）

1.上侏罗统火山碎屑岩；2.下二叠统砂岩、板岩、灰岩；3.中志留统至奥陶系呼兰群变质岩系（片岩及大理岩）；4.燕山期钾长花岗岩；5.海西期黑云母花岗岩及花岗闪长岩；6.实测及推测一般性断裂；7.区域性大断裂；8.岩石圈断裂；9.中性—基性—超基性岩体（杂岩体）界线、编号；10.岩体同位素年龄值（Ma）

研究认为，含长辉橄岩中底部矿体与含长橄辉岩中底部矿体成因是不同的，前者以就地结晶熔离作用形成为主，而后者为深成富硫化物矿浆贯入成因。

2) 7号含矿岩体

7号含矿岩体位于红旗岭岩区Ⅰ号岩带的南东端，辉发河深大断裂北西侧边部，侵入围岩为下古生界黄莺屯组黑云母片麻岩、角闪斜长片麻岩及大理岩等，与围岩呈构造接触。岩体东南端被古近系砂砾岩层掩盖。岩体呈岩墙状北西60°方向产出。岩体控制长750m（地表出露长275m），宽28.5m，控制延深533m,倾向北东,倾角75°～80°。岩体属斜方(顽火)辉石岩类型,岩相以斜方辉岩相为主,岩体边缘发育有少量混染成因的苏长岩。此外,尚有后期辉橄岩浆和纯硫化物矿液沿断裂贯入。

金属硫化物矿化遍及整个岩体,故岩体即是矿体(称之为"满罐式"),成矿规模达到大型(Ni金属量达$20.6×10^4$t),成为吉林省"小岩体有大矿床"的典型范例。斜方辉石岩中矿化特征与1号岩体中橄辉岩矿化相同,在此重点对脉岩中矿化和脉状矿体的矿化特征简述。橄榄岩脉中稠密浸染型矿化产于接触带附近的斜方辉岩内的纵向节理中,作为脉石矿物的橄榄石几乎全部蛇纹石化。已知矿脉厚10m,向两端变薄,水平延长250m,延深200m。金属硫化物呈稠密浸染状及海绵陨铁构造。硫化物含量占20%,矿物组合为磁黄铁矿(56%)、镍黄铁矿(39%)、黄铜矿(5%),三者含量比为11.2:7.8:1。矿石平均含量Ni 3.43%、Cu 0.66%、Ni/Cu=5.2;纯硫化物矿脉产于斜方辉岩与橄榄岩脉接触破碎带内,三者皆为侵入接触关系。矿脉控制长约100m,宽1～2m,延深150m。矿石多为致密块状、斑点状构造。金属矿物亦由磁黄铁矿(58%)、镍黄铁矿(35%)、黄铜矿(7%)组成,三者含量比为8.7:5:1。

研究认为,7号"满罐式"含矿岩体应属于深熔分异富硫化物熔浆直接贯入成因;纯硫化物型矿脉则为富硫化物熔浆最后分异出的残余含矿流体沿岩体边部断裂构造上侵而形成。

(二)地球物理特征

1. 矿床所在区域重磁场特征

1)区域重力异常

红旗岭基性—超基性岩体群所处区域布格重力场为在负背景场上产出的海龙-黑石北东向重力低异常带的北西侧,呈北西向展布的红旗岭-三道岗重力高异常带的东南端(图6-2-2)。在剩余重力异常图上,该重力高异常带,长约40km,宽约20km,其内可分解出红旗岭、茶尖岭和三道岗3个北西走向的局部剩余重力高异常。这3个剩余重力高异常区恰是红旗岭、茶尖岭和三道岗3个基性—超基性岩体群分布区。其中红旗岭岩区重力高异常形态呈北西向的规则椭圆状,长约10 km,宽8 km,其四周被二道岗、西半截河、黑石等重力低异常围合,并在高低异常之间呈现明显的线性重力梯度带,在区内北东向梯度带有团林镇-蛟河口乡-黑石镇、富太镇-呼兰镇和茶尖岭-呼兰镇3条,北西向有松山镇-富太镇-石嘴镇、五道沟-呼兰镇-驿马镇2条。红旗岭剩余重力高异常位于北东向和北西向两组重力梯度带切割成的菱形断块区内。

经与地质和矿产资料关联,红旗岭基性—超基性岩体群(共计35个岩体)均分布在该重力高异常区内。红旗岭矿田赋存有大型硫化铜镍矿床2个(1号、7号岩体),小型矿床4个(2号、3号、新3号、9号岩体),呈北西向带状展布在红旗岭重力高异常区的南西侧。红旗岭-三道岗重力高异常带分布基本上与呼兰群倾伏背斜吻合,出露地层主要为上寒武统黄莺屯组斜长片麻岩、黑云斜长变粒岩、角闪斜长变粒岩和蓝晶石片岩,以及下、中奥陶统小三个顶子组变质砂岩、石英砂岩、粉砂岩与结晶灰岩、大理岩及少量火山岩。此外,在其西南侧茶尖岭一带还出露有中、上二叠统石盒子组中酸火山岩、砂砾岩夹灰岩透镜体。区内早、晚古生代浅变质岩系是红旗岭基性—超基性岩的主要侵入围岩。依据区域物性资料分析,红旗岭重力高异常主要为古生界引起,区内基性—超基性岩体群大量侵入增加了古生界的基性程度,亦是引起重力高异常的重要地质因素。此外,前述北东向和北西向两组重力梯度带均是已知断裂构造引起,这两组断裂控制了矿田的分布。其中团林-蛟河口-黑石镇断裂是敦-密区域性深大断裂带组成部分,也是深源岩浆上侵的通道,而其北西向次级断裂为储岩、储矿构造。总之,本区1:25万区域重力异常特征指示了矿田的分布范围,以及矿田构造体系的基本特征。受北东向和北西向两组重力梯度带控制的重力高异常是红旗岭矿田区域性重力异常找矿标志。

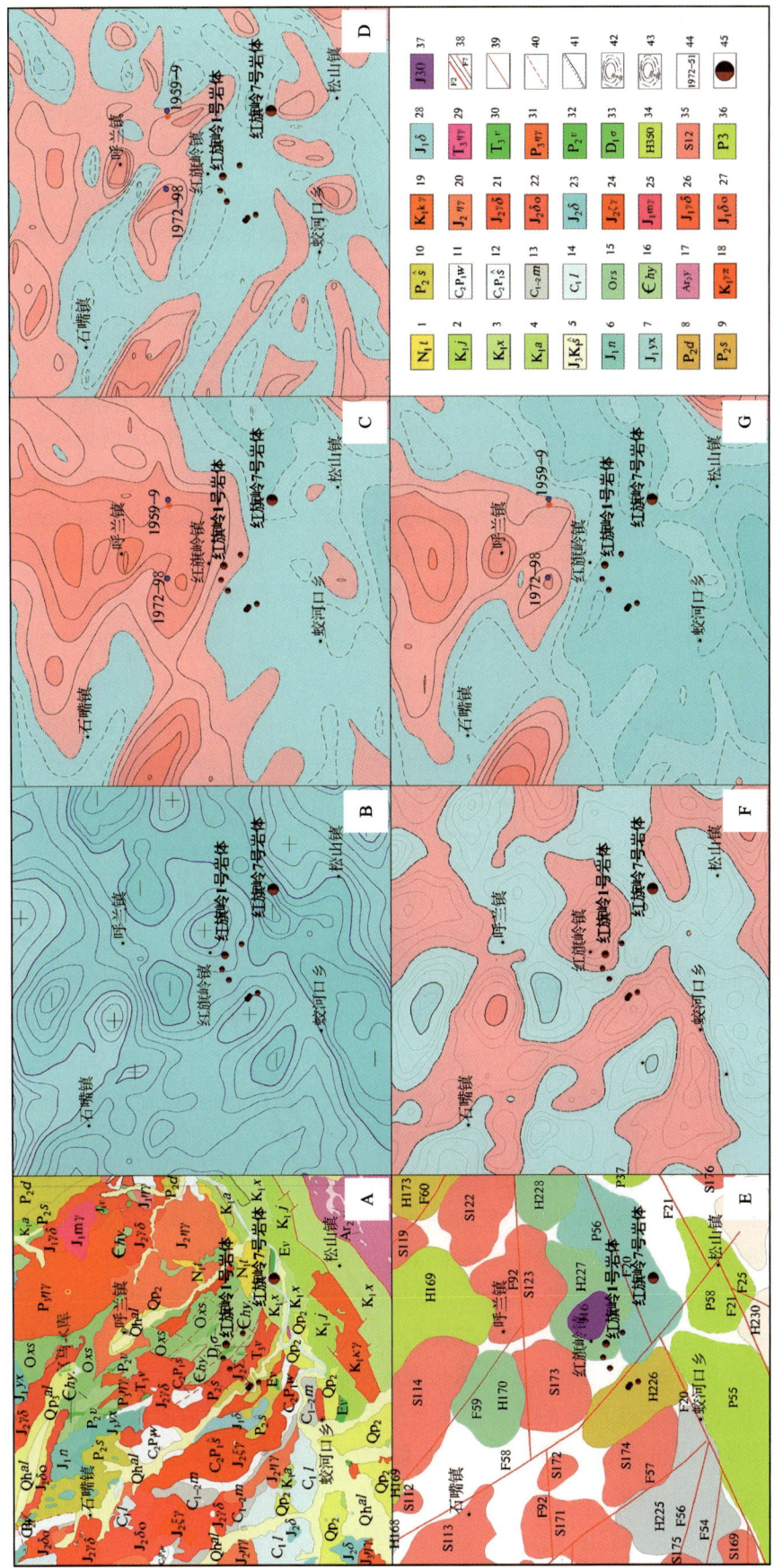

图 6-2-2 红旗岭典型铜镍矿床所在区域地质及矿产及物探剖析图

A. 地质矿产图；B. 布格重力异常图；C. 航磁 ΔT 异常图；D. 航磁 ΔT 化极垂向一阶导数等值线平面图；E. 剩余重力异常图；F. 重磁 ΔT 化极等值线平面图；G. 航磁 ΔT 化极等值线平面图

1. 土门子组；2. 金家屯组；3. 小南沟组；4. 安民组；5. 石人组；6. 南楼山组；7. 玉兴屯组；8. 大河深组；9. 寿山沟组；10. 石盒子组；11. 宽瓜地组；12. 石嘴子组；13. 磨盘山组；14. 鹿圈屯组；15. 小三个顶子组；16. 黄莺屯组；17. 杨家店岩组；18. 早白垩世花岗斑岩；19. 早白垩世碱长花岗岩；20. 中侏罗世二长花岗岩；21. 中侏罗世花岗闪长岩；22. 中侏罗世石英闪长岩；23. 中侏罗世石英闪长岩；24. 中侏罗世正长花岗岩；25. 早侏罗世白云母二长花岗岩；26. 早侏罗世花岗闪长岩；27. 早侏罗世石英闪长岩；28. 早侏罗世花岗闪长岩；29. 晚三叠世二长花岗岩；30. 晚三叠世辉石岩、中酸性岩体；31. 晚二叠世二长花岗岩；32. 中侏罗世正长花岗岩；33. 中侏罗世辉长岩；34. 橄榄岩；35. 重磁断裂地层及注记；36. 重磁推断盆地及注记；37. 重磁推断基性超基性岩体、中酸性岩体；38. 重磁推断断裂及注记；39. 实测断层；40. 推测断质不明断层；41. 实测角度不整合界线；42. 布格重力异常、剩余重力异常等值线及注记；43. 航磁异常等值线及注记；44. 甲、乙类航磁异常点及编号；45. 铜镍矿床（点）

2)航磁异常特征

红旗岭矿田1:25万航磁异常特征不甚明显,处在红旗岭-二道岗北西向高磁异常带的南西侧边缘(图6-2-2)。在航磁化极图上,矿田分布在北西向正负磁场间梯度带内。然而,垂向一阶导数正负磁异常分布和结构展现呈一定的规律性。红旗岭矿田位于团林-蛟河口-黑石北东向呈串珠状正磁异常带的北西侧,蛟河口-细林-牛心和五道河-呼兰-驿马两条北西向高磁异常带间红旗岭-石嘴子北西向负磁异常带的南东段。负磁异常带北西长约30km,宽约20km,异常平缓、低弱,最小强度为-50nT。在前述两条高磁异常带之间的局部磁异常(正、负)走向多为北西向,其外侧多为近东西向。而且正负异常之间线性零等值线方向随异常走向不同而有所改变,在负异常区内的线性零值线方向多以北西向为主。

在1:5万航磁异常图上,各矿段均处于负磁场区上的强度较弱的局部相对高异常的边部。从图6-2-3中可以看出,重磁局部正负剩余异常之间有密切的负相关关系。重力正、负异常与航磁负、正异常相对应。由此指出,引起重、磁异常的地质因素有着同源性。经与地质关联,负航磁异常带多半是由古生代变质岩地层引起。古生代地层是本区基性—超基性岩浆侵入的主要围岩,因此,区内负磁异常(相对重力高异常)控制了该区基性—超基性岩的产生,具有间接找矿意义。高磁异常主要由加里东期、海西期及燕山期中性—酸性花岗岩侵入体引起,各相岩浆活动受北西向、北东向和东西向3组构造控制。北东向岩体产出受区域性团林-蛟河口-黑石深大断裂(敦-密断裂)控制;北西向岩体主要沿蛟河口-牛心乡、黑石-烟筒山及五道沟-呼兰-驿马等北西向断裂产生。区域航磁异常特征指示,北东向和北西向两组断裂构造交切的块状负磁场区控制了红旗岭硫化铜镍矿田的分布,北东向深大断裂是深源岩浆活动的通道,而北西向断裂是基性—超基性岩的储岩构造。

2. 1号、7号含矿岩体物探异常特征

红旗岭1号、7号含矿岩体2个大型硫化铜镍矿床的发现,是地质与物化探相结合的结果。其中综合物探方法(磁法、重力、激电、自然电位)应用,对于快速发现岩体、评价岩体的含矿性起到了重要作用。

1)1号含矿岩体

矿区详查结果表明,重力、磁法在1号含矿岩体上均有明显的异常反映(图6-2-4),剩余重力异常等值线以零值线圈闭的异常范围、形态与岩体相一致,反映了二者内在的相关性。地面磁测以200nT等值线圈定的高磁异常亦与岩体形态、范围相吻合。异常呈北西向长椭圆形,强度由北向南逐渐升高,最高达1000nT,异常强度变化与岩体岩相变化具有一定的相关性,大体随岩性基性度增大而升高。200~600nT范围与辉长岩相分布一致,600~800nT与辉石岩相大体吻合,大于800nT则与橄榄岩相相对应。由此可见,地面大比例尺磁测除了能发现和圈定具有一定规模的岩体外,尚对其岩相划分具有一定的效果。

在1号含矿岩体上,激电中梯、视电阻率联合剖面及自然电位结构取得了一定的找矿效果(图6-2-5)。激电中梯η_s曲线在1号岩体上出现明显的高值异常反映,强度一般为5%~10%,最高可达38%。异常形态在岩体变窄处呈单峰状,而在变宽处则出现鞍型异常(即在岩体边缘叠加有局部在10%~20%强度的高峰状异常),而岩体围岩η_s曲线平稳低缓,强度仅在2%~3%之间。经分析认为,岩体与围岩电化学活动性的差异主要为岩体电子导体含量相对围岩增高所引起,异常与岩体普遍的磁黄铁矿化关系更为密切。在岩体南端和其西侧边缘高峰状异常多与硫化铜镍矿体赋存部位相一致,推断异常是由矿体引起。此外,自然电位测量在岩体南端出露的氧化矿体上产生强度达-400mV的自然电位异常,异常机制无疑与硫化铜镍矿化强度高和氧化还原界面浅(潜水面)有关。总之,岩体金属硫化物富集是引起激电和自然电位异常的主导因素,因此,激电和自然电位异常对于评价1号岩体的含矿性具有一定的作用。

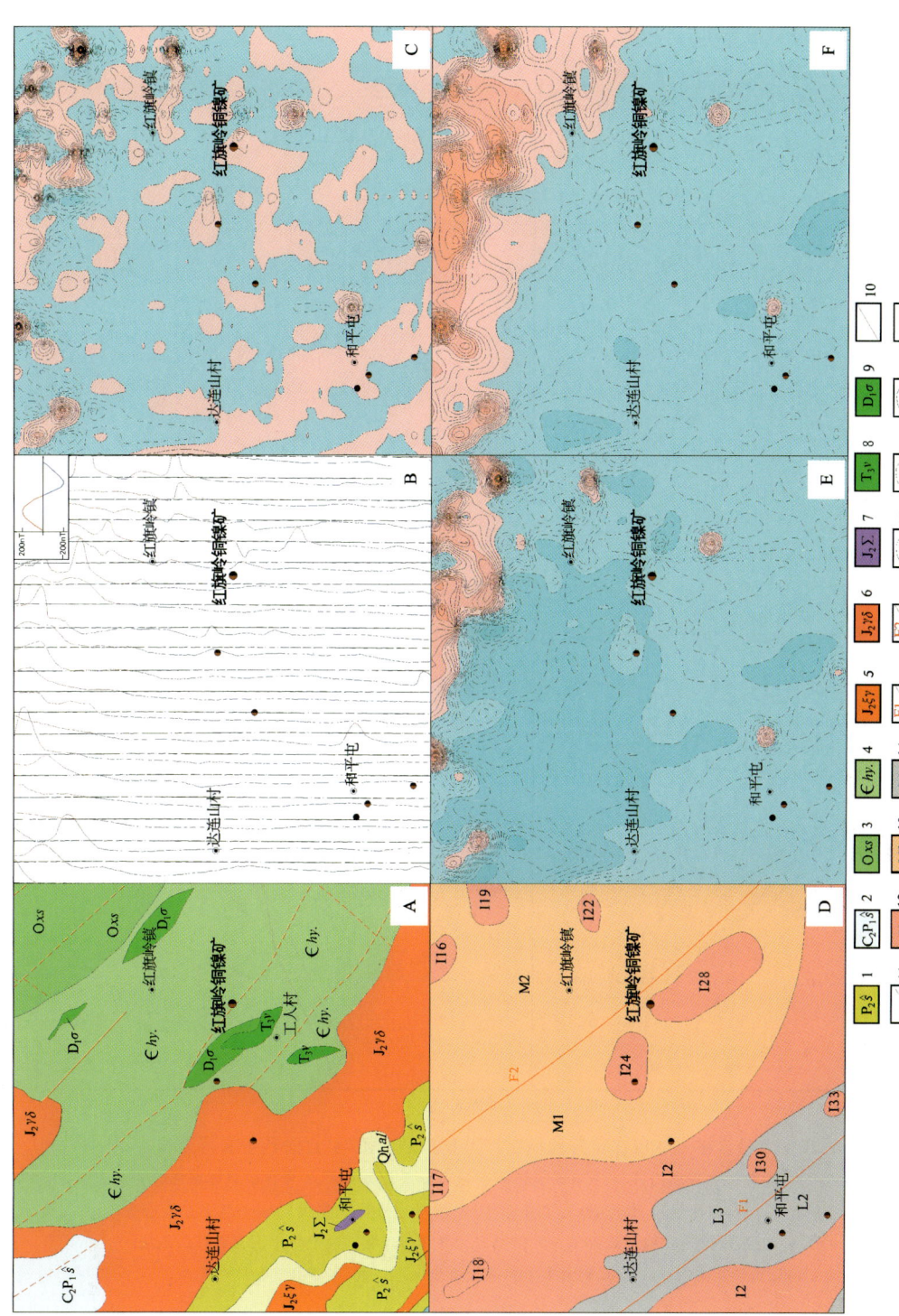

图 6-2-3 红旗岭典型铜镍矿床所在地区地质矿产及物探综析图

A. 地质矿产图；B. 航磁ΔT剖面平面图；C. 航磁ΔT化极平面图；D. 航磁推断地质构造图；E. 航磁ΔT化极等值线平面图；F. 航磁ΔT等值线平面图
1. 石盒子组；2. 石嘴子组；3. 小三个顶子组；4. 黄莺屯组；5. 中侏罗世正长花岗岩；6. 中侏罗世花岗闪长岩；7. 中侏罗世酸性岩体及注记；8. 晚三叠世辉长岩；9. 早泥盆世辉长岩；10. 实测性质不明断层；11. 推测性质不明断层；12. 推测断变质岩体及注记；13. 磁法推断变质岩地层及注记；14. 磁法推断火山岩地层及注记；15. 磁法推断二级断裂及注记；16. 磁法推断三级断裂及注记；17. 航磁异常零等值线；18. 磁法推断二级断裂及注记；19. 航磁异常负等值线；20. 铜镍矿

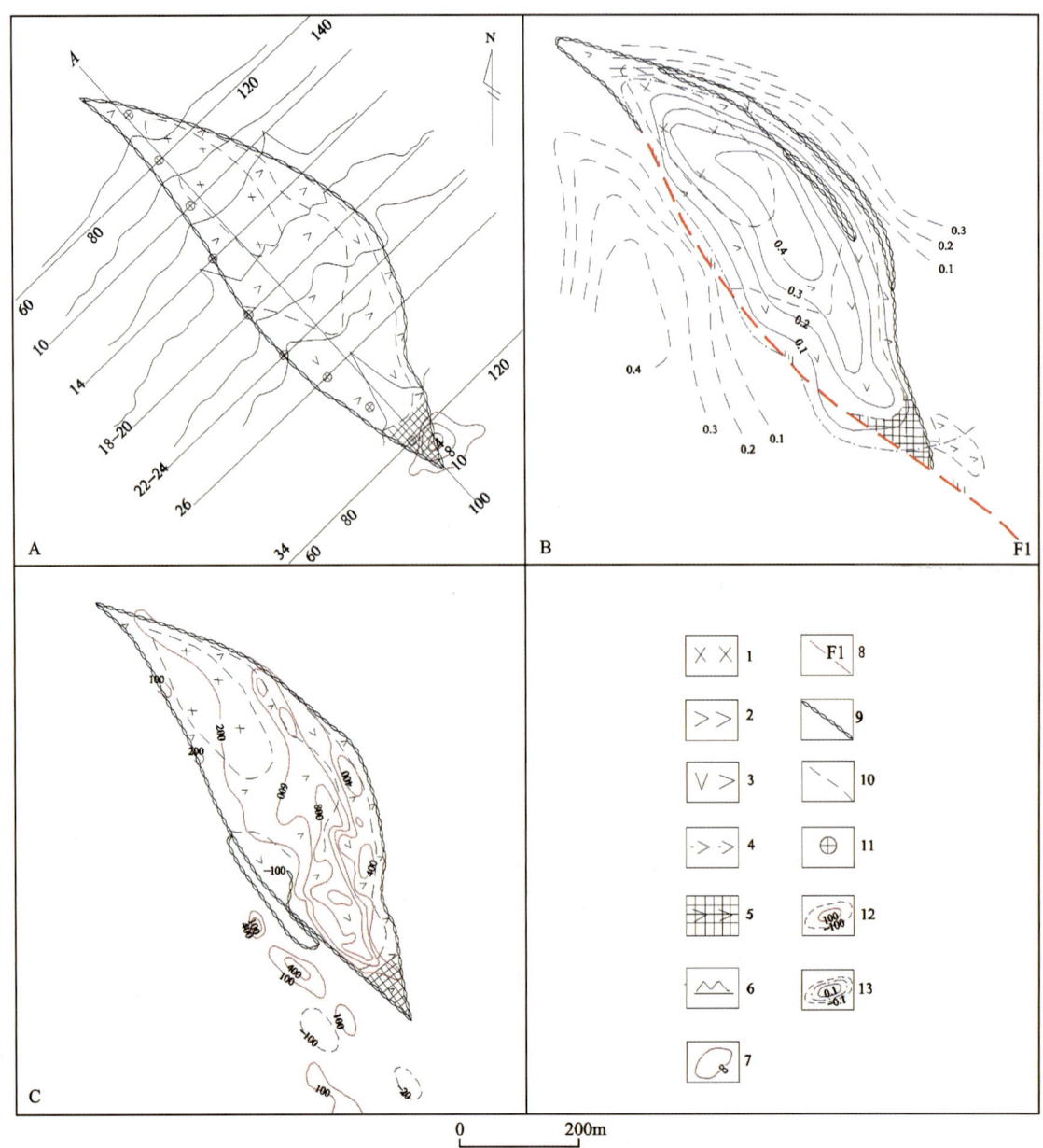

图 6-2-4 红旗岭铜镍矿 1 号含矿岩体所在位置地质矿产及物探剖面图(引自张秋生和傅万城等,1986)
A.1 号含矿岩体激电、自然电位综合平面图;B.1 号含矿岩体剩余重力异常平面图;C.1 号含矿岩体磁法综合平面图
1.辉长岩;2.辉石岩;3.辉石橄榄岩;4.橄榄岩;5.工业矿体;6.激电视极化率曲线(1cm=10%);7.自然
电位等值线(mV);8.断层及编号;9.构造破碎带;10.推断岩相界线;11.联剖视电阻率正交点;12.磁法
ΔZ 正、负异常曲线(nT);13.剩余重力异常等值线,即正、负、零等值线(g)

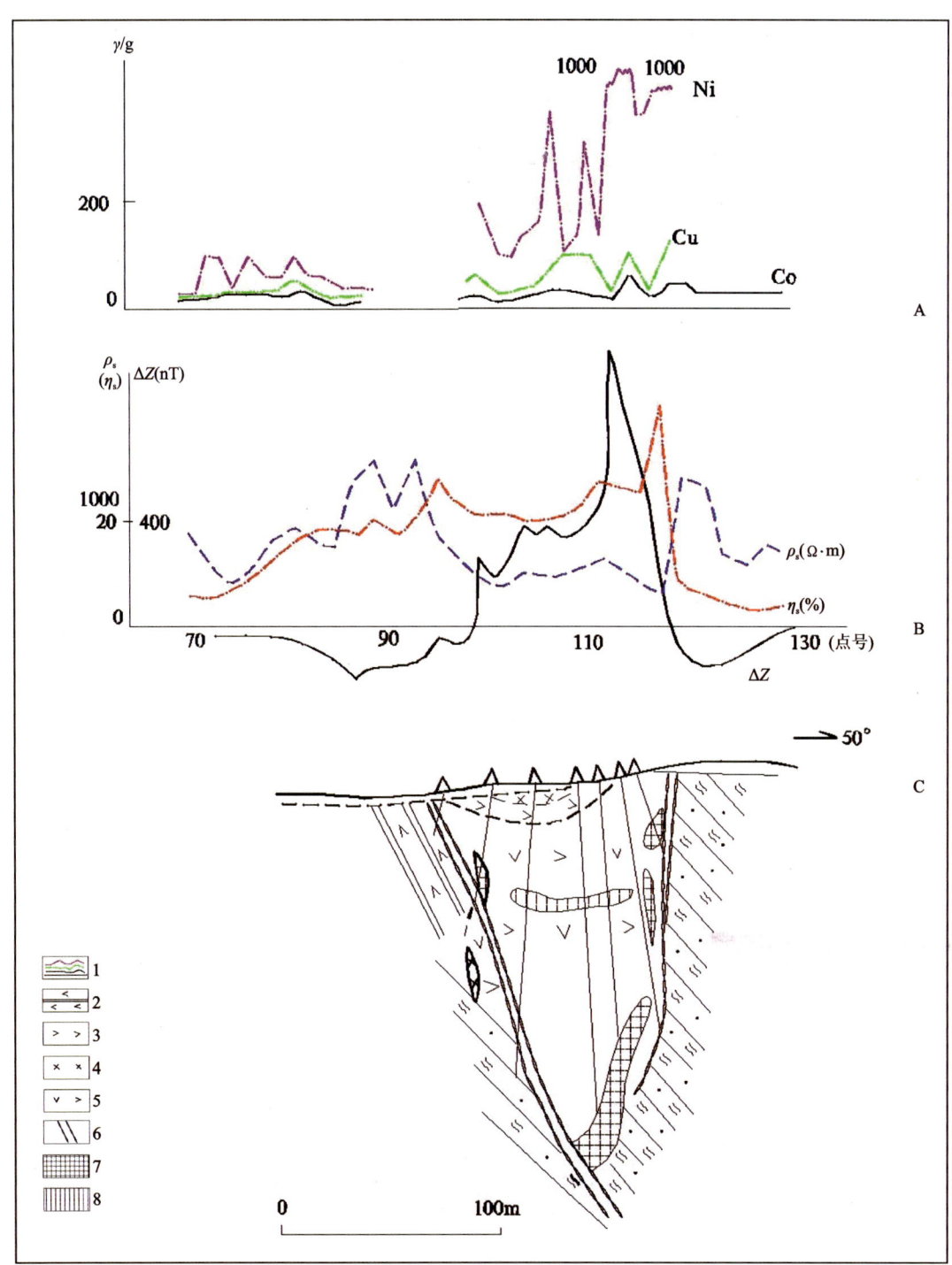

图 6-2-5 红旗岭铜镍矿 1 号含矿岩体综合剖面图(引自张秋生和傅万城等,1986)

A.化探 Ni、Cu、Co 异常曲线;B.激电视电阻率、视极化率、地磁异常曲线;C.地质剖面图

1.黑云母片麻岩;2.角闪片岩;3.辉岩;4.辉长岩;5.灰榄岩;6.破碎带;7.工业矿体;8.上悬矿体

2)7 号含矿岩体

7 号岩体硫化铜镍矿床是深熔分异出的富含铜镍熔浆直接贯入形成的"满罐式"单一的矿体,其大比例尺综合物探方法异常特征要比 1 号岩体就地熔离分异成因矿床的异常更为直观、简单、明显(图 6-2-6)。剖面上的地磁异常(ΔZ)、激电异常(η_s)、视电阻率异常(ρ_s)和自然电位异常(V)均直接由含矿岩体(矿体)所引起(图 6-2-7)。因此,两高(ΔZ、η_s)和两低(ρ_s、V)异常组合成为该成因类型矿床的找矿

标志。本次工作在矿区采用快速、简捷的地面磁测和自然电位常规方法有效地圈定与评价了7号含矿岩体的空间分布。地面磁测以300nT等值线圈闭的异常和自然电位法以－10mV电位等值线圈闭异常范围和形态基本重合,并且与7号含矿岩体水平地面投影形态、范围相吻合。磁测、激电异常引起机制主要与岩体富含磁黄铁矿、镍黄铁矿、黄铜矿等金属硫化物有关。由此看出,对于圈定浅埋深的"满罐式"矿化岩体,采用简捷、轻便的常规经典物探手段(磁法、自然电位)便可取得满意的地质效果。

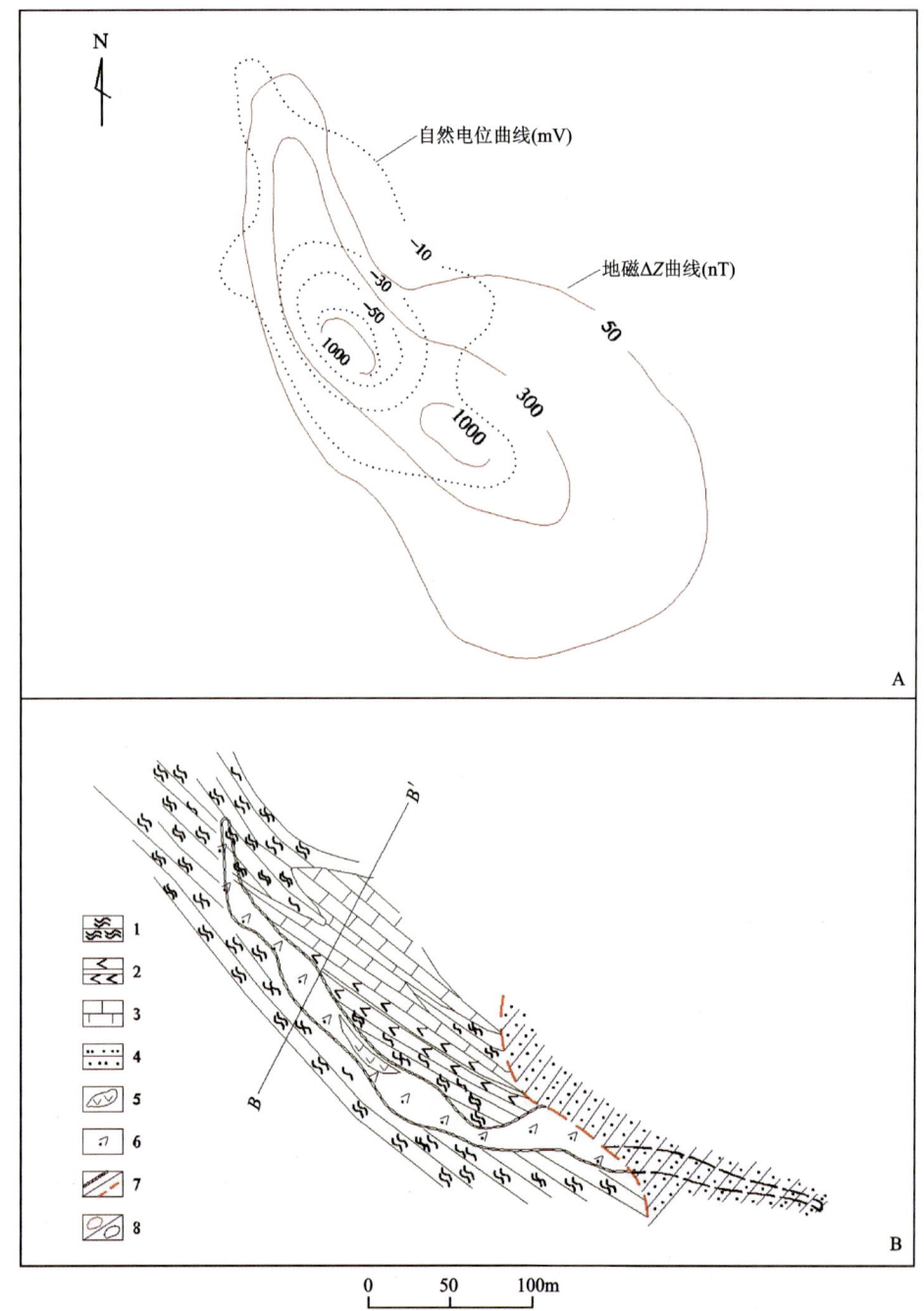

图 6-2-6 红旗岭铜镍矿7号含矿岩体所在位置地质及物探剖面图(引自张秋生和傅万城等,1986)

A.地磁 ΔZ 等值线、自然电位异常等值线图;B.7号含矿岩体地质图

1.黑云母片麻岩;2.角闪片岩;3.大理岩;4.砂砾岩;5.橄榄岩脉;6.斜方辉岩;7.构造破碎带断层;8.地磁 ΔZ 异常/自然电位异常等值线

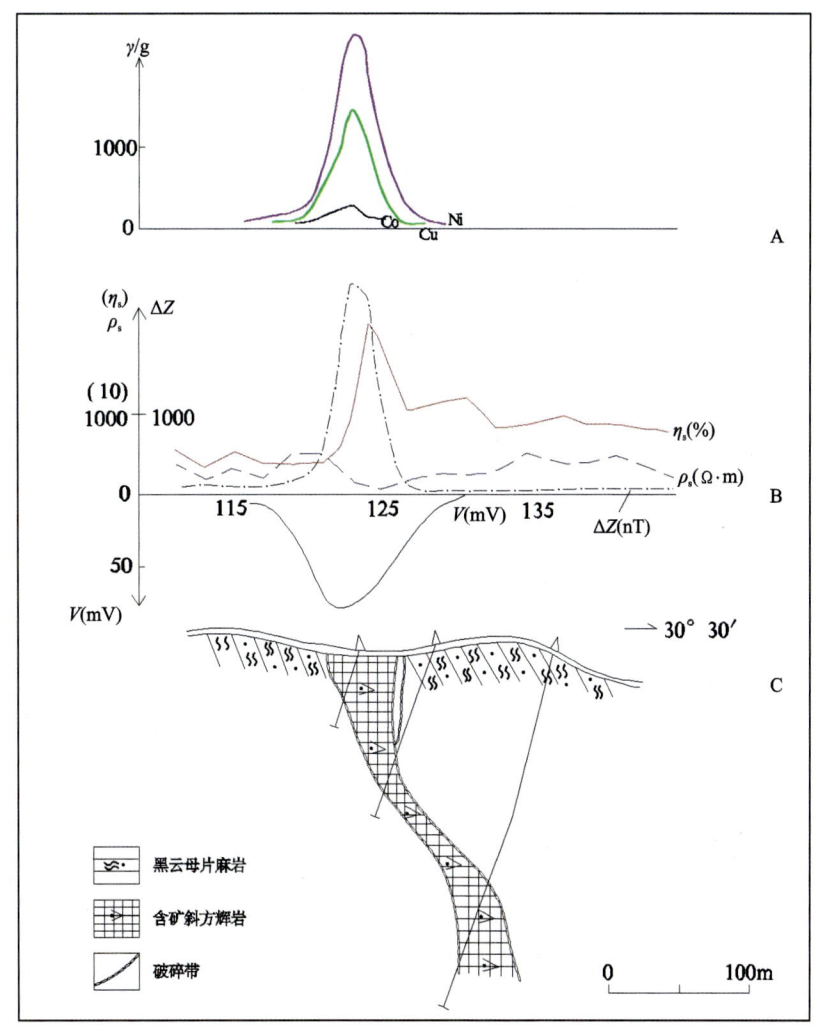

图 6-2-7　红旗岭铜镍矿 7 号含矿岩体典型矿床勘探综合剖面图
（引自张秋生和傅万城等，1986）
A.化探 Ni、Cu、Co 异常曲线；B.激电中间梯度视极化率、视电阻率地磁 ΔZ、
自然电位异常曲线；C.地质剖面图

（三）磐石市红旗岭铜镍矿床地质-地球物理找矿模型

综合上述矿床地质特征和地球物理异常特征，可归纳总结出矿床地质-地球物理找矿模型，见表 6-2-2。

表 6-2-2　磐石市红旗岭铜镍矿床地质-地球物理找矿模型表

地质条件	构造环境	位于天山-兴蒙-吉黑造山带（Ⅰ）包尔汉图-温都尔庙弧盆系（Ⅱ）下二台-呼兰-伊泉陆缘岩浆弧（Ⅲ）盘桦上叠裂陷盆地（Ⅳ）内。辉发河超岩石圈断裂不仅是两构造单元的分界线，也是含镍基性—超基性侵入岩体的导岩（矿）构造，与之有成因联系的北西向次一级断裂为储岩（矿）构造
	岩石组合	辉长岩-辉石岩-橄榄岩型与斜方辉石岩-苏长岩型为主要的含矿岩体
	构造标志	区域上受槽、台两大构造单元接触带辉发河-古洞河超岩石圈断裂控制，是区域导岩构造。与辉发河-古洞河超岩石圈断裂有成因联系的次一级北西向断裂是控岩控矿构造

续表 6-2-2

地球物理标志	重力	在重力异常图上，红旗岭基性—超基性岩群所处区域布格重力负背景场上产出的海龙-黑石北东向重力低异常带的北西侧红旗岭-三道岗呈北西向展布的重力高异常带的东南端。红旗岭矿田赋存有大型硫化铜镍矿床 2 个，小型矿床 4 个，呈北西向带状展布在红旗岭重力高异常区的南西侧。红旗岭-三道岗重力高异常带分布基本上与呼兰倾伏背斜吻合，出露地层主要为下古生界寒武系、奥陶系变质岩地层。海龙-黑石北东向重力低异常带为敦-密区域性深大断裂带组成部分，是深源岩浆上侵的通道，而其北西向次级断裂为储岩、储矿构造
	磁法	在 1∶5 万航磁异常图上，各矿床均处于负磁场区上的强度较弱的局部相对高异常的边部
	电法	激电中梯在 1 号岩体上出现明显极化率高值异常，强度一般 5%～10%，最高可达 38%。异常形态在岩体变窄处呈现单峰状而在变宽处则出现"鞍型"异常，而岩体围岩 η_s 曲线平稳低缓，强度仅在 2%～3%之间。异常与岩体普遍磁黄铁矿化极为密切。在岩体南端和其西侧边缘高峰状异常多与硫化铜镍矿体赋存部位一致，推断异常是由矿体引起。此外，自然电位测量在岩体南端出露的氧化矿体上产生强度达－400mV 的异常。总之，岩体金属硫化物富集是引起激电和自然电位异常的主导因素，因此，激电和自然电位异常对评价 1 号岩体的含矿性起到了一定的作用

二、通化赤柏松铜镍矿床

（一）典型矿床成矿地质特征

1. 地质构造环境及成矿条件

矿床位于前南华纪华北东部陆块（Ⅱ），龙岗-陈台沟-沂水前新太古代陆核（Ⅲ），板石新太古代地块（Ⅳ）内的二密-英额布中生代火山-岩浆盆地的南侧。

（1）地层：区内地层主要以太古宙地体表壳岩为主，主要岩性为黑云斜长片麻岩、斜长角闪岩夹浅粒岩、透闪石岩及麻粒岩，变质程度较深，属高级角闪岩相与麻粒岩相，多被太古宙云英闪长岩侵入，仅以包体存在于云英闪长岩中。矿区东侧湾湾川一带表壳岩以片状斜长角闪岩、浅粒岩为主，多被钾长花岗岩侵入。

（2）侵入岩：太古宙早期中酸性岩浆活动强烈，区域内形成大面积奥长花岗岩和英云闪长岩，现已被改造成片麻状花岗岩类和闪长岩类。

本区基性岩分布广泛，第一期基性岩（>2500Ma）多呈岩床、岩脉产出，由于受多期变质变形改造，具片理构造，片理产状与区域片理产状一致，如小赤柏松、高丽庙角闪岩和变质辉长岩等；第二期基性、超基性岩（古元古代<2500Ma）分布于三棵榆树、赤柏-金斗穹状背形核部，呈岩墙（脉）状南北向或北东向侵入到太古宙地体中，已知含矿岩体均属这一期。赋矿岩体类型主要有辉绿辉长岩-橄榄苏长辉长岩-二辉橄榄岩型、细粒苏长岩型、含矿辉长玢岩型，为多次侵入复合岩体，具深源液态分离及良好的就地分异，赋存铜镍矿，如赤柏松Ⅰ号矿体。

燕山期中酸性脉岩广泛分布，主要有钠长斑岩、花岗斑岩、闪长玢岩等，空间上与基性岩相伴，产状相似，切割基性岩体，反映了控岩构造的继承性。

赤柏松Ⅰ号基性岩体：侵入太古宙英云闪长岩中，呈岩墙状产出，地表长 4800m，宽 40～140m，面积 0.4km²，走向 5°～10°，北段倾向 63°～84°，中南段倾向转为 55°～86°，岩体北端翘起，向南东东方向侧状 45°左右。赤柏松 1 号基性岩体为同源岩浆多次侵入的基性—超基性复式岩体，由主侵入体与附加侵入体组成。

（3）构造：赤柏松矿区处于 2 个三级构造单元接触带，古陆核一侧褶皱、断裂构造发育。

褶皱构造:太古宙经历多期变质变形,表现在本区是 3 个穹状背形,即南侧三棵榆树背形,中部赤柏松-金斗穹状背形,东侧湾湾川背形,其褶皱轴走向分别为北东 50°、北西 20°、北西 40°。

断裂构造:本区主要断裂构造为本溪-二道江断裂,为铁岭-靖宇台拱与太子河-浑江陷褶断束的 2 个三级构造单元分界断裂,形成于五台运动末期,具多期活动特点,总体走向西段为东西向,东段转为北东向,赤柏松矿区位于转弯处内侧,其为控制区域上基性岩浆活动的超岩石圈断裂。

2. 矿体三维空间分布特征

Ⅰ号基性岩体的矿体产于岩体翘起的北端并向岩体侧伏方向延伸,矿体受岩相控制,产于斜长二辉橄榄岩中下部,由上部熔离成矿和下部贯入成矿叠加而成,贯入成矿则构成富矿部位。矿体与围岩界线为渐变过渡,矿体总体较完整,矿化均匀。

Ⅰ号岩体中铜镍矿体形态和产状受岩体控制,北端翘起,深部向南东东方向侧伏,倾伏角 45°左右。矿体地表长 200m,厚 24.72～31.45m,最大斜深 730m,斜长 1000m,深部最大厚度 51.6m,一般35.12～45.95m。

按矿体赋存的岩相、矿体形态、产状、矿石类型及成因将矿体划分 4 种类型:似层状矿体,位于侵入体底部斜长二辉橄榄岩中;细粒苏长辉长岩矿体,整个岩体都是矿体;含矿辉长玢岩矿体,岩体几乎均为矿体;硫化物脉状矿体,沿裂隙贯入于含矿辉长玢岩接触处,局部贯入近侧围岩中。

3. 矿石类型及矿物组合

(1)矿石类型:铜镍硫化物型。
(2)矿物组合:金属矿物有磁黄铁矿、镍黄铁矿、黄铜矿、黄铁矿、紫硫镍铁矿、辉镍矿、针镍矿、方黄铜矿、墨铜矿、白铁矿、毒砂、斑铜矿、方铅矿、辉钼矿、闪锌矿、磁铁矿、钛铁矿、铬尖晶石、赤铁矿、金红石、钙钛矿、锐钛矿、自然金、针铁矿、孔雀石、蓝铜矿、铜蓝等,以磁黄铁矿、镍黄铁矿、黄铜矿为主,三者紧密共生。含镍矿物主要为镍铁矿,其次为紫硫镍矿、辉镍矿、针镍矿。

4. 矿石结构构造

矿石结构构造:共结结构和显微文象状似共结结构,是熔离矿石最常见的结构,磁黄铁矿、镍黄铁矿和黄铜矿密切共生,黄铜矿又常沿前两种矿物边缘分布。交代结构是贯入成矿和热液期的黄铁矿、白铁矿、紫硫镍铁矿等沿镍黄铁矿、磁黄铁矿的裂隙和边缘交代,为贯入成矿中常见的结构。此外,还有热液阶段的交代结构,如黄铜矿、方铅矿交代黄铁矿等。

矿石构造:浸染状构造和斑点状构造,为金属硫化物散布于硅酸盐矿物间,是熔离成因矿石中普遍发育的构造。贯入型矿石中主要发育稠密浸染状、细脉状、角砾状和块状构造,富硫化物脉多见于块状矿石中,细脉状构造还出现在细粒和斑状苏长辉长岩的接触部位。

5. 蚀变类型及分带性

Ⅰ号岩体从不含矿岩相到含矿岩相,黑云母的含量由 1.5%增长到 5%,在贯入型矿石中金属硫化物周围分布有黑云母等,这是一种钾化的表现。还有次闪石化,在含矿的岩体边部较为发育。

6. 控矿因素及找矿标志

1)控矿因素
岩浆控矿:分布于本区的古元古代基性—超基性岩,为有利成矿地质体。复式岩体是构造多次活动、岩浆多次侵入的产物,多形成大而富矿床。单式岩体分异越完善,基性程度越高,对形成熔离型矿床越有利。就地熔离矿体一般位于岩体底部或下部,深源液态分离贯入型矿体多位于先期侵入岩体底部、边部或近侧围岩中。

构造控矿:本溪-浑江超岩石圈断裂为控制区域基性—超基性岩浆活动的导矿构造,区域基性岩体沿断裂古隆起一侧,分段(群)集中分布。基底穹隆核部断裂构造控制基性—超基性岩产状、形态等特征。

2)找矿标志:镍/硫、m/f和镍、硫丰度是基性程度和含矿性的重要标志。

(二)地球物理特征

1. 矿床所在区域重磁场特征

赤柏松大型硫化铜镍矿床,在1∶25万布格重力异常图上,处于"人"字形重力高异常带的右支内侧,高异常带场态宽缓。右支的端处,也就是矿床的南东部叠加有近等轴状局部重力高异常。在剩余重力异常图上,异常特征更为明显,矿床处于椭圆状剩余重力高异常中心,异常长4.4km、宽2.5km。矿床的南西侧分布有近东西走向呈似椭圆状布格重力低异常,边部有梯度带环绕。该梯度带北东段总体呈北西走向,在矿床位置有局部错动,显示出北西向和北东向重力梯度带交会的特征,同时也是北侧重力高异常向南正向变异部位。与1∶25万地质图进行对比,矿床处于北西向、北东向、东西向断裂构造交会部位,含矿辉绿岩体位于局部重力高异常上。根据辉绿岩体、新太古代片麻岩、侏罗纪火山沉积地层密度依次降低物性参数特征,新太古代英云闪长质片麻岩、花岗质片麻岩分布区与重力高异常带较吻合,推断是引起重力高异常带的主体,侵入其中的新元古代冰湖沟变质辉绿岩体呈北东走向,沿北西方向呈雁行排列和平行排列,构成赤柏松基性—超基性岩体群,是引起重力高异常带上的局部重力高的主要因素,推断辉绿岩体深部规模变大,重力低异常区与侏罗纪火山沉积地层范围基本一致。

在1∶25万区域航磁异常图上,赤柏松铜镍矿床位于叠加在正磁异常背景上的北东东走向、规整的椭圆状局部正磁异常上,异常长13.7km、宽7.3km,异常南东侧梯度陡、北西缓。在航磁异常化极等值线图上处于局部正磁异常南缘北东向梯度带的内侧。在航磁异常化极垂向一阶导数等值线图上处于局部正磁异常边缘上。结合1∶25万地质图进行对比分析,区域航磁异常背景正磁异常为中低磁性的新太古代片麻岩的反映,围绕其边部的梯度带与相应河谷位置相当,应有断裂构造存在。局部正磁异常主要为辉绿岩体较高磁性引起。

2. 矿床所在地区磁场特征

在1∶5万航磁异常图上,赤柏松铜镍矿床处在赤柏松西部以300~340nT为背景圈定的航磁异常区内的北部,吉C-1987-123强磁异常向北东低缓异常过渡部位上,背景异常的东部、东北部及西部共分布着3条线性低磁异常带。大都岭-赤柏松-快大茂子线性低磁异常带走向北东,快大茂子到金斗北侧线性低磁异常带走向北西;大都岭-小赤柏松-金斗线性低磁异常带走向近南北,前两个异常带在地质上对应着两条断裂构造带,后者处于新太古代片麻岩分布区,推断有隐伏的断裂构造带存在,线性低磁异常带两侧的磁异常梯度带反映了断裂构造带的宽度。

矿床处的背景异常呈椭圆状,北北东走向,异常长5km、宽2.7km,东侧梯度带陡且走向平直,西侧梯度带陡并有错动显示,走向上发生改变。背景异常区南端及中部分别叠加有吉C-1975-94、吉C-1987-123异常,最大强度分别为580nT、520nT。吉C-1975-94近等轴状,直径约1.2km,南西侧梯度带陡,东侧略缓,向北与吉C-1987-123相连,吉C-1987-123呈似椭圆状,长1.8km、宽1km,最大值出现在该异常的东端。这2个航磁异常均为甲类异常,为已知含铜镍矿的基性岩体引起。在航磁异常化极等值线图上,矿床处于吉C-1987-123磁异常北东侧边部,同时是北西走向梯度带和北东走向梯度带交会处,所夹区域为宽缓异常区,梯度带交会处应是断裂构造交会位置。在航磁异常化极垂向一阶导数等值线图上局部正磁异常更加明显,矿床处于正磁异常向西凹进顶部的零等值线附近,同时也是东北侧菱形局部磁异常的西南尖端处,该菱形局部磁异常是已知基性岩体的反映。

3. 矿床所在位置地球物理特征

通化地区综合地质队1974年在赤柏松矿区完成了1∶2.5万的物化探工作,根据磁测和土壤扫面圈定基性岩体,结合剖面性电法工作,进一步研究了主要基性岩体含矿性及产状。

1) 矿区岩(矿)石物性参数特征

赤柏松矿区广泛出露太古宇鞍山群,中基性岩体(脉)尤为发育。岩石磁性复杂(表6-2-3)。从表中可以看出,本区磁铁石英岩磁性最强,磁化率高达 $32\,798\times10^{-5}$ SI,可引起近10 000nT 的磁异常。岩石以基性岩、中性岩磁性较强,但中基性岩间磁性差异较小,斜辉橄榄岩、闪长岩、闪长玢岩等磁性较强,磁化率一般为 $(3300\sim5500)\times10^{-5}$ SI,可以引起1000nT 以上的磁异常,其次为橄榄苏长岩、辉长辉绿岩、辉长玢岩、黑色流纹岩、辉长岩等,具有中等磁性,磁化率一般在 $(1200\sim2200)\times10^{-5}$ SI 之间,可以引起 $500\sim1000$ nT 的磁异常。磁性较弱,形成区域背景场的岩性有石英正长斑岩、细粒蚀变辉绿辉长岩、流纹岩、凝灰岩,以及混合岩、斜长角闪岩等,磁性较弱,一般在 $(260\sim950)\times10^{-5}$ SI 之间。从赤柏松矿区岩(矿)石电参数统计表(表6-2-4)可以看出,致密块状硫化铜镍矿石视电阻率最低,平均值为 $0.5\Omega\cdot m$,极化率高达8%;富浸染状矿石电阻率较低,平均值为 $700\Omega\cdot m$,极化率高达6%;矿体的围岩,从超基性、基性岩类到古老变质岩系的混合岩、片麻岩类,都具有较高的电阻率,一般在 $2000\sim3500\Omega\cdot m$ 之间,而极化率普遍低于1.5%。因此矿石表现为低电阻率、高极化率特征,而围岩表现为高电阻率、低极化率特征。

表6-2-3 赤柏松矿区岩(矿)石磁参数统计表

岩石名称	块数/块	$\kappa/(\times10^{-5}\text{SI})$		$Jr/(\times10^{-3}\text{A}\cdot\text{m}^{-1})$		备注
		变化范围	常见值	变化范围	常见值	
磁铁石英岩	4	9299~7163	32 798	1400~19 500	8320	
含磁铁矿角闪岩	5	7540~13 823	10 593	850~5900	2270	
安山岩	17	1483~14 074	8218	640~15 800	2400	
钠长斑岩	18	4046~12 566	7980	380~15 800	2400	
斜辉橄榄岩	9	2262~20 986	5466	1800~6500	1690	1972年资料
闪长岩	31	1508~10 933	4725	210~11 900	750	
闪长玢岩类	29	679~12 566	3368	170~7000	1000	
橄榄苏长岩	7	1068~4398	2187	450~3400	1150	1972年资料
辉长辉绿岩	40	0~6535	2011	0~1300	250	
辉长玢岩	3	691~2865	1759	870~6450	2800	
黑色流纹岩	8	1420~2639	1634	210~670	520	部分为1972年资料
辉长岩类	32	50~3519	1169	0~540	180	部分为1972年资料
石英正长斑岩	11	0~2639	942	0~8050	840	
斜长角闪岩	26	0~3142	892	0~720	80	
细粒蚀变辉绿辉长岩	23	0~3016	842	0~200	50	
混合岩类	30	0~2513	829	0~7800	350	
流纹岩	31	0~2011	402	0~340	60	
凝灰岩	12	25~1005	264	0~3500	600	

表 6-2-4 赤柏松矿区岩(矿)石电参数统计表

岩(矿)石名称	块数/块	ρ 平均值/($\Omega \cdot m$)	η 平均值/%
致密块状硫化铜镍矿石	4	0.5	8.0
浸染状铜镍矿石	9	700	6.0
辉长玢岩	4	2000	1.0
闪长岩	4	2100	1.4
辉长辉绿岩	11	2700	1.4
苏长岩	5	2800	1.1
橄榄岩	4	3100	1.0
混合岩	8	3200	1.0
辉绿岩	5	3400	—
片麻岩	6	3500	1.4

综上所述,矿区中性岩脉与基性岩脉(体)间磁性差异不明显,基性岩含矿量越高,导电性越好,矿体与围岩有明显电性差异,非矿基性岩与围岩电性差异不大,与中基性岩有关的多种元素中仅 Cr、Ni、Cu 有土壤异常显示。本区磁铁石英岩分布局限,一般只能形成强大的孤立异常,比较容易鉴别。而中性岩脉与基性岩脉(体)由于异常幅度接近,形态相似,不易区分,形成很大干扰,应仔细研究异常特点,借助地质、电法、化探等综合方法鉴别,所以在本区具有开展物化探工作的前提。

2)矿床所在位置电场、磁场特征

A. 地磁异常特征

从地磁剖面平面图上可以看出,由于区内北北东向中基性岩体(脉)极其发育,区内磁异常显得较为杂乱,但依然有规律可循,可划出岩体边界,异常走向以北北东向为主,与中基性岩体(脉)有一定的对应关系。图中几个主要异常编号分别为 C1-1、C2、C7、C11。通过分析得知,C1-1 是Ⅰ号含矿基性岩体引起的,基性岩体由辉绿辉长岩、橄榄苏长辉长岩、二辉橄榄岩组成,二辉橄榄岩为含矿岩石。C2、C7、C11 分别为辉绿辉长岩、辉长玢岩、闪长岩引起的。C1-1 和 C2 异常之间,Ⅰ号基性岩体北端,有北西向沟谷,应有断裂构造存在。

C1-1 是 C1 异常的北段,C1-2、C1-3 是 C1 的中段和南段,C1 走向北北东,长近 6000m,两端尖灭。宽几十米到百余米,强度一般为 500~1000nT,北段 C1-1 较南段 C1-3 高,负值不明显,梯度陡,北段西侧较东侧陡,南段西侧较东侧缓。该异常由辉绿辉长岩(向下基性增高)即Ⅰ号含矿基性岩体引起,埋深小,下延大。北段倾向南东,南段倾向北西,后者基性程度较差。

C1-1 北端(矿区)有联剖与激电异常,并与土壤 Cu 异常,Ni、Cr 异常相吻合。

C2 异常位于 C1-1 北部,走向北北东,长 2200m,两端均趋于尖灭。宽 100 余米,强度变化大,一般为 200~1000nT,反映了物性不均匀,梯度大,西侧有负值。由辉绿辉长岩即Ⅱ号岩体引起,埋深小,下延大。倾向北西,南端有 Cu、Cr 单点异常。

C7 异常位于 C1-1 东侧,相距 100m,走向北北东,长 2000m,两端尖灭,宽 20~30m,强度 1000nT 左右,无负值,呈尖峰状,经槽探证实,为辉长玢岩引起。

C11 异常位于 C1-1 西侧,相距 100m,走向北东,长 2500m,宽 50m,强度近 1000nT,为闪长岩引起,已有工程证实。

B. 电法剖面异常特征

Ⅰ号含矿基性岩体Ⅱ号勘探线,处于硫化铜镍矿体北段。

(1)联剖异常特征。3 种极距联剖,于矿体出露部位,出现 60m 的低阻带,得到清晰的正交点(ρ_s 值小于 800$\Omega \cdot m$),交点两侧视电阻率曲线不对称,北西侧曲线幅度大,梯度陡,伴有视电阻率极小值(ρ_s 值小于 20$\Omega \cdot m$),随 AO 加大,交点东移,Ⅱ号勘探线在山脊地形中,经过地形改正后,上述特征在曲线上尤为明显,该异常具 $h>MN$ 的良导薄板曲线特征(图 6-2-8)。

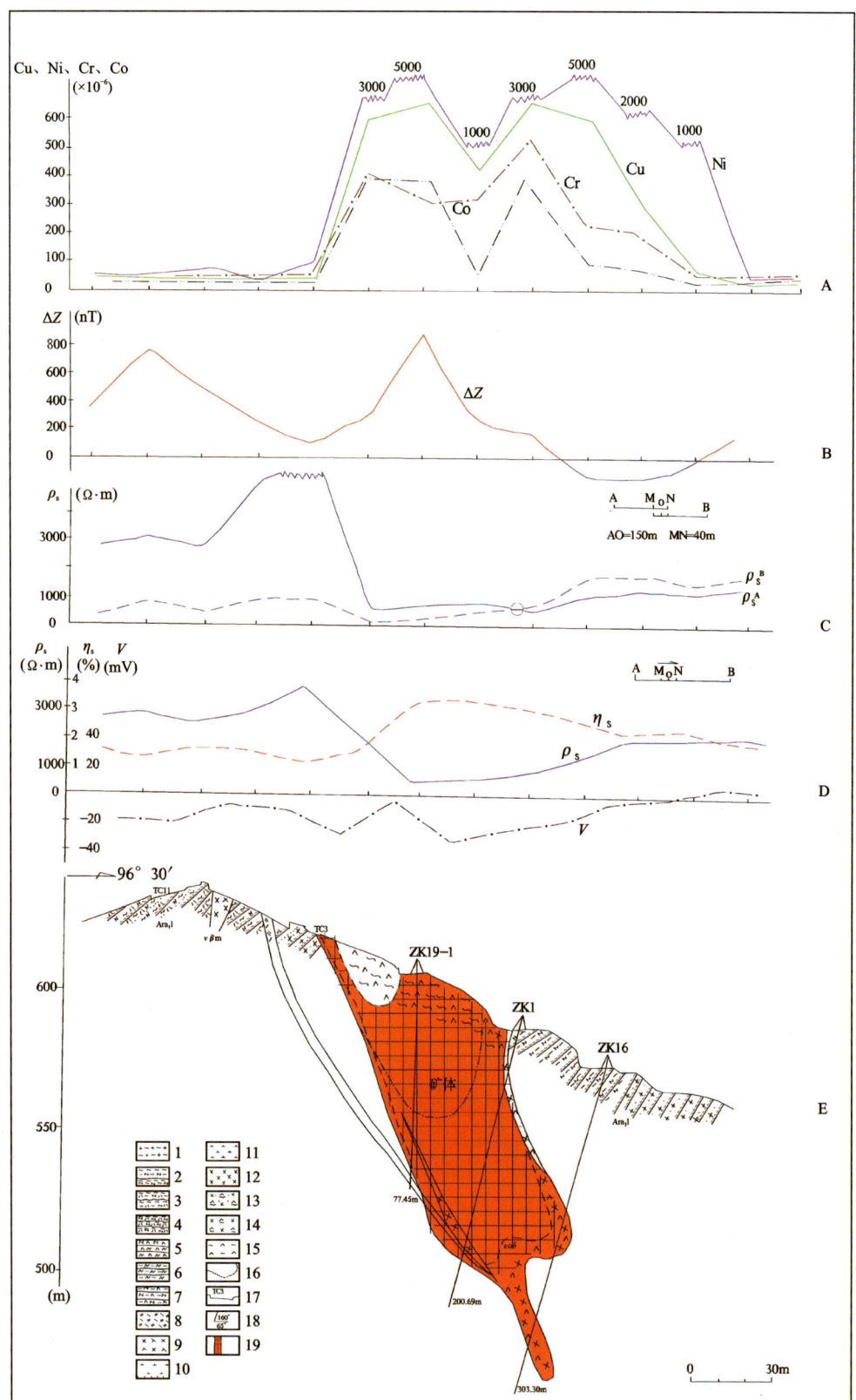

图 6-2-8 赤柏松硫化铜镍矿 I 号含矿岩体勘探剖面图（引自邹敏熙和宋克等,1976）
A.化探异常图；B.地磁剖面图；C.联剖视电阻率图；D.激电中梯视极化率、视电阻率及自然电位图；E.地质剖面图
1.均质混合岩；2.黑云斜长片麻岩质混合岩；3.黑云角闪斜长片麻岩质混合岩；4.斜长角闪岩质混合岩；5.斜长角闪岩；6.黑云斜长片麻岩；7.黑云斜长角闪片麻岩；8.钠长斑岩；9.辉长玢岩；10.闪长玢岩；11.闪长岩；12.辉绿辉长岩；13.斑状苏长岩；14.橄榄苏长岩；15.含长斜辉橄榄岩；16.岩相界线；17.探槽及编号；18.地层产状；19.硫化铜镍矿体

对比地质剖面，ρ_s^A 和 ρ_s^B 同时极小值对应矿体出露中心位置，视电阻率曲线在矿体倾斜一侧缓，交点向矿体倾斜一侧偏移。根据电性资料，已知矿体属低阻性质，无疑联剖异常应为矿体的反映。

(2)激电异常特征。Ⅱ号勘探线出现激电异常总宽约 60m，极化率 η_s 极大值为 3.5%，对应于矿体在地表中心位置，极大值两侧 η_s 曲线不对称，在矿体倾斜一侧梯度较缓。在 η_s 曲线上，上述特点显示激发体具有一定厚度的板状体，ρ_s 曲线在矿体出露部位，有明显的低阻显示，ρ_s 值在 500Ω·m 左右。从电法结果来看，只有硫化铜镍矿体才有高的极化率，故该异常应是由已知矿体引起的。

(三)赤柏松硫化铜镍矿床地质-地球物理找矿模型

总结上述矿床地质、地球物理找矿标志，建立该矿床地质-地球物理找矿模型(表 6-2-5)，特点如下：

(1)本溪-浑江深断裂为控制区域基性岩浆活动的导岩构造，区域基性岩体沿此断裂古隆起一侧分段(群)集中分布。赤柏松岩群则受基底褶皱及与之有成因联系的断裂构造制约，它控制着基性岩体的分布范围、形态及产状。如赤柏松Ⅰ号岩体、新安岩体沿赤柏松-金斗穹状背斜核部剪裂带呈近南北向分布。

赤柏松岩群由不同时代、多期侵入的岩体组成。目前发现的赋存工业矿体的岩体皆属第二期老岩体。

区内岩体类型较多，但已发现的含矿岩体皆属辉绿辉长岩-橄榄苏长辉长岩-含长二辉橄榄岩(或二辉橄榄岩)型的基性—超基性杂岩体，除深熔贯入式矿体外，岩体分异越好对成矿越有利，矿体赋存于基性程度较高的橄榄岩相之中。多次侵入(复合岩体)，多期叠加矿化对成矿有利。

(2)实际资料表明，硫化铜镍矿体严格受控于基性岩体，Ⅰ号含矿岩体中，铜镍矿体与围岩无明显界线，矿体受岩相控制十分严格。主要赋存于含长二辉橄榄岩相内，局部赋存于与该岩相邻接的橄榄苏长辉长岩相内。而辉绿辉长岩相内，矿化微弱，未见矿体。

镍铜含量变化的总趋势大体为：随接近岩体端部(地表)及底部(剖面上自上而下)，含量递增，有一定规律性，且一般镍铜含量的变化区间不算太大。沿矿体侧伏方向镍铜含量的变化不是很明显。

(3)矿区内虽然岩石磁性复杂，但通过磁性和电性参数，磁异常、电法异常及土壤异常综合分析，可以圈定基性岩体乃至含长二辉橄榄岩(含矿)的分布范围。中性岩脉与基性岩脉(体)间磁性差异不明显，但导电性后者好于前者；矿体与围岩有明显电性差异，非矿基性岩与围岩电性差异不大，矿石中以磁黄铁矿、镍黄铁矿、黄铜矿为主，表现为低电阻率、高极化率特征，而非矿基性岩与围岩表现为高电阻率、低极化率特征。与中基性岩有关的多种元素中仅 Cr、Ni、Cu 有土壤异常显示。所以在本区具有开展物化探工作的前提。

(4)含矿基性岩体与围岩，铜镍矿体与围岩的磁性、电性的明显差异，可在磁异常视电阻率、极化率异常及磁异常充分体现出来(图 6-2-8)。

在矿体出露部位，联剖出现低阻带，得到清晰的正交点，交点两侧视电阻率曲线不对称，视电阻率曲线在矿体倾斜一侧缓，交点向矿体倾斜一侧偏移。激电中梯异常对应低视电阻率和高视极化率特征，视极化率曲线在矿体倾斜一侧梯度较缓。

地磁在矿体出露部位有明显的异常，最大强度为 950nT，含矿岩体产生背景异常，其上叠加的较窄异常为含长二辉橄榄岩及辉绿辉长岩引起。

(5)矿床位于区域布格重力异常北西向、北东向梯度带交会并发生错动部位及重力高异常带的边缘，说明矿床产出明显受太古宇鞍山群古老变质岩基底隆起和断裂构造控制，含矿的辉绿辉长岩群侵入其中产生局部重力高异常。重力高异常带的边缘、梯度带交会并发生错动部位是寻找与基性、超基性岩有关的硫化铜镍矿床的有利部位。

(6)1∶5 万航磁异常是含矿基性岩体磁性的综合反映，矿床一般位于断裂构造交会处及基性岩体(脉)的端部，因此，航磁异常梯度带交会处和航磁局部异常沿走向的端部则是找矿的最佳地段。

(7)本区实际资料证明,运用物化探综合方法寻找与基性、超基性岩有关的硫化铜镍矿床是有效的。"三高一低"(磁异常、激电异常、化探异常高、视电阻率低)的综合异常,往往指示硫化铜镍矿体的存在。

表 6-2-5 赤柏松大型硫化铜镍矿床地质-地球物理找矿模型表

地质条件	构造环境	矿床位于前南华纪华北东部陆块(Ⅱ),龙岗-陈台沟-沂水前新太古代陆核(Ⅲ),板石新太古代地块(Ⅳ)内的二密-英额布中生代火山-岩浆盆地的南侧
	岩石组合	辉绿辉长岩-橄榄苏长辉长岩-二辉橄榄岩、细粒苏长岩、含矿辉长玢岩
	构造标志	本溪-二道江断裂转弯处内侧为控制区域上基性岩浆活动的超岩石圈断裂;分布在穹状背形核部的北东向或北北东向断裂构造是本区控岩、控矿构造
	围岩蚀变	Ⅰ号岩体从不含矿岩相到含矿岩相,黑云母的含量由1.5%增长到5%,在贯入型矿石中金属硫化物周围分布有黑云母等,这是一种钾化的表现,还有次闪石化,在含矿的岩体边部较为发育
地表找矿标志		出露含矿基性岩体
找矿历史标志	文字记录	1970年通化地区综合地质大队在进行613矿踏勘中,于高丽城沟发现橄榄苏长岩转石,1971年进一步追索和揭露,从而发现并初步圈定了地表铜镍矿体。1972年对该区进行普查勘探,1976年6月提交了《吉林省通化县赤柏松硫化铜镍矿床Ⅰ号矿体地质勘探报告》
地球物理标志	重力	在布格重力异常图上,处于"人"字形重力高异常带右支的内侧,在剩余重力异常图上,矿床处于椭圆状剩余重力高异常中心。在矿床位置有梯度带局部错动,显示出北西向和北东向重力梯度带交会的特征。重力高异常带与新太古代片麻岩分布区较吻合,重力低异常区与侏罗纪火山沉积地层范围基本一致
	磁法	在1:5万航磁异常图上,赤柏松铜镍矿床处在吉C-1987-123强磁异常向北东低缓异常过渡部位上,异常突然变窄,推断北西向和北东向断裂构造在此交会,吉C-1987-123最大值为530nT,低缓异常最大值为350nT,航磁正局部异常为已知含铜镍矿的基性岩体引起
	电法	在矿体出露部位,联剖出现低阻带,得到清晰的正交点,交点两侧视电阻率曲线不对称,视电阻率曲线在矿体倾斜一侧缓,交点向矿体倾斜一侧偏移;对应低视电阻率和高视极化率特征,视极化率曲线在矿体倾斜一侧梯度较缓

三、白山市杉松岗铜钴(伴生镍)矿床

(一)典型矿床成矿地质特征

1. 地质构造环境及成矿条件

矿床位于前南华纪华北东部陆块(Ⅱ),胶辽吉古元古代裂谷带(Ⅲ),老岭坳陷盆地(Ⅳ)内。荒沟山"S"形断裂带中部。

(1)地层:区域内出露的地层自老至新有太古宙地体、古元古界老岭岩群、震旦系以及不整合在上述地层之上的中生界(图6-2-9)。

矿区出露的地层为老岭岩群珍珠门岩组上段和花山岩组下段。花山岩组下段地层出露面积较广,其东侧与草山岩体接触,西侧与珍珠门岩组呈断层接触。岩层总体走向近南北,倾向东或北东,局部倾向南西。矿体主要产于花山岩组底部4个岩性层的中间2个岩性层中,为沉积变质-后期改造层控型矿床。4个岩性层自下而上为:①H1岩性层(Pt_2h_1),以灰—灰绿色千枚状片岩为主,夹变质粉砂岩薄层;②H2岩性层(Pt_2h_2),以深灰—灰黑色千枚状变质粉砂岩、千枚状片岩为主夹灰—灰绿色薄层状大理岩、变质粉砂岩透镜体,该层为钴镍铜矿体的主要含矿层位;③H3岩性层(Pt_2h_3),以灰黑—灰绿色千枚

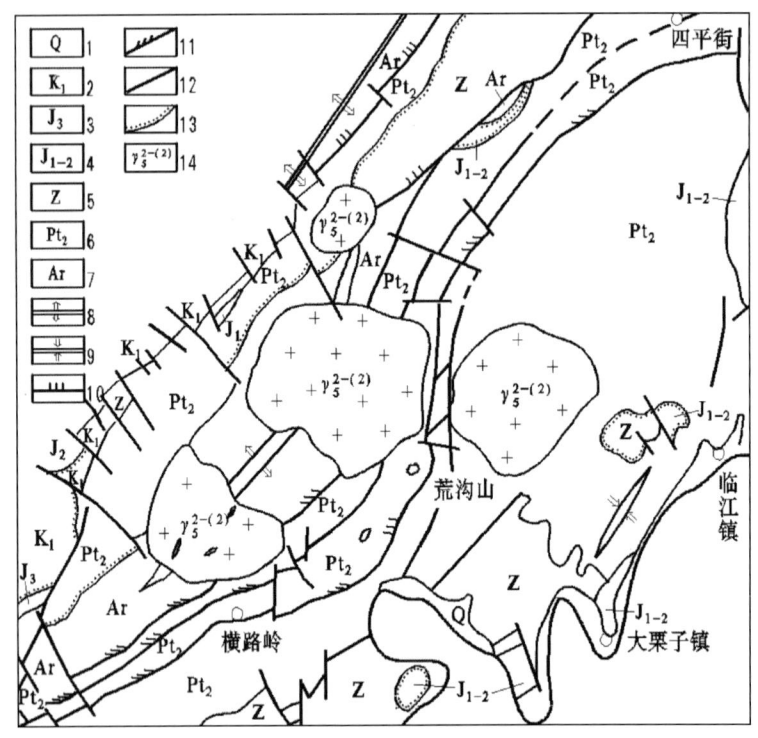

图 6-2-9 白山市杉松岗铜钴(伴生镍)矿床区域地质简图

1.第四系；2.下白垩统；3.上侏罗统；4.下侏罗统；5.震旦系；6.古元古界老岭岩群；7.太古宇；8.背形；9.向形；10.逆断层；11.韧性剪切断层；12.性质不明断层；13.不整合；14.燕山期花岗岩

状片岩为主，夹深灰—灰黑色变质粉砂岩透镜体，该层亦为钴镍铜矿体的主要含矿层位；④H4 岩性层(Pt_2h_4)，以斑点状千枚状岩，变质粉砂岩及黑棕色角岩为主，为草山岩体边部接触变质的产物，其中角岩分布在岩体边部。

(2)侵入岩：区域内燕山早期侵入岩体有老秃顶子、草山和梨树沟 3 个岩体。3 个岩体的岩性均为似斑状黑云母花岗岩。老秃顶子岩体出露面积 $57km^2$，岩体内有捕虏体，并有后期脉岩侵入；草山岩体出露面积 $35km^2$，岩体边部形成较完整的角岩蚀变晕圈；梨树沟岩体出露面积约 $30km^2$。矿床西侧为老秃顶子岩体，岩体界面向东倾斜，倾角 70°左右；矿床东侧为草山岩体，岩体界面向西倾斜，倾角亦为 70°左右，推测其深部有相连之势。矿床即分布在两岩体中间的狭长地带的偏南位置处。

区内脉岩多呈岩墙或岩脉状产出，分布广泛。基性脉岩有苏长辉长岩、辉绿岩、闪斜煌斑岩等，中酸性脉岩有闪长岩、石英闪长岩、闪长玢岩、花岗斑岩、霏细岩等，碱性岩有粗面岩、二长斑岩等。闪长岩脉与矿化关系较为密切，有时地表闪长岩脉本身就是矿体。

(3)构造：矿区内构造较复杂，褶皱构造规模较小，断裂构造发育，具有多期活动特点。花山岩组总体为一走向北西—北北西，向北东倾斜的单斜地层，岩石中小型褶曲、揉皱现象明显。矿区内断裂构造比较发育，大致划分为南北向、北西向和北东向 3 组断裂。南北向断裂属区域上横路岭-荒沟山-小四平"S"形断裂带的组成部分，属压扭性，为成矿前断裂。铜镍钴矿体即产于该断裂上盘花山岩组底部岩层中。北西向断裂为一组较发育的张扭性断裂，形成于岩层褶皱期，后期又有复活，复活后对矿体起破坏作用。北东向断裂在走向和倾向上均有多变的特点，沿断裂有较多闪长岩脉贯入，与地层倾向相反或直交，其形成时间较晚，往往切割其他断裂，属成矿后断裂，破坏了矿体的连续性。

2. 矿体三维空间分布特征

在杉松岗铜钴(镍)矿床中目前已发现并有工程控制的矿体共计 18 条，各矿体集中分布在长 800m、宽 500m 的范围内。按矿体产状、空间分布及矿石特征可分为 2 个矿带。

1号矿带:分布于 H2 岩性层(Pt_2h_2)中,矿带长 700m、宽 200m,由 8 条矿体组成,矿体呈层状、似层状产出,其含矿岩性为千枚状片岩、千枚状变质粉砂岩及薄层状大理岩。

2号矿带:分布于 H3 岩性层(Pt_2h_3)中,矿带长 750m、宽 240m,由 10 条矿体组成,矿体呈层状、似层状产出,其含矿岩性为千枚状片岩。

各矿体平行产出,产状与围岩一致,矿体群平面上略呈弧形展布。

3. 矿石类型及矿物组合

(1)矿石类型:矿石的工业类型以硫化矿石为主,氧化矿石次之。矿石的自然类型,按矿石的特征可划分为千枚状变质粉砂岩型矿石、千枚状片岩型矿石、大理岩型矿石、闪长岩型矿石。

(2)矿物组合:金属矿物有黄铜矿、辉砷钴矿、硫钴矿、辉钴矿,次为磁黄铁矿、闪锌矿、方铅矿、辉铜矿、斑铜矿、黄铁矿;氧化矿物有孔雀石、褐铁矿、蓝铜矿等。脉石矿物主要为石英、绿泥石、绢云母、方解石等。

4. 蚀变类型

矿体的围岩蚀变属中—低温热液蚀变,总体上蚀变较弱,蚀变与围岩没有明显的界线,呈渐变过渡关系。主要蚀变类型有硅化、绢云母化、绿泥石化、碳酸岩化,硅化、绢云母化与成矿关系比较密切,在蚀变发育部位,钴铜矿化较强。

5. 控矿因素及找矿标志

1)控矿因素

矿体产于花山岩组下部岩段 4 个岩性层中间的 2 个岩性层中,2 个含矿岩性层岩性为千枚状片岩、千枚状变质粉砂岩及薄层状大理岩,与相邻的大横路钴铜矿床产在同一层位。

矿体呈层状、似层状产出,产状稳定,矿体连续。钴、铜、镍品位变化呈正相关关系。

矿体围岩蚀变弱,矿体与围岩界线不清,肉眼难以分辨。

岩浆岩及构造与矿化关系密切。矿床产于"S"形构造带内,区内构造活动伴随岩浆活动十分强烈,矿区两侧为燕山早期侵入体,它们对成矿元素的活化、迁移和富集成矿起到一定的作用。

2)找矿标志

镍/硫、m/f 和镍、硫丰度是基性程度和含矿性重要标志。

(1)地表有孔雀石、蓝铜矿、褐铁矿等氧化矿物的出现,化探次生晕 Co、Cu、Ni 异常明显。

(2)岩石破碎且呈深灰—灰黑色,片理化发育,硅化、绿泥石化发育部位是寻找钴铜镍矿的间接标志。

该矿床属沉积变质-后期改造层控型小型钴铜镍矿床。

(二)地球物理特征

1. 矿床所在区域重磁场特征

在1:25万布格重力异常图上,白山市杉松岗铜镍钴矿床位于草山花岗岩体产生的近椭圆状重力低异常西南边部弧形梯度带上,该异常呈东西走向,东、西两端各有一个重力低中心。椭圆状重力低异常西北侧有一个规模相对略小的等轴状重力低异常毗邻分布,位于燕山期老秃顶子花岗岩体东北部,推断与此岩体有关。杉松岗铜镍钴矿床分布在两岩体中间的狭长地带花山岩组地层中,该处南北向断裂构造发育,断裂带宽 2~10m,刚好从近椭圆状和等轴状重力低异常中间穿过,属区域上横路岭-荒沟山-四平街"S"形构造的组成部分。在剩余重力异常图上,上述 2 个椭圆状、等轴状重力低异常共同组成一个形态规整的椭圆状负重力局部异常,整个负异常呈东西走向,长14.7km、宽8.4km,异常东陡西缓,铜镍钴矿床位于椭圆状负异常的西南部内侧。

在1∶25万区域航磁异常图上,杉松岗铜镍钴矿床位于老秃顶子岩体产生的东西走向椭圆状正磁异常东部边缘零值线上,该处等值线南北走向,梯度较缓,处于珍珠门岩组、花山岩组南北向狭长分布区,其西侧老秃顶子岩体异常强度略高,最大值为280nT,梯度较陡,而东侧草山岩体则处在宽缓负磁场中,仅在岩体东部沿接触带上出现较弱的正异常。

在航磁异常化极等值线图上,老秃顶子岩体与正磁异常形态位置完全吻合,珍珠门岩组、花山岩组、铜镍钴矿床及草山岩体完全处于北东走向的负磁场中。铜镍钴矿床处于老秃顶子岩体较陡正磁异常向南东东方向宽缓负磁场过渡的梯度变化位置。

2. 矿床所在地区磁场特征

在1∶5万航磁异常剖面平面图和等值线平面图上,铜镍钴矿床位于老秃顶子岩体产生的等轴状正磁异常向东部低缓负磁场区过渡位置,该处异常强度约-10nT,等值线呈南北走向,梯度西侧明显陡于东侧。东部负磁场分布区与珍珠门岩组、花山岩组、临江组及草山岩体出露位置大体一致。南部有1个航磁吉C1-1987-47蚀变带异常,异常低缓,长1.9km、宽1.6km,最大强度27nT。草山岩体东侧边部沿接触带上出现规模较大、强度较高的带状正异常,最大强度160nT。

在航磁异常化极及化极垂向一阶导数等值线图上,老秃顶子岩体正磁异常和吉C1-1987-47正磁异常均向北移动,铜镍钴矿床靠近南侧吉C1-1987-47正磁异常边部而远离老秃顶子岩体正磁异常。吉C1-1987-47蚀变带异常处于花山岩组与临江岩组接触带上,异常的形成与燕山期老秃顶子岩体、草山岩体的岩浆热液活动有关,花山岩组含矿地层受燕山期老秃顶子岩体、草山岩体的岩浆热液活动影响,产生区域性变质、蚀变,对铜镍钴矿床形成和富集成矿起到重要作用。

3. 矿床所在位置地球物理特征

1) 矿区岩(矿)石物性参数特征

(1) 磁性特征。区内出露的各类岩石磁性仅具中弱磁性,其中闪长玢岩、闪长岩类等中基性岩(脉)磁性最高,磁化率平均值κ为880×10^{-5} SI,剩余磁化强度平均值Jr为377×10^{-3} A/m,具有中等磁性。似斑状花岗岩具有中弱磁性,磁化率平均值κ为339×10^{-5} SI,剩余磁化强度平均值Jr为113×10^{-3} A/m。变质岩系的大部分,包括大理岩、变质砂岩、千枚状片岩、角岩等均无(微)磁性。矿区岩石磁参数统计结果详见表6-2-6。

表6-2-6 杉松岗铜镍钴矿区岩石磁参数统计表

岩石名称	块数/块	$\kappa/(\times 10^{-5}$ SI)		Jr/$(\times 10^{-3}$ A·m$^{-1})$		备注
		变化范围	平均值	变化范围	平均值	
似斑状花岗岩	9	0~2011	339	0~553	113	
闪长岩类	12	0~2639	880	0~1508	377	
大理岩	4	0	0	0	0	
变质砂岩、千枚状片岩	41	0	0	0	0	
角岩	14	0	0	0	0	

(2) 电性特征。矿区各类含矿岩石极化率普遍较高,一般在6.0%以上。含黄铜矿硅化大理岩极化率最高,达17.8%;含碳质千枚状片岩和含黄铜矿变质粉砂岩极化率较高,一般在6%~8%之间,两者属同一数量级,前者为干扰岩石,应与含矿岩石区分开来。矿区岩(矿)石电参数统计结果详见表6-2-7。

表 6-2-7　杉松岗铜镍钴矿区岩(矿)石电参数(极化率)统计表

岩石名称	含碳质千枚状片岩	含黄铜矿变质粉砂岩	含黄铜矿硅化大理岩	灰黑色千枚状片岩	千枚状片岩	变质砂岩	大理岩	片岩	花岗岩	闪长岩
$\eta/\%$	8.3	6.3	17.8	3.42	<1.0	<1.0	<1.0	<1.0	<1.0	<1.0

2) 矿床所在位置磁场特征

在 1∶1 万地质图上，矿区位于靠近珍珠门岩组、花山岩组接触带的花山岩组一侧，珍珠门岩组、花山岩组西侧分布有老秃顶子岩体、东侧分布有草山岩体，矿区中基性脉岩广泛分布，主要为北东向产出，少量为北西向及南北向，沿断裂侵位，呈脉状产出，成群出现。

本区老秃顶子岩体和草山岩体的磁场特征有明显的差别，草山岩体无磁性，呈－50nT 的稳定磁场，老秃顶子岩体在矿区附近呈 100～200nT 的跳跃磁场。

沿草山岩体西侧的外接触带出现较强的地磁异常，沿南北成带，分布在花山岩组内，各局部异常呈近南北及北北西走向，与地层走向或岩体边界走向一致。异常与外接触带的角岩圈分布有关，角岩圈宽 200～500m，虽然参数测定磁性较弱，但在磁场强度较草山岩体略高，强度一般为 50～100nT，局部含铁高者可达 200～400nT。

矿区与西部、南部邻区处在 0～50nT 平静正磁场区内，异常强度低缓，被北、东、南三面 50～100nT 的带状正磁异常环绕。其中东侧带状正磁异常紧密，异常强度为 100nT，沿北北西走向有一定连续性，为接触带的角岩圈南北带状异常的中段。矿区南部外围即角岩圈南段，出现异常最大值，强度达 400nT，其北侧伴有负异常。

(三) 白山市杉松岗铜镍钴矿床地质-地球物理找矿模型

综合上述矿床地质特征和地球物理异常特征，可归纳总结出矿床地质-地球物理找矿模型，见表 6-2-8。

表 6-2-8　白山市杉松岗铜镍钴矿床地质-地球物理找矿模型表

	岩石类型	富含碳质的千枚岩
地质条件	成矿时代	古元古代
	成矿环境	前南华纪华北东部陆块(Ⅱ)，胶辽吉古元古代裂谷带(Ⅲ)，老岭坳陷盆地内
	构造背景	褶皱构造：矿区位于老岭背斜的中段南东翼，地层中小的挠曲、揉皱现象十分发育；断裂构造：区内以近南北向断裂与成矿关系最为密切，属横路岭-荒沟山-四平街"S"形断裂带的组成部分，为压-压扭性断裂，矿体产于该断裂上盘花山岩组中
矿床特征	控矿条件	地层控矿：矿体严格受老岭岩群花山岩组富含碳质的千枚岩层位的控制；断裂控矿：区内以近南北向断裂与成矿关系最为密切，为压-压扭性断裂，断层两侧岩层发生强烈破碎和片理化、糜棱岩化，并伴随有强烈的矿化作用，沿断裂有花岗岩岩枝及闪长岩脉的侵位，显示多期活动特点，矿体产于该断裂上盘花山岩组中
	蚀变特征	矿区内围岩蚀变属中—低温热液蚀变，总体上蚀变较弱，蚀变与围岩没有明显的界线，呈渐变过渡关系。主要蚀变类型有硅化、绢云母化、绿泥石化、碳酸岩化，硅化、绢云母化与成矿关系比较密切，在蚀变发育部位，钴铜矿化较强
	矿化特征	矿体主要赋存在花山岩组第二岩性段含碳绢云千枚岩中。矿体主要受三道阳岔-三岔河复式背斜北西翼次一级褶皱构造控制，该褶皱由 5 个紧密相连褶曲组成，3 个向形，2 个背形，每个褶曲宽约 200m。褶曲轴呈北东-南西向，枢纽产状 215°∠30°，轴面近直立，顶端歪斜，矿体形态受复式褶皱控制，矿体与地层同步褶皱，褶皱向北东翘起，向南西倾伏，倾伏角 17°～22°，沿走向呈舒缓波状。矿区共圈出 3 层矿体，矿体均呈层状、似层状、分枝状或分枝复合状，矿体均赋存在同一含矿层内，与围岩呈渐变关系，并同步褶皱，矿体连续性好

续表 6-2-8

综合信息	地球化学	矿床所在区域 Ni、Co 化探异常没有响应。圈出的 Cu 异常具有清晰的三级分带及明显的浓集中心，异常强度较高，峰值为 744×10^{-6}，中带加内带的面积为 $24km^2$，NAP 值 143，呈带状分布，具南北向延伸的趋势。Au、Ag、Pb、Zn 异常沿北东向呈带状分布，规模较大，分带较明显，与矿床存在较密切的响应关系。与 Cu 空间套合紧密，与分布在矿床外围的 Co、Ni 亦有较好的套合，整体形成较复杂元素组分富集的叠生地球化学场。1∶2000 的土壤测量结果显示，Cu、Co、Ni 均有较好的异常反映，套合好，呈正消长关系，钴铜矿体即落位异常内。经槽探验证，Cu 质量分数大于 1200×10^{-6}，为铜矿化引起(李东见，1995)，推测 Co、Ni 异常亦应是矿致异常。岩石异常显示，Cu、Co 原生晕北西向分布，浓度分带明显，推测伴生 Ni 在矿体深部亦应有明显的原生晕展布
	地球物理	在布格重力异常图上，矿床位于草山花岗岩体产生的近椭圆状重力低异常西南边部弧形梯度带上，该异常呈东西走向。异常西北侧有一个规模相对略小的等轴状重力低异常毗邻分布，矿床靠近重力低异常间断处西南外侧，处在区域上横路岭-荒沟山-四平街"S"形构造之上。 在 1∶5 万航磁异常等值线平面图上，铜镍钴矿床位于老秃顶子岩体产生的等轴状正磁异常向东部低缓负磁场区过渡位置，该处异常强度约为 $-10nT$，等值线南北走向，梯度西侧明显陡于东侧。东部负磁场分布区与老岭岩群变质岩地层及草山岩体出露位置大体一致。南部有 1 个航磁吉 C1-1987-47 蚀变带异常，异常低缓
	重砂	具有直接指示作用的镍黄铁矿没有异常响应。异常好的重砂矿物为白钨矿，其次为自然金、方铅矿。因此，应用重砂异常在该区预测伴生镍矿作用不大
	遥感	矿床分布于北东向与北北东向断裂交会部位。隐伏岩体形成的环形构造内部或边部附近，矿区附近有东西向脆韧性变形构造带通过，铁染异常零星分布于矿区外围。中元古界带要素，石灰沟块状构造分布于此
找矿标志		老岭岩群花山岩组中含碳质千枚岩、千枚状变质粉砂岩、千枚状片岩或夹少量薄层状大理岩为赋矿层位；1∶20 万水系沉积物地球化学测量中，面积比较大的 Co、Cu、Ni 区域异常，异常结构复杂，元素种类较多，并且异常中亲 Fe 元素族和亲 S 元素族的异常套合好；地层中有孔雀石、蓝铜矿、褐铁矿、黄铜矿等金属矿物矿化显示

四、通化二密铜矿床

(一)典型矿床成矿地质特征

1. 地质构造环境及成矿条件

矿床位于晚三叠世—新生代构造单元华北叠加造山-裂谷系(Ⅰ)，胶辽吉叠加岩浆弧(Ⅱ)，吉南-辽东火山-盆地区(Ⅲ)，柳河-二密火山-盆地区(Ⅳ)，三源浦中生代火山沉积盆地内。

(1)地层：区内出露主要地层有上侏罗统果松组、鹰嘴砬子组、林子头组(图 6-2-10)。

果松组：上部为暗灰紫色安山质集块岩、安山质凝灰角砾岩、斑状安山岩等，中部为灰紫色安山角砾岩、安山质集块岩、灰绿色斑状安山岩，下部绿黑色斑状玄武安山岩、灰紫色安山岩夹粉砂岩薄层。

鹰嘴砬子组：上部为灰绿色流纹质凝灰岩、紫红色粉砂岩、砂质页岩、灰绿色流纹质凝灰岩等，下部为紫红色砂砾岩、巨(粒)砾岩、页岩等。

林子头组：上部为安山岩、凝灰岩互层夹安山质火山角砾岩，中部为粉砂岩、砾岩夹凝灰岩，下部为深灰色安山岩、二长安山岩等。

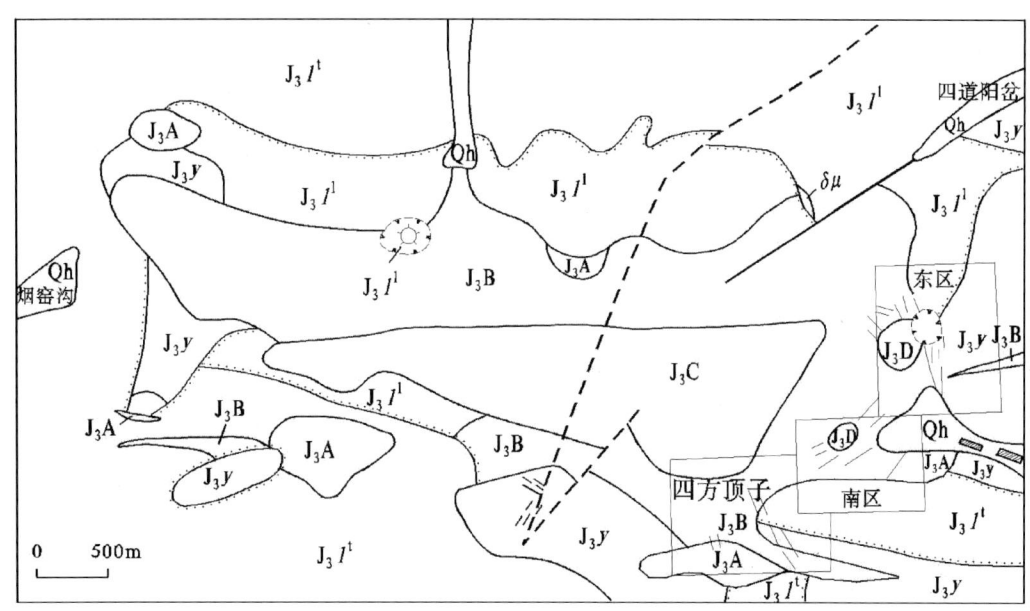

图 6-2-10 通化县二密铜矿床地质简图

1.全新统;2.林子头组六合屯流纹岩段;3.林子头组太安安山岩段;4.鹰嘴砬子组;5.松顶山序列花岗斑岩单元;6.松顶山序列石英二长闪长岩单元;7.松顶山序列中粒石英闪长岩单元;8.松顶山序列细粒石英闪长岩单元;9.闪长玢岩;10.实测及推测地质界线;11.不整合地质界线/推测断层;12.环形构造;13.推测火山口;14.铜矿脉;15.铜矿生产矿段

(2)侵入岩:主要是石英闪长岩和花岗斑岩,岩体规模较小,呈岩株状,其次火山岩性质,属浅成—超浅成岩性与同期火山岩相对应。构成了复式岩体,复式岩体侵入于盆地中林子头组中,总体呈北西向展布,面积仅 $9km^2$,岩体倾向南东,倾角较缓,向南东分出 2 个岩枝伸入围岩。

脉岩主要见有细晶岩、闪长玢岩、橄榄辉长玢岩等。

(3)构造:三源浦盆地是一个平缓开阔的向斜盆地,由于石英闪长岩体侵入的上拱作用,岩体周围地层向外倾斜形成似穹窿状构造形态。

控岩构造:北西向、东西向断裂交会破火山口处,松顶山序列侵入,闪长岩冷凝固结时产生收缩,形成应力薄弱带,控制后期花岗斑岩侵入。

控矿构造:①与松顶山序列内外接触带、各个单元间接触带大致平行或斜交的北西向、东西向、北北东向断裂控制早期矿体。②花岗斑岩内外接触带北西向张性、张扭性、扭性裂隙群控制晚期矿体分布。③于东区生产中段至地表-60m 中段及井北 210~300m 中段发育的环形破碎带控制浸染状富矿体。

成矿后断裂:北西向断裂主要分布在四方顶子区和南区。北东向断裂见于四道阳岔、四方顶子区,切断北西向断裂,以剪性为主。南北向断裂见于四方顶子南区,小横道河子及东区外围,属扭性。东西向断裂见于主矿区西部。

2. 矿体分布特征

矿床位于松顶山复式岩体东段,矿体沿石英闪长岩与花岗斑岩体内外接触带分布,自北向南分四道阳岔、东区、东南区、南区、四方顶子、小横道河子等区段;1998 年在岩体北部,石英闪长岩体中见到以浸染状、细脉浸染状为主的矿体,具有一定的找矿前景。

二密铜矿有工业矿体 84 条,其中东区 39 条、南区 15 条、四方顶子区 13 条、小横道河子区 4 条。按矿体产出部位分为两大矿体群:一是石英闪长岩体顶部围岩中,垂直于接触带张性断裂系统中的矿体;

二是近接触带并与之平行的断裂系统中的矿体群。矿体按矿化特点可划分为脉状-细脉浸染状矿体、脉状-复脉状矿体、网脉-浸染状矿体、浸染状矿体、块状矿体,以脉状-复脉状矿体类型为主。另外,花岗斑岩附近的浸染状矿化体-矿体,集中产在花岗斑岩顶部,在围岩或隐爆角砾岩内,斑岩体内亦有赋存。矿体呈椭圆状、柱状、扁豆状等,矿石以浸染状为主。隐爆角砾岩内的富矿体赋存于隐爆角砾岩底部花岗斑岩冷凝收缩产生的虚脱空间带内。

3. 矿石类型及矿石结构构造

(1)矿石类型主要有黄铜矿-白铁矿型,含铜磁铁矿型,其次有电气石型、黄铜矿-磁黄铁矿-黄铜矿-毒砂型、孔雀石-褐铁矿型。

(2)矿石结构构造:结构有自形—半自形结构、他形晶结构、斑状结构、包含结构、固溶体分离结构、交代结构;构造有块状构造、条带状构造、浸染状构造、角砾状构造、脉状构造、网脉状构造、胶状构造等。

4. 蚀变类型及分带性

矿区内存在面状和线状两种蚀变类型。面状蚀变主要发育在松顶山复式岩体和周围火山岩地层中,主要有黄铁矿化、黄铜矿化、绿泥石化、绿帘石化、电气石化、镜铁矿化、褐铁矿化、碳酸盐化、高岭土化、绢云母化、硅化等。线状蚀变主要发育在矿体上下盘近矿围岩中,蚀变矿物种类明显受围岩岩性控制,在石英闪长岩及花岗斑岩中,从矿体两侧发育有黄铜矿化、黄铁矿化、磁黄铁矿化、绢云母化、高岭土化、硅化、绿泥石化、绿帘石化等;在安山岩中矿体两侧以硅化、绿泥石化为主,其次为绢云母化、高岭土化。

5. 控矿因素及找矿标志

(1)控矿因素:石英闪长岩接触带附近,大致平行接触带近东西向、北东向以及外接触带安山岩中北西向陡倾斜断裂,控制与石英闪长岩有关的矿脉;花岗斑岩体与石英闪长岩接触带,控制着与花岗斑岩有关的矿体;花岗斑岩内环形破碎体构造,控制着与斑岩有关的块状富矿。

(2)找矿标志:以电气石化、硅化、绢云母化、高岭土化、绿泥石化、黑云母化为主,电气石化、硅化伴有少量铜钼矿化是矿化头晕,为重要的找矿标志;孔雀石化、褐铁矿化也是主要找矿标志。

(二)地球物理特征

1. 矿床所在区域重磁场特征

在1:25万布格重力异常图(图6-2-11)上,二密中生代火山盆地整体上呈现出大面积重力低异常区,其北部叠加有北北东向椭圆状布格重力低局部异常,二密铜矿床即位于该椭圆状重力低局部异常的东南端梯度带扭曲部位,由此向东南方向等值线呈凸起状,显示有北西-南东向次一级的重力低异常带的存在。近椭圆状布格重力低异常长12.6km、宽6.4km,北宽南窄,中心偏北,向南等值线较缓,场值逐渐升高。东西两侧梯度带梯度略陡,梯度接近,西侧呈弧形向西凸起,东侧梯度带平直但在铜矿床处向东南方向发散。

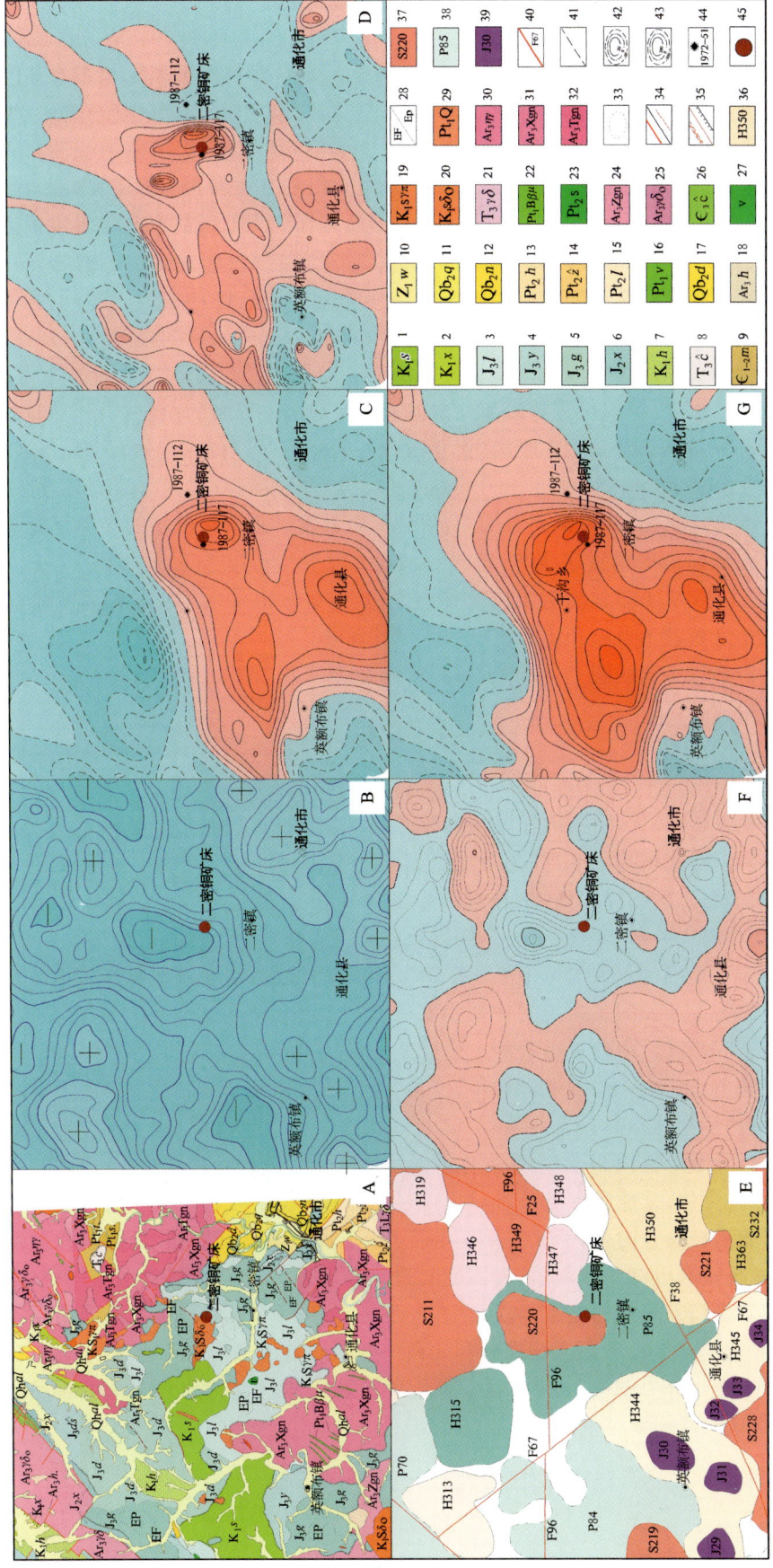

图 6-2-11 二密典型铜矿床所在区域地质矿产及物探剖析图

A. 地质矿产图；B. 布格重力异常图；C. 航磁ΔT等值线平面图；D. 航磁ΔT化极垂向一阶导数等值线平面图；E. 重磁推断地质构造图；F. 剩余重力异常图；G. 航磁ΔT化极等值线平面图

1. 三颗榆树组；2. 小南沟组；3. 林子头组；4. 鹰嘴砬子组；5. 果松组；6. 小东沟组；7. 亨通山组；8. 长白组；9. 傻头组；10. 万隆组；11. 桥头组；12. 南芬组；13. 花山组；14. 珍珠门组；15. 林家沟组；16. 古元古代变质辉长岩闪长岩；17. 钓鱼台组；18. 红透山岩；19. 松顶山石英闪长斑岩；20. 松顶山花岗斑岩；21. 龙头花岗岩；22. 双庙岩体；23. 亚主沟黑云母正长花岗岩；24. 照阳片麻岩；25. 新太古代石英花岗闪长岩；26. 炒米店组；27. 辉长岩脉；28. 爆发相、喷溢相；29. 钱桌沟二长花岗岩、正长花岗岩；30. 新太古代变二长花岗岩；31. 雪花片麻岩；32. 太阳沟片麻岩；33. 相边界线；34. 安测性质不明断层界限/推测性质不明断层；35. 韧性剪切带/实测角度注记；36. 重磁推断酸性岩体；37. 重磁推断中酸性地层及注记；38. 重磁推断盆地及注记；39. 重磁推断一超基性岩体及注记；40. 重磁推断三级断裂及注记；41. 隐伏/半隐伏重磁性地质界线；42. 剩余重力异常；43. 布格重力异常等值线及注记；44. 航磁异常点及注记；45. 铜镍矿床在剩余重力异常图上，铜矿床处于重力低异常南部平缓异常区的东南缘，也是南北向椭圆状重力低异常转为南东向异常的过渡部位。

从1：25万地质图上可以看出，椭圆状重力低异常大部分处于上侏罗统果松组和松顶山石英闪长岩体、花岗斑岩体分布区，仅重力低异常中心东北外侧为新太古代变质二长花岗质片麻岩分布区。根据区域重力报告中物性密度参数统计结果，新太古代片麻岩、侏罗纪火山沉积地层、松顶山中酸性岩体具有密度依次降低的物性参数特征，重力低异常中心分布区的果松组火山岩有爆发相与喷溢相显示，地质上推测有火山喷发中心，同时中心处有六合屯花岗斑岩体出露，因此可推断为本区最主要的岩浆侵入活动中心，果松组火山岩与新太古代变质二长花岗质片麻岩的角度不整合接触说明此火山机构为深源性质的。南部重力低平缓异常区与松顶山石英闪长岩体的东部主体部分位置一致，推断石英闪长岩体为与六合屯花岗斑岩体同源同期产物，铜矿体一般分布在松顶山岩体与侏罗纪火山岩的接触带上，与松顶山石英闪长岩体的侵入有着密切关系。

在1：25万区域航磁异常图上，二密铜矿床位于南北走向椭圆状局部磁异常的西北边部内侧，此局部磁异常叠加在马当以西近圆状正磁场背景之东半部，南北向长7.6km，东西向宽5.0km，强度不高，约400nT，梯度西缓东陡，西侧边缘梯度带内侧与松顶山中酸性岩体、火山岩接触带位置大致吻合，推断局部磁异常为具有中强磁性的侏罗纪火山岩（以果松组为主）引起的磁异常。正背景磁场西半部呈宽缓平稳场态特征。以环绕正背景磁场边部的梯度带为界，背景场值在150~250nT之间，规模约11.2km×11.2km。环形梯度带除西北部外，其他部分均与相应河谷位置吻合，显示出环形构造的磁场特征。正背景磁场为以沉积为主的火山沉积盆地及松顶山岩体的中低磁性反映。

在航磁异常化极垂向一阶导数等值线图上，局部正磁异常南北向变长，梯度西缓东陡特征更明显，铜矿床处于西侧边缘梯度带内侧。

2. 矿床所在地区磁场特征

在1：5万航磁异常图（图6-2-12）上，松顶山岩体分布形态总体上与相对低磁异常区相对应，东侧、东北侧、东南侧有强磁异常环绕，最高值为860nT，出现在距离接触带稍远的东北外侧。特别是侵入岩体东部主体部分低磁场区特征明显，边部梯度陡，磁异常中心偏向东南，最低值为60nT，但由于受斜磁化影响，低磁场区相对侵入岩体略向南移，经过化极后，低磁异常区边部梯度带与岩体边界基本吻合，西部低磁场特征则不明显。这主要是因为侵入岩体中心在东部，岩体较西部深，加之东部岩体矿化蚀变亦强于西部，以中粒石英闪长岩、石英二长闪长岩为主体的中弱磁性的岩体经矿化蚀变后产生退磁，磁性进一步降低，与周围的细粒石英闪长岩、中性火山岩相比磁性差异明显，可形成明显的低磁异常区，而西部低磁场不明显主要因为松顶山岩体由东向西逐渐变窄、变薄，受围岩细粒石英闪长岩、中性火山岩较强磁性影响增强，从而使西部磁场整体抬高。

在航磁异常化极垂向一阶导数等值线图上，上述岩体东部主体部分与负磁异常区位置大致吻合，东北、东、东南、西南四面被正磁场围绕，北侧边部有条带状负磁异常分布，东部负磁异常区西南角向东南方伸出的条带状负异常与出露岩枝位置吻合，但比岩枝在走向上要长很多，推断该岩枝以隐伏的形式继续向东南方向伸出，西部低磁场特征也有明显增强；岩体南北边缘接触带与磁异常梯度带大体吻合，岩体东部边缘接触带外侧有南北走向磁异常梯度带出现，并有东西向错动显示，推断此处为松顶山侵入岩体东部隐伏的实际边界，磁异常梯度带错动部位处推断有北西向断裂存在。二密铜矿主要分布在松顶山岩体东部、东南部内外接触带上，分为东采区、南采区及四方顶子采区，与上述东部明显的低磁场区关系密切，矿体多分布在低磁场区边缘梯度带上。

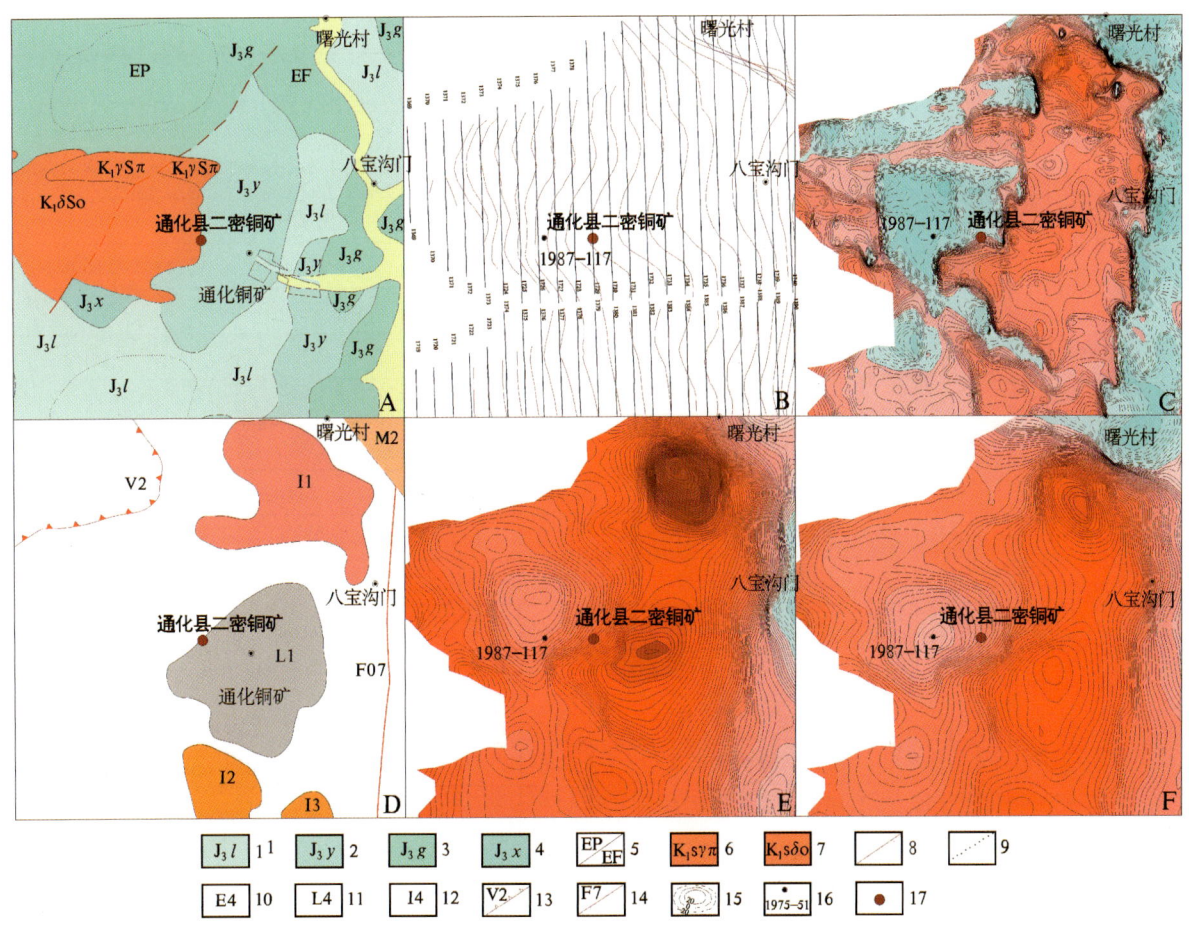

图 6-2-12 二密典型铜矿床所在地区地质矿产及物探剖析图

A.地质矿产图；B.航磁 ΔT 剖面平面图；C.航磁 ΔT 化极垂向一阶导数等值线图；D.重磁推断地质构造图；
E.航磁 ΔT 化极等值线图；F.航磁 ΔT 等值线图

1.林子头组；2.鹰嘴砬子组；3.果松组；4.小东沟组；5.爆发相/喷溢相；6.松顶山花岗斑岩；7.松顶山石英闪长岩；8.实测性质不明断层；9.相变界线；10.磁法推断中性岩体及注记；11.磁法推断火山岩地层及注记；12.磁法推断变质岩地层及注记；13.磁法推断火山构造线及注记；14.磁法推断三级断裂及注记；15.航磁异常零等值线及注记、航磁异常负等值线及注记、航磁异常正等值线及注记；16.航磁异常点及编号；17.铜矿床

3. 矿床所在位置地球物理特征

二密铜矿区及外围大功率激电找矿工作是在 20 世纪 90 年代中期矿山着手二轮找矿的形势下开始启动的。1995 年吉林省勘查地球物理研究院最先在东部矿区的西侧边部 2.56km² 范围内开展网度 40m×20m 的激电中梯普查，发现 9 处激电异常，其中 4 处钻探验证见到工业矿体，找矿效果显著；1998 年继续在松顶山岩体北部和西部内外接触带上完成网度 100m×20m 大功率激电普查 6.8km²，发现 8 处激电异常，其中在 11 号异常上进行的 2 个验证钻孔都见到了工业铜矿体，扩大了该区的找矿成果。1999 年、2001 年、2003 年、2006 年吉林省勘查地球物理研究院和吉林省地质调查院在 1995 年和 1998 年普查区的西部、东部、南部又相继开展了大功率激电普查工作，这样针对松顶山岩体及外围的大功率激电普查工作基本完成，取得了松顶山岩体及外围的区域电场特征及局部异常特征的完整认识。

下面仅对 1995 年的 DHJ-5 异常、1998 年的 DHJ-11 异常 2 个钻探验证见矿激电异常进行综合地球物理特征研究。

1) 矿区岩(矿)石物性参数特征

矿区及外围岩(矿)石物性参数详见表 6-2-9。

表 6-2-9　二密铜矿区岩(矿)石物性参数统计表

地质单元	符号	岩(矿)石名称	常见值			
			$M/\%$	$\rho/(\Omega \cdot m)$	$\kappa/$ $(\times 10^{-6} \times 4\pi \times SI)$	J_r $(\times 10^{-3} A \cdot m^{-1})$
六合屯流纹岩段	J_3L^L	流纹岩、流纹质凝灰岩	0.9	6310	25	20
		安山质凝灰岩	1.0	3970	4084	1150
太安安山岩段	J_3L^t	安山质晶屑岩屑凝灰岩	1.0	3643	1558	1240
		安山岩	0.7	6310	251	160
		凝灰岩	1.0	1547	25	10
松顶山序列	J_3D	花岗斑岩	2.1	4305	—	—
	J_3C	石英二长闪长岩	1.2	1249	1483	1170
	J_3B	中粒石英闪长岩	0.9	1995	289	110
		蚀变石英闪长岩	1.2	548	38	40
	J_3A	细粒石英闪长岩	2.1	2751	7703	1210
		黄铜矿化安山岩	3.0	4800	1583	1080
		黄铁矿化闪长岩	5.2	1000	188	70
		浸染状磁黄铁矿石	5.8	4179	2815	43 500
		稠密浸染状铜矿石	42.0	18	1043	360
		块状铜矿石	42.5	1	314	80

A. 磁性特征

在火山岩中,安山质凝灰岩类为中强磁性,磁化率为 $4084\times10^{-6}\times4\pi\times SI$,剩余磁化强度为 $1150\times10^{-3}A\cdot m^{-1}$;安山岩、流纹岩、流纹质凝灰岩具有弱磁性,磁化率一般为 $(25\sim250)\times10^{-6}\times4\pi\times SI$,剩余磁化强度一般小于 $200\times10^{-3}A/m$;在松顶山岩体中,细粒石英闪长岩(J_3A)、石英二长闪长岩(J_3C)为中强磁性,磁化率常见值分别为 $7700\times10^{-6}\times4\pi\times SI$、$1483\times10^{-6}\times4\pi\times SI$,剩余磁化强度常见值分别为 $1210\times10^{-3}A/m$、$1170\times10^{-3}A/m$;中粒石英闪长岩(J_3B)为中弱磁性,磁化率为 $290\times10^{-6}\times4\pi\times SI$,剩余磁化强度为 $110\times10^{-3}A/m$;蚀变石英闪长岩(J_3B)为弱磁性;花岗斑岩(J_3D)磁性微弱。

铜矿石或矿化岩石具有强弱不等的磁性,其中浸染状磁黄铁矿石为中强磁性,磁化率为 $2815\times10^{-6}\times4\pi\times SI$,剩余磁化强度为 $43\,500\times10^{-3}A/m$;稠密浸染状铜矿石为中低磁性,磁化率为 $1043\times10^{-6}\times4\pi\times SI$,剩余磁化强度为 $360\times10^{-3}A/m$;块状铜矿石为弱磁性,磁化率为 $314\times10^{-6}\times4\pi\times SI$,剩余磁化强度为 $80\times10^{-3}A/m$。

B. 电性特征

区内铜矿石及矿化岩石具有高极化特征,其中铜矿石最强,充电率 M 常见值高达 42.5%,矿化岩石一般为 3.0%～5.8%;在非矿化岩石中,细粒石英闪长岩、花岗斑岩充电率稍高,M 为 2.1%,其余均在 1.0% 左右。因此,矿石与围岩之间有着明显的充电率差异。

区内铜矿石电阻率最低,其常见值一般为 $1\sim18\Omega\cdot m$;蚀变石英闪长岩电阻率较低,一般为 $540\sim1000\Omega\cdot m$;中粒石英闪长岩、石英二长闪长岩为中高电阻率特征,常见值一般在 $1200\sim2000\Omega\cdot m$ 之间;细粒石英闪长岩、花岗斑岩和火山岩类岩石电阻率逐渐升高,普遍大于 $2750\Omega\cdot m$,最高为 $6310\Omega\cdot m$。

综合上述岩(矿)石电性、磁性参数特征,铜矿石具有低电阻率、高极化率、中低磁性,铜矿石与矿化岩石、非矿化岩石三者之间有着显著的电性、磁性差异,这表明本区具备物探找矿的地球物理前提。

2)矿床所在位置电场、磁场特征

A. DHJ-5 激电异常

(1)平面异常特征。DHJ-5 异常位置地表出露有强蚀变石英二长闪长岩(硅化、绢云母化及褐铁矿化)和含黄铁矿化电气石石英脉,晚期岩浆活动强烈。该低视充电率异常总体呈串珠状东西向分布,各局部高异常形态、走向各异,规模及强度大小不等,边部梯度陡;南侧有明显的向东南呈弧形凸起的低视充电率异常带环绕,该带上的几处局部低视充电率异常走向不同、规模不等但形态简单(图 6-2-13)。激电异常由 DHJ-5-1、DHJ-5-2、DHJ-5-3 三部分组成。其中 DHJ-5-1 异常规模最大,约 120m×46m,强度最高,视充电率最大值为 7.3%,形状不规则,以北东走向为主体,中间部分局部向南东呈锥形凸起,周边梯度陡。DHJ-5-2 异常呈向北凸起的弧形,最大值出现在两端,为 5.0%,为已知隐爆角砾岩型铜矿体产生的激电异常。DHJ-5-3 异常由北东向排列的 2 个小椭圆状异常组成,最大值为 6.0%。上述 3 处异常均在低视电阻率异常范围上,仅 DHJ-5-1 异常处的视充电率异常范围比低视电阻率异常范围小很多,处于后者的西半部位置,视电阻率也为整个 DHJ-5 异常最低值区,最小值为 $50\Omega \cdot m$。DHJ-5-2、DHJ-5-3 异常处于地磁 ΔZ 的低磁异常带及低磁异常边部梯度带上;DHJ-5-1 异常中心部分楔形异常处在近东西向椭圆状局部高磁异常上,磁场最大值为 1900nT,北东和北西部分则处于局部高磁异常的两侧低磁异常带上;局部高磁异常与东南一侧的 4 处椭圆状及条带状异常呈正、负相间的雁行排列形态,并且正磁异常强度依次降低,负磁异常强度依次增大,形状也由椭圆状、条带状过渡到线状。如果去除斜磁化的影响,DHJ-5-1 异常应处在局部高磁异常东南边部梯度带及负磁异常带上。

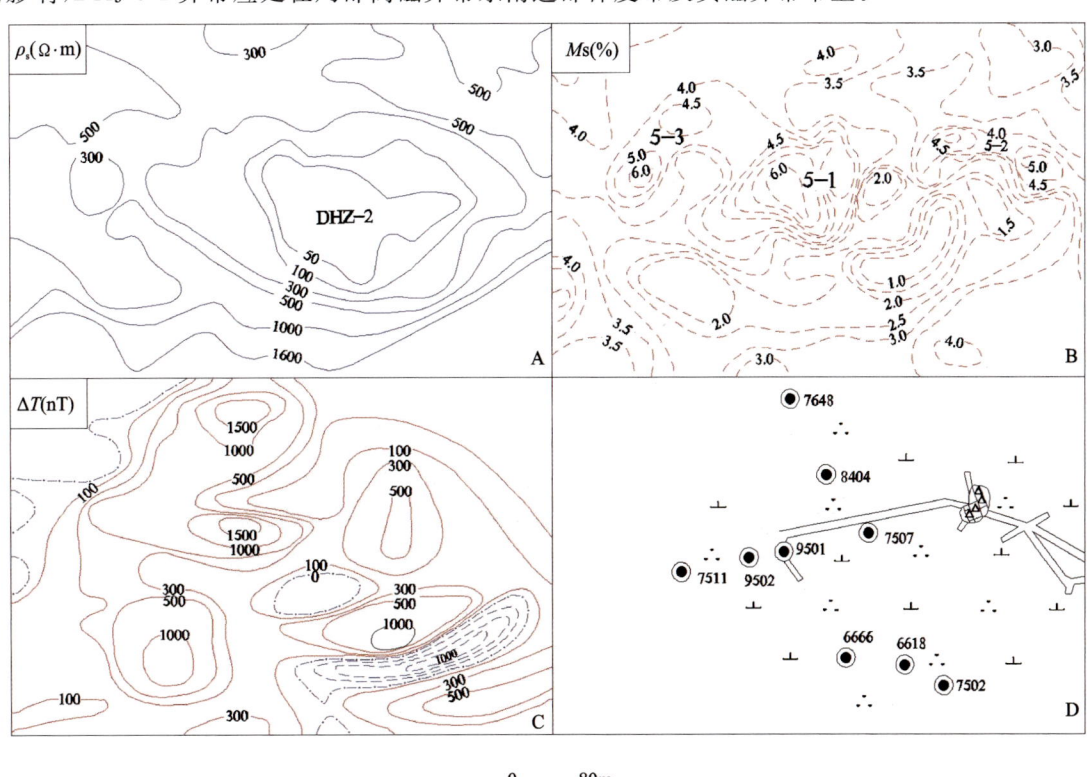

图 6-2-13 二密铜矿 DHJ-5 激电异常地质及物探剖析图(引自关键等,1995)

A. 视电阻率等值线平面图;B. 视充电率等值线平面图;C. 航磁 ΔT 等值线平面图;D. 坑道平面图

1.ρ_s 等值线;2.M_s 等值线;3.地磁 ΔT 等值线;4.0m 中段(标高 432m)坑道平面图;5.坑道;6.见矿钻孔未见矿钻孔及编号;7.隐爆角砾岩型铜矿体;8.石英闪长岩

综合上述,DHJ-5 异常具有低视电阻率、高视充电率、低磁(或低磁边部梯度带)的综合异常特征,是找矿的重要标志。

(2)剖面异常特征。在 DHJ-5 激电异常上的测深剖面长 200m,测线方位 0°(图 6-2-14)。激电中梯剖面上显示出明显低阻高极化特征。测深断面图上,在 AB/4=100m 时视电阻率开始出现低阻异常,向深部未封闭;视充电率则出现最大值,向深部异常变窄,并逐渐封闭。根据全区见矿钻孔的测深成果资料总结出激电测深的勘探深度大致相当于 AB/4。根据这一经验并结合电法数据处理解释软件进行的一维视电阻率反演结果,推断异常体顶部埋深 100m,中心埋深约 140m。经钻孔 ZK9501 深部验证,在 138~166m 之间见 3 层细脉浸染型工业铜矿体,黄铜矿呈微粒状、星散状分布在蚀变石英闪长岩中,总厚度 13.07m,平均品位 0.66%,最高品位 1.28%。

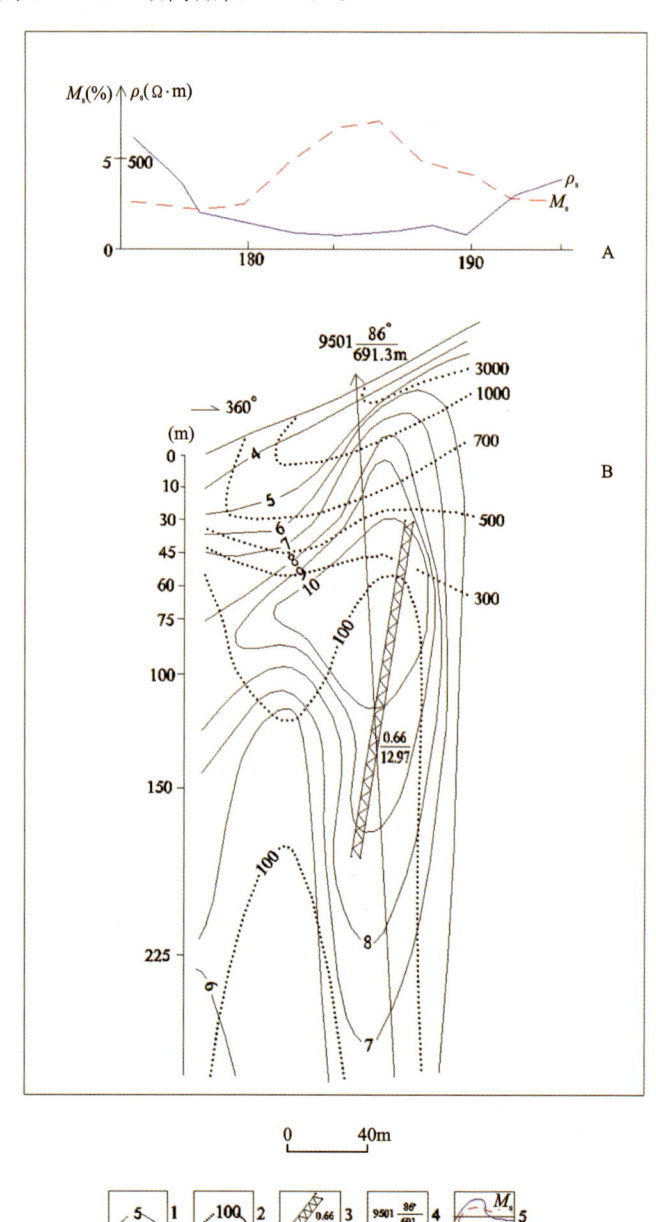

图 6-2-14　DHJ-5 异常典型矿床勘探剖面图(引自关键等,1995)

A.激电中梯视电阻率,视极化率异常曲线;B.激电测深断面图

1.M_s 等值线;2.ρ_s 等值线;3.铜矿体品位(%)/厚度(m);4.钻孔编号及倾角(°)/高程(m);

5.激电中梯视电阻率、视充电率异常曲线

B. DHJ-11 激电异常

(1)平面异常特征。从 DHJ-11 激电异常剖析图(图 6-2-15)上可以看出,DHJ-11 异常处在中粒石英闪长岩与林子头组六合屯段流纹岩接触带上,异常中心在中粒石英闪长岩一侧。

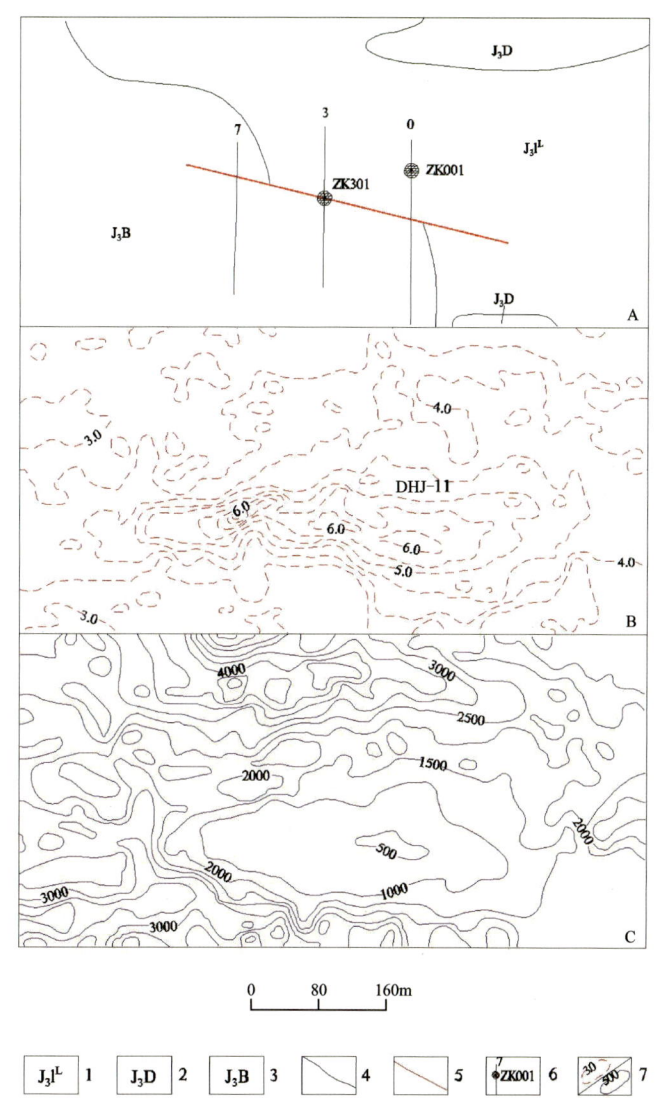

图 6-2-15 DHJ-11 激电异常地质及物探剖析图(引自戴洪键等,1999)
A.地质组;B.视充电率等值线平面图;C.视电阻率等值线平面图
1.上侏罗统林子头组六合屯流纹岩段;2.晚侏罗世松顶山序列花岗斑岩单元;3.晚侏罗世松顶山序列中粒石英闪长岩单元;4.地质界线;5.实测断层;6.勘探线、钻孔及编号;7.视充电率等值线/视电阻率等值线

在视充电率值为 3.0%~4.5% 的背景场中,以 4.5% 等值线圈定的异常形态呈东西走向,东宽西窄,长约 500m,中间段宽度约 80m,异常梯度西陡东缓,沿走向有 3 处局部异常,最西端异常出现最大值为 7.3%。DHJ-11 高充电率异常与视电阻率小于 1500Ω·m 的低阻区形态及位置吻合较好,最低视电阻率值小于 500Ω·m。视电阻率与视充电率异常分布形态都是东宽西窄,梯度西陡东缓,表明异常体在西部宽度窄、埋深浅,向东变宽、埋深变深。

(2)剖面异常特征。DHJ-11 激电异常上的 0 号勘探线测深剖面长 200m,测线方位 0°。激电中梯剖面上显示出低阻高极化特征,地磁剖面上显示低磁异常特征。测深断面图(图 6-2-16)上,在 AB/4=150m 深度左右出现向下封闭上通地表的小于 600Ω·m 低阻异常区,其下部为大于 600Ω·m、小于 1000Ω·m 的相对低阻异常区,低阻及相对低阻异常区南、北两侧为视电阻率大于 1000Ω·m 相对高阻异常区,南侧的底部更高,达 3000Ω·m。在 AB/4=100m 深度出现较窄的大于 5% 的视充电率异常,在

AB/4＝225m 深度以下异常变宽并且未封闭。高极化区与低阻异常区基本吻合,反映出在石英闪长岩体与林子头组火山岩接触带岩体一侧矿化蚀变较强。经钻孔 ZK001 深部验证,在 127.35～445.75m 之间见 5 层工业铜矿体,厚度一般在 4.33～8.39m 之间,总厚度 27.94m,品位一般在 0.5%～1.64% 之间。顶部 2 层矿脉为晚期贯入式铜矿体,下部 3 层为浸染型工业铜矿体。5 层铜矿体全部处在相对低阻高极化区段上。

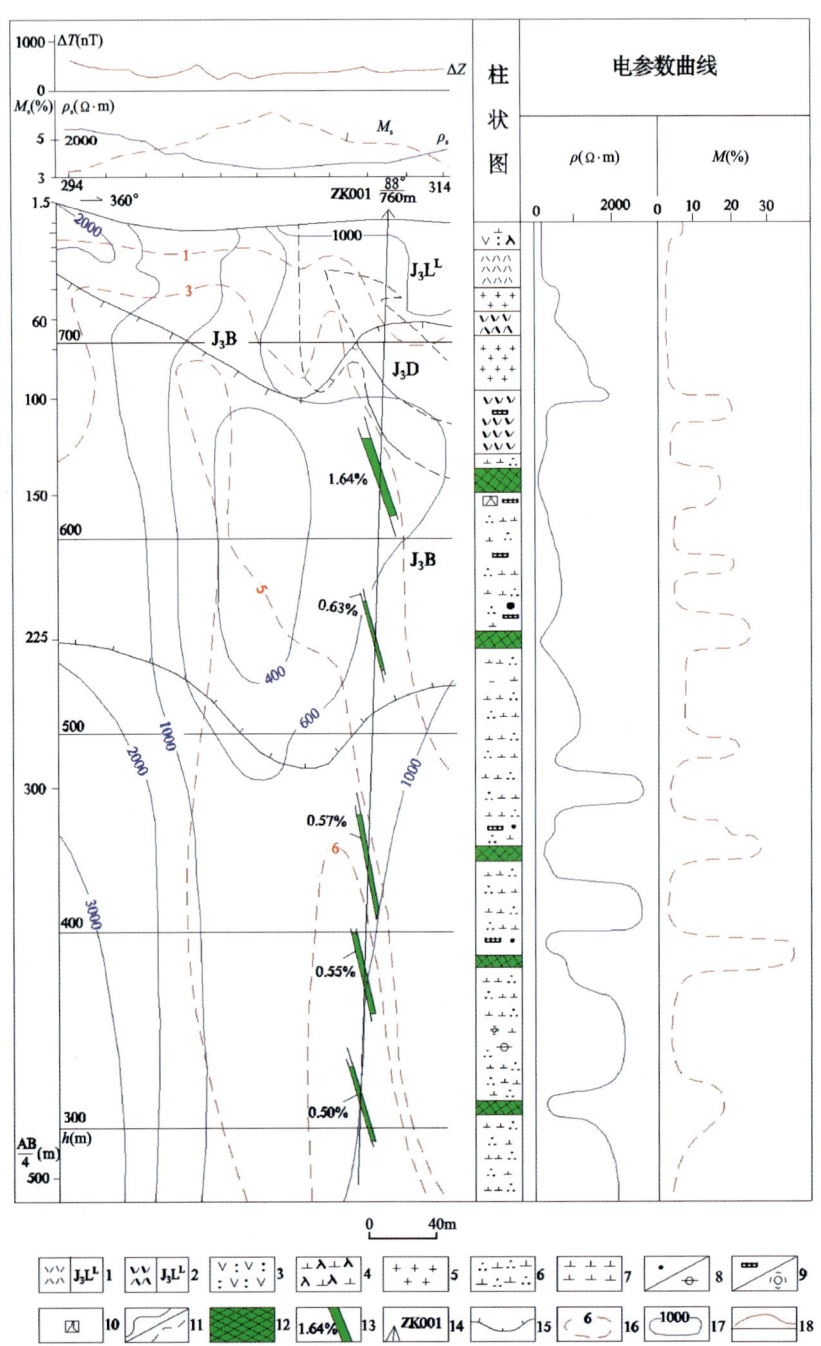

图 6-2-16 二密铜矿 DHJ-11 异常 0 号典型矿床勘探剖面图(引自戴洪键等,1999)

1.林子头组六和屯段流纹岩;2.林子头组六和屯段流纹斑岩;3.林子头组六和屯段安山质凝灰岩;4.林子头组六和屯段闪长玢岩;5.松顶山序列花岗斑岩;6.松顶山序列中粒石英闪长岩;7.松顶山序列细粒石英闪长岩;8.黄铜矿化/绿帘石化;9.黄铁矿化/硅化;10.方铅矿化;11.实测及推测地质界线;12.铜矿化;13.铜矿体及品位;14.钻孔及编号;15.ρ_s 一维反演低阻界面;16.M_s 等值线及注记;17.ρ_s 等值线及注记;18.地磁 ΔZ 异常曲线

(三)通化县二密铜矿床地质-地球物理找矿模型

综合上述矿床地质特征和地球物理异常特征,可归纳总结出矿床地质-地球物理找矿模型,见表6-2-10。

表6-2-10 通化县二密铜矿床地质-地球物理找矿模型表

地质条件	构造环境	矿床位于晚三叠世—新生代构造单元华北叠加造山-裂谷系(Ⅰ),胶辽吉叠加岩浆弧(Ⅱ),吉南-辽东火山-盆地区(Ⅲ),柳河-二密火山-盆地区(Ⅳ),三源浦中生代火山沉积盆地内
	岩石组合	石英闪长岩和花岗斑岩
	构造标志	北西向、东西向断裂交会破火山口处;松顶山序列内外接触带、各个单元间接触带大致平行或斜交的北西向、东西向、北北东向断裂控制早期矿体;花岗斑岩内外接触带北西向张性、张扭性、扭性裂隙群控制晚期矿体分布
	围岩蚀变	面状蚀变主要有黄铁矿化、黄铜矿化、绿泥石化、绿帘石化、电气石化、镜铁矿化、褐铁矿化、碳酸盐化、高岭土化、绢云母化、硅化等;线状蚀变主要发育在矿体上下盘近矿围岩中,蚀变矿物种类明显受围岩岩性控制,在石英闪长岩及花岗斑岩中,从矿体两侧发育有黄铜矿化、黄铁矿化、磁黄铁矿化、绢云母化、高岭土化、硅化、绿泥石化、绿帘石化等;在安山岩中矿体两侧以硅化、绿泥石化为主,其次为绢云母化、高岭土化
地表找矿标志		燕山期石英闪长岩和花岗斑岩出露区;蚀变以电气石化、硅化、绢云母化、高岭土化、绿泥石化、黑云母化为主,电气石化、硅化伴少量铜钼矿化是矿化头晕,为重要的找矿标志;孔雀石化、褐铁矿化也是主要找矿标志
找矿历史标志	文字记录	二密铜矿的勘探工作始于1950年4月,截止到1992年,已探明铜矿平均品位0.78%。1995年吉林省勘查地球物理研究院在岩体东部开展大功率激电测量,发现9处异常,对其中DHJ-2、DHJ-3、DHJ-4、DHJ-5号异常经钻查证,均见到以浸染型为主的铜矿体;1998—1999年,吉林省地矿局通化地质勘查研究院和吉林省勘查地球物理研究院共同在该区开展了第二轮铜矿普查,于2000年2月将两次工作成果一并编写成了《吉林省通化二密铜矿外围普查综合普查成果报告》;1998年吉林省地质勘探开发局通化地质勘查研究院对DHJ-11号异常查证,钻孔中均见到了浸染型矿体,铜最高品位7.18%,矿体最大厚度8.81m,展示了较好的找矿前景;2003年吉林省地质调查院对DHJ-10、DHJ-11、DHJ-18-1号异常开展钻探查证和进一步控制工作,2004年7月提交了《吉林省通化市二密铜矿(七道沟-烟窑沟)普查报告》
地球物理标志	重力	矿床位于二密中生代火山盆地大面积重力低异常背景区上叠加的近南北向椭圆状重力低局部异常转为向南东伸出的次一级异常的转折部位;布格重力低异常长12.6km,宽6.4km,北宽南窄,中心偏北
	磁法	在1:5万航磁异常图上,松顶山岩体分布形态总体上与相对低磁异常区相对应,四周有强磁异常环绕,侵入岩体东部主体部分低磁场区特征尤为明显,边部梯度陡,磁异常中心偏向东南,最低值为60nT。矿床处于航磁异常梯度带扭曲、交会部位及低磁异常区
	电法	激电中梯视充电率M_s高、视电阻率ρ_s低,自然电场负异常,瞬变电磁高异常,视电阻率联剖出现低阻正交点

第三节 铅锌矿典型矿床地质-地球物理特征

铅锌矿在吉林省有色矿产资源中占有重要的地位,中华人民共和国成立以来,虽然探明了一定的储量,但满足不了经济发展的需要,属短缺矿种。这些矿产中中大型矿床少而小型矿床多,单矿种矿床少,而伴生矿床多,具有多矿质来源、多种成矿叠加的特征,表现出了复杂的成因类型。据各矿种以往资料

分析,可划分出如下几种成因类型:

(1)矽卡岩型矿床。矽卡岩型矿床以铅锌为主,铜、钨次之,矿体产在中—深成中酸性侵入体(或次火山岩)与碳酸盐岩(或富含钙质岩)地层接触带部位的矽卡岩中。岩体和矿体受构造控制。在北部槽区多与石炭纪—二叠纪浅海相碳酸盐岩地层接触成矿;南部台区常见与元古宙或古生代陆表海形成的含碳酸盐岩地层接触交代成矿。矽卡岩型矿床在北部槽区更为发育,成矿多产于海西期和燕山期,后者为吉林省主要成矿期。主要代表性矿床为天宝山多金属矿床。

(2)海相火山-沉积型(块状硫化物型)矿床。此类型以铅锌为主,铜次之,是与海相火山-沉积作用有关的一组矿床。成矿主要发生在早、晚古生代的几次火山喷发活动。主要代表性矿床为头道沟多金属硫铁矿床,放牛沟多金属硫铁矿床,红太平铜、铅锌多金属矿床。

(3)陆相火山热液型矿床。该类型在吉林省内形成有铅锌、铜、锑等有色金属矿床,成矿作用直接与中生代陆相火山活动有关,主要形成于北部槽区。矿体围岩为火山口附近钙碱性火山岩系及火山通道次火山岩系。含矿热液主要来自火山喷发晚期岩浆侵入成岩过程,成矿时代为印支期和燕山期。主要代表性矿床有地局子铅锌矿床、倒木河多金属矿床。

(4)碳酸盐型矿床。此类型主要为铅锌矿,具有层控矿床特征,古元古界老岭岩群珍珠门岩组白云质大理岩和早古生代寒武系—奥陶系泥砂岩、碳酸盐岩建造为矿源层。北东向区域性断裂为控岩、控矿构造,矿体产于层间构造破碎带或断裂中。主要代表性矿床有荒沟山铅锌矿床、矿洞子铅锌矿床。

吉林省铅锌矿主要矿床成因类型有矽卡岩型(天宝山多金属矿床),海相火山-沉积型(放牛沟多金属硫铁矿床),陆相火山热液型(地局子铅锌矿床),碳酸盐型(荒沟山铅锌矿床、正岔铅锌矿床)。其中放牛沟多金属硫铁矿床地质-地球物理特征在硫铁矿典型矿床一节中进行叙述。

一、龙井市天宝山多金属矿床

(一)典型矿床成矿地质特征

1. 地质构造环境及成矿条件

矿床位于晚三叠世—新生代东北叠加造山-裂谷系(Ⅰ),小兴安岭-张广才岭叠加岩浆弧(Ⅱ),太平岭-英额岭火山-盆地区(Ⅲ),罗子沟-延吉火山-盆地群(Ⅳ);处于北东向两江断裂与北西向明月镇断裂带交会部位东侧,天宝山中生代火山盆地南侧,天宝山倾伏背斜轴部。

(1)地层:区内出露地层主要有下古生界青龙村群黑云斜长片麻岩、斜长角闪岩;石炭系(天宝山群)亮晶灰岩、板岩;二叠纪中酸性火山岩及碎屑岩夹板岩、灰岩等(图6-3-1)。

(2)岩浆岩:①矿区内侵入岩浆活动较频繁,有加里东期片麻状花岗岩类、海西期花岗闪长岩类、印支期斑状二长花岗岩类、燕山期斑岩类。②矿区内火山岩亦较发育,分布于天宝山顶和九户洞一带。主要岩性有流纹岩、安山岩、英安岩、玄武安山岩及其相应的凝灰岩类。根据产出特征和年代学资料,将其按岩石地层单位,划分为早古生代变质基性火山岩、三叠纪(安山岩、流纹岩)火山岩、侏罗纪火山岩和早白垩世火山岩。

矿区内岩浆岩属Ⅰ型,形成深度较大,达上地幔或下地壳;产生于造山带和岛弧环境;属钙碱性系列;含矿岩体中成矿元素含量高,一般铜、钼、金、银、铅、锌等是同类岩体的1~100倍。天宝山矿区的岩体或火山岩含铜。

(3)构造:断裂构造分为北西向、东西向、南北向3组。根据其相互切割关系判断,形成时序为东西向断裂较早,北西向断裂次之,南北向断裂最晚。就其性质而言,东西向与南北向断裂为张性或张扭性,而北西向断裂则为压扭性或压性。这几组断裂构造控制了岩浆岩、角砾岩筒、爆破角砾岩群及矿化体的分布,特别在两组或两组以上断裂的交会处往往会形成矿床。

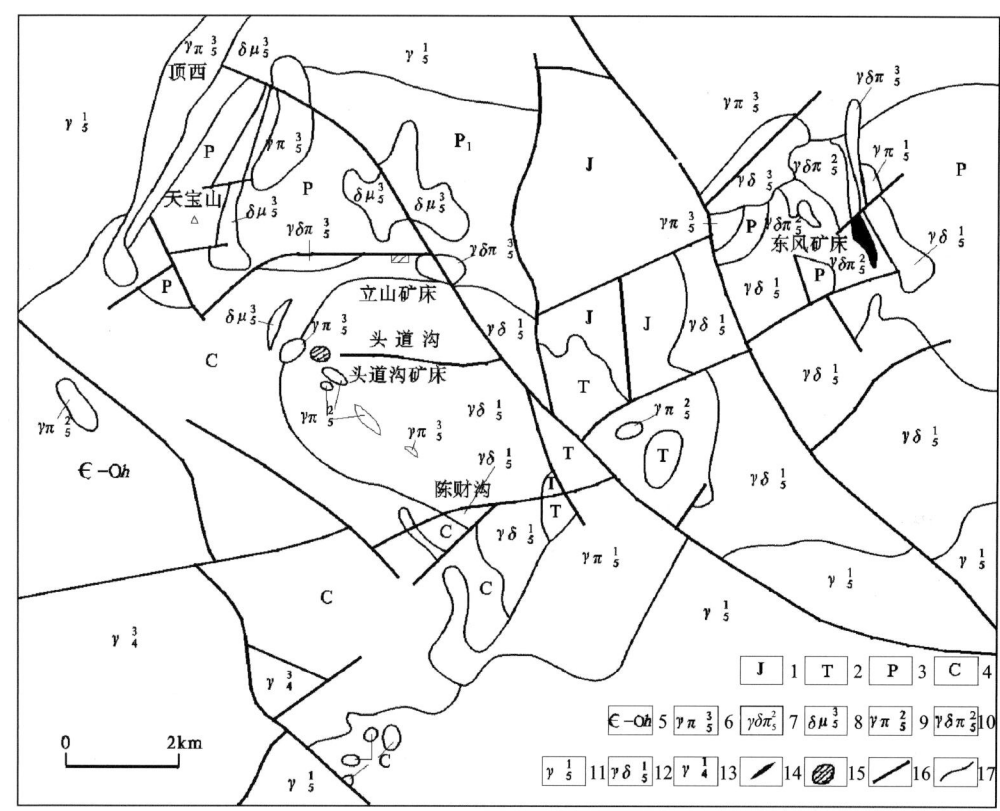

图 6-3-1 龙井市天宝山多金属矿床矿区地质图

1.侏罗纪中性火山岩夹砂砾岩;2.三叠纪酸性火山岩;3.二叠纪变质火山岩;4.石炭纪大理岩;5.寒武系—奥陶系黄莺屯岩;6.燕山晚期花岗岩;7.燕山晚期花岗闪长斑岩;8.燕山晚期闪长岩;9.燕山早期花岗岩;10.燕山早期花岗闪长斑岩;11.印支期花岗岩;12.印支期花岗闪长斑岩;13.海西晚期花岗岩;14.矿体;15.隐爆角砾岩;16.断裂;17.地质界线

2. 矿体分布特征

天宝山矿田的矿床成因组合具有多位一体的特点,形成完整的成矿系列,主要矿床有立山矿床、东风矿床和新兴矿床等。

(1)立山矿床:矿床主要赋存于头道沟花岗闪长岩、英安斑岩与"天宝山岩块"的接触带中。矿体小而多,但断续延深较大,矿体形态复杂,透镜状、板状、脉状、巢状等均有出现。总体规律是上部以脉状为主,中部以透镜状、板状为主,下部以似层状为主。

矿床围岩蚀变主要为层状矽卡岩蚀变,主要蚀变矿物有石榴子石、透辉石、方柱石或葡萄石等。

(2)东风矿床:东风矿区出露的地层为二叠系红叶桥组的一套变质的中酸性火山-沉积岩系。下部为中酸性火山岩及其火山碎屑岩;中部为偏酸性火山岩与不纯灰岩互层;上部为一套以中性熔岩为主的火山岩。地层走向290°～345°,倾向南西,倾角30°～55°。矿体产于中下部层位中。东风矿床由东风南山矿体、中部东风矿体及北西部北山矿体构成。

(3)新兴矿床:该矿床产于头道沟花岗闪长岩体内,并受头道沟东西向断裂、新兴-陈财沟北西向断裂和卫星南北向断裂交会处的角砾岩筒所控制。蚀变具有分带现象,筒内蚀变强,筒边蚀变弱,围岩蚀变更弱。

3. 矿石类型及矿物组合

(1)矿石类型:闪锌矿-磁黄铁矿矿石、黄铜矿-闪锌矿-磁黄铁矿矿石、闪锌矿-磁铁矿-磁黄铁矿矿石,闪锌矿+黄铜矿+方铅矿、黄铜矿+方铅矿+闪锌矿、闪锌矿+磁黄铁矿等。

(2)矿物组合:立山矿床矿石矿物为闪锌矿、黄铜矿、方铅矿、磁黄铁、黄铁矿等。东风矿床矿石矿物主要为磁黄铁矿、闪锌矿、黄铁矿、磁铁矿、方铅矿、白铁矿和毒砂。新兴矿床以闪锌矿、方铅矿为主,次为黄铜矿、黄铁矿、砷黝铜矿、自然铋和银矿物复硫化物、自然金等。

4. 矿石结构构造

立山矿床产于岩体中的矿石以中粗粒半自形结构为主,多具脉状、块状构造,角砾状构造;产于透辉石、石榴子石矽卡岩中矿石为他形粒状结构,常具浸染状构造、斑点状构造;产于灰岩和板岩中的多为层状矿体结构,以微细粒他形粒状结构为特征,具条带状构造。东风矿床矿石构造以条带状构造、致密块状构造和浸染状构造为主,脉状构造次之,还见到球粒状或鲕状构造、胶状构造的变余构造;新兴矿床有粗晶粒状结构,环状构造、粒间充填构造、脉状构造、浸染状构造等。

5. 蚀变类型及分带性

头道沟花岗闪长岩和立山英安斑岩与碳酸盐岩接触带广泛形成矽卡岩带,控制矽卡岩型矿床,主要类型为石榴子石-单斜辉石矽卡岩、单斜辉石矽卡岩、石英-绿帘石矽卡岩等。

角砾岩筒型矿床受面状蚀变控制,早期围岩蚀变主要有钾化,中期围岩蚀变有硅化、水云母化、绿泥石化,晚期围岩蚀变主要为方解石化、沸石化。

热液脉状矿体近矿蚀变,其内带以硅化、水云母化为主,外带为绿泥石化、碳酸盐化。

立山矿床围岩蚀变主要为层状矽卡岩化,主要蚀变矿物有石榴子石、透辉石、方柱石或葡萄石等;新兴矿床筒内蚀变强,筒边蚀变弱,围岩蚀变更弱,筒内以次生石英岩化为主,边部为青磐岩化,围岩常有较明显的黄铁矿化。在震碎裂隙中充填粉红色含锰方解石脉。

6. 控矿因素及找矿标志

(1)控矿因素:石炭系(天宝山岩块)与二叠系(红叶桥组)砂板岩、灰岩,中酸性火山岩是矿床控矿层位。印支期—海西期花岗闪长岩、英安斑岩、石英闪长岩等为矿床提供了物质、热液、热能。东西向、北西向、近南北向3组断裂交会处控制部分矿床的形成。燕山期花岗斑岩(多为脉状)与碳酸盐岩地层形成矽卡岩型热液脉状多金属矿化。

(2)找矿标志:立山矿床主要为矽卡岩化,新兴矿区筒内主要具石英岩化,其次为绿帘石化、绿泥石化、黄铁矿化等。

(二)地球物理特征

1. 矿床所在区域重磁场特征

在1:25万布格重力等值线图上,区内整体上北东高、南西低,重力梯度带以北西向分布为主要特征,形态起伏多变。局部重力高、重力低相间分布,以等轴状居多,椭圆状、不规则状占少数(图6-3-2)。天宝山多金属矿床在区域上处于总体呈北西西向的"之"字形展布梯度带中段上靠近南东重力高场区一侧。该处梯度带(中段)由西向东转为北东向,梯度陡,北西侧分布有西窄东宽的杏仁状重力低异常;南东侧分布有被北西向梯度带分隔开的两处北东东向条带状重力高异常,此较大规模的线性梯度带由南东向北西在矿床处终止,为北西西向"之"字形展布梯度带的组成部分,是槽台边界附近的次一级大断裂的反映。在剩余重力异常图上,处于北东东走向的北部重力低异常带与南部重力高异常带之间的过渡带上,该处梯度带呈向东南凸起的弧形,梯度陡。重力低异常带地表出露侏罗纪花岗岩。重力高异常带处出露有石炭系天宝山组灰岩、粉砂岩。

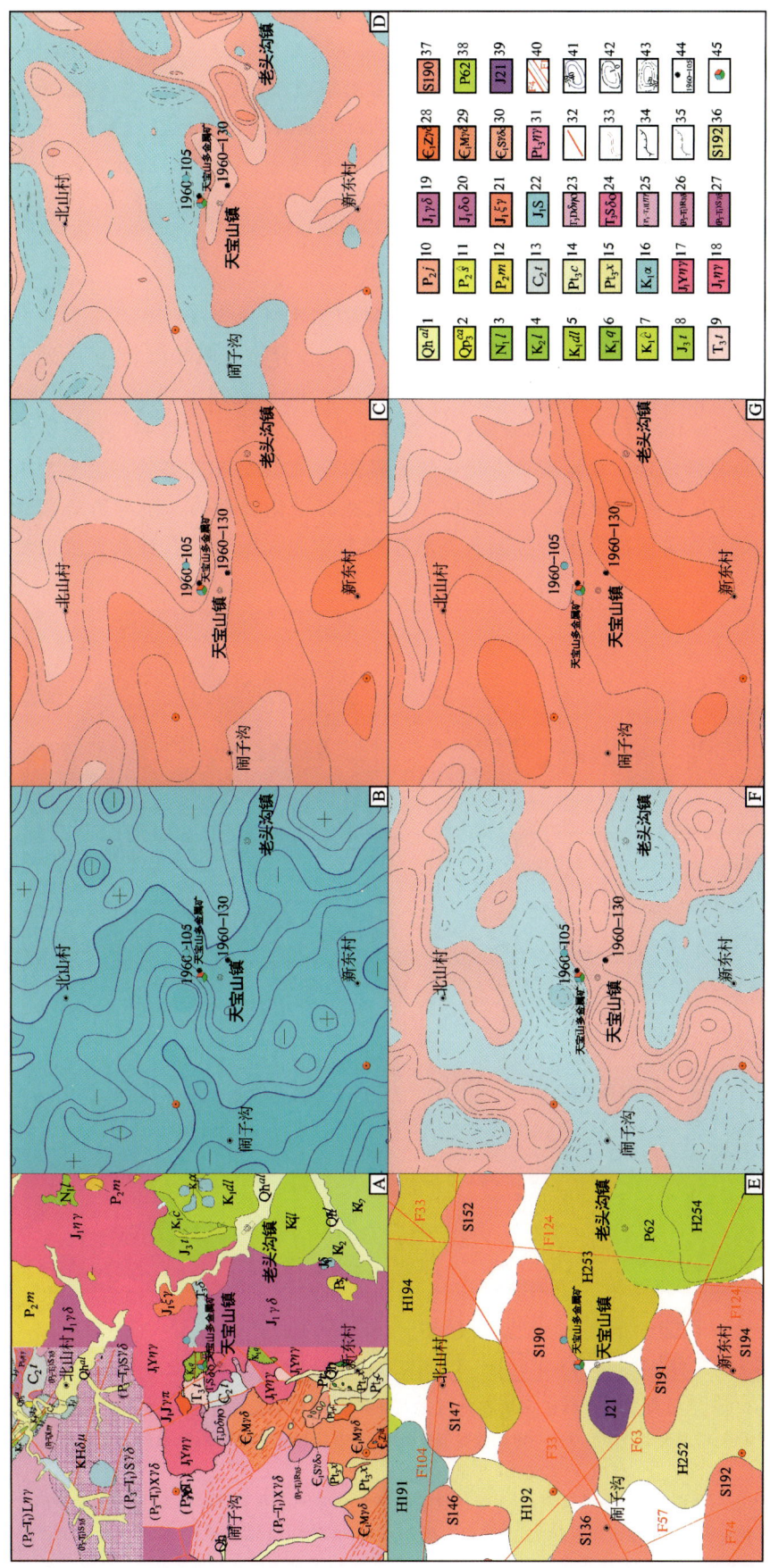

图 6-3-2 天宝山典型铅锌矿床所在区域地质矿产及物探剖析图

A. 地质矿产图；B. 布格重力异常图；C. 航磁ΔT等值线平面图；D. 航磁ΔT化极阶地堆积；F. 剩余重力异常构造图；E. 剩余重力异常垂线等值数平面图；G. 航磁ΔT化极等值线平面图

1. 全新世Ⅰ级阶地冲积层；2. 晚更新世Ⅱ级阶地堆积；3. 老爷岭玄武岩；4. 龙井组；5. 大拉子组；6. 泉水村组；7. 长财组；8. 老田营组；9. 托盘沟组；10. 解放村组；11. 寺洞沟组；12. 庙岭组；13. 天宝山组；14. 长仁大理岩；15. 新车村岩组；16. 早白垩世安山岩；17. 榆树川组斑状二长花岗岩；18. 早侏罗世中粒、中细粒二长花岗岩；19. 早侏罗世中粒似斑状含角闪石花岗闪长岩；20. 早侏罗世石英闪长岩；21. 早侏罗世碱长花岗岩；22. 早侏罗世东南沟石英二长花岗岩；23. 晚三叠世水洛地石英二长岩；24. 晚三叠世亮兵中细粒二长花岗岩；25. 晚三叠世-早侏罗世细粒片麻状花岗岩；26. 晚二叠世-早三叠世仁义顶子花岗闪长岩；27. 晚二叠世石英石门中粒角闪石细粒片麻岩花岗岩；28. 晚二叠世清沟细粒片麻岩花岗闪长岩；29. 早寒武世孟山北沟中细粒片麻状花岗闪长岩；30. 早寒武世石头老爷佛英云闪长岩；31. 新元古代变质二长花岗岩；32. 侵入岩界线；33. 韧性剪切带；34. 实测角度不整合界线；35. 实测地质界线；36. 重磁断地层反注记；37. 重磁推断地质构造注记；38. 重磁推断盆地及注记；39. 实测性岩体及注记；40. 重磁推断三级断裂及注记；41. 布格重力异常等值线及注记；42. 剩余重力异常等值线及注记；43. 航磁异常等值线及注记；44. 航磁异常点及编号；45. 多金属矿床在1∶25万区域航磁异常图上,矿床位于北东部低磁异常区向南西相对高磁异常区楔入的尖端部位,该部位南、北两侧外部各有一条北东走向条带状高磁异常。北部的北东向梯度带终止于东西向梯度带上矿床所在位置。在航磁异常化极等值线图上,条带状高磁异常形态更加完整、明显。在航磁异常化极垂向一阶导数等值线图上,原场图上的北东部低磁异常区与南西部低磁异常区贯通在一起,形成一条北东东向的负磁异常带,矿床处于负磁异常带与南部正异常区间的零值线上。推断贯通区内的条带状北东东向负磁异常带与规模较大的断裂构造有关。

2. 矿床所在地区磁场特征

在1∶5万航磁异常剖面平面图(图6-3-3)上(1960年航磁测量数据比例尺为1∶10万),天宝山多金属矿床位于负背景场中有明显的双峰正异常之上,两侧梯度陡。在航磁异常等值线图上,矿床处于北东东走向长条状正磁异常的中部北西侧边缘梯度带的内侧,异常长约2.3km、宽约1.0km,西半部低缓,东半部强度大、梯度陡,最大强度为400nT。正磁异常北西侧有伴生负异常与之平行排列,东侧、东南侧也有强度、规模较小的等轴状负异常出现。在航磁异常化极等值线图上,矿床处于长条状正磁异常中高磁异常向低缓过渡部位及梯度带由紧密到稀疏的变化部位。在航磁异常化极垂向一阶导数等值线图上,矿床处长条状正磁异常的低缓部分明显变窄。推断长条状正磁异常为火山岩与石炭系天宝山组灰岩接触蚀变带异常。

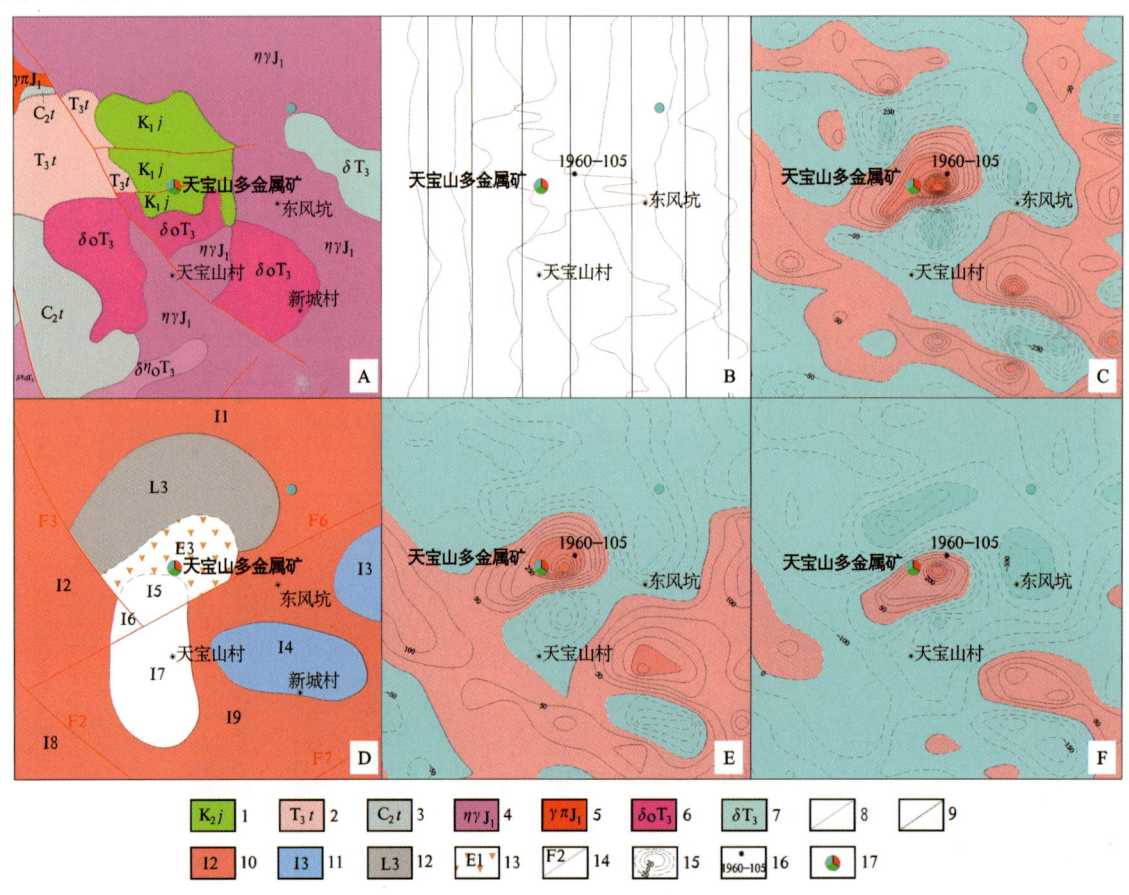

图6-3-3 天宝山典型多金属矿床所在地区地质矿产及物探剖析图

A.地质矿产图;B.航磁 ΔT 剖面平面图;C.航磁 ΔT 化极垂向一阶倒数等值线图;D.重磁推断地质构造图;E.航磁 ΔT 化极等值线图;F.航磁 ΔT 等值线图

1.金沟岭组;2.托盘沟组;3.天宝山组;4.早侏罗世二长花岗岩;5.早侏罗世花岗斑岩;6.晚三叠世石英闪长岩;7.晚三叠世闪长岩;8.实测性质不明断层;9.实测不整合界线;10.磁法推断中酸性岩体;11.磁法推断中性岩体;12.磁法推断火山岩地层;13.磁法推断磁性蚀变带;14.磁法推断三级断裂及注记;15.航磁异常正、零、负等值线及注记;16.航磁异常点及编号;17.铅锌矿床

(三)龙井市天宝山多金属矿床地质-地球物理找矿模型

综合上述矿床地质特征和地球物理异常特征,可归纳总结出矿床地质-地球物理找矿模型,见表6-3-1。

表6-3-1 龙井市天宝山多金属矿床地质-地球物理找矿模型表

地质条件	构造环境	矿床位于晚三叠世—新生代东北叠加造山-裂谷系(Ⅰ),小兴安岭-张广才岭叠加岩浆弧(Ⅱ),太平岭-英额岭火山-盆地区(Ⅲ),罗子沟-延吉火山-盆地群(Ⅳ);处于北东向两江断裂与北西向明月镇断裂带交会部位东侧,天宝山中生代火山盆地南侧,天宝山倾伏背斜轴部
	岩石组合	砂板岩、灰岩、中酸性火山岩,花岗岩、石英闪长岩类
	构造标志	东西向、北西向、近南北向3组断裂交会处控制部分矿床的形成
	围岩蚀变	头道沟花岗闪长岩和立山英安斑岩与碳酸盐岩接触带广泛形成矽卡岩带,控制矽卡岩型矿床分布,主要类型为石榴子石-单斜辉石矽卡岩、单斜辉石矽卡岩、石英-绿帘石矽卡岩等; 角砾岩筒型矿床受面状蚀变控制,其主要围岩蚀变,早期为钾化,中期为硅化、水云母化、绿泥石化,晚期为方解石化、沸石化; 热液脉状矿体近矿蚀变,其内带以硅化、水云母化为主,外带为绿泥石化、碳酸盐化; 立山矿床围岩蚀变主要为层状矽卡岩,主要蚀变矿物为石榴子石、透辉石、方柱石或葡萄石等;新兴矿床筒内蚀变强,筒边蚀变弱,围岩蚀变更弱,筒内以次生石英岩化为主,边部为青磐岩化,围岩常有较明显的黄铁矿化,在震碎裂隙中充填粉红色含锰方解石脉
地球物理标志	重力	在1:25万布格重力异常图上,矿床在区域上处于总体呈北西西向的"之"字形展布梯度带中段上靠近南东重力高场区一侧。该处梯度带(中段)由西向东转为北东向,梯度陡,北西侧分布有西窄东宽的杏仁状重力低异常。南东侧分布有被北东向梯度带分隔开的两处北东东向条带状重力高异常,此较大规模的线性梯度带由南东向北西在矿床处终止,为北西西向"之"字形展布梯度带的组成部分,是槽台边界附近的次一级大断裂的反映
	磁法	在1:5万航磁异常图上(1960年航磁测量数据比例尺为1:10万),矿床处于北东东走向长条状正磁异常的中部北西侧边缘梯度带的内侧,异常长约2.3km、宽约1.0km,西半部低缓,东半部强度大、梯度陡,最大强度为400nT。正磁异常北西侧有伴生负异常与之平行排列
	电法	电法在矿体上反映为明显低阻高极化异常

二、集安市正岔铅锌矿床

(一)典型矿床成矿地质特征

1. 地质构造环境及成矿条件

矿区位于前南华纪华北东部陆块(Ⅱ),胶辽吉古元古代裂谷带(Ⅲ),集安裂谷盆地(Ⅳ)内,正岔复式平卧褶皱转折端。矿区西侧沿褶皱轴有燕山期岩株式闪长岩、斑状花岗岩侵入体。矿区东南部有燕山晚期花岗斑岩小侵入体(矿区内呈现为隐伏岩体)。

(1)地层:区内主要的含矿围岩为集安岩群荒岔沟岩组,在矿区内可分3段:上段石墨黑云变粒岩、斜长角闪岩夹石墨大理岩,中部夹断续的层状铅锌矿,厚度大于27m;中段厚层粗粒石墨大理岩夹斜长角闪岩、含层状铅锌矿,厚200m;下段石墨变粒岩、透辉石透闪石变粒岩、斜长角闪岩,赋存铅锌矿,厚245m(图6-3-4)。

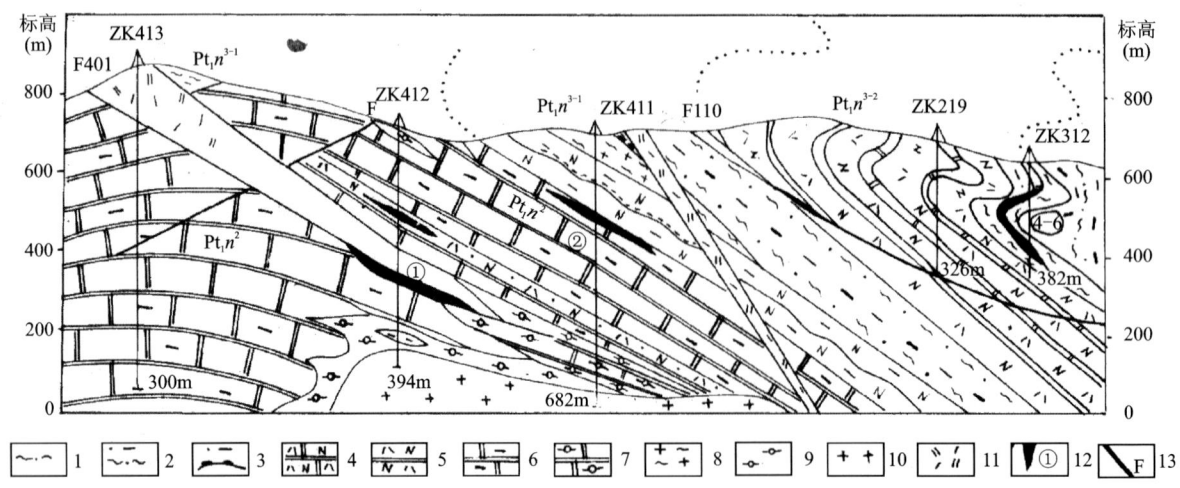

图 6-3-4　集安市正岔铅锌矿床剖面图

1.石墨黑云变粒岩;2.石墨透辉变粒岩;3.黑云斜长片麻岩;4.斜长角闪岩夹大理岩;5.斜长角闪岩;6.石墨大理岩;7.矽卡岩化大理岩;8.混合岩;9.矽卡岩;10.花岗斑岩;11.钠长斑岩;12.矿体及编号;13.断裂带

(2)构造:①集安岩群组成的虾蟆沟-四道阳岔背斜是矿区的主要褶皱构造,轴向北西,倾向南东,近倾末端北侧出现一系列同轴向、倾向相反的小褶皱或倒转背斜,后者为控矿构造。②北东向冲断层破坏了上述褶皱构造完整性,有些小褶皱很可能是这组断裂的次级构造,是矿区主要控矿构造,为燕山期产物。

(3)侵入岩:矿区内最强烈的侵入作用发生在中生代,先后有复兴屯闪长岩岩株、南岔斑状花岗岩和正岔花岗斑岩等中酸性小岩体侵入。它们主要沿背斜轴部分布,构成地表孤立、地下相连的北西向岩浆岩侵入带。

2. 矿体三维空间分布特征

正岔铅锌矿已知矿体 48 个,分别集中赋存于荒岔沟岩组上段和中段,形成上、下 2 个含矿段。矿体呈似层状、扁豆状,受一定层位控制,与地层同步褶曲。有时形成与褶皱形态一致的鞍状矿体。矿床是花岗斑岩体热液作用产物,这是再生矿床的成矿特点。

3. 矿石类型及矿物组合

(1)矿石类型:浸染状铅锌硫化物矿石。

(2)矿物组合:主要矿石矿物为方铅矿和闪锌矿,次要矿物有黄铜矿、墨铜矿、斑铜矿、方黄铜矿、蓝辉铜矿、黝铜矿、硫钴矿、辉银矿、脆硫锑银矿、辉锑银矿、碲铅矿、辉钼矿,少量的铅矾、白铅矿、菱锌矿、铜蓝、孔雀石、辉铜矿等氧化物;脉石矿物主要为透辉石、石榴子石、石英、硅灰石、绿泥石、绿帘石、金云母、黑云母、角闪石、霓辉石、透闪石次之,还有少量黄铁矿、磁黄铁矿、磁铁矿、赤铁矿、钾长石、褐铁矿等。

4. 矿石结构构造

矿石结构以结晶粒状和包含结构为主,固溶体分离结构和交代结构次之,连生结构少量;矿石构造以浸染状构造为主,条带状和斑杂状构造次之,块状构造少见。

5. 蚀变类型及分带性

成矿前早期矽卡岩化有透辉石化、石榴子石化、黑柱石化、硅灰石化;晚期矽卡岩化有钾长石化、绿帘石化、霓辉石化、透闪石化。

成矿期蚀变主要有萤石化、绿泥石化、硅化。

成矿后蚀变主要有绿泥石化、碳酸盐化。

6. 控矿因素及找矿标志

(1)控矿因素：集安岩群荒岔沟岩组既是矿源层，也是富矿层；燕山期花岗斑岩体的侵位，在带来部分成矿物质的同时，更重要的是提供了热液流体，在上升的过程中不断地萃取矿源层中的成矿元素，形成富矿流体；断裂构造主要起到导岩作用，大型褶皱构造中的小褶皱或倒转背斜既为控矿构造，也为成矿提供了构造空间。

(2)找矿标志：区域上集安岩群荒岔沟岩组和燕山期花岗斑岩体侵位关系的存在；区域上大型褶皱构核部或次级小褶皱；霓辉石化、透闪石化、绿帘石化等晚期矽卡岩化可以作为找矿标志；以 Pb、Zn 元素为主的化探异常存在。

(二)地球物理特征

1. 矿床所在区域重磁场特征

在 1∶25 万布格重力异常图上，区内全部为负重力场区。在花甸—清河有一条总体以北东走向为主，在中段沿北西方向有较大错动、转折的重力梯度带上，错动距离约 6.7km。梯度带以东为相对重力低异常区，以西为相对重力高异常区。集安市正岔铅锌矿床处在梯度带向西凸起的转折部位，其东侧有一东西走向条带状重力低异常相邻，线性梯度带在矿床附近都出现程度不同的扭曲、错动。在剩余重力异常图上，铅锌矿床位于江甸-财源相对重力高异常向北东和南东两个方向伸出的两个分支之间的、梯度较缓的近等轴状剩余重力低异常北侧边缘。

与 1∶25 万地质图对比，结合区域物性密度参数资料分析得知，重力高异常区（带）是密度较高的古元古界集安岩群荒岔沟岩组、大东岔岩组老变质岩地层引起；西岔金矿床、金厂沟金矿床和正岔铅锌矿床所在处的两处剩余重力低异常均为已知晚印支期复兴村二长花岗岩、石英闪长岩岩体所引起，前者岩体规模大，重力低异常范围大、重力值也更低，后者岩体小，重力低异常范围也小，重力值稍低；布格重力异常等值线的线性梯度带及错动带多数与已知断裂构造位置吻合或部分吻合，部分吻合的推断为半隐伏断裂构造，个别无已知断裂构造相对应的则推断深部有隐伏的断裂构造存在。

在 1∶25 万区域航磁异常图上，西岔金矿床、正岔铅锌矿床位于东西走向头西尾东鱼形负磁异常的后半部，头部跨入辽宁省。负磁异常宽缓，略有波动，强度在 $-150\sim0$nT 之间，与重力高异常位置大体吻合，为古元古界集安岩群荒岔沟岩组、大东岔岩组老变质岩地层的反映。鱼形负磁异常的外侧北江甸一带、清河一带，南部花甸一带航磁正异常主要为中弱磁性的古元古代中酸性侵入岩体所引起的异常。南部花甸一带航磁正异常强度高于北部正磁异常，最大值达到 250nT，靠近负磁场区一侧梯度较陡，这主要是岩体分布区分布有半隐伏、隐伏的集安岩群含硼镁铁岩系抬高了磁异常。西岔金矿床所在位置 -50nT 等值线局部向西南负磁场区明显凸起，北东部正异常向南偏西方向也有凸起，正岔铅锌矿床位于两处凸起之间，反映出有较弱剩余磁异常的存在，这是因为晚印支期复兴村岩体磁性较弱，不能引起较强的磁异常。在航磁化极等值线图上，铅锌矿床处于近似条带状负磁异常东部正磁异常一侧，等值线发生"S"形弯转。在航磁化极垂向一阶导数等值线图上，铅锌矿床处于弱正磁异常东半部，金矿床处于近东西向弱正磁异常的西端，其相邻外侧均为负磁场区，与集安岩群老地层和复兴村岩体接触带异常特征相一致。

2. 矿床所在地区磁场特征

在1∶5万航磁异常图上,区内以负磁场为背景,大面积负磁场区内分布有3处正磁异常,编号为吉C-1990-29、C-1990-31、C-1990-32。前两个异常分布在南部,规模较大,后一个异常分别在中东部,规模较小。

C-1990-31正磁异常为区内最高异常,呈反"S"形,由"三小一大"4个局部异常组成,规模最大局部异常的强度也最高,达280nT,"S"形磁异常边部梯度陡,北侧伴有明显负异常,最低值为-90nT。位于东部复兴村岩体的南部边缘,航检结果为岩体与集安岩群荒岔沟岩组接触部位蚀变带异常,其东北端外侧分布有正岔铅锌矿床。

C-1990-31异常西侧边部有一北北西走向,由南向北强度逐渐降低的条带状异常,长4.2km,宽0.4km,并有伴生条带状负异常断续出现,推断此异常为沿北北西向断裂构造侵入的中酸性岩脉引起。

C-1990-32正磁异常呈北北西走向的扁豆状,规模小,强度低,梯度陡,与东部强度更低的次一级低缓异常一起组成一个相对磁力高异常,背景值为-30~-20nT,似哑铃状,北西侧有伴生负异常。正岔铅锌矿床即位于东端次一级异常的南侧边缘,北西向和北东向较缓的线性梯度带在此处相交,推断该异常与隐伏的中酸性侵入体及蚀变带有关。

在航磁异常化极等值线图上,已知及推断中酸性侵入体(脉)所引起磁异常的特征明显增强,并去除了斜磁化的影响。铅锌矿床位于北部C-1990-32似哑铃状异常和南部C-1990-31的紧密连接部位,推断引起两异常中酸性侵入体在深部同源。

在航磁异常化极垂向一阶导数等值线图上,正磁异常细节更突出,铅锌矿床处梯度缓。C-1990-31异常西部边缘的北北西走向条带状正、负异常紧密相伴,在走向上延伸连续、稳定、平直,说明控制中酸性岩脉侵入的断裂构造具有较大的规模和深度。

3. 矿床所在位置地球物理特征

矿田内开展过面积性磁法、激发极化法工作。

1) 地磁场特征

矿田内玄武岩、安山岩、辉绿岩、闪长岩、铅锌矿、黄铁矿、斜长角闪岩及石墨透辉变粒岩等均具有磁性,少数磁性较强。其他岩石磁性相对较弱。

(1) 复兴村闪长岩体。该岩体磁场特点是南部边缘磁场高,其他部分磁场低。高磁异常带呈弧形,近东西走向,长约8km。由岩体边缘蚀变带引起,中部低异常区为岩体本身引起。

(2) 中基性脉岩。闪长玢岩脉在ΔZ剖平面图上呈明显的线性异常,强度一般为300nT或1000~2000nT,两侧均少负值。玄武岩脉的异常也呈线状,强度在400nT左右。

(3) 荒岔沟岩组。磁异常很弱,多在50nT内波动,表现为正常场特征。

(4) 断裂构造。断裂上方出现线性梯度带或异常错动带。断裂带内充填闪长玢岩脉时,表现为线性异常特征;断裂带内充填钠长斑岩脉时,线性异常特征不明显,但经过化极及垂向导数处理后,线状特征变得明显。

(5) 铅锌矿体的磁场。正岔西山矽卡岩型铅锌矿体上ΔZ曲线无异常反映;东山矽卡岩型含铜铅锌矿体磁性较强,出现正负交替尖峰状异常,强度在-1000~1000nT之间变化,表现为强烈跳动的磁场。

综上所述,根据磁异常可以圈定岩体边界,研究岩体在深部隐伏产状,可直接寻找矽卡岩型含铜铅锌矿体。

2) 电场特征

(1) 在闪长岩和大理岩上极化率变化平稳,形成极化率背景场。电阻率显示高阻特征,变化剧烈,构成区内大面积高阻群。

(2) 含石墨地层具有高极化、低电阻率的电场特征。含石墨岩石产生干扰电场异常。

(3)断裂构造带有低阻显示。

(三)集安市正岔铅锌矿床地质-地球物理找矿模型

综合上述矿床地质特征和地球物理异常特征,可归纳总结出矿床地质-地球物理找矿模型,见表6-3-2。

表6-3-2 集安市正岔铅锌矿床地质-地球物理找矿模型表

地质条件	构造环境	矿区位于前南华纪华北东部陆块(Ⅱ),胶辽吉元古代裂谷带(Ⅲ),集安裂谷盆地(Ⅳ)内
	岩石组合	粗粒石墨大理岩夹斜长角闪岩、石墨变粒岩、透辉石透闪变粒岩、斜长角闪岩;燕山期花岗斑岩
	构造标志	正岔复式平卧褶皱转折端;虾蜢沟-四道阳岔背斜近倾没端北侧出现一系列同轴向、倾向相反的小褶皱或倒转背斜
	围岩蚀变	成矿前早期矽卡岩化有透辉石化、石榴子石化、黑柱石化、硅灰石化;晚期矽卡岩化有钾长石化、绿帘石化、霓辉石化、透闪石化。成矿期蚀变主要有萤石化、绿泥石化、硅。成矿后蚀变主要有绿泥石化、碳酸盐化
地球物理标志	重力	在1:25万布格重力异常图上,矿床处于东部重力低异常区向西延伸的次一级长条状重力低局部异常的西北端部,北东向线性梯度带和等值线北西向错动带在矿床边部相交,线性梯度带出现扭曲、错动
	磁法	在1:5万航磁异常图上,正岔铅锌矿床即位于吉C-1990-32扁豆状正磁异常的东部次一级低缓异常南侧边缘,北西向和北东向线性梯度带在此处相交。推断该异常与隐伏的中酸性侵入体及蚀变带有关
	电法	在闪长岩和大理岩上极化率变化平稳,形成极化率背景场;电阻率为高阻,变化剧烈,构成区内大面积高阻群;含石墨地层形成高极化率、低电阻率的电场特征;石墨岩石产生干扰电场异常;断裂构造带有低阻显示

三、白山市荒沟山铅锌矿床

(一)典型矿床成矿地质特征

1. 地质构造环境及成矿条件

矿床位于前南华纪华北东部陆块(Ⅱ),胶辽吉元古代裂谷带(Ⅲ),老岭坳陷盆地内,荒沟山"S"形断裂带中部。

(1)地层:区域内出露的地层自老至新有太古宙地体、古元古界老岭岩群、新元古界震旦系以及不整合在上述地层之上的中生界(图6-3-5)。矿体主要赋存于薄—微层硅质及碳质条带状或含燧石结核的白云石大理岩中。在矿体的上、下盘或矿体中常见有厚度不大的绿泥片岩。

(2)侵入岩:区域内燕山早期侵入岩体有老秃顶子、梨树沟和草山3个岩体。3个岩体的岩性均为似斑状黑云母花岗岩。脉岩有闪长玢岩、辉绿岩、闪斜煌斑岩等,多呈岩墙或岩脉状侵入,多形成于成矿后,并切穿矿体。

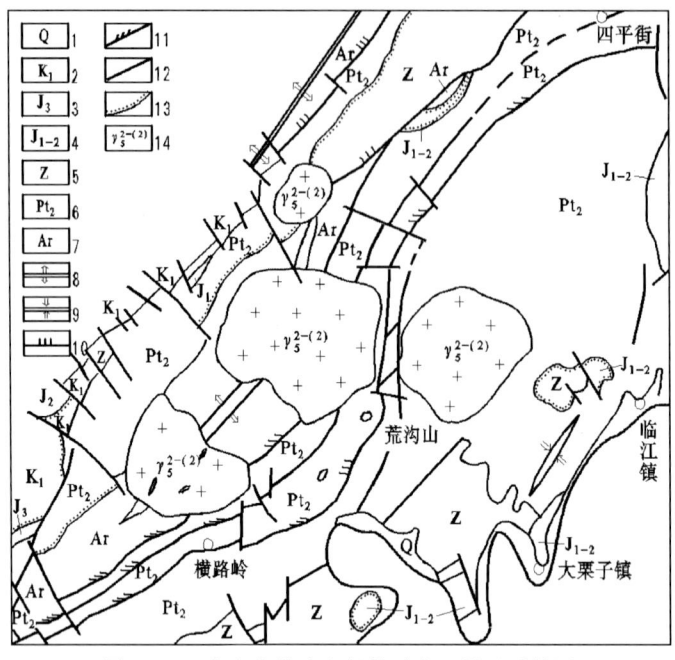

图 6-3-5　白山市荒沟山铅锌矿床区域地质简图

1.第四系；2.下白垩统；3.上侏罗统；4.下侏罗统；5.震旦系；6.古元古界老岭岩群；7.太古宇；8.背形；9.向形；10.逆断层；11.韧性剪切断层；12.性质不明断层；13.不整合；14.燕山期花岗岩

(3)构造：矿区内构造较复杂，珍珠门岩组构成一复式的向斜构造，期间又包括一系列形态多样的次级褶皱，且控制了矿体的分布，尤以次级同斜倒转褶皱控矿更为明显。矿区内断裂构造发育，主要有 3 组。第一组为走向北北东，属压扭性层间断裂，具有多期继承性活动特点，为矿区内主要含矿构造。第二组走向北东，属压扭性断裂，主要被晚期岩脉充填，并对早期岩脉或矿体穿插及错动。

2. 矿体三维空间分布特征

荒沟山铅锌矿已发现矿体 76 个，矿体产状普遍较陡，倾向南东，个别向北西倾斜。矿体呈似层状顺层产出，但在走向或倾向上与围岩都有 5°左右的交角。矿体总体呈北东向展布，走向 5°～30°，倾角 50°～90°。矿体规模大小不等，一般长 120～360m，最长达 400m，厚 0.5～5m，最厚达 8.6m，平均厚度 0.5～1m。每一矿体由一条或数条矿脉构成。各矿体或矿脉之间在平面上和剖面上均呈雁行式排列，具有尖灭侧现或尖灭再现特点。

3. 矿石类型及矿物组合

(1)矿石类型：黄铁矿石、综合矿石、方铅矿石及氧化矿石。

(2)矿物组合：主要有黄铁矿、闪锌矿和方铅矿。此外，尚有极少量的磁铁矿、磁黄铁矿、黄铜矿和黝铜矿。脉石矿物数量很少，有石英、白云石和方解石。

4. 矿石结构构造

矿石结构有自形—半自形粒状结构、溶蚀交代结构、骸晶结构、压碎结构、溶蚀结构和固溶体分离结构；矿石构造有块状构造、条带状构造、角砾状构造、浸染状及细脉浸染状构造、流动构造。

5. 蚀变类型及分带性

围岩蚀变主要有碳酸盐化、硅化、黄铁矿化、滑石化、透闪石化、蛇纹石化等。

6. 控矿因素及找矿标志

1) 控矿因素

(1) 地层和岩性的控制作用。区域内的铅锌矿、铜矿、黄铁矿等硫化物型矿床(点)以及原生矿化类型不明的硫化物铁帽,绝大多数赋存在古元古界老岭岩群珍珠门岩组大理岩中,矿化具有明显的层位性。

(2) 构造控制作用。本矿床是典型受压扭性层间破碎带控制的后生矿床。黄铁矿脉是在岩层发生褶皱时沿大理岩或片岩的层理或挠曲部位发生的张性层间剥离构造充填而成。之后又发生层间的挤压运动,黄铁矿脉被破碎,铅锌矿化叠加在黄铁矿脉之上形成铅锌矿体。

2) 找矿标志

(1) 珍珠门岩组大理岩富含 Zn、Pb、Cu、Fe 以及 Ag、Sb、Hg、Cd 等亲硫元素,区域上应注意寻找与变质热液成因有关的各种金属硫化物矿床;

(2) 珍珠门岩组中的薄—微层硅质或碳质条带状或含燧石结核的白云石大理岩是形成和寻找铅、锌等硫化物矿床的最有利岩层;

(3) 受到继承性构造破碎的黄铁矿层或其临近地段是铅、锌矿化的有利场所,利用氧化带铁帽中的 Zn、Pb、As、Cd、Sb、Hg 等元素含量判断原生硫化物矿体类型;

(4) 根据矿脉组成出现和具有雁行式侧列的特点,应注意已知矿体(床)的延长部位和平行系统的找矿工作。

(二) 地球物理特征

1. 矿床所在区域重磁场特征

在 1∶25 万布格重力异常图上,白山市荒沟山铅锌矿床位于七道沟-临江老岭背斜基底隆起所引起的相对布格重力高异常带东部由北东向转为东西向的转折部重力高局部异常北侧边缘梯度带上。重力高局部异常近等轴状,直径约 5.3km,并向北西方向延伸出次一级长条状重力高局部异常带,矿床则位于伸出部位的梯度带上。重力高局部异常与珍珠门岩组大理岩有关,北侧重力低局部异常与燕山期老秃顶子及草山似斑状黑云母花岗岩体有关。

在 1∶25 万区域航磁异常图上,荒沟山铅锌矿床位于老秃顶子岩体产生的东西走向椭圆状正磁异常的东南边缘梯度带上,其内侧梯度略陡,外侧梯度缓。矿床所处珍珠门岩组及其东南部大栗子岩组共同产生低缓的正、负磁异常区。老秃顶子岩体与西南部梨树沟岩体产生的磁异常表现为北东走向哑铃状异常,老秃顶子岩体异常强度略高,最大值为 280nT。

2. 矿床所在地区磁场特征

在 1∶5 万航磁异常剖面平面图和等值线平面图上,矿床位于老秃顶子岩体产生的等轴状正磁异常的东南部 70nT 等值线上。该处等值线梯度比内、外两侧略陡,呈向东南凸起呈弧形,为珍珠门岩组产生的平稳低缓正磁场区,距离北西侧燕山期老秃顶子岩体 1.5km。

(三) 白山市荒沟山铅锌矿床地质-地球物理找矿模型

综合上述矿床地质特征和地球物理异常特征,可归纳总结出矿床地质-地球物理找矿模型,见表 6-3-3。

表 6-3-3　白山市荒沟山铅锌矿床地质-地球物理找矿模型表

地质条件	构造环境	矿床位于前南华纪华北东部陆块（Ⅱ），胶辽吉古元古代裂谷带（Ⅲ），老岭坳陷盆地内
	岩石组合	薄—微层硅质及碳质条带状或含燧石结核的白云石大理岩
	构造标志	珍珠门岩组构成一复式的向斜构造，其间又包括一系列形态多样的次级褶皱，且控制了矿体的分布，尤以次级同斜倒转褶皱控矿更为明显。走向北北东向，压扭性层间断裂为矿内主要含矿构造。南北向断裂主要见于主矿带两侧，被矿体或岩脉充填
	围岩蚀变	围岩蚀变主要有碳酸盐化、硅化、黄铁矿化、滑石化、透闪石化、蛇纹石化等，其中以黄铁矿化、硅化及围岩的褪色化与矿化的关系比较密切，一般出现在近矿体几米以内的大理岩中。此外区域性的蚀变主要为滑石化和透闪石化
地球物理标志	重力	在1:25万布格重力异常图上，矿床位于七道沟-临江老岭背斜基底隆起所引起的布格重力高异常带在东部由北东向转为东西向的转折部重力高局部异常北侧边缘梯度带上。重力高局部异常近等轴状，直径约5.3km，并向北西方向延伸出次一级长条状重力高局部异常带，矿床则位于伸出部位的梯度带上。重力高局部异常与珍珠门岩组大理岩有关，北侧重力低局部异常与燕山期老秃顶子及草山似斑状黑云母花岗岩体有关
	磁法	在1:5万航磁异常图上，矿床位于老秃顶子岩体产生的等轴状正磁异常的东南边缘70nT等值线上。该处异常宽缓，为珍珠门岩组产生的平稳低缓正磁场区，距离北西侧燕山期老秃顶子岩体1.5km
	电法	电法高阻高极化异常
地表找矿标志		区域上应注意寻找与变质热液成因有关的各种金属硫化物矿床；珍珠门岩组中的薄—微层硅质或碳质条带状或含燧石结核的白云石大理岩是形成和寻找铅、锌等硫化物矿床的最有利岩层；受到继承性构造破碎的黄铁矿层或其临近地段是铅、锌矿化的有利场所；利用氧化带铁帽中的Zn、Pb、As、Cd、Sb、Hg等元素含量判断原生硫化物矿体类型；根据矿脉组成出现和具有雁行式侧列的特点，应注意已知矿体（床）的延长部位和平行系统的找矿工作

第四节　金矿典型矿床地质-地球物理特征

金矿是吉林省优势矿产之一，在省域内各大构造活动期均表现有较强的成矿活动，进而造成金矿成矿因素的多样性和复杂性。根据对前人资料分析，吉林省金矿成因类型可划分为变质热液型、岩浆热液型、火山-次火山岩热液型、沉积型四大类。此外，各大类型又可按成矿因素和矿质来源细划成多个成因亚类。为了开展典型矿床研究，建立综合找矿模型，而在各亚类型中选出了具有代表性的典型矿床，吉林省金矿成因类型中，岩浆热液型不占重要地位，其余3种类型属于重要商品经济类型，详细成因类型划分和典型矿床见表6-4-1。下面对通化县南岔金矿床、长春市兰家金矿、珲春小西南岔铜金矿床、夹皮沟金矿床、汪青县刺猬沟金矿床、安图县海沟金矿床分述如下。

表 6-4-1 金矿典型矿床矿产预测类型划分一览表

矿床成因类型	矿床成因亚类型	主要地质特征	典型矿床名称
变质热液型	古绿岩型金矿	为吉林省主要金矿类型,矿体以石英脉为主,产于南部台区龙岗陆核北缘裂陷槽内,新太古界夹皮沟岩群老牛沟岩组为主要含矿层位,成矿与新太古代末期阜平构造活动的变质作用有关。矿体就位于挤压断裂带、压扭性断裂带、挤压片理化带及韧性剪切带中	夹皮沟金矿床
	含碳质（火山）碎屑岩-碳酸盐岩系金矿	该类型在吉林省金矿资源亦占主导地位,在省域地台区和地槽区均有分布。前者产于台区老岭背斜南、北两翼古元古界老岭岩群珍珠门岩组、花山岩组及大栗子岩组等地层中。矿体受北东向挤压断裂带及层间断裂控制;后者产于北部槽区二道甸子-漂河川复背斜西南倾伏端和大黑山条垒北东向构造带次级断裂带中,下古生界奥陶系石缝组、志留系桃山组为主要含矿建造	二道甸子金矿床、山门银（金）矿床、南岔金矿床、荒沟山金矿床
	基性熔岩-细碧角斑岩	此类型金矿在台、槽区均有分布。前者产于龙岗陆核北缘清茶馆-白水滩北西向弧形挤压带与北东向两江大断裂交会处的古元古界色洛河岩群中,含金石英脉受北东向断裂控制;后者产于吉林复向斜-头道川背斜西翼,围岩为上古生界下石炭统鹿圈屯组浅海陆源碎屑-碳酸盐岩及细碧角斑岩建造中的细碧岩及凝灰岩中。含金石英脉受北东向硅化挤压构造带火山岩片理面及层间破碎带控制	海沟金矿床、头道川金矿床
火山-次火山热液型	火山热液型金矿	该类型是吉林省重要金矿类型,产于滨太平洋断裂体系和古亚洲断裂体系联合控制的中生代火山-岩浆岩带内的火山构造盆地或其边缘基底隆起带中。成矿活动主要发生在火山喷发-喷溢后次火山岩浆侵入阶段,矿体赋存于晚三叠世-早白垩世火山活动形成的钙碱性中酸性火山岩系、构造裂隙和火山颈浅成—超浅成中酸性次火山岩中。该类型矿体产出受火山机构控制	刺猬沟金矿床、香炉碗子金矿床
	次火山热液型金矿		小西南岔金矿床
沉积型	古砾岩型金矿	此类型可分为古砾岩型和现代河床冲积砂矿两个亚类型,前者分布在新生代沉积盆地内,含金层位为下白垩统大拉子组砂、砾岩层和新近系土门子组底部砾岩层。大拉子组含金层稳定性差,品位和厚度变化大;土门子组含金层位相对连续、面积大,可圈出工业矿体,找矿意义大;后者多分布在槽、台区原生金集聚地区的3～4级河谷中。含金层为河床-河谷-河漫滩砂金建造和阶地砂金建造,成矿时期为第四纪晚更新世和全新世早期	黄松甸子金矿床
	现代河床冲积型砂金矿		珲春河砂金矿床
矽卡岩型（岩浆热液型）		此类型金矿在吉林省少见,产于大黑山条垒火山-盆地群内,矿体赋存于南泉眼单元石英闪长岩与下二叠统范家屯组大理岩接触带所形成的矽卡岩带中。金矿体产出还明显受兰家倒转向斜构造中的呈北北东向分布的兰家向形构造控制,矿体均产于地层向形构造的东西两侧与石英闪长岩接触带地层一侧。矿体分布与产状分别与接触带分布和产状相一致	长春市兰家金矿床

一、通化县南岔金矿床

(一)典型矿床成矿地质特征

1. 地质构造环境及成矿条件

矿床位于前南华纪华北东部陆块(Ⅱ),胶辽吉古元古代裂谷带(Ⅲ),老岭坳陷盆地(Ⅳ)内,荒沟山"S"形断裂带西南端(图 6-4-1)。

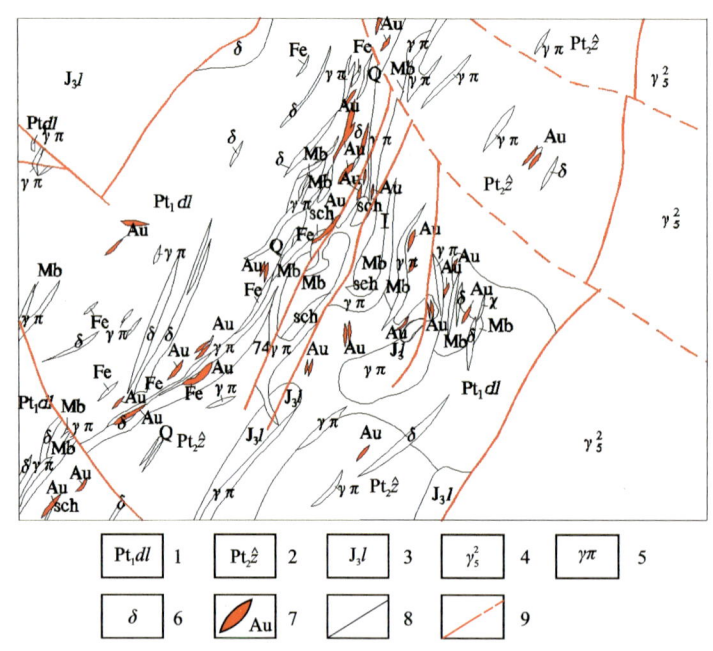

图 6-4-1 通化县南岔金矿床地质简图

1.大栗子岩组;2.珍珠门岩组;3.侏罗系林子头组;4.燕山期黑云母花岗岩;5.辉长玢岩;6.闪长岩;7.矿体;8.地质界线;9.断层

(1)地层:区域出露的地层以古元古界老岭岩群珍珠门岩组和大栗子岩组为主,珍珠门岩组为金的富矿层位,上覆青白口系钓鱼台组及上侏罗统林子头组。

珍珠门岩组为一套海相碳酸盐岩建造。下段以浅灰色厚层状白云质大理岩为主;中段以浅灰色白云质大理岩,局部夹薄层状透闪白云质大理岩及钙质绢云片岩为主;上段以石榴钙质绢云片岩、绢云片岩千枚岩、绿泥片岩为主。

大栗子岩组为一套海相泥质碎屑岩建造。自下而上划分为 4 个岩性段:下部以石榴绿泥片岩、钙质片岩夹薄层大理岩及石英岩为主,为主要金铁含矿层;中下部以钙质片岩与薄层状大理岩互层为主;中上部以绢云片岩夹数层透镜状大理岩为主;上部以绢云千枚岩为主。

钓鱼台组主要岩性为含砾石英粗砂岩、石英砂岩。

林子头组主要岩性为凝灰岩、流纹岩、安山岩、火山角砾岩、凝灰质砂页岩。

(2)岩浆岩:区内岩浆活动频繁,自印支期到燕山晚期,具多期次活动特点。

幸福山岩体属印支晚期,呈近南北向的椭圆状岩株,岩体主要岩石类型为黑云斜长花岗岩、花岗闪长岩。岩体中见有钓鱼台组石英砂岩捕虏体及闪长岩脉的穿切现象。岩体内外带分异良好。

头道沟岩体属燕山早期第三侵入阶段的侵入体,分布在Ⅰ矿段的南东侧,岩体由中细粒钾长花岗岩、粗粒钾长花岗岩、似斑状黑云母花岗岩及花岗闪长岩组成。岩石种类、结构均较简单,彼此之间渐变过渡,形成岩体不同相带。岩体属半深成相岩基,与珍珠门岩组呈侵入接触。

区内脉岩较为发育,闪长岩、霏细岩多在Ⅰ~Ⅱ矿段成群分布,花岗闪长岩、闪长玢岩、花岗斑岩、煌斑岩、玄武岩、细晶岩等岩脉只限于Ⅰ矿段中零星出露。

(3)构造:矿区主体褶皱构造为大南岔-老营沟复式背斜。该背斜由于北西侧被大面积侏罗纪火山岩覆盖,南东侧为老虎山岩体侵入,加之后期构造的强烈破坏,支离破碎,出露不完整。背斜核部为珍珠门岩组一段,两翼依次出露珍珠门岩组二段、三段及花山岩组一段至四段。背斜总长4.5km,枢纽方向北东40°,向北东侧伏,倾伏角35°。南西段被侏罗纪火山岩覆盖,背斜北西翼Ⅰ矿段出露完整,倾向北西,倾角变化大,为17°~80°,一般轴部陡(70°~80°),远离轴部逐渐变缓(17°~50°)。南东翼缺失花山岩组,倾向南东,倾角35°~50°。总体上看,该背斜为一东缓西陡的斜歪褶皱。背斜轴部及两翼次一级褶皱十分发育。已知片岩型矿体均赋存于背斜北西翼的背形构造部位。

层间断裂发育于珍珠门岩组白云质大理岩和花山岩组片岩接触面及近侧地层中的褶皱的转折部位及地层产状变化部位。断裂面走向一般为30°~40°。断裂带由构造角砾岩、蚀变岩及片理化岩石组成,是本区主要容矿构造,已知片岩型矿体多赋存于此断裂中,背形构造的转折部位是寻找厚大矿体的有利部位。此断裂具有活动的多期性及继承性的特点。

北东向脆性剪切断裂带指沿背斜核部发育的被闪长岩脉、霏细岩脉等脉岩充填的构造,断裂带长1100余米,宽几十米至250m,走向一般与背斜轴平行展布,为30°~40°,倾向以南东为主,倾角变化较大。此组断裂也是主要容矿构造,已知闪长岩型矿体全部沿此断裂带分布。北东向断裂多为成矿期北东向剪切断裂的继承性活动产物,区内较发育。北西向断裂为本区的最后一期断裂构造,比较发育,规模大,多沿沟谷分布。

2. 矿体分布特征

片岩型金矿赋存在珍珠门岩组上段与大栗子岩组下段接触界面近片岩一侧,受层间断裂控制,已控制接触界面长1100m,走向35°~40°,倾向北西,倾角55°~70°;西部近直立,倾向南东,深部沿倾斜方向呈褶曲状。片岩型金矿体主要赋存于背形褶曲鞍部。

闪长岩型金矿体赋存在侵入于珍珠门岩组上段的白云质大理岩和蚀变闪长岩中,位于片岩型矿体的下部,为盲矿体,呈脉状,沿北东-南西向延伸,倾向南东,倾角一般为60°~80°。

3. 矿石类型及矿物组合

(1)矿石类型:片岩型金矿矿石据矿石组构,硫化物含量分为块状矿石、稀疏浸染状矿石、细脉状浸染型矿石;闪长岩型金矿石分为星点浸染状矿石、细脉浸染状矿石。

(2)矿物组合:片岩型矿石主要有黄铁矿、毒砂、白铁矿、自然金、金银矿-银金矿、石英、白云石、绢云母;次要有磁黄铁矿、黄铜矿、深红银矿、螺状硫银矿、磁铁矿、褐铁矿、斜长石、电气石、重晶石、石榴子石、黏土矿物、铜蓝、方解石;微量有方铅矿、闪锌矿、黝铜矿、菱铁矿、软锰矿;蚀变及氧化矿物有石英、方解石(白云石)、重晶石、黏土矿物、铜蓝、褐铁矿、黄钾铁矾和绿帘石。闪长岩型矿石主要有毒砂、黄铁矿、白铁矿、自然金、斜长石、角闪石、绿泥石、石英;次要有钛铁矿、磁铁矿、磁黄铁矿、黄铜矿、次闪石、白云石(方解石);微量有磷灰石、锆石;蚀变及氧化矿物有褐铁矿、次闪石、绿泥石、白云石(方解石)和石英。

4. 矿石结构构造

片岩型矿石主要有自形—他形粒状结构、交代结构、包含结构、浸染状结构；闪长岩型矿石主要有包含结构、浸染状结构。矿石构造主要为块状、星点浸染状、细脉浸染状。

5. 蚀变类型及分带性

蚀变类型主要有硅化、毒砂化、黄铁矿化、碳酸盐化、绿泥石化、类矽卡岩化、绢云母化、褐铁矿化等，金矿主要与硅化、毒砂化、黄铁矿化关系密切。

(1) 硅化：区域内与成矿关系密切而普遍的蚀变。脉状硅化，脉状石英伴生硫化物与金矿化相一致，石英细脉中尤为普遍；细粒均匀硅化，石英呈微细粒状均匀分布，此种硅化伴生微细粒毒砂、黄铁矿化，在矿体附近尤为明显。

(2) 毒砂化、黄铁矿化：与片岩型金矿化关系极为密切，是热液蚀变过程中暗色矿物的铁与热液中的硫、砷络合物结合而成。

(3) 碳酸盐化：区域内普遍发育，以长期性和多阶段性为特点。

(4) 绿泥石化、绢云母化：成矿期普遍发育的面型交代蚀变。

(5) 类矽卡岩化：主要发育于片岩型金矿近矿围岩与白云质大理岩接触带中，是早期成矿作用蚀变产物，分布不普遍。

6. 控矿因素及找矿标志

(1) 控矿因素：矿体及矿化多分布于白云质大理岩与片岩接触面近片岩一侧，少量矿体分布于白云质大理岩中；矿体多产于片岩与大理岩接触界面背形褶曲转折部位的层间断裂、层间剥离及裂隙中，少量矿体赋存于大理岩内北东向闪长岩脉上盘接触带断裂中近闪长岩一侧。

(2) 找矿标志：片岩型金矿，珍珠门岩组上段白云质大理岩与花山岩组下段片岩接触界面的背形褶曲鞍部是容矿的有利部位；毒砂矿化是直接的找矿标志；Au-Ag-As-Sb-Bi-Hg 组合异常带是重要找矿标志。闪长岩型金矿，珍珠门岩组上段白云质大理岩层中的蚀变闪长岩脉是直接找矿标志；北东向构造，尤其同北西向断裂构造复合部位是构造找矿标志；强烈蚀变带，其中硅化、绢云母化、绿泥石化、碳酸盐化以及岩石褪色等蚀变岩是找矿标志。

(二) 地球物理特征

1. 矿床所在区域重磁场特征

在 1∶25 万布格重力异常图上，南岔金矿床处于七道沟-临江北东东向相对布格重力高异常带的南西段。在金矿床北东 8km 处出现布格重力异常最大值。在此最大值处，布格重力高异常带最宽，往北东东方向逐渐变窄，异常强度也逐渐降低；往南西方向，布格重力高异常带在金矿床所在处异常宽度突然变窄，并且走向也由北东转为南北，这种变化较明显。重力高异常带南、北两侧梯度带走向为北东—北东东向。梯度带北侧比南侧陡。向东在临江附近交会在一起。重力高异常带的南部、北部为相对重力低异常带（区）（图 6-4-2）。

第六章 典型矿床地质-地球物理特征

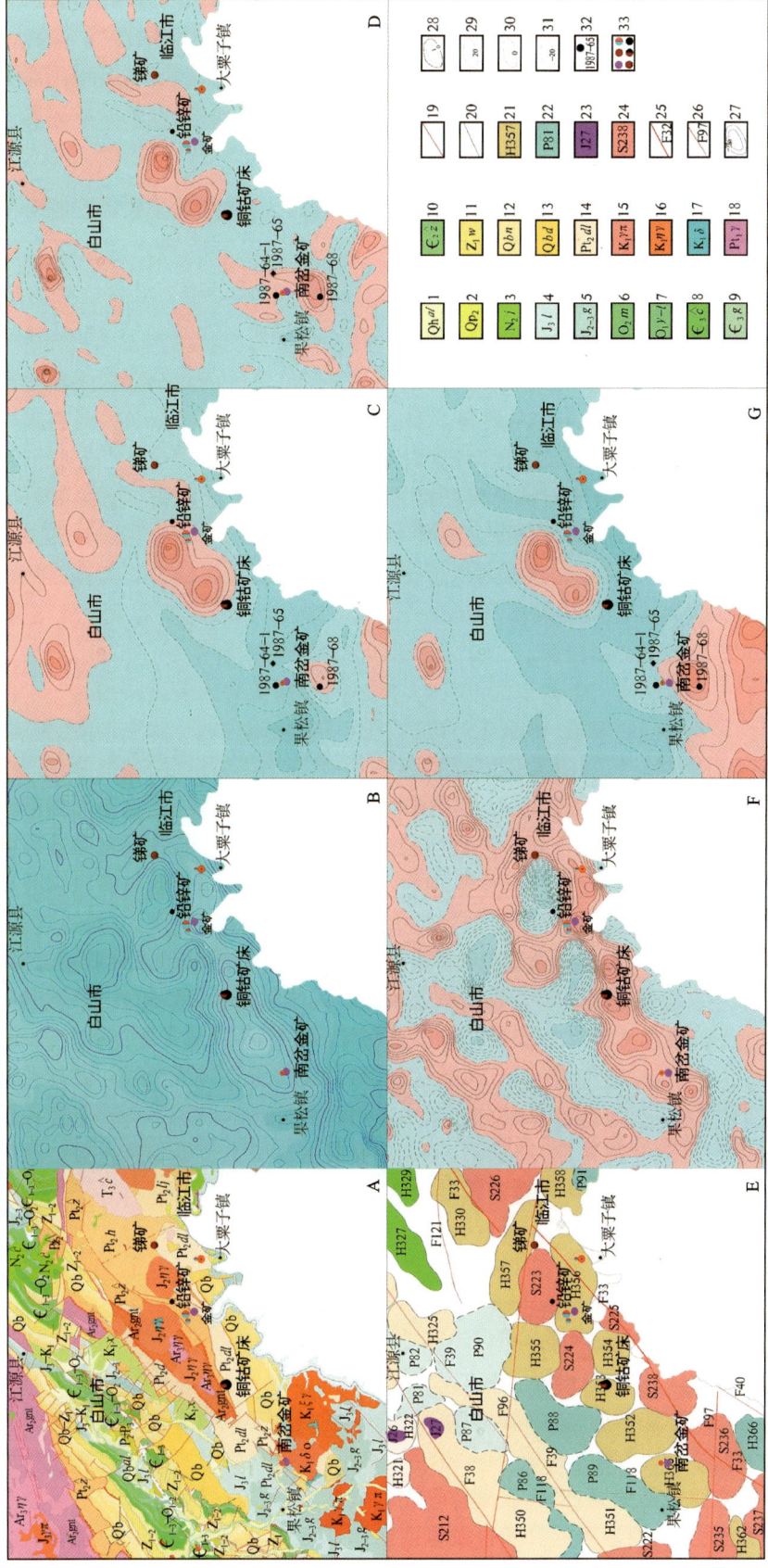

图 6-4-2 南岔典型金矿床所在区域地质矿产及物探剖析图

A. 地质矿产图；B. 布格重力异常图；C. 航磁ΔT等值线平面图；D. 航磁ΔT化极垂向一阶导数等值线平面图；E. 重磁推断地质构造图；F. 剩余重力异常图；G. 航磁ΔT化极等值线平面图

1. Ⅰ级阶地及河漫滩堆积；2. Ⅱ级阶地堆积；3. 军舰山组；4. 林子头组；5. 果松组；6. 马家沟组；7. 冶里组－亮甲山组；8. 炒米店组；9. 崮山组；10. 张夏组；11. 万隆组；12. 南芬组；13. 钓鱼台组；14. 大栗子岩组；15. 早白垩世河漫滩堆积；16. 早白垩世二长花岗岩；17. 早白垩世—长花岗岩；18. 古元古代花岗岩；19. 断层界线；20. 角度不整合；21. 重磁推断震旦纪地层及注记；22. 南芬组；23. 重磁推断超基性－超基性岩体及注记；24. 重磁推断二级断裂及注记；25. 重磁推断二级断裂及注记；26. 重磁推断三级断裂及注记、铅锌矿床、锑矿床、铜钴矿床；27. 布格重力异常等值线及注记；28. 剩余重力异常；29. 航磁正等值线及注记；30. 航磁零值线及注记；31. 航磁负等值线及注记；32. 航磁异常点及编号；33. 金矿床、铜钴矿床、铅锌矿床、铜钴矿床、钴矿床在剩余重力异常图上,重力高、低异常带(区)特征更为明显。重力高异常带上有沿北东东向呈串珠状分布的7个局部重力高异常,这些重力高异常边缘梯度带上,或分布有沉积变质型铁矿、铜钴矿,或分布有岩浆热液改造型金矿,即南岔、大横路、错草沟、荒沟山、八里沟、老三队等金矿和荒沟山铅锌矿、天后沟铅锌矿、大横路铜钴矿、大栗子铁矿等,反映了这些与老岭岩群老地层有关的矿产和重力高异常的密切关系。南岔金矿床所在处重力高局部异常近似等轴状,直径约3.6km。

从南岔一带岩(矿)石物性参数统计表可知,老岭岩群珍珠门岩组、花山岩组、大栗子岩组平均密度为 $2.74\times10^3 kg/m^3$,太古宙混合花岗岩平均密度为 $2.70\times10^3 kg/m^3$,印支期、燕山期花岗岩体平均密度为 $2.68\times10^3 kg/m^3$,各地质单元之间有明显的密度差,能产生不同强度的重力异常。将1:25万布格重力异常图、剩余重力异常图与1:25万地质图对比分析,重力高异常带与老岭背斜基底隆起有关,主要由老岭岩群珍珠门岩组、花山岩组、大栗子岩组大理岩、千枚岩、石英片岩引起。太古宙混合花岗岩和青白口系沉积地层也能产生一定程度的重力高异常。重力高异常带北部东段椭圆状重力低局部异常由燕山期梨树沟、老秃顶子及草山似斑状黑云母花岗岩体引起。北部西段北东走向的条带状重力低局部异常带是侏罗系果松组、林子头组火山沉积盆地的反映,两者分布范围大体一致。南部重力低异常区由印支期幸福山、燕山期老虎山花岗岩体引起。

重力高异常带南、北两侧梯度带为老岭岩群与青白口纪沉积地层、印支期和燕山期侵入花岗岩体及侏罗系、白垩系火山沉积盆地的断层接触带的反映。金矿床处于布格重力高异常带宽度突然变窄处及剩余重力高异常的边缘,这种重力场特征是已知北西向断裂和向东凸起的南北向弧形断裂的反映,具有利的成矿地质构造条件。

在1:25万区域航磁异常图上,南岔金矿床位于负磁场区,其东南部分布有北东走向近椭圆状正磁异常,西部分布有不规则的负磁异常,北部为开阔平稳的负磁场区。南岔金矿床即处于正、负磁异常间北东走向梯度带北端,同时也是正、负磁异常与北部开阔平稳负磁场区的交界位置。这种磁场特征反映出北东向与北西向交叉断裂的存在。在航磁异常化极等值线图上,正磁异常整体呈等腰三角形状,金矿床处在三角形北端头部西侧正磁异常边缘零等值线上,北侧为大面积的负磁场区,北东向梯度带、异常突变带特征(即断裂特征)更为清楚。在航磁异常化极垂向一阶导数等值线图上,金矿床处于零磁异常等值线上,其西南部为负磁场区,北、东、南三面被正磁异常环绕。

结合1:25万地质图进行分析,上述正磁异常为印支期幸福山黑云斜长花岗岩、花岗闪长岩岩体引起,负磁异常区与老岭岩群珍珠门岩组、花山岩组、大栗子岩组、青白口系沉积地层,侏罗系(火山)沉积盆地分布范围相吻合。航磁异常等值线、化极等值线梯度带和异常突变带及垂向一阶导数零等值线位置,反映了老岭岩群、青白口系沉积地层、侏罗系(火山)沉积盆地、幸福山花岗岩岩体等地质体相互间为断层接触关系。

2. 矿床所在地区磁场特征

在1:5万航磁异常图(图6-4-3)上,南岔金矿床位于负磁场区内局部相对高磁异常范围的东南边缘部位。以-160nT等值线圈定的局部高磁异常呈似椭圆状,走向北东,长1.17km,宽0.63km,最大磁异常强度为-136nT。其东、西两侧为两片大面积的低于-160nT的负磁场区,最小值出现在金矿床东南一带,场值为-200nT。

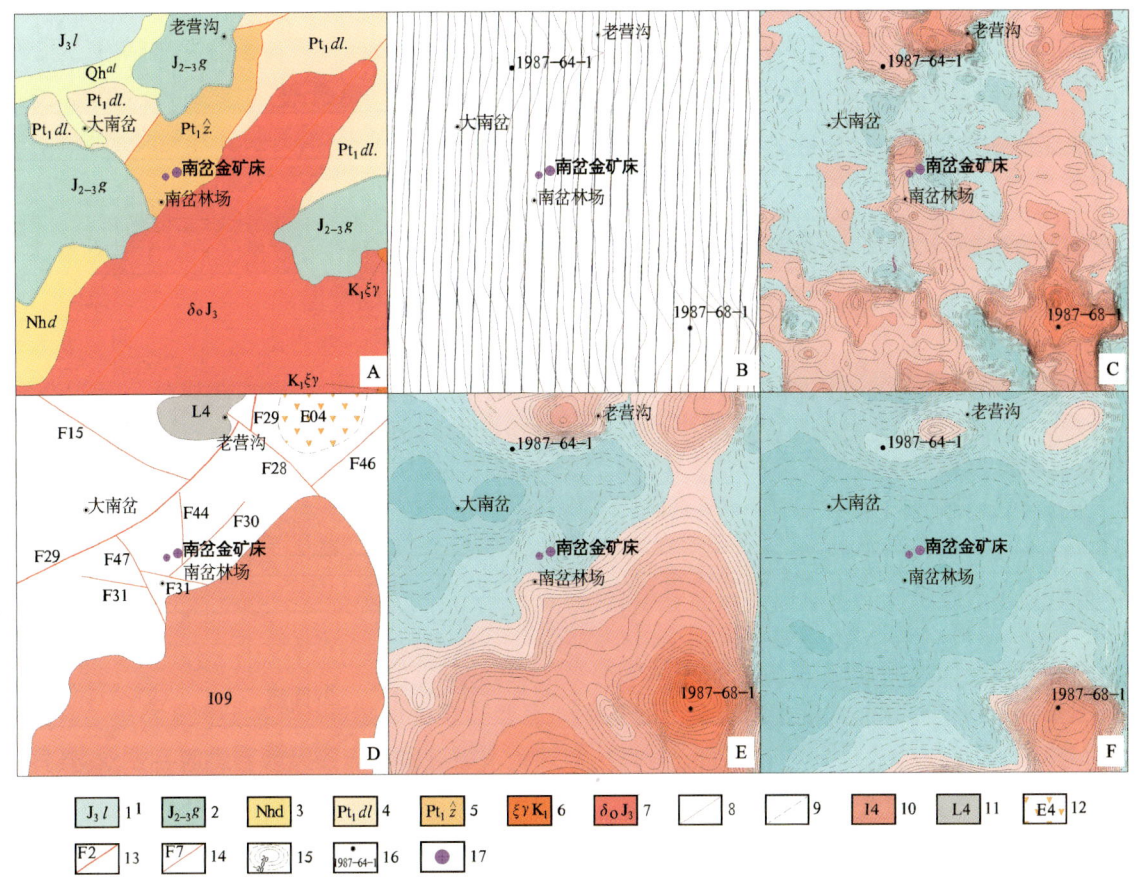

图 6-4-3 南岔典型金矿床所在地区地质矿产及物探剖析图

A.地质矿产图;B.航磁 ΔT 剖面平面图;C.航磁 ΔT 化极垂向一阶导数等值线图;D.重磁推断地质构造图;E.航磁 ΔT 化极等值线图;F.航磁 ΔT 等值线图

1.林子头组;2.果松组;3.钓鱼台组;4.大栗子岩组;5.珍珠门岩组;6.早白垩世碱长花岗岩;7.晚侏罗世石英闪长岩;8.实测性质不明断层;9.推测性质不明断层;10.磁法推断中酸性岩体;11.磁法推断火山岩地层;12.磁法推断磁性蚀变带;13.磁法推断二级断裂及注记;14.磁法推断三级断裂及注记;15.航磁异常正、零、负等值线及注记;16.航磁异常点及编号;17.金矿床

矿床附近磁场形态复杂,为变化的负磁场,水平梯度较缓。负磁场是无磁性的老岭岩群大理岩、片岩的反映,磁场形态复杂变化是大理岩、片岩内部和大理岩、片岩之间断层接触的反映。金矿床所在处局部相对高磁异常为与北东走向的金矿脉伴生磁铁矿体引起的。磁铁矿体与金矿脉走向平行,且分布在金矿脉的北西一侧,同样沿北东向断续分布,这与金矿床处于局部相对高磁异常的东南边缘部位是一致的。因此,在本区磁铁矿体产生的磁异常可作为找金的指示信息。

负磁场区外围北部、北东部及东南部分别分布有吉 C-1987-64-1、吉 C-1987-64、吉 C-1987-65 和吉 C-1987-68-1 航磁异常。吉 C-1987-64-1 和吉 C-1987-64 总体呈条带状,走向东西。C-1987-64-1 为低缓异常,异常强度为-40nT,为已知铁矿引起;吉 C-1987-64 异常强度为 40nT,为凝灰质安山岩引起的叠加异常。吉 C-1987-65 呈椭圆状,北东走向,异常强度为 20nT,地磁剖面查证结果为混染蚀变带引起。吉 C-1987-68-1 为幸福山花岗岩岩体引起,异常强度为 276nT。

在航磁异常化极等值线图上,东南部正磁异常分布形态与幸福山花岗岩岩体范围更为一致。矿床西北部、东北部大理岩和片岩分布区与平稳宽缓的负磁异常相对应。金矿床则处在磁异常由东南向北西凸起转为向北凸起的东侧转折部位上,此处南北向梯度带较陡,这些磁异常特征与实测的北东向、北西向、南北向交叉断裂的分布比较吻合。向北凸起的局部磁异常南、北两端同时分布有金、铁矿床(点),南端分布有小型沉积变质型铁矿床一处,热液改造型金矿床小型、中型各一处,北端分布有小型沉积变质型铁矿床一处,小型热液改造型金矿床一处,说明此磁异常为与金矿体伴生或共生的磁铁矿体引起的。

在航磁异常化极垂向一阶导数等值线图上,所反映的浅部正磁异常及剩余磁异常特征更加显著,金矿床、铁矿床分布在正磁异常边缘梯度带上。正磁异常西、北、东三面被负异常区围绕,向南突然变窄且强度突然变低,并与南部的北西西向的磁异常西北端部相连。

3. 矿床所在位置地球物理特征

1)矿区岩(矿)石物性参数特征

南岔一带岩(矿)石物性参数详见表6-4-2。

表6-4-2 南岔一带岩(矿)石物性参数统计表

地质时代		符号	样品数量/块	岩(矿)石名称	常见值				
					κ /($\times 10^{-5}$ SI)	Jr /($\times 10^{-3}$ A·m^{-1})	M /%	ρ /(Ω·m)	σ /($\times 10^3$ kg·m^{-3})
白垩系		K	3	石英砂岩	0	0	7.2	3500	2.66
侏罗系		J_3	51	凝灰岩	2	0	3.9	700	2.43
			18	褐铁矿化凝灰岩	7	0	9.6	1380	2.53
			15	安山岩	540	130	4.7	1350	2.60
			3	长石石英砂岩	0	0	5.0	3770	2.57
青白口系		Qb	14	石英砂岩	5	0	9.9	2990	2.64
老岭岩群	大栗子岩组	$Pt_2dl.$	117	片岩	18	0	5.5	2820	2.74
			19	黄铁矿片岩	50	0	12.3	3350	2.75
	花山岩组	$Pt_2h.$	94	绢云片岩	19	0	5.5	3310	2.73
			15	磁黄铁矿化片岩	190	740	14.1	2740	2.75
			17	褐铁矿化片岩	13	0	11.6	8410	2.73
	珍珠门岩组	$Pt_2z.$	43	大理岩	0	0	3.6	3450	2.79
龙岗岩群	杨家店岩组	$Ar_1y.$	4	混合片麻岩	520	90	4.2	7540	2.64
			10	条带状混合岩	12	0	5.5	2640	2.73
			3	混合花岗岩	150	100	4.8		2.60
	四道砬河岩组	$Ar_1sd.$	3	条带状混合岩	23	0	6.8	7010	2.74
			8	黑云角闪斜长片麻岩	660	30	5.4	3990	2.72
燕山期		$\gamma_5^{2(3)}$	14	黑云钾长花岗岩	730	460	8.1	2760	2.74
		$\gamma_5^{2(2)}$	30	似斑状黑云花岗岩	1030	120	7.4	5530	2.62
印支期		γ_5^1	5	黑云斜长花岗岩	1140	690	6.1	1900	2.74
		$\upsilon\pi$	16	霏细岩	8	0	5.7	590	2.50
		δ	9	细粒闪长岩	22	0	6.2	5700	2.70
			12	磁铁矿	34 960	11 040	25.0	1990	2.84
		Au	42	破碎蚀变型金矿石	33	0	45.4	2200	3.08
		Au	14	蚀变闪长岩型金矿石	14	0	7.4	3622	2.78

A. 密度特征

地层中龙岗岩群和老岭岩群密度较大,相对新的侏罗系、白垩系密度较小,青白口系沉积地层密度略高于侏罗系、白垩系密度;老岭岩群与青白口系之间,存在明显的密度差异,密度差为$0.21\times10^3\,\mathrm{kg/m^3}$。侵入岩中梨树沟岩体密度比龙岗岩群和老岭岩群密度小,在区内属低密度地质体。因此,在本区可以利用重力场进行地层和岩体的划分。

B. 磁性特征

(1)龙岗岩群磁化率加权平均值为$290\times10^{-5}\,\mathrm{SI}$,剩余磁化强度为$32\times10^{-3}\,\mathrm{A/m}$,具有弱磁性。老岭岩群珍珠门岩组、花山岩组、大栗子岩组岩石磁化率加权平均值为$26\times10^{-5}\,\mathrm{SI}$,剩余磁化强度大部分为零,具有微弱磁性;仅花山岩组磁黄铁矿化片岩具有中弱磁性,磁化率为$190\times10^{-5}\,\mathrm{SI}$,剩余磁化强度为$740\times10^{-3}\,\mathrm{A/m}$。侏罗系(火山)沉积地层中,凝灰岩、褐铁矿化凝灰岩、长石石英砂岩等大部分岩石磁性微弱,接近零,其中仅安山岩具有中弱磁性,磁化率为$540\times10^{-5}\,\mathrm{SI}$,剩余磁化强度为$130\times10^{-3}\,\mathrm{A/m}$。因此,侏罗系(火山)沉积地层整体磁性较弱,不足以引起磁异常。

(2)龙岗岩群、老岭岩群、侏罗系中都有磁性体存在,但仅老岭岩群的磁性与矿(化)体有关。

(3)老岭岩群与龙岗岩群之间存在一磁性界面,二者差异明显。珍珠门岩组与花山岩组之间也存在一磁性界面,前者无磁性,后者属微弱磁性。

(4)侵入岩类,印支期黑云斜长花岗岩磁化率为$1140\times10^{-5}\,\mathrm{SI}$,剩余磁化强度为$690\times10^{-3}\,\mathrm{A/m}$,具中等磁性;燕山期似斑状黑云花岗岩磁化率为$1030\times10^{-5}\,\mathrm{SI}$,剩余磁化强度为$120\times10^{-3}\,\mathrm{A/m}$,黑云钾长花岗岩磁化率为$730\times10^{-5}\,\mathrm{SI}$,剩余磁化强度为$460\times10^{-3}\,\mathrm{A/m}$,均具中等磁性;均可引起磁异常。侵入岩体中,幸福山岩体、梨树沟岩体具有中等磁性,老虎山岩体磁性较弱。其他岩(脉)类均磁性微弱。

(5)本区磁铁矿为强磁性,显著高于其他岩(矿)石,为区内最强磁性矿石。破碎蚀变岩型金矿石、蚀变闪长岩型金矿石磁性微弱。

C. 电性特征

(1)侏罗系为低阻低极化特征。

(2)大栗子岩组与花山岩组片岩,由于黄铁矿化较为普遍,从而加强了激发极化效应和导电性能。

(3)珍珠门岩组大理岩高阻低极化,花山岩组片岩低阻高极化,两者之间存在电性界面,因此利用激电可圈定接触带。

(4)本区磁铁矿和破碎蚀变岩型金矿石具有强极化、中等电阻率,与其他岩石相比极化率最高,电阻率较低。

从上述岩(矿)石物性参数特征可以总结出以下认识:区内高极化参数均与矿石及矿化岩石有关,如黄铁矿化片岩、磁铁矿、破碎蚀变岩型金矿石等。高密度参数与岩石类别及时代有关,时代较老的老岭岩群密度高于其他较晚时代地层密度,也高于侵入岩体密度。含暗色矿物(黑云母、角闪石)较多的岩石和矿化较强的岩石密度值高。

2)矿床所在位置电场、磁场特征

A. 磁场特征

(1)区内磁场有一明显的北东-南西向条带状异常,异常两端均未封闭。轴部异常范围为$1000\sim5000\,\mathrm{nT}$,两侧为正常场。条带状异常是花山岩组底部以磁铁矿体为主的磁性体的反映。异常北西侧分布花山岩组片岩,南西侧为珍珠门岩组大理岩,均为弱磁性体(图6-4-4)。

(2)带状异常轴沿着花山岩组与珍珠门岩组的接触带分布,两者较为吻合,说明磁铁矿体赋存在花山岩组底部的接触带附近。

(3)从异常带与附近南岔金矿体的分布形态可以看出,金矿体与磁铁矿有一定的空间关系。

综上所述,可认为带状磁异常是本区找接触带的重要标志,也是间接找金的标志之一。

B. 电场特征

极化场及视电阻率在宏观场上,明显地呈现出两种电性接触面,如图6-4-4所示。各测线以469点及附近为界,花山岩组片岩段,电场以低阻高极化为特点,珍珠门岩组的大理岩段,电场以高阻低极化为特点。两种场的过渡带是两种岩性段的接触带。因此,激电中梯视充电率、视电阻率梯度带是直接寻找断裂接触带的标志。

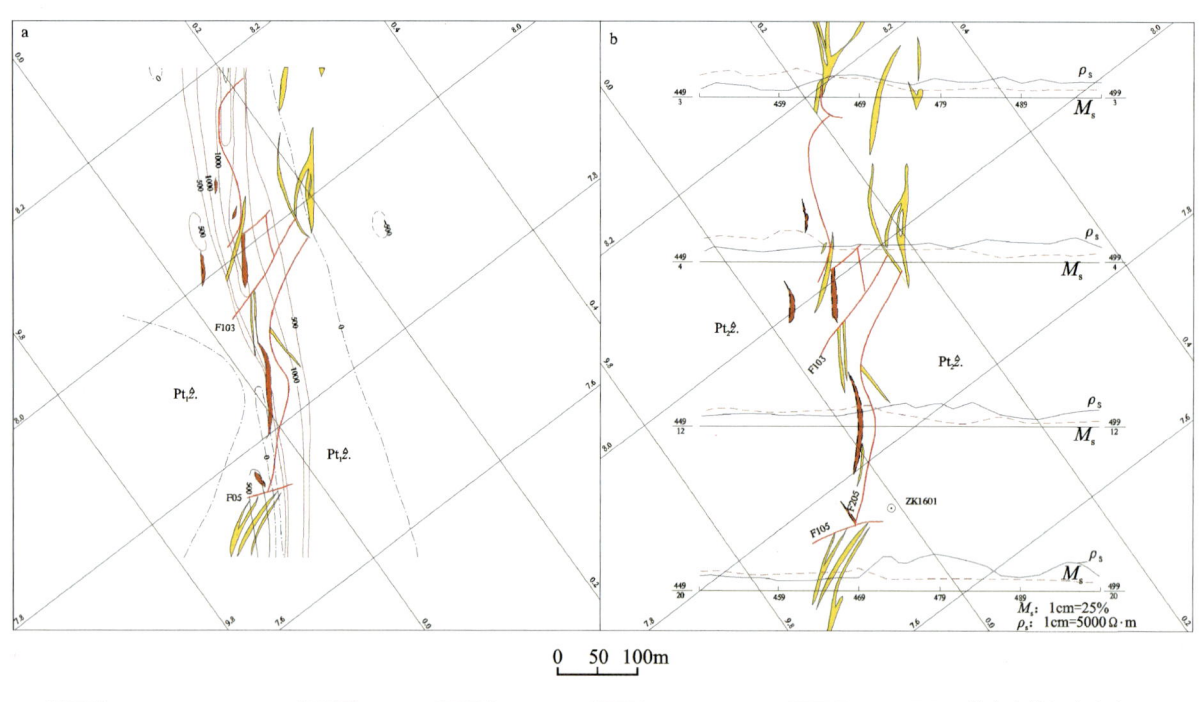

图 6-4-4 南岔金矿典型矿床所在位置地质矿产及物探剖析图(引自张仲学和李文贵等,1989,1990)
A. 地质矿产、地磁异常综合图;B. 地质矿产图、激电中梯视充电率 M_s 曲线、视电阻率 ρ_s 剖面平面图

c. 剖面异常特征

从南岔金矿16线综合剖面图(图6-4-5)可以看出,磁场在469点出现5000nT的强磁异常,与花山岩组底部岩层中含磁铁矿有关,极值附近两侧出现的负场与磁铁矿体的产状、磁化方向有关,远离极值两侧是正常场,为片岩、大理岩的反映。激电中梯在471点的接触带两侧电性发生了显著变化,片岩段高极化低电阻异常特征,特别是在磁铁矿附近出现激电高值,已被ZK1605、ZK1608证实。大理岩段呈低极化高阻异常特征。

土壤测量在474点出现异常,异常值为 $70×10^{-9}$,该异常与金矿体有关。

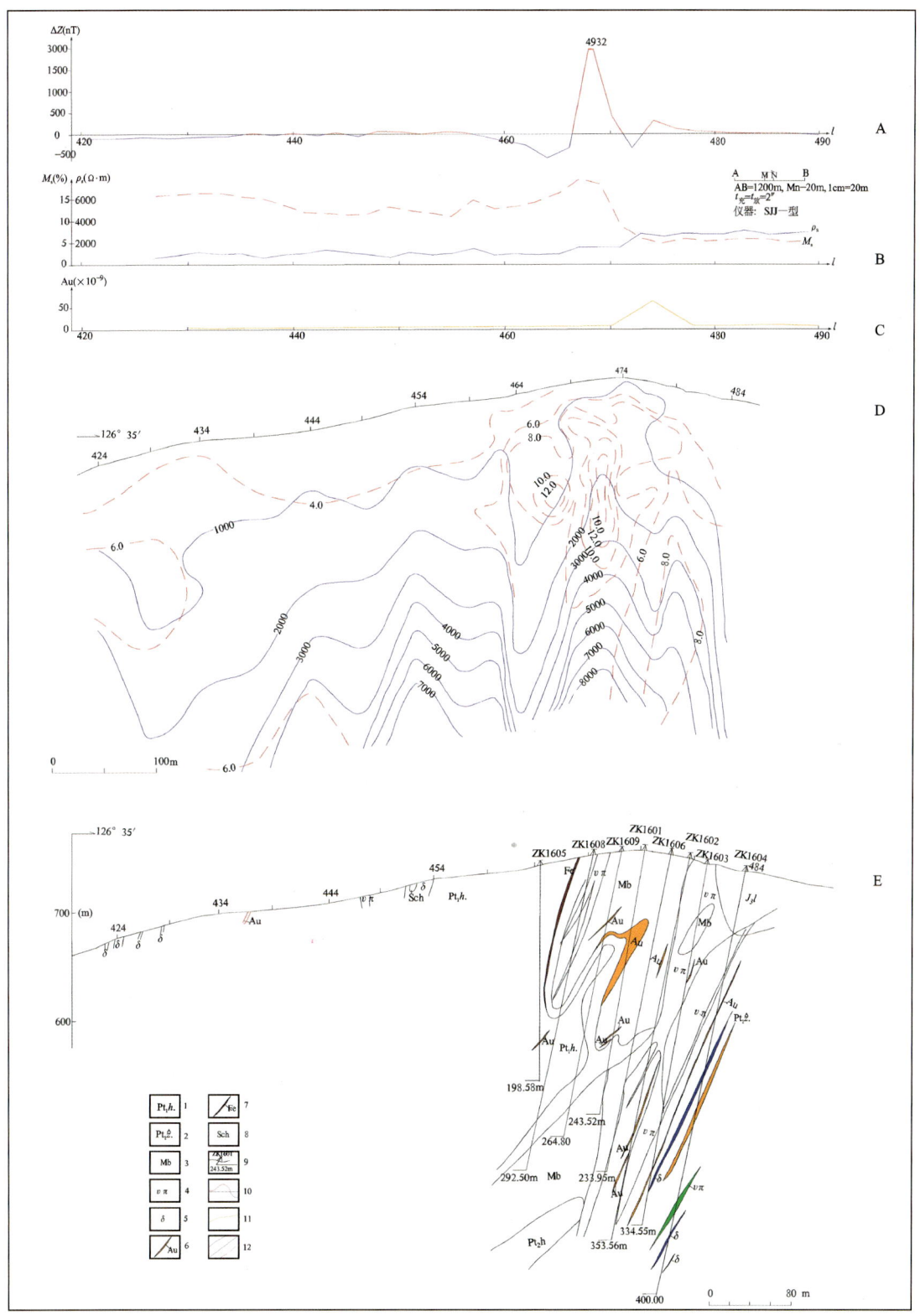

图 6-4-5 南岔金矿 16 线典型矿床勘探剖面图(引自张仲学和李文贵等,1989,1990)

A.地磁异常曲线;B.激电中梯视充电率、视电阻率曲线;C.化探金异常曲线;D.激电测深视电阻率、视极化率断面图;E.地质剖面图

1.老岭岩群花山岩组:钙质绢云片岩、绢云片岩、绢云千枚岩;2.老岭岩群珍珠门岩组:大理岩、白云质大理岩;3.大理岩;4.霏细岩、霏细斑岩;5.闪长岩;6.金矿体;7.铁矿体;8.片岩;9.钻孔编号及孔深;10.地磁 ΔZ 异常曲线;11.激电视充电率、视电阻率曲线;12.激电视电阻率微电视充电率等值线

(三)通化县南岔金矿床地质-地球物理找矿模型

1. 地质找矿标志

(1)老岭岩群是区内控矿地层,珍珠门岩组大理岩与花山岩组片岩断裂接触带及其附近是金的重要控矿部位,珍珠门岩组大理岩与大栗子岩组断裂接触部位也有金矿体。控矿构造以北东向为主,南岔金矿位于荒沟山"S"形旋扭构造的南西端,此构造为重要的金成矿带,北东向构造与其他方向构造的交会复合部位为成矿有利地段。金及其他金属的成矿作用与印支期、燕山期的岩浆活动具有密切的空间关系,尤其与脉岩直接有关,脉岩密集发育地段即为成矿有利地段。

(2)片岩型金矿体找矿标志:①珍珠门岩组上段白云质大理岩与花山岩组片岩接触界面的背形褶曲鞍部是容矿的最有利部位;②毒砂矿化,针状毒砂是直接找矿标志。

(3)闪长岩型矿体找矿标志:①珍珠门岩组上段白云质大理岩层中的蚀变闪长岩脉是直接找矿标志;②北东向构造,与北西向断裂复合部位是构造找矿标志;③强烈蚀变带,其中硅化、绢云母化、绿泥石化、碳酸盐化以及岩石褪色等蚀变岩是找矿标志。

2. 地球化学找矿标志

Au、Ag、As、Sb、Bi、Hg 组合异常带是重要找矿标志,其中土壤异常 Au 含量不低于 100×10^{-6}、As 含量超过 5000×10^{-6} 是直接找矿标志。

3. 物探找矿标志

片岩、大理岩与侵入岩体间接触带在重力场上显示的是重力高与重力低异常间梯度带,重力高异常带宽度突然变窄处及剩余重力高异常的边缘,北东向、北西向等重力梯度带交会部位,往往是断裂构造或接触带及相交会的反映,具有有利的成矿地质构造条件。

航磁异常等值线、化极等值线梯度带较陡处、磁异常突变带、垂向一阶导数正异常边缘零等值线及转折部位,反映了含金的老岭岩群片岩、大理岩之间及与侵入岩体之间的断层接触位置。

鉴于磁铁矿与金矿体在空间分布的密切关系,磁铁矿为强磁性,磁铁矿和破碎蚀变岩型金矿石具有强极化率、中等电阻率。在 M_s、ρ_s 由高异常(或低异常)区转化为低异常(或高异常)区变化带上,出现地磁 ΔZ 异常附近,激电测深断面图上 M_s 高异常圈闭内,往往是金属硫化物富集及找金的有利地段。

综合上述矿床地质特征和地球物理异常特征,可归纳总结出矿床地质-地球物理找矿模型,见表6-4-3。

表6-4-3 通化县南岔金矿床地质-地球物理找矿模型表

地质条件	构造环境	矿床位于前南华纪华北东部陆块(Ⅱ),胶辽吉古元古代裂谷带(Ⅲ),老岭坳陷盆地(Ⅳ)内,荒沟山"S"形断裂带西南端
	岩石组合	石榴绿泥片岩、钙质片岩、白云质大理岩、蚀变闪长岩
	构造标志	发育在珍珠门岩组大理岩与花山岩组片岩接触界面的断裂构造,背形褶曲、层间断裂、层间剥离构造
	围岩蚀变	主要有硅化、毒砂化、黄铁矿化、碳酸盐化、绿泥石化、绢云母化、褐铁矿化等,金矿主要与硅化、毒砂化、黄铁矿化关系密切

续表 6-4-3

地表找矿标志		片岩型金矿：珍珠门岩组上段白云质大理岩与花山岩组下段片岩接触界面的背形褶曲鞍部是容矿的有利部位；毒砂矿化，尤其是针状毒砂矿化是直接的找矿标志；Au、Ag、As、Sb、Bi、Hg 组合异常带是重要找矿标志；在电法 M_s、ρ_s 由高异常区（低异常）转化为低异常（高异常）区变化带上出现磁法 ΔZ 异常附近，地电断面上 M_s 高异常圈闭内，往往是金属硫化物富集地段。 闪长岩型金矿：珍珠门岩组上段白云质大理岩中的蚀变闪长岩脉是直接找矿标志；北东向构造，尤其同北西向断裂构造复合部位是构造找矿标志；强烈蚀变带，其中硅化、绢云母化、绿泥石化、碳酸盐化以及岩石褪色等蚀变岩是找矿标志
找矿历史标志	采矿遗迹	本区是铁矿老矿区，曾多次进行过铁矿地质工作；1988 年南岔金矿建矿，进行小规模地表开采
	文字记录	1983 年吉林省地质矿产局第四地质调查所在该区发现 1∶5 万 Au 化探及重砂异常；1984—1987 年开展普查工作，1988 年以后开展详查工作
地球物理标志	重力	在 1∶25 万布格重力异常图上，金矿床北东出现最大值，异常带最宽，往北东东向逐渐变窄，异常强度也逐渐降低；往南西方向，宽度突然变窄，走向由北东向转为南北向
	磁法	在 1∶5 万航磁异常图上，金矿床位于负磁场区内，局部相对较高磁异常范围的东南边缘部位，异常呈椭圆状，走向北东，其东、西两侧为两片大面积的负磁场区。区内地磁场呈北东-南西向条带状异常，南东部为强正常场区。 老岭岩群大栗子岩组为弱磁性，珍珠门岩组为极弱磁性，侵入岩为中等磁性；大栗子岩组底部磁铁矿体为强磁性
	电法	电场极化场及视电阻率在宏观场上，明显地呈现出两种电性接触面，大栗子岩组片岩由于黄铁矿化较为普遍，呈现低阻高极化特征，珍珠门岩组大理岩呈现高阻低极化特征。珍珠门岩组与大栗子岩组之间有明显电性界面，破碎蚀变岩型金矿体充电率高于围岩，电阻率虽然明显低于大理岩，但与片岩不易区分，蚀变后闪长岩脉电阻率也变低。两种场的过渡带是两组地层的接触带

二、长春市兰家金矿床

长春市兰家金矿是吉林省少见的矽卡岩型金矿，研究和提取其综合找矿信息，建立地质-地球物理找矿模型，对于指导本区找矿评价具有重要意义。

（一）典型矿床成矿地质特征

兰家金矿位于吉黑海西期褶皱区，吉林优地槽西缘伊-舒北东向深大断裂上盘，大黑山条垒中段之东南侧兰家倒转向斜内。

矿区出露地层为上古生界下二叠统范家屯组一套浅海相-陆缘碎屑-火山碎屑岩建造。岩石组合以长英质角岩类大理岩为主，地层构成一北北东向展布的倒转向斜，以大的捕虏体分布于晚三叠世侵入的南泉眼单元石英闪长岩体内。地层北西侧和南东侧与石英闪长岩接触的内外带中普遍发育有矽卡岩化，并在北西侧外接触带形成了矽卡岩型兰家金矿床和东风磁铁矿床，而在南东侧形成含铜硫铁矿床。

兰家金矿床按金矿成因类型和产出部位可划分为东、西 2 个矿段：西矿段共查明矽卡岩型金矿体 12 个，其中 19 号、20 号为主要矿体；东矿段共查明破碎蚀变岩型（中温热液型）金矿体 9 个，其中 1 号为主矿体，其他矿体规模小而不具工业意义。兰家金矿以矽卡岩型为主要成因类型。

19 号和 20 号矿床形成于矽卡岩化晚期热液蚀变阶段，矿体赋存于南泉眼单元石英闪长岩与下二叠统范家屯组大理岩接触带所形成的矽卡岩带中。矿体产出受矽卡岩分带控制,近岩体一侧形成透辉石石榴子石矽卡岩,划为矽卡岩内带;近地层一侧则形成阳起石矽卡岩,划为矽卡岩外带。19号和20号矿体赋存在内外矽卡岩带中间部位。矽卡岩型金矿体产出还明显受兰家倒转向斜构造中的呈北北东向分布的兰家向形构造控制,其影响了区内金、铁及含铜硫铁矿体的分布及其产状。矿体均产于地层向形构造的东、西两侧与石英闪长岩接触带地层一侧。矿体分布与产状分别与接触带分布和产状相一致。西侧接触带中的金矿体和磁铁矿体倾向110°,倾角50°~73°,东侧接触带上含铜硫铁矿体倾向290°,倾角0°~75°(上陡下缓)。此外,矿体好坏还与地层褶皱复杂程度和断裂构造影响有关。19号、20号矿体由南向北随褶皱构造逐渐复杂而变好。一组北西西向断裂构造横切大理岩,为成矿前断裂,对矿体赋存有利,构造发育处矿体变得厚大。

矽卡岩型金矿体形态较复杂,多呈脉状、囊状、不规则团块产出,矿体分枝复合现象明显。矿体规模一般较小,19号、20号矿体长分别为130m和366m,平均厚度分别为3.49m和7.27m,控制延深分别为63m和140m,金矿体延长要大于延深,矿体向北侧状,矿体由南向北规模增大,金品位升高,金矿体基本上与磁铁矿体、含铜硫铁矿共生在一起,这是兰家矽卡岩矿床基本特征之一。

矿体的矿石类型主要有碎裂石榴子石矽卡岩、石榴子石磁铁矿矽卡岩和阳起石矽卡岩等。矿石金属矿物组合有磁铁矿、黄铁矿、磁黄铁矿、赤铁矿、方铅矿、闪锌矿、毒砂、斜方铅铋矿、自然铋、辉铅铋矿、辉铋矿、辉砷钴矿、黄铜矿、黝铜矿、白钨矿及自然金等。金主要以自然金赋存在辉铋矿、自然铋、磁铁矿、黄铁矿、石榴子石、阳起石等矿物的裂隙或晶隙间。19号、20号主矿体金平均品位分别为10.85×10^{-6}和8.51×10^{-6}。矿石结构以他形晶粒状为主,次为自形、半自形粒状结构。矿石构造主要有细脉状、显微细脉(网脉)状、放射状、束状及浸染状,而块状、斑点状次之。

矿体围岩蚀变以矽卡岩化、绿帘石化、钠长石化、赤铁矿化、水云母化及绿泥石化为主,硅化、电气石化、萤石化次之。

研究认为,兰家金矿床金矿化与晚三叠世侵入的南泉眼单元石英闪长岩有成因联系,据1:5万区域地质调查资料,U-Pb同位素年龄值为211.5Ma,岩体时代属晚三叠世。因此,兰家金矿被认为是印支造山期挤压与伸展作用转换阶段的产物(陈行景,1966),其成矿期属于燕山早期。

(二)地球物理特征

1. 矿床所在区域重磁场特征

1)区域重力场

在1:25万布格重力异常图(图6-4-6)上,兰家金矿床位于呈北东向且近平行与四平-长春-榆树两条区域重力梯度带间夹持的大黑山断续分布的重力高异常带中段,绿家湾重力高异常北东缘兰家村向北延伸"舌状"正向变异东侧。在14km×14km窗口滑动平均剩余重力异常图上,矿床处于伊-舒重力梯度带西支大南-新安-桦皮厂重力梯度带北西侧相邻重力高异带中部,新安镇长椭圆状重力高异常北西缘兰家村向北突出"舌状"正向变异异常南端东侧。布格异常与剩余异常相比,后者是前者进一步分解细化结果,异常形态、分布更加具体和翔实,在一定程度上反映了地质浅源重力信息。

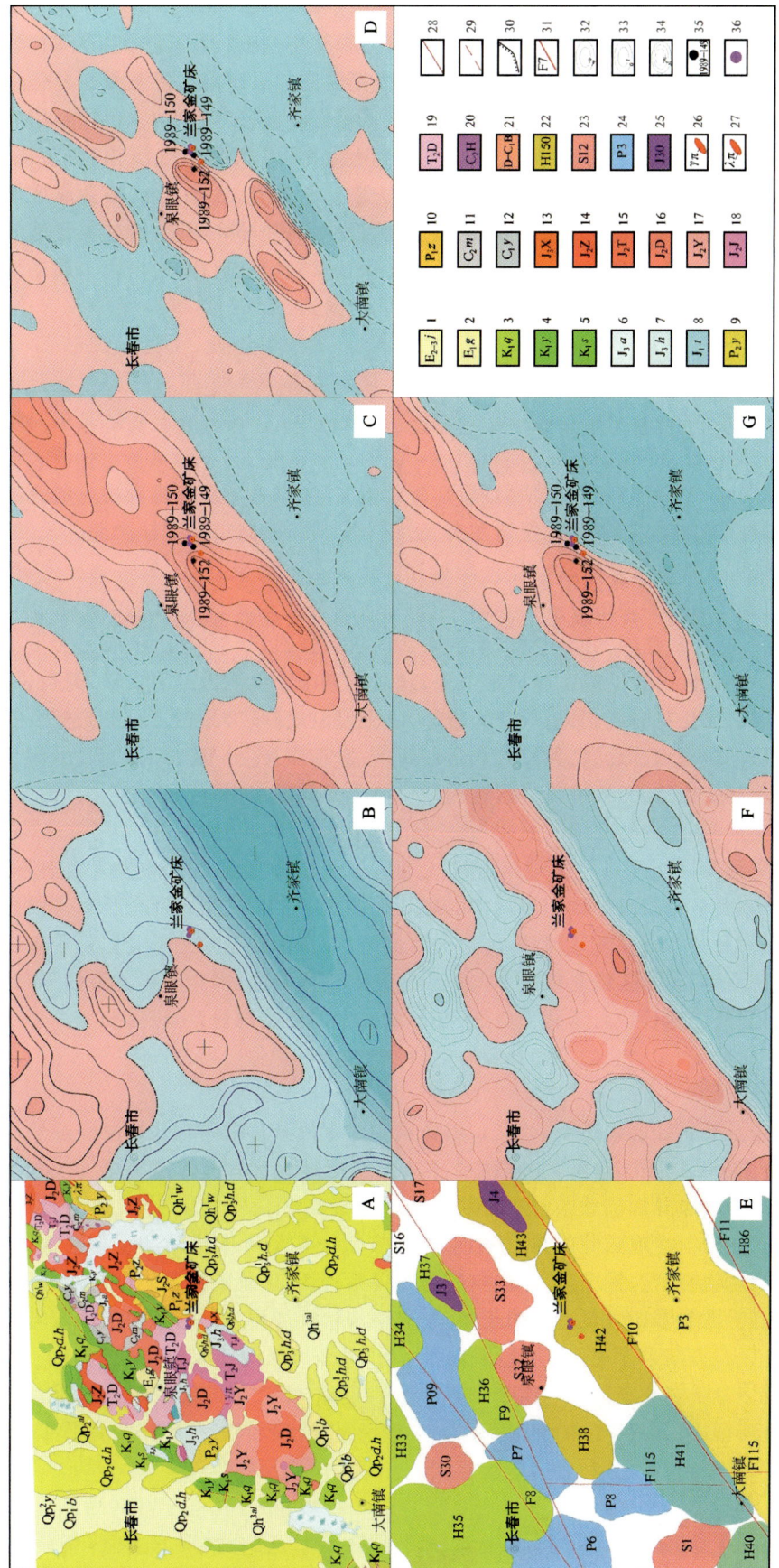

图 6-4-6 兰家典型金矿床所在区域地质矿产及物探剖析图

A. 地质矿产图；B. 布格重力异常图；C. 航磁ΔT等值线平面图；D. 航磁ΔT化极垂向一阶导数等值线平面图；E. 重磁推断地质构造图；F. 剩余重力异常图；G. 航磁ΔT化极等值线平面图

1. 吉舒组；2. 缸窑组；3. 泉头组；4. 营城组；5. 沙河子组；6. 安民组；7. 火石岭组；8. 太阳岭组；9. 杨家沟组；10. 哲斯组；11. 磨盘山组；12. 余富屯组；13. 新立屯花岗斑岩；14. 杂木沟中粒黑云母碱长花岗岩；15. 太阳岭中细粒黑云母花岗岩；16. 北沟细粒黑云辉石角闪石花岗岩；17. 杨家沟中细粒黑云母花岗闪长岩；18. 解放屯中细粒黑云母花岗闪长岩；19. 钓鱼台中细粒黑云母石英闪长岩；20. 花信子蛇纹石橄榄岩；21. 流纹斑岩脉；22. 重磁推断隐伏中酸性-中酸性岩体及注记；24. 重磁推断盆地及注记；25. 重磁推断基性-超基性岩体及注记；26. 花岗斑岩脉；27. 流纹斑岩脉；28. 实测异常及注记；29. 推测性质不明断层；30. 实测角度不整合界线；31. 重磁推断裂合界线；32. 布格重力异常线及注记；33. 剩余重力异常(14cm×14cm)；34. 航磁等值线及注记；35. 航磁异常点及编号；36. 金矿点

综合地质分析认为,布格异常与剩余异常所呈现出的北东向大南-新安-桦皮厂区域性重力梯度带属伊-舒中新生代断陷带与其北西侧大黑山条垒间深大断裂构造的反映。该断裂两侧沉积建造、岩浆活动、构造形态及矿产种类和分布截然不同,应是本区主要控岩控矿构造。绿家湾布格重力高异常反映了古生代变质岩基底隆起构造的分布,区内剩余重力异常与出露、半出露或浅层隐伏的古生代地层岩系分布有关,而重力低异常则多为印支晚期至燕山期中性—酸性花岗岩类及中—新生代沉积盆地引起。由此可见,区域重力场特征反映了兰家金矿田呈北东向的主体构造线,控制的大黑山金、多金属成矿带中段的一个矿化集中区,并且受次级近南北向与东西向断裂复合部位控制。同时还指出古生代基底隆起区是制约矿田产出的必要条件,在基底隆起区往往古生代地层和岩浆岩均很发育,为内生金属矿形成提供了有利条件。兰家金矿便处于绿家湾基底隆起北东边缘突起变异处。

2)区域航磁异常场

在1:25万航磁图(图6-4-6)上,兰家金矿处在伊-舒北东向负磁异常带北西大黑山断续分布的高磁异常带中段东风局部高磁异常带内。在化极垂向一阶导数异常图上,东风局部异常呈北东向带状产出,由多个长轴为北东向的椭圆状小异常斜列式排布组成,化极后异常强度多为200~300nT。该异常带大体以兰家村为界可划为南、北两端,南端称"同心异常",北段称"钱家屯异常",后者相对前者沿长轴方向在兰家村北发生横向水平错位。兰家金矿便处在南、北两个异常间方向错位变异线上。

与地质相关联不难看出,区域性大黑山断续分布高磁异常中的局部高磁异常,多半是显生宙以来,加里东期、海西期、印支期及燕山期多旋回岩浆活动的结果,区内基性—超基性、基性、中基性、中性、中酸性、酸性等岩体均较发育,特别是晚印支期—燕山期岩浆活动更为强烈,分布广泛,形成了大黑山构造岩浆带的主体。物探测定表明,区内各类侵入岩均具一定磁性,尤其印支晚期石英闪长岩、闪长岩、花岗岩、花岗闪长岩和燕山早期的二长花岗岩、黑云母花岗岩等,由于侵位规模较大,在大—中比例尺航磁异常图上均有不同程的正异常反映。东风高磁异常带内的局部异常多为中性—酸性花岗质岩体的反映。另外,按其磁异常的走向及其变化特征,可推断本区区域主体构造线方向应以北东向为主。此外,在兰家村北侧存在有北西西(或东西)向较大次一级断裂构造并错断了北东方向主体构造。

综合上述分析,区域磁场特征指示了兰家地区晚印支期—早燕山期中性—酸性花岗岩十分发育。其分布受区域主构造线控制而呈北东向带状产出,这种多旋回、多期次岩浆活动无疑会给本区域成矿提供丰富矿质来源和成矿必需的热源。兰家金矿与晚印支期南泉眼单元石英闪长岩侵位关系密切。此外,该区域成矿除与岩浆活动有关外,区域北东向主构造线控制了大黑山金、多金属成矿带的分布,兰家金矿床则分布在北东向与北西(或东西)向断裂交会处,是控制矿田的主要构造系统。

2. 矿床所在地区磁场特征

在1:5万航磁剖面图及平面等值线图上,兰家矿田处于南部东风异常带同心北东向椭圆状高磁异常北半部北东侧边缘。由图6-4-7可以看出,同心高磁异常在兰家地区大体呈北东向楔状(南西出图幅),属于一个两级叠加异常,Ⅱ级异常呈北东向条带状叠加在Ⅰ级高背景磁异常上,大体分为东、西两个异常带,西带规模要大于东带。在航磁等值线上,两个异常带均由多个串珠状局部小异常组成,异常排布规律明显,尤其西带与兰家金、铁、铜、硫等矿产空间分布关系密切,反映了兰家矿田的磁场特征。

综合地质分析,同心高异常是多期岩浆活动的反映,Ⅱ级串珠状叠加异常推断为晚期构造岩浆岩引起。东异常带局部异常地区检查结果发现,其与晚印支期石英闪长岩,燕山早期花岗闪长岩、二长花岗岩体有关。区内负磁异常多是下二叠统范家屯组及白垩系和古近系、新近系的反映。依据兰家矽卡岩型金、铜、铁矿床成矿地质特征,该异常带中的局部高磁异常边缘是寻找矽卡岩型矿床的有利部位。

3. 矿床所在位置地球物理特征

矿区于20世纪70年代先后开展了地层磁法、重力、激电详查测量,综合物探方法配合矿区详查和勘探工作取得了较好的地质找矿效果。

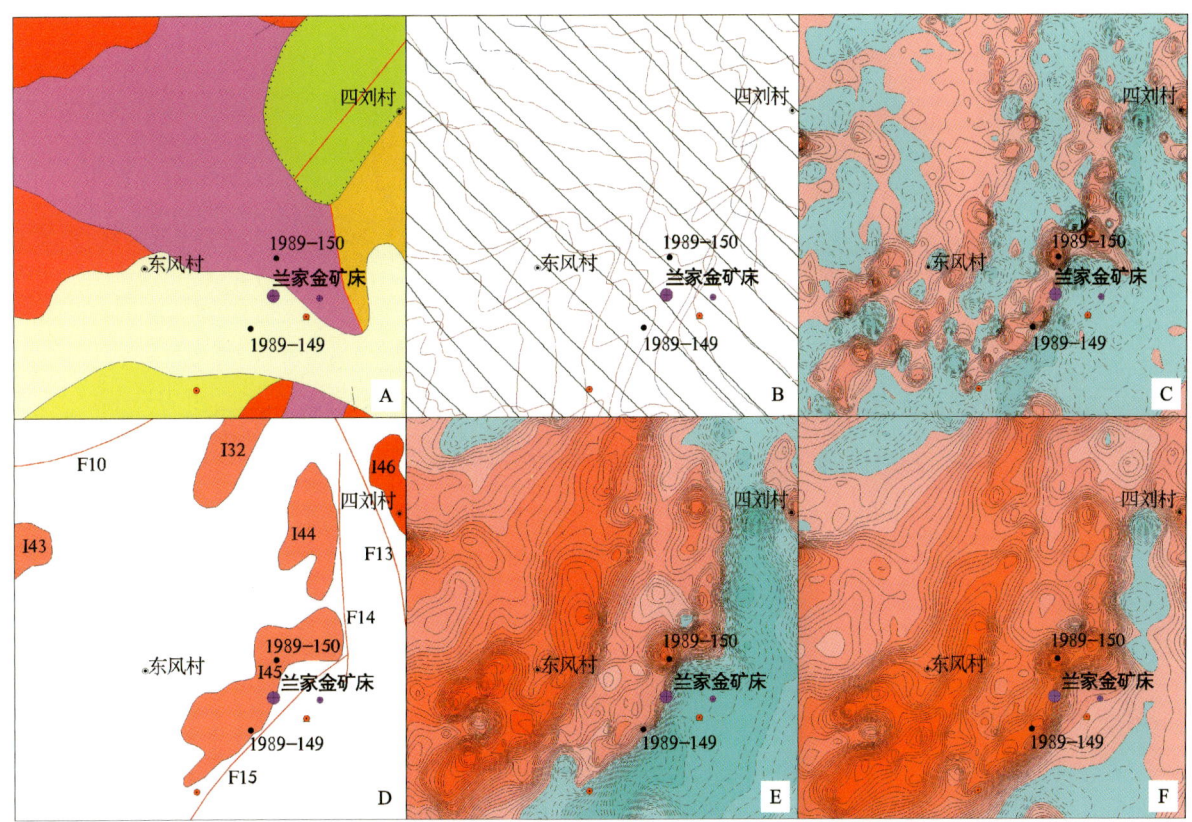

图 6-4-7　兰家典型金矿床所在地区地质矿产及物探剖析图

1) 矿区岩(矿)石磁性、密度特征

矿区岩(矿)石物性测定结果指出,磁铁矿石、含铜磁黄铁矿石具有较强的磁性,二者磁化率(κ)分别为 $82\,600\times 10^{-5}$ SI、4000×10^{-5} SI,剩余磁化强度(Jr)分别为 7400×10^{-3} A/m、$12\,100\times 10^{-3}$ A/m。区内含铁矽卡岩亦具有一定的磁性,磁化率(κ)为 6000×10^{-5} SI,剩余磁化强度(Jr)为 5000×10^{-3} A/m。由此可见,赋含磁铁矿和含铜磁黄铁矿的矽卡岩带要较围岩——石英闪长岩、大理岩等存在较大磁性差异,磁法找矿前提较为充分。

经岩(矿)石标本密度测定,磁铁矿石和含铜磁黄铁矿石平均密度(σ)分别为 3.64×10^3 kg/m³、4.72×10^3 kg/m³,较其围岩(石英闪长岩、大理岩、长英质角岩)高$(0.8\sim 1.2)\times 10^3$ kg/m³,两者密度差异较大,具备了重力找矿的物理前提。

2) 已知勘探剖面综合物探方法试验效果

兰家矽卡岩型金矿多与矽卡岩型磁铁矿和含铜磁黄铁矿有密切共生关系,各类矿种矿体互为依存而形成统一含矿构造蚀变带,为矿区采用磁法、重力法开展金矿资源勘查评价提供了地质依据。

(1)矿区16号勘探线上的物探试验结果。

16号勘探线位于矿区西侧与1号磁铁矿体共生的19号、20号等金矿体赋存的金矿带北段,是19号、20号主矿体规模品位最好的。该处两矿体为向东倾斜的隐伏矿体。通过试验,磁法、重力及激电在金矿带上均取得了较好的地质效果(图6-4-8)。高精度重力测量结果显示,含矿的矽卡岩带上呈现宽缓重力高异常,剩余重力异常梯度西陡东缓,为圈定含矿(金、铁)矽卡岩带、判断其产状提供了依据。地面磁法在含金磁铁矿带上出现陡尖峰状磁力高异常,反映两侧曲线梯度亦同重力异常,西侧略陡于东侧,异常极大值为1700nT。磁异常可直接反映含金磁铁矿带位置和产状。激电 η_s 曲线高低直接与矿带两侧石英闪长岩、长英质角岩有关,后者 η_s 明显高于前者。但在含矿的矽卡岩带上 η_s 有增高趋势,最高可达28%,比地层高5%,显然与矿带良好导电性有关,说明激电法找矿具有一定的作用。

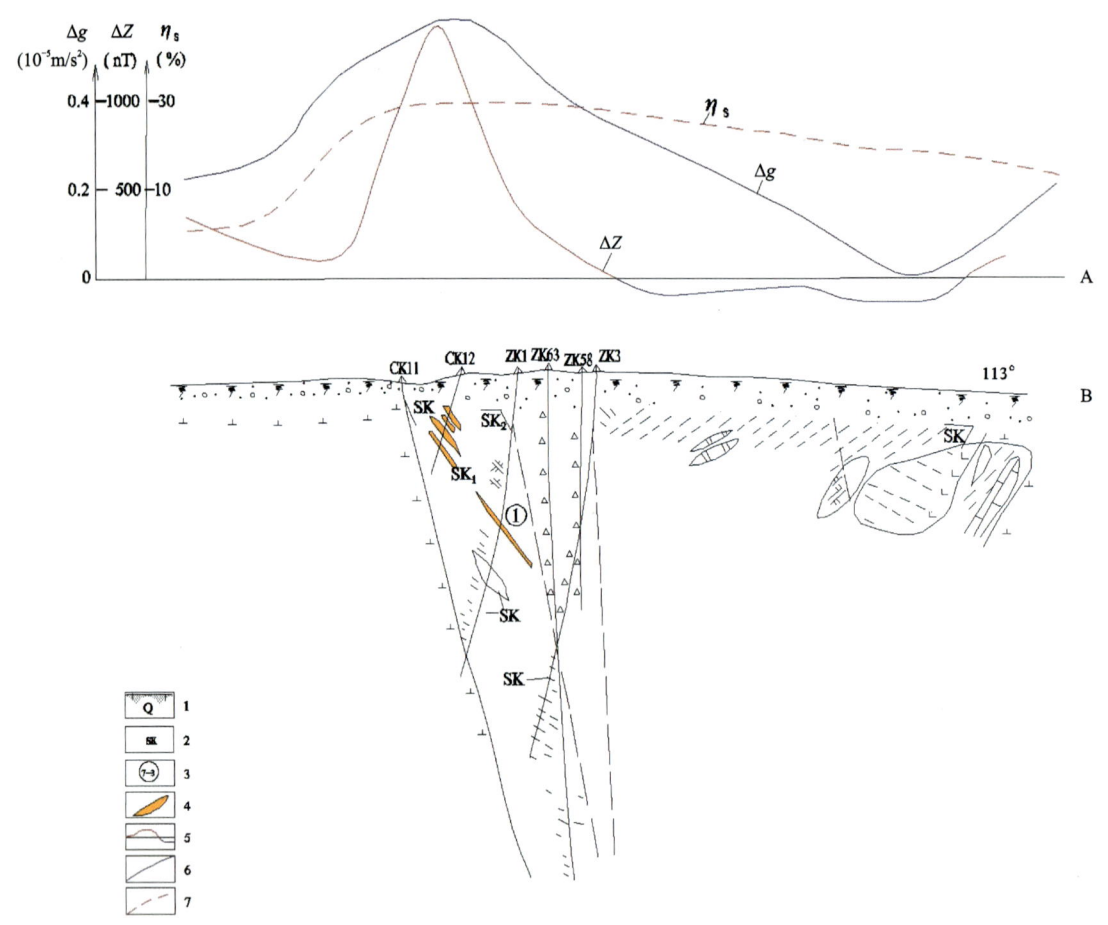

图 6-4-8　兰家金矿区 16 号勘探线剖面图（引自地矿部物化探所，1992）
A. 重力剩余异常曲线、磁法异常曲线、激电视极化率曲线；B. 地质剖面图
1. 第四系；2. 矽卡岩；3. 矿体号；4. 金矿体；5. 磁法 ΔZ 异常曲线；6. 剩余重力 Δg 异常曲线；7. 激电视极化率曲线

(2) 矿区 0 号勘探线物探试验效果。

0 号勘探线是勘探评价矿区含铜磁黄铁矿体的主导剖区。全区共发现矿体 11 条，其中 1 号勘探线处 7 号矿体规模最大，最厚达 21.53m。倾向西，倾角上陡下缓，为一埋深 100 余米的隐伏矿体，在其顶部还发现有向西倾的 3 条很薄的磁铁矿脉。在该勘探线的物探方法试验表明，由于矿体埋藏过深，激电效果不甚明显，重力和磁法在矿体上取得了一定的效果，尤其高精度重力对矿体取得了一定的效果，剩余重力值在矿体上部呈现出宽缓规整异常（图 6-4-9）。异常曲线梯度东陡西缓，异常最大值 0.35×10^{-5} m/s^2，有效地反映了矿体断面形态位置及其产状。地层磁测因矿体埋深大而效果不明显，仅对浅埋深小磁铁矿脉有一定显示，由此看出，重力寻找有一定规模、埋深较大的隐伏矿体，较磁法和电法显示出独特的优势。

3) 矿区重磁异常的特征

通过矿区 1∶5000 地面磁测和高精度重力测量，在兰家矽卡岩型金、铜、铁、硫矿带上取得了较理想的地质找矿效果（图 6-4-10）。

矿区共发现编号异常 15 处（A1—A15），异常规模一般较小，多出现在正、负成片磁场交替部位，形态为尖峰状，强度一般 1000～2000nT，最高可达 3000nT。其中 A5 和 A3 分别为矿区西侧金矿、磁铁矿矿带和其东南侧含铜（金）磁黄铁矿带引起，前者因矿体埋藏浅并部分出露地表而异常强度大、梯度陡，后者因属深部盲矿体而异常显得低缓（最大 500nT）。关联矿区地质，局部异常多处在正、负背景场的分

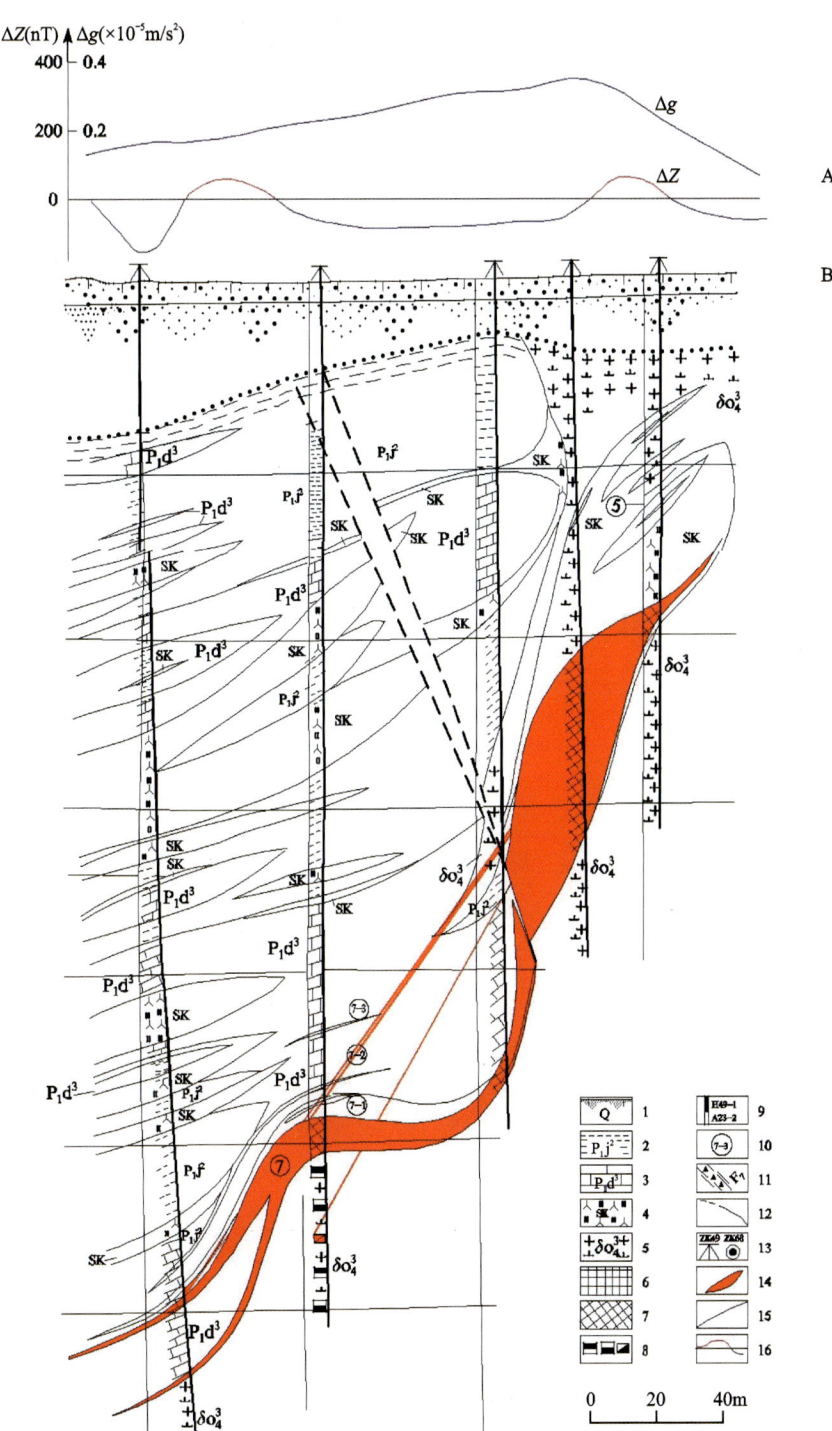

图 6-4-9　兰家金矿区 0 号线勘探剖面图（引自侯启满等，1993）

A. 重力剩余异常曲线、磁法异常曲线综合剖面图；B. 地质剖面图

1. 第四系；2. 下二叠统角岩；3. 下二叠统大理岩；4. 矽卡岩；5. 海西晚期石英闪长岩；6. 磁铁矿；7. 磁黄铁矿；8. 磁黄铁矿化、黄铁矿化、黄铜矿化；9. 取样位置及编号；10. 矿体号；11. 断裂破碎带；12. 地质界线；13. 钻孔及编号；14. 含铜硫铁矿体；15. 剩余重力 Δg 异常曲线；16. 磁法 ΔZ 异常曲线

界处，有效说明矿区矿体多在石英闪长岩（正磁场）与长英质角岩（低磁场）接触部位，这是形成矽卡岩金属矿床的有利前提，因此矿区磁异常找矿意义较大。

矿区高精度重力测量在中部发现了呈北北西向分布的椭圆状剩余重力高异常，长轴长 700m，短轴

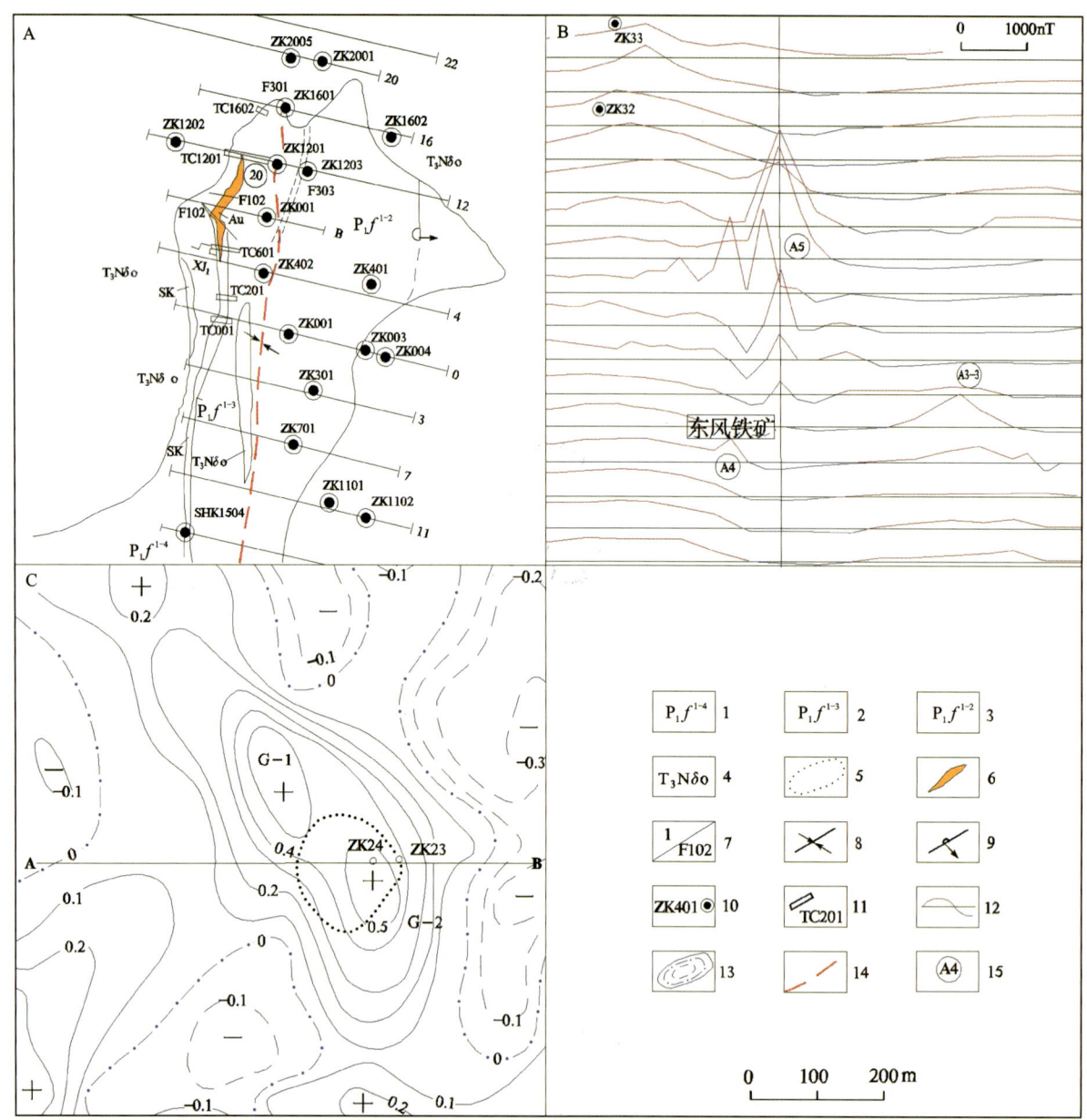

图 6-4-10 兰家典型金矿床所在位置地质矿产及物探剖析图(引自侯启满等,1993)

A.地质矿产图;B.地磁 ΔZ 异常曲线;C.剩余重力异常等值线

1.范家屯组一段4层;2.范家屯组一段3层;3.范家屯组一段2层;4.石英闪长岩;5.隐伏含铜硫铁矿体地面投影范围;6.金矿体;7.断层及编号;8.兰家向形构造;9.兰家倒转向斜;10.钻孔及编号;11.槽探及编号;12.ΔZ 曲线(1cm=1000nT);13.剩余重力(Δg)异常等值线(线距为 $0.1\times10^{-5} m/s^2$);14.断层界线;15.磁异常编号

长300m。面积约 $2.1 km^2$。在其内部可划分出呈北北西向两个斜列排布的椭圆状叠加局部异常(G-1、G-2),两异常最高值均为 $0.5\times10^{-5} m/s^2$。重力异常 G-1 和 G-2 分别与地面磁异常 A5 和 A3 基本吻合,重磁异常显示有同源性。经正演计算,G-1 异常深部无高密度体存在,主要为浅部含金、铁矽卡岩带的反映。G-2 异常浅部不存在明显高密度体而深部则有高密度体分布。经 ZK23 和 ZK24 钻孔深部验证,在167m处打到了厚21.5m的含铜(金)磁黄铁矿体,充分证明了高精度重力测量寻找隐伏矿床的有效性。此外,矿区重力异常中部高而周围低的结构特征,较好地反映了中部下二叠统范家屯组以捕房体产于南泉眼单元石英闪长岩中的空间分布形态。

综合上述,兰家矽卡岩型金矿资源评价,借助于其与磁铁矿和含铜磁黄铁矿共生的成矿地质特点,采用地面磁法、重力测量,可快速有效地得到了解决。

(三)长春市兰家金矿床地质-地球物理找矿模型

根据上述矿床地质特征和地球物理异常特征,可归纳总结出矿床地质-地球物理找矿模型,见表6-4-4。

表6-4-4　长春市兰家金矿床地质-地球物理找矿模型表

地质条件	构造环境	矿区位于晚三叠世—新生代华北叠加造山-裂谷系(Ⅰ),小兴安岭-张广才岭叠加岩浆弧(Ⅱ),张广才岭-哈达岭火山-盆地区(Ⅲ),大黑山条垒火山-盆地群(Ⅳ)内
	岩石组合	变质粉砂岩、杂砂岩、泥质粉砂质板岩、斑点板岩组合,大理岩(灰岩)
	构造标志	走向北北东向褶皱,北西向、北西西向断裂构造
	围岩蚀变	①矽卡岩型金矿:围岩蚀变主要有绿帘石化、钠长石化、赤铁矿化、水云母化、硅化、电气石化、沸石-萤石化、碳酸盐化等,其中赤铁矿化、硅化与金成矿关系密切。②蚀变岩型金矿:围岩蚀变强烈,种类较多,主要有阳起石化、硅化、绢云母化、电气石化、矽卡岩化、绿泥石化、碳酸盐化、钾长石化等蚀变作用
地表找矿标志		臭松石、黄钾铁矾、铁帽、褐铁矿化板岩、角岩、石英脉等是破碎蚀变岩型金矿氧化矿石标志;阳起石化矽卡岩、金属硫化物矿化矽卡岩、磁铁矿化阳起石化矽卡岩是矽卡岩型原生金矿找矿标志;磁异常、激电异常、重力异常,特别是套合异常是金矿的间接找矿标志;金及指示元素组合复杂,又具分带特征的套合异常,是金矿的化探找矿标志
找矿历史标志	文字记录	1987年吉林省地质局第一地质调查所综合研究分队在蒋家屯后山发现了金矿点;1988—1989年吉林省地质局第一地质调查所地质三分队在蒋家金矿点进行普查工作,发现以兰家金矿床蒋家矿段1号金矿体为主的9条矿体;1990—1991年吉林省地质局第一地质调查所地质三分队在该区进行普查-详查工作,发现了兰家金矿床东风矿段主矿体(20号矿体);1992—1993年吉林省地质局第一地质调查所地质三分队对兰家金矿进行详查-勘探,1993年10月提交了《吉林省双阳县兰家金矿床勘探报告》
地球物理标志	重力	在1:25万布格重力异常图上,金矿床位于呈北东向且近平行于四平-长春-榆树两条区域重力梯度带间夹持的大黑山断续分布的重力高异常带中段绿家湾重力高异常被动缘兰家村向北延伸"舌状"正向变异东侧。在剩馀重力异常图上,矿床处于伊-舒重力梯度带西支大南-新安-桦皮场重力梯度带北西侧相邻重力高异带中部,新安镇长椭圆状重力高异常北西缘兰家村向北突出"舌状"正向变异异常南端东侧。 高精度重力测量结果显示,含矿的矽卡岩带上呈现宽缓重力高异常,梯度西陡东缓
	磁法	在1:5万航磁剖面图及等值线平面图上,兰家矿田处于南部东风异常带——同心北东向椭圆状高磁异常北半部北西侧边缘。同心高磁异常在兰家地区大体呈北东向楔状,属于一个两级叠加异常,Ⅱ级异常呈北东向条带状叠加在Ⅰ级高背景磁异常上,大体分为东、西两个异常带,西带规模要大于东带。 地面磁法在含金磁铁矿带上出现陡尖峰状磁力高异常,反映两侧曲线梯度亦同重力异常,西侧略陡于东侧,异常极大值为1700nT。磁异常可直接反映含金磁铁矿带位置和产状
	电法	激电η_s曲线高低直接与矿带两侧石英闪长岩、长英质角岩有关。后者明显高于前者。但在含矿的矽卡岩带上η_s有增高趋势,最高可达28%,比地层高5%

三、珲春市小西南岔金铜矿床

(一) 典型矿床成矿地质特征

1. 地质构造环境及成矿条件

矿区位于晚三叠世—新生代东北叠加造山-裂谷系(Ⅰ),小兴安岭-张广才岭叠加岩浆弧(Ⅱ),太平岭-英额岭火山-盆地区(Ⅲ),罗子沟-延吉火山-盆地群(Ⅳ)构造单元内。

(1) 地层:本区出露地层主要是下古生界青龙村群变质岩,二叠系及侏罗系。

青龙村群:主要分布于矿田东部,呈南北向狭长带状分布,在矿区中部呈捕房体零星分布于海西晚期花岗岩体中。青龙村群下部以斜长角闪岩、斜长角闪片麻岩为主,中部以黑云母片岩、石墨片岩、二云片岩为主,上部为红柱石、夕线石板岩、砂质板岩等。

二叠系:矿区范围内主要出露下统柯岛组和上统开山屯组,主要分布在北部边缘。柯岛组上部为紫红色、灰绿色中酸性火山凝灰岩、火山角砾岩及熔岩,夹灰色砂岩、板岩等;下部以灰紫色浅海相砂砾岩为主,夹粉砂岩、板岩等。开山屯组上部为黑色板岩,中下部为海陆交互相粗砂岩和灰黑色板岩等。

侏罗系:主要分布于矿田南部和西北部的断陷盆地中,出露有上统屯田营组、金沟岭组,主要为一套中酸性火山岩夹正常沉积碎屑岩类。

(2) 岩浆岩:矿区及外围广泛出露,可划分为海西期、印支期、燕山期、喜马拉雅期4个构造岩浆旋回,以海西晚期和燕山早期侵入岩最为发育。

(3) 构造:汪清-珲春燕山期内陆断陷盆地,延边五凤-刺猬沟-小西南岔火山-次火山型金矿带的东段。

褶皱构造发育于由早古生代浅—中深变质岩系组成的结晶基底中,构成线性延伸或紧闭型褶皱。主要褶皱构造有五道沟向斜,轴向近南北,小西南岔金、铜矿位于向斜的西翼。

断裂构造十分发育,主要有以下4组。

东西向断裂:主要发育在矿田南、北两端的马滴达和杜荒子—大北坡一带,它们是延吉-图们-马滴达壳断裂和敦化-汪清-春化壳断裂的东延部分,是一系列高角度近东西走向冲断层,倾向隆起一侧,片理化及糜棱岩化发育。

北北东向断裂:主要发育于三道沟—小西南岔一带,由一系列北北东走向、平行密集的挤压破碎带和右斜列的冲断层组成。三道沟断裂倾向西,沿断裂有闪长玢岩、花岗闪长斑岩等多期次火山岩充填。该断裂带与北西向、东西向断裂交切处,集中分布燕山早期的火山-深成杂岩,分布有金铜矿床、矿点。如小西南岔金铜矿床、白虎山金矿点等。

北西向断裂:主要发育在大六道沟、小六道沟—大西南岔一带,沿断裂带有燕山早期中酸性侵入岩、次火山岩零星出露,并分布有大西南岔、豹虎岭等金铜矿。小西南岔金铜矿位于与北北东向断裂交会处,此组断裂倾向西南或近直立,西南盘下降并右行扭动,属平移正断层。

南北向断裂:发育较差,主要见于四道沟、五道沟地区,为近南北向片理化带和断层角砾岩,属早期挤压片理化带被中生代东西向断裂共轭的南北向张性断层沿袭改造而成。部分燕山早期侵入岩和次火山岩及四道沟金矿点受其控制。

2. 矿体三维空间分布特征

矿体严格受北北西向压性断裂及其次级断裂控制。总矿化范围长2.51km、宽0.8km,已圈出大小矿体34个,略呈"S"形北北西向延伸,以香房沟为界,分北山矿段和南山矿段。

北山矿段12个矿组,共22个矿体,矿体多向东倾或近直立。根据矿体形态、产状等特点分为复脉型、单脉型、密脉型和网脉或细脉浸染型4种矿体类型。

南山矿段已圈出7个矿体,该矿段矿体产状稳定、连续性好,规模大,均为单脉型矿体。

3. 矿石类型及矿物组合

(1)矿石类型:主要为氧化矿石和硫化矿石。根据矿化蚀变及矿物组合,硫化矿石又划分4种类型,即硫化物型、少硫化物型、中硫化物型及高硫化物型。

(2)矿物组合:主要金属矿物有黄铜矿、黄铁矿、磁黄铁矿、自然金、银金矿;其次有毒砂、胶黄铁矿、斑铜矿、闪锌矿、方铅矿、斜长辉铅铋矿等。表生矿物有褐铁矿、针铁矿、孔雀石、铜蓝、自然铜、白铁矿、辉铜矿、沥青铜矿等。非金属矿物以石英、方解石为主,次要有绢云母、绿泥石、绿帘石、阳起石、沸石等。

4. 矿石结构构造

矿石结构主要有半自形晶结构、文象结构、乳滴状结构、交代溶蚀结构、包含结构、填隙结构、胶结结构、斑状压碎结构、揉皱结构。矿石构造主要有块状构造、细脉浸染状构造、条带状构造、梳状构造、多孔状构造。

5. 蚀变类型及分带性

(1)钾长石化及黑云母化:分为两种情况,一是成矿前与燕山早期花岗岩侵入有关的钾长石化和黑云母化,分布广泛;二是成矿早期的酸性次火山岩-花岗闪长斑岩中产生钾长石化和黑云母化,往往伴生有绢云母化、硅化、黄铁矿化、黄铜矿化、辉钼矿化等,主要发育于北山矿段西部隐伏花岗斑岩中。

(2)阳起石化及透闪石化:是成矿早期一种蚀变,多见于斜长角闪岩、角闪石角岩围岩接触处,呈放射状、球状集合体。

(3)硅化及绢云母化:是矿区最发育的近矿围岩蚀变,主要分布于容矿断裂带。石英呈网脉状、团块状、浸染状。绢云母化与硅化伴生。

(4)碳酸盐化:是主成矿期硫化物-石英方解石脉阶段和硫化物-方解石脉阶段产生的蚀变类型。

(5)绿泥石化:成矿前的蚀变多分布于燕山早期花岗岩体中的断裂带和细晶岩脉中。成矿期的绿泥石化产于容矿断裂带中,呈微细网脉状或浸染状、团块状分布于蚀变岩中,绿泥石化一般与绢云母化、硅化伴生,分带较明显,构成弱蚀变带的主要蚀变类型,称远矿蚀变。

6. 成矿时代及成因

小西南岔金铜矿床成因上主要与燕山早期的中酸性次火山岩有关,还与早期花岗斑岩有关。小西南岔金铜矿床的形成具有多期、多类型成矿作用叠加特点,如与闪长岩、花岗斑岩有关斑岩型铜、金矿化,与中基性次火山岩-闪长玢岩有关的火山-次火山热液型金、铜矿化,主成矿期为后者。矿体形态以脉状和复脉状为主,网脉状、细脉浸染状矿体为次,主要成矿期围岩蚀变为硅化、绢云母化、绿泥石化、碳酸盐化。据上述特点,小西南岔矿床成因类型归属于斑岩型及火山-次火山热液单脉-复脉状金铜矿床。

7. 控矿因素及找矿标志

(1)控矿因素:区域上东西向大断裂及其共轭断裂控制中生代火山盆地和隆起构造格架,在隆折带、断陷盆地带次级隆起区,主要出现铜-钼和金-铜系列成矿作用。而断陷带中次级凹陷区,则出现铅-锌和金-铜成矿系列。矿床受区域性断裂交切构造控制。在两组构造交切部位发育有燕山早期火山-深成杂岩体。小西南岔矿床形成主要与燕山早期火山-深成杂岩、晚期中酸性次火山岩有关,尤其是中基性次火山岩与成矿关系密切。

(2) 找矿标志：小西南岔矿床由多期、多阶段成矿作用叠加而成，早期钾长石-黑云母-绿帘石和阳起石-透闪石-绿泥石，是与早期花岗闪长岩、花岗斑岩有关的铜、铜-钼矿化阶段的产物，蚀变范围广；中期硅化-绢云母化、碳酸盐化是金铜矿化阶段的产物，是近矿蚀变组合；晚期碳酸盐化-绿泥石化为近矿蚀变外带。

（二）地球物理特征

1. 矿床所在区域重磁场特征

在1：25万布格重力异常图上，小西南岔金铜矿床处于金泉岗-小西南岔-杨金沟南北向重力梯度带上，该梯度带西部为大面积的布格重力异常负场区，东侧为与之平行的南北走向重力高异常带，在其南、北两端叠加有正重力高局部异常，重力高异常带以东为重力异常负场区，负场区向东进入俄罗斯境内。

金泉岗-小西南岔-杨金沟南北向重力梯度带宽约5.0km，长约67km，向北延入黑龙江省，向南终止于中俄国界，梯度西缓东陡。重力梯度带沿南北向呈"波浪起伏状"，梯度陡缓也有变化。矿床处于梯度变陡处，梯度变化达每千米3.75×10^{-5}m/s^2，其南部梯度带明显发生扭曲、错动。

在剩余重力异常图上，局部异常特征更为明显，金铜矿床处于重力高异常和重力低异常过渡带的零等值线上，同时也是梯度带弯转部位。重力高异常区与出露或隐伏的早古生代香房子组、杨金沟组、马滴达组等老变质岩地层有关。重力低异常区与印支期二长花岗岩、花岗闪长岩等酸性岩体及火山沉积盆地分布有关。

金泉岗-小西南岔-杨金沟南北向重力梯度带与区域性大断裂位置较为吻合。断裂东侧主要出露香房子组、杨金沟组、马滴达组等老变质岩地层，可引起重力高异常。断裂西侧分布有大范围的印支期酸性岩体（脉），可引起重力低异常。这种重力异常特征与小西南岔金铜矿床分布在老变质岩与中酸性岩体（脉）的接触带附近，并赋存于岩体（脉）一侧是一致的。重力梯度带的扭曲、错动反映了断裂构造交叉、错断的存在，是寻找金铜矿的有利部位。

在区域航磁异常图上，小西南岔金铜矿床处于以150nT等值线圈定的高背景正磁异常区内。高背景正磁异常区北西一侧，为低磁异常区，磁异常宽缓，强度最低值为50nT，面积较小；东南一侧，为低磁异常区，磁异常宽缓，南部有负场区，强度最低值为-50nT，面积相对较大，与高背景区有一明显的平直线性梯度带相隔，该线性梯度带经过春化西部，走向北东，推断有隐伏的区域性断裂构造存在。金铜矿床所在处磁异常总体呈北东走向。北侧局部磁异常为条带状，北东走向，长14km、宽4.5km，最大强度400nT，两侧梯度陡，东南一侧略缓；南侧局部磁异常为扁豆状，北东东走向，长11.2km、宽6km，最大强度400nT，东南侧略陡，北侧与北部局部异常相连。金铜矿床位于两个局部正磁异常之间的外侧梯度带扭曲、错动处。与经过春化西部的北东走向的线性梯度带较近，推断有次一级的东西向断裂和已知的北东向断裂（香房河断裂）交会断裂构造存在。在航磁异常化极等值线图上，上述南、北两个局部正磁异常变为一个异常，异常中心在北段，金铜矿床位于局部正磁异常走向由北北东向到北东东向转折部位外侧梯度带向内凹陷、扭曲部位。在航磁异常化极垂向一阶导数等值线图上，金铜矿床处于北东向局部负异常西南顶端零值线上，北侧、西南侧及东南侧有条带状和椭圆状磁异常环绕分布。

2. 矿床所在地区磁场特征

在1：5万航磁异常图上，小西南岔金铜矿床位于北东向条带状低磁异常西南端负异常北侧边缘即北东向线性梯度带上。矿区外围有数10个航磁异常环绕分布，这些异常梯度陡、强度大、形态多样，强度一般为200~500nT，最大值为900nT，为磁性较强的印支期、海西期中酸性侵入岩体所引起。而矿区周围的低磁异常区是由遭受强烈混染（可能是引起闪长岩退磁的主要原因）的闪长岩引起的，矿床所在的线性梯度带北东段平直，走向较稳定，规模较大，梯度较陡。西南段梯度缓，有北西向线性梯度带存在，横跨并垂直于北东向线性梯度带的两侧，且相互平行，推断是北西向断裂构造被后期的北东向断裂构造错断，并沿北东向发生位移所致。北东向线性梯度带东南侧分布有条带状低磁异常区，其西南端有一等轴状负异常，矿床即位于负异常北侧边缘上。条带状低磁异常区为断裂构造带的反映，等轴状负异常为北东向、北西向、东西向断裂构造交会和矿化蚀变带（热液蚀变退磁）的综合反映。

3. 矿床所在位置激电异常特征

1）平面特征

矿区1969年开展过二极装置的激发极化法（矿区北段 $AO=10m, L=5m$；矿区南段 $AO=20m, L=10m$），由于矿化蚀变带广泛发育，矿体产状陡，倾角一般在80°左右。二极激发极化法比较有效，在岩体和矿脉上都有不同程度的激电异常反映，显示出较好的横向分辨岩体（脉）的能力。下面主要介绍矿区北段的激电异常特征。

在矿区北段剖面平面图上，以 η_s 值3%～5%圈定的背景场，激发极化异常比较平稳，强度不大，显示的是区内大面积分布的花岗岩、闪长岩引起的正常场特征。背景场上叠加有数量较多以北北西走向为主的线性激电异常，沿北东东向近乎平行排列，异常多呈尖峰状，这与区内含矿热液活动受广泛发育的北北西走向断裂构造控制有关，激发极化异常与岩体金属矿化有关，黄铁矿、磁黄铁矿、闪锌矿、方铅矿等金属硫化物和黄铜矿均能引起激电异常。矿区岩体（脉）矿化蚀变强烈、普遍，总体抬高了背景场的强度，在此基础上，矿（化）体、富含金属硫化物的矿化蚀变带共同引起较强的激电异常。异常场约占测区的3/4，激电异常可以分为两个区，即280点以西为西区，280—400点为东区。激电异常宽度一般在2～50m之间，以5～10m为多，最长为720m，异常强度多在7%～17%之间，东区异常位于西区异常的东南部。西区线性异常排列间隔较密，东区线性异常相对稀疏，均以北北西走向为主。这些线性异常反映了矿化蚀变带中金属含量富集的位置，西区线性异常间隔密，矿体排列间隔也密，矿体也集中分布，东区线性异常稀疏，相应矿体也稀少。线性异常与金铜矿体分布位置基本吻合，说明线性异常为含金铜矿化蚀变带所引起。

2）剖面特征

矿区北段3号勘探线综合剖面图上，每条含金铜矿化蚀变带上，都具有激电异常。矿体类型、厚度、产状及向下延伸规模不同，所引起的异常规模则不尽相同。矿体倾向多为正东或近直立；矿体向东倾则激电异常东缓西陡，矿体直立则激电异常两侧梯度差别不大。矿石呈分散浸染型，则异常强度较大，宽度也较大；矿石呈致密块状，则异常强度较弱，多呈尖峰状。矿体厚引起的异常也宽，而且强度大，矿体倾角小或向下延伸较深，则异常变宽缓。

（三）珲春市小西南岔金铜矿床地质-地球物理找矿模型

综合上述矿床地质特征和地球物理异常特征，可归纳总结出矿床地质-地球物理找矿模型，见表6-4-5。

表6-4-5 珲春市小西南岔金铜矿床地质-地球物理找矿模型表

地质条件	构造环境	矿区位于晚三叠世—新生代东北叠加造山-裂谷系（Ⅰ），小兴安岭-张广才岭叠加岩浆弧（Ⅱ），太平岭-英额岭火山-盆地区（Ⅲ），罗子沟-延吉火山-盆地群（Ⅳ）构造单元内
	岩石组合	花岗斑岩及次火山岩
	构造标志	三道沟—小西南岔一带与北西向、东西向断裂交切部位
	围岩蚀变	阳起石化及透闪石化是成矿早期一种蚀变，硅化及绢云母化是矿区最发育的近矿围岩蚀变，即碳酸盐化是主成矿期硫化物-石英方解石脉阶段和硫化物-方解石脉阶段产生的蚀变类型

续表 6-4-5

地表找矿标志		早期钾长石-黑云母-绿帘石和阳起石-透闪石-绿泥石是与花岗闪长岩、花岗斑岩有关的铜、铜-钼矿化阶段产物,蚀变范围广;中期硅化-绢云母化、碳酸盐化是与金铜矿化阶段产物,是近矿蚀变组合;晚期碳酸盐化-绿泥石化为近矿蚀变外带
找矿历史标志	文字记录	1975—1976 年有色 603 队为扩大矿区远景,对矿点外围进行物化探面积性工作,发现较好的金铜异常;1982 年有色 603 队在 11 号脉北部延长部位的北山东侧,发现具有工业价值的辉锑矿石英脉型金锑矿体;1983 年有色 603 队重点在 7 号矿点发现具有工业价值的 1 号矿体长达 100 多米;1985 年有色 603 队对北山钼矿点进行地表评价工作。1987 年有色 603 队在北山北延投入 1:1 万地质、化探、物探综合测量 20km²。同时对 7 号矿点 1—3 号矿体深部进行控制,施工 4 个钻孔。对 9 号金锑矿点 Ⅱ 号构造蚀变带进行深部找矿评价工作,施工 3 个钻孔;1988 年有色 603 队在 1987 年地质、物化探工作的基础上,圈定 5km² 范围进行 1:1 万地质补测;1994—1995 年有色 603 队对小西南岔矿区北山北延金铜矿进行普查
地球物理标志	重力	在 1:25 万布格重力异常图上,矿床处于负场区沿南北向呈"波浪起伏状"梯度带上,矿床梯度陡缓变化剧烈部位处于北东向与北西向交会处。南部梯度带明显发生扭曲、错动。在 1:25 万剩余重力异常图上,矿床处于重力高异常和重力低异常过渡带的零等值线上,同时也是梯度带弯转部位
	磁法	在 1:5 万航磁异常图上,矿床位于北东向条带状低磁异常西南端负异常北侧边缘即北东向线性梯度带上。矿区外围有数 10 个航磁异常环绕分布,这些异常梯度陡、强度大
	电法	激电异常、激发极化异常比较平稳,强度不大,背景场上叠加有数量较多以北北西走向为主的线性激电异常,沿北东东向近乎平行排列,异常多呈尖峰状

四、桦甸市夹皮沟金矿床

(一)矿田(床)地质特征

1. 矿田地质概述

夹皮沟金矿床位于华北地台北缘东段,龙岗陆核北侧会全栈古穹隆构造北缘夹皮沟新太古代裂陷槽内。

矿田产出受老牛沟-夹皮沟构造韧性剪切带控制,呈北西向带状产于太古宇夹皮沟岩群花岗-绿岩地体中。矿段从西至东由扳庙子、三道岔、夹皮沟、八家子、六批叶等 10 余处矿床和数 10 余处矿(化)点组成。矿带长约 30km、宽 3~5km(图 6-4-11)。

矿田区出露地层主要为不整合于太古宇龙岗岩群之上的太古宇夹皮沟岩群一套绿片岩和角闪岩相浅变质岩系。夹皮沟岩群是由下部层位老牛沟岩组和上部层位三道沟岩组组成。前者原岩为铁镁质—超铁镁质火山岩系,岩性有斜长角闪岩、角闪岩、黑云变粒岩、角闪磁铁石英岩及少量超铁镁质岩石;后者原岩属铁镁质、长英质火山岩-沉积岩系,岩性主要有黑云变粒岩、黑云片岩、磁铁石英岩、斜长角闪岩等。金矿主要赋存于老牛沟岩组铁镁质火山岩中,而铁矿则以三道沟岩组为主。

区内构造复杂,是以阜平期的褶皱构造和韧性构造剪切带为主导,褶皱轴和韧性剪切带展布方向总体上为北西向。继阜平期构造韧性剪切带形成之后,从古元古代至中生代又经历了多期构造岩浆活动

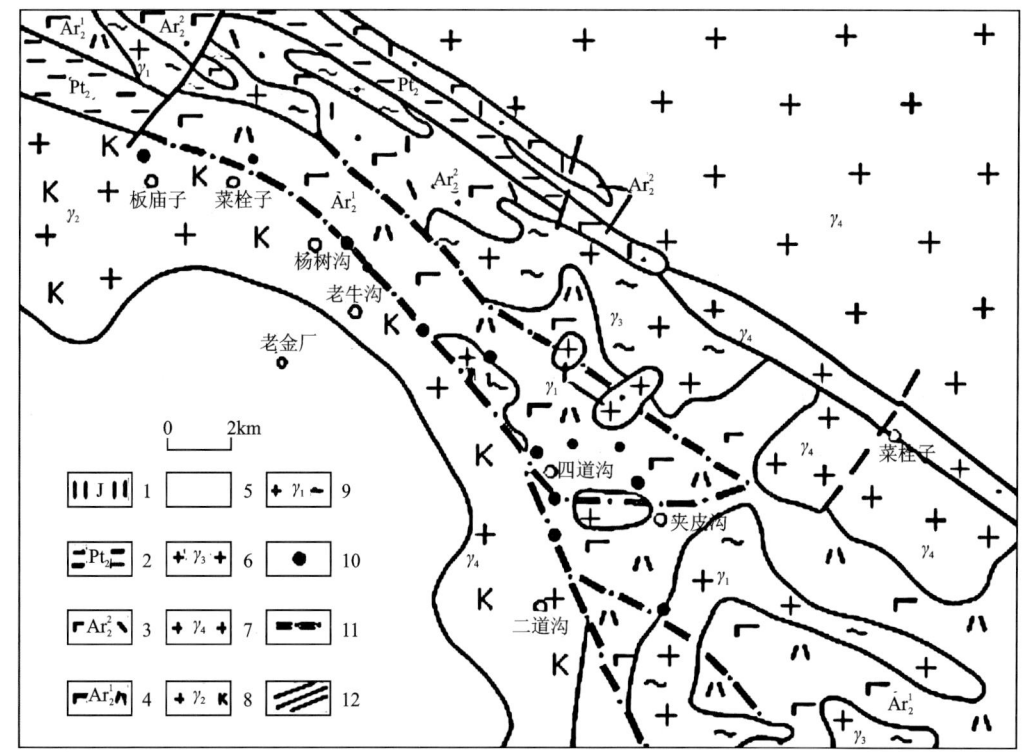

图 6-4-11 桦甸市夹皮沟金矿田地质略图(引自傅万城等,1988)

1.侏罗系;2.色洛河岩群;3.夹皮沟绿岩带上部层位;4.夹皮沟绿岩带下部层位;5.太古宙高级变质区;6.燕山期花岗岩;7.海西期花岗岩;8.五台-中条期钾质花岗岩;9.阜平期英云闪长岩-奥长花岗岩;10.金矿床;11.韧性剪切带;12.断层及推断断层

而发生了多期脆性断裂的叠加,为金矿富集提供了有利空间。矿田储矿构造多为韧性构造剪切带内多期发育的脆性线性断裂构造,含矿断裂按其与韧性剪切带空间分布关系,可分为两类:一是与韧性剪切带大致平行,但仅在倾向上有小的交角或与其相反;二是两者斜交或垂直。勘查表明,前一组断裂规模较大,切割较深,赋存金矿脉规模较后一组断裂要大、连续性要好,成为矿田各矿床的主要矿体。区内褶皱构造多是挤压变形所形成的紧密同斜褶皱,主要分布有夹皮沟、大线沟、大西沟等向斜和菜抢子、高犁庄、板庙岑等背斜。矿田大部分金矿床位于褶皱构造轴部或转折端陡翼部位。

区内岩浆活动频繁、强烈,以阜平期、五台-中条期和海西期最为发育,燕山期次之。阜平期云英闪长岩-奥长花岗岩侵入或捕房铁镁质绿岩地层而形成花岗-绿岩体,控制了区内金铁矿产的分布。五台-中条期钾质花岗岩和海西期花岗岩分别产于矿带的西南部和北东部,燕山期钾长花岗岩仅在其东南部和北东部有所出露。此外,海西期和燕山期脉岩十分发育,常见辉绿岩、闪长玢岩、石英正长斑岩、闪长岩等。这些脉岩产出多与含金石英脉分布关系密切,金矿脉有的赋存在岩脉裂隙内或其上盘、下盘,有的与脉岩相互穿插,有的本身含金构成金矿体,由此说明两者形成就位空间和时间的相近性。

夹皮沟金矿田有已知大、中、小型金矿床14处,它们的产出显示了明显的层控特征,多数产于新太古界夹皮沟岩群下部层位的老牛沟岩组铁镁质—超铁镁质火山岩地层中,金矿带的分布与老牛沟岩组走向一致。矿体形态主要为似层状、透镜状、复脉状及扁豆状、脉状。矿体沿走向及倾向变化复杂,分枝复合,尖灭再现明显。矿体主要走向以北西向和北东向为主,倾向南西或南东。矿体规模变化较大,一般长50~200m(最长达770m),厚0.5~5m(最厚达22m),延深100~300m(最深达670m),延深多大于延长。

矿体矿石类型以含金石英脉型为主,其次为破碎蚀变岩型。矿石主要金属矿物为黄铁矿、黄铜矿、方铅矿,次为磁黄铁矿、闪锌矿、磁铁矿、白铁矿、白钨矿、辉钼矿、辉银矿、铜银铅铋矿、菱铁矿等。金矿物有自然金、银金矿、针碲金矿、碲金矿等。脉石矿物有石英、绿泥石、绢云母、方解石等。氧化矿物有褐铁矿、孔雀石、铜蓝等。矿物结构以自形、半自形粒状的交代残余结构和破碎结构为主。矿石构造呈条纹状、条带状、角砾状、网状及脉状等。

夹皮沟金矿带围岩蚀变有较明显水平分带性,按地球化学可分为北带高硅带、中带高铜钛带、南带高铅锌镍带。近矿围岩蚀变较窄,两侧强蚀变带一般宽为1～2m,最宽不超过10m,主要有绿泥石化、绢云母化、黄铁矿化、硅化、方解石化及铁白云石化等。其中绿泥石化、绢云母化、黄铁矿化与金矿化的关系最为密切。

夹皮沟金矿床具有多成因、多期成矿特点,始于太古宙晚期变质变形,终于燕山期就位,大体经历了如下成矿阶段:新太古代(3100～2500Ma)裂陷槽形成,地壳深部中基性岩浆侵位及火山活动带来了大量金元素,形成初始矿源层;新太古代末—古元古代初(2500Ma),大规模区域变质、变形作用,使金进一步富集;中元古代(1000Ma)大规模岩浆活动和变质作用则使金又一次富集,有大部分金矿体形成;到中生代(240～140Ma)的印支期—燕山期,特别是在燕山期,受环太平洋活动带岩浆构造活动的影响,金矿进一步得到富集而最终形成夹皮沟金矿田。

综上所述,夹皮沟金矿床成因可归为火山沉积-变质热液成矿并叠加后期岩浆热液再造复合成矿。

2. 典型矿床地质特征

夹皮沟金矿田各矿床,虽然产出地质构造环境、成矿机制、控矿条件等近于相同,可归属于与绿岩有关的变质热液型金矿床,但是各矿床的近矿围岩、储矿构造、矿体产出形态、矿化特征、矿石类型、矿物组合、矿石结构及构造围岩蚀变等尚存有一定差异,各矿床在不同程度上均呈现出了某些独具特色的矿床地质特征。现将矿田内西、中、东各段的板庙子、三道岔、六批叶典型矿床地质结构特征列于表6-4-6中。

表6-4-6 夹皮沟金矿带典型矿床地质特征简表

矿床名称	主要矿脉号	控矿条件			矿脉形态	矿化特点	含金矿物	矿石特征		
		近矿围岩	控矿构造	脉岩				矿石类型	金属矿物组合	结构与构造
板庙子(中型矿床)	301—303	角闪斜长混合片麻岩	挤压破碎带	辉绿岩脉上、下盘	扁豆状、脉状	303号脉为含金硅化带,金品位富,品位与形态变化大,黄铁矿粒很细,色深;301号脉为含金石英脉,较稳定,含菱铁矿	自然金	含金黄铁矿矿石	黄铁矿含少量黄铜矿、菱铁矿	粒状结构,网状、块状、浸染状构造
三道岔(中型矿床)	1—3	角闪斜长片麻岩及斜长角闪岩	挤压片理化带上叠加规模大、产状稳定的压扭性断裂带	与矿脉关系不明显	复脉状	大型盲矿:上部为单脉,深度为复脉,分枝复合等,产状及形态变化大,主要为含金石英脉,有的片理化带为工业矿体,有的矿脉位于斜长角闪岩上盘,深部角闪岩局部为矿体	自然金、含银自然金、银金矿	以含金黄铁矿矿石为主	铜银铅铋矿、黄铁矿白铁矿、黄铜矿、方铅矿、闪锌矿、磁铁矿、磁黄铁矿、白钨矿、含铋硫盐、辉铋矿	粒状、胶状、乳滴状压碎结构,条带状、网脉状、块状、浸染状、角砾状构造

续表 6-4-6

矿床名称	主要矿脉号	控矿条件			矿脉形态	矿化特点	含金矿物	矿石特征		
		近矿围岩	控矿构造	脉岩				矿石类型	金属矿物组合	结构与构造
六批叶（中型矿床）	2—1、2—2	蚀变花岗质碎斑（粉）岩、糜棱岩、蚀变微晶闪长岩、硅化石英脉	挤压片理化韧性剪切带，叠加晚期脆性断裂	辉绿岩，辉石闪长岩脉（体）与铅银矿化有关，石英硫化物脉与金矿化有关	脉状、似脉状及长扁豆状	2—1号矿体为矿床最大矿体，向南东侧倾伏，向深部有分枝复合，多金属硫化物呈细脉状及网脉状，局部见团块及条带状；2—2号矿体为含金最富矿体，向南东侧伏，大部分为盲矿体，多金属硫化物属细脉及条带，局部见致密条带和团块	自然金、含银自然金-银矿	含金蚀变岩型	以黄铁矿为主，次为闪锌矿、方铅矿、褐铁矿、赤铁矿、黄铜矿、黝铜矿银矿、自然金、自然银、辉银矿、深红银矿等	自形、半自形、他形显微粒状晶质结构，压碎结构，交代结构；块状、团块状、浸染状、角砾状、细脉-网脉状等构造

（二）地球物理特征

1. 矿床所在区域重磁场特征

夹皮沟金矿田在1:25万布格重力异常图上，位于区域性会全栈似团块状相对重力高异常与其北东侧小黄泥河-大蒲紫河区域重力低异常间梯度带上。该重力梯度带是区域性开源-海尤-桦甸-和龙巨型重力梯度带中间组成部分，在本区呈北西向略向北东突出的弧形带状产出，长约40km、宽5~10km。梯度带等值线呈舒缓波状，局部有正向或负向变异，梯度变化较明显，一般每千米为$(1~2) \times 10^{-5}$ m/s^2。往其西南侧会全栈区域重力高异常由中部重力高值区和其周边梯度带两部分组成，总面积为1200km^2（30km×40km），高值区可划分出几个大小不等、强度不一的局部重力高异常，其北东侧小黄泥河-大蒲柴河重力低异常，规模大，宏观呈北西向带状展布。此外，会全栈布格重力高异常区以14km×14km为窗口滑动平均剩余重力异常图上，出现了多个大小不等、方向各异、强度不一的似椭圆状正的剩余重力高异常，夹皮沟金矿田就处在这片正重力异常区北东的边缘相对重力低异常带上。

在1:25万航磁图（或化极图）上，夹皮沟矿田位于会全栈较复杂磁力高异常区北东缘两条近平行呈北西向带状磁力高异常间相对低磁异常带内。两条高异常带强度均达250nT。低值带最低强度为-150nT。赋矿低值带的垂向一阶导数异常更为清晰明了，其长约45km，宽10~13km，该区磁场总体上呈现条带状正、负相间磁场特征。

经重力、航磁异常综合分析，本区重、磁异常在强度、形态、分布等方面有着一定的相关性，反映了同一地质构造不同的地球物理层面。综合分析地质和矿产资料，对区内重、磁场特征可作出如下地质解释：①会全栈重力高和磁力高区域异常反映了太古宇龙岗古陆块边缘会全栈局部穹隆构造特征，进而指出本区经历过漫长壳幔的构造升降活动，最终由于局部地幔凸起导致地壳上隆，除了形成周边环状较大断裂外，还使区内太古宇铁镁质（超铁镁质）-长英质火山岩-沉积岩基底岩系出露地面并构成短轴背斜构造，这一基性度较高地块则是引起区域重力高、磁力高同步异常最主要地质原因之一。②其北东侧小黄泥河-大蒲北西向带状重力低异常和其区内同步出现的北西向产出的条带状正、负相间的磁力异常带均反映了槽台分界的富尔河超岩石圈(或岩石圈)深大断裂带空间分布特征。重力低异常是自显生宙以来大量中酸性岩浆沿这一断裂侵入(或喷出)而形成的岩浆岩带的反映。磁力异常则反映了在挤压应力作用下出现的构造褶皱带特点,正异常带多是古老基性基底岩系或是基性—超基性岩或中生代以来花岗质侵入岩带的反映;负异常带多是多期继承性断裂构造活动形成的蚀变破碎带(韧性、脆性)的反映。三条明显的地磁低异常带具体指出该地区区域性深大断裂带是由富尔河、清茶馆-白水滩、老金厂-夹皮沟3条构造带组成,代表了本地区主要构造线的方向,而且后者为控制夹皮沟金矿田和老牛沟铁矿田分布的主要构造。③会全栈重力高异常周边环带状梯度带和其局部正向变异与成矿作用具有一定的联系,区内金、铜、铁矿产的产出多沿这一环带状梯度带分布,尤其北东侧更为明显。此外,区内一些中、大型矿产地多出现在梯度带正向变异附近。关联地质分析,前者反映环形构造控制特点,而后者多是绿岩地体反映,指出重要的成矿事件与绿岩地体关系密切。

2. 矿床所在地区(矿田)磁场特征

在1∶5万航磁剖面图(或等值线平面图)上宏观磁场总体展现出北西向正、负条带相间磁场特征。夹皮沟金矿田磁场是在这片条带状磁场中五道沟-菜炝子和老金厂-东北岔两条正异常带间所夹持的呈北西向展布的负磁异常带。该异常带规模较大,两端在图幅内均为封闭,控制长度约为50km,宽5~10km。负异常强度一般在$-600\sim-200$nT之间,曲线高低波动变化不大,规律性较明显。在负场区中间赋存一条呈北西向断续分布的狭窄尖峰状强异常带,又将其划分为南、北两条小的负异常带,其中南带分布于苇厦子—老牛沟—六批叶一带,在空间上与夹皮沟金矿带相吻合。

综合地质构造分析,该负磁场带恰处在槽台边界过渡带上,为太古宙龙岗古陆核北部边缘新太古代裂陷槽分布区,是新太古界夹皮沟岩群绿岩集中产出地段。区内经历了阜平、中条、加里东、海西及燕山等多旋回构造岩浆活动,致使地层岩系遭受了多期强烈变形及变质作用,褶皱及断裂构造发育,混合岩化及花岗岩化强烈,矿化蚀变普遍,形成了受富尔河超岩石圈断裂控制的次一级老金厂-夹皮沟构造韧性剪切带。据此推断,夹皮沟金矿田的负(弱)磁场带应是老金厂-夹皮沟构造韧性剪切蚀变破碎带的属性。此外,按该负(弱)磁场空间分布、内部磁场结构等特征,可进一步提出如下两点新的有用找矿信息:①关于控制夹皮沟金矿带的构造韧性剪切带向东南延伸问题,可依据磁场特征推断,其向东南延伸较远,可达六批叶,为找矿拓展了空间;②该负(弱)磁场带规模较大,其内又可分为南、北两支亚带,南带控制了已知夹皮沟金矿带的产出,应值得重视的是北带找矿的研究。

3. 典型矿床地球物理异常特征

夹皮沟金矿田赋存有大、中、小型金矿床14处,这些矿床主要成矿因素和控矿主导条件虽然有相同之处,均可归为沉积变质热液型金矿床(统称绿岩型),但是由于各矿床成矿地质条件不同,找矿标志亦不尽相同,进而导致了各种地球物理属性(物理前提)的差异性,因此,各矿床的有效找矿方法组合(即地球物理找矿模型)也各有所异。

1)板庙子金矿床

板庙子金矿床(中型模型)位于夹皮沟金矿带(田)西段,依据矿床地质特征,矿体产出严格受东西向挤压构造破碎带控制。矿体主要赋存在辉绿岩脉上、下盘,在空间就位上有伴生关系。矿体矿石类型为含金石英脉或硅化蚀变,并伴生有细粒状黄铁矿等金属硫化矿物。据岩(矿)石物性测定,挤压构造碎裂岩较围岩有很好的导电性,同时矿体较围岩有一定的电化学活动性,辉绿岩脉具较强的磁性($\kappa \approx 4000\times 10^{-5}$SI),要高于围岩4~6倍。由此看出,该矿床具备有较好的地球物理找矿前提。

于20世纪60年代中期的找矿实践证明,综合物化探方法找矿取得了较好的地质效果:

板庙子矿区 6 号勘探线物化探试验结果表明,视电阻率联合剖面法 ρ_s^A 和 ρ_s^B 两支曲线在主要矿体(301 号及 303 号脉)上方均有低阻正交点异常反映,两者半差曲线(F)在相应部位出现零值异常(图 6-4-12)。经研究认为,视电阻率异常是容矿构造破碎带的反映。中间梯度激发极化法在 303 号脉上获得视极化率为 4.5% 的尖峰状异常,金属因数($f=\eta_s/\rho_s$)曲线在 301 号和 303 号脉上均有异常出现。经综合分析指出,激电异常主有与含有一定金属硫化物的金矿化体有关。剖面上磁测结果在两矿脉上方均出现了规整清晰的高磁异常,磁异常无疑为辉绿岩脉所引起。化探土壤测量亦出现明显的 Cu 含量异常。由上可见,在板庙子金矿床上综合物化探取得了 ΔZ、$\eta_s(f)$ 及 Cu 含量高,而 ρ_s 低的"三高一低"异常找矿标志特征。

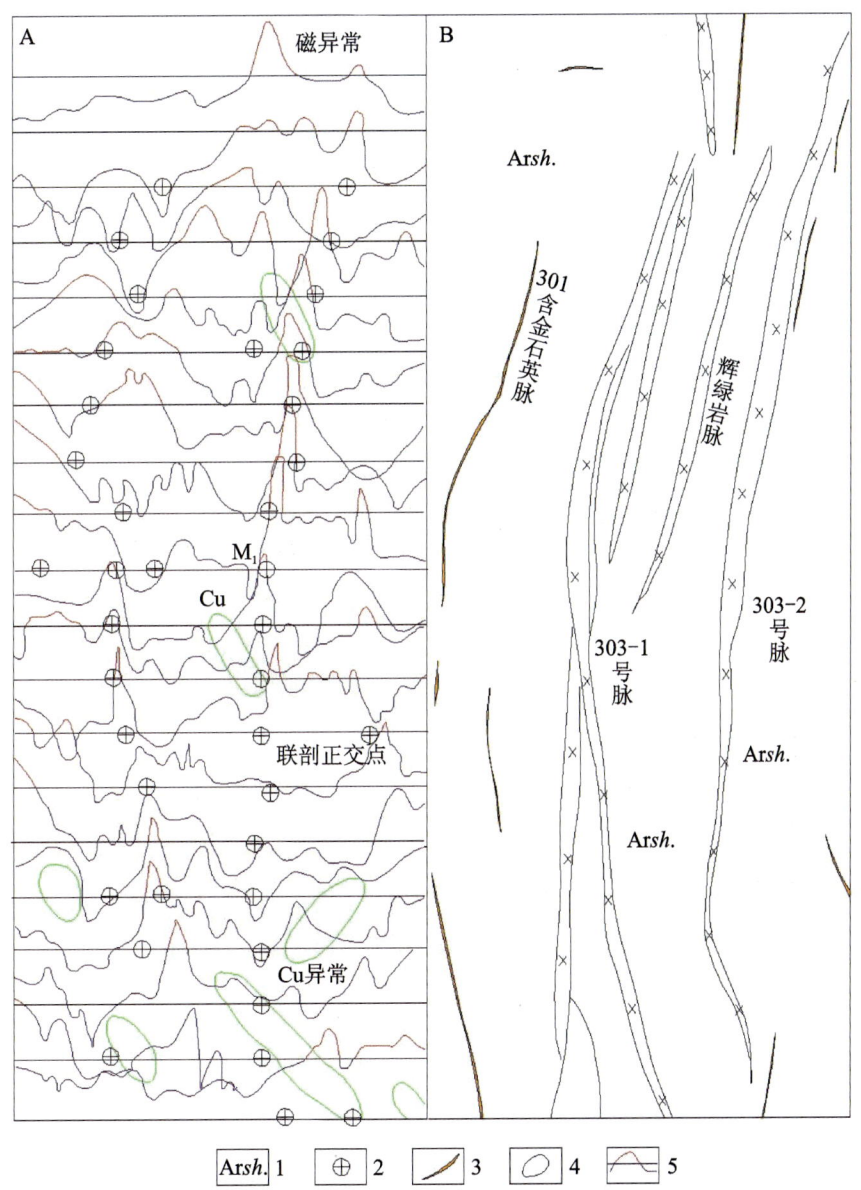

图 6-4-12　板庙子金矿床地质及物探剖析图(引自傅万城等,1988)

A. 地磁剖面异常曲线、化探 Cu 异常曲线；B. 地质剖面图

1. 鞍山岩群三道沟岩组；2. 联剖正交点；3. 含金石英矿脉；4. 化探铜异常曲线；5. 地磁剖面曲线

在已知剖面试验的基础上,采用地面磁测和视电阻率联剖装置在矿区开展了面积性测量。地面磁测在与金矿体伴生的辉绿岩脉上取得了较好的反映,凡是有一定规模的脉体均测到了有规律的高磁异常。另外,视电阻率联合剖面法在与含金矿脉、辉绿岩脉"三位一体"的挤压构造破碎带上亦测到了连续性较好低阻正交点异常带。工程查证表明,磁、电、重综合异常多属找矿有效异常(图 6-4-13)。

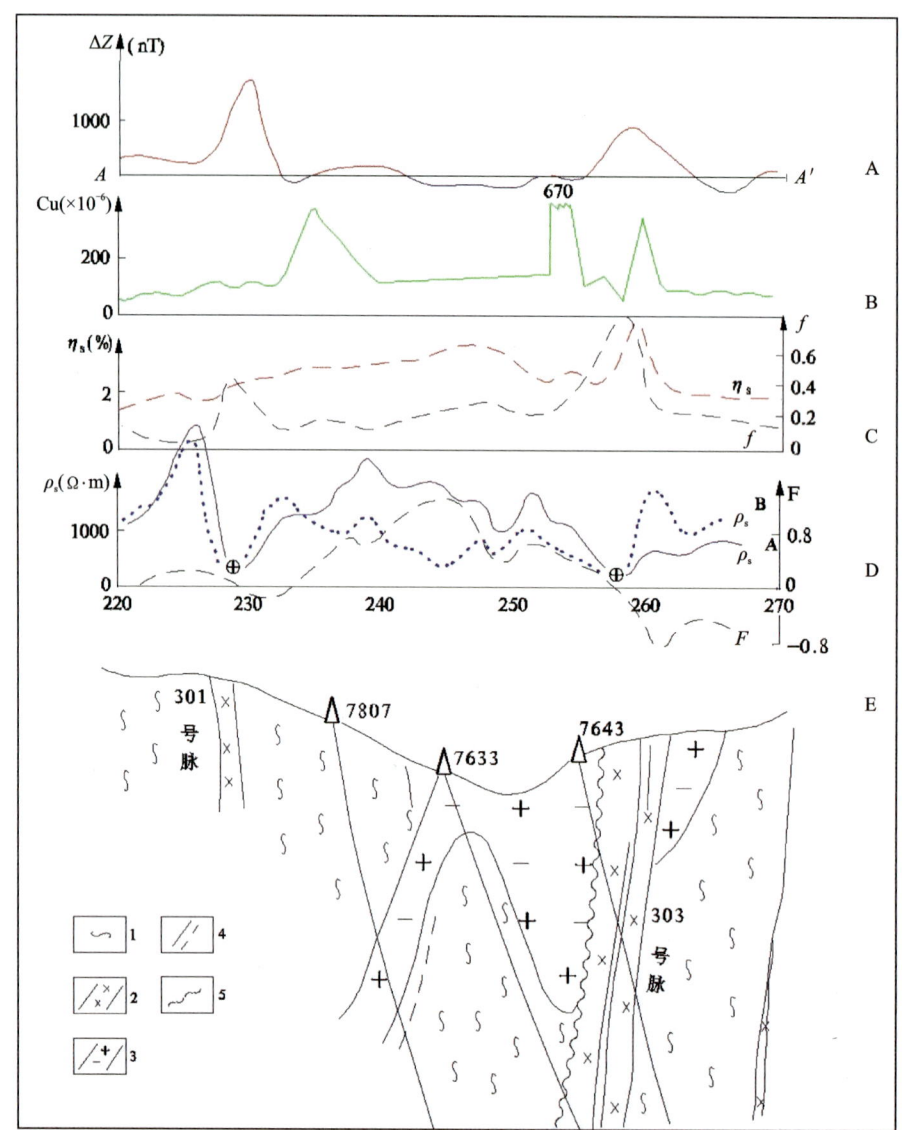

图 6-4-13 板庙子金矿床 AA′线综合剖面图(引自傅万城等,1988)

A.地磁剖面异常曲线;B.化探铜异常曲线;C.激电中梯视极化率及金属因素;
D.联剖视电阻率及半差曲线;E.地质剖面图

1.混合片麻岩;2.辉绿岩脉;3.花岗岩脉;4.含金石英脉;5.破碎带

2)三道岔金矿床

三道岔金矿床位于夹皮沟金矿带(田)中段,为一大型隐伏的、以石英脉型为主的矿床。该矿床地表找矿标志不甚明显,矿体与中性—基性脉岩关系不明,但矿体产于挤压片理化带,叠加有规模大、产状稳定压扭性断裂构造内,其次含金石英脉脉体大而且含较多金属硫化物及氧化金属矿物。赋矿片理岩化带岩石为千枚岩、糜棱岩及碎裂岩等,为矿体直接围岩。由此可见,该矿床通过视电阻率剖面法圈定、追索构造片理化带和激发极化法寻找具有隐伏的规模较大含矿石英脉的物理前提。

矿区4号勘探线物探综合试验结果表明,激电联合剖面测得的视电阻率和视极化率两类电法参数(ρ_s、η_s),在隐伏的含矿构造片理岩化带头部地面投影部位分别有明显的"＋""－"交点异常反映(图6-4-14)。综合地质和物性资料,视电阻率正交点异常主要是容矿的构造片理化带的反映,而视极化率异常主要与含金的、以金属硫化物占主导的石英脉(硅化带)关系密切。此外,地面磁测在构造片理岩化带(含矿断裂)地面投影位置上,恰好处于高低磁场间梯度带上。关联地质不难看出,右侧高磁场($\Delta Z_{max} \approx 300$nT)对应角闪斜长片麻岩段,而右侧低磁场($\Delta Z_{min} \approx 50$nT)对应注入片麻岩段。铁镁质成分前者要明显高于后者,这是引起高低不同磁场的主要地质因素。由于含矿构造片理岩化带产于两者岩性界面上,故地面磁测结果亦具有一定的间接找矿作用。

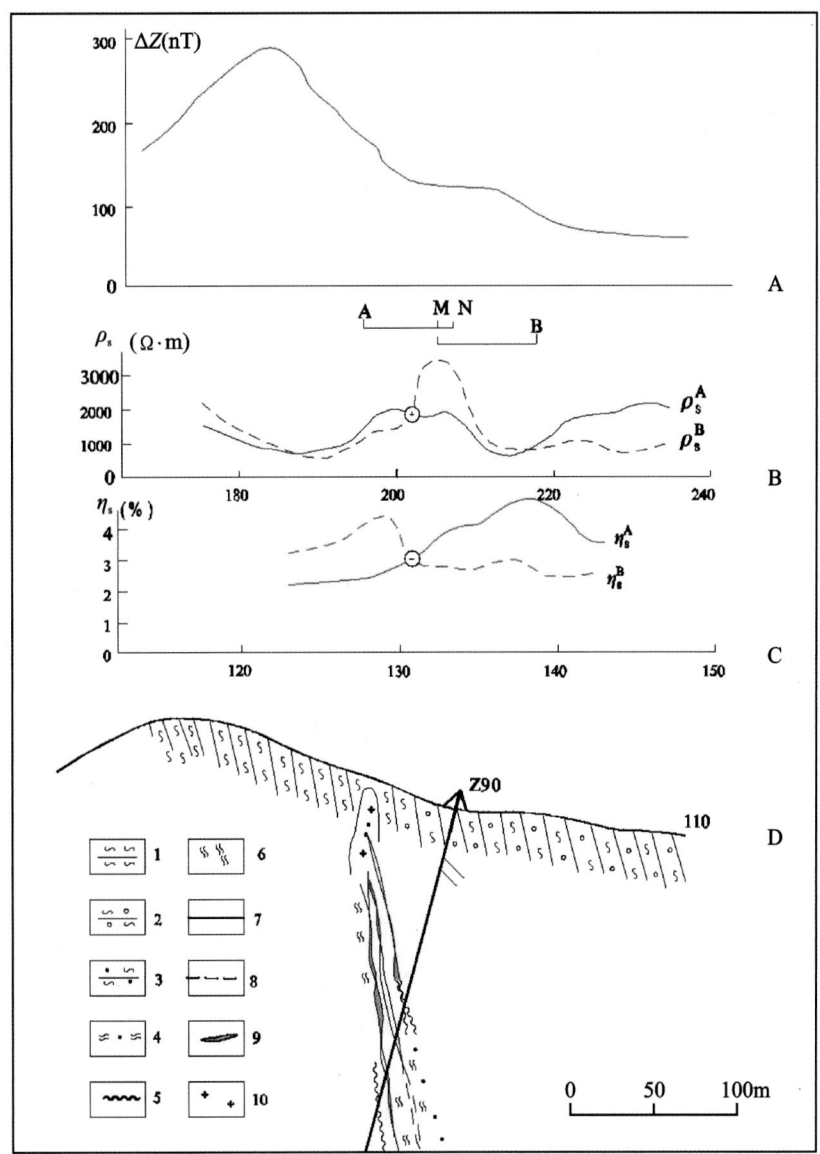

图6-4-14 三道岔4号勘探线综合剖面图(引自傅万城等,1988)

A.地磁ΔZ异常曲线;B.视电阻率联剖异常曲线;C.视极化率联剖异常曲线;D.地质剖面图

1.角闪斜长片麻岩;2.注入片麻岩;3.混合片麻岩;4.石英正长岩;5.破碎带;6.片理化带;7.实测地质界线;8.推测地质界线;9.含金石英脉(大于4×10^{-6});10.含矿断裂

此外,采用视电阻率联合剖面法在矿区进行1∶1万比例尺面积性测量,在圈定和追索含矿断裂(破碎带、片理化带)方面取得了比较明显的地质效果(图6-4-15),在同一含矿断裂带上,各条测线上绝大多数都可测得低阻正交点异常,这些低阻正交点异常带为深入找矿评价指明了方向。

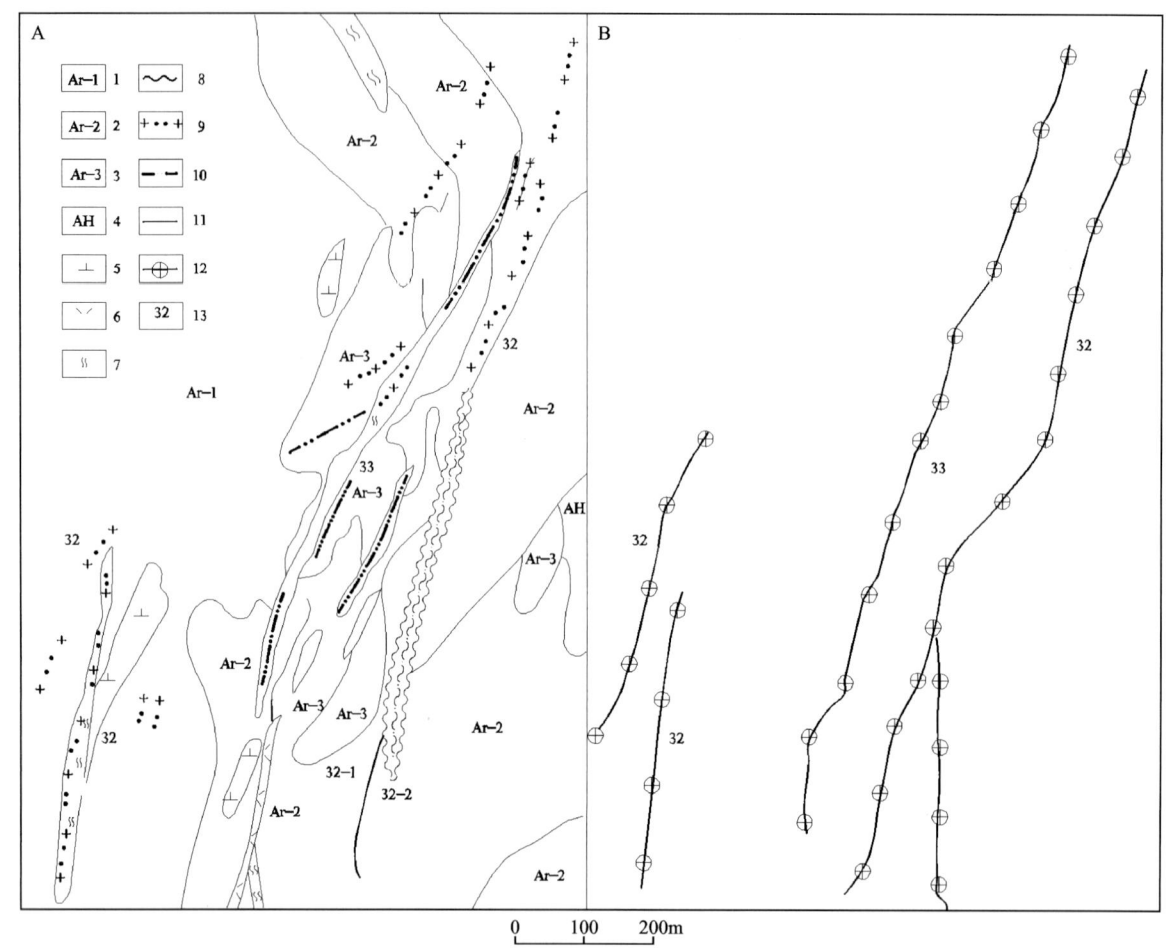

图6-4-15　三道岔金矿所在位置地质及物探剖析图(引自傅万城等,1988)
A.地质剖面图;B.联剖正交点异常轴线
1.混合片麻岩;2.注入片麻岩;3.角闪斜长片麻岩;4.斜长角闪岩;5.细粒闪长岩;6.长英岩;7.片理化带;8.破碎带;9.含矿断裂;10.含矿石英脉;11.地质界线;12.联剖异常轴;13.联剖异常编号

3)六批叶金矿床

六批叶中—大型蚀变岩型金矿床位于夹皮沟金矿带(田)东南段。矿体产出主要受北西向主构造韧性剪切带控制,产于韧性剪切带内与其相平行的后期断裂构造蚀变破碎带中。矿区出露岩性以奥长花岗岩为主,而黑云斜长片麻岩、斜长角闪岩和磁铁石英岩等绿岩系呈捕房体零星出露。矿床主要由Ⅰ、Ⅱ两条相平行的含金构造蚀变带组成(图6-4-16)。矿体直接围岩为蚀变花岗质碎斑(粉)岩、糜棱岩、蚀变微晶闪长岩及硅化石英脉。金矿体产出与石英硫化物脉有关,铅银矿体则与辉绿岩、辉石闪长岩脉分布关系密切。Ⅰ号矿化带共探明6条矿体,除2-1号和2-1-1号矿体出露地表外,其余均为隐伏矿体;Ⅱ号矿化带共探明4条金矿体,除2-2号矿体为部分出露外,其条均属隐伏矿体。矿石类型为含自然金、含银自然金-银矿蚀变岩。2-1号矿体规模最大,2-2号含金最高。矿石以富含金属硫化物为特征。矿体多为脉状、似脉状及长扁豆状。

岩(矿)石标本物性测定结果表明,矿石相对围岩具有低磁性($\kappa \approx 86 \times 10^{-5}$ SI)、高极化率($\eta \approx$ 17.36%)、高电阻率($\rho \approx 4830\Omega \cdot m$)特征。由于矿石富含金属硫化物,多呈浸染状构造,而且具有强硅

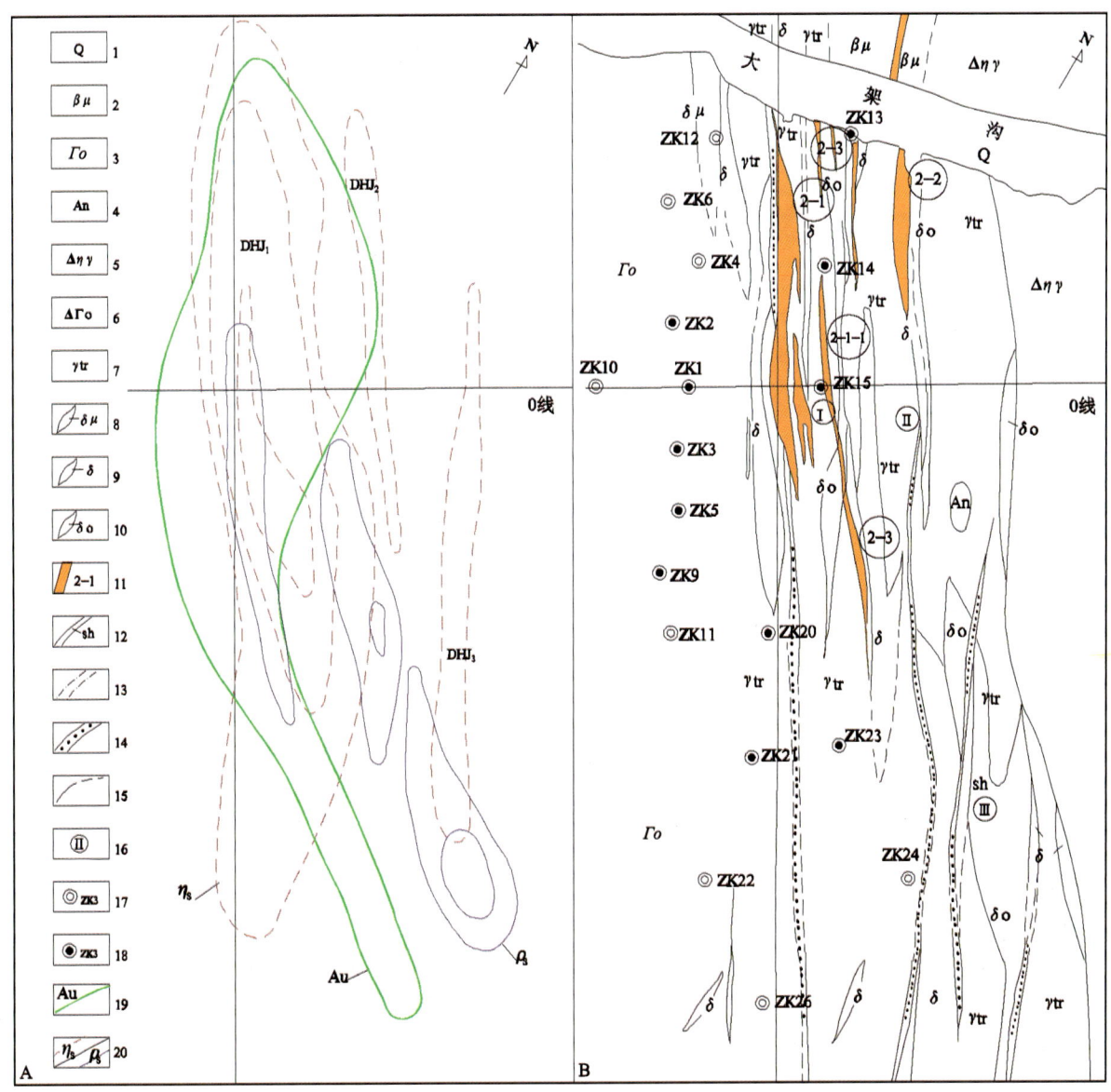

图 6-4-16 六批叶金矿所在位置地质及物探剖析图(引自朱春生等,2005)

A.化探金量曲线;激电视极化率、视电阻率异常等值线;B.地质剖面图

1.第四系冲、洪积物;2.辉绿岩;3.英长花岗岩;4.斜长角闪岩;5.碎裂二长花岗岩;6.碎裂奥长花岗岩;7.花岗质碎裂碎斑岩;8.闪长玢岩;9.细粒闪长岩;10.石英闪长岩;11.金矿体及编号;12.蚀变带;13.脆(韧)性剪切带;14.破碎带;15.实测及推断地质界线;16.矿化带编号;17.钻孔位置及编号(见矿孔);18.钻孔位置及(未见矿孔);19.化探金异常曲线;20.视极化率、视电阻率异常曲线

化蚀变,故为激电法寻找和圈定矿体提供了前提。此外,含矿蚀变带(蚀变碎岩、糜棱岩、矿化石英脉)相对围岩(奥长花岗岩、石英闪长岩)均属弱磁场($\kappa \approx (20 \sim 32) \times 10^{-5}$ SI)。由此可见,地面磁测圈定含矿构造蚀变破碎带具备有较好的物性依据。从矿区 0 号勘探线物化探综合剖面图上可以看出,激发极化法 η_s 和 ρ_s 在 Ⅰ 号、Ⅱ 号含矿构造蚀变带上出现明显高极化、低电阻异常反映(图 6-4-17)。矿体局部异常则叠加在前者之上,η_s 有更高峰值出现,ρ_s 在较低异常内呈局部高阻异常显示,为进一步划分矿体提供了依据。地面磁测和化探土壤金量测量在出露地表的 Ⅰ 号矿带上效果明显,出现低磁($\Delta T \approx 12$nT)、高金量($Au \approx 6.0 \times 10^{-9}$)异常,但在规模较小而又隐伏的 Ⅱ 号矿带上未有见到好的效果。

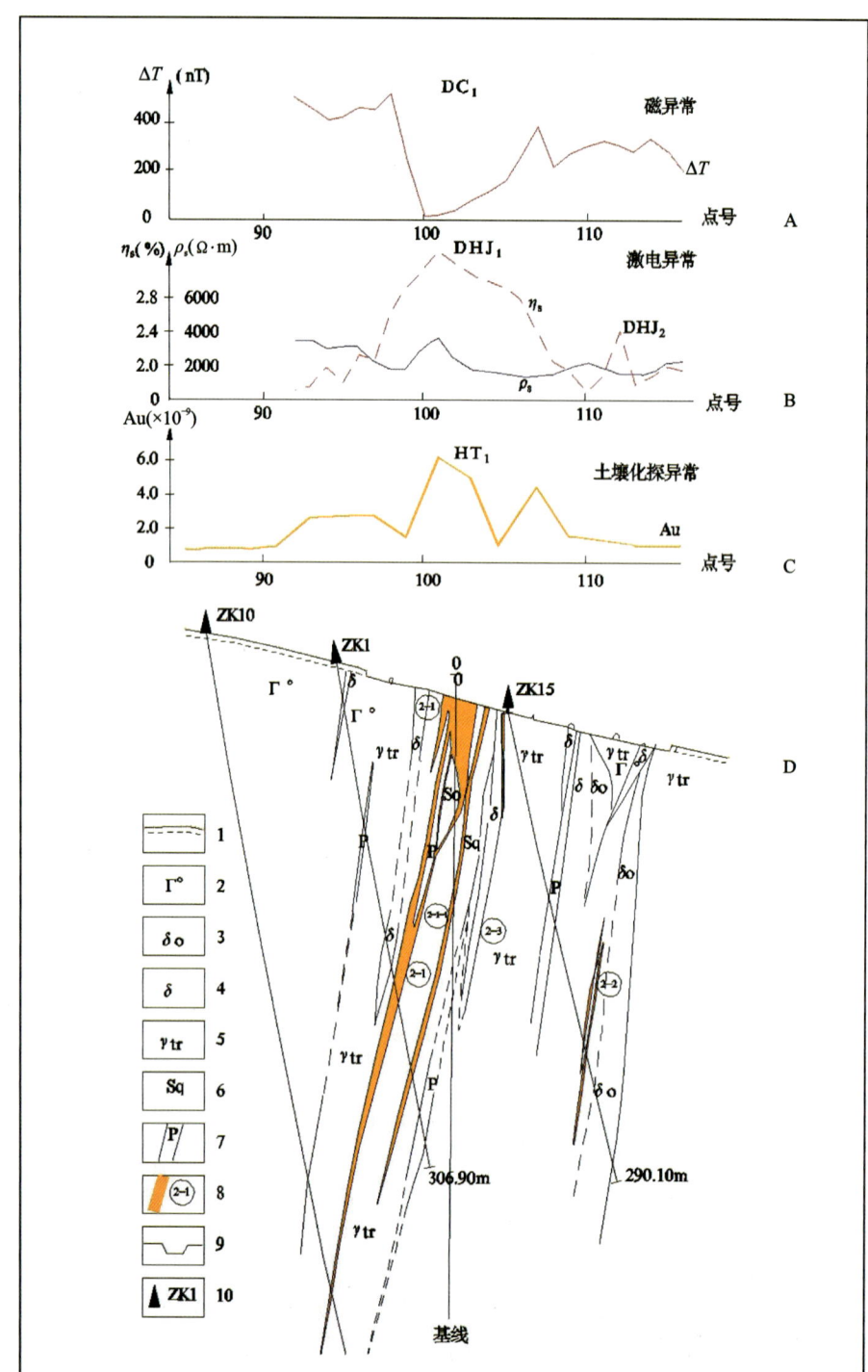

图 6-4-17 六批叶金矿 0 号勘探线综合剖面图(引自朱春生等,2005)

A.地磁 ΔT 异常曲线;B.激电中梯视极化率、视电阻率异常曲线;C.化探金土壤异常曲线;D.地质剖面图

1.表土及残坡积物;2.奥长花岗岩;3.石英闪长岩;4.细粒闪长岩;5.花岗质碎裂碎斑岩;6.硅化石英脉;
7.破碎带;8.矿体及编号;9.探槽位置;10.钻孔及编号

矿区 1∶1 万激电面积性测量共发现 η_s 异常 3 处(DHJ_1、DHJ_2、DHJ_3)。异常呈现平行的条带状分布,异常下限为 1.7%,最高为 3.4%。关联矿区地质,这 3 处激电异常分别是Ⅰ号、Ⅱ号、Ⅲ号矿带的反映。ρ_s 曲线仅在Ⅰ号矿带上有条带状高阻异常显示,$\rho_{s\,max}$ 可达 3670Ω·m(下限为 1600Ω·m),而在Ⅱ号和Ⅲ号矿带上异常规律性不够明显。此外,土壤金测量在出露的Ⅰ号矿带上效果较好,但在隐伏的Ⅱ

号和Ⅲ号矿带上效果不佳。

总之,综合应用物化探方法,在规模较大的矿带上,可提供高 η_s、高 ρ_s、高 Au 量,低 ΔT(三高一低)的综合找矿信息,可借以指导外围找矿工作。

(三)桦甸市夹皮沟金矿田地质-地球物理找矿模型

综合上述矿床地质特征和地球物理异常特征,可归纳总结出矿田地质-地球物理找矿模型,见表6-4-7。

表6-4-7 桦甸市夹皮沟金矿田地质-地球物理找矿模型表

地质条件	构造环境	前南华纪华北东部陆块(Ⅱ),龙岗-陈台沟-沂水前新太古代陆块(Ⅲ),夹皮沟新太古代地块(Ⅳ)内;辉发河-古洞河深大断裂向北突出弧形顶部
	岩石组合	斜长角闪岩、超镁铁质变质岩,夹黑云变粒岩和条带状磁铁石英岩,金矿床赋存于镁铁质火山岩之中
	构造标志	北西向阜平期褶皱轴及韧性剪切,在韧性剪切带中有多次脆性构造叠加,形成了多条平行的挤压破碎带。大部分金矿床位于褶皱构造轴部、陡翼或倾没端,并与韧性剪切带空间呈现协调性
	围岩蚀变	绿泥石化、绢云母化、黄铁矿化、硅化、方解石化、铁白云石化等
地球物理标志	重力	夹皮沟金矿田位于区域性会全栈似团块状相对重力高异常与其北东侧小黄泥河-大蒲紫河区域重力低异常间,呈北西向略向北东突出弧带状梯度带上。梯度带等值线呈舒缓波状,局部有正向或负向变异,梯度变化较明显。剩余重力异常图上,处在正重力异常区北东的边缘相对重力低异常带上
	磁法	1:5万航磁异常平面图上,夹皮沟金矿田位于五道沟-菜炝子和老金厂-东北岔两条正异常带间所夹持的呈北西向展布的负磁异常带上。该异常带规模较大,控制长约50km,宽5~10km。负异常强度一般在-600~-200nT之间,曲线高低波动变化不大,规律性较明显。在该负场区中间赋存一条呈北西向断续分布的狭窄尖峰状强异常带,又将其划分南、北两条小的负异常带,其中南带分布于苇厦子—老牛沟—六批叶一带,在空间上与夹皮沟金矿带相吻合。该负磁场带恰处在槽台边界过渡带上,为太古宇龙岗古陆核北部边缘新太古代裂陷槽分布区,是新太古界夹皮沟岩群绿岩集中产出地段
	电法	矿体具有高阻、高极化异常特征

五、汪清县刺猬沟金矿床

(一)典型矿床成矿地质特征

1. 地质构造环境及成矿条件

矿区位于晚三叠世—中生代小兴安岭-张广才岭叠加岩浆弧(Ⅱ),太平岭-英额岭火山-盆地区(Ⅲ),罗子沟-延吉火山盆地群(Ⅳ)内。受北北东向图们断裂带与北西向嘎呀河断裂复合部位控制。

(1)地层:矿区出露有二叠系和中侏罗统屯田营组火山岩。二叠系零星出露,为一套浅变质的海相-海陆交互相沉积岩,并夹有少量火山碎屑岩。大部分地区被侏罗纪火山岩所覆盖,并与下伏二叠系呈角度不整合接触(图6-4-18)。

屯田营组火山岩岩性为安山质集块岩、角砾熔结凝灰岩夹安山岩,其中有次安山岩、次安山玄武岩、次粗面安山岩等次火山岩体呈脉状侵入。中酸性火山喷发岩大面积分布于尖山子以东,总体呈东西向展布,受东西向断陷盆地控制,刺猬沟金矿就产于该组火山岩之中。

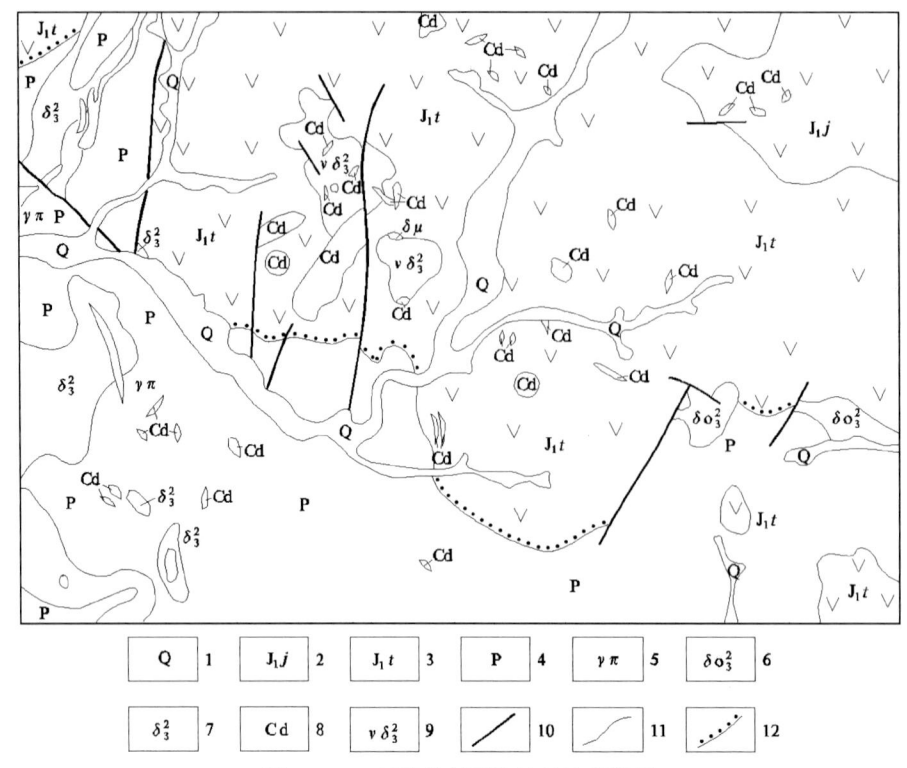

图 6-4-18 汪清县刺猬沟地区地质简图

1.第四系;2.侏罗纪火山岩;3.屯田营组火山岩;4.二叠系浅变质岩;5.花岗岩;6.石英闪长岩;7.闪长岩;8.次安山岩;9.辉石闪长岩;10.断裂;11.地质界线;12.不整合地质界线

(2)侵入岩:燕山期花岗闪长岩小侵入体在矿区东部二叠系中有出露,距矿区约4km,推测在矿区深部存在隐伏岩体。矿区内有闪长岩、辉石闪长岩、花岗斑岩和次安山岩脉,均受近东西向与北西向、北东向构造交会部位控制。在空间上和时间上与成矿有较密切的关系。

(3)构造:矿区位于百草沟-苍林东西向断裂、新和屯-西大坡北东向断裂和大柳河-海山北西向断裂交会处。围绕矿区四周有安山质角砾岩和集块岩成环带状分布。其中东山见有多层熔结凝灰岩和松脂岩,并且次火山岩相当发育,因此刺猬沟矿床所处部位可视为一个寄生埋藏火山口。

成矿构造:矿体受近火山口相辐射状断裂即沿成矿前的北西向(被次火山岩脉充填)和北北东向(次安山玄武岩充填)两组剪裂形成的追踪张裂控制。矿区有成矿断裂带3条,从西向东依次编号为Ⅰ号、Ⅱ号、Ⅲ号断裂带。Ⅰ号断裂带地表出露长1320m,宽10~20m,延深750m,总体走向北东10°,近直立,沿走向、倾向均呈"S"形波状展布;Ⅱ号断裂带地表出露长940m,宽0.5~10m,延深300m,总体走向北东30°,倾向南东,倾角65°~80°,沿走向呈"S"形展布;Ⅲ号断裂带地表出露长340m,宽0.05~0.90m,总体走向北东10°,倾向不定,倾角大于60°。成矿断裂是叠加在火山口的断裂构造。

成矿后断裂:按方向分为北北东向、北北西向和北西向3组,切割和破碎矿体,但错距均不大。

2. 矿体三维空间分布特征

金矿床由3条含金方解石石英脉组成,脉体产在中侏罗世第一次火山喷发旋回的安山质凝灰角砾熔岩和安山岩中,沿走向和倾向延至二叠纪地层中,但脉体迅速变窄、尖灭。3条含金方解石石英脉相邻很近,其中Ⅰ号、Ⅱ号脉相距80m,Ⅱ号、Ⅲ号脉相距400m,3条脉走向上近平行,Ⅰ号脉规模最大,Ⅱ号脉次之,Ⅲ号脉最小。含矿脉体类型有冰长石-石英脉。

矿体沿走向不连续,每个独立矿体之间间隔70~120m,矿体之间由低品位石英方解石脉连接,矿体厚度小于或等于脉体厚度。

矿体赋存于脉体上部，一般距地表50～200m，矿体与脉体侧伏方向一致，并且矿体底界与不整合面近于平行，相距200m左右。

3. 矿石类型及矿物组合

(1) 矿石类型属贫硫化物石英-方解石型。

(2) 矿物组合：矿石中金属硫化物含量少，主要有黄铁矿、辉银矿、银金矿，其次为闪锌矿、方铅矿、黝铜矿、针碲金矿、碲银矿、自然银、自然金、辉铜矿，局部出现硬锰矿、辰砂、硫锑铅矿、孔雀石、褐铁矿、菱铁矿等。脉石矿物主要有方解石、石英，其次有白云母、钾长石、重晶石、钠长石、绢云母、明矾石、冰长石、玉髓等。

4. 矿石结构构造

矿石结构有自形、半自形结构，浸染状结构，他形粒状结构，固溶体溶离结构，压碎结构，隔板状和交代状、港湾状结构。矿石构造有角砾状构造、晶洞（晶簇）构造、梳状构造。

5. 蚀变类型及分带性

刺猬沟金矿围岩蚀变受断裂控制，可分为3期。

(1) 早期蚀变：主要有青磐岩化作用，形成有绿泥石、绢云母、碳酸盐、钠长石、石英等蚀变矿物组合。

(2) 成矿期蚀变：成矿期蚀变有两种，开始为钾质泥化，由伊利石-水云母、碳酸盐矿物等组成；晚期硅化、碳酸盐化蚀变，往往叠加于钾质黏土化带上，并常形成复脉体，是矿区主要矿化蚀变类型，矿物组合有方解石、石英及少量明矾石、泥质物等，呈带状分布于脉体两侧。

(3) 成矿期后蚀变：主要有绿泥石化、叶蜡石化等，沿裂隙分布。

6. 矿床的直接控矿因素和找矿标志

(1) 控矿因素：区域上受近东西向百草沟-苍林断裂和北东向亲合屯-西大坡断裂及北西向大柳树河-海山断裂交会处形成的火山盆地控制；矿体赋存在上侏罗统屯田营组钙碱性安山质岩-次火山侵入杂岩及火山口相和断陷部位，主要含矿岩石为安山质角砾熔结凝灰岩和次火山岩；矿体受叠加在火山口附近的北北东向断裂构造控制。

(2) 找矿标志：主要蚀变类型为青磐岩化、沸石化、赤铁矿化、冰长石化、黄铁矿化、碳酸盐化及硅化等；地球化学标志，1∶20万、1∶5万水系沉积异常，土壤化探异常，前缘元素为Hg、Sb，中部元素为W、Ti、Cu、Bi、As等，下部元素为Cr、Ni、Mo、Pb、Be、Ag、Au等。

（二）地球物理特征

1. 矿床所在区域重磁场特征

在1∶25万布格重力异常图上，矿床处于北西向和东西向重力梯度带交会处，北东侧为相对重力低异常分布区，在矿床处呈向南西凸起形态，西部、南部为相对重力高异常分布区。在剩余重力异常图上，近似环状局部重力高异常带内为重力低异常分布区，显示出中心式火山机构特征。矿床处于重力高异常带西部内侧向重力低异常区过渡部位，东侧附近有一规模较小的重力低局部异常。环状局部重力高异常带与二叠系、三叠系有关，其内部重力低异常区与刺猬沟组安山岩、英安岩及火山碎屑岩有关。

在1∶25万区域航磁异常图上，矿床处于东部北东东向展布的近似条带状强磁异常的西南端向北西侧北东走向椭圆状低缓局部异常过渡部位。在航磁异常化极垂向一阶导数等值线图上，由北西向南东正、负异常带相间排列，正磁异常带北东向分布特征明显。矿床处于北东向负、低磁异常带中，与两侧正异常带的西南端位置相对应。推断北东向负、低磁异常带为断裂构造带的异常反映。

2. 矿床所在地区磁场特征

在1:5万航磁异常图上,矿床处于北西走向楔形低磁异常中心部位,该处最低值为-50nT,异常北西窄、东南宽,西南及东南两侧梯度带较陡,低磁异常中心靠近两条梯度带交会处,显示出火山口断陷部位为北西向和北东向断裂构造交会的特点。在航磁异常化极等值线图上,矿床处负值区向北西明显扩大,其北东部有3处较小的负磁异常沿北西向排列。负磁异常镶嵌在低缓正磁场中,周边有强磁异常分布,北西和南东出现最强磁异常,为1260nT。低缓正磁场分布区推断为火山机构分布范围。

(三)汪清县刺猬沟金矿床地质-地球物理找矿模型

综合上述矿床地质特征和地球物理异常特征,可归纳总结出矿床地质-地球物理找矿模型,见表6-4-8。

表6-4-8 汪清县刺猬沟金矿床地质-地球物理找矿模型表

地质条件	构造环境	矿区位于小兴安岭-张广才岭叠加岩浆弧(Ⅱ),太平岭-英额岭火山-盆地区(Ⅲ),罗子沟-延吉火山盆地群(Ⅳ)内;受北北东向图们断裂带与北西向嘎呀河断裂复合部位控制
	岩石组合	安山质角砾熔结凝灰岩和次火山岩
	构造标志	成矿构造:矿体受近火山口相辐射状断裂即沿成矿前的北西向(被次火山岩脉充填)和北北东向(次安山玄武岩充填)两组剪裂形成的追踪张裂控制
	围岩蚀变	①早期蚀变:主要有青磐岩化作用,形成有绿泥石、绢云母、碳酸盐、钠长石、石英等蚀变矿物组合;②成矿期蚀变:成矿期蚀变有两种,开始为钾质泥化,由伊利石-水云母、碳酸盐矿物等组成;晚期硅化、碳酸盐化蚀变,往往叠加于钾质黏土化带上,并常形成复脉体,是矿区主要矿化蚀变类型,矿物组合有方解石、石英及少量明矾石、泥质物等,呈带状分布于脉体两侧;③成矿期后蚀变:主要有绿泥石化、叶蜡石化等,沿裂隙分布
	地表找矿标志	安山质角砾熔结凝灰岩和次火山岩出露区;近火山口相辐射状断裂即沿成矿前的北西向(被次火山岩脉充填)和北北东向(次安山玄武岩充填)两组剪裂形成的追踪张裂;主要蚀变类型为青磐岩化、沸石化、赤铁矿化、冰长石化、黄铁矿化、碳酸盐化及硅化等
找矿历史标志	文字记录	该矿发现于1966年,吉林省地质局延边地区综合地质大队开展过地表工作;1967年吉林省地质局延边地区综合地质大队进行初查;1973—1974年吉林省地质局延边地区综合地质大队进行详查勘探
地球物理标志	重力	在1:25万布格重力异常图上,矿床处于北东向局部重力低异常向南西凸起的端部;在剩余重力异常图上,处于重力低异常边部,正、负重力异常的过渡带上,梯度缓,负重力异常是火山口断陷部位的异常反映
	磁法	在1:5万航磁异常图上,矿床处于北西走向楔形低磁异常中心部位,异常北西窄、东南宽,西南及东南两侧梯度带较陡,低磁异常中心靠近两条梯度带交会处,显示出火山口断陷部位为断裂构造交会部位的特点
	电法	低阻、高极化异常

六、安图县海沟金矿床

(一)典型矿床成矿地质特征

1. 地质构造环境及成矿条件

海沟金矿床位于吉林省晚三叠世—新生代东北叠加造山-裂谷系(Ⅰ),小兴安岭-张广才岭叠加岩浆弧(Ⅱ),太平岭-英额岭火山-盆地区(Ⅲ),敦化-密山走滑-伸展复合地堑(Ⅳ)内,二道松花江断裂带金银别-四岔子近东西向韧性—脆性剪切带东端与两江-春阳北东向断裂带交会处。

(1)地层:矿区出露地层主要为中元古界色洛河岩群红光屯岩组和木兰屯岩组。其东侧四岔子分布中侏罗世中性火山岩及含煤岩系(图6-4-19)。

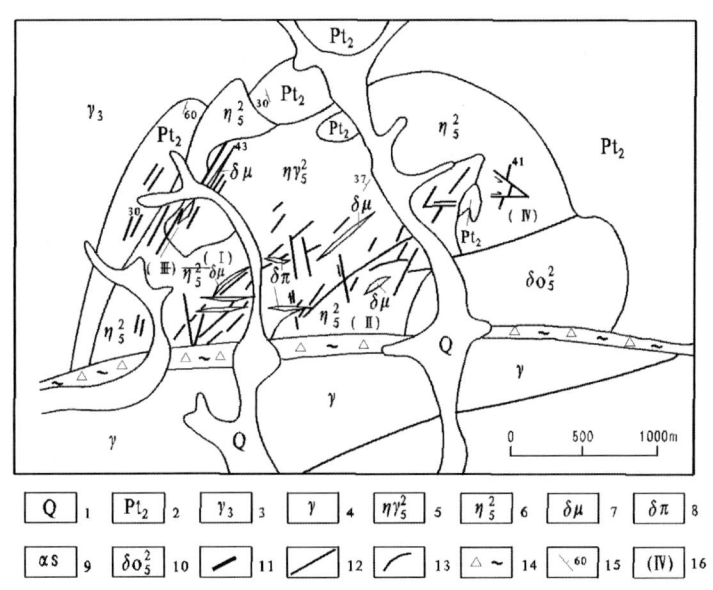

图6-4-19 安图县海沟金矿床地质简图

1.现代河床冲积物;2.中元古界色洛河岩群;3.加里东期黑云母花岗岩;4.细粒花岗岩;5.二长花岗岩;6.二长岩;7.闪长玢岩;8.正长闪长斑岩;9.次安山岩;10.石英闪长岩;11.构造千枚岩;12.平推断层;13.逆断层;14.破碎带;15.产状;16.容矿断裂带

红光屯岩组:下段下部为含砾黑云斜长角闪片麻岩、斜长角闪岩、绢云片岩夹镁质大理岩及磁铁石英岩,中部为斜长角闪岩夹变粒岩、含石榴子石斜长变粒岩,上部为黑云斜长片岩、二云片岩、绢云绿泥片岩;上段下部为变凝灰质板岩、变质砂岩夹钙质板岩,上部为含碳泥质板岩。

木兰屯岩组:下部为变质底砾岩、安山质凝灰岩;中部为变英安岩、变英安质角砾凝灰岩;上部为变流纹岩及变流纹质凝灰岩。

色洛河岩群红光屯岩组确定为金的矿源层。

(2)岩浆岩:矿区中部分布的燕山早期二长花岗岩为主要成矿围岩,岩体内脉岩发育,成群成带分布;矿区西部和西北部分布大面积岩基状加里东期花岗闪长岩-黑云母花岗岩。燕山早期二长花岗岩具富硅、富碱、富铝、贫钙特征,$Na_2O>K_2O$,属同熔型花岗岩类。

(3)构造:可以划分为成矿前构造、成矿期构造和成矿后构造3类。

成矿前构造:金银别-四岔子东西向断裂带经过矿区南部,倾向南,倾角陡,容矿断裂构造发育于此断裂带北部,在海沟岩体内由西向东,大体上以等间距展布4条北东向断裂带。每条断裂带又由许多平行似等间距分布的北北东向、北东向断裂组成。在平面、剖面上具有舒缓波状延展特点。根据断裂发生顺序可划分为3期。早期北东向压剪性片理化带;中期片理化带中贯入大量闪长玢岩脉;晚期闪长玢岩贯入后,又有构造片理化。

成矿期构造:按形成顺序又可分为早、中、晚3期。早期沿北北东向或北东向片理化带上充填含金石英脉;中期大量含金石英脉贯入后,沿断裂裂隙充填交代形成硫化物细脉,黄铁矿细脉产状由北西向与北东向两组共轭组成;晚期方铅矿及铀矿化形成。

成矿后构造:一期以次安山岩脉北东向贯入为主;二期正长斑岩、煌斑岩、次安山岩近东西向贯入;三期北西向正断层广泛展布。

2. 矿体三维空间分布特征

矿区共有4条矿带,15条矿脉,35个矿体。

Ⅰ号矿带:位于矿区中心,沿着Ⅰ号容矿断裂带分布,矿带长1900m,宽220m,主要由4条矿脉组成,共有8个矿体。矿体呈脉状,走向50°,倾向310°~330°,倾角40°~85°。

Ⅱ号矿带:位于矿区中心偏东,沿着Ⅱ号容矿断裂带分布,长1600m,宽460~500m,主要由5条矿脉组成,共10个矿体。矿体呈脉状,走向40°,倾向300°~320°,倾角40°~60°。

Ⅲ号矿带:位于矿区西部,沿着Ⅲ号容矿断裂带分布,长1800m,宽600m,主要由4条矿脉组成,共7个矿体。矿体呈脉状,走向30°,倾向300°~330°,倾角65°~80°。

Ⅳ号矿带:位于矿区东部,沿着Ⅳ号容矿断裂带分布,长250m,宽20m,共有1条矿脉,10个矿体。矿体呈脉状,走向20°,倾向110°,倾角40°。

3. 矿石类型及矿物组合

(1)矿石类型:以贫硫化物石英脉型金矿石和细粒浸染状金矿石为主,次为浸染状金银矿石和金-铅-碲矿石等。

(2)矿物组合:矿石矿物组合主要有自然金、方铅矿、黄铜矿,次为闪锌矿、磁黄铁矿、磁铁矿、白铁矿、铜蓝、蓝辉铜矿、黝铜矿、沥青铀矿、晶质铀矿、碲金矿、斜方碲金矿、碲铅矿等。脉石矿物主要有石英、方解石,少量的绢云母、绿泥石等。

4. 矿石结构构造

矿石结构为结晶结构、自形晶粒状结构、他形晶粒状结构、乳滴状结构、填隙结构、出溶结构(乳浊状结构、骸晶结构)、交代结构(侵蚀结构、交代残余结构)、动力结构(揉皱结构、压碎结构)等。矿石构造为细脉状和网脉状构造、稀疏浸染状构造等。

5. 蚀变类型及分带性

围岩蚀变划分为以下3个阶段。

(1)成矿前硅化-碱交代阶段:主要发育于二长花岗岩中,分布面积大,但不均匀。此阶段以面型蚀变为主,主要蚀变以钾长石化、钠长石化为主,晚期交代形成的红色钾长石斑晶较多,晶体较大。此外,还有电气石化、绿帘石化、绢云母化、绿泥石化、黄铁矿化等蚀变。经过碱质蚀变后大量金被活化、迁移。这是二长花岗岩中金丰度值贫化的原因。

(2)成矿期硅化-绢云母化-绿泥石化-黄铁矿化阶段：以线性蚀变为主，在近矿脉处形成平行发育的硅化、绢云母化、绿泥石化、黄铁矿化等。以矿脉为中心，其两侧形成带状蚀变，蚀变宽窄不一，宽0.5~15m不等。

(3)成矿后绿泥石化-碳酸盐化阶段：该阶段无矿化。

6. 控矿因素及找矿标志

(1)控矿因素：中元古界色洛河岩群红光屯岩组斜长角闪岩、二云片岩、黑色板岩夹大理岩；燕山期二长花岗岩、闪长玢岩成群成带。槽台边界超岩石圈断裂与北东向深断裂交会处控制岩浆侵入，北东向断裂、裂隙带属压扭性断裂发育地段与岩体周边内、外接触带是控矿有利部位。

(2)找矿标志：中元古界色洛河岩群红光屯岩组分布区；区域上北西向深大断裂与北东向深大断裂交会处，矿体受次一级北东向压扭性构造控制；燕山期二长花岗岩、闪长玢岩；硅化、钾长石化、钠长石化、电气石化、绿帘石化、绢云母化、绿泥石化、黄铁矿化，特别是线性分布的硅化-绢云母化-绿泥石化-黄铁矿化是直接找矿的标志。

(二)地球物理特征

1. 矿床所在区域重磁场特征

在1:25万布格重力等值线图上，矿床处于槽区和台区接触部位，表现为整体走向以北西向为主的"S"形重力梯度带，梯度带陡，且宽、长，反映出区域性深大断裂特征。以此"S"形重力梯度带为界，南部太古宇古老基底为重力高异常分布区，最大值出现在东南部朝阳屯北部。北部以重力低异常区为特征，其上分布多处形态各异的重力低局部异常，为规模较大的侏罗纪花岗闪长岩分布中心。矿床处于北西—北东向重力梯度带的转折部位的顶端，反映出受两组断裂联合控制的特点。在剩余重力异常图上，矿床处于西部重力高异常与北东侧重力高异常之间，北西部重力低局部异常向东南凸起的顶端。

在1:25万区域航磁异常图上，金矿床位于叠加在低缓正异常场上的东西向长条状局部异常的西端，长条状局部异常的中心在东部，最大值为300nT。

2. 矿床所在地区磁场特征

在1:5万航磁异常剖面平面图和等值线平面图上，矿床的多数矿段位于北部强磁场区南部边缘和局部强磁异常的边部及边部梯度带上，并处在北西向和北东向线性梯度带交会位置。与北部强磁场区相邻的南部低磁场区近东西向分布，最低值为-60nT。

北部强磁场区主要出露有侏罗纪二长花岗岩、石英闪长岩、花岗闪长岩。南部低磁场区主要出露有元古宇东方红岩组、团结岩组等老变质岩地层。

(三)安图县海沟金矿床地质-地球物理找矿模型

综合上述矿床地质特征和地球物理异常特征，可归纳总结出矿床地质-地球物理找矿模型，见表6-4-9。

表 6-4-9　安图县海沟金矿床地质-地球物理找矿模型表

地质条件	构造环境	晚三叠世—新生代东北叠加造山-裂谷系（Ⅰ），小兴安岭-张广才岭叠加岩浆弧（Ⅱ），太平岭-英额岭火山-盆地区（Ⅲ），敦化-密山走滑-伸展复合地堑（Ⅳ）内；二道松花江断裂带金银别-四岔子近东西向韧性—脆性剪切带东端与两江-春阳北东向断裂带交会处
	岩石组合	红光岩组斜长角闪岩、二云片岩、黑色板岩夹大理岩；燕山期二长花岗岩、闪长玢岩
	构造标志	槽台边界超岩石圈断裂与北东向深断裂交会处控制岩浆侵入，北东向断裂、裂隙带属压扭性断裂发育地段，其与岩体周边内外接触带是控矿有利部位
	围岩蚀变	成矿前硅化-碱交代阶段：主要发育于二长花岗岩中，分布面积大，但不均匀。此期以面型蚀变为主，主要蚀变以钾长石化、钠长石化为主，晚期交代形成的红色钾长石斑晶较多晶体较大。此外，还有电气石化、绿帘石化、绢云母化、绿泥石化、黄铁矿化等蚀变。 成矿期硅化-绢云母化-绿泥石化-黄铁矿化阶段：以线性蚀变为主，在近矿脉处形成平行发育的硅化、绢云母化、绿泥石化、黄铁矿化等。以矿脉为中心，其两侧形成带状蚀变，蚀变宽窄不一，宽 0.5～15m 不等。 成矿后绿泥石化-碳酸盐化阶段：该阶段无矿化
地表找矿标志		中元古界色洛河岩群红光岩组分布区；区域上北西向深大断裂与北东向深大断裂交会处，矿体受次一级北东向压扭性构造控制；燕山期二长花岗岩、闪长玢岩；硅化、钾长石化、钠长石化、电气石化、绿帘石化、绢云母化、绿泥石化、黄铁矿化，特别是线性分布的硅化-绢云母化-绿泥石化-黄铁矿化是直接找矿标志；化探异常主要指示元素 Au、U、Pb、Bi、Mo，次要指示元素 Ag、Cu、Zn、Sn、Ni、Co、V、As、Sb 异常区，异常内带为 Au、U、Pb
找矿历史标志	文字记录	吉林省地质局第三地质队于 1965 年金矿普查时发现海沟金矿，1967 年转入详查-初勘，1970 年结束工作，1971 年提交《吉林省安图县海沟金矿区储量报告》
地球物理标志	重力	在 1∶25 万布格重力等值线图上，矿床处于槽区和台区接触部位，表现为整体走向以北西向为主的"S"形重力梯度带，梯度带陡且宽，长度大，反映出区域性深大断裂特征。以此重力梯度带为界，南部古老基底为重力高异常分布区，北部为重力低异常区，为规模较大的侏罗纪花岗闪长岩分布区。矿床处于北西—北东向重力梯度带的转折部位的顶端，反映出受两组断裂联合控制的特点
	磁法	在 1∶5 万航磁异常图上，矿床位于北西向局部磁异常的边部及边梯度带上，多数矿段处在北西向和北东向线性梯度带交会位置

第五节　钨矿典型矿床地质-地球物理特征

（一）典型矿床成矿地质特征

1. 地质构造环境及成矿条件

珲春市杨金沟岩浆热液型钨矿床位于吉黑褶皱系，延边优地槽褶皱带东部，大北城-前山南北向褶断带中段（图 6-5-1）。出露地层主要为下古生界五道沟群，由古火山、碎屑沉积岩经受低—中级区域变质作用，并叠加动力变质和接触热变质作用，形成的一套变质岩系。总体走向近南北，长 30km，东西宽 214km。构造变形强烈，断裂和褶皱发育。侵入岩有海西晚期大六道沟黑云母斜长花岗岩体，印支期五道沟二长花岗岩-花岗岩体，燕山早期小西南岔石英闪长岩体，农坪-杨金沟浅成花岗岩等。

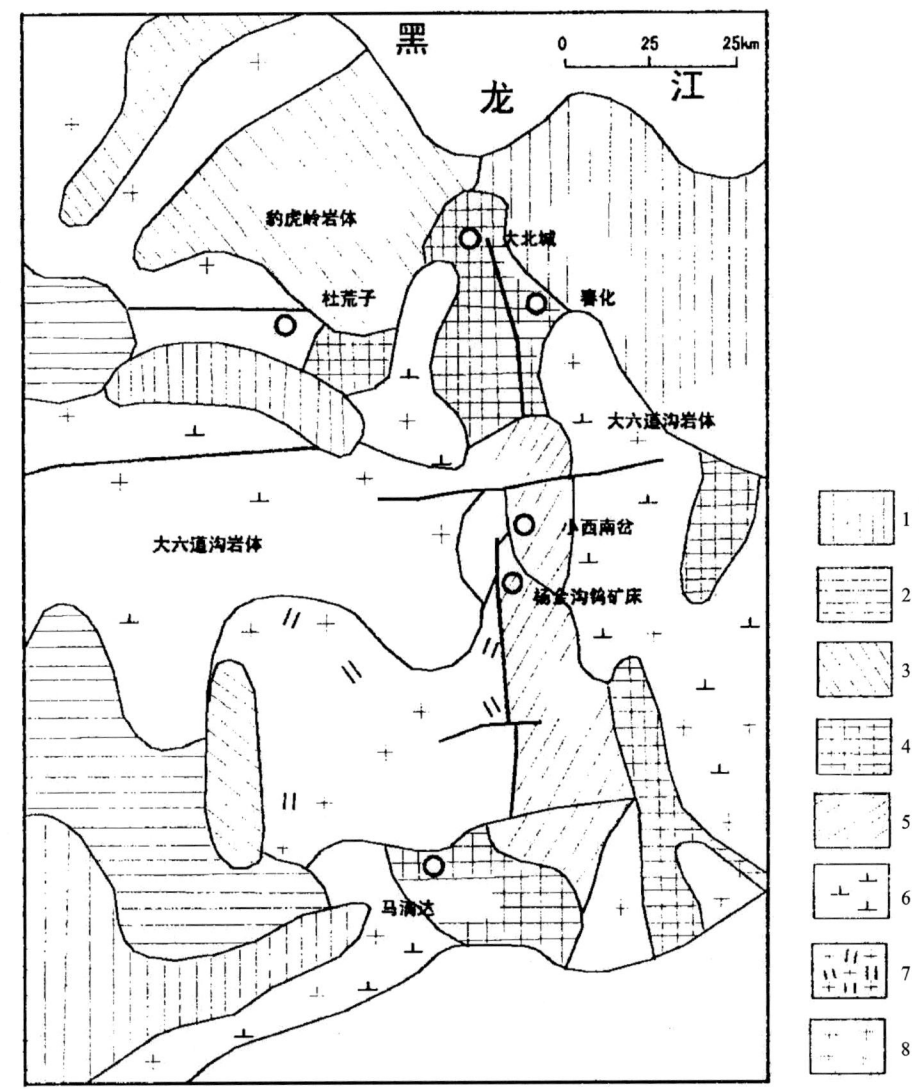

图 6-5-1 珲春市杨金沟钨矿地质构造图

1.古近系和新近系砾岩、玄武岩;2.侏罗系火山岩;3.三叠系火山岩;4.二叠系变质碎屑岩、变质火山岩;5.下古生界五道沟群变质碎屑岩;6.海西期闪长岩、斜长花岗岩;7.印支期二长花岗岩;8.燕山期细粒花岗岩、闪长岩

(1)地层:区域出露的除第四系外,均为下古生界五道沟群,分为下、中、上 3 个岩性段。上段可见厚度约 583m,中段可见厚度约 547m,上段可见厚度约 456m。下段主要有变质中—细粒砂岩夹变质流纹岩;中段主要由斜长角闪片岩、斜长角闪岩、钙质云母片岩、黑云母石英片岩和薄层状不纯大理岩组成;上段主要有红柱石黑云母石英片岩、绿泥石绢云母石英片岩和二云石英片岩。

(2)构造:矿区为一单斜构造(杨金沟向斜的西翼),整体走向北西,倾向北东,倾角 40°~80°,近南北带状分布,局部层间褶曲发育。断裂构造主要有走向断裂和斜向断裂。走向断裂与区域上的主要构造线一致,属压性断裂构造,南北延长较大,长 2km,倾向北东,倾角 65°~80°。斜向断裂与区域上的主要构造线有一定交角,属张性断裂构造,北西延长不大,总长 0.8~1.0km,倾向南西,倾角 40°~70°。上述两组断裂构造均被后期的石英脉充填,构成石英脉—石英细脉带,而且脉带方向性强,延伸稳定,连续性好。

(3)侵入岩:闪长岩出露于向斜核部,以岩体及岩枝状产出,接触界线清楚,沿接触带见烘烤及绿泥石化、阳起石化、绿帘石化、硅化等蚀变,局部见星点、团块状黄铁矿化和磁黄铁矿化。花岗斑岩分布于下古生界五道沟群中,呈小岩滴状、岩枝状,面积不足 $50m^2$,与围岩接触处多见黑色泥化带,并见浸染状白钨矿化、毒砂等。

石英脉发育,总体走向北西—北东向,倾向以北东为主,其次为南西向,分布于五道沟群中、上段斜长角闪片岩、斜长角闪岩、云母石英片岩中。

2. 矿体三维空间分布特征

矿体以脉状、复脉状含白钨矿石英脉-石英细脉带产于斜长角闪片岩、斜长角闪岩、钙质云母片岩、黑云母石英片岩中,脉与脉的间距为 $5\sim50cm$,在石英脉之间或石英脉的两侧的围岩中也发生了强烈的蚀变形成蚀变岩,它们共同组成了矿体,与岩层产状一致,少数矿体与岩层产状不一致。现已发现白钨矿体 87 条,自西向东分为 3 个矿带和北部 B 线矿体群。

3. 矿石类型及矿石矿物组合

金属矿物主要以白钨矿为主,少量黑钨矿,次为毒砂、黄铁矿、磁黄铁矿、黄铜矿、硫铜锑矿、辉钼矿等金属矿物。脉石矿物有石英、黑云母、斜长石、钠长石、磷灰石、绿泥石、方解石等。

4. 矿石结构及构造

矿石结构有粗粒、细粒结晶结构,包裹乳滴状结构,交代结构,填隙结构。矿石构造有脉状、细脉浸染状构造,角砾状构造。

5. 围岩蚀变

硅化:主要沿裂隙充填和交代,使岩石褪色或形成硅化石英脉。
钠长石化:交代斜长石与热液蚀变石英共生在一起,与白钨矿经常伴生。
黑云母化:呈细小鳞片状集合体产出,分布不均匀,穿插交代角闪石或斜长石,被白钨矿交代。
阳起石化:呈脉状、细脉状产出,常被白钨矿交代,出现菊花状集合体。
白云母化:沿石英脉两侧分布,呈片状集合体或放射状。
磷灰石化、榍石化、电气石化:经常伴随热液蚀变出现,与白钨矿伴生。
此外还有透辉石化、透闪石化、方柱石化、绿帘石化、绿泥石化、绢云母化、碳酸盐化。

6. 控矿因素及找矿标志

下古生界五道沟群中斜长角闪岩、绿泥片岩夹变质凝灰岩中 W 的丰度为 10.31×10^{-6},认为该地层是区内钨的主要矿源层之一。

区内花岗斑岩为陆源弧新型挤压钙碱性岩石系列,对金、钨矿床的形成十分有利。花岗斑岩体内部有望发现浸染状白钨矿体。

杨金沟钨主矿带内发育大量石英脉带,岩石强烈褪色,普遍见有白钨矿化。

研究区内蚀变闪长玢岩(花岗闪长斑岩)具有碳酸盐化、绢云母化,在其上、下盘均见有白钨矿化。

五道沟群与燕山期花岗斑岩接触层面,有望发现规模更大的矿体。

(二)地球物理特征

1. 矿床所在区域重磁场特征

在 1:25 万布格重力异常图上,珲春市杨金沟钨矿床处于闹枝沟—杨金沟—小西南岔—北大城一线南北向重力梯度带上。该梯度带长约 67km、宽约 5.0km,向北延入黑龙江省,向南终止于中俄国界,梯度西缓东陡,梯度带沿南北向呈"波浪起伏状",梯度陡缓也有变化。矿床处于梯度变陡处,梯度变化达每千米 $3.75\times10^{-5}\mathrm{m/s^2}$,其南部梯度带明显发生扭曲、错动。

该梯度带西部为大面积的布格重力异常负场区,最低值出现在区内西北部杜荒子以南。东侧为与之平行的南北走向重力高异常带,其南、北两端叠加有正重力高局部异常,最大值出现在河东屯西南部,中部有两处形态不明显、强度不大的重力高局部异常,重力高异常带以东为重力异常负场区,负场区向东进入俄罗斯境内。

钨矿床处于宽度较大的重力梯度带上局部由东向西凸起部位北东一侧,反映出北西向断裂和北东向断裂在凸起顶部相交,钨矿床位于北东向断裂构造上。在剩余重力异常图上处于南北向重力高异常带西侧边部东西向椭圆状局部重力高异常东侧边部。闹枝沟—杨金沟—小西南岔—北大城一线南北向重力梯度带与区域性大断裂位置较为吻合。断裂东侧主要出露香房子组、杨金沟组、马滴达组等变质岩,可引起重力高异常。断裂西侧分布有大范围的印支期中酸性岩体,可引起重力低异常。

在 1:25 万区域航磁异常图上,杨金沟钨矿床处于三道沟-杨金沟-春化金矿北东走向线性梯度带的中部,北西部有一北西西走向的线性梯度带终止于此。两梯度带北侧区域有一总体呈北东走向的"鸭嘴"形局部高磁异常,长 23.8km,宽 12.0km,最大强度 400nT。区内东南部为低磁异常区,磁异常宽缓,面积相对较大,南部有负场区,强度最低为 $-50\mathrm{nT}$。

在航磁异常化极等值线图上,矿床处于负磁异常区内北东向和南北向线性梯度带交会处。

2. 矿床所在地区磁场特征

在 1:5 万航磁异常剖面平面图和等值线平面图上,矿床处于北东走向的低缓平稳正磁场区的东南边部,该处场值约 10nT,东南边部外侧为负磁场区。西部有一条不明显的北东走向梯度带分布,是一条断裂构造的反映。在航磁异常化极、化极垂向一阶导数等值线图上,矿床处于大面积低缓负磁场中。

第六节 锑矿典型矿床地质-地球物理特征

(一)典型矿床成矿地质特征

1. 地质构造环境及成矿条件

临江市青沟子岩浆热液型锑矿床位于前南华纪华北东部陆块(Ⅱ),胶辽吉古元古代裂谷带(Ⅲ),老岭坳陷盆地内。

(1)地层:区域内出露的地层主要为古元古界老岭岩群珍珠门岩组、临江岩组和大栗子岩组。珍珠门岩组出露于区域的北西部,主要为白云石大理岩(图 6-6-1)。

临江岩组出露于青沟子背斜核部,由北东向转为南东向展布,呈向北东突出的弧形。岩性为一套海相泥质碎屑建,变质程度较浅。下部为二云片岩夹薄层石英岩,上部为中厚层石英岩(标志层)夹薄层绢云片岩等。临江岩组为锑矿的主要含矿层位,与上覆的大栗子岩组呈整合接触。

大栗子岩组分布在青沟子背斜两翼,也是由北东向转至南东向展布。岩性可划分为 3 个岩性段:下段为二云片岩、绢云片岩夹薄层石英岩;中段为十字石二云片岩、绢云片岩、千枚岩、二云片岩夹大理岩;上段为块状大理岩,赋存大栗子铁矿。

(2)构造:区域及外围构造变形发育,古元古界老岭岩群经历了 3 期变质变形。第一期为以层理为变形面的近南北向的紧闭向斜;第二期为以第一期变形形成的透入形片理为变形面的北西向歪斜褶皱,

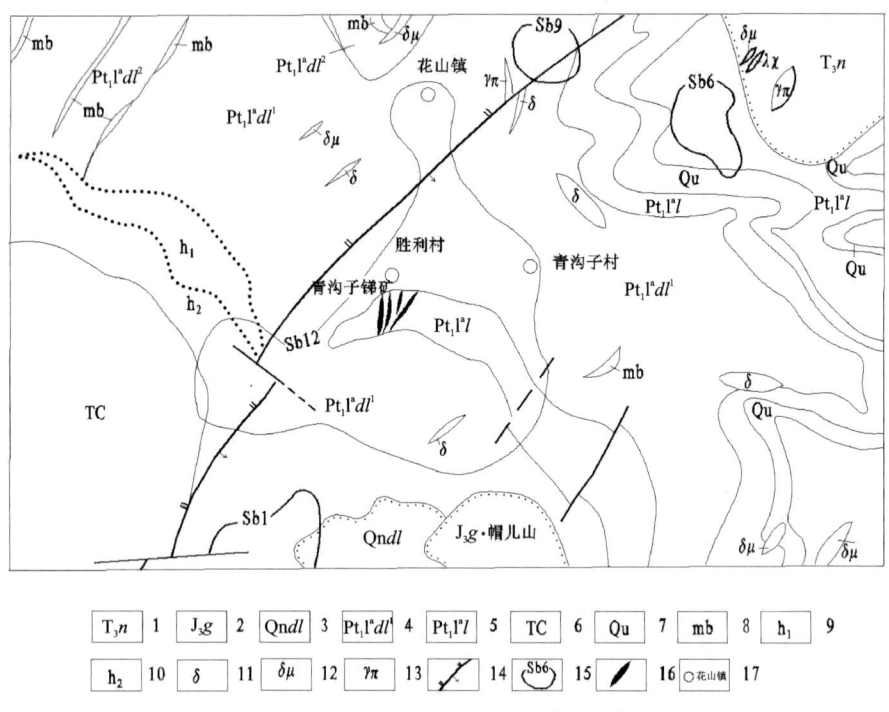

图 6-6-1 临江市青沟子锑矿床地质图

1.闹枝沟组；2.果松组；3.大罗圈河组；4.大栗子岩组；5.临江岩组；6.草山单元；7.石英岩；8.大理岩；9.角岩化岩石；10.角岩；11.闪长岩；12.闪长玢岩；13.花岗斑岩；14.断裂构造；15.锑水系异常；16.锑矿体；17.地名注记

在褶皱斜折端,发育有折劈理,是一种非透入性构造；第三期变形以第二期变形形成的透入性片理为变形面的北东向开阔的等厚褶皱。在褶皱转折端发育有扇形断层。青沟子背斜主体为第二期北西向变形,第三期变形的改造使其呈向北突出的近东西向展布的褶皱。区域断裂构造主要分为北东向、东西向、北东向及北西向4组。

(3)侵入岩：区域出露有草山似斑状黑云母花岗岩岩体及少量中性脉岩。草山岩体出露在矿区的西部,属Ⅰ型花岗岩。矿区内脉岩不甚发育,规模不大,主要分布在矿区中部及北部,主要具有闪长岩、闪长玢岩、辉绿岩、煌斑岩,呈东西向、北东向、北西向展布,长几十米至600m不等,宽度1m至几十米,并多充填在断层中。

2. 矿体三维空间分布特征

矿床主矿脉带6条,赋存10条工业矿体。矿脉严格受断裂构造控制,从Ⅰ、Ⅲ矿组各中段看,矿脉带产状亦有明显的变化,反映了多期构造复合叠加、继承的特点。矿体在矿脉中连续性差,呈尖灭再现和尖灭侧现分布。单个矿体以脉状、薄层状为主,其次为扁豆状、透镜状和不规则状。

3. 矿石类型及矿物组合

(1)矿石类型：青沟子锑矿氧化带不发育,矿石自然类型均为硫化物矿石。

(2)矿物组合：矿石矿物成分主要有辉锑矿、自然砷、钨铁矿、黄铁矿、磁黄铁矿、白铁矿、毒砂、磁铁矿、钛铁矿、褐铁矿、石英、绢云母、绿泥石、黑云母、方解石、电气石和石墨等。

4. 矿石结构构造

矿石结构有粒状结构、自形晶结构、显微叶片状结构、放射状结构、交代残余结构、显微状结构、应力双晶结构及碎斑结构;构造有块状构造、团块状构造、浸染状构造、条带状构造、条纹状构造、细脉-脉状构造、胶结角砾-角砾状构造、晶洞(簇)构造。

5. 蚀变类型及分带性

矿床围岩蚀变种类主要为硅化、绢云母化、碳酸盐化、绿泥石化、黄铁矿化、毒砂矿化和辉锑矿化。

矿体上盘比下盘矿化强。蚀变种类以硅化、碳酸盐化、黄铁矿化、毒砂矿化为主,绿泥石化、电气石化、辉锑矿化较弱;蚀变以裂隙、微裂隙充填为主;蚀变规模表现为矿体上盘宽十几米,矿体下盘几米;蚀变分带不明显。从坑道矿脉带中观察,硅化与锑矿相伴出,硅化较强的部位矿化好;硅化弱、矿化差;无硅化基本无矿。

6. 控矿因素及找矿标志

1)控矿因素

构造控矿:矿区内锑矿脉(体)主要受北东向、北北东向、北西向、近南北向和近东西向断裂构造控制,矿脉的展布方向严格受构造面的制约。青沟子锑矿的工业矿体均控制在青沟子倒转背斜的核部,两翼矿化不佳。由此可以看出,北东向深大断裂是导矿构造,次级构造为储矿构造。

地层控矿:锑矿化明显受地层岩性控制,主要矿体赋存在临江岩组、大栗子岩组泥质碎屑岩的中浅变质岩系的云母片岩、石英岩、千枚岩中,这些岩石有利于断层破碎带和节理裂隙的形成。其中断裂构造上、下盘为绢云片岩和二云片岩,形成了较好的封闭条件,有利于矿液富集。

岩浆岩与成矿的关系:矿床与岩浆岩在空间上、时间上、成因上有着极为密切的联系。矿床成因为中低温热液充填型,主要是印支期草山单元黑云母花岗岩期后热液活动的产物。多期次热液活动与多次成矿作用以及相伴的中酸性岩脉侵位,无疑为锑成矿提供了良好的物源和热源。

2)找矿标志

北东向陡倾斜断裂及旁侧次级断裂构造是区域找矿标志;褶皱构造加上断裂构造是寻找锑矿体构造标志;临江岩组、大栗子岩组碳质绢云片岩、千枚岩、石英岩等为锑矿床地层岩性标志;断裂带硅化、黄铁矿化、毒砂化等是找矿蚀变标志。

(二)地球物理特征

1. 矿床所在区域重磁场特征

在1:25万布格重力异常图上,青沟子锑矿床位于龟形重力低异常的东侧梯度带边缘,其外围被重力高异常环绕。重力低异常由两部分组成,西北"龟头"呈等轴状,异常较小,梯度缓,与老秃顶子花岗岩体有关;东部"龟身"近椭圆状,东西走向,异常规模大,梯度陡,为整个重力低异常的主体部分,为草山花岗岩体引起。东侧锑矿床处重力高异常平缓,向南、北两侧场值逐渐升高,形成半环形异常带,为老岭岩群引起。在剩余重力异常图上,整个负异常呈椭圆状,东西走向,长14.7km,宽8.4km。异常东侧梯度陡,锑矿床位于梯度带边部靠近零值线的正场一侧。

在1:25万区域航磁异常图上,草山花岗岩体以平稳的负磁场为特征。岩体东侧边缘有一纺锤形、较弱的正异常带穿过,并继续向北北东伸出。锑矿床位于纺锤形正异常带东部的低缓负磁场中,靠近正异常带的中部-10nT等值线向北西方向凸起的端部。经化极垂向一阶导数处理,锑矿床更加靠近纺锤形正异常带中部扭曲部位,正异常带变宽。正异常带是岩体与围岩发生交代作用,形成具有磁性的矽卡岩所致。

2. 矿床所在地区磁场特征

在1∶5万航磁异常图上,区内正异常位于草山花岗岩体东半部边缘,为东沟-五人把"S"形正异常带南段岩体与老岭岩群接触带异常。西部以正异常为主,整体呈向东凸起的弧形,由西向东磁场强度逐渐降低,其上叠加的局部异常均分布在接触带或两侧,最高值在西南部四方顶子附近,强度为80nT。东部负异常区以南高北低为特征,北侧较低负异常以北西走向为主,最低值出现在锑矿床的东北部,编号为吉C1-1990-122,形态为等轴状,航检为蚀变带异常。负异常区中南高北低的北西向分界线推断有北西向断裂构造存在。正、负异常过渡位置负场一侧有一条南北向梯度带贯穿全区,在锑矿床处向东凸起,形成一处强度较弱的剩余磁异常,最大值为-10nT,应为蚀变带磁异常。梯度带的西侧分布有吉C1-1990-125正磁异常,强度为30nT,略高。以锑矿床处凸起异常为界,梯度带北段紧密,南段发散。经化极处理,锑矿床处南北向梯度带及剩余磁异常明显突出,经化极垂向一阶导数处理,锑矿床完全落在剩余磁异常的中心部位。

综上所述,岩体与锑矿床的形成有密切关系,是青沟子锑矿床形成的主要热源,岩体对围岩热变质作用较为强烈,产生蚀变带磁异常,锑矿床距离接触带稍远,磁异常减弱。锑矿床位于南北向梯度带与北西向梯度带、场区分界线的交会处,反映出矿床的形成受构造控制的特点。

(三)临江市青沟子锑矿床地质-地球物理找矿模型

综合上述矿床地质特征和地球物理异常特征,归纳总结出矿床地质-地球物理找矿模型,见表6-6-1。

表6-6-1 临江市青沟子锑矿床地质-地球物理找矿模型表

地质条件	构造环境	前南华纪华北东部陆块(Ⅱ),胶辽吉古元古代裂谷带(Ⅲ),老岭坳陷盆地内
	岩石组合	二云片岩、石英岩、花岗岩
	构造标志	开阔的等厚褶皱转折端发育有扇形断层部位,叠加有北东向、东西向断裂部位
	围岩蚀变	主要为硅化、绢云母化、碳酸盐化、绿泥石化、黄铁矿化、毒砂矿化和辉锑矿化
地表找矿标志		北东向陡倾斜断裂及旁侧次级断裂构造是区域找矿标志;褶皱构造加上断裂构造是寻找锑矿体构造标志;临江岩组、大栗子岩组碳质绢云片岩、千枚岩、石英岩等为锑矿床地层岩性标志;断裂带硅化、黄铁矿化、毒砂化等是找矿蚀变标志
找矿历史标志	文字记录	20世纪50年代长春地质学院在填图中发现锑矿转石,在此基础上原通化地质大队多次对该点进行检查。1982年冶金602队,1987—1988年吉林省地质矿产局第四地质调查所对该区进行过普查;1991—1993年第四地质调查所进行详查
地球物理标志	重力	在1∶25万布格重力异常图上,青沟子锑矿床位于头西尾东龟形重力低异常的东侧梯度带边缘,其外围被重力高异常环绕。重力低异常东西走向,长约14.7km,宽约8.4km,边部梯度陡,为草山花岗岩体引起。锑矿床处东侧被半环形平缓重力高异常环绕,为老岭岩群变质岩引起
	磁法	在1∶5万航磁异常图上,区内正异常位于草山花岗岩体东半部边缘,为岩体与老岭岩群接触带异常。锑矿床处于靠近正异常区的东部负异常区一侧南北向线性梯度带局部向东凸起部位,为一处强度较弱的相对高磁异常,最大值为-10nT,应为蚀变带磁异常。锑矿床位于南北向梯度带与北西向梯度带、场区分界线的交会处,反映出矿床的形成受构造控制的特点

第七节　铬铁矿典型矿床地质-地球物理特征

吉林省铬铁矿资源少，但是永吉县小绥河侵入岩浆型铬铁矿床却具有代表性。本次仅选取小绥河侵入岩浆型铬铁矿床一例作为典型矿床，矿产预测类型为大小绥河式侵入岩浆型，成矿时代为海西期，应用于小绥河、开山屯、头道沟3个铬矿预测工作区。

（一）典型矿床成矿地质特征

1. 地质构造环境及成矿条件

矿床位于天山-兴蒙-吉黑造山带（Ⅰ），小兴安岭-张广才岭弧盆系（Ⅱ3），小顶山-张广才岭-黄松裂陷槽（Ⅲ2），双阳-永吉-蛟河上叠裂陷盆地（Ⅳ3）内。

（1）地层：区内地层出露有石炭纪—泥盆纪通气沟组，主要岩性为砂岩、粉砂岩；志留纪—泥盆纪二道沟群浅海相碎屑岩，呈带状分布，主要岩性为砂岩、灰岩、板岩等。

（2）岩体：区内出露的岩浆岩主要为小绥河超基性岩体。小绥河超基性岩带位于吉林古生代晚期褶皱带，向北毗邻依兰-伊通中生代地堑。岩带由大小16个岩体组成。除九站ⅩⅢ半隐伏岩体面积达$0.52km^2$之外，其余均在$0.03\sim0.2km^2$之间或更小。岩体侵入于由纵向冲断层所控制的狭长的志留纪—泥盆纪二道沟群单斜地层中，呈带状。岩体与围岩走向一致，倾向相反。控岩构造与古生代地层的构造关系密切，岩体侵入于较老的变闪长岩及蚀变辉长岩中并为中生代酸性—基性脉岩所穿插，推测超基性岩的侵入时代为古生代。

小绥河Ⅰ号超基性岩体长4800m，宽20～140m，平均宽40m，面积约$0.2km^2$；走向北东74°，倾向南东，倾角50°～80°，为一具有膨缩现象及280°～300°侧支的脉状单斜岩体。岩体已全蛇纹石化，原生造岩矿物及原岩结构构造已被破坏殆尽，仅按次生结构构造划分为粗粒叶蛇纹岩和致密状蛇纹岩两种。粗粒叶蛇纹岩主要位于岩体上盘部位，向下逐渐变窄；致密状蛇纹岩主要位于岩体下盘部位，向下变宽。两种蛇纹岩以突变关系为主，有时呈递变关系。粗粒叶蛇纹岩较完整，致密状蛇纹岩则多呈角砾状且主要由胶蛇纹岩组成。初步认为两者属同期同源再度侵入关系，将粗粒叶蛇纹岩定为含辉纯橄岩（Φ_1^2），致密状蛇纹岩定为斜辉辉橄岩（Φ_2^1）。粗粒叶蛇纹岩是主要近矿围岩。

中生代侵入的辉绿岩和石英钠长斑岩呈脉状广泛侵入于岩体上盘围岩及岩体中，产状与岩体一致。石英钠长斑岩规模大、分布广，浅部倾角45°～60°，向深变为80°，在100～180m深度较严重地破坏了①号矿体，②号矿体则在近地表部位即被破坏；再往下，分支现象较多，对矿体的破坏不甚明显。

2. 矿体特征

永吉县小绥河铬铁矿床已查明3条矿体，其中①号矿体最大，约占总量的90%。

①号矿体：最长93m，呈似脉状、雁行状、扁豆状产出，厚度0.89m，矿体东富西贫，Cr_2O_3最高品位为33.43%，最低品位为6.18%，平均22.81%。矿体主要赋存在标高110m以上的浅部，在一个矿体中，往往中心为稠密浸染状，向边缘过渡为浸染状及致密块状矿化岩石。矿体赋存在深大断裂北侧粗粒叶蛇纹岩中。呈脉状、雁行状分布。总体产状164°∠72°，与岩体产状一致。

②号矿体：该矿体与①号矿体同属一个控矿构造，产状与①号矿体一致，位于①号矿体分支膨大部位粗蛇纹岩南侧，矿石以中等浸染状为主，少许稠密浸染状矿石分布。

③号矿体：为位于①号矿体下盘的盲矿体矿石，以稠密浸染状类型为主，矿体仅有4个钻孔控制，矿

体产状和规模可靠性差。

3. 矿石物质成分

(1)矿石类型：稠密浸染状矿石占60%，稀疏—中等浸染状及块状矿石占40%。

(2)矿物组合：主要矿物为铬尖晶石矿；次要矿物为赤铁矿、褐铁矿及微量磁铁矿、黄铁矿、针镍矿、硫钴矿和六方硫钴矿等。脉石矿物主要为叶绿泥石及单斜绿泥石，其次为白云石及少量铬斜绿泥石。

(3)矿石的结构构造：含矿岩石的结构主要为似斑状结构；矿石的构造主要为稠密浸染状、稀疏浸染状、斑点状。

4. 蚀变类型

区内围岩蚀变主要有铬铁矿化、滑石化、碳酸盐化、硅化、褐铁矿化、绿泥石化、黄铁矿化。

5. 成矿时代

成矿时代为海西期。

6. 控矿因素

(1)构造控矿：受伊-舒深大断裂控制，北东向构造既为容矿构造，也为控矿构造。

(2)粗粒叶蛇纹岩和致密状蛇纹岩为控矿岩体，提供赋矿层位。岩体分支、膨大部位，控矿构造最发育。

(3)矿体在围岩中均可见到，且均产在蚀变带内。

(二)地球物理特征

1. 矿床所在区域重磁场特征

在1:25万布格重力异常图(图6-7-1)上，铬铁矿床位于西部依兰-伊通中生代地堑重力低异常带与东部古生界重力高异常带间梯度带边部，靠近重力高一侧。重力梯度带呈北东走向，规模大，宽约9.4km，梯度每千米变化3.0×10^{-5}m/s^2，为依兰-伊通岩石圈断裂带的东界。重力梯度带在岔路河——拉溪—大绥河为北东走向，大绥河—孤店子—乌拉街转为北北东走向，矿床处在转折端外侧边部。在剩余重力异常图上，矿床位于北东—北北东走向的一拉溪—小绥河—九站一线重力高异常带上，该带西南段宽度明显窄于北北东段，并出现两个重力高异常中心，反映出被已知北西向大绥河断裂错断的重力场特征。

在1:25万区域地质图上，依兰-伊通地堑重力低异常带地表主要为新生代沉积地层。一拉溪—小绥河—九站一线重力高异常带地表主要出露有古生代志留纪—泥盆纪西别河组浅海相碎屑岩，石炭纪通气沟组砂岩、粉砂岩，中二叠世范家屯组砂岩、粉砂岩、板岩，晚二叠世杨家沟组含砾砂岩、板岩、砂岩，晚三叠世四合屯组安山岩、安山质熔岩、角砾岩，早侏罗世玉兴屯含砾砂岩、凝灰质砾岩、砂岩、粉砂岩，夹中酸性火山碎屑岩。重力高异常带主要为古生代地层引起。

在1:25万区域航磁异常图上，矿床位于大绥河-九站等轴状正磁异常南部边缘零值线附近，该处异常梯度缓，南部为大面积平静负磁场区。正磁异常长、宽约13.5km，强度大于200nT，梯度略陡，北、东、南三面负磁异常环绕。在航磁异常化极等值线图上，矿床位于等轴状正磁异常南部负磁场中。等轴状正磁异常位于依兰-伊通中新生代沉积盆地内，距盆地东界较近，推断为隐伏火山机构所引起的异常。大面积负磁场区为新生代沉积盆地及古生代沉积地层的异常反映。

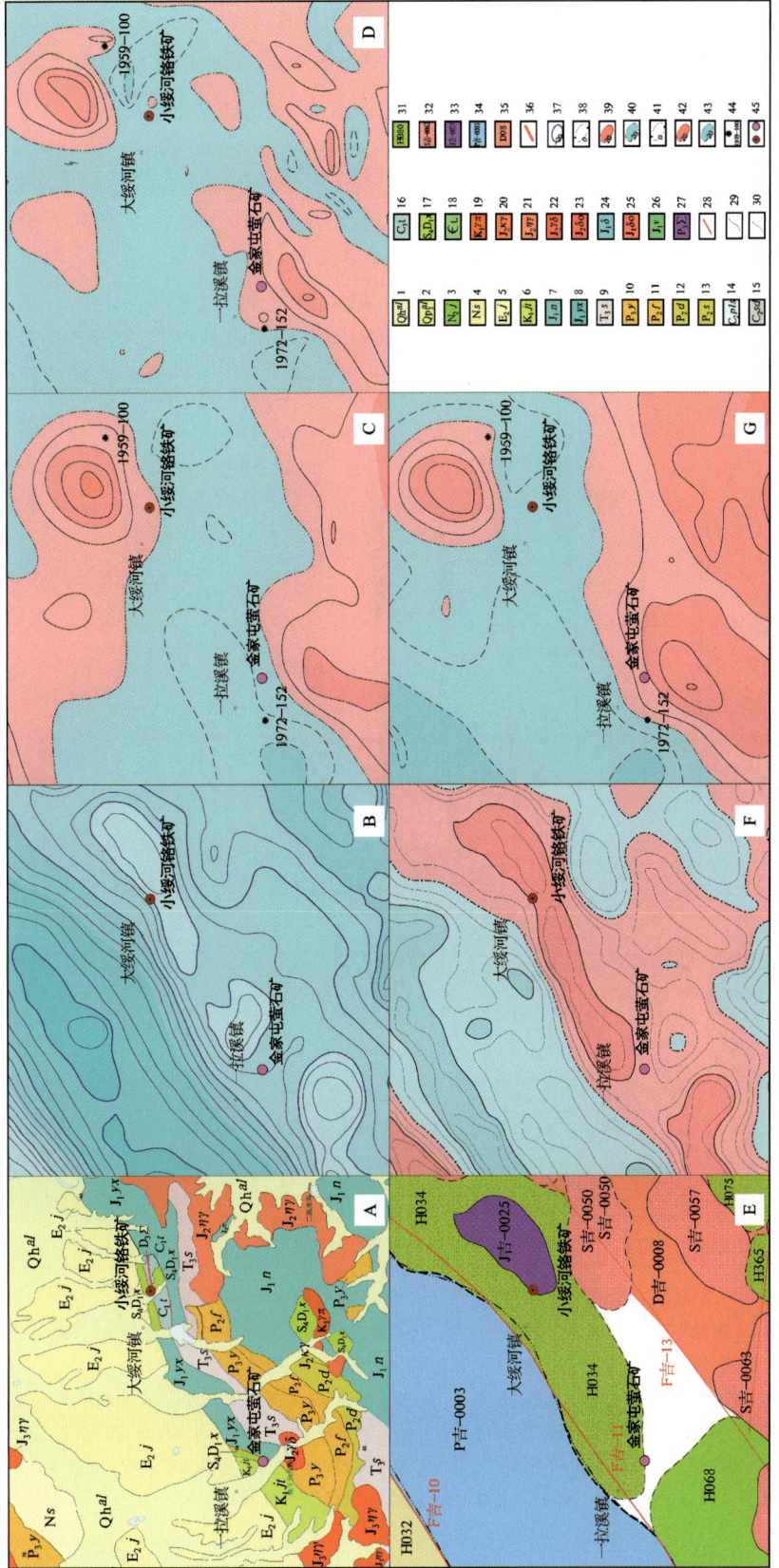

图 6-7-1 小绥河典型铬铁矿床所在区域地质矿产及物探剖析图

A. 地质矿产图；B. 布格重力异常图；C. 航磁ΔT化极图；D. 航磁ΔT化极垂向一阶导数等值线平面图；E. 重磁推断地质构造图；F. 剩余重力异常图；G. 航磁ΔT化极等值线平面图

1. I级阶地及现代河床、河漫滩、大河深积、砂砾石堆积、砂砾石堆积；2. II级阶地、砂砾石堆积、砂土、亚砂土、粗砂；3. 吉舒组；4. 木曲柳组；5. 泉头组；6. 南楼山组；7. 杨家沟组；8. 玉兴屯组；9. 四合屯组；10. 杨家沟组；11. 二长花岗岩；12. 大河家组；13. 寿山沟组；14. 石嘴子组；15. 四道砬子；16. 西别河组；17. 通气沟组；18. 头道组；19. 早白垩世花岗斑岩；20. 中侏罗世碱长花岗岩；21. 中侏罗世二长花岗岩、似斑状二长花岗岩；22. 中侏罗世花岗闪长岩、似斑状花岗闪长岩；23. 中侏罗世石英闪长岩；24. 中侏罗世闪长岩；25. 早侏罗世花岗闪长岩；26. 早侏罗世石英闪长岩；27. 晚二叠世橄榄岩、辉橄岩；28. 实测断裂；29. 整合岩层界线；30. 角度不整合界线；31. 重力推断地层及注记；32. 重力推断基性岩体及注记；33. 重力推断中酸性岩体及注记；34. 重力推断盆地及注记；35. 重力推断岩浆岩岩带及注记；36. 重力推断断裂；37. 布格重力异常等值线及注记；38. 剩余重力异常零等值线及注记；39. 剩余重力异常正等值线及注记；40. 剩余重力异常负等值线及注记；41. 航磁异常零等值线及注记；42. 航磁异常正等值线及注记；43. 航磁异常负等值线及注记；44. 航磁异常点及编号；45. 铬铁矿床、萤石矿床北东向依兰-伊通岩石圈断裂构造带为本区超基性岩体的上涌通道,小绥河含铬铁矿超基性岩体受北东东向次一级构造控制,处于古生代地层重力高异常带边部,由于规模不大,由航磁 2km×2km 网格数据生成的航磁异常等值线图上无异常显示,古生代地层和依兰-伊通盆地的低缓负磁异常区则连成一片。

2. 矿床所在地区磁场特征

在 1∶5 万航磁异常等值线平面图(图 6-7-2)上,矿床位于北东向条带状正磁异常北侧负磁场区一侧。正磁异常由南西向北东部逐渐升高,最大强度大于 80nT,梯度较陡,位于负磁场背景之中。在航磁异常化极等值线图上,正异常分解为南西和北东两个局部异常,最大值分别为-20nT、40nT,组成一条北东向带状异常。矿床处于两个局部异常之间,并靠近北侧梯度带,小绥河超基性岩体与北东部异常位置完全吻合;两个局部异常之间的矿床西侧有已知小绥河北西向断裂构造通过。在航磁异常化极垂向一阶导数等值线图上,矿床处于低缓正磁异常之上。

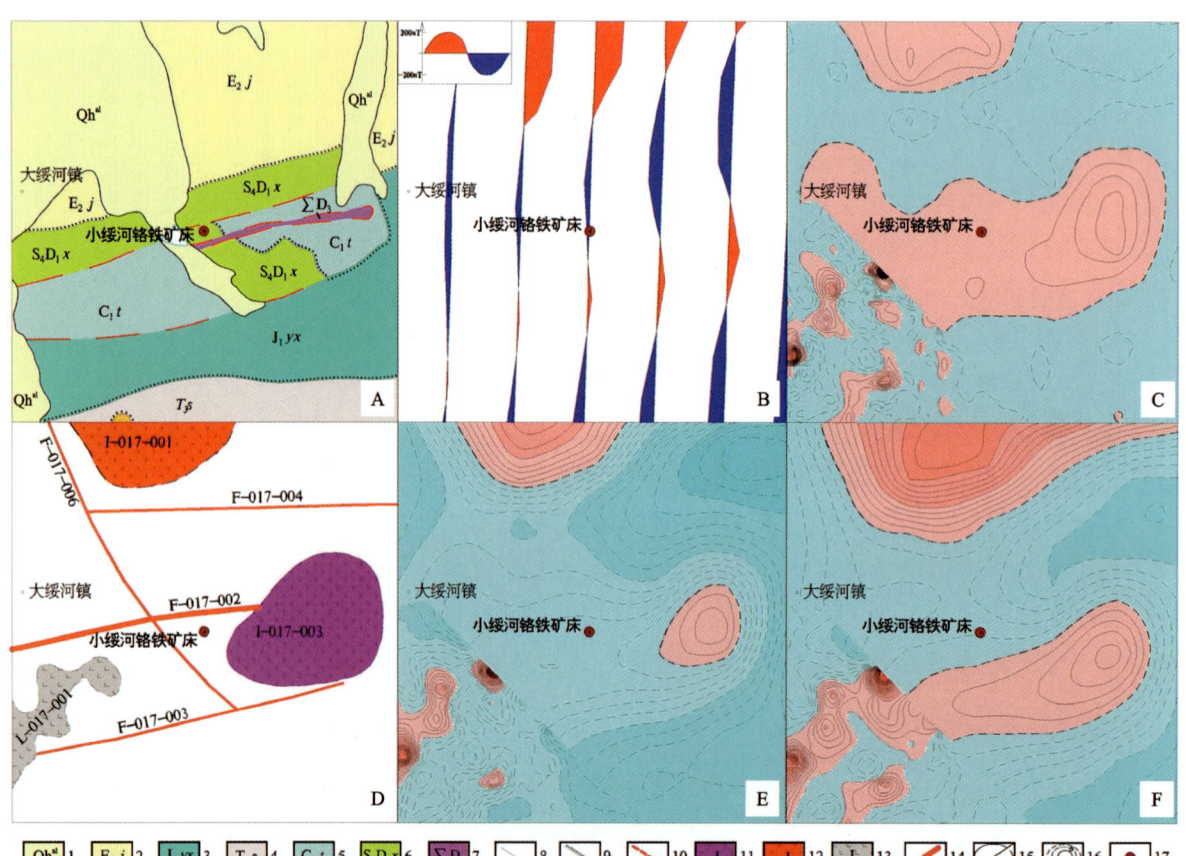

图 6-7-2 小绥河典型铬铁矿床所在地区地质矿产及物探剖析图

A.地质矿产图;B.航磁 ΔT 剖面平面图;C.航磁 ΔT 化极垂向一阶导数等值线平面图;D.航磁推断地质构造图;E.航磁 ΔT 化极等值线平面图;F.航磁 ΔT 等值线平面图

1.全新统;2.吉舒组;3.玉兴屯组;4.四合屯组;5.通气沟组;6.西别河组;7.晚泥盆世橄榄岩;8.整合地质界线;9.角度不整合地质界线;10.推断断层;11.磁法推断超基性岩体;12.磁法推断酸性岩体;13.磁法推断火山岩地层;14.磁法推断断裂构造;15.磁法推断出露、隐伏、半隐伏地质界线;16.航磁异常零值线及注记、航磁异常正等值线及注记、航磁异常负等值线及注记;17.铬铁矿床

3. 矿床所在位置地球物理特征

1) 矿区岩(矿)石物性参数特征

矿区磁性最高为超基性岩石,即蛇纹岩类,磁化率平均值一般为$(4700\sim7700)\times10^{-5}$SI,具有中强磁性,剩余磁化强度平均值一般为$(1500\sim2900)\times10^{-3}$A/m,磁性较强,可以产生强度较大的磁异常。安山岩、闪长岩、碎屑凝灰岩及凝灰质角砾岩磁化率平均值一般为$(150\sim1169)\times10^{-5}$SI,剩余磁化强度一般为$(1360\sim3200)\times10^{-3}$A/m,属较弱磁性,均不引起明显的磁异常。

铬铁矿矿石类型中,致密块状铬铁矿磁性较弱,与其他弱磁性岩石一样,无明显异常;稠密浸染状铬铁矿具有中—弱感磁,但剩磁在矿区为最高,达4090×10^{-3}A/m,可引起较强磁异常。矿区具有磁性的岩(矿)石物性参数统计结果详见表6-7-1。

矿区其他无磁性的岩石(磁性极弱)有石英钠长斑岩、花岗斑岩、灰岩、板岩、片岩、英安岩、白岗质花岗岩、煌斑岩、角闪岩、流纹岩、霏细岩、粉砂岩含砾砂岩等,均不引起磁异常。

表6-7-1 矿区磁性岩(矿)石物性参数统计表

岩石名称	块数/块	$\kappa/(\times10^{-5}\text{SI})$			$Jr/(\times10^{-3}\text{A}\cdot\text{m}^{-1})$		
		最大值	最小值	平均值	最大值	最小值	平均值
粗粒蛇纹岩	79	143 005	0	5843	65 100	0	1510
角砾状蛇纹岩	13	15 645	1294	5303	6500	610	2010
片状蛇纹岩	17	15 331	1257	7691	16 450	400	2880
蛇纹岩	13	14 514	804	4725	7800	140	2540
致密块状铬铁矿	6	1646	0	289	1120	0	200
稠密浸染状铬铁矿	6	2488	251	1118	13 600	230	4090
安山岩	13	1973	0	151	1560	60	450
闪长岩	4~7	767	565	641	920	280	530
碎屑凝灰岩	2~15	741	163	352	3380	550	1360
凝灰质角砾岩	2~17	1244	1093	1169	340	280	320

2) 矿床所在位置地磁场及重力场特征

a. 地磁异常平面特征

矿区内分布的小绥河Ⅰ号超基性岩体含①和②号两条铬铁矿体,岩体地磁异常呈北东东向带状,长约1000m,向两端延出区外。异常带东窄西宽,西半部宽约200m,北半部宽约50m,最窄处仅有20m左右,北侧梯度陡,最大有280nT/m的变化,南侧缓,两侧明显不对称,反映出超基性岩体南东倾斜的特点。异常强度一般为500~1000nT,最高达4200nT,出现在异常中部①号铬铁矿体之上,该处北侧伴有-300~-200nT的负磁异常。②号铬铁矿体处磁异常强度相对较低,大于1000nT。

在小绥河Ⅰ号超基性岩体①和②号铬铁矿体地质图上,超基性岩体沿北东东向展布,与磁异常分布的形态特征比较吻合。岩石磁性测定结果显示,超基性岩石具有强磁性,表明磁异常确实是由超基性岩引起,西部岩体规模大,对应异常宽大,东部岩体规模小,对应异常宽度也比较窄小。两条铬铁矿体与岩体、磁异常走向一致,矿体上方出现峰值,表明铬铁矿体感磁与剩磁方向一致,磁化强度达到最大,异常也最高,高于超基性岩。

b. 剖面磁异常特征

在小绥河Ⅰ号超基性岩体①号铬铁矿体Ⅰ线综合剖面图上,超基性岩体倾向南东,底部为致密状蛇纹岩,顶部为粗粒叶蛇纹岩,粗粒叶蛇纹岩为矿体围岩,矿体附近的压扭性断裂破碎带向下延深较大。

岩体两侧围岩为志留纪—泥盆纪二道沟群单斜地层,岩性为石英绿泥片岩、绿泥片岩、云母绿泥片岩。矿体北侧片岩以北,有石英钠长斑岩、闪长岩、辉长岩及中基性脉岩分布。异常南、北两侧梯度陡,且北侧陡于南侧,最大强度为4200nT,北侧伴有负磁异常。异常宽度与磁性较强的粗粒叶蛇纹岩范围比较吻合,矿体上方出现异常最大值。异常显示岩体及矿体产状较陡且向南倾,与实际地层产状一致。

c. 重力场特征

(1) ①号铬铁矿体重力异常试验。在①号铬铁矿体钻探剖面附近,作了4条试验剖面,网度为10m×5m,矿体上点距加密到2~3m,工作精度为0.03×10^{-5}m/s^2。矿体与围岩的密度差达$(0.64\sim1.20)\times10^3$kg/m^3,浮土厚度为0~2m,铬铁矿体所反映的布格重力异常值比围岩高出$(0.03\sim0.12)\times10^{-5}$m/$s^2$。由此看出,重力测量效果较好,利用重力方法能够寻找埋深较浅的小型铬铁矿。

(2) 小绥河水库的岩体重力异常特征。①号矿体以西约200m处,小绥河水库的岩体呈膨大、分支形态,为成矿有利地段,水深一般为2m,浮土厚度为14~25m,湖底地形平。为此在水库冰面上进行了重力、航磁详测,测网为20m×10m,面积为$12\times10^4$$m^2$。重力测量的总观测精度为$0.028\times10^{-5}$m/$s^2$。通过测量,共发现9条局部重力异常,异常值较低,但连续性较好,较非异常部分高出$(0.04\sim0.06)\times10^{-5}$m/$s^2$。其中5个异常的钻探验证结果,除CK76孔外,均见非矿高密度地质体。经正演计算,理论值与实测值相吻合。尤其是长达260m的①号异常,在平面上完全与辉石岩的狭长条带一致。重力异常验证结果见表6-7-2。

表6-7-2 重力异常验证结果登记表

钻孔号	剩余重力异常		验证结果		密度/$(\times10^3$kg·$m^{-3})$	浮土深度/m	剩余密度/$(\times10^3$kg·$m^{-3})$	备注
	强度/$(\times10^{-5}$m·$s^{-2})$	长度/m	高密度体	厚度/m				
70	0.12	40	辉长岩	5	2.94	17	0.38~0.57	矿石密度(3.00~3.70)$\times10^3$kg/m^3;粗粒叶纹岩密度2.36$\times10^3$kg/m^3
			辉石岩					致密蛇纹岩密度2.56$\times10^3$kg/m^3
71	0.05~0.16	260	辉石岩	5	2.94	14	0.38~0.57	
72	0.05~0.13	100	辉石岩	5	2.94	26	0.38~0.57	
76	0.05~0.12	80	蛇纹岩		2.56	25	0~0.19	
66	0.05~0.12	70	辉长岩	16	2.94	25	0.38~0.57	

(三) 永吉县小绥河铬铁矿床地质-地球物理找矿模型

综合上述矿床地质特征和地球物理异常特征,可归纳总结出矿床地质-地球物理找矿模型,见表6-7-3。

表6-7-3 小绥河铬铁矿床找矿模型表

	岩石类型	粗粒叶蛇纹岩,致密状蛇纹岩
地质条件	成矿时代	同位素年龄为360Ma(沈阳地质矿产研究所,2004),成矿时代为海西期
	成矿环境	矿区位于山河-榆木桥子Au、Ag、Mo、Cu、Fe、Pb、Zn成矿带(Ⅳ5),大绥河Cu、Fe找矿远景区(Ⅴ13)。矿床赋存于超基性岩体中,受深大断裂构造的影响,沿依兰-伊通深断裂的南缘活动带分布。成矿作用为岩浆熔离型
	构造背景	大地构造位置位于天山-兴蒙-吉黑造山带(Ⅰ1),小兴安岭-张广才岭弧盆系(Ⅱ3),小顶山-张广才岭-黄松裂陷槽(Ⅲ2),双阳-永吉-蛟河上叠裂陷盆地(Ⅳ4)。伊舒大断裂控矿,容矿控矿构造为北东向断裂

续表 6-7-3

矿床特征	控矿条件	①构造控矿：受伊-舒深大断裂控制，北东向构造既为容矿构造，也为控矿构造； ②粗粒叶蛇纹岩和致密状蛇纹岩为控矿岩体，提供含矿、赋矿层位； ③矿体在围岩中均可见到，且均产在蚀变带内
	蚀变特征	区内围岩蚀变主要有铬铁矿化、滑石化、碳酸盐化、硅化、褐铁矿化、绿泥石化、黄铁矿化
	矿化特征	铬矿体最长93m，呈似脉状、雁行状、扁豆状产出，厚度小于1m，矿体东富西贫，Cr_2O_3最高品位为33.43%，最低品位为6.18%，平均22.81%。矿体主要赋存在标高110m以上的浅部，在一个矿体中，往往中心为稠密浸染状，向边缘过渡为浸染状及致密块状矿化岩石
综合信息	地球化学	在矿床所在区域Cr没有异常反映，对小绥河铬铁矿缺乏支撑，没有显示直接的找矿指示作用。圈定的Cr异常主要分布在矿床外围。与铬铁矿相关的Co、Mn、Fe_2O_3、MgO、Al_2O_3异常在矿床区域亦没有反映。Ni异常与矿床积极响应，矿致性质明显，可指示找矿。主矿体赋存于Ⅰ号超基性岩体中，有上富下贫的趋势。最高品位为35%，最低品位为6.18%
	地球物理	在1:25万布格重力异常图上，矿床位于依兰-伊通岩石圈断裂带的东界北东走向重力梯度带向南东凸起处，靠近东侧的北东走向局部重力高异常一侧，局部重力高异常在矿床位置突然变窄。重力高异常为古生代地层及超基性岩体引起。 在1:5万航磁异常等值线平面图上，矿床位于负磁场区一侧，南部正磁异常逐渐升高，梯度较陡；在异常化极等值线图上，矿床处于两个局部异常之间。小绥河Ⅰ号超基性岩体①和②号铬铁矿体沿北东东向展布，与磁异常分布的形态特征比较吻合。 超基性岩石，剩余磁化强度平均值一般为$(1500 \sim 2900) \times 10^{-3}$A/m，磁性较强；致密块状铬铁矿磁性较弱，稠密浸染状铬铁矿具有中—弱感磁，但剩磁在矿区为最高，达4090×10^{-3}A/m，亦可引起较强磁异常
	重砂	在矿床相邻水域有铬尖晶石重砂异常，可直接指示外围找矿预测
	遥感	矿区位于依兰-伊通断裂带北东侧，有北东向、北西向断裂穿过此区，有多个与隐伏岩体有关的环形构造；区内为遥感浅色色调异常区；有高度集中羟基异常及零星铁染异常分布
找矿标志		①粗粒叶蛇纹岩和致密状蛇纹岩为直接找矿标志； ②构造标志：北东向构造分支、膨大部位是矿体赋存的有利部位，是直接找矿标志； ③蚀变标志：铬铁矿化、滑石化、碳酸盐化、硅化、褐铁矿化、绿泥石化、黄铁矿化等的蚀变岩石是该区的直接找矿标志； ④地球物理标志：重力高、磁力高区及布格重力异常相对高区与铬铁矿有关，应该引起足够重视

第八节 钼矿典型矿床地质-地球物理特征

吉林省钼矿典型矿床主要分布在天山-兴蒙造山带吉黑褶皱系内，只有靖宇天合兴铜钼矿床、临江铜山铜钼矿床位于华北东部陆块区。矿产预测类型划分和典型矿床选择见表6-8-1。

表6-8-1 钼矿典型矿床矿产预测类型划分一览表

典型矿床	矿产预测类型	成矿时代	主要矿种	预测方法类型	预测工作区
永吉大黑山钼矿床	大黑山式斑岩型	燕山期	钼	侵入岩体型	前撮落-火龙岭，西苇
靖宇天合兴铜钼矿床	天合兴式斑岩型	燕山期	钼	侵入岩体型	天合兴
舒兰季德屯钼矿床	大黑山式斑岩型	印支期	钼	侵入岩体型	季德屯-福安堡
敦化大石河钼矿床	大黑山式斑岩型	燕山期	钼	侵入岩体型	大石河-尔站
安图刘生店钼矿床	大黑山式斑岩型	燕山期	钼	侵入岩体型	刘生店-天宝山
龙井天宝山钼多金属矿床	大黑山式斑岩型	燕山期	钼	侵入岩体型	刘生店-天宝山
临江铜山铜钼矿床	铜山式矽卡岩型	燕山期	钼	层控内生型	六道沟-八道沟
桦甸四方甸子钼矿床	四方甸子式石英脉型	燕山期	钼	层控内生型	前撮落-火龙岭

本节按照矿产预测类型,对永吉大黑山钼矿床、临江铜山铜钼矿床和桦甸四方甸子钼矿床分述如下。

一、永吉大黑山钼矿床

斑岩型矿床为吉林省有色金属和贵金属矿产重要成因类型之一。大黑山斑岩型钼(铜)矿床钼储量为超大型,伴生铜储量达大型,位居省内探明钼、铜矿床资源总量首位,潜在经济价值巨大。

(一)矿床地质特征概述

矿床位于吉黑海西期褶皱带的南部,吉林优地槽-吉林复向斜弧形构造顶部内侧,大黑山早古生代断隆-前撮落倒转背斜核部,受东西向基底断裂带与北北东向断裂带交会部位控制。

前撮落含矿细粒斜长花岗斑岩($\gamma_{0\pi5}^{2(2)-3}$)侵入围岩,东侧和北侧为下古生界呼兰群头道岩组变质中基性火山岩及浅海相变质砂、板岩,西侧和南侧为长岗岭中细粒斜长花岗岩($\gamma_{05}^{2(2)-2b}$)。含矿岩体是同源不同期侵入的复式岩体(图6-8-1),按岩浆侵位先后顺序,可划分为长岗岭中细粒斜长花岗岩($\gamma_{05}^{2(2)-2b}$,186.9Ma)、前撮落细粒斜长花岗斑岩($\gamma_{0\pi5}^{2(2)-3}$,180.1Ma)、斜长花岗斑岩($\gamma_{0\pi5}^{2(2)-4}$,175.3Ma)及霏细状斜长花岗斑岩($\gamma_{0\pi5}^{2(2)-5}$,169.8~161.42Ma)4期。此外,在岩体形成过程中伴有多次隐爆作用(熔浆隐爆、气热隐爆),局部形成了隐爆角砾岩。矿床钼、铜矿化主要与第二期和第三期岩浆侵入活动关系密切,第二期岩浆侵位形成的前撮落细粒斜长花岗斑岩呈北东向椭圆状岩株产出,面积约3.7km²,岩体钼、铜矿化普遍,蚀变较强,是贫钼、铜矿化的母体。第三期岩浆活动形成的斜长花岗斑岩呈不规则东西带状侵位于细粒斜长花岗斑岩体的中部,面积约0.33km²。岩体矿化蚀变强烈,是矿床富钼矿段主要载体。经对岩体岩石化学成分及岩石化学指数特征研究,含矿复式岩体系属钙碱性岩石组合。此外,硫、锶、氧同位素分析表明,复式岩体来自同一岩浆源,是上地幔或下地壳同熔型岩浆经深部分异多次上侵的产物。

大黑山钼(铜)矿体是一个规模巨大的单一矿体,面积约2.33km²,占含矿岩体2/3。矿体形态简单,平面呈不规则圆形,富矿居中近直立筒状。矿体赋存于斜长花岗斑岩及其周围细粒斜长花岗斑岩体中,斜长花岗斑岩体中上部的含粒斑岩为富矿段。钼矿化自中心向外,强度逐渐变弱。以Mo≥0.05%为边界圈出的富矿段集中分布在中部斜长花岗斑岩体内,东西长约0.9km,南北宽约0.22km,面积0.198km²;以Mo 0.02%~0.04%圈定的贫钼矿主要赋存在斜长花岗斑岩周围的细粒斜长花岗斑岩中。钼伴生的铜矿化品位多为0.03%~0.05%,空间分布基本上与贫钼矿化同步呈环带状展布于富钼矿段的周围。此外,含矿复合岩体黄铁矿化十分发育,含量一般为3%~5%,岩体东西部矿化均超出岩体范围而进入围岩之中。含矿复式岩体主要遭受了两期岩浆侵入造成的气液蚀变作用,形成了一套完整大范围环形结构面式蚀变。自中心向外可划分出5个蚀变带,即似伟晶岩化带(石英核)、黄铁绢云母化带、石英-钾化带、石英-绢云母化带、弱绿泥石黄铁矿化带。矿床矿化和蚀变分带特征详见图6-8-1。

矿石金属矿物组成以黄铁矿、辉钼矿为主,黄铜矿、黝铜矿、闪锌矿、方铅矿、白钨矿、辉铋矿及自然金等次之。矿石结构有叶片状、鳞片状、半自形—他形粒状、交代残余及压碎、揉皱结构。矿石构造以细脉浸染状构造为主,次为浸染状、角砾状及团块状构造。

综上所述,大黑山钼(铜)矿床成矿作用与长岗岭复式岩体中第二期和第三期斜长花岗斑岩侵入活动有关,具有同心环状结构的面状矿化和蚀变特点,为一典型斑岩型钼(铜)矿床。成矿时代为燕山期。

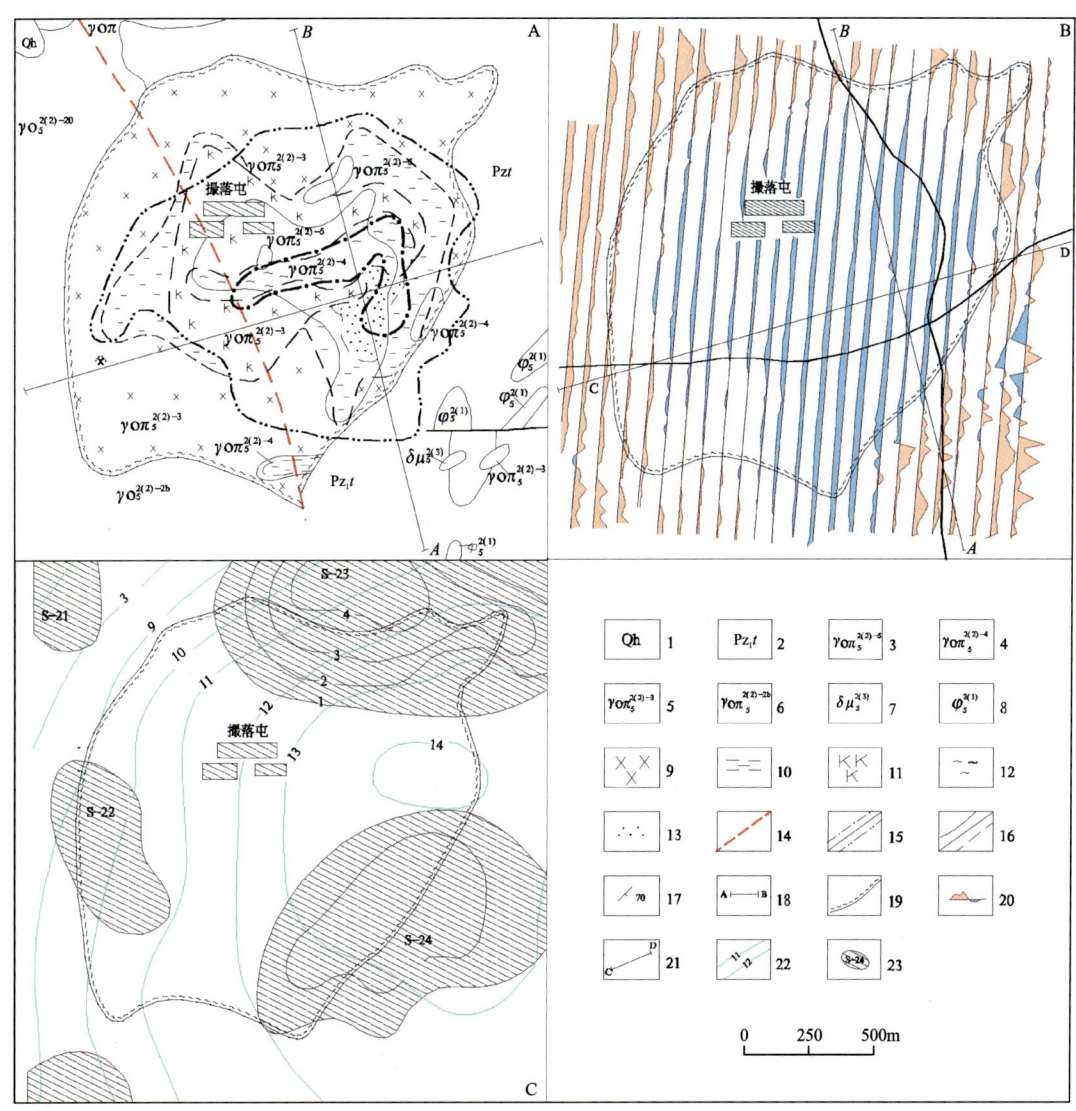

图 6-8-1 大黑山钼(铜)典型矿床所在位置地质矿产及物探剖析图(引自李世杰等,1983)

A.地质平面图;B.地磁剖面平面图;C.视极化率背景异常及剩余重力异常等值线平面图

1.现代冲积层;2.头道岩组变质砂岩、千枚状板岩;3.霏细状斜长花岗斑岩;4.斜长花岗斑岩;5.细粒斜长花岗斑岩;6.中细粒斜长花岗斑岩;7.闪长玢岩;8.基性—超基性岩;9.弱绿泥石黄铁矿化带;10.石英-白云母化带;11.石英-钾长带;12.黄铁绢英岩化带;13.似伟晶岩化带(石英核);14.断层(虚线为推测);15.富、贫钼矿边界;16.地质界线(虚线为蚀变界线);17.层面产状;18.综合剖面位置;19.矿化岩体范围;20.磁法 ΔZ 曲线,纵坐标1cm=1000nT;21.重力 Δg 剖面位置;22.视极化率滑动平均异常等值线;23.剩余重力异常及编号

(二)矿床地球物理场特征

1. 矿床区域重磁场特征

1)区域重力场

矿床所在区域布格重力场处在由取柴河—南楼山—旺起—永吉—黄榆—取柴河环形重力梯度带所围成的似圆状形态复杂的负重力异常区内。这片负场区在14km×14km滑动平均剩余重力异常图上,呈现出诸多强度、形态、走向及规模各异的局部正、负剩余重力异常,其外围被较连续的串珠状正剩余重力高异常带所环绕,这一宏观场态与布格重力场态势极为相似,都以似圆形场态为基本特征,详见图6-8-2。

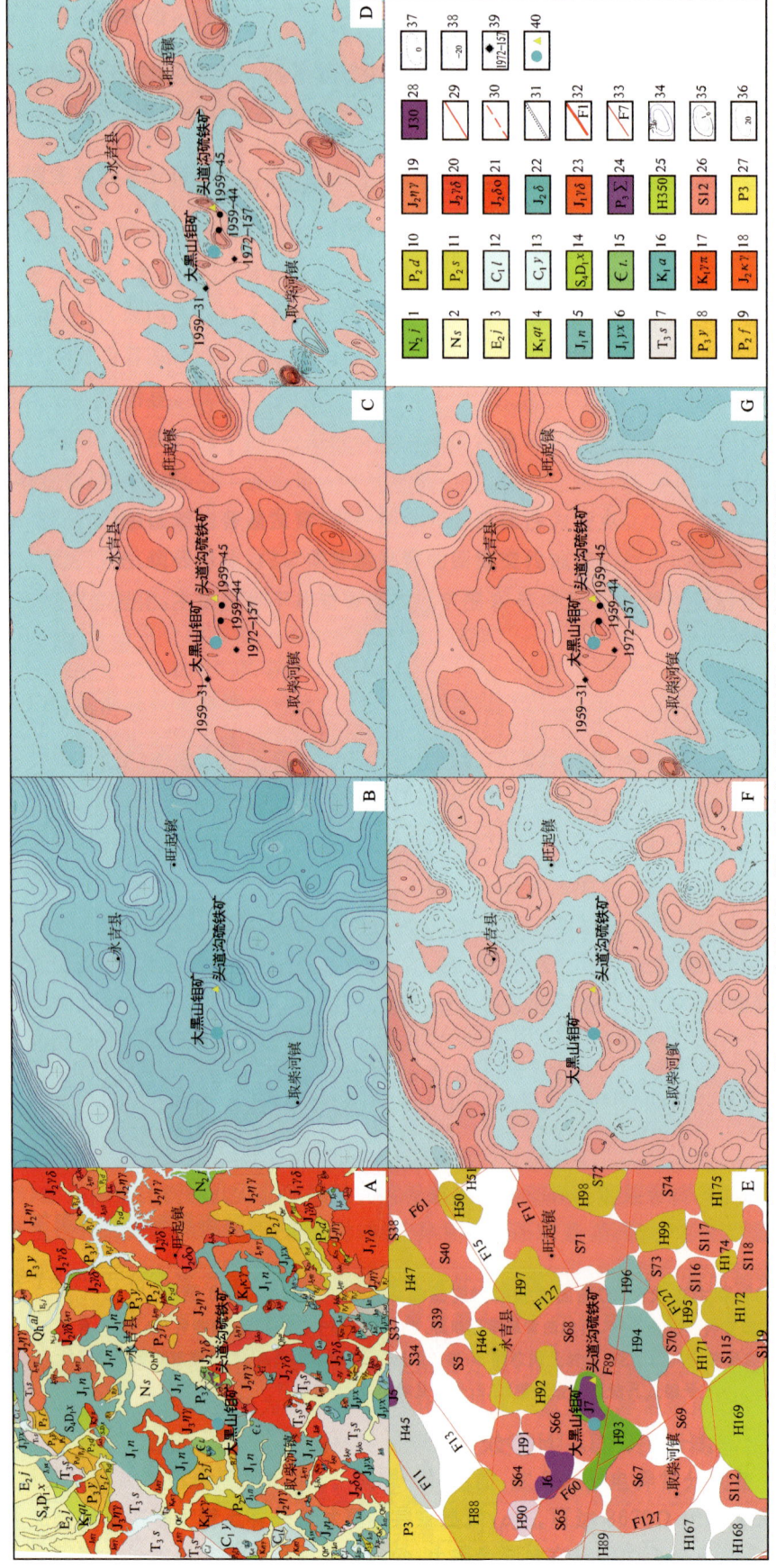

图 6-8-2 大黑山组（铜）典型矿床所在区域地质矿产及物探剖析图

A.地质矿产图；B.布格重力异常图；C.航磁ΔT等值线平面图；D.航磁ΔT化极平面图；E.重磁推断地质构造图；F.剩余重力异常图；G.航磁ΔT化极等值线平面图；
1.军舰山组；2.水曲柳组；3.吉舒组；4.泉头组；5.南楼山组；6.玉兴屯组；7.四合屯组；8.杨家沟组；9.范家屯组；10.大河深组；11.寿山沟组；12.鹿圈屯组；13.富余屯组；14.西别河组；15.头道沟组；16.早白垩世次安山岩；17.早白垩世花岗斑岩；18.早白垩世晶洞碱长花岗岩；19.中侏罗世花岗闪长岩；20.中侏罗世二长花岗岩；21.中侏罗世石英闪长岩；22.中侏罗世闪长岩；23.早侏罗世花岗闪长岩；24.二叠世徽榄岩；25.重磁推断地层及注记；26.重磁推断酸性一中酸性岩体；27.重磁推断基性一超基性岩体及注记；28.重磁推断盆地及注记；29.实测性质不明岩体；30.推测性质不明断层；31.角度不整合界线；32.重磁推断二级断裂及注记；33.重磁推断三级断层及注记；34.布格重力异常等值线及注记；35.剩余重力异常等值线及注记；36.航磁正等值线及注记；37.航磁零等值线及注记；38.航磁负等值线及注记；39.航磁异常点及编号；40.铜矿床、硫铁矿床综合地质资料分析,环形布格重力梯度带和环状剩余重力异常零值线,推断是由该区北东向、北西向、东西向、南北向4组断裂带交会联合形成的环状断裂构造带所引起,其内负剩余重力异常主要与上三叠统四合屯组中性火山岩,下侏罗统南楼山组中性、中—酸性火山岩,以及侏罗纪—白垩纪中—酸性花岗岩类关系密切。正剩余重力异常多半是下古生界寒武系头道岩组,上古生界下石炭统鹿圈屯组及中二叠统范家屯组等古生界出露、半出露及隐伏基底地层的反映。据此推测,该区断裂构造发育,处在多组断裂交会部位,构成了吉中地区构造活动的枢纽(中心)。尤其是北东向、北西向、东西向及南北向4组方向断裂联合而形成的大黑山环状断裂构造控制了本区多期岩浆喷发和侵入活动,并为区内内生金属矿产的形成提供了丰富矿质来源、成矿必需的热源和储矿的有利空间。这一环形断裂构造控制了大黑山和南楼山两处火山活动中心,成为这两矿化集中区(矿田)基本控矿构造。

2) 区域磁场

在1∶25万航磁异常图(图6-8-2)上,大黑山钼(铜)矿床处在一不规则状圆形区域复杂高磁异常的中部。该异常具有两级叠加异常的基本特征。Ⅰ级基础异常为不规则圆形,形态和范围大体与重力布格异常相近,异常强度一般为50～100nT;Ⅱ级叠加异常长轴多为北东向似椭圆状,呈斜列式集中分布在Ⅰ级异常区的中部。大黑山钼(铜)矿床垂向化极异常处于两个北东向椭圆状局部异常(吉C-1959-31、44和吉C-1972-157异常)之间低磁区内。化极垂向一阶导数剩余重力局部异常(Ⅱ级)叠加多呈北东向带状异常,其强度、形态及规模具有相似的群体特征。

经综合资料分析,区域航磁与重力异常形态和范围的相似性,多与同源构造作用有关,进而反映了本区大黑山环形断裂构造的存在,并且控制了晚三叠世—早白垩世中性—酸性岩浆火山喷发和侵入活动。与地质关联可以看出,该高磁异常的Ⅰ级异常范围与大黑山、南楼山火山盆地分布基本一致,故此认为异常与火山岩分布关系更为密切;Ⅱ级异常则为由区内多期构造岩浆活动的晚期岩浆侵入形成的中性—酸性花岗质岩体所引起。此外异常群体走向特征尚清晰,指示了区内岩浆活动明显受北东向断裂构造控制,可见区内北东向构造是主体构造线方向。

总之,区域航磁异常进一步指出,大黑山地区是吉中地区构造岩浆活动最发育的中心,构成了独具特点的地质异常,具备有大型—超大型内生金属矿床良好的成矿地质环境。

2. 所在矿田航磁异常特征

由1∶5万航磁异常图(图6-8-3)看出,大黑山钼(铜)矿床所在矿田磁场特征主要表现为被一呈北东向环带状高磁异常环抱的呈似圆状负异常,即撮落屯异常,面积约4km²,强度一般为-200～-100nT。周围环带高磁异常按异常强度、形态、规模等特征,又可分为北西亚带和南东亚带。前者曲线呈舒缓波状,形态宽缓,有较好的规律性,强度多为300～500nT;后者强度高,梯度北西侧陡。南东侧缓,局部呈尖峰状,北西侧伴有明显负值,曲线连续性差,可划分出数个呈似圆形、椭圆形局部小的异常。强度多大于500nT,最高可达2000nT。形态总体呈向南东突出的北东向展布弧带状。

综合分析认为,该环带高磁异常主要与大黑山-头道沟地区海西晚期—燕山期岩浆活动关系密切。北西亚带为晚侏罗世—早白垩世二长花岗岩、黑云母斜长花岗、碱长花岗岩引起;南东亚带则是晚海西期超基性岩,中侏罗世石英闪长岩、二长花岗岩反映。前撮落负异常与长岗岭含矿复式岩体有关,该斜长花岗岩体因遭受多期次岩浆侵入热气液蚀变作用造成热退磁而出现负异常特征。此外,依据本区磁异常线性特征,这一含矿岩体主要受北东向与东西向断裂交会控制,应属大黑山矿田主导构造体系。

3. 矿床重、磁、电异常特征

1) 岩(矿)石密度、磁性及电性特点

经物性测定,矿化蚀变岩体(矿石)具有弱磁性,矿化蚀变岩石(斜长花岗斑岩)标本 $\kappa \approx (0 \sim 20) \times 10^{-5}$ SI,而其外围围岩中细粒斜长花岗岩 $\kappa \approx 728 \times 10^{-5}$ SI,头道岩组斜长角闪岩 $\kappa \approx 2200 \times 10^{-5}$ SI,两者均属中等磁性。由此可见,矿化蚀变岩体与其围岩存在一定磁性差异,为磁测圈定含矿岩体提供了前提。

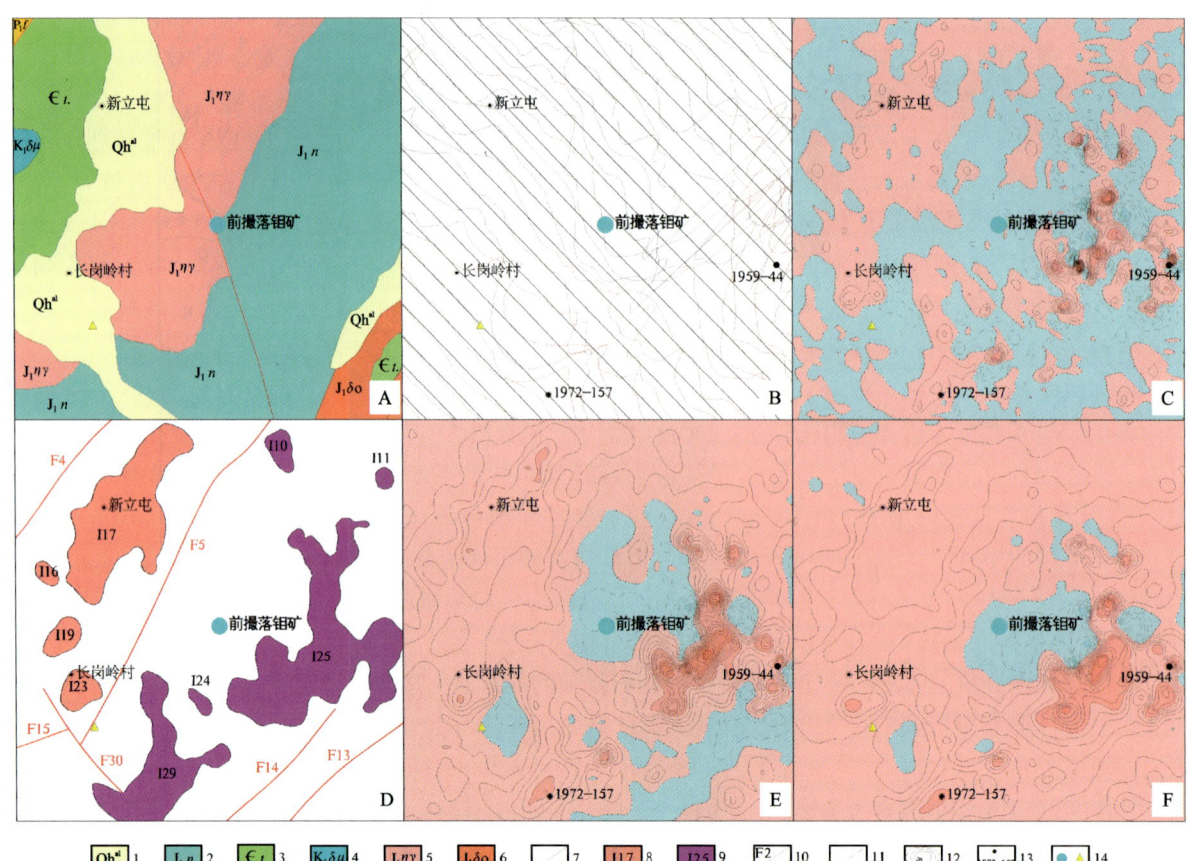

图 6-8-3 大黑山典型钼(铜)矿床所在地区地质矿产及物探剖析图

A.地质矿产图;B.航磁 ΔT 剖面平面图;C.航磁 ΔT 化极垂向一阶导数等值线图;D.重磁推断地质构造图;
E.航磁 ΔT 化极等值线图;F.航磁 ΔT 等值线图

1.全新统;2.南楼山组;3.头道岩组;4.早白垩世闪长岩;5.早侏罗世二长花岗岩;6.早侏罗世石英闪长岩;7.实测性质不明断层;8.磁法推断中酸性岩体;9.磁法推断超基性岩体;10.磁法推断三级断裂及注记;11.磁法推断隐伏、半隐伏地质界线;12.航磁异常正、零、负等值线及注记;13.航磁异常点及编号;14.钼矿床、硫铁矿床

岩(矿)石标本密度测定指出,含矿的细粒斜长花岗斑(矿石)$\sigma \approx (2.61 \sim 2.65) \times 10^3 \text{kg/m}^3$,围岩中细粒斜长花岗岩 $\sigma \approx (2.67 \sim 2.70) \times 10^3 \text{kg/m}^3$,斜长角闪岩 $\sigma \approx (2.71 \sim 2.80) \times 10^3 \text{kg/m}^3$。由此看出含矿岩体与围岩尚存有 $(0.10 \sim 0.15) \times 10^3 \text{kg/m}^3$ 密度差,具有低密度物理性质。

岩(矿)石标本电化学性质测定结果显示,矿化蚀变岩(矿)石极化率 $\eta \approx 7.6\%$,而围岩 $\eta \approx 4.3\% \sim 6.7\%$。由此可见,矿石相对围岩电化学活动性偏高,存在一定的差异,主要与含有较多黄铁矿有关,为采用激电法间接找矿提供了依据。

2)已知地质剖面综合物化探试验结果

由大黑山钼矿床 AB 综合剖面(图 6-8-4)看出,地面磁法和重力测量在含矿岩体上均出现了明显的负异常。磁法负异常强度 $-400 \sim -300 \text{nT}$,在与头道沟变质中基性火山岩接触带上出现尖陡状正磁异常,用之控制含矿岩体十分准确。在古生代地层上多为正异常反映。重力在含矿岩体上的剩余异常强度为 $(-3 \sim -2) \times 10^{-5} \text{m/s}^2$,零值点恰处在接触界线附近,而在其围岩上出现正异常,圈定含矿岩体效果明显。

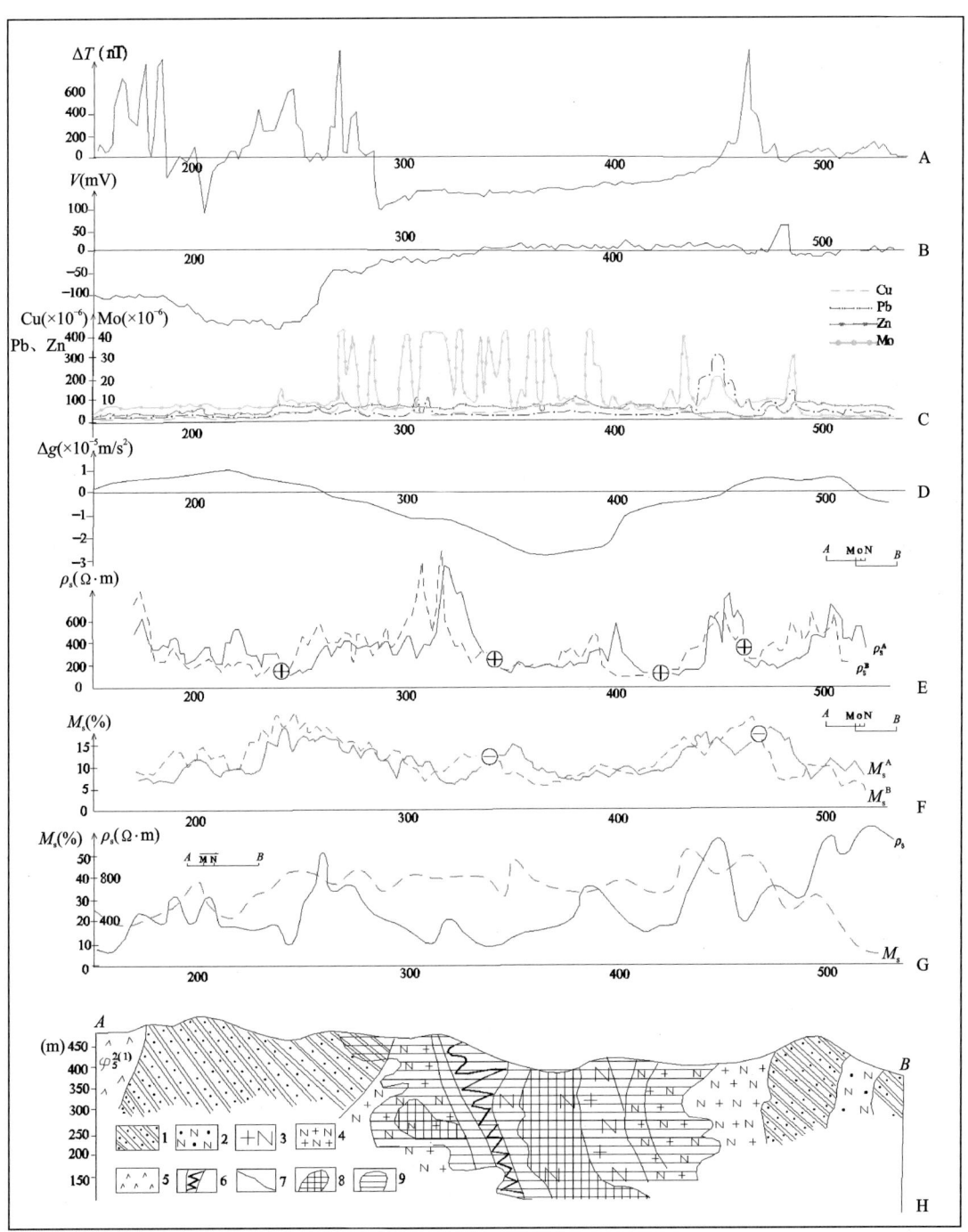

图 6-8-4 大黑山典型钼(铜)矿床综合剖面图(引自李世杰等,1983)

A. 地磁异常曲线;B. 自然电位异常曲线;C. 化探异常曲线;D. 剩余重力异常曲线;E. 联剖视电阻率曲线;
F. 联剖激电充电率曲线;G. 激电中间梯度视充电率和视电率曲线;H. 地质剖面图

1. 变质砂岩、千枚状板岩、大理岩;2. 霏细状斜长花岗岩;3. 斜长花岗斑岩;4. 中细粒斜长花岗岩;5. 超基性岩;6. 石英脉;7. 实测地质界线;8. 富矿范围;9. 贫矿范围在含矿岩体上,电法亦取得了较好的地质效果,中间梯度装置的视充电率出现波动的高极化场反映,平均强度在3.5%左右,两侧围岩强度为5%~20%。在接触带附近视充电率最高,可达40%,视电阻率相应高视充电率异常位置出现波动的低电阻率异常,最低可达150Ω·m。视充电率和视电阻率在岩体上分别出现高、低异常基础上所产生的波动主要与含矿岩体内矿化强弱和蚀变不均有关。这种不均一性在联合剖面装置得到了较集中的反映,强金属矿化地段,视充电率出现"反交点"异常,而视电阻率出现"正交点"异常;岩体内硅化和接触带上角岩化带上视电阻率有"反交点"异常出现,如若泥化和构造破碎较强地段则视电阻率有"正交点"异常反映。此外,在剖面上自然电位相对重、磁负异常范围出现有不强的正自然电位特征,这主要与矿床处在负地形(小盆地)而潜水面接近地面关系密切,亦与以细脉浸染型为主的矿化类型有关。总之,电法测量对于圈定含矿岩体和了解矿化、蚀变特征是行之有效的手段。

剖面上的土壤测量显示,在含矿岩体上有明显的钼异常出现,而且Cu、Pb、Zn、Ag成矿元素有以Mo为中心向两侧出现有Cu→Pb、Zn、Ag分带的趋势,在一定程度上揭示了矿化的分带性。

综上所示,重力、磁法、电法及土壤次生量测量,在大黑山巨型斑岩钼(铜)矿床上显示出"三高、三低"异常标志,即视充电率(M_s)、自然电位(V)、土壤钼含量异常高,而磁法、重力及视电阻率异常低的特征。

3)矿床上的磁、电异常特征

20世纪80年代前后,在矿床上开展了1:1万地面磁测和1:2.5万自然电位、大功率激电测量,以及剖面性的重力测量,在含矿岩体上均有不同程度的异常反映,重、磁出现负异常,自然电位和视充电率呈现高值异常,视电阻率为低阻反映,详见图6-8-4。综合物化探方法,在大黑山斑岩型钼(铜)矿床上应用效果是明显的,取得的"三高、三低"异常标志,为在本区寻找和评价同类型矿床提供了可类比的有效模型。

(三)永吉县大黑山钼(铜)矿床地质-地球物理找矿模型

综合上述矿床地质特征和地球物理异常特征,可归纳总结出矿床地质-地球物理找矿模型,见表6-8-2。

表6-8-2　永吉县大黑山钼(铜)矿床找矿模型表

地质条件	岩石类型	花岗闪长岩、花岗闪长斑岩及霏细状花岗闪长斑岩
	成矿时代	辉钼矿Re-Os同位素等时线年龄为(168.2±3.2)Ma(据李立兴等,2009)
	成矿环境	矿床位于东西向、北北东向压扭性断裂带交会处,矿体赋存于花岗闪长岩、花岗闪长斑岩及霏细状花岗闪长斑岩中
	构造背景	矿区位于东北叠加造山-裂谷系(Ⅰ1),小兴安岭-张广才岭叠加岩浆弧(Ⅱ3),张广才岭-哈达岭火山-盆地区(Ⅲ3),南楼山-辽源火山-盆地群(Ⅳ4)
矿床特征	控矿条件	岩体控矿:花岗闪长岩、花岗闪长斑岩及霏细状花岗闪长斑岩岩体控矿; 构造控矿:东西向基底断裂和中生代北北东向断裂是矿区重要控岩、控矿构造,构造多次活动有利于成矿
	蚀变特征	大黑山钼(铜)矿区内岩石遭受了普遍的热液蚀变作用,主要有硅化、高岭土化、绢云母化,但钾化、碳酸盐化不发育。蚀变与矿化关系密切,富矿体主要赋存在中等蚀变带中,蚀变具水平分带特征
	矿化特征	钼矿化多呈薄膜状或稀疏浸染状,多高岭土化,石英呈浑圆状,基质主要为石英、斜长石及黑云母。角砾岩中见稀疏浸染状黄铁矿、辉钼矿,含矿性较差。在矿区北侧花岗闪长斑岩与花岗闪长岩接触部位见隐爆角砾岩筒

续表 6-8-2

综合信息	地球化学	①矿区原生晕主成矿元素 Mo 在花岗斑岩体中异常反映最明显，其次为 W、Sn、Cu，亦有较好的异常显示，可作为寻找钼矿的重要伴生指示元素。外侧围岩中 Pb、Zn、Ag 异常，可作为斑岩性钼矿的前缘指示元素。 ②矿区次生晕异常：Mo、W、Sn、Sr、Cu、Pb、Zn、As、Ag 异常好，其中 Mo、W 的离散程度最大，变异最明显，异常规模最显著，空间上套合完整
	地球物理	在区域布格重力场，矿床处在由取柴河-南楼山-旺起-永吉-黄榆-取柴河环形重力梯度带所围成的似圆状形态复杂的负重力异常区内，内负剩余重力异常主要与上三叠统四合屯组中性火山岩，下侏罗统南楼山组中性、中性—酸性火山岩，以及侏罗纪—白垩纪中性—酸性花岗岩类关系密切。 在 1∶5 万航磁图上矿床主要表现为被一呈北东向环带状高磁异常环抱的呈似圆状负异常，与长岗岭含矿复式岩体有关。周围环带高磁异常与大黑山—头道沟地区岩浆活动关系密切
	重砂	主要指示矿物辉钼矿圈出 2 处重砂异常，矿物含量分级较高，二者分布在钼成矿带的西南部水域集水口，对钼典型矿床不支持。主要的共生矿物白钨矿在钼控制的汇水盆地内都有较好的异常反映，显示出与钼矿积极的响应关系，具备优良的矿致性，为预测钼矿提供重要的间接指示信息。由辉钼矿-白钨矿-铜族组合异常释放的综合信息是重要预测依据
	遥感	北东向柳河-吉林断裂带与北西向桦甸-双河镇断裂带交会处，遥感浅色色调异常区，分布羟基异常，有多个与基性岩类引起的环形构造和与隐伏岩体有关的环形构造
找矿标志		中细粒花岗闪长岩中绢英岩蚀变条带较发育，标志较为明显。在花岗闪长斑岩岩体上部有一个偏离矿化中心石英核（3 号硅化带）。斑岩体上部、边部隐爆角砾岩发育，它们是找矿的明显标志。在矿化岩体上有磁力、自然电位、重力负异常。在矿床围岩上磁力、自然电位和重力为环状正异常，η_s、ρ_s 为环状高值带。1∶20 万、1∶5 万土壤化探异常明显，为 Mo、Cu、W、Ag、Sn、Pb 异常。矿床原生晕具有 Mo、W、Cu、Ag、Pb、Sn、Sr、Zn 等元素组合异常，主成矿元素 Mo 异常位于组合异常中央。综上所述，大黑山斑岩钼（铜）矿具有明显的地质、地球物理和地球化学找矿标志，这些标志对区域斑岩型钼矿床的找矿和预测工作将起到一定的指导作用

二、临江铜山铜钼矿床

（一）典型矿床成矿地质特征

1. 地质构造环境及成矿条件

矿区位于华北叠加造山-裂谷系（Ⅰ），胶辽吉叠加岩浆弧（Ⅱ），吉南-辽东火山盆地区（Ⅲ），长白火山-盆地群（Ⅳ）。区域断裂构造控制该区中生代岩浆活动，成矿作用受火山构造控制。

（1）地层：矿区主要地层为古元古界老岭岩群珍珠门岩组。该组上部为角岩夹大理岩及角岩与片岩类夹大理岩；下部为厚层白云石大理岩（图 6-8-5）。

中生代火山岩分布于矿区北西、南东两侧。分布面积较广，总体呈近东西向展布，倾向分别为北西及南东，倾角 20°～40°，下部为碎屑岩及中性火山岩；上部为中酸性火山岩。

（2）岩浆岩：矿区地处中生代鸭绿江构造岩浆岩带中。区内燕山期岩浆喷发-侵入活动十分频繁。

喷出岩：辉石安山岩、安山质角砾岩、安山岩、流纹岩、流纹质晶屑岩屑凝灰岩、流纹质火山角砾岩等，表现由中性-中酸性-酸性分异演化的完整序列。火山岩化学性质属钙碱系列。

侵入岩：矿石见闪长岩、石英闪长岩、花岗闪长岩、闪长玢岩、英安斑岩、花岗斑岩等。它们侵入同期

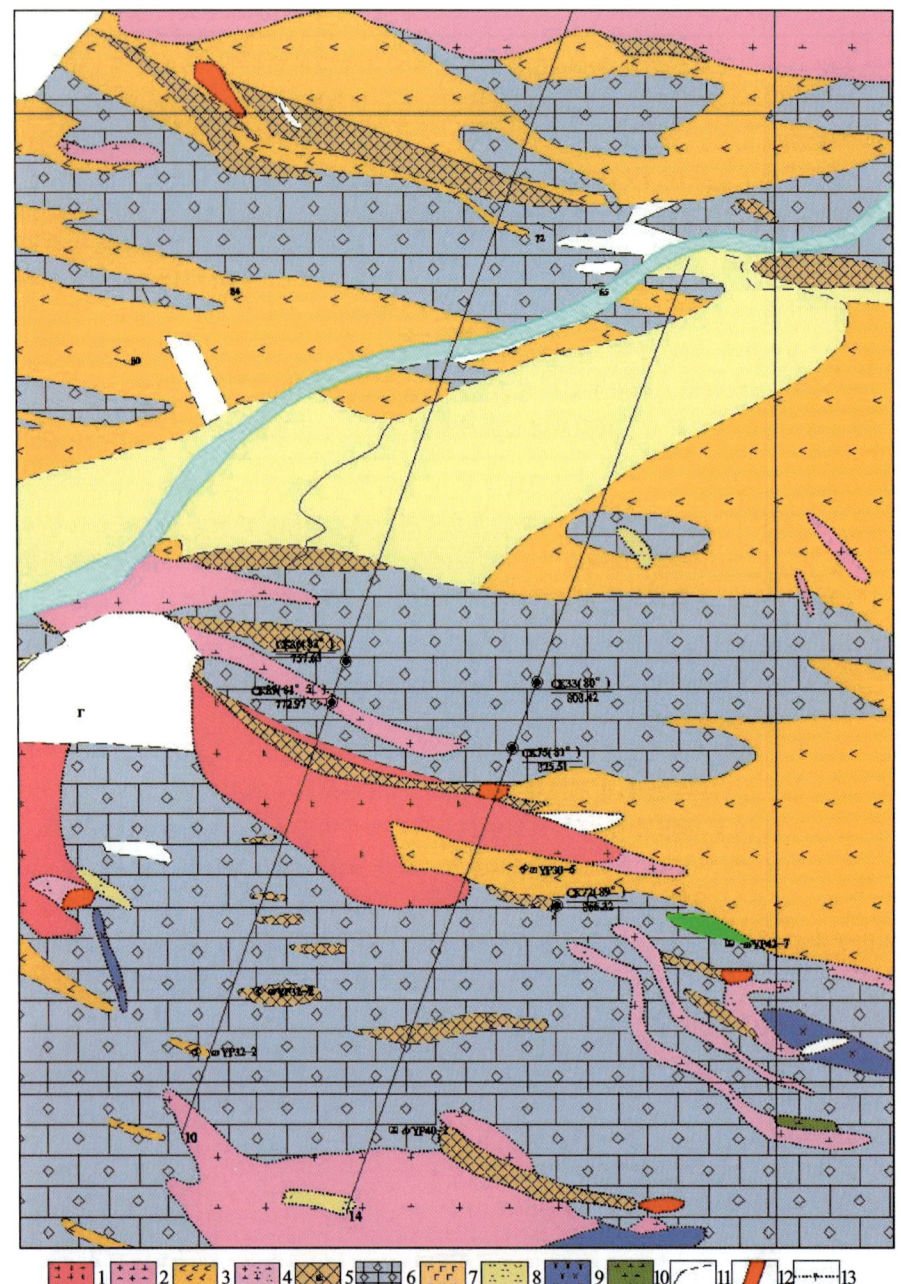

图 6-8-5 铜山铜钼典型矿床地质图

1.钾长石化花岗闪长岩;2.花岗闪长岩;3.角闪岩;4.花岗闪长斑岩或闪长斑岩;5.矽卡岩;6.厚层结晶灰岩;7.玄武岩;8.石英正长斑岩,石英斑岩;9.基性岩脉辉绿岩角岩黄斑岩;10.闪长岩;11.实、推测整合岩层界线;12.矿体;13.接触性质不明

火山岩及老岭岩群中。与该区火山岩为同源岩浆演化产物,构成火山-侵入杂岩系列,其中以石英闪长岩与矿关系密切。闪长玢岩、英安玢岩、花岗斑岩等呈岩枝或脉岩产出。

(3)构造:矿区位于中朝陆块北缘,鸭绿江断裂带北东侧,头道沟-长白镇近东西向断裂北侧,中生代烟筒沟火山岩断陷盆地东南部边缘。区域东西向断裂构造及北东向断裂构造控制该区中生代岩浆活动。北西向断裂为主要控矿构造。北东向断裂破碎带与浸染状铜钼矿化密切相关,倾向150°,倾角40°~50°,规模小,常发生在花岗闪长岩与围岩接触带附近。

2. 矿体三维空间分布特征

(1)矿化特征及规模特征：矿区位于两个中生代火山岩盆地的中间隆起地段。在火山活动过程中，这里形成一系列环状、辐射状断裂及次火山岩体，为成矿创造了良好的条件。与该矿床相关的铜山花岗闪长岩体，即沿火山岩盆地边缘的环形断裂侵入，长轴大体呈近东西向；其岩枝沿辐射状断裂侵入，多呈北西向。矿区北西向断裂与珍珠门岩组大理岩类层面基本吻合。矿体主要产于花岗闪长岩体与珍珠门岩组接触带的矽卡岩内，呈北西向展布，平均品位 0.2%，属小型矽卡岩型钼矿，勘查程度为详查，属闭坑矿区。

矿化水平分带：内接触带及钾化石英闪长玢岩岩枝(脉)体内，发育钼矿化或铜钼矿化，局部形成钼矿工业矿体；正接触带及外接触带矿化以铜为主，外接触带围岩中具铅、锌矿化。

矿化垂直分带：600m 标高以上矿体条数多，矿带宽，向下矿体条数变少，矿带变窄，单矿体规模变小至尖灭；600m 标高以上以铜为主，几乎没有单独钼矿体，400~600m 标高以铜为主，但出现单独钼矿体；400m 标高以下，以钼为主，形成单独矿体，铜矿化减弱。

富矿体产于楔形岩体的前缘含水矿物复杂矽卡岩中。

(2)矿体形态、规模、产状：铜山矿床有 60 多个大小不等的矿体。矿体形态复杂，为扁豆状、似层状、透镜状、不规则脉状。边界不清，需依据化学分析圈定。矿体产状与地层产状大体一致，走向北西，倾向北东，倾角 45°~60°。

3. 矿物组合及矿石类型

(1)矿物组合：矿石矿物成分主要为黄铜矿、辉钼矿、斑铜矿、闪锌矿，次为方铅矿、闪锌矿、磁铁矿、黄铁矿、硫砷铜矿、黝铜矿。脉石矿物主要为石榴子石、透辉石、绿帘石，次为阳起石、符山石、长石、方解石、沸石、石英、钾长石、葡萄石。

(2)矿石类型：主要为含钼硫化物矿石。

(3)矿石结构构造：矿石呈交代残余结构、固溶分解结构、格子状结构；致密块状构造、细脉浸染状构造、团块状构造。

4. 蚀变类型

围岩蚀变种类包括青磐岩化、硅化、绢云母化、黄铁矿化、矽卡岩化，矿化蚀变有矽卡岩型矿化蚀变和钾化斑岩型矿化蚀变。

5. 成矿时代及成因

矿床产于燕山期花岗闪长岩体与老岭岩群珍珠门岩组大理岩接触带的矽卡岩中，为矽卡岩型钼矿床，推断该矿床形成于燕山早期。

6. 控矿因素及找矿标志

(1)控矿因素：北西向断裂构造及北东向断裂破碎带控矿；燕山期花岗闪长岩体与老岭岩群珍珠门岩组大理岩接触带的矽卡岩带控矿。

(2)找矿标志：中生代火山岩盆地边缘，基底隆起带，碳酸盐岩石与中—酸性小侵入体的接触带上；内接触带及钾化石英闪长玢岩岩枝(脉)体内，发育钼矿化、铜钼矿化及蚀变，局部形成钼矿工业矿体；正接触带及外接触带矿化以铜为主，外接触带围岩中具铅、锌矿化。矽卡岩化等蚀变均为良好找矿标志；Cu、Mo、Ag、Bi、Pb、Zn 元素组合是本矿床的成矿指示元素。

(二)地球物理特征

1. 矿床所在区域重磁场特征

矿区内西矿段六道沟铜钼矿和东矿段铜山铜矿东西相距5.4km,在1:25万布格重力异常图上,分别处于向南东方向弧形凸起重力高异常带上相互靠近的两个局部重力高异常边部。西侧局部重力高异常为椭圆状,北西走向,长5.0km,宽3.5km,六道沟铜钼矿床处于该异常的南侧边部梯度带的内侧,梯度带东西走向,梯度陡;东侧局部重力高异常为椭圆状,北西西走向,长4.3km,宽2.6km,铜山铜矿处于该异常的北侧边缘等值线弯曲处,梯度缓。在剩余重力异常图上,两个矿段所在的两个局部重力高异常南北侧有两个比较明显的局部重力低异常分布。

在1:25万地质图上,铜钼矿床所在位置的地表出露有奥陶系灰岩和白垩纪闪长岩,相当于矿区的老岭岩群珍珠门岩组大理岩与燕山期花岗闪长岩体。铜山铜矿床地表为大面积的新生代玄武岩,推断下部有隐伏的老岭岩群珍珠门岩组大理岩与燕山期花岗闪长岩体。矽卡岩型铜钼矿产于接触带内侧,矽卡岩型铜矿产于正接触带上。燕山期花岗闪长岩体产生的局部重力低异常与珍珠门岩组大理岩产生的局部重力高异常的过渡部位的梯度带通常是矽卡岩带产出部位,也是矽卡岩型铜钼矿产出的有利地段。

在1:25万区域航磁异常图上,东矿段(铜山铜矿)处于北西走向楔形局部正磁异常的西北端部内侧,其北侧等值线密集,为由西向东转为北东的磁场梯度带的转折处,梯度带北西部为负磁异常分布区。西矿段(六道沟铜钼矿)处于楔形局部正磁异常和西部低缓局部正磁异常之间过渡部位靠近北部东西向梯度带部位。在1:25万航磁化极异常图上,磁异常北移,六道沟铜钼矿床处于两个局部正磁异常过渡部位南侧东西向梯度带上,铜山铜矿处于东部强磁异常之上。两个局部正磁异常应为燕山期花岗闪长岩体引起,东部异常明显升高,为磁性不是很强的新生代玄武岩异常叠加所致,负磁异常为珍珠门岩组大理岩引起。

2. 矿床所在地区磁场特征

在1:5万航磁异常图上,西侧、东侧两个矿段分别处于正磁场背景中的一个局部低磁异常边部梯度带内侧和一个局部高磁异常中心。低磁异常呈椭圆状,北东东走向,长3km,宽1.3km,东部边缘梯度陡,异常强度最小值为30nT,地表出露奥陶纪灰岩及中性—酸性小侵入体;局部高磁异常为长条状,北西走向,长3.2km,宽1.6km,边部梯度陡,异常强度最大值出现在东南端,为600nT,此异常与东南部另一规模、形态、强度都比较接近的局部高磁异常相连,呈斜列式分布,地表出露大面积玄武岩。异常与中性—酸性侵入体及新生代玄武岩有关。

3. 矿床所在位置地球物理特征

1959—1979年,吉林省冶金队等在矿区25km²范围内投入地面磁测和激发极化法等物探方法,其中联剖、测深、充电法方法分别在确定矿体(化)位置、勘查基底(花岗闪长岩)起伏和联系矿体上都取得了一定的效果。

(1)联合剖面法在地形地质条件较好的条件下效果较好,正交点异常大都与矿体或矿化矽卡岩有关。在地形不好条件下,经过地形改正达到预期效果。

(2)电磁勘探工作是解决基岩起伏的一种有效方法。在铜山矿区特别是在邻区(冰湖沟矿区)都取得了较好的地质效果。

(3)充电法可解决两矿体相连问题,以及追溯矿体的走向延长。

(三)临江市铜山铜钼矿床地质-地球物理找矿模型

综合上述矿床地质特征和地球物理异常特征,可归纳总结出矿床地质-地球物理找矿模型,见表 6-8-3。

表 6-8-3 铜山铜钼矿床地质-地球物理找矿模型表

预测要素		内容描述
地质条件	岩石类型	花岗闪长岩、大理岩、矽卡岩
	成矿时代	推测为燕山期
	成矿环境	矿床受东西向断裂构造及北东向断裂构造控制,燕山期花岗闪长岩控矿,古生界灰岩、大理岩为含矿层位
	构造背景	矿区位于华北叠加造山-裂谷系(Ⅰ),胶辽吉叠加岩浆弧(Ⅱ),吉南-辽东火山盆地区(Ⅲ),长白火山-盆地群(Ⅳ)。矿床受东西向断裂构造及北东向断裂构造控制
矿床特征	控矿条件	北西向断裂构造及北东向断裂破碎带控矿;燕山期花岗闪长岩体与古生界灰岩、大理岩接触带的矽卡岩带控矿
	蚀变特征	围岩蚀变种类包括青磐岩化、硅化、绢云母化、黄铁矿化、矽卡岩化,矿化蚀变有矽卡岩型矿化蚀变和钾化斑岩型矿化蚀变
	矿化特征	矿体主要产于花岗闪长岩体与古生界灰岩、大理岩接触带矽卡岩内,呈北西向展布。铜山矿床计有60多个大小不等的矿体。矿体形态复杂,为扁豆状、似层状、透镜状、不规则脉状。边界不清,需依据化学分析圈定。矿体产状与地层产状大体一致,走向北西,倾向北东,倾角45°~60°
综合信息	地球化学	1:5万测量数据对1:20万化探Cu、Mo具有三级分带和明显浓集中心异常,异常规模较大。Cu、Mo、Au、Pb、Zn、Ag异常套合好
	地球物理	矿床处于向南东方向弧形凸起重力高异常带上相互靠近的两个局部重力高异常边部,等值线弯曲处,梯度陡。燕山期花岗闪长岩体产生的局部重力低异常与古生界灰岩、大理岩产生的局部重力高异常的过渡部位的梯度带通常是矽卡岩带产出部位,也是矽卡岩型铜钼矿产出的有利地段
	重砂	具有直接指示意义的辉钼矿、铜族没有异常反应。主要共生矿物白钨矿圈出4个异常,含量分级较高,面积分别为 $4.11 km^2$、$4.66 km^2$、$1.80 km^2$、$4.10 km^2$。其中,1号异常对六道沟铜钼矿积极支撑,是矿致异常,可直接用于找矿预测。白钨矿-石英构成的组合异常区是有利的找矿预测地段
	遥感	分布在近东西向头道-长白断裂带北侧,与隐伏岩体有关的环形构造比较发育,矿区内及周围遥感铁染异常零星分布
找矿标志		①碳酸盐类岩石与中酸性小侵入体的接触带,外带200~300m范围内,近处层间破碎发育处,为直接找矿标志。 ②花岗闪长岩与碳酸盐类岩石的接触部或附近,为直接找矿标志。 ③不纯碳酸盐岩石是良好的成矿围岩,特别有不同岩性互层且泥质岩石作为上覆盖层时;成分复杂的矽卡岩是赋矿直接围岩,为直接找矿标志。 ④石英闪长玢岩中发育的钾化斑岩型铜钼矿化及蚀变,矽卡岩化等蚀变均为良好找矿标志。 ⑤接触构造线凹凸部分对成矿最为有利,并且当矽卡岩体赋存在火成岩体或岩枝接触面上盘的围岩间,最有利于金属矿物的积聚,为直接找矿标志。 ⑥Cu、Mo、Ag、Bi、Pb、Zn元素组合是本矿床的成矿指示元素

三、桦甸四方甸子钼矿床

(一)典型矿床成矿地质特征

1. 地质构造环境及成矿条件

大地构造位置位于东北叠加造山-裂谷系(I_1),小兴安岭-张广才岭叠加岩浆弧(II_3),张广才岭-哈达岭火山-盆地区(III_3),南楼山-辽源火山-盆地群(IV_4)。

(1)地层:矿区地层主要出露南楼山组(J_1n),岩性为英安质晶屑岩屑凝灰岩、英安质凝灰岩,局部夹脉状英安岩。

(2)岩浆岩:矿区仅出露四方甸子侵入体($\gamma_5^{2(2)}$),为矿区含矿赋矿层位。呈南北向展布,岩性为中—细粒黑云母花岗岩,中—细粒花岗结构,块状构造。同位素年龄约177.35Ma。该岩体东缘与南楼山组英安质凝灰岩呈侵入接触,接触带走向近南北。

矿区内还见有少量黑云母石英闪长岩、钾长花岗岩、花岗斑岩等脉岩。

区内侵入岩主要为中酸性岩,侵入时代以燕山期为主,海西期少量。其中四方甸子侵入体、锅盔顶子侵入体、夹兴顶子侵入体与本区钼、铜多金属成矿关系密切。岩体内矿床、矿(化)点多处。

(3)构造:门头砬子-东沟断裂为成矿期断裂,是主要控矿构造,是区域北西向双河镇-桦甸断裂次级构造,发育在四方甸子岩体中,带宽十几厘米至十几米,产状总体走向350°左右,倾向260°左右,倾角60°~80°。断裂性质为张扭性,被后期石英脉充填,形成一组平行分布的石英脉带,据较强的辉钼矿化,并富集形成了钼矿体。矿体规模、形态、产状严格受断裂控制。

2. 矿体三维空间分布特征

四方甸子钼矿1999—2000年评价后提交详查报告;2006—2007年在其区内西侧又发现了新的矿体。该矿床主矿脉带断续延长约2km,属热液石英脉型矿床。矿石C+D+E平均品位0.59%,远景储量达到中型矿床规模,属石英脉型钼矿,勘探程度为详查,目前共发现7条钼矿体,I号矿体是主要工业矿体。

四方甸子典型矿床位于双(河镇)-桦(甸)断裂中段的北东侧,钼矿体以含辉钼矿石英脉及浸染状辉钼矿化蚀变岩形式,产于门头砬子-东沟北北西向断裂中,矿体呈脉状、透镜状产出。呈北北西向展布,南北长3.5km,东西宽2km,面积7km²。岩体被门头砬子-东沟断裂带切割,沿裂隙充填含钼石英脉,裂隙周围具较强的矿化,大部分富集成钼矿体。

I号矿体以含辉钼矿石英脉及浸染状辉钼矿化蚀变岩形式赋存于北北西向门头砬子-东沟断裂带内。矿体呈脉状,局部有尖灭再现、分枝复合的现象,但总体上呈连续的脉状(图6-8-6)。矿体由南至北,控制总长度3100余米。矿体厚度在0.4~8.0m之间,平均1.56m,属于较稳定矿体。矿体北段钻孔实际控制斜深135~220m。矿体走向340°~350°,倾向225°~272°,倾角44°~82°。矿体平均品位为0.41%(原生矿体)。

3. 矿石矿物组合及矿石类型

(1)矿物组合:金属矿物主要有辉钼矿,其次有少量黄铁矿,局部见有微量白铁矿及褐铁矿。脉石矿物主要为微细粒石英、隐晶质玉髓,其次为条纹长石、微斜长石,少量黑云母,微量黄铁矿。

(2)矿石类型:矿床中矿石类型以原生矿石为主。矿石自然类型有石英脉型矿石(构成富钼矿体的主要矿石类型)、构造角砾岩型矿石(品位较高)、蚀变花岗岩型矿石(品位较低)。矿石工业类型只有单钼矿石。

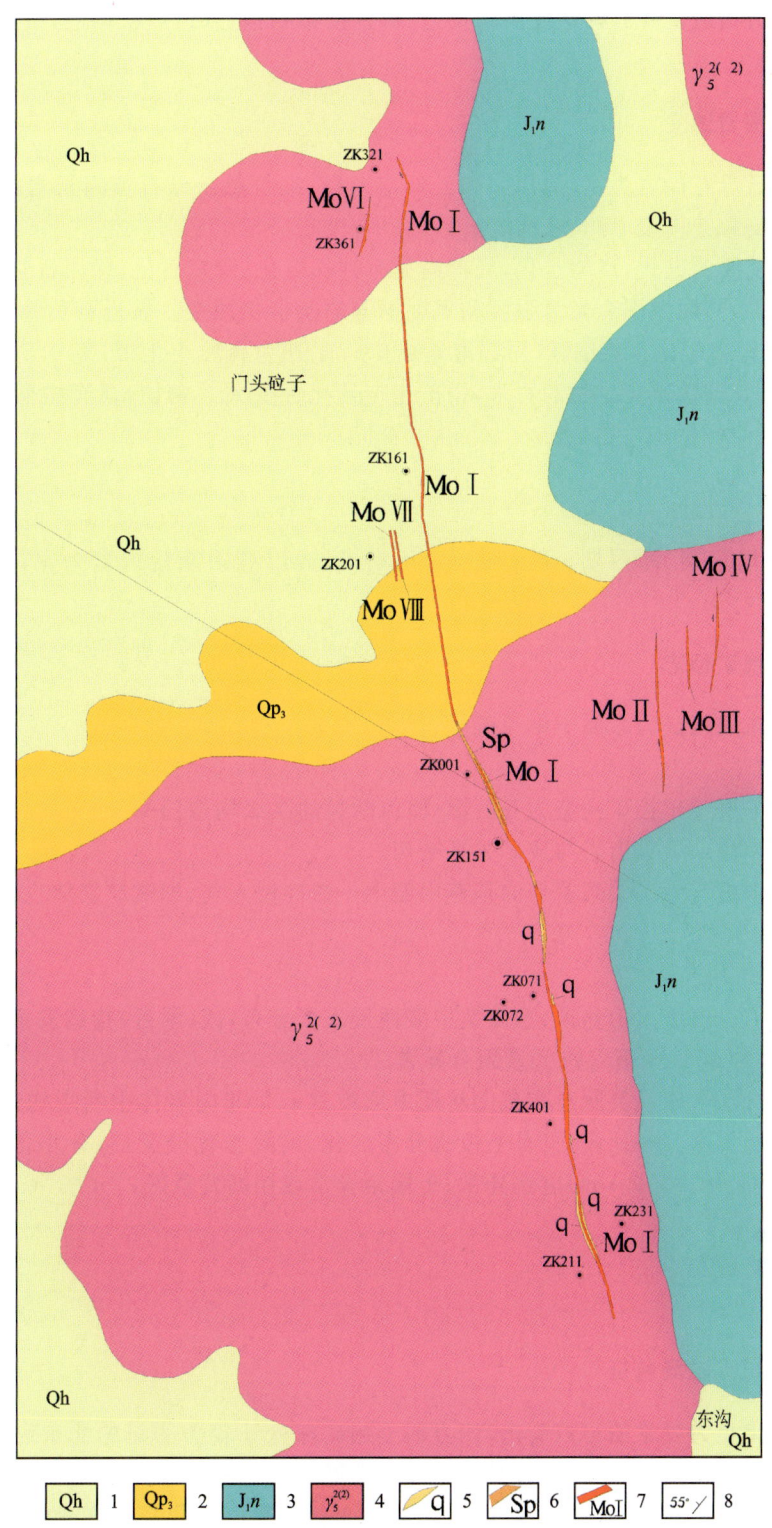

图 6-8-6　吉林省桦甸四方甸子钼矿床矿区地质图

1.河床、河漫滩砂砾石堆积及Ⅰ级阶地;2.Ⅱ级阶地亚黏土含少量碎石组成;3.英安质凝灰岩;4.黑云母花岗岩;5.石英脉(含钼);6.硅化、高岭土化蚀变带;7.钼矿体及编号;8.产状

4. 矿石结构构造

矿区内矿石结构主要有自形—半自形粒状结构、半自形晶粒状结构、胶状结构,具有胶状结构、隐晶

质结构的特征。矿石构造主要有稀疏浸染状构造、稠密浸染状构造、斑点状构造、细脉状构造、角砾状构造、块状构造等。

5. 矿体围岩及围岩蚀变

矿体围岩以黑云母花岗岩为主,局部为黑云母花岗岩、细粒黑云母石英闪长岩、细粒黑云母石英闪长岩、花岗闪长岩、细粒花岗岩、钾长花岗岩。

矿体围岩蚀变主要为硅化、高岭土化,局部尚见有钾长石化、绿帘石化、绿泥石化及黄铁矿化。蚀变以含矿石英脉为中心,其两侧围岩发育强度和宽度不等的条带状蚀变。靠近石英脉为硅化带(宽0.1~2.0m),其内赋存有辉钼矿化石英细脉(局部富集成矿),向外为高岭土化带(宽0.5~5.0m),局部出现钾长石化、绿泥石化及黄铁矿化。总的看来,钼矿化与硅化蚀变关系密切,具有中低温热液条带状蚀变特征。

6. 成矿时代

区内经受了加里东期、海西期、燕山期构造运动;区内以燕山期侵入岩为主,推断成矿时代为燕山期。

7. 控矿因素及找矿标志

四方甸子钼矿床成因认为多属于中—低温热液浸染状石英脉型钼矿床。

1)控矿因素

(1)构造控矿:主要成矿控矿构造为双河镇-桦甸断裂的次级构造门头碇子-东沟断裂。

(2)地层控矿:南楼山组火山岩与成矿关系密切。

(3)岩体控矿:区内与成矿关系密切的是燕山期中—酸性侵入岩,即赋矿岩体也为控矿岩体,为矿体成矿物质及热量。

2)找矿标志

(1)区域找矿标志:吉中火山盆地,燕山期中酸性侵入岩分布,或(附近)构造发育地带是找矿重点区域,区域有水系沉积物 Mo、W、Sn、Bi 元素组合异常。

(2)矿区找矿标志:含钼石英脉产在燕山早期中细粒黑云母花岗岩体中断裂构造蚀变带内;地表只有流失孔和钼华的石英脉分布地段;见有条带状分布硅化、高岭土化蚀变带;有北北西向条带状高极化($M_s>3\%$)、中高阻($\rho_s=2500\Omega\cdot m$)电法异常;土壤钼异常或钼高背景区。

(二)地球物理特征

1. 矿床所在区域重磁场特征

从1:25万布格重力异常图可以看出,四方甸子钼矿床处于较为明显的北东走向五里河子重力低局部异常在南部转为向南南东方向伸出的异常末端,靠近南部规模较大重力高异常向北东突然变窄处。该处等值线密集,梯度陡,反映南、北两侧地质体密度变化较大。从异常形态变化看,钼矿床处在北西向、北东向、东西向异常线性梯度带即断裂构造交会处。

布格重力异常中的五里河子重力低异常向南南东方向伸出的异常部分,在剩余重力异常图上分离成一个独立的片状重力低局部异常。四方甸子钼矿床处在片状异常的南部内侧。南部规模较大重力高异常与向北东伸出的长条状局部重力高异常的连接处,推断有八道河子-四方甸子-三道川北西向断裂构造通过,钼矿床位于此断裂之上。

对比1:25万地质图,推断四方甸子钼矿床所在的重力低局部异常为半隐伏的中侏罗世二长花岗岩引起,重力高异常为古生界基底隆引起。

在1:25万区域航磁异常图上,四方甸子钼矿床位于北部和东部两条串珠状正磁异常带所夹的低缓正磁异常区内,该处磁异常强度在50nT左右。在航磁化极异常图上,则位于两条串珠状正磁异常带所夹部位内侧的低缓负磁异常区内。较强正磁异常主要为上三叠统及侏罗纪火山沉积地层和燕山期中酸性侵入岩体引起,负磁异常主要为燕山期酸性侵入岩体(含钼矿)和新生代沉积地层引起。

2. 矿床所在地区磁场特征

含矿赋矿的燕山期四方甸子酸性侵入岩体,在1:5万航磁异常图上表现为低缓正磁异常,在航磁化极异常图上表现为低缓负磁异常。其他燕山期中性—酸性侵入岩体也具有相同磁异常特征。周围分布的异常群、异常带上的局部异常较强、较陡,与低磁异常或负磁异常相伴,反映出上三叠统、上侏罗统火山沉积地层异常跳跃变化的磁场特征。

3. 矿床所在位置地球物理特征

1)矿区岩(矿)石物性电参数特征

在矿区以往曾采用小四极称标本法,对矿区出露的岩(矿)面进行了极化率(M)和电阻率(ρ)测定,岩(矿)石电化学活动性和导电性具有如下特特征:

辉钼矿(含矿石石英脉)及矿化蚀变岩石的电化学活动性(M)较正常围岩(花岗岩)偏高,充电率(M)是正长花岗岩的2.3~7.3倍,指示了二者间电化学活动性的差异。然而,矿石和矿化蚀变岩石平均充电率(M)相对较低(3.9%~10.0%),证明了该矿床的钼矿石矿化类型应属于贫硫化物类型。

矿石及矿化蚀变岩石的电阻率(ρ)要明显高于花岗岩,前者是后者的3~10倍,说明两者存在较大的差异。矿石及矿化蚀变岩石这种高阻特性是与强硅化蚀变和贫硫化物矿化类型有密切的关系。

综上可知,四方甸子钼矿床的矿石和矿化蚀变岩石组成的矿化蚀变带相对围岩(花岗岩)的充电率(M)和电阻率(ρ)均存在有"低—高—低"电性模型特征,激电找矿具备有较好的物探前提。

2)矿床所在位置激电视充电率(M_s)视电阻率(ρ_s)异常特征

矿区具有找矿意义的激电异常显示有如下特征:①异常均呈近南北向产出的狭窄带状,反映了该区矿化活动受近南北向断裂带控制,具有热液脉型成矿特点;②异常多属高视充电率(M_s)和高视电阻率(ρ_s)组合异常,二者具密切成生联系。高视电阻率异常指出矿区钼矿化活动与强硅化蚀变度有关,硅化蚀变是引起高阻异常的内因;③矿致M_s和ρ_s参数变化较大,不够稳定。充电率异常强度偏低,最大值多在3.5%~5%之间。背景值$M_s \leqslant 3\%$,这种弱化学活动性与矿床矿面总金属硫化物多少有直接关系,反映了钼矿石属于贫硫化物型,圈定M_s异常必须配合ρ_s异常综合考虑才能提高激电找矿效果;④激电法在矿区之所以能够取得令人满意的地质效果,银矿体赋存于偏酸性的花岗岩体中,非干扰因素少(黄铁矿化、石墨矿化等)是主要原因。

3)Ⅰ号矿体20号勘探线激电异常特征

20号勘探线位于Ⅰ号矿体北段中部第四纪覆盖区。地表第四纪(主要全新统)原厚度多在10m以上,给地质找矿带来了很大困难。但是通过激电测量在Ⅰ号矿体延长线上获得了较明显宽缓状M_s和ρ_s极大值。ZK201验证在斜井深92.89~103.54m段打到了视厚度10余米较富钼矿体(最高品位1.05%),矿体围岩为细粒闪长岩,有强硅化蚀变,视厚度达30m,而且细粒钾长花岗岩脉发育。由此证实了M_s、ρ_s异常与钼矿体有关,为Ⅰ号矿体所引起。M_s、ρ_s异常略有偏移是与地电断面性质和方法地面效应决定的。前者以矿体浅部效应为主导,后者则以深部效应占主导。

由上述可以看出,高视充电率(M_s)、高电阻率(ρ_s)组合异常是四方甸子钼矿重要的地球物理标志,激电方法在矿区指导找矿起到较好作用。

(三)桦甸市四方甸子钼矿床地质-地球物理找矿模型

综合上述矿床地质特征和地球物理异常特征,可归纳总结出矿床地质-地球物理找矿模型,见表6-8-4。

表 6-8-4 四方甸子钼矿床地质-地球物理找矿模型表

地质条件	岩石类型	细粒花岗岩、花岗闪长岩、细粒黑云母石英钾长花岗岩
	成矿时代	推断为燕山期
	成矿环境	矿床赋存于门头砬子-东沟断裂的一组平行分布的石英脉带构造内。燕山期中—酸性的细粒花岗岩、花岗闪长岩、细粒黑云母石英钾长花岗岩为近矿围岩
	构造背景	成矿区位于东北叠加造山-裂谷系(Ⅰ1),小兴安岭-张广才岭叠加岩浆弧(Ⅱ3),张广才岭-哈达岭火山-盆地区(Ⅲ3),南楼山-辽源火山-盆地群(Ⅳ4)。矿床赋于门头砬子-东沟断裂的一组平行分布的石英脉带构造内
矿床特征	控矿条件	①构造控矿:主要成矿控矿构造为双河镇-桦甸断裂的次级构造(门头砬子-东沟断裂)。②岩体控矿:区内与成矿关系密切的是燕山期中—酸性的细粒花岗岩、花岗闪长岩、细粒黑云母石英钾长花岗岩,即赋矿岩体也为控矿岩体,提供成矿物质及热量
	蚀变特征	围岩主要有细粒花岗岩、花岗闪长岩、细粒黑云母石英钾长花岗岩。其他矿体围岩为黑云母花岗岩。蚀变有硅化、高岭土化,局部钾化、绿泥石化。矿体围岩蚀变强度不同,蚀变带宽度不等。以石英脉为中心,两侧围岩发育宽度不等的蚀变带,靠近石英脉为硅化带,宽度一般为 0.1~2.00m,带内发育辉钼矿化石英细脉,局部富集成矿;向外为高岭土化带,宽度 0.5~5.0m,最宽处可达 10m 左右,其次局部分布钾长石化、绿泥石化、黄铁矿化等
	矿化特征	该矿床主矿脉带断续延长约 2km,矿石品位平均在 0.2%~0.5%之间,远景储量达到中型矿床规模,目前共发现 7 条钼矿体,Ⅰ号矿体是主要工业矿体。岩体被门头砬子-东沟断裂带切割,沿裂隙充填含钼石英脉,裂隙周围具较强的矿化,大部分富集成钼矿体
综合信息	地球化学	1:20 万化探异常元素为 Mo、Cu、Pb、Zn、Ag、W、As、Sb,其中 Mo、W 同心套合,Cu、Pb、Zn、Ag 构成 Mo 的中带,Zn、As、Sb 构成 Mo 的外带。异常轴与控矿构造一致
	地球物理	四方甸子钼矿床处于较为明显的北东走向五里河子重力低局部异常在南部转为向南南东方向伸出的异常末端,靠近南部规模较大重力高异常向北东突然变窄处。该处梯度陡,钼矿床处在北西向、北东向、东西向异常线性梯度带即断裂构造交会处。重力低局部异常为半隐伏的中侏罗世二长花岗岩引起,重力高异常为古生界基底隆引起。赋矿的燕山期四方甸子酸性侵入岩体为 1:5 万航磁异常低缓正异常,航磁化极异常为低缓负异常
	重砂	主要的共生矿物白钨矿在钼矿控制的汇水盆地内都有较好的异常,显示出与钼矿积极的响应关系,具备优良的矿致性,为预测钼矿提供重要的间接指示信息。由辉钼矿-白钨矿-铜族构成的组合异常有 1 个,面积 3.45km²,空间上与Ⅱ号辉钼矿异常叠合,释放综合性的重砂指示信息
	遥感	桦甸-双河镇断裂带与柳河-吉林断裂带交会,左侧为遥感浅色色调异常区,有零星铁染异常分布
找矿标志		①燕山期中—酸性岩分布区及其附近是重要成矿区及找矿靶区,为直接找矿标志。②北西向深大断裂次级构造,为直接找矿标志。③地表具有流失孔和钼华的石英脉分布区,为直接找矿标志。④条带状分布的硅化、高岭土化蚀变带,为直接找矿标志。⑤北北西向条带状分布的高极化($M_s>3.0\%$),中高阻($\rho_s=2500\Omega\cdot m$),为间接找矿标志。⑥土壤钼异常或钼高背景区,分布有水系沉积物、土壤、岩石测量 Mo 异常多处,为间接找矿标志

第九节 银矿典型矿床地质-地球物理特征

吉林省银矿典型矿床在天山-兴蒙造山带吉黑褶皱系内与华北东部陆块区均有分布。典型矿床矿产预测类型划分见表6-9-1。

表6-9-1 银矿典型矿床矿产预测类型划分一览表

典型矿床	矿产预测类型	成矿时代	预测方法类型	预测工作区
四平山门银矿床	山门式热液型	燕山期	层控内生型	山门
磐石民主屯银矿床	民主屯式火山热液型	石炭纪	火山岩型	民主屯
集安西岔金银矿床	西岔式热液改造型	燕山期	层控内生型	热闹-青石
汪清红太平多金属矿床	红太平式火山岩型	加里东期、印支期	火山岩型	梨树沟-红太平、天宝山
抚松西林河银矿床	西林河式岩浆热液型	燕山期	侵入岩体型	西林河
和龙百里坪银矿床	百里坪式岩浆热液型	燕山期	侵入岩体型	百里坪
白山刘家堡子-狼洞沟金银矿床	刘家堡子-狼洞沟式热液充填型	燕山期	层控内生型	上甸子-七道岔
永吉八台岭银金矿床	八台岭式构造蚀变岩型	燕山期	层控内生型	八台岭-孤甸子

下面对四平山门银矿床、磐石民主屯银矿床、抚松西林河银矿床、白山刘家堡子-狼洞沟金银矿床、永吉八台岭银金矿床5个银矿床分述如下。

一、四平山门银矿床

(一) 矿床地质特征概述

矿床位于吉黑褶皱系吉林优地槽西缘大黑条垒南段伊-舒深大断裂西侧上盘,次一级北北东向和北西向断裂复合部位。

矿区出露地层主要为下古生界寒武系—奥陶系西保安组和上奥陶统石缝组一套浅变质海相火山-沉积岩系,其中后者是主要的含矿层位(矿源层)。石缝组可分为上、中、下3个亚层位:下部岩性为变流纹岩、变英安岩夹变质粉砂岩;中部为大理岩夹变质钙质粉砂岩;上部为细砂岩、板岩等。中、上部层位是银金矿体赋存有利围岩。该组呈捕虏体零星赋存于花岗岩内,大体呈北东向延伸,长约2km,宽数十米至500余米,倾向北西。

区域岩浆活动频繁而强烈,加里东期至燕山期均有岩浆侵入或喷发。矿区印支期—燕山期中—酸性岩浆岩发育,出露面积达60%以上,呈北东向、北北东向带状出露于张家屯—太平屯—人富堡一带。矿带西侧印支期太平屯石英闪长岩体(193.3Ma)东缘沿北北东向超覆侵入于石缝组之上。岩体边部捕虏体较多,呈透镜状沿接触带分布。接触面受后期断裂构造破坏而形成了断裂叠加-复合接触带,控制了主矿体空间分布。东侧燕山早期二长花岗岩体(158.1Ma)以北北东向带状产出,与石英闪长岩呈侵入接触并形成宽300~500m接触交代混染带,部分银矿体产在混染带的构造裂隙中。燕山晚期各类脉岩发育,主要有辉石闪长岩、辉长岩、细粒二长花岗岩、霏细岩、煌斑岩、细粒闪长岩,闪长玢岩等。岩脉在空间上与矿体关系密切,受同一构造控制而相互平行展布。

矿区断裂构造十分发育,主体构造线为北北东向,属于区域断裂构造组成部分。控矿断裂系由多次活动复合叠加而成,经历了压扭—张扭—压扭的活动过程。早期压扭活动环境封闭,发育糜棱岩化和碳化岩石(黑带);中期拉张活动形成角砾岩带,被成矿热液充填交代形成角砾状矿石;后期压扭性活动形成了挤压破碎带。此外,在区域上还发育有北西向及南北向断裂构造。

山门银矿床呈北北东向带状展布,长10km,宽1~2km,自北往南分为张家屯、龙王、卧龙、云潘及古洞5个矿段。其中龙王矿段已经勘探和评价,银储量规模达大型,伴生金储量达中型,矿带资源潜在远景十分可观。

卧龙矿段共发现银(金)矿体10余个,其中1号、2号、3号矿体为主要矿体。矿体在平面和剖面投影显示多为似层状、脉状和透镜状并相互平行或斜列式展布。倾向290°~310°,倾角20°~60°。其中3号矿体规模最大,矿体赋存于石英闪长岩与石缝组接触带上,长大于1800m(两端未封闭),多隐伏地下,出露地表长仅为300m,厚度变化大,在0.12~30m之间,富集标高50~250m,斜深300~400m。1号和2号矿体规模相对较小,侧列于3号矿体下盘,产于石缝组中部亚层条带状大理岩夹变质粉砂岩层间破碎带内,单矿体最长400m,厚1~2m,最厚10余米,富集标高在100m以下,埋深大于150m。

矿体矿化类型属破碎蚀变岩型。矿石按成矿元素组合可分为银矿石,银金矿石,金银矿石,含银、金铅锌矿石及铅锌矿石等类型。矿石金属矿物主要有黄铁矿、方铅矿、闪锌矿、黄铜矿、辉锑矿。含银矿物为银黝铜矿、辉银矿、深红银矿、脆银矿、硫砷铜银矿、硫锑铜银矿、自然银、自然金、银金矿、金银矿等。

矿石结构主要有自形、半自形晶粒结构,他形晶粒结构,交代残留、交代侵蚀、填隙、包含、压碎等结构。矿石构造以稀疏浸染状和脉状为主,次为团块状、角砾状、网脉状等。

成矿期热液蚀变常见为硅化、黄铁绢云岩化、碳酸盐化、水云母化等。以矿体为中心银矿化富集与硅化更为密切,早期黄铁绢云岩化强度大、范围宽,分布在矿体上、下盘,是找矿重要的标志。

综上所述,山门银矿属于受构造、地层岩性和岩浆活动"三位一体"联合控制的中—低温热液型矿床。

(二)地球物理特征

1. 矿床所在区域重磁场特征

1)区域重磁场

在1:25万区域布格重力场图(图6-9-1)上。山门地区布格重力场以北东向石岭-叶赫重力梯度带和其北西侧太平屯北东延伸的半椭圆状重力高异常(另一半在辽宁省)为显著特征。石岭-叶赫重力梯度带规模大(在内南北两端未封闭),其北端与吉林省伊-舒中—新生代断陷带北西侧边缘区域性重力梯度带相接,向南延入辽宁省,梯度带宽2~5km。梯度带重力等值线线性排布较均匀,变化明显,梯度变化一般为每千米$(1~2)\times 10^{-5}$m/s^2。结合地质构造分析得出,石岭-叶赫重力梯度带应属大黑山条垒与伊-舒断陷带间岩石圈大断裂向南延部分的反映,是Ⅱ级和Ⅲ级构造单元划分界线,是控制本区沉积建造、岩浆活动和成矿作用的主体构造。山门银矿位于石岭—叶赫梯度带北西侧太平屯重力高异常的南东侧。该重力异常呈椭圆状北东向展布,在吉林省内长约20km,宽7~10km,面积约170km^2,其形态规整并略向南东突出,重力强度由北向南逐渐增高。在剩余重力异常图上太平屯重力高异常处于由多个似椭圆状重力高异常以北东向断续排布的重力高异常的南西端。经与地质关联,太平屯重力高异常处在石岭隆起,太平屯早古生代地层(寒武系—奥陶系西堡安祖和上奥陶统石缝组等)出露区,故推断该重力高异常应是早古生代变质岩系基底上隆引起。

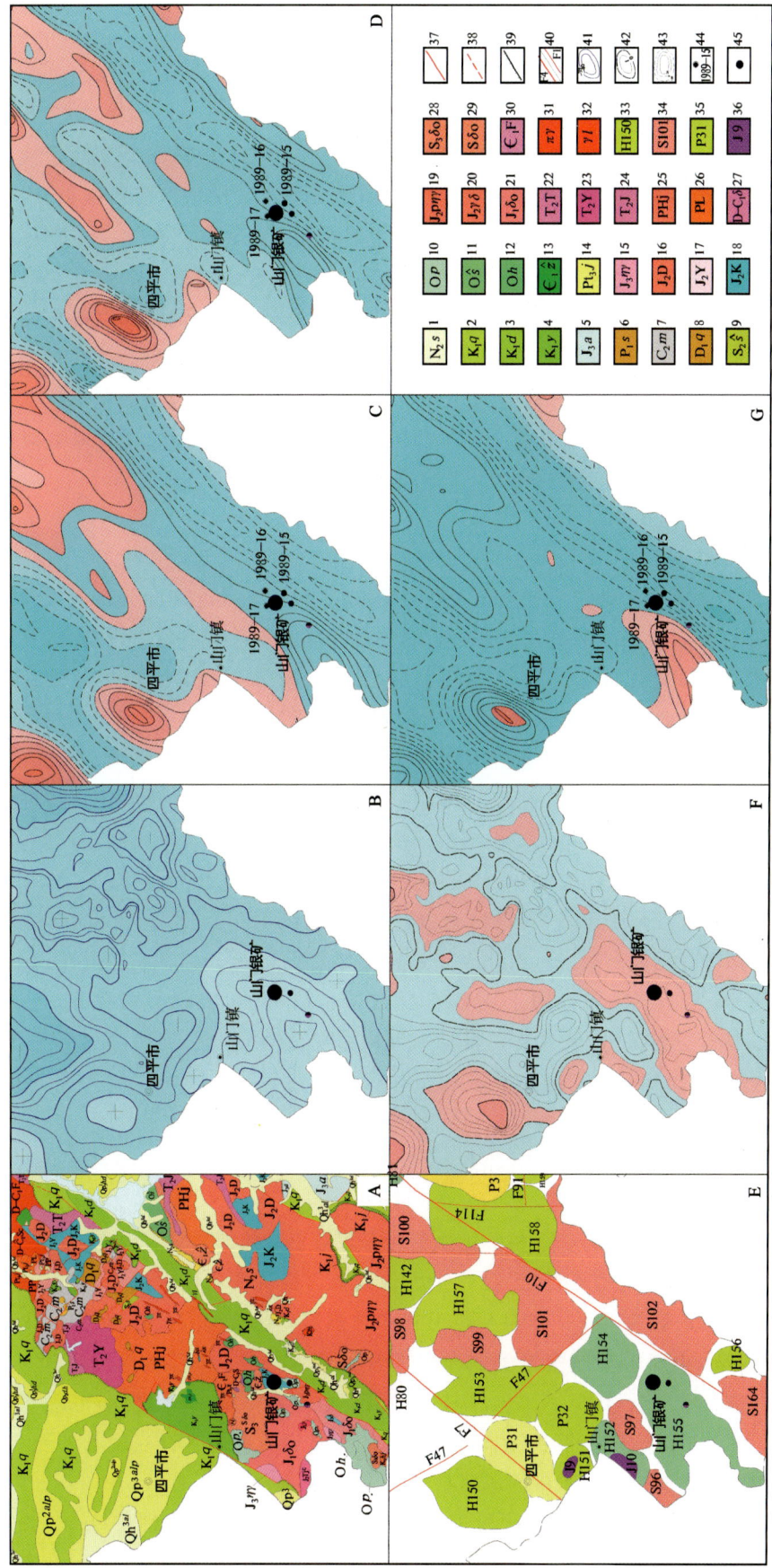

图 6-9-1 山门银矿典型矿床所在区域地质地球物理矿产及物探剖析图

A. 地质矿产图；B. 布格重力异常图；C. 航磁ΔT等值线平面图；D. 航磁ΔT化极垂向一阶导数等值线平面图；E. 重磁推断地质构造图；F. 剩余重力异常图；G. 航磁ΔT化极等值线平面图

1. 石岭街组；2. 泉头组；3. 登楼库组；4. 营城组；5. 沙河子组；6. 寿山沟组；7. 磨盘山组；8. 前坤头组；9. 石缝组；10. 盘岭组；11. 烧锅屯组；12. 黄顶子组；13. 张复组；14. 机房沟岩组；15. 晚侏罗世二长花岗岩；16. 大岭中细粒黑云母二长花岗岩；17. 杨家窑中细粒角闪石黑云母花岗岩；18. 靠道子细粒角闪石黑云母花岗岩；19. 和隆似斑状二长花岗岩；20. 中侏罗世石英闪长岩；21. 早侏罗世石英闪长岩；22. 太平岭中粒黑云母正长花岗岩；23. 腰山中细粒石英闪长岩；24. 解放屯似斑状中细粒黑云母花岗闪长岩；25. 董家屯中细粒黑云母花岗闪长岩；26. 卢家屯中细粒角闪石石英闪长岩；27. 施家油坊中细粒角闪石角闪岩；28. 晚志留世石英闪长岩；29. 志留纪（未分）石英闪长岩；30. 范家大院片麻状细粒花岗闪长岩；31. 花岗细晶岩脉；32. 花岗斑岩脉；33. 重磁推断地层及注记；34. 重磁推断酸性—中酸性岩体及注记；35. 重磁推断盆地及注记；36. 重磁推断基性—超基性岩体及注记；37. 实测性质不明断层；38. 推测性质不明断层；39. 实测角度不整合界线；40. 重磁推断二级、三级断裂及注记；41. 布格重力异常等值线及注记；42. 剩余重力异常等值线及注记；43. 航磁异常（14km×14km）；44. 航磁异常点及编号；45. 银矿床综上所述，区域性北北东向、北东向构造体系和早古生代基底隆起是控制该矿床产出的主要区域构造因素。

2）区域航磁异常特征

在1：25万航磁异常和其化极垂向一阶导数异常图上，区域异常也与区域重力场一样，除了能够清晰反映伊-舒地堑与大黑山条垒间岩石圈大断裂和太平屯早古生代基底隆起存外，尚能反映出该区加里东期、海西期、燕山期等的基性、中基性、中酸性及酸性侵入岩体的分布。区域物性资料指出，本区各时期侵入岩大部分都具中—强磁性，当具有一定规模时均能引起不同强度磁异常。在太平屯布格重力高异常上亦同样出现了与重力异常形态范围相似的椭圆状磁力高异常，并且山门银矿依然处在磁力高异常南东边缘外侧上。以零值线圈闭的异常面积约150km²，强度为150～200nT，两侧梯度南东侧大于北西侧。异常出露岩性主要为印支晚期和燕山早期的闪长岩、石英闪长岩、二长花岗岩。故此推断该异常多与中性、中酸性侵入岩体有关。由矿体与异常空间分布关系判断，山门银矿形成与多期岩浆活动关系更为密切。由此说明矿床在有利的区域成矿背景上除了与区域主体构造系统和早古生代基底隆起有关外，多期岩浆活动也为成矿提供了极为有利的条件。

2. 矿床所在矿田磁场特征

山门银矿田在1：5万航磁异常图上处于一较复杂高磁异常区内，以一条北北东向分布低磁异常带为特征（图6-9-2）。高磁异常区系属大黑山条垒北北东向断续分布的高磁异常带南段组成部分，其南东侧与伊-舒断陷带低磁异常带相邻；北西侧以四平-长春深断裂与松辽中、新生代盆地低缓磁异常区接连。在平剖图和等值线图上磁场波动变化有一定规律性，沿北北东向（纵向）形成高、低相间的较复杂的高磁异常带。区内磁场强度由北东向南西逐渐增多，最大强度可达600nT，一般多在200～300nT之间。综合地质构造分析，这些异常多半是加里东期、海西期、印支期和燕山期基性、中性及中—酸性岩浆沿构造侵入的反映，尤其印支晚期、燕山早期侵入岩占多数。由此指出，该区岩浆活动强烈，并具有多期性、多类型特点，应是该区成矿活动矿质主要来源和成矿必需的热源条件。

山门银矿带所赋存的低磁异常带位于卧龙—云潘（营盘）一线北西侧1.6km处，呈北北东向展布，长约8km，宽0.6～1.2km。南端在云潘南被一近南北向高磁异常带截断，错断至古洞村以北不远处，向南延入辽宁省。在化极和垂向一阶导数异常图上则以负异常带为特征，化极磁异常强度－200～－100nT，两侧梯度较对称。综合分析认为，低磁异常带是本区构造矿化蚀变带的反映，控制了山门银矿化活动的分布，对于今后找矿工作具有一定的指导意义。

3. 矿区电、磁异常特征

1）矿区岩（矿）石物性参数特征

(1)电性参数特征：构造矿化蚀变带中的矿石和矿化蚀变岩石相对正常的围岩具有较强的电化学活动性和导电性，其内矿石含银的石墨构造角砾岩、含银的变质砂岩和含银黄铁矿化大理岩，充电率(M)多在20%～27%之间；电阻率(ρ)一般为140～900Ω·m，其内矿体围岩硅化石英闪长岩、黄铁矿化石英脉、含碳硅质大理岩、石墨化碎裂大理岩等蚀变岩类的充电率常见值为10%～37%，电阻率为300～1300Ω·m，但蚀变破碎带两侧正常围岩石英闪长岩、二长花岗岩充电率在2%～4%之间，电阻率常为1000～1500Ω·m。由此可见，含矿蚀变破碎带岩（矿）石相对两侧正常岩石的电性存在较大的差异，具备激电充电率和电阻率参数圈定含矿构造蚀变带的地球物理前提。

(2)磁参数特征：矿区除了少量中—基性脉岩（闪长玢岩、煌斑岩等）有较强磁性外[$\kappa \approx (3800～10\,800) \times 10^{-5}$ SI]；分布较广的中性、中—酸性花岗岩类（闪长岩、石英闪长岩、二长花岗岩等）具有中等

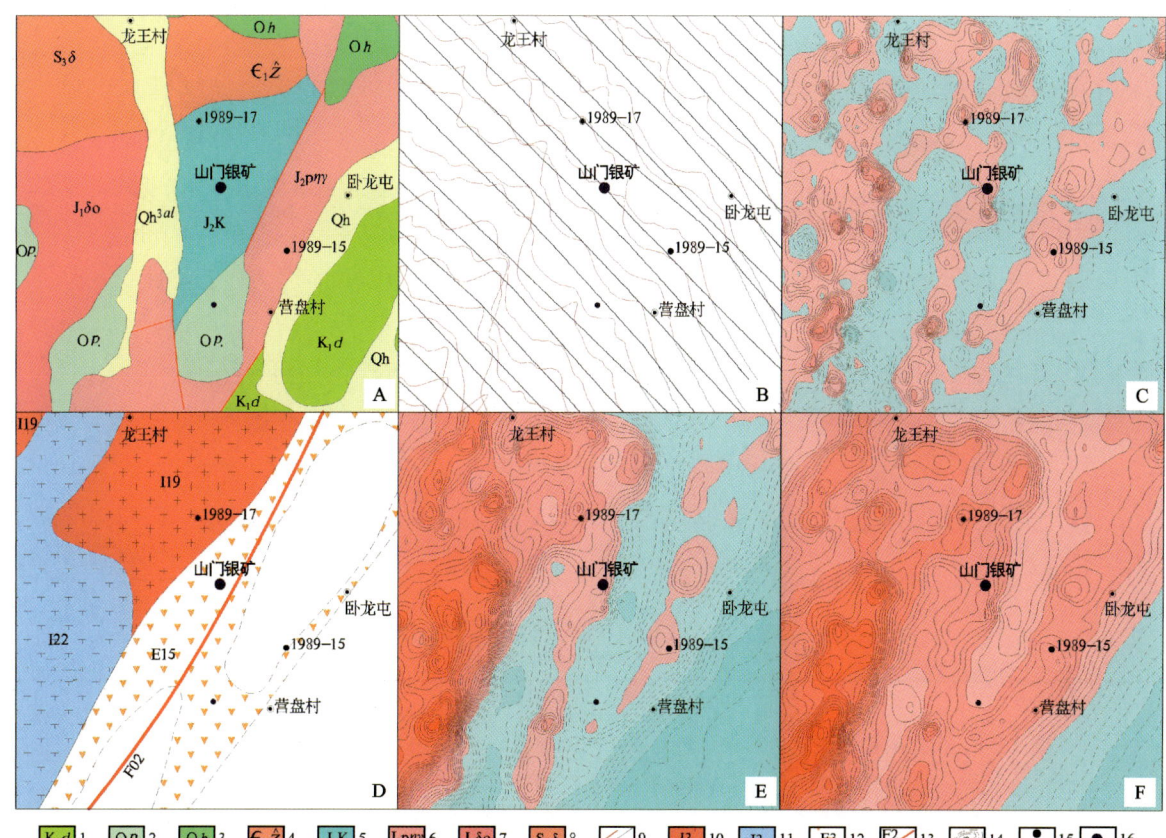

图 6-9-2 山门典型银矿床所在地区地质矿产及物探剖析图

A.地质矿产图;B.航磁 ΔT 剖面平面图;C.航磁 ΔT 化极垂向一阶导数等值线平面图;D.航磁推断地质构造图;E.航磁 ΔT 化极等值线平面图;F.航磁 ΔT 等值线平面图

1.登楼库组;2.盘岭岩组;3.黄顶子组;4.张厦组;5.靠道子细粒角闪石黑云母闪长岩;6.中侏罗世二长花岗岩;7.早侏罗世石英闪长岩;8.早志留世闪长花岗岩;9.实测性质不明断层;10.磁法推断中基性岩体及注记;11.磁法推断中性岩体及注记;12.磁法推断磁性蚀变带及注记;13.重磁推断二级断裂及注记;14.航磁异常正等值线、零等值线、负等值线及注记;15.航磁异常点及编号;16.银矿床

强度磁性[$\kappa \approx (570 \sim 1000) \times 10^{-5}$ SI]。然而,含矿的构造矿化蚀变带内的岩(矿)石(各类银矿石,上奥陶统石缝组蚀变大理岩、混染岩、碎裂岩等)均属无磁性—弱磁性[$\kappa \approx (0 \sim 100) \times 10^{-5}$ SI],相对大片中—酸性花岗岩具有弱磁性特征。故此判定,这一矿化蚀变带会显示低磁异常,为磁测间接找矿提供依据。

2)矿床电、磁异常特征

前人在四平山门地区寻找与基性—超基性岩有关的硫化铜镍矿床,施测了1:1万激电、磁法扫面,在工区张家屯—卧龙—古洞一带发现了一条北北东走向长约8km、宽0.5~1km的高视充电率(M_s)、低视电阻率(ρ_s)、低磁(ΔZ)套合较好的综合异常带(图6-9-3),经过工程查证后确定为含银、金矿化构造蚀变带引起,进而发现了山门大型银(金)矿床。

综合异常中视充电率(M_s)异常较低、视电阻率(ρ_s)和低磁(ΔZ)更加明显、规律。视其异常强度、形态特征,激电异常属于两级叠加异常:一级异常以6%为下限圈出的异常带在古洞屯以北比较连续,而往南则离开了主体异常延伸方向则向西平移约1km;二级叠加异常多呈不规则的椭圆状断续有规律排布在一级异常内,强度一般在10%~14%之间,走向多与一级异常一致,其规模长0.5~1km,宽0.3~0.5km。异常带两侧梯度东侧略大于西侧。视电阻率异常呈带状分布在激电异常带中部,异常在龙王屯以北分为两极近平行的低阻异常带,东带与二级激电异常带相吻合,西带则与低磁异常相一致。异常

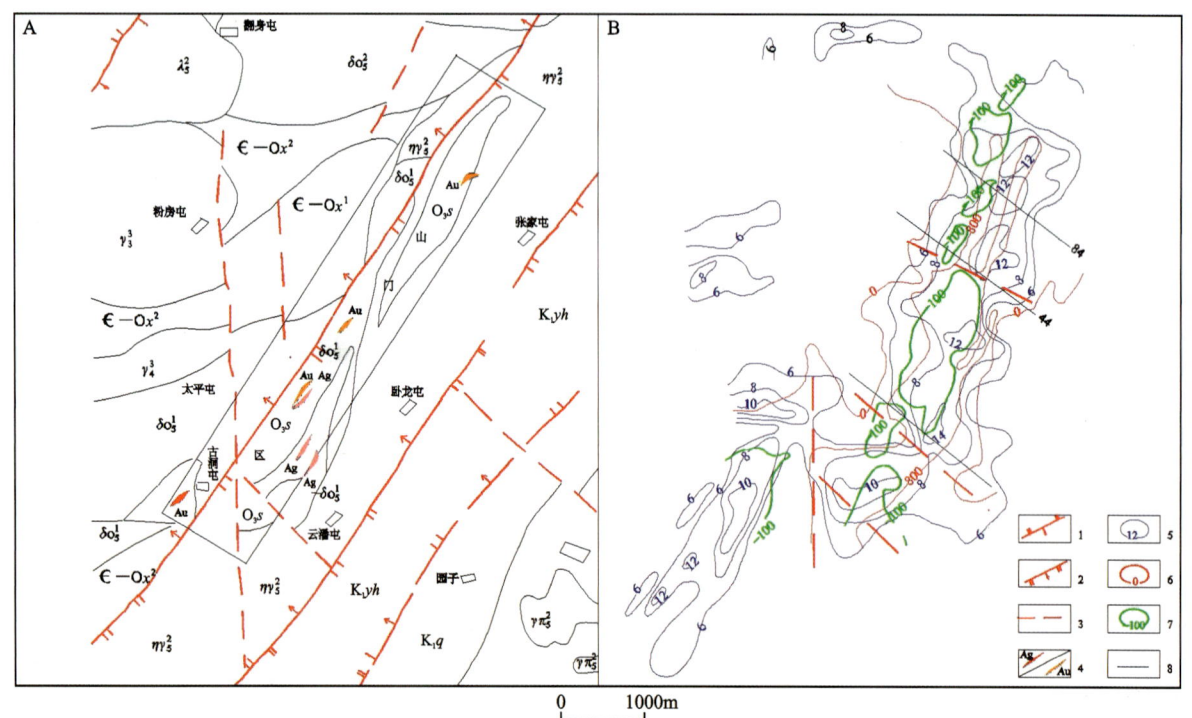

图 6-9-3　山门银矿典型矿床所在位置地质矿产及物探剖析图(引自杨贵林和刘志和等,1992)

A.地质剖面图;B.激电视极化率异常曲线、激电视电阻率曲线、磁法异常曲线

K_1yh.下白垩统叶赫组;K_1q.下白垩统泉头组;O_3s.上奥陶统石缝组;$\epsilon\text{-}Ox^{2-1}$.寒武系—奥陶系西保安组片岩段和变粒岩段;λ_5^2.流纹岩;$\gamma\pi_5^2$.花岗斑岩;$\eta\gamma_5^2$.二长花岗岩;δo_5^1.石英闪长岩;γ_4^3.黑云母花岗岩;1.压扭性断层;2.张扭性断层;3.推测断层;4.金、银矿体;5.激电视电阻率曲线;6.激电视极化率异常曲线;7.磁法异常曲线;8.地质界线

强度均小于800Ω·m。低磁异常以零值圈定的异常基本与一级激电异常形态相近,其局部高值异常一般大于100nT。经与地质关联,M_s、ρ_s、ΔZ套合异常具有同源性,指出了三者均是张家屯—卧龙—古洞同一银、金矿化构造蚀变带不同物理属性的反映。此外,依据综合异常形态特点,特别是二级激电异常的分段性,可将整个异常带由北向南划分成张家屯、龙王、卧龙、云潘、古洞5个矿化集中区,这与地质详查(勘探)评价划分的5个矿段是一致的。

卧龙矿段35号勘探线综合剖面图清晰展示了1号、2号、3号银(金)矿体综合物、化探异常特征(图6-9-4)。电法联合剖面装置在矿带的垂向投影头部出现了视充电率M_s^A和M_s^B反交点异常,视电阻率ρ_s^A和ρ_s^B正交点异常;中间梯度装置M_s出现了梯度陡而缓的高值异常,ρ_s曲线产生了梯度陡而缓的低值异常。地面磁法在含矿蚀变带上有低磁异常反映。电法四极对称测深装置在剖面各测点上测到了H型ρ_s和K型M_s异常。M_s和ρ_s断面等值线异常较好反映出有上、下两个均向西倾的异常存在,并与地质断面上、下两个向西倾的矿脉带相吻合。综上可见,综合物探、化探找矿效果较为理想,不仅能够较准确地指出隐伏的矿脉带顶部投影位置,而且还能反映出矿脉带的倾向,可为布置山地工程(钻探、槽探、井探)提供有效的地球物理信息。

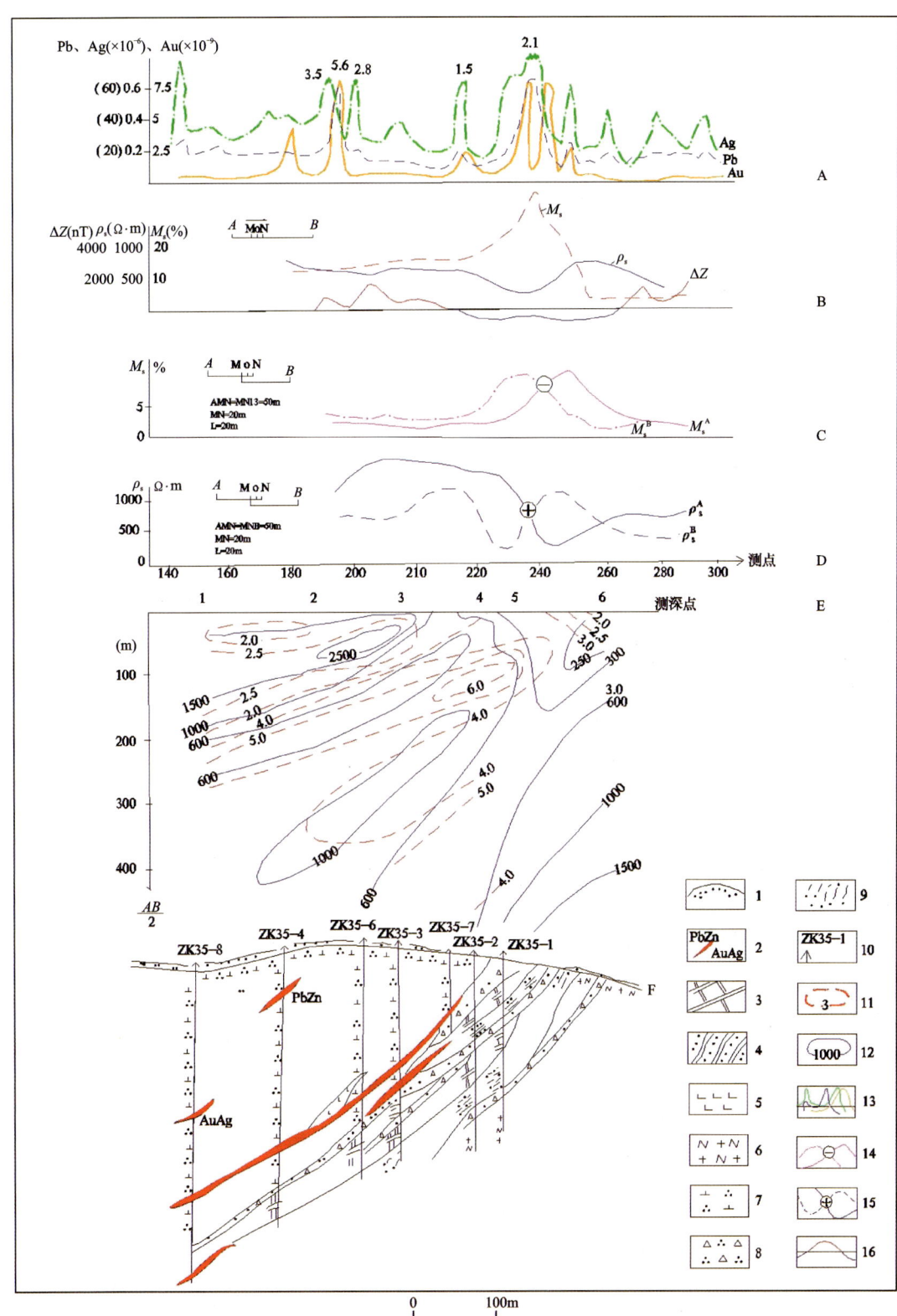

图 6-9-4 山门银矿 35 号勘探线典型矿床勘探剖面图(引自杨贵林和刘志和等,1992)
A. 化探 Pb、Ag、Au 异常曲线;B. 地磁异常曲线、激电中梯视极化率曲线、视电阻率曲线;C. 激电联剖视充电率曲线;D. 联剖视电阻率曲线;E. 电测深视电阻率、视极化率断面异常曲线;F. 地质剖面图

1.第四系;2.矿体;3.大理岩和硅化大理岩;4.变质砂岩;5.闪长玢岩;6.二长花岗岩;7.石英闪长岩;8.破碎带;9.变粒岩;10.钻孔及编号;11.激电视极化率异常曲线;12.视电阻率异常曲线;13.化探 Pb、Ag、Au 异常曲线;14.激电联剖视充电率异常曲线;15.激电联剖视极化率异常曲线;16.地磁 ΔZ 异常曲线

(三) 四平市山门银矿床地质-地球物理找矿模型

综合上述矿床地质特征和地球物理异常特征,可归纳总结出矿床地质-地球物理找矿模型,见表6-9-2。

表6-9-2 四平市山门银矿床评价物探找矿模型表

地质条件	岩石类型	含碳变质粉砂质、泥质、钙质板岩、大理岩,花岗闪长岩
	成矿时代	燕山晚期
	成矿环境	东北叠加造山-裂谷系(Ⅰ),小兴安岭-张广才岭叠加岩浆弧(Ⅱ),张广才岭-哈达岭火山-盆地区(Ⅲ),大黑山条垒火山-盆地群(Ⅳ)内
	构造背景	矿床受区域性依兰-伊通断陷旁侧断裂控制,主干断裂旁侧的次级北北东向断裂是容矿构造,具有多期活动特点,其结构面性质较复杂,大致经历了压扭—张扭—压扭的活动过程
矿床特征	控矿条件	地层控矿:奥陶系黄莺屯组变质粉砂质、泥质、钙质板岩、大理岩为赋矿层位。 岩体控矿:燕山期中酸性侵入岩为主要的控矿岩体,不同性质、不同期次的小侵入体、岩脉与矿体相伴产出,有的产于矿体上、下盘,直接成为矿体顶底板围岩。 构造控矿:北北东向依兰-伊通地堑边缘断裂靠隆起一侧次一级平行断裂和层间断裂是主要的容矿构造,北北东向与北西向断裂交会部位是矿床产出的有利部位
	蚀变特征	蚀变主要是硅化、黄铁绢云岩化、碳酸盐化和水云母化、黏土矿化等,具明显的分带性。银矿化富集与硅化关系密切,其蚀变强度一般与矿化的富集强度成正比
	矿化特征	矿体分布于燕山早期花岗闪长岩与奥陶系黄莺屯组的内外接触带,矿体产出严格受北北东向断裂控制,矿体呈脉状、似层状和透镜状。卧龙矿段已查明大小工业矿体11条,主要矿有8条;龙王矿段已查明大小工业矿体11条,主要矿有5条,其中仅卧龙矿段3号矿体部分出露地表,其余矿体均为隐伏-半隐伏矿体,最低见矿标高为-200m,深部未封闭,以银矿为主,伴生金。矿体呈近平行侧列展布,平面上呈左行斜列,倾向上呈向下盘斜列,相邻矿体间距10~30m,水平分布宽度80~100m,矿带总体走向25°~30°,倾向北西,倾角20°~60°,一般下部矿体较缓,上部矿体较陡,主矿体走向延长较大,倾向延长较小,同一矿体在产状缓的部位,矿体变厚,产状陡的部位矿体变薄。斑岩体中上部含砾花岗闪长斑岩几乎囊括了全部富矿,部分矿体已达斑岩体顶部围岩内。自矿体向外,矿化强度减弱,矿体与围岩成渐变关系
综合信息	地球化学	1:20万化探数据圈出矿床所在区域的Ag异常具有较好的二级分带,峰值243.26×10^{-6},面积19.65km^2,呈沿北东向条带状分布;与Ag套合紧密的元素(氧化物)主要有Au、Cu、Zn、As、Sb、Hg、Na$_2$O、K$_2$O、SiO$_2$。 土壤化探异常显示的特征元素组合为Ag-Au-Cu-Pb-Zn。在卧龙—龙王矿段是元素异常集中区,Ag、Au、Cu异常异常空间套合较好,具明显的包含结构。 矿床岩石化探异常显示的特征元素组合为Ag-Au-Cu-Pb-Zn-As-Sb-Hg,其中Ag在黄莺屯组的强富集强度是克拉克值的几倍到十几倍
	地球物理	山门银矿位于石岭—叶赫梯度带北西侧太平屯重力高异常的南东侧。该重力异常呈椭圆状北东向展布,长约20km,宽7~10km,其形态规整并略向南东突出,重力强度由北向南逐渐增高。重力高异常是早古生代变质岩系基底上隆引起。 在1:5万航磁异常图上,山门银矿处在北北东向分布的、沿东东方向相间排列的高、低磁异常带之间一条磁力高异常带的东南边部。磁力高异常带为燕山期中—酸性岩浆沿构造侵入的反映
	重砂	主要指示矿物自然银没有异常反映。主要伴生矿物自然金围绕山门银矿圈出2个自然异常,面积分别为2.89km^2、1.61km^2,对银(金)矿积极支持,是矿致异常,具有直接指示作用。矿区内代表的矿物组合为自然金、白钨矿、黄铁矿,其组合异常可释放综合找矿信息
	遥感	北东向伊-舒线性构造带——伊-舒断裂带的西支断裂上,并有直径约8km的岩浆侵入环形构造存在,矿床位于北东向线性构造带上及环形构造的中部,是形成大矿的最有利地段

续表 6-9-2

找矿标志	深大断裂两侧断块隆起边缘北北东向次级平行断裂带及与北西向断裂带交会部位是矿床产出的有利部位。奥陶系黄莺屯组地层分布区,尤其是含黄铁矿及石墨含量较高的大理岩夹变质粉砂岩、砂质板岩分布区。中生代岩浆侵入活动频繁地区,尤其是不同性质、不同期次的小侵入体、岩脉与黄莺屯组接触带为找矿有利部位。黄铁绢云岩化、强硅化蚀变破碎带、含硫化物石英脉、含黄铁矿、闪锌矿、方铅矿化的蚀变破碎带。线性低缓负磁场带是追索控矿构造的间接找矿标志,低阻高极化异常是矿体或含矿层位的指示标志。1:5万水系沉积物化探测量 Ag、Pb、Co 浓度克拉克值大于 1.1 的异常区,尤其是与 Ag 异常配套的 Au、Cu、Pb、Zn、Sb 套合异常。土壤 Au、Ag、Cu、Pb、Zn 5 种元素的综合异常与矿带分布范围基本吻合

二、磐石民主屯银矿床

(一)典型矿床成矿地质特征

1. 地质构造环境及成矿条件

构造背景:大地构造位置位于天山-兴蒙-吉黑造山带,包尔汉图-温都尔庙弧盆系,下冶-呼兰-伊泉陆缘岩浆弧,盘桦上叠裂陷盆地。

(1)地层:矿区出露的地层除第四系全新统外,仅有下石炭统余富屯组地层(图 6-9-6)(据张大山和杨震华等,1991)。该组岩性由石英角斑岩、角斑岩、角斑质凝灰岩、细碧岩、细碧玢岩夹大理岩、砂岩组成。其余大量岩石均为糜棱岩和千糜岩,少部分板岩和大理岩内见有碳质,为主要含矿地层。余富屯组地层普遍具有变质现象,表现为灰岩形成细粒大理岩,泥质岩石已变质为板岩,钻孔(ZK701)中所见到的碳质板岩中的炭质已经形成石墨。另外,千糜岩和糜棱岩中普遍存在的长石、石英、绢云母矿物,也可能有一部分是由于区域变质作用形成的,或与动力变质作用叠加而形成的。

(2)岩浆岩:岩浆岩除海西期中细粒花岗岩(γ_4^2)、燕山期中粗粒花岗岩($\gamma_5^{2(2)}$)岩体外,还有正长斑岩、闪长玢岩、石英闪长玢岩等脉岩。

中细粒花岗岩属弱钙碱型。中粗粒花岗岩出露于矿区南部,呈小岩株侵入于余富屯组中,面积约 $0.1 km^2$。岩石有碎裂现象。

(3)构造:矿区内主要为北东向和北西向断裂。①F1 位于矿区中部,走向近南北,倾向西,倾角 45°~65°。在 21 线至 19 线破坏矿体,含矿石英脉被破碎,在 23 线至 15 线被正长斑岩脉充填,为张性正断层。②F2 位于 7 线附近,地貌表现为沟谷,走向北西,倾向不清,平面表现为右行平移,错断矿体。物探资料推测,在 31 线至 0 线间,存在一条北东东向断层,但尚未经地质证实。

2. 矿体特征

目前共圈定Ⅰ、Ⅱ、Ⅲ、Ⅳ共 4 条矿体,以Ⅰ号矿体为主,发现了 Ag、Au、Cu、Pb、Zn 矿(床)点和化探异常,矿体延深情况尚不清楚,矿体中段是否连续不确定。Au 平均品位 $0.41×10^{-6}$,Ag 平均品位 $228×10^{-6}$,矿石体重 $2.39×10^3 kg/m^3$,规模小型(张大山和杨振华等,1991)。

(1)Ⅰ号矿体形态为似层状,平面上呈舒缓波状,走向 30°~40°,倾向北西,倾角 60°~90°。断层 F1、F2 对矿体起破坏作用。Ⅰ号矿体长 444m,矿体延深仅在钻孔 ZK2301 中控制主矿体斜深 48m,分枝矿体 I2 斜深 62m,其他部位推测延深在 50m 以内。Ⅰ号矿体平均厚度 2.75m,最大厚度 11.20m,最小厚度 0.47m,在顶、底板大理岩层的间距增大处,出现膨大或分枝现象。厚度变化系数为 60.6%,厚度变化较稳定。

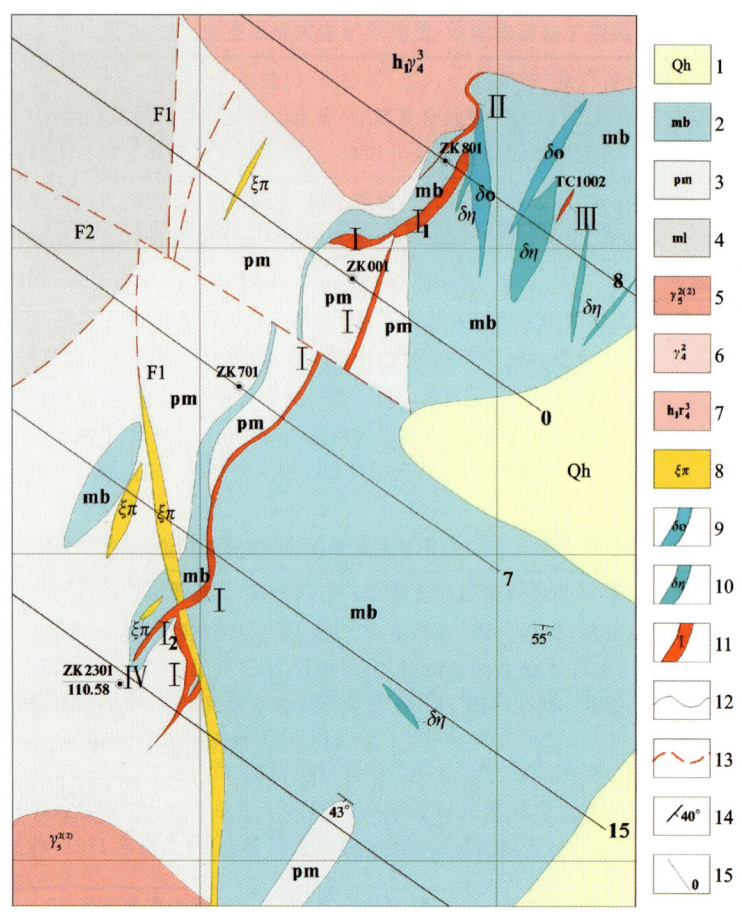

图 6-9-5 民主屯银矿床地质图

1.第四系砂、黏土及砾；2.下石炭统余富屯组大理岩；3.余富屯组千糜岩；4.余富屯组糜棱岩；5.燕山期中粗粒花岗岩；6.海西期中细粒花岗岩；7.混染岩化中细粒花岗岩；8.正长斑岩脉；9.石英闪长玢岩脉；10.闪长玢岩脉；11.银矿体及编号；12.地质界线；13.推断断层；14.产状；15.勘探线位置及编号

(2) Ⅱ号矿体位于大理岩和海西期中细粒花岗岩接触带，主体走向北东55°，波状弯曲，倾向北西，倾角45°～55°，延长80m，见矿宽度分别为2.00m和0.50m，品位分别为$50×10^{-6}$和$43×10^{-6}$，仅YM1中见工业矿体，见矿宽度5.6m，最高Ag品位为$880×10^{-6}$，平均$553×10^{-6}$，矿石类型为块状石英脉。

(3) Ⅲ号矿体围岩为千糜岩，见矿宽度1.00m，Ag品位$170×10^{-6}$，矿石类型为块状石英脉。

(4) Ⅳ号矿体宽70cm，Ag品位$700×10^{-6}$，矿石类型为块状石英脉。

3. 矿石类型

1) 矿石类型

(1) 块状石英脉矿石：为完整石英脉，灰白色、白色，粒状结构，块状构造，局部为梳状构造、条带状构造。矿物成分主要为石英。还见有黄铁矿、毒砂、辉银矿、辉锑矿、深红银矿、锑银矿、自然金、自然银等。Ag品位较富，体重$(2.24～2.57)×10^3 kg/m^3$，平均$2.49×10^3 kg/m^3$。氧化程度较低，该类型是主要矿石类型。

(2) 角砾状石英脉型矿石：石英脉被后期构造作用破坏，形成构造角砾岩，使矿石具角砾状构造。角砾成分为脉石英，角砾含银，角砾间胶结物不含银，见有黄铁矿、毒砂。品位较低，体重$(2.06～2.38)×10^3 kg/m^3$，平均$2.29×10^3 kg/m^3$。此类矿石被破碎，氧化程度极高。

2) 矿石物质组分

(1) 金属矿物：黄铁矿、黄铜矿、闪锌矿、自然铅、铝钒、锐钛矿、磁铁矿、磁黄铁矿、辉银矿、辉锑银矿、深红银矿、锑银矿、自然金、自然银。其中以黄铁矿最常见,含量0~4%。

(2)非金属矿物:主要为石英,其次为少量的绢云母、绿泥石、绿帘石、角闪石、辉石。黄铁矿、毒砂、闪锌矿、黄铜矿常共生;辉锑银矿、深红银矿、锑银矿、自然银、自然金共生。

(3)夹石矿物:矿体中夹石少,且达不到剔除厚度,Ag平均品位又大于最低工业品位,故均划入矿体。

3)矿石的结构构造

(1)矿石结构:含矿岩石为粒状结构,石英呈他形—半自形晶体,粒径0.5~4mm,石英颗粒紧密镶嵌。

(2)矿石构造:块状构造,石英紧密镶嵌,呈致密块状。条带状构造,由灰色、白色石英形成灰白相间条带;梳状构造,石英晶体沿裂隙壁相对排列;浸染状构造,黄铁矿等金属矿物呈浸染状分布于石英之间,粒径0.05~0.12mm,含量0~4%。

4. 蚀变及矿化

蚀变类型:硅化、绿帘石化、绿泥石化、绢云母化、黄铁矿化、毒砂等。硅化十分普遍,分为含银和不含银两类。黄铁矿化与银矿化没有明显相伴关系。毒砂仅见于银矿体内,呈浸染状分布,粒径一般约为0.05mm,与银矿化呈正相关。其他蚀变围岩中还有绿帘石化、绿泥石化,主要见于岩体、中—酸性脉岩、大理岩中,与银矿化无关联,偶尔伴有金矿化。

5. 成因类型及找矿标志

(1)矿床成因类型。矿体位于下石炭统余富屯组低变质中酸性火山碎屑岩中相对较致密的大理岩及其所夹相对较疏松的千糜岩内,热液提供了热量和矿物质运移载体,相对致密的大理岩成为矿液的阻挡层,而相对较疏松的千糜岩为矿液提供了运移通道和沉积空间,赋矿空间为较大韧性断层内大理岩和板岩内碳质中。矿体与围岩界线清楚,对围岩的交代作用极微弱,矿石具梳状构造、条带状构造、晶簇构造,显示热液充填作用的特点。本矿床的成因类型为火山热液型。

(2)找矿标志。①具有梳状构造、条带状构造、晶簇构造的石英脉,是直接找矿标志。②Ag的化探异常,尤其是Au、Ag、As、Sb、Hg、Pb异常的套合,是间接的找矿标志。③在大量糜棱岩、千糜岩内有相对致密碳酸岩层存在时,是可能赋存矿体的有利空间。④余富屯组是找矿标志层位。⑤硅化、绢云母化是近矿蚀变标志,强烈硅化蚀变岩是直接找矿标志。⑥中酸性侵入体正长斑岩以及与余富屯组接触带是找矿有利部位。

(二)地球物理特征

1. 矿床所在区域重磁场特征

在1∶25万布格重力异常图上,磐石民主屯火山热液型银矿床处在著名的盘双接触带吉昌一段北部面积较大的三角形重力高异常区内东西向局部重力高异常与北东向局部重力低异常间梯度带上。该梯度带呈北东走向,并在矿床附近沿北西方向发生扭动,反映出北东向断裂构造受燕山期酸性岩株或脉岩岩浆上涌而沿北西方向发生扭曲。三角形重力高异常区对应下石炭统余富屯组、鹿圈屯组,上石炭统磨盘山组等古生代地层出露区。矿床所在梯度带东南烟筒山附近长条状局部重力高异常,近东西走向,为余富屯组中酸性火山岩夹灰岩及砂岩地层的异常反映,北西侧近椭圆状局部重力低异常,呈北东走向,为中、新生代火山盆地分布区。

在1∶25万航磁异常图上,余富屯组中酸性火山岩仅产生强度50~150nT的背景正磁场区。银矿床处在烟筒山附近的燕山晚期酸性岩体(或其边部角岩)所引起的叠加椭圆状局部正磁异常边缘北东走向梯度带上,即燕山期酸性岩体与余富屯组的接触带上,局部正磁异常最大强度为350nT。区域背景正磁异常及局部磁异常总体沿北东走向展布,反映出磁异常受北东向构造活动所控制。

2. 矿床所在地区磁场特征

在1:5万航磁异常图上,民主屯银矿床处在余富屯组石英角斑岩、细碧岩(含铁)引起的吉C1-1959-7强磁异常向南西方向阶梯状逐渐降低的一个次级低缓异常台阶的边部上,该处磁异常值为220nT。异常南侧边部有较陡的北西向梯度带通过,可能是一条隐伏断裂构造位置或是受北西向航磁测线的影响。该次级低缓异常为燕山期花岗岩与余富屯组接触带的角岩反映。

在1:5万航磁化极异常图上,银矿床处在北西走向强度微弱的长方形异常南侧边部。

3. 矿床所在位置地球物理特征

(1)矿区岩(矿)石物性参数特征。从表6-9-3中可以看出,矿区内极化率最高者为碳质板岩,石英脉次之,两者差别不大,均大于25%。其他岩石均低于20%,其中正长斑岩和闪长玢岩最低,低于4%。大理岩为银矿体主要围岩,含矿硅化大理岩极化率中等偏低,与其他岩石差异不明显。尤其是碳质板岩对激电异常的干扰较大,对异常解释造成困难。

表6-9-3 民主屯银矿区岩(矿)石电参数统计表(据张大山和杨震华等,1991)

岩(矿)石名称	块数/块	极化率 $\eta_s/\%$		
		最大值	最小值	常见值范围
大理岩	25	17.5	2.3	2.5～15
正长斑岩	19	4.5	0	0～4
碳质板岩	7	69	30	30～60
含矿硅化大理岩	15	38	2	5～10
闪长玢岩	8	4.5	0.1	0.1～2
花岗岩	30	25	0	10～20
石英脉	15	50	15	25～40
石英闪长玢岩	15	26	0	5～15
千糜岩	14	17	0	5～10

(2)矿区激电异常特征。通过本区1:1万激电中梯0.78km²扫面后得出结论:除Ⅰ号激电异常与Ⅰ号银矿体套合较好(但并非是Ⅰ号矿体反映,而是碳质板岩引起)外,其余各编号异常均未套合在矿体之上。这说明激电法在本区寻找厚度薄、规模小、延伸不大矿体效果不好,加上本区碳质岩石的存在,为激电找矿工作来的干扰,对异常解释带来困难,今后没必要在该区投入激电工作。

(三)磐石市民主屯银矿床地质-地球物理找矿模型

综合上述矿床地质特征和地球物理异常特征,可归纳总结出矿床地质-地球物理找矿模型,见表6-9-4。

表 6-9-4　磐石市民主屯银矿床地质-地球物理找矿模型表

地质条件	岩石类型	糜棱岩、千糜岩、大理岩、碧玉岩及板岩
	成矿时代	海西中期
	成矿环境	天山-兴蒙-吉黑造山带（Ⅰ1），包尔汉图-温都尔庙弧盆系（Ⅱ6），下二台子-呼兰-伊泉陆缘岩浆弧（Ⅲ4），磐桦裂陷盆地（Ⅳ5）内
	构造背景	北北东向分布的头道川大岭-桦树河、大梨河复式背斜为本区的主体构造。北北东向展布的头道川-太平川-烟筒山构造韧性剪切带为容矿构造，控制了头道川-烟筒山金、银、铜矿带的分布
矿床特征	控矿条件	地层控矿：下石炭统余富屯组中酸性火山岩-碳酸盐岩建造为银（金）的矿源层，岩性除大理岩、碧玉岩及少量板岩外，大部分为糜棱岩、千糜岩。 岩体控矿：海西期中细粒花岗岩为主要的控矿岩体，边部有固化混染现象。 构造控矿：头道川大岭-桦树河子、大梨河北北东向的复式背斜是区域主体构造，控制了头道川-风倒树-烟筒山金、银、银成矿带的产出。北北东向头道川-太平川-风倒树-新发屯韧性剪切带是控矿构造
	蚀变特征	蚀变主要为硅化、绿帘石化、绿泥石化、绢云母化、黄铁矿化、毒砂等
	矿化特征	共发现查明 4 条银矿体，其中Ⅰ号矿体规模最大，为主矿体，Ⅱ号、Ⅲ号、Ⅳ号矿体规模均较小。矿体产于大理岩与千糜岩互层带中，并与围岩产状基本一致，其上、下盘围岩为大理岩和千糜岩。Ⅰ号矿体形态为似层状，平面上呈舒缓波状，走向 30°～40°，倾向北西，倾角 60°～90°。矿体长 44.4m，控制矿体斜深 48～62m，矿体平均厚度 2.75m。Au 平均品位 $0.41×10^{-6}$，Ag 平均品位 $228×10^{-6}$
综合信息	地球化学	1:20 万化探在矿床所在区域圈出具三级分带和明显浓集中心的 Ag 异常面积 $221km^2$，呈带状分布，峰值 $15.021×10^{-6}$，NAP 值为 3871。该异常与西山民主屯银矿积极响应，是优良的矿致异常。与 Ag 异常套合紧密的元素主要有 Au、Cu、Pb、As、Sb、Hg，形成复杂元素组分富集的叠生地球化学场，是找矿的主要场所。土壤 Ag、Au、Cu、Pb、Zn、As、Sb、Hg 异常再现性比较理想，空间套合完整，具有较强的浓度分带以及显著的浓集中心，其浓集中心部位即是矿体分布位置。岩石异常显示矿体 Au、Ag、As、Sb 异常反应强烈，叠合紧密，强度较高
	地球物理	在 1:25 万布格重力异常图上，磐石民主屯火山热液型银矿床处在东西向局部重力高异常与北东向局部重力低异常间梯度带上，矿床附近沿北西方向发生扭动，反映出北东向断裂构造受燕山期酸性岩株或脉岩浆上涌而沿北西方向发生扭曲。重力高异常区对应古生界石炭系出露区。北西侧近椭圆状局部重力低异常，呈北东走向，为中、新生代火山盆地分布区。 在 1:5 万航磁异常图上，民主屯银矿床处在余富屯组石英角斑岩、细碧岩（含铁）引起的吉 C1-1959-7 强磁异常向南西方向阶梯状逐渐降低的一个次级低缓异常台阶的边部，该处磁异常值为 220nT。异常南侧边部有较陡的北西向梯度带通过，可能是一条隐伏断裂构造位置或是北西向航磁测线的影响，推断该次级低缓异常为燕山期花岗岩与余富屯组地层接触带的角岩引起
	重砂	矿床控制水域上游有自然金重砂异常，对追索源头找矿有帮助。自然金-白钨矿-黄铁矿组合异常为民主屯银矿外围找矿提供重要依据
	遥感	双阳-长白断裂带与柳河-吉林断裂带交会处，遥感浅色色调异常区分布周围，遥感铁染羟基异常零星分布
找矿标志		具有梳状构造、条带状构造，晶族构造石英脉，是直接找矿标志； 大量糜棱岩、千糜岩内具有相对致密碳酸盐岩层存在时，是赋存矿体的有利空间； 在大理岩与千糜岩接触部位强硅化、黄铁矿化蚀变是直接找矿标志； 见有 Ag 土壤化探异常，尤其是与 Au、As、Sb、Hg、Pb 套合异常为重要的间接找矿标志； 中酸性侵入体与余富屯组接触带是找矿有利部位

三、抚松西林河银矿床

(一)典型矿床成矿地质特征

1. 地质构造环境及成矿条件

构造背景:大地构造位置位于东北叠加造山-裂谷系(Ⅰ1),小兴安岭-张广才岭叠加岩浆弧(Ⅱ3),太平岭-英额岭火山-盆地区(Ⅲ4),老爷岭火山-盆地群(Ⅳ6)。

(1)地层:区内出露地层主要有古元古界老岭岩群上亚群板房沟岩组和珍珠门岩组,中元古界色洛河岩群,新元古界青白口系钓鱼台组,中生界侏罗系小营子组、果松组和石人组,新生界古近系、新近系和第四系(图6-9-7)。矿区北部分布有花岗岩,划分为黄泥岭单元(T_1h)和五道溜河单元(J_2w)。与成矿关系密切的古元古界老岭岩群珍珠门岩组岩性为白云质大理岩,与下伏板房沟岩组呈整合接触。

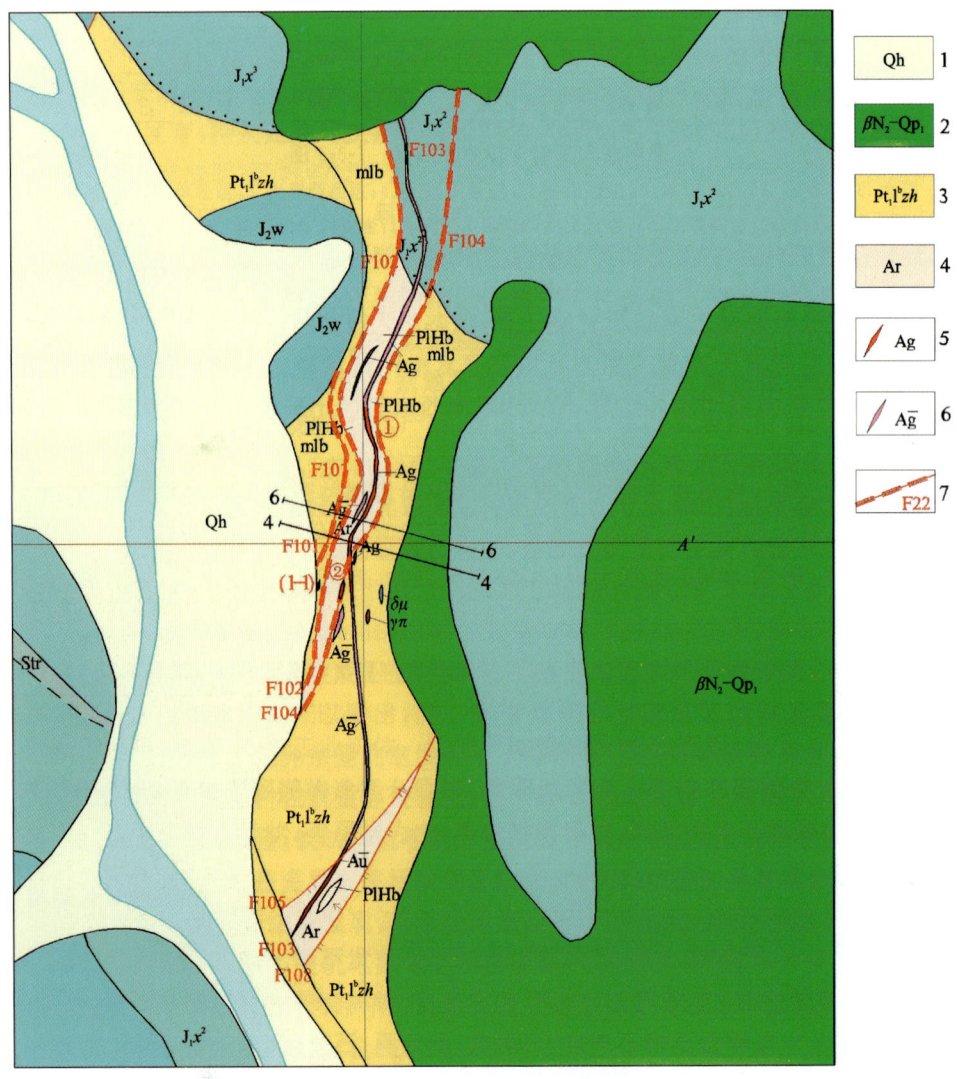

图 6-9-6 西林河银矿床地质图

1.现代河床砂砾沉积;2.新近纪和早更新世玄武岩;3.老岭岩群珍珠门岩组糜棱岩化大理岩;4.太古宙花岗质糜棱岩;5.银矿体;6.银矿化体;7.韧脆性剪切带

(2) 侵入岩:区内大面积出露太古宙花岗岩体,中侏罗世五道溜河单元西林河侵入体及中酸性脉岩。太古宙花岗岩岩性为云英闪长岩、奥长花岗岩、花岗质糜棱岩、糜棱岩化花岗岩等,太古宙表壳岩呈残留体分布其中。五道溜河单元西林河侵入体侵入于侏罗系小营子组中,岩性为钾长花岗岩,与成矿关系密切,是西林河银矿的主要热源。除此之外,矿区内脉岩大多沿裂隙充填或与矿体相伴出现。

(3) 构造:区内构造活动强烈,韧性及脆性断裂均有出露,韧性断裂形成较早,脆性断裂形成较晚,而且韧性断裂为主要控矿构造。断裂以北西向和北东向为主,近东西向次之。近东西向断裂形成时间较晚,并切穿北西向断裂。

2. 矿体特征

矿床特征:矿体赋存于太古宙花岗岩与珍珠门岩组大理岩接触带中,以银为主,伴生金、铜、铅、锌、锑等多金属矿床。详查工作共发现了3条银矿体,仅对其中的①号矿体进行了详查工作。矿体总体走向北北东,倾向北西或南东,倾角65°~85°。平均品位213.44×10^{-6}。

矿体特征:矿体严格受F102及F103构造蚀变带控制。矿体产状不稳定,反映了多期构造复合叠加、继承的特点。矿体分布于构造蚀变带中或主构造的次级裂隙中。矿体在构造蚀变带中连续性较好,单个矿体以脉状、薄脉状为主,其次为扁豆状及透镜状。其中①号矿体为较具规模的工业矿体,②号矿体走向为单工程控制的矿体。

3. 矿石物质组分及矿石类型

(1) 矿石物质组分。矿石矿物主要有辉银矿、黄铁矿、黄铜矿、方铅矿、闪锌矿、辉锑矿。脉石矿物主要为石英、绢云母、方解石等。其中辉银矿、黄铁矿、石英、绢云母为常见矿物。

(2) 矿石类型。矿石自然类型均为硫化物矿石。矿石工业类型有黄铜矿-方铅矿-闪锌矿辉银矿矿石,方铅矿-黄铁矿-黄铜矿辉银矿矿石。

(3) 矿石的结构构造。矿石结构有他形晶粒状结构、自形晶结构。矿石构造有块状构造、团块状构造、浸染状构造、细脉-脉状构造、结角砾-角砾状构造。

4. 蚀变特征及分带

西林河银矿围岩蚀变种类主要为硅化、绢云母化、辉银矿化、黄铁矿化、黄铜矿化、方铅矿化、闪锌矿化、辉锑矿化等。矿体顶板比底板蚀变强,以硅化、黄铁矿化为主,蚀变多沿裂隙、微裂隙分布,蚀变分带不明显。硅化与银矿化关系密切,硅化与银矿体相伴出现,硅化较强的部位矿化好,无硅化基本无矿。

5. 成矿时代

推测成矿时代为燕山期。

6. 成因类型及成矿就位机制

首先银矿体严格受蚀变带控制,而蚀变带受构造控制,控矿构造的次级裂隙是矿体的富集部位,从而矿体与围岩界线明显。其次与矿化有密切关系的蚀变有强硅化、绢云母化,此蚀变为近矿围岩蚀变,为受热液晚期作用的结果。此外,矿石构造多见致密块状、脉状、网脉状、浸染状,因此确定矿床为岩浆热液型。

早期太古宙花岗岩带来了部分成矿物质,燕山期五道溜河岩浆热液的侵入,一方面提供了大量的成矿物质,另一方面又将地层中成矿元素萃取出来赋存在岩浆中,形成了富含成矿物质的岩浆,同时又加热地下水形成混合热液。由于珍珠门岩组糜棱岩化大理岩与太古宙花岗质糜棱岩属脆性岩石,易于形成构造节理裂隙,且岩石封闭条件较好。岩石中的碳质对矿液的渗透和金属元素的吸附等有利,使成矿元素不断富集,最后在构造的有利部位成矿。

7. 控矿因素及找矿标志

(1)控矿因素。①老岭岩群珍珠门岩组糜棱岩化大理岩控矿,矿体赋存在珍珠门岩组大理岩与太古宙花岗质糜棱岩接触带。②北东向深大断裂是导矿构造,其次级构造北东向断裂构造及脆性剪切带,为成矿提供了空间,为主要控矿、储矿构造。③太古宙花岗岩为成矿提供了部分成矿物质,燕山期五道溜河侵入岩体与成矿关系密切,除提供成矿物质外,同时还提供了热源。

(2)找矿标志。①北东向断裂及北西向断裂密集区,糜棱岩带,周边分布有燕山期花岗岩,是重要的构造及岩浆岩找矿标志。②太古宙花岗岩及珍珠门岩组大理岩接触带,为界面找矿标志。③沿断裂分布的硅化、黄铁矿化、褐铁矿化、绢云母化蚀变带是找矿的蚀变标志。④Au、Ag及其指示元素的重砂、分散流、次生晕、原生晕等异常是地球化学标志。⑤银矿转石、废弃的采坑、老窿等可作为银矿直接找矿标志。

(二)地球物理特征

1. 矿床所在区域重磁场特征

在1:25万布格重力异常图上,西林河银矿床及其北部相邻的西林河锑矿均处于西林河南部规模较大的重力低异常向北伸出的狭小异常之上。被北西部团块状和北东部椭圆状两个局部重力高异常所夹持。北西部重力高异常梯度缓,北东部重力高异常位于双阳附近,梯度陡。在剩余重力异常图上,矿床处在宝马—西林河北西向重力低异常带北西端向西、东、北伸出的3个风扇叶状狭小重力低异常中的北支之上,该支剩余重力低异常近南北走向,长4.8km,宽2.5km。两处重力高异常与太古宙、元古宙基底隆起有关。矿床处重力低异常与上三叠统托盘沟组火山沉积地层、晚二叠世—早三叠世小蒲柴河花岗闪长岩岩体及北西向—北北西向华北陆块北缘东段断裂构造带有关。

在1:25万区域航磁异常图上,西林河银矿床位于沿江—双阳北西向负或低磁异常带内,靠近南部西林河附近的正磁异常的顶部。在航磁异常化极等值线图上,西林河银矿床位于北北西走向的西林河局部正磁异常与北西向负磁异常带的过渡部位,该处梯度略陡。在航磁化极垂向一阶导数等值线图上,磁异常北西向线性特征明显。北西向线性负磁异常带为上三叠统托盘沟组、小河口组、白垩系大拉子组火山沉积、碎屑沉积地层及断裂构造带等的综合反映,具有断陷盆地的性质,其南侧分布有大面积太古宙花岗岩,与西林河银矿成矿关系密切。

2. 矿床所在地区磁场特征

在1:5万航磁异常图上,矿床位于北东走向线性局部正异常带东侧,北东走向长轴较短的局部负磁异常中。正异常边部梯度陡,中心偏向东北端,最大值为60nT,北西侧出现平行相伴的明显线性局部负异常带,北东端延长线上有一北东走向条带状局部负磁异常。这些局部正异常、负异常均处于大面积负磁场区中。在航磁异常化极和垂向一阶导数等值线图上,正异常范围变大,强度明显升高,局部低磁、负磁异常特征突出。银矿床所处的不明显负异常带推断为北东走向的控矿断裂引起,正异常带推断为燕山期中酸性侵入岩体引起,与西林河银矿的形成关系密切,为银矿形成提供热源。

(三)抚松县西林河银矿床地质-地球物理找矿模型

综合上述矿床地质特征和地球物理异常特征,可归纳总结出矿床地质-地球物理找矿模型,见表6-9-5。

表 6-9-5　抚松县西林河银矿床地质-地球物理找矿模型表

地质条件	岩石类型	白云质大理岩、花岗质糜棱岩、糜棱岩化花岗岩、钾长花岗岩
	成矿时代	推测成矿时代为燕山期
	成矿环境	矿床位于东北叠加造山-裂谷系（Ⅰ），小兴安岭-张广才岭弧盆系（Ⅱ），太平岭-英额岭火山-盆地区（Ⅲ），老爷岭火山-盆地群（Ⅳ）
	构造背景	区域北东向深大断裂是导矿构造，其次级北东向断裂构造及韧脆性剪切带提供了成矿空间，为主要的控矿、储矿构造；矿体赋存于珍珠门岩组大理岩与太古宙花岗质糜棱岩接触带上
矿床特征	控矿条件	地层控矿：老岭岩群珍珠门岩组白云石大理岩和太古宙花岗质糜棱岩为成矿提供了部分成矿物质，矿体赋存于珍珠门岩组大理岩与太古宙花岗质糜棱岩接触带内。 构造控矿：北东向深大断裂是导矿构造，其次级北东向断裂构造及韧脆性剪切带，为主要控矿、储矿构造，矿体严格受构造蚀变带控制。 岩浆岩控矿：燕山期五道溜河侵入岩体与成矿关系密切，一方面提供了大量的成矿物质，另一方面又将地层中成矿元素萃取出来赋存在岩浆中，形成了富含成矿物质的岩浆，同时又加热地下水形成混合热液，沿构造薄弱处充填聚集成矿
	蚀变特征	主要为硅化、绢云母化、辉银矿化、黄铁矿化、黄铜矿化、方铅矿化、闪锌矿化、辉锑矿化等。矿体顶板比底板蚀变强，以硅化、黄铁矿化为主，硅化与银矿化关系密切，硅化较强的部位矿化好
	矿化特征	共发现 3 条银矿体，以银为主，伴生金、铜、铅、锌、锑等多金属，矿体严格受构造蚀变带控制，矿体产状不稳定，总体走向北北东，倾向北西或南东，倾角 $65°\sim85°$，反映了多期构造复合叠加、继承的特点。矿体以脉状、薄脉状为主，其次为扁豆状及透镜状，其中①号矿体为较具规模的工业矿体，矿体地表控制长 1200m，控制斜深 160m，厚度为 $0.17\sim8.42m$，平均厚度 1.70m，矿体 Ag 品位在地表较低，在深部有增高的趋势，Ag 品位一般为 $(50.1\sim1~098.9)\times10^{-6}$，平均品位 218.33×10^{-6}，矿体倾向 $275°\sim290°$，具有分枝复合及尖灭再现特点
综合信息	地球化学	1∶20 万化探圈出具有三级分带和明显浓集中心的 Ag 异常，峰值为 260.51×10^{-9}，面积 $90.55km^2$，呈北西向带状分布，与西林河银矿积极响应，是优良的矿致异常。与 Ag 空间套合紧密的元素有 Au、Cu、Pb、Zn、Sb、As、Hg，除 Hg 以外，其他元素浓集中心呈同心套合，Sb、As、Hg 异常面积相对较大，形成复杂元素组分富集的叠生地球化学场，是评价找矿的主要场所。在香水河—940 高地—西林河一带，Au、Ag 土壤异常呈北西向条带状分布，尤其是 Au 异常规模较大，呈雁行连续分布，表现出对金、银矿体强力支撑作用。岩石异常特征显示，矿体与岩浆热液关系密切，Ag、Au 岩石异常曲线起伏较大，具有脉状、网脉状特征
	地球物理	在 1∶25 万布格重力异常图上，西林河银矿床及其北部相邻的西林河锑矿均处于西林河南部规模较大的重力低异常向北伸出的狭小异常之上。被北西部团块状和北东部椭圆状两个局部重力高异常所夹持。北西部重力高异常梯度缓，北东部重力高异常梯度陡。两处重力高异常与太古宙、元古宙基底隆起有关。矿床处重力低异常与上三叠统托盘沟组火山沉积地层、晚二叠世—早三叠世花岗闪长岩岩体及北西向—北北西向华北陆块北缘东段断裂构造带有关。 在 1∶5 万航磁异常图上，以大面积负磁场区为背景，西林河银矿床位于北东走向线性局部正异常带东侧的北东走向长轴较短的局部负磁异常中。正异常边部梯度陡，北西侧伴有明显线性局部负异常带。银矿床所处的不明显负异常带推断为北东走向的控矿断裂引起，正异常带推断为燕山期中酸性侵入岩体引起，与西林河银矿的形成关系密切，为银矿形成提供热源
	重砂	矿床所在区域可圈出自然金异常，与西林河金银矿积极响应，是优质的矿致异常，直接指示西林河金银矿的存在位置。自然金-白钨矿-黄铁矿构成的组合异常指示效果更显著，更具备实际意义
	遥感	那尔轰-松江断裂带与北西向、北北西向断裂交会处，分布有铁染异常
找矿标志		北东向断裂及北西向断裂密集区、糜棱岩带，周边分布有燕山期花岗岩，是重要的构造及岩浆岩找矿标志；太古宙花岗岩及珍珠门岩组大理岩接触带为重要的找矿部位。Au、Ag 及其指示元素的重砂、分散流、次生晕、原生晕等异常是地球化学标志；沿断裂分布的硅化、黄铁矿化、褐铁矿化、绢云母化蚀变带是找矿的蚀变标志

四、白山刘家堡子-狼洞沟金银矿床

(一)典型矿床成矿地质特征

1. 地质构造环境及成矿条件

构造背景:大地构造位置位于华北叠加造山-裂谷系Ⅰ2,胶辽吉叠加岩浆弧Ⅱ4,吉南-辽东火山-盆地区Ⅲ5,抚松-集安火山-盆地群Ⅳ9。

(1)地层:区内出露有新元古界青白口系钓鱼台组、南芬组,主要岩性为石英岩,云母质细砂岩;震旦系桥头组、万隆组、八道江组,主要岩性为石英岩、薄层泥灰岩长藻灰岩等。

下古生界寒武系馒头组、毛庄组、徐庄组、张夏组、崮山组、长山组、凤山组,为主要含矿层位,主要岩性为页岩、粉砂岩、鲕状灰岩、竹叶状灰岩等;下奥陶统的冶里组、亮甲山组及中奥陶统下马家沟组,主要岩性为白云质灰岩、厚层灰岩及豹皮灰岩夹薄层页岩。

上古生界石炭系—二叠系主要为砂岩、页岩;还有中生界侏罗系—白垩系,侏罗系以砂岩为主夹煤层,白垩系为流纹岩及砂岩砾岩,凝灰质火山杂岩。

(2)岩浆岩:区内出露的岩浆活动主要发育于燕山中晚期,表现形式为先喷发后侵入,主要以凝灰岩及溶结凝灰岩类为主,产出时代大体为晚侏罗世—早白垩世以裂隙喷发堆积为主,但也有超浅成侵入体石英闪长斑岩,呈脉状岩墙穿插于寒武系、奥陶系中,与金、银、多金属矿化关系密切。

(3)构造:矿区位于浑江向斜北翼近轴部,总体上为一单斜构造,岩层总体产状走向北东,倾向南东,倾角30°~50°,主要断裂有3组。

北东向断裂构造在区内发育广泛,走向30°~40°,倾向南东,倾角30°~40°,是沿单斜构造的层间滑动构造演变而成,属压扭性质。局部见Au、Ag、Cu、Pb、Zn矿化。

近东西向断裂构造较发育,一般呈破碎蚀变带形式出现,F1、F2两条主断裂总体上控制着矿床及物、化探异常分布,走向70°~90°,倾向北北西,倾角70°~80°,为压扭性质。断裂面较平直、稳定,向东延至狼洞沟一带,构造带中见片理化碎糜岩,偶见镜透体,上、下盘地层位移不大,该组构造内具有金银多金属硫化物充填,形成工业矿体,是区内导矿和赋矿构造,具多期活动特点。

北西向断裂构造呈剪切性质,破坏前两组构造及地层的连续性,断距较大。目前该组断裂中没有发现工业矿体,为成矿期后断裂。

2. 矿体特征

矿床规模及分布特征:刘家堡子-狼洞沟金银矿床在长5km、宽1km的范围内,从西至东划分为刘家堡子矿段、东甸矿段、狼洞沟矿段,目前共发现金银矿(化)体12条,品位$4.00×10^{-6}$,它们主要分布在工作程度相对较高的刘家堡子及狼洞沟矿段。勘查程度为普查,规模为中型。

区内现已发现的矿(化)体,多呈似脉状,偶见囊状,延长十几米至数百米,主矿体延深大于300m,矿体总体分布受F1、F2两条近东西向压扭性断裂组控制,其产状走向近东西,倾向北。倾角陡,在60°以上,个别矿体呈北东向展布,规模较小。总体来看,主矿体产状稳定,受构造控制明显,与围岩界线清晰。

3. 矿石矿物组合及矿石类型

(1)矿石矿物组合。金属矿物在矿床内矿石中除自然金、银金矿外,主要有黄铁矿、方铅矿、闪锌矿和少量黄铜矿、蓝铜矿、黝铜矿、银黝铜矿等,金属矿物含量10%~15%;次生矿物有孔雀石、蓝铜矿、褐铁矿。生成顺序为黄铁矿→黄铜矿→方铅矿→闪锌矿→碲银矿→碲铅矿→自然金。非金属矿物主要有石英、方解石、透辉石、绿帘石、重晶石等。

(2)矿石类型。矿石自然类型主要有两种,即团块状含黄铁、铅锌金银矿石和细脉浸染状含黄铁、黄铜、铅锌金矿石。矿石工业类型单一,多为含多金属硫化物金银矿石(原生矿石),近地表有少量氧化矿石。

(3)矿石的结构构造。含矿岩石的结构有自形晶—半自形晶粒状结构、乳滴状结构、交代溶蚀结构、包含结构。矿石构造有浸染状构造、致密块状构造、细脉穿插构造。

4. 蚀变类型及分带性

区内围岩蚀变主要以硅化、碳酸盐化、绿泥石化、黄铁矿、黄铜矿、方铅矿、闪锌矿化为主,其次为高岭土化、角岩化、钾化、绿帘石化、萤石化、叶蜡石化等。上述蚀变中以硅化与金银矿化关系密切,一般来说硅化越强,Au、Ag品位就越高。

蚀变及矿化有分带现象,自石英闪长斑岩至灰岩蚀变矿化大致分5个带:石英闪长斑岩蚀变带,主要伴有Mo、Cu、Au矿化;矽卡岩化石英闪长斑岩带,伴有Cu、Mo、Au矿化;矽卡岩带,以含铜黄铁矿体为主,伴生有Pb、Au、Ag矿化;轻微的矽卡岩化大理岩带,此带后期叠有硅化及碳酸盐化,伴生有Pb、Zn、Ag、Au矿化;大理岩化灰岩带,为矿区蚀变带之外缘,主要由大理岩灰岩组成,无矿化。

5. 成矿时代

推测成矿时代为燕山期。

6. 地球物理、地球化学特征

地球物理:高重力异常边缘部位和构造梯度带上,较强异常反应为多金属硫化物金银矿体引起。
地球化学:矿区存在10余处次生晕异常,证实均由金银矿体引起。

7. 成因类型及成矿就位机制

矿床位于龙岗背斜南翼,浑江古生界凹陷的北西侧,基底为太古宙龙岗岩群和古元古界老岭岩群变质岩系,盖层为下古生界寒武系和奥陶系灰岩及砂页岩等。古老基底为成矿提供了丰富的Cu、Pb、Zn、Au、Ag等物质来源。燕山期构造岩浆活动,北东向与东西向构造线的交会部位,为深部矿液上升提供了良好的通道。多次的岩浆活动使成矿物质聚集、富集形成金银矿体。

岩浆晚期中低温富含金、银、多金属热液,以裂隙充填方式就位到近东西向断裂组和北东向层间断裂组中,形成含多金属硫化物金银矿脉。综上所述,刘家堡子-狼洞沟金银矿床应划属为与燕山晚期超浅成中酸性岩浆岩有关的中低温热液构造裂隙充填型金银矿床。

8. 控矿因素和找矿标志

1)控矿因素
(1)构造控矿:近东西向和北东向断裂构造是矿床内主要容矿构造,刘家堡子矿段主矿体赋存在近东西向断裂组中,狼洞沟矿段矿体均产于北东向断裂中。近东西向构造破碎蚀变带是矿床内主要控矿构造,矿床围岩接受构造作用后常发生破碎,尤以沿火成岩接触带因多次构造复活而形成明显的构造脆弱地段,其矿化强烈,常形成工业矿体,规模、产状完全受构造带控制。
(2)岩体控矿:燕山期中酸性石英闪长斑岩及次流纹岩的侵入是导致岩浆期后溶液上升并为其广泛交代作用创造条件,矿体及矿化均产于岩体影响所形成的变质晕圈内(刘家堡子),而狼洞沟矿体均产在次流纹岩体内。
(3)地层控矿:寒武系灰岩为赋矿层。

2)找矿标志

(1)含金、银、多金属矿体近地表常形成铁帽,可作为直接找矿标志。

(2)分散流 Au、Ag 异常及次生晕 Au、Ag、As、Sb、Hg、Cu、Pb、Zn 多元素组合异常,各元素异常吻合浓集中心是寻找金银矿体的直接标志。

(3)硅化、碳酸盐化、矽卡岩化及绿泥石化等蚀变为良好的间接找矿标志。

(4)富含多金属的石英、方解石脉可作为直接找金银矿的标志。

(5)铅、锌矿(化)体本身就是金、银矿(化)体,可作为直接找矿标志。

(6)两组构造交会部及岩体边缘接触带常形成厚大的矿囊,近东西向构造破碎蚀变带为找矿有利部位。

(7)寒武系灰岩与燕山期中酸性石英闪长斑岩及次流纹岩接触带为成矿有利部位。

(二)地球物理特征

1. 矿床所在区域重磁场特征

在 1∶25 万布格重力异常图上,刘家堡子-狼洞沟热液充填型银矿床处于五道江—六道江—板石东部的北北东走向重力梯度带六道江北部沿东西向错动段上。银矿床附近梯度带的北西一侧布格重力高异常带沿北北东向展布,与地表出露的中元古界、新元古界及下古生界地层范围基本吻合,银矿床北侧有一明显的北北东走向椭圆状局部重力高异常;南东一侧重力低异常带与六道江-白山中生代火山、碎屑沉积盆地分布范围基本吻合,矿床南侧有一明显的东西走向椭圆状局部重力低异常。在剩余重力异常图上,银矿床南北侧重力低、高异常间的梯度带呈北西走向,与地质上已知的江家沟-七道江区域性大断裂的位置大致吻合。

在 1∶25 万区域航磁异常图上,银矿床位于极为平静的负磁场区内,反映了中元古界、新元古界、下古生界沉积地层及六道江中生代火山、碎屑沉积盆地均无磁性或微弱磁性的特点。

2. 矿床所在地区磁场特征

在 1∶5 万航磁异常图上,刘家堡子-狼洞沟银矿床位于吉 C-1977-3 椭圆状正磁异常北西边部即正负磁异常间的东西走向梯度带上。正磁异常东西走向,长 1.2km,宽 0.3km,强度 40~90nT。西侧约 2km 有已知的六道江小型矽卡岩型铜矿位于吉 C-1987-19 异常之上。因此推断吉 C-1977-3 异常为下古生界张夏组、马家沟组灰岩地层与中酸性侵入体接触蚀变带的反映。在航磁异常化极等值线图上,银矿床位于吉 C-1977-3 异常西端。上述异常特征,反映了银矿床受东西走向的构造蚀变带控制。

(三)白山市刘家堡子-狼洞沟金银矿床地质-地球物理找矿模型

综合上述矿床地质特征和地球物理异常特征,可归纳总结出矿床地质-地球物理找矿模型,见表 6-9-6。

表 6-9-6　白山市刘家堡子-狼洞沟金银矿床地质-地球物理找矿模型表

	岩石类型	页岩、粉砂岩、鲕状灰岩、竹叶状灰岩、石英闪长斑岩、次流纹岩
地质条件	成矿时代	推测成矿时代为燕山期
	成矿环境	矿床位于华北叠加造山-裂谷系(Ⅰ),胶辽吉叠加岩浆弧(Ⅱ),吉南-辽东火山-盆地区(Ⅲ),抚松-集安火山-盆地群(Ⅳ)
	构造背景	矿床位于龙岗背斜南翼,浑江向斜北翼近轴部,其基底为太古宇龙岗岩群和古元古界老岭岩群变质岩系,上覆下古生界寒武系和奥陶系灰岩及砂页岩。区内北东向、近东西向断裂构造发育,近东西向断裂构造为区内主要的导矿和赋矿构造,控制着金银多金属硫化物矿床及物、化探异常的分布

续表 6-9-6

矿床特征	控矿条件	地层控矿：区内古老基底太古宇龙岗岩群和古元古界老岭岩群变质岩系及上覆下古生界寒武系灰岩，为成矿提供了丰富的 Cu、Pb、Zn、Au、Ag 等物质来源，矿体主要赋存在寒武系灰岩内。 构造控矿：近东西向和北东向断裂构造是矿床主要的容矿构造，近东西向断裂构造总体上控制着金银多金属矿床及物、化探异常的分布，刘家堡子矿段主矿体赋存在近东西向断裂中；北东向断裂构造属层间断裂，局部见 Au、Ag、Cu、Pb、Zn 矿化，狼洞沟矿段矿体均产于北东向断裂中。 岩浆岩控矿：燕山期中酸性石英闪长斑岩及次流纹岩的侵入提供成矿物质的同时，还提供了热动力。岩浆晚期中低温富含矿热液，以裂隙充填方式就位到近东西向断裂组和北东向层间断裂组中，形成含多金属硫化物金银矿脉，刘家堡子矿段矿体均产于岩体影响所形成的变质晕圈内，而狼洞沟矿段矿体均产在次流纹岩体内
	蚀变特征	主要以硅化、碳酸盐化、绿泥石化、黄铁矿、黄铜矿、方铅矿、闪锌矿化为主，其次为高岭土化、角岩化、钾化、绿帘石化、萤石化、叶蜡石化等。硅化与金银矿化关系密切，一般来说硅化越强，品位就越高
	矿化特征	刘家堡子-狼洞沟金银矿床从西至东划分为刘家堡子矿段、东甸矿段、狼洞沟矿段，目前共发现金银矿（化）体 12 条，主要分布在刘家堡子及狼洞沟矿段；矿（化）体多呈似脉状，偶见囊状、透镜状，延长十几米至数百米，主矿体延深大于 300m，矿体总体分布受近东西向压扭性断裂组控制，其走向近东西，向北倾，倾角在 60°以上，个别矿体呈北东向展布，规模较小。总体看来，主矿体产状稳定，受构造控制明显，与围岩界线清晰，各组分含量变化不大
综合信息	地球化学	1:20 万化探数据可圈出具有二级分带的 Au、Ag 异常，峰值分别为 6.09×10^{-9}、239×10^{-9}，面积分别为 $11.39km^2$、$18.57km^2$，近椭圆状，异常轴向北东。空间上 Au、Ag 异常呈同心套合。与 Au、Ag 异常紧密相关的元素有 Cu、Mo、Pb、Zn。构成较复杂元素组分富集的叠生地球化学场，是成矿的主要场所。矿体上部土壤中 Au、Ag 土壤异常分布连续，异常强度较高，叠合比较完整，呈条带状分布。岩石异常特征显示，金-银矿体赋存于花岗岩类侵入体与灰岩（寒武系崮山组等）的接触部位以及构造破碎带中，表明金-银成矿与地层、断裂以及燕山期的岩浆侵入活动密切相关
	地球物理	在 1:25 万布格重力异常图上，刘家堡子-狼洞沟热液充填型银矿床处于五道江—六道江—板石东部的北北东走向重力梯度带的六道江北部沿东西向错动带上。银矿床附近梯度带的北西一侧布格重力高异常带沿北北东向展布，与地表出露的中元古界、新元古界及下古生界范围基本吻合；南东一侧重力低异常带与六道江-白山中生代火山、碎屑沉积盆地分布范围基本吻合，矿床南侧有一明显的东西走向椭圆状局部重力低异常。 在 1:5 万航磁异常图上，刘家堡子-狼洞沟银矿床位于吉 C-1977-3 椭圆状正磁异常北西边部即正、负磁异常间的东西走向梯度带上。正磁异常东西走向，长 1.2km，宽 0.3km，强度 $40\sim90nT$。推断吉 C-1977-3 异常为下古生界灰岩地层与中酸性侵入体接触蚀变带的反映
	重砂	在刘家铺子-狼洞沟金银矿控制的汇水区域，主要重砂矿物（自然金、白钨矿、铜族、铅族）均没有重砂异常响应，对典型矿床不支持。圈定的自然金异常主要分布在矿床外围回水区域，可用于外围金银矿的预测
	遥感	大川-江源断裂带与兴华-白头山断裂带断裂交会处；白山块状构造内，铁染异常零星分布；有多个与隐伏岩体有关的环形构造分布
找矿标志		北东向与东西向两组构造及其交会部是重要的构造找矿标志；寒武系灰岩与燕山期中酸性石英闪长斑岩及次流纹岩接触带为找矿有利部位；含金银多金属矿体近地表常形成铁帽，可作为直接找矿标志；分散流 Au、Ag 异常及次生晕 Au、Ag、As、Sb、Hg、Cu、Pb、Zn 多元素组合异常，各元素异常吻合浓集中心是寻找金银矿体的直接标志；硅化、碳酸盐化、矽卡岩化及绿泥石化等蚀变为良好的间接找矿标志；富含多金属的石英、方解石脉可作为直接找金银矿的标志；金银矿（化）体本身就是金银矿（化）体，可作为直接找矿标志

五、永吉八台岭银矿床

(一)典型矿床成矿地质特征

1. 地质构造环境及成矿条件

构造背景:大地构造位置位于东北叠加造山-裂谷系(I1),小兴安岭-张广才岭叠加岩浆弧(II3),张广才岭-哈达岭火山-盆地区(III3),大黑山条垒火山-盆地群(IV2)。

(1)地层:矿区出露的地层主要是二叠系范家屯组和杨家沟组的一套浅变质火山-沉积岩系,为一套单斜岩层,走向北东50°～70°,倾向北西,倾角40°～60°。

范家屯组:共分3个岩性段,底部为安山质砾岩,砾岩夹大理岩透镜体;中部为砂页岩夹薄层辉石安山岩;上部为安山质凝灰角砾岩、角砾凝灰岩、凝灰岩等。

杨家沟组:底部为黑色泥质板岩及粉砂质板岩;中部为角闪安山岩及变安山岩,金银矿体主要分布于变安山岩中;上部主要为泥质板岩、粉砂质板岩及砂质板岩。靠近岩体形成各类接触变质的角岩。其中变安山岩及其附近的板岩为矿区主要含矿围岩。

(2)岩浆岩:矿区内的侵入岩主要以燕山期中酸性侵入体为主,其次为一些脉岩和次火岩。主要岩石类型有石英闪长岩-石英闪长玢岩,其基质由斜长石、角闪石、石英及蚀变矿物组成;闪长玢岩为成矿前脉岩,岩石多受矿化蚀变,局部形成金银矿体,少部分岩脉与地层和矿体走向大体相同,倾向相反。

(3)构造:矿区内主要为北东和北西向断裂。北东向主要为成矿前和成矿期的断裂,且为主要的导矿和容矿构造,产状与地层一致,以层间断裂为主,部分被含矿硅质热液充填,形成金银矿体或矿化体。矿区北西向断裂较发育,部分断裂错断了矿体和围岩,与北东向断裂交会处为成矿有利部位。

2. 矿体特征

本区金银矿体呈北东向展布,断续出露长约4.5km,初步划分3个矿段,即南西部磨房矿段,有7个矿体;中部八台岭矿段,有5个矿体;北东部影壁山矿段,有3个矿体。其中I-11为主矿体,长800m,标高50～350m,垂深40～230m,Au品位1×10^{-6},Ag品位200×10^{-6},矿石体重$2.9\times10^{3}\text{kg/m}^{3}$,勘查程度为勘探,规模为小型。

矿体形状、产状、规模:金银矿体由破碎蚀变岩和石英脉组成,呈脉状赋存于板岩、变安山岩或石英闪长玢岩中,呈北东走向,倾向北西,倾角40°～65°,金银矿体平面上呈舒缓波状,膨缩明显,剖面上有上缓下陡的趋势,矿体长一般40～125m,较大矿体长达800m,矿体厚一般为0.5～1m,最厚2m,金银矿体受北西向断层错断,断距不大。

3. 矿石类型及矿石物质组分

(1)矿石类型。矿石自然类型按矿石氧化程度可划分为氧化矿石、原生矿石,以原生矿石为主;按有益组分赋存的岩石类型可划分为破碎蚀变型金银矿石、石英脉型金银矿石。矿石工业类型按有益元素的含量可划分的类型主要为金银铅锌矿石,其次为金矿石、银铅锌矿石。

(2)矿石物质组分。金银矿物有自然金、银金矿、螺状硫银矿、辉银矿和银黝铜矿等。其他金属矿物有黄铁矿4%～5%、黄铜矿1%、毒砂6%～8%、方铅矿3%～4%、闪锌矿58%等。表生矿物有褐铁矿及少量铜蓝、孔雀石、辉铜矿等。脉石矿物为石英、长石、方解石、绢云母和绿泥石、绿帘石。矿物组合主要为方铅矿、闪锌矿、黄铁矿,同时出现螺状硫银矿。

(3)矿石的结构构造。含矿岩石的结构主要为自形、他形晶粒状结构、他形晶集合体结构、交代结构、压碎结构、固溶体分异结构等。矿石的构造主要为条带状、角砾状、浸染状、细脉浸染状构造。

4. 蚀变类型及分带性

蚀变类型以中低温为主,局部出现高温型。中低温型蚀变主要有硅化、绢云母化、碳酸盐化、绿泥石化等;高温型蚀变主要有电气石化、绿帘石化、石榴子石化等,只出现于28线以东矿化蚀变带中,说明热液蚀变作用的温度有东高西低特点。

由于蚀变矿物组合的变化,矿物叠加改造程度不同,从而导致热液蚀变在空间上有较明显的分带特征,自矿体向外依次为硅化带→硅化绢云母化带→绿泥石化绢云母化碳酸盐化带,有近矿蚀变强、远矿蚀变弱的特点。

5. 成矿时代

推测成矿时代为燕山期。

6. 成因类型及成矿就位机制

中生代以来,区内的构造岩浆活动频繁,造成了矿、水、热及原有物质的活化迁移,岩石圈断裂提供了深源物质上涌的通道,叠加富集的中低温热液沿通道多次侵入到次级构造中,并在北东向与北西向构造交会部位聚集形成金银矿,矿体由片理化带及构造裂隙中的强硅化蚀变岩组成。因此八台岭金银矿属多源中低温条件下的构造蚀变岩型金银矿。

7. 控矿因素和找矿标志

1)控矿因素
(1)构造控矿:深大断裂及旁侧的次级北东向、北西向断裂为导矿及容矿构造。
(2)燕山期中酸性侵入体为控矿岩体。
(3)二叠系杨家沟组为控矿地层。
2)找矿标志
(1)构造标志:区域上深大断裂旁侧的次级北东向、北西向断裂的交会部位为成矿有利部位。
(2)矿化标志:矿化与蚀变关系密切,硅化多次叠加地段为银金矿化富集部位。
(3)蚀变标志:北东向构造裂隙带、片理化带是寻找构造蚀变岩型金银矿标志,硅化、绢云母化是近矿蚀变标志,强烈硅化蚀变岩是直接找矿标志。
(4)岩体标志:中酸性侵入体中的石英闪长玢岩以及与杨家沟组接触带是找矿有利部位。
(5)地层标志:杨家沟组是找矿标志层位。
(6)地球化学标志:Ag、Pb、As、Hg、Au异常组合是寻找含矿蚀变岩化探标志,衬值累乘晕的内带往往与矿化范围吻合。

(二)地球物理特征

1. 矿床所在区域重磁场特征

在1:25万布格重力异常图上,八台岭构造蚀变岩型小型金银矿床位于兰家—八台岭不规则正重力(高)异常的北东端八台岭局部重力高异常上,另有小型金矿床处于局部异常北东边部。该局部异常近等轴状,直径约11km。在剩余重力异常图上,局部重力高异常处在大黑山条垒东南边部北东走向的狭长重力高异常带上,向东与伊通-舒兰断陷盆地重力低异常带西界的巨大线性重力梯度带毗邻。

八台岭金银矿床所处局部重力高异常,地表主要出露有下三叠统卢家屯组砂岩、泥岩夹泥灰岩,上三叠统四合屯组中酸性火山岩系,推断局部重力高异常为八台岭背斜轴部的古生代基底隆起所致,周围重力低异常主要为印支期及燕山期中酸性侵入岩体引起。

在1:25万区域航磁异常图上,金银矿床位于以低缓正磁场为背景的局部高异常之上。背景场为100～200nT。局部高异常呈条带状,北东走向,有两个异常中心,八台岭金银矿床位于西南部异常中心上,异常最大值为500nT。

结合地质图进行分析,低缓背景正磁场为印支期及燕山期酸性侵入岩体引起,较强局部磁异常为上三叠统四合屯组中酸性火山岩系及燕山期中性侵入岩体所引起。

2. 矿床所在地区磁场特征

在1:5万航磁异常图上,八台岭金银矿床位于吉C4-1989-225和吉C4-1989-226两个较强局部正磁异常之间的北西向低磁异常带上。北部吉C4-1989-226位于小碾子沟附近,由西支的北西走向和东支的北东走向两部分组成,整体上呈现向南突出的弧形异常,金银矿床处在顶部位置,最大强度为900nT,出现在东支异常的南西部位。矿床南部吉C4-1989-225位于黑背村附近,呈片状,北东走向,最大值为680nT,与北部吉C4-1989-226有相连之势。两个较强局部正磁异常边部梯度带陡,以北东向为主,北西向次之,反映出异常主要被北东向断裂构造控制,并被北西向断裂构造错断,矿床受北东向、北西向断裂构造联合控制。

推断较强局部磁异常为二叠系杨家屯组(相当于1:25万地质图中上三叠统四合屯组)中酸性火山岩系及燕山期中性侵入岩体(岩基及岩株)所引起。北西向低磁异常带应为断裂构造及矿化蚀变带的反映。

3. 矿床所在位置地球物理特征

矿区共进行8km² 1:1万激化扫面,圈出充电率(M_s)异常5处(DJ-Ⅰ、DJ-Ⅱ、DJ-Ⅲ、DJ-Ⅳ、DJ-Ⅴ),异常均呈条带状分布,大体走向55°～70°;异常规模最大者长2000m、宽200m,最小者长400m、宽约100m;异常下限20%,上限34%。其中,DJ-Ⅱ、DJ-Ⅴ两个异常分布在矿化带上,与金银矿基本吻合。DJ-Ⅲ、DJ-Ⅳ号异常规模较大,分布在1号矿带南东侧,与土壤和原生晕剖面上的Au、Ag、Sb等异常吻合,是寻找隐伏或伴隐伏矿体有利地段。经深部验证未见工业矿体,但是深部却发现了强大Au、Ag原生晕异常,预示存在有与Ⅰ号矿带平行隐伏矿体存在。

(三)永吉县八台岭金银矿床地质-地球物理找矿模型

综合上述矿床地质特征和地球物理异常特征,可归纳总结出矿床地质-地球物理找矿模型,见表6-9-7。

表6-9-7 永吉县八台岭金银矿床地质-地球物理找矿模型表

地质条件	岩石类型	泥质板岩、粉砂质板岩、角闪安山岩及变安山岩、石英闪长岩
	成矿时代	推测成矿时代为燕山期
	成矿环境	矿床位于东北叠加造山-裂谷系(Ⅰ),小兴安岭-张广才岭叠加岩浆弧(Ⅱ),张广才岭-哈达岭火山-盆地区(Ⅲ),大黑山条垒火山-盆地群(Ⅳ)
	构造背景	矿床位于四平-德惠和伊通-舒兰两条壳断裂控制的大黑山条垒内,八台岭背斜北西翼。区内北东向、北西向断裂构造发育,对成矿重要作用,尤其是北东向断裂构造为主要的导矿和赋矿构造,两组断裂构造交会部位为成矿有利部位,常形成金银矿床、矿点及物化探异常

续表 6-9-7

矿床特征	控矿条件	地层控矿：杨家沟组变安山岩、泥质板岩及粉砂质板岩为主要含矿围岩，靠近岩体接触带形成各类接触变质的角岩，金银矿体主要分布于变安山岩中。 构造控矿：深大断裂及旁侧的次级北东向、北西向断裂为导矿及容矿构造，尤其是北东向断裂构造控制着燕山期中酸性侵入体及金银矿体的分布，矿体由片理化带及构造裂隙中的强硅化蚀变岩组成。 岩浆岩控矿：燕山期中酸性侵入体，为本区成矿提供热源及部分成矿物质，石英闪长岩及闪长玢岩脉的侵入，造成了矿、水、热及原有物质的活化迁移，含矿热液沿构造薄弱部位多次侵入到次级构造，并在北东向与北西向构造交会部位聚集，富集形成银金矿
	蚀变特征	蚀变类型以中低温为主，局部出现高温型。中低温型蚀变主要有硅化、绢云母化、碳酸盐化、绿泥石化等；高温型蚀变主要有电气石化、绿帘石化、石榴子石化。蚀变在空间上有较明显的分带特征，有近矿蚀变强，远矿蚀变弱的特点，自矿体向外依次为硅化带→硅化绢云母带→绿泥石化绢云母化碳酸盐化带
	矿化特征	八台岭银金矿床从南西至北东划分为3个矿段，即南西部磨房矿段，有7个矿体；中部八台岭矿段，有5个矿体；北东部影壁山矿段，有3个矿体。金银矿体由破碎蚀变岩和石英脉组成，呈脉状赋存于板岩、变安山岩或石英闪长玢岩中，呈北东走向，倾向北西，倾角40°～65°，金银矿体平面上呈舒缓波状，膨缩明显，剖面上有上缓下陡的趋势，矿体长一般40～125m，较大矿体长达800m，矿体厚一般0.5～1m，最厚2m，金银矿体受北西向断层错断，断距不大。其中Ⅰ-11为主矿体，矿体严格受北东向断裂控制，呈脉状赋存于变安山岩中，矿体长800m，控制斜深230m，厚0.30～4.70m，平均厚1.54m，矿体品位 Au 平均 5.03×10^{-6}，Ag 平均 325.56×10^{-6}
综合信息	地球化学	1∶20万化探数据在矿床所在区域可圈出具有较好二级分带及明显浓集中心的 Ag 异常，峰值为 181.17×10^{-9}，规模大，面积 172 km²，呈带状分布，具北东向延伸的趋势，八台岭金银矿床落入其中，是优良的矿致异常。与 Ag 存在套合关系的元素有 Au、Cu、Zn、As、Sb、Bi，形成较复杂元素组分富集的叠生地球化学场，其组合异常可为扩大矿床的外围找矿提供依据。土壤异常显示，Ag、Au 异常再现性较好，其中 Ag 峰值分别达到 1.0×10^{-6}，具有较强的富集态势。岩石异常中 Au、Ag、Pb、Zn 一般呈正消长关系，并与热液关系密切
	地球物理	在1∶25万布格重力异常图上，金银矿床位于兰家—八台岭不规则重力高异常的北东端八台岭局部重力高异常上，该局部异常近等轴状，直径约11km。向东与伊通—舒兰陷陷盆地重力低异常带西界的巨大线性重力梯度带毗邻。局部重力高异常为八台岭背斜轴部的古生代基底隆起所致，周围重力低异常主要为印支期及燕山期中酸性侵入岩体引起。 在1∶5万航磁异常图上，八台岭银金矿床位于吉C4-1989-225和吉C4-1989-226两个较强局部正磁异常之间的北西向低磁异常带上。两个较强局部正磁异常边部梯度带陡，以北东向为主，北西向次之，矿床受北东向、北西向断裂构造联合控制。推断较强局部磁异常为二叠系杨家屯组中酸性火山岩系及燕山期中性侵入岩体所引起。北西向低磁异常带应为断裂构造及矿化蚀变带的反映
	重砂	在矿床控制水域下游有自然金重砂异常，与八台岭银金矿存在响应关系，可直接指示上游水系金银矿的寻找。自然金-白钨矿-黄铁矿组合异常信息对外围预测有帮助
	遥感	不同方向断裂交会处，有多个与隐伏岩体有关的环形构造分布；遥感浅色色调异常区，羟基异常零星分布
找矿标志		区域上深大断裂旁侧的次级北东向、北西向断裂的交会部位为成矿有利部位；燕山期中酸性侵入体及其与二叠系杨家沟组接触带附近的北东向构造裂隙带、片理化带是找矿有利部位；Ag、Pb、As、Hg、Au 异常组合是寻找含矿蚀变岩的化探标志；硅化、绢云母化是近矿蚀变标志，强烈硅化蚀变岩是直接找矿标志，是寻找构造蚀变岩型金银矿标志

第十节 硫铁矿典型矿床地质-地球物理特征

本次选取4个硫铁矿典型矿床,分别代表4种不同矿产预测类型,在天山-兴蒙造山带吉黑褶皱系内与华北东部陆块区均有分布。矿产预测类型划分和典型矿床选择见表6-10-1。

表6-10-1 硫铁矿典型矿床矿产预测类型划分一览表

典型矿床	矿产预测类型	成矿时代	预测方法类型	预测工作区
永吉头道沟硫铁矿床	头道沟式矽卡岩型	燕山期	层控内生型	倒木河-头道沟
桦甸西台子硫铁矿床	西台子式湖相沉积型	燕山期	沉积型	西台子
临江荒沟山硫铁矿床	狼山式沉积变质型	前寒武纪	变质型	上甸子-七道岔、热闹-青石
伊通放牛沟硫多金属矿床	放牛沟式海相火山岩型	海西期	火山岩型	放牛沟

下面对永吉头道沟硫铁矿床、桦甸西台子硫铁矿床、临江荒沟山硫铁矿床、伊通放牛沟硫多金属矿床4个硫铁矿床分述如下。

一、永吉头道沟硫铁矿床

永吉县头道沟硫铁矿为一伴有Cu、Pb、Zn、Fe等有益组分的中型矽卡岩型多金属硫铁矿床。

(一)典型矿床成矿地质特征

头道沟硫铁矿位于东北叠加造山-裂谷系(Ⅰ1),小兴安岭-张广才岭叠加岩浆弧(Ⅱ3),张广才岭-哈达岭火山-盆地区(Ⅲ3),南楼山-辽源火山-盆地群(Ⅳ4)内的头道沟-三家子向斜西端。

矿区出露地层主要为下古生界呼兰群头道岩组一套浅变质岩系。其岩石类型为斜长角闪岩类、透闪石-阳起角闪岩类和夹黑云硅质角岩。地层走向70°~80°,倾向南东,倾角45°~60°。该组岩石Fe、Cu、Pb、Zn元素含量均高于维氏值若干倍,应是该矿床成矿围岩及成矿物质来源之一。此外,在矿区西北、西南尚出露有侏罗系玉兴屯组流纹岩、流纹岩晶屑凝灰岩等火山岩系。

本区岩浆活动频繁,分布有燕山期超基性辉橄岩和花岗闪长岩,以及岩浆期后闪长岩、闪长玢岩、霏细斑岩及煌斑岩等脉岩。矿床形成与其东南部的五里河花岗闪长岩的侵入作用关系密切。矽卡岩带虽然分布于头道岩组与超基性岩接触带,但成矿母岩却是相距700m的刘家屯-三家子一带的五里河花岗闪长岩。

矿区古生代地层褶皱构造和断裂构造比较发育,头道沟-三家子向斜及北东向、东西向断裂构造对成矿有明显的控制作用。

头道沟硫铁矿床由8条矿体组成,其中2号、3号、4号、7号、8号矿体为隐伏矿,在规模较大的硫铁矿体边缘或其间赋存有25条钼矿体、14条磁铁辉钼矿体和18条磁铁矿体。矿体沿古生代地层间破碎、层间滑动、层间剥离构造充填,呈雁形斜列式产出,矿体产状与地层基本一致。矿带长700m,宽50~100m,控制深280~400m。单矿体形态呈似层状、脉状、扁豆状、囊状等。硫铁矿体长50~480m,一般长150~300m,宽3~14m,控制深30~370m。但钼、钼铁、磁铁矿体长几十米,宽几米。例如钼矿体长30~40m,最长者234m,厚0.42~5.5m,最厚11.7m,延深31~253m。

矿石类型按其矿物成分和共生组合关系可划分为4种自然类型:含铜磁黄铁矿矿石(主要矿石类

型)、辉钼矿矿石、磁铁矿矿石、混合矿石。

矿石金属矿物主要为磁黄铁矿、黄铁矿、辉钼矿、磁铁矿,次为黄铜矿、毒砂、钛铁矿。矿石组合类型以磁黄铁矿-辉钼矿、磁铁矿-黄铜矿-黄铁矿及黄铁矿-闪锌矿等为主。金属矿物呈他形—自形粒状、细粒状、板状、叶状结构,矿石主要为浸染状构造,其次为致密块状构造。主要成矿元素为 S、Mo、Fe。硫铁矿体品位平均 19.46%(最高 37.36%),辉钼矿体品位平均 0.09%(最高 0.93%)、磁铁矿体 TFe 品位平均 38.09%(最高 62.55%),磁铁辉钼矿 TFe 品位一般为 28.23%(最高 51.05%),Mo 品位一般为 0.021%(最高 0.52%),伴生 Mo 品位为 0.19%。

矿体围岩蚀变以矽卡岩化为主,其他蚀变有硅化、碳酸盐化、绿泥石化、黑云母化等。其中绿帘石在角闪石矽卡岩与矿体关系最为密切。

(二)地球物理特征

1. 矿床所在区域重磁场特征

头道沟硫铁矿床位于大黑山铜钼典型矿床正东方向 9km,1∶25 万区域布格重力异常图可参见本章第八节的大黑山铜钼典型矿床所在区域地质矿产及物探剖析图(图 6-8-2)。头道沟硫铁矿床位于前撮落—头道沟—刘家沟重力高异常南东边部等值线密集带的内侧,异常呈扁豆状,主体部分位于前撮落与头道沟之间,呈北东东走向,处于北东向分布的侏罗系南楼山组中性、中—酸性火山岩出露区,推断为隐伏的下古生界引起。头道沟向东到刘家沟一带,异常强度降低,表现为向东伸出的次一级异常,与西侧异常主体部分以北东走向的河流相隔,地表主要出露有下古生界呼兰群头道岩组及 4 处晚二叠世超基性岩体。次一级异常的北、东、南边缘等值线密集围绕,梯度陡,推断为头道岩组与侏罗纪中酸性侵入体在深部的接触界线。弧形梯度带南、东外侧重力低异常为侏罗纪中酸性侵入岩体引起。

头道沟硫铁矿床位于头道岩组的重力高异常与侏罗纪中酸性侵入岩体的重力低异常之间过渡部位。

在剩余重力异常图上,头道沟硫铁矿床所处位置异常特征与布格重力异常基本相同。

1∶25 万航磁异常图可参见本章图 6-8-2,头道沟硫铁矿床处于小城子—北甸子北东走向高背景磁异常带上二道沟和刘家沟两处低缓局部正磁异常之间的过渡部位,异常强度在 150~200nT 之间。与东南部北东走向条带状相对低磁异常带以梯度带相隔。

在 1∶25 万航磁化极异常图上,头道沟硫铁矿床处于蔡家附近北东走向线性梯度带的北西侧高背景正磁异常区内,该处异常主要为微弱磁性的头道岩组的异常反映。矿床北东部刘家沟南北走向的局部正磁异常与超基性岩体出露的位置吻合,西南部北东走向的椭圆状局部正磁异常落在侏罗系南楼山组中性、中—酸性火山岩出露区内。北东走向线性梯度带的东南侧低缓负(正)磁异常带为侏罗纪酸性侵入岩体引起。北东走向线性梯度带推断为头道岩组与侏罗纪中酸性侵入岩体的接触界线。

2. 矿床所在地区磁场特征

在 1∶5 万航磁异常图(图 6-10-1)上,头道沟硫铁矿床位于刘家沟西部吉 C1-1959-45"厂"字形强正磁异常带北侧边缘零值线附近,该正磁异常带北侧到西侧同样有一"厂"字形负磁异常带紧密相伴。正磁异常带上有 4 处明显的局部强磁异常分布,最大强度达 1850nT。负磁异常带在矿床附近,异常最小值为 -470nT。

在 1∶5 万航磁化极异常图上,硫铁矿床位于"厂"字形强正磁异常带北侧的近东西向梯度带上,西南与等轴状局部强磁异常相邻,东南与北东走向的哑铃状强磁异常相邻。矿床北东部即哑铃状强磁异常北部有两处等轴状负磁异常相伴。结合地质图对比分析,强正磁异常主要为超基性岩体引起,硫铁矿

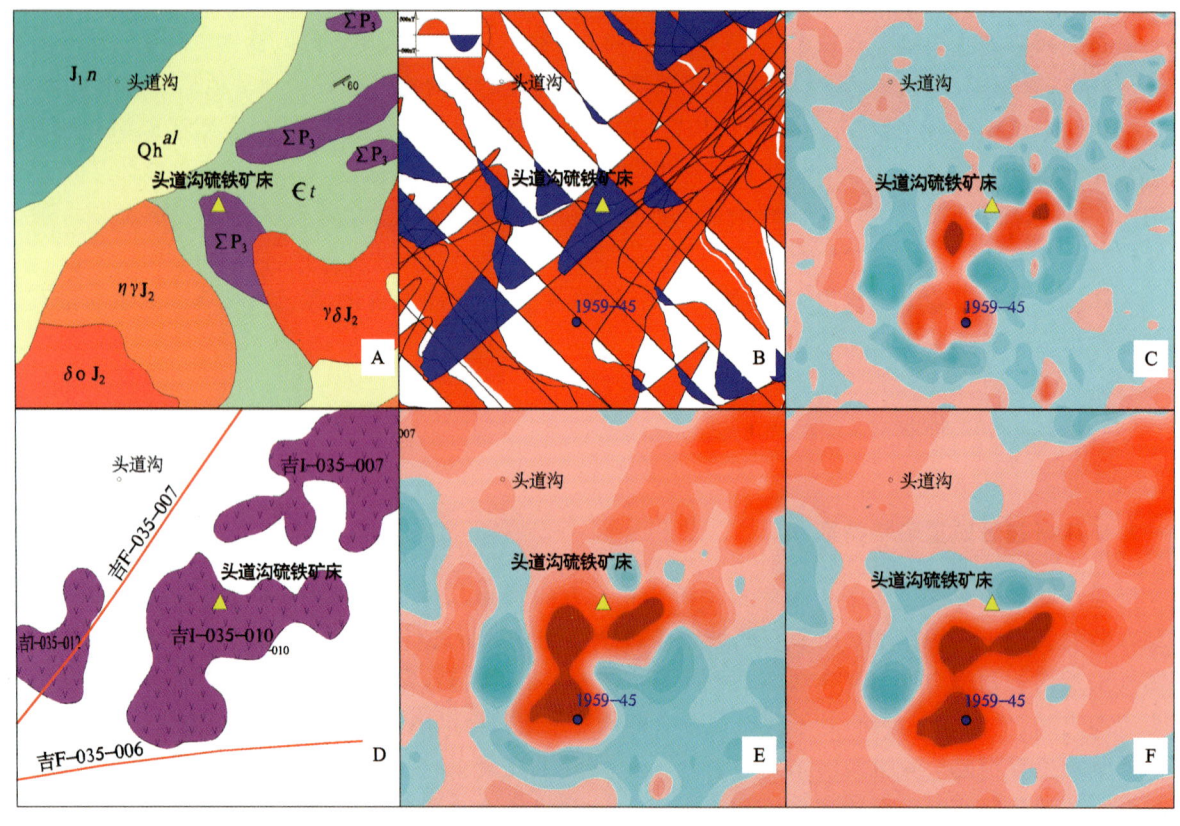

图 6-10-1 头道沟典型硫铁矿床所在地区地质矿产及物探剖析图

A.地质矿产图；B.航磁 ΔT 剖面平面图；C.航磁 ΔT 化极垂向一阶导数等值线平面图；D.航磁推断地质构造图；E.航磁 ΔT 化极等值线平面图；F.航磁 ΔT 等值线平面图

1.全新统；2.南楼山组；3.头道岩组；4.中侏罗世二长花岗岩；5.中侏罗世花岗闪长岩；6.中侏罗世石英闪长岩；7.晚二叠世橄榄岩；8.整合地质界线；9.磁法推断超基性岩体；10.磁法推断断裂构造；11.磁法推断出露、隐伏、半隐伏地质界线；12.航磁异常零值线及注记、航磁异常正等值线及注记、航磁异常负等值线及注记；13.航磁异常点及编号；14.硫铁矿床

体仅能引起中等强度的磁异常。负磁异常为头道岩组与超基性岩体斜磁化或剩磁方向反转综合影响所致。

本区 1∶5 万航磁测量中超基性岩体引起强正磁异常可以为寻找铬铁矿提供信息，作为寻找硫铁矿却是干扰异常。只能进一步开展大比例尺地磁、激电等物探方法进行剥离，进而划分出硫铁矿化带异常和超基性岩体异常的相应位置。

3. 矿床所在位置地球物理特征

1960—1974 年，前人在矿区曾先后开展过大比例尺地面磁法、高精度重力、自然电位、视电阻率联合剖面及激电中梯测量等物探工作，各方法在矿床中均取得了较好的地质效果，综合物探工作对于圈定矿带和深部找矿发挥了不可替代的作用。下面将 1973 年和 1974 年物探成果重点介绍如下。

1）矿区岩（矿）石物性参数特征

在 1973 年、1974 年对矿区 600 多块各类岩（矿）石标本进行了物性参数测定，其中 49 块进行了磁参数定向测定。物性参数统计结果见表 6-10-2。

表 6-10-2　头道沟硫铁矿区物性参数统计表

岩(矿)石名称	$\kappa/(\times 10^{-5}\text{SI})$		$J_r/(\times 10^{-3}\text{A}\cdot\text{m}^{-1})$		φ	θ	密度/$(\times 10^3\text{kg}\cdot\text{m}^{-3})$		视电阻率/$(\Omega\cdot\text{m})$	
	变化范围	常见值	变化范围	常见值			变化范围	平均值	变化范围	平均值
磁黄铁矿	0~7540	3770	0~3500	1000	55°	下倾68°	3.5~4.4	3.9	0~500	50
斜长阳起角岩、阳起角岩	0~628	0	0~300	0			2.6~3.6	3.1	0~14 000	2000
黑云硅质角岩	0~628	0	0~500	0						
矽卡岩	0~377	0	0~50	0						
闪长玢岩	0~2011		0~1300							
超基性岩	5655~12 566	8168~10 053	2000~20 000	3000~11 000	30°	下倾60°				
磁铁矿磁铁矽卡岩	1382~150 796	8796~12 566	3000~150 000	50000~110 000						

从物性参数统计结果可以看出：各种角岩和矽卡岩一般无磁性或具微弱磁性；磁黄铁矿磁化率常见值为 3770×10^{-5} SI，剩余磁化强度常见值为 1000×10^{-3} A/m，具有中等磁性；超基性岩磁化率常见值达 9000×10^{-5} SI，剩余磁化强度常见值达 $10\,000\times10^{-3}$ A/m，具有较强磁性，磁铁矿磁铁矽卡岩磁化率常见值达 $12\,000\times10^{-5}$ SI，剩余磁化强度常见值达 $11\,0000\times10^{-3}$ A/m，具有强磁性。另外，地表的磁黄铁矿体磁性较强，而深部岩芯标本磁性较弱。浸染状矿石磁性较强，致密块状的富矿磁性较弱。矿石视电阻率平均值为 $50\Omega\cdot\text{m}$，明显低于围岩，矿石与围岩的密度差为 $0.8\times10^3\text{kg/m}^3$。

综上所述，本矿区硫铁矿石与围岩物性差异（重力、磁法、自然电法参数）明显，采用重力、电法、磁法寻找硫铁矿具备地球物理前提。

2) 矿床所在位置重力、磁法、自然电法异常特征

A. 电法异常

1:5000 激电中梯扫面，在矿带发现了十分明显的视充电率北东东向分布的异常带，强度 7%～15%，背景多在 3%～5% 之间，长约 600m，宽 50~100m，异常梯度北侧略陡于南侧。激电对于发现和圈定含矿的矿化蚀变带效果显著。

1:10 000 自然电场测量，在矿带上亦测到了 -200~-50mV 圈闭异常，其形态为北东东向分布的长椭圆状，长约 500m，半值宽 80~120m，范围与矿带基本一致。经工程查证，异常为矿体引起。

视电阻率联合剖面测量在矿带上具有低阻"正交点"异常反映。在矿带上联剖装置获得了由硫铁矿体引起的"正交点"异常，亦取得与自然电法和激电中梯扫面同样的地质效果。

B. 重力、磁法异常

1974 年 1:10 000 地面磁法详查工作在矿化带有明显高磁异常反映。测区北部头道岩组出露区，表现为大面积低缓平稳正、负磁场特征，强度一般在 -100~100nT 之间。南部、西部为超基性岩出露区，磁异常梯度陡，变化大，一般为 -1000~3000nT。西南角霏细岩区负磁场低缓平稳，一般为 -300~-200nT。测区中部矿化（磁铁矿化、磁黄铁矿化）矽卡岩带引起的异常呈北东东向展布，长约 480m，宽约 120m，异常形态规整，一般强度在 2000nT 左右，局部地段由于受矽卡岩及超基性岩影响而叠加有多处尖峰状跳跃异常，强度变化达 -5000~$10\,000$nT，该磁黄铁矿为矿区最主要矿化带。主要矿化带北侧平行相伴的几处椭圆状、等轴状强度较大的正、负局部磁异常及东部尖峰状磁异常，规模不大，强度大小不一，一般在 $-14\,000$~$10\,000$nT 之间，为磁铁矿磁铁矽卡岩引起的异常。矿区内分布的超基性岩体为磁法找矿带来了一定的干扰。

为了开展矿床深部找矿评价，在矿区开展了高精度重力剖面测量，重力在矿带上显示出较明显布格

重力异常,其剩余异常强度可达 $0.3\times 10^{-5}\,\mathrm{m/s^2}$,异常形态规则,梯度较缓,北侧略陡于南侧。钻孔控制的浅部①号矿体经正演计算仅能引起 $0.1\times 10^{-5}\,\mathrm{m/s^2}$ 异常,这比 $0.3\times 10^{-5}\,\mathrm{m/s^2}$ 剩余异常要小,推断深部尚有较大的隐伏矿体存在,经深孔验证发现了②号和③号较厚大的隐伏硫铁矿体,由此可见高精度重力测量进行深部找矿评价获得了较好的地质效果。

C. 剖面异常

1973年在矿区Ⅴ、Ⅶ、Ⅸ勘探线上,进行了综合物探方法试验,取得了很好效果。通过对异常特征的研究,对地质勘探起到了指导作用。Ⅶ勘探线物探方法试验结果见图6-10-2。电法在硫铁矿体上方出现联剖正交点;重力测量显示了剩余重力高异常,异常宽度与高密度的陡产状与硫铁矿体沿倾向方向的宽度相当;磁法测量显示在矿化体上方出现了明显的磁异常,异常梯度陡,与硫铁矿体陡产状特征相吻合。

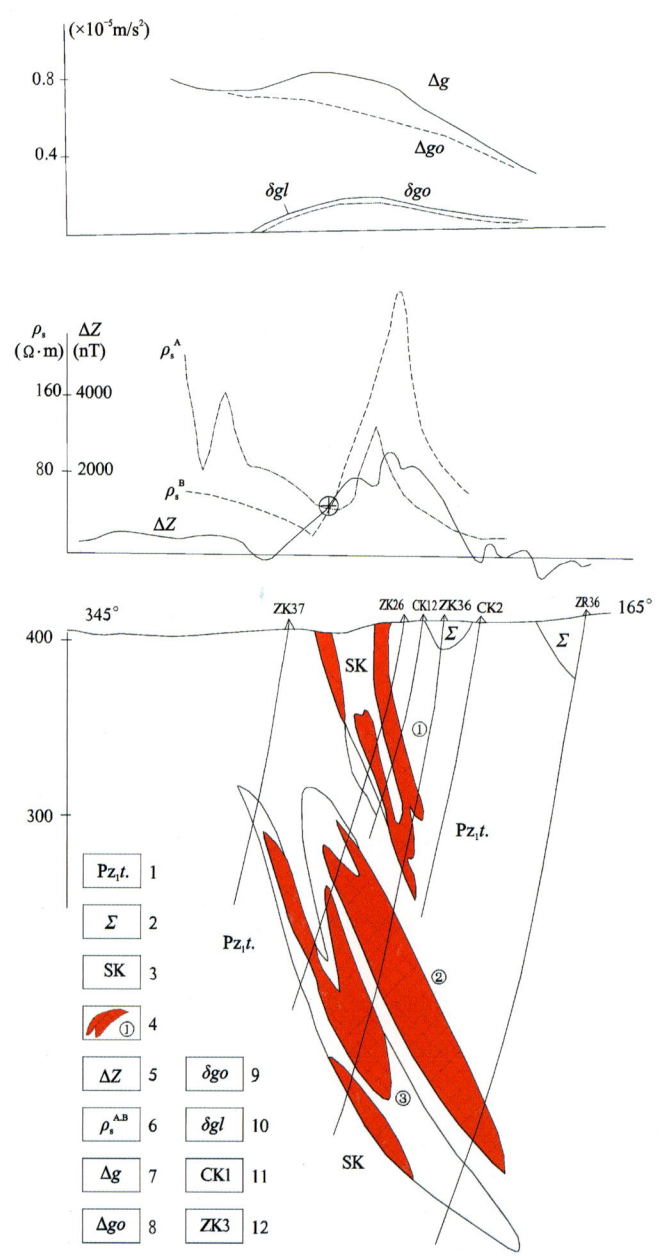

图 6-10-2　头道沟硫铁矿区第Ⅶ勘探线综合剖面图(引自秦俊儒等,1977)

1.头道岩组斜长角闪岩;2.超基性岩;3.矽卡岩;4.硫铁矿及编号;5.磁异常曲线;6.联剖曲线;7.实测布格重力异常曲线;8.圆滑区域重力异常曲线;9.局部重力异常曲线;10.计算重力异常曲线;11.1963年以前钻孔;12.1973年以后钻孔

(三)矿床地质-地球物理找矿模式

依据矿床上述地球物理异常转证分析,对其地球物理找矿标志地区归纳如下:

地面磁测具有正异常反映,矿床中含铜、钼的磁黄铁矿体和磁铁矿体中的磁黄铁矿、磁铁矿是引起强磁异常的主要地质因素,磁测在矿区内可以提供直接的找矿信息。

重力测量在矿带上为重力高异常反映,矿床各类型矿体中磁黄铁矿石及磁铁矿石较其围岩有$(1.4\sim 2.2)\times 10^3 kg/m^3$的剩余密度,故可以起重力高值异常,重力具有较充分的找矿前提。

电法测量在矿带上,激电充电率为高值异常,视电阻率呈现低阻特征,自然电位出现负值异常,各自产生机制具有同源性,主要与矿体矿石富含金属硫化物和金属氧化物有关,矿体具备有较好的电化学活动性和导电性。因此,电法异常也是找矿重要的物理标志。

综上可知,矿床上应用的各种物探方法虽然都具有较好的找矿效果。但由于每种方法也都存在不同程度的地质干扰,采用单一方法找矿亦存在一定程度上的局限性。结合所应用的各类方法特点,在该区找矿应遵循如下流程:①采用1:10 000地面磁法、自然电法以及土壤次生晕测量在成矿带上开展面积性普查找矿。②对于普查发现的磁法、自然电法及次生晕相重合综合异常区深入开展1:5000~1:2000激电中梯详查,进一步圈定出金属硫化物矿化体位置、形态、规模。③对有找矿意义的激电异常布置以高精度重力、磁法、激电(联剖、测深)为主要手段的开展综合精测剖面测量,进行重点评价,为布置山地工程查证提供证据。

综合上述,可归纳总结出矿床地质-地球物理找矿模型,见表6-10-3。

表6-10-3 永吉县头道沟硫铁矿床地质-地球物理找矿模型表

地质条件	岩石类型	岩性主要为砂质板岩、碳质板岩、斜长角闪岩、角闪片岩、透闪-阳起角岩、黑云母硅质角岩、变质砂岩、浅粒岩、变粒岩;燕山晚期花岗岩
	成矿时代	燕山期
	成矿环境	燕山晚期花岗岩体与早古生代火山-沉积岩系的外接触带,呼兰群头道岩组斜长角闪岩段为主要的赋矿层位
	构造背景	矿床位于东北叠加造山-裂谷系(Ⅰ),小兴安岭-张广才岭叠加岩浆弧(Ⅱ),张广才岭-哈达岭火山-盆地区(Ⅲ),南楼山-辽源火山-盆地群(Ⅳ)
矿床特征	控矿条件	地层的控矿作用:矿体均赋存于头道岩组中段斜长角闪岩段,成矿围岩是经过区域变质和角岩化的泥质岩石、火山碎屑岩以及中基性火山岩,在热液的作用下易产生矽卡岩化,形成以充填交代作用为主的矿体。 断裂构造的控制作用:区域性口前-小城子断裂是主要的控矿构造,矽卡岩带及矿体分布于该断裂两侧次级北东向层间构造破碎带、裂隙带,含矿溶液沿构造薄弱带交代充填,形成矽卡岩带及矿体。 岩浆活动的控矿作用:矿床的形成与矿区南东侧刘家屯燕山期花岗岩-花岗闪长岩-闪长岩系列杂岩体和下古生界呼兰群头道岩组火山-沉积变质岩系接触交代以及顺层交代有关,特别是它的边缘相闪长岩为成矿母岩
	蚀变特征	主要有矽卡岩化、硅化、碳酸盐化、黄铁矿化,其次有绿泥石化、绿帘石化、黝帘石化、绢云母化、闪石化
	矿化特征	矿床由8条矿体组成,各矿体基本互相平行排列,在垂直方向上大致呈斜列式排列;矿床东西延长600m,宽50~100m,控制深度280~400m;单个矿体长度50~480m,厚度3~14m;矿体走向呈北东70°,倾角60°~75°;矿体形态大致呈似脉状、扁豆状和透镜状,在纵向上,上部矿体形态复杂,分枝多,品位较低;而下部矿体,矿体形态相对较完整,夹石少,品位较高;在横向上,矿床西段矿体形态简单,夹石少,品位较高;而东段矿体形态较复杂,分枝多,品位较低

续表 6-10-3

综合信息	地球化学	没有 S 元素的化探异常信息
	地球物理	在 1:25 万布格重力异常图上，头道沟硫铁矿床位于前撮落—头道沟—刘家沟重力高异常南东边部等值线密集带的内侧，异常呈扁豆状，北东东走向，处于北东向分布的侏罗系南楼山组中—酸性火山岩区，推断为隐伏的下古生界引起。头道沟向东到刘家沟一带，异常强度降低，表现为向东伸出的次一级异常，出露有下古生界呼兰群头道岩组及 4 处晚二叠世超基性岩体，次一级异常的北、东、南边缘等值线密集围绕，梯度陡，推断为头道岩组与侏罗纪中酸性侵入体在深部的接触界线。在 1:5 万航磁异常图上，头道沟硫铁矿床位于刘家沟西部强正磁异常带北侧边缘零值线附近，该正磁异常带北侧到西侧同样有一"厂"字形负磁异常带紧密相伴。强正磁异常主要为超基性岩体引起，硫铁矿体仅能引起中等强度的磁异常；只能进一步开展大比例尺地磁、激电等物探方法进行剥离，进而划分出硫铁矿化带异常和超基性岩体异常的相应位置。负磁异常为头道岩组与超基性岩体斜磁化或剩磁方向反转综合影响所致
	重砂	在倒木河和头道沟硫铁矿所在水系下游，可圈出 2 处黄铁矿重砂异常，这 2 处异常与典型矿床存在一定响应关系，显示直接指示意义
	遥感	柳河-吉林断裂带穿过，并有 2 个与隐伏岩体有关的环形构造，有 2 个与基性岩体有关的环形构造；区内为遥感浅色色调异常区，有高度集中的铁染、羟基异常分布
找矿标志		燕山晚期花岗岩体与下古生界呼兰群头道岩组的接触带是成矿的有利空间；区域上的矽卡岩化、硅化、碳酸盐化、黄铁矿化及绿泥石化、绿帘石化、黝帘石化、绢云母化、闪石化等是区域上的找矿标志；在岩体接触带附近石榴子石-透辉石或绿帘石-角闪石矽卡岩及碳酸盐化发育，并伴有黄铁矿化，是矿体的直接找矿标志

二、桦甸西台子硫铁矿床

西台子湖相沉积型硫铁矿床是吉林省内硫铁矿产的重要成因类型之一。矿床地质特征具有一定的代表性，对在本区深入开展地质找矿工作有着重要的指导意义。

（一）典型矿床成矿地质特征

1. 地质构造环境及成矿条件

矿区位于晚三叠世—新生代东北叠加造山-裂谷系（Ⅰ），小兴安岭-张广才岭叠加岩浆弧（Ⅱ），张广才岭-哈达岭火山-盆地区（Ⅲ），南楼山-辽源火山-盆地群（Ⅳ）的桦甸地垒向斜内。

（1）地层：区内地层主要分布有下二叠统范家屯组和古近系渐新统桦甸油页岩组，两者分别构成了桦甸地垒盆地的基底和盖层。范家屯组大体呈弧带状产于盆地北西边缘。岩性上部为片岩、千枚岩夹少量变质砂岩；中—下部为安山玢岩、流纹斑岩及少量凝灰岩。古近系渐新统桦甸油页岩组呈不整合覆盖与范家屯组之上。

按沉积旋回岩性组合特征，由老至新又可划分出下部含硫铁矿亚组（厚 340m）；中部含油页岩亚组（厚 245m），上部砂岩页岩含碳酸页岩亚组（厚≥285m）。三者由南东向北西由新到老呈递变弧带状产出，并组成了轴向北西的向斜构造。其中下部含硫铁矿亚组是西台子硫铁矿床的容矿层位，其岩性可分为 5 个岩段，由下至上分别为砂砾岩段、含硫铁矿煤岩段、棕红色黏土岩段、黑云黏土岩段及灰色黏土岩段。含硫铁矿煤岩段是由硫铁矿层，其下赋存的褐煤层的灰—灰绿色黏土层（厚 5~21.47m）和其上盘的灰—灰白色黏土层(1.5～6.72m)组成,为西台子硫铁矿床赋矿层,控制了硫铁矿的产出和产状。

(2)岩浆岩:该区海西期和燕山期均有花岗岩浆沿断裂构造侵入。海西期花岗岩在桦甸盆地北部和西北部均有大片展布,与盆地出露地层呈侵入接触和断层接触。岩体内部相多由斜长花岗岩、花岗闪长岩、似斑状黑云母花岗岩组成,边缘相因受同化混染而岩性较为复杂,多为花岗斑岩、角闪花岗岩或细粒黑云母花岗,有时递变为闪长岩。燕山期花岗岩主要分布在盆地东南侧,岩浆沿北东向断裂侵入,呈宽脉带状产出。岩性主要为中粒黑云母花岗岩、白岗质花岗岩,边部见有细粒花岗岩及花岗闪长岩。

(3)构造:本区横跨两个不同的大地构造单元,北部为吉黑海西期地槽带,南部属中朝地台辽东地块,槽台分界线——敦-密大断裂从矿区南东侧穿过。该断裂属长期活动性构造,于中生代沿桦甸—辉南一带发育成地垒式盆地,沉积了巨厚侏罗系火山碎屑岩及煤系地层,到了新生代在桦甸、庙岭等局部地区继续下沉的湖盆内堆积了陆源湖相沉积物,并形成了古近系含硫铁矿煤岩系,为成矿提供了有利的构造条件。

区内构造简单,以褶皱构造为主,并伴有断裂活动。桦甸地垒向斜属于区域桦甸-辉南地垒向斜组成部分,其内轴向北西的周家屯-仁义屯倾没向斜为矿区主要构造。两翼长约4.5km,总体倾向北东,倾角浅陡深缓,上部为30°～40°,深部为10°～40°;北东翼长4km,倾向南西,倾角15°～35°(近地表30°～45°)。矿区内断裂多属敦-密大断裂的低序次局部断层,矿区规模较大的断层发育在向斜北东翼,多顺地层走向分布(局部有斜交),主要断层有合乐屯断层和杨树屯断层,前者长约900m,走向80°倾向南东,倾角30°～51°;后者长1700m,走向60°～80°,倾向南东,倾角30°～40°。此外,矿区内小断层甚多,以正断层居多,常造成矿体错位而不连续。

2. 矿体地质特征

1)成矿地质条件及类型

矿床产于内陆盆地古近系煤系地层内。矿床赋存于古近系渐新统桦甸油页岩组下部含硫铁矿亚组的硫铁矿煤岩段中。矿床生成严格受地层与岩相、沉积环境与构造条件所控制,具有典型沉积矿床特征。成因属化学生物沉积矿床,工业类型为产于煤系页岩或黏土中的沉积硫铁矿床。

2)矿体形态、规模及产状

矿体形态总体上呈单脉似层状产于古近系煤系地层中,明显受向斜褶皱构造控制。

矿体分布于轴向北西周家屯-仁义屯倾没向斜北西端边缘含硫铁矿煤岩段内,其南由西台子沿北西向延至周家屯后侧逐步转向为近东西到合乐屯北东部,全长5km,厚度不超过1m,平均0.71m,矿体延深173～650m。

矿体以单脉呈向北西突出的半弧状内斜式产出。矿体分布较规律、连续、稳定,矿体倾角一般平缓,两侧稍陡,上段20°～45°,下段15°～20°,中部更为平缓,倾角仅5°～15°。

3)矿石矿物组合及结构、构造

(1)矿石矿物组合:金属矿物组合简单,主要由黄铁矿和白铁矿组成;脉石矿物碳质页岩和煤为主,其次为少量石英、长石、石髓、方解石、褐铁矿等。

(2)矿石结构:根据二硫化铁胶体重结晶程度程度不同,矿石可分为有胶状结构、偏胶状结构和花岗变晶结构3种。其中矿石以变胶状结构分布最广泛,但矿石以一种结构单独出现的较少,而经常出现的是胶体结构和偏胶状结构。

(3)矿石构造:在矿体中二硫化铁以结核体存在,因此矿石的结构主要呈现结核状构造。结核的形状多样,常见有罂粟状、冰雹状、豌豆状、胡桃状、饼状及盾板状。此外,矿石尚有少量细鳞片状和散染状构造。

4)矿石类型

矿体矿石自然类型为结核状和散染状两种类型,其中前者为主导。工业类型为原生硫铁矿矿石,工业品级为Ⅲ级。最终勘探查明储量表明,矿床为中型规模沉积型硫铁矿床。该矿床除了硫铁矿可利用外,尚伴生有用矿产煤和有益元素 Ga 也具有工业价值,可回收利用。

矿石有用组分中,结核状矿石含硫 35% 以上,散染状矿石含硫 5%,S 平均含量 14.24%,Ga 平均品位 0.032%。煤矿石灰分 48.29%～59.04%,发热量平均 11.63kJ/g。

(二)地球物理特征

1. 矿床所在区域重磁场特征

在 1∶25 万布格重力异常图上,西台子硫铁矿床位于桦甸附近北东东走向短柱状重力低异常西侧边部密集梯度带的转折端,局部重力低异常西宽东窄,长 10.4km,平均宽 5.1km,其北西、南东两侧及西南端梯度带陡,北、西、南三面被重力高异常带围绕,向东与规模较大的北东走向条带状重力低异常带相连。

西台子硫铁矿床的西南部,即与桦甸局部重力低异常毗邻的西部,分布有一块状低缓重力高异常,东西走向。

桦甸局部重力低异常区对应桦甸盆地范围,出露古近系渐新统桦甸油页岩组和全新统,前者为含矿地层。外围重力高异常带主要为上二叠统大河深组、下二叠统窝瓜地组中酸性火山岩、砂岩、砾岩及灰岩透镜体等引起。重力低异常边部梯度带陡且宽,反映出盆地与二叠系以断陷接触为主。

另外,桦南东侧有一北东走向椭圆状局部重力低异常,地表有面积较大的渐新统桦甸油页岩组出露,其西北边部梯度带由南西方向转为北东东方向的转折处有 1 处小型硫铁矿床,位于公吉附近,该局部重力低异常与西部桦甸局部重力低异常在矿床附近推断被隐伏的、密度较高的二叠系隔断。

桦甸和桦南附近 2 处局部重力低异常区(带)所代表的盆地,均处在北东向敦化-密山深大断裂构造带中。

在 1∶25 万区域航磁异常图上,西台子硫铁矿床位于北部低缓正磁异常区向南部负磁异常区过渡部位,该处等值线近东西走向,负磁异常一侧梯度较陡。在航磁异常化极等值线图上,西台子硫铁矿床处于负磁异常内的北侧东西向梯度带上,此梯度带向西则产生发散。公吉附近硫铁矿床位于北西走向较弱正磁异常和北东走向较强正磁异常交会处负磁场上。负磁异常与古近系渐新统和第四系全新统沉积的桦甸盆地、桦南盆地有关。正磁异常与下二叠统窝瓜地组及上白垩统安民组中酸性火山岩地层有关。

2. 矿床所在地区磁场特征

在 1∶5 万航磁异常图上,西台子硫铁矿床位于强度小于 20nT 的北东走向微弱正磁异常带的东南边部,其外侧负磁异常区由北西到南东方向强度逐渐降低。负磁异常区为桦甸盆地、桦南盆地内古近系渐新统和第四系全新统沉积地层的反映。正磁异常与下二叠统窝瓜地组中酸性火山岩及燕山期酸性侵入体有关。经过北台子的北东走向异常梯度带推断为盆地边缘的断裂构造带。

桦甸盆地边部的古近系渐新统桦甸油页岩组处于负磁异常区边部梯度带附近,是寻找桦甸油页岩组中硫铁矿床的有利地段。

(三)桦甸市西台子硫铁矿床地质-地球物理找矿模型

综合上述矿床地质特征和地球物理异常特征,可归纳总结出矿床地质-地球物理找矿模型,见表 6-10-4。

表 6-10-4 桦甸市西台子硫铁矿床地质-地球物理找矿模型表

地质条件	岩石类型	古近系桦甸组含砾粗砂岩、中细粒砂岩、细砂岩、粉砂质泥岩、页岩、碳质页岩、黏土岩夹油页岩、褐煤、薄层石膏和硫铁矿
	成矿时代	燕山晚期
	成矿环境	矿床位于北东-南西向桦甸地堑向斜西北边缘,受周家屯-仁义屯长倾没向斜构造控制;矿体赋存在褶皱构造两翼的桦甸油页岩组下部含硫铁矿岩段
	构造背景	矿床位于东北叠加造山-裂谷系(Ⅰ),小兴安岭-张广才岭叠加岩浆弧(Ⅱ),张广才岭-哈达岭火山-盆地区(Ⅲ),南楼山-辽源火山-盆地群(Ⅳ)
矿床特征	控矿条件	沿深大断裂发育的中—新生代地堑盆地是成矿的有利空间。地层与岩相条件对矿床生成非常重要,强还原环境下封闭或半封闭的水盆地内堆积形成的桦甸油页岩组沼泽湖泊相碎屑岩含煤和油页岩沉积建造为主要的含矿层位
	蚀变特征	主要有硅化、绿泥石化、绿帘石化、绢云母化、高岭土化、黄铁矿化等
	矿化特征	矿体赋存在褶皱构造两翼的桦甸油页岩组下部含硫铁矿岩段,规模较大,在含矿层内呈层状连续分布,矿体长 5km 左右,厚度自数十厘米至 1m,沿倾斜延深 173~650m。矿体走向 338°~98°,倾角一般均缓,两侧较陡,上段倾角 20°~45°,下段 15°~30°,中部平缓,为 5°~15°。矿体分布较为规律、连续、稳定,但在局部变化较大,有尖灭再现现象;矿石由黄铁矿、白铁矿与褐煤及碳质岩等组成,有结核状及散染状两种类型,结核状矿石含硫 35% 以上,散染状矿石含硫 5%
综合信息	地球化学	没有 S 元素的化探异常信息
	地球物理	在 1∶25 万布格重力异常图上,西台子硫铁矿床位于桦甸附近北东东走向短柱状重力低异常西侧边部密集梯度带的转折端,局部重力低异常西宽东窄,长 10.4km,平均宽 5.1km,两侧梯度陡,北、西、南三面被重力高异常带围绕。重力低异常区对应桦甸盆地范围,出露古近系渐新统桦甸油页岩组和全新统,前者为含矿地层。外围重力高异常带主要为二叠系引起。 在 1∶5 万航磁异常图上,西台子硫铁矿床位于强度小于 20nT 的北东走向微弱正磁异常带的东南边部,其外侧负磁异常区由北西至南东方向强度逐渐降低。负磁异常区为桦甸盆地、桦南盆地内古近系渐新统和第四系全新统沉积地层的反映。正磁异常与下二叠统窝瓜地组中酸性火山岩及燕山期酸性侵入体有关。经过北台子的北东走向异常梯度带推断为盆地边缘的断裂构造带。桦甸盆地边部的古近系渐新统桦甸油页岩组处于负磁异常区边部梯度带附近,是寻找桦甸油页岩组中硫铁矿床有利地段
	重砂	主要指示矿物黄铁矿重砂异常发育,含量分级较高,面积为 7.55 km²。该异常与西台子硫铁矿积极响应,具备优良的矿致性质,评定为 Ⅰ 级异常,是直接找矿标志
	遥感	上火龙环形构造边部,东西向东辽-桦甸断裂带与北西向桦甸-蛟河断裂带交会;矿区内及周围遥感铁染异常分布
找矿标志		区域上沿深大断裂发育的中生代地堑盆地是成矿的有利空间;新生代湖泊相沉积的含煤岩系是主要的找矿标志

三、临江荒沟山硫铁矿床

(一)典型矿床成矿地质特征

1. 地质构造环境及成矿条件

临江荒沟山海相沉积变质型小型硫铁矿床位于华北东部陆块(Ⅱ),胶辽吉古元古代裂谷带(Ⅲ),浑江坳陷盆地（Ⅳ）的老岭背斜南东翼,区域荒沟山"S"形压扭性大断裂中段。成矿区（带）为老岭金、铅、锌、铜、钴、硫、铁成矿带中部荒沟山-横路岭铅锌硫铁矿化集中区的北东部。

(1) 地层：矿区出露地层为古元古界老岭岩群珍珠门岩组一套浅海—滨岸相陆屑-镁质碳酸盐岩建造。岩性为白云石大理岩夹薄层片岩,依据岩性和结构构造特征可将其由老至新划分为3个岩段（相当珍珠门岩组上部的7—9层）：下段为硅质条带状白云质大理岩夹中厚层及眼球状大理岩,主要产于矿区西部；中段是矿区主要含矿层位,岩性又可分为下、中、上3层,下部为中厚层白云石大理岩夹薄层白云质大理岩其内赋存有中央矿带,中部为滑石大理岩夹中厚层白云质大理岩,上部为薄层条带大理岩夹滑石大理岩及透闪石大理岩,该段地层出露于矿区的中部；上段为厚层块状白云石大理岩,分布于矿区的东部。矿区珍珠门岩组以北东向条带状单斜构造产出。地层呈北东向条带状单斜构造产出。地层走向为5°~35°,倾向南东,倾角60°~80°,但因受多期次区域构造活动影响,地层产状局部出现倒转和褶曲,在倾向和走向上均出现有扭转,倾向为北西。

区内黄铁矿和铅锌矿矿脉产出及产状与珍珠门岩组白云石大理岩的空间分布有着密切的关系。白云质大理岩是铅锌硫铁矿体的主要围岩。

(2) 侵入岩：印支期—燕山期,该区有大量酸性花岗岩和中基性脉岩侵入。在矿区北侧及东侧分布有规模较大的草山、老秃顶子及梨树沟似斑状黑云母花岗岩体。3个岩体岩性、化学成分相似,均属偏碱性重熔型花岗岩,属印支期—燕山期产物。矿区内中—基性脉岩十分发育,按岩石组分可分为闪长-辉长岩和粗斑岩两类。关于酸性花岗岩浆活动与铅锌硫铁矿成矿关系,鉴于矿区成矿具有热液裂隙充填、交代特征,初步认为大量酸性岩浆侵入是成矿热能的主要来源,是活化并萃取矿源层（镁质大理岩）内的矿质迁移至构造带改造形成新矿体的必要条件。

(3) 构造：矿区构造为位于老岭复背斜东南翼由珍珠门岩组碎屑-碳酸盐岩建造组成的单斜构造。地层走向5°~35°,倾向南东,倾角50°~90°,但局部出现倒转而倾向北西。区内构造活动以断裂构造占主导。荒沟山北东向"S"形大断裂带是本区控岩、控矿主体构造体系,矿区因受其影响而主构造线方向亦呈北东向。区内断裂系统控制了矿体和脉岩的产出和分布。从矿脉和脉岩分布来看,矿区断裂主要分布为北北东—北东向和北东东—东西向两组。前一组断裂与矿体产出关系密切,多为成矿前断裂,是矿区主要储矿构造；后一组断裂形成时间要晚于前一组,多被晚期脉岩侵入填充,对矿体有穿插及错断破坏作用,但其影响不大。

2. 矿体分布、形态、规模及产状

该矿床为一黄铁矿、闪锌矿、方铅矿单独赋存或伴生产出的多金属硫铁矿,矿体多呈脉状或大的透镜状赋存于珍珠门岩组白云质大理岩地层中的断裂,层间破碎裂隙带或层面构造内。

矿区共查明矿体60条,其中黄铁矿体49条、闪锌矿体9条、方铅矿体2条。所有矿体除了少数为盲矿体外,大多数为以氧化铁帽为标志的出露矿体。矿体氧化带发育,一般深度在20m左右。

矿区矿体分布明显受断裂带控制,形成了走向北北东—北东向,近于平行的东、中、西3条铅锌硫铁矿带。

3. 矿石类型、组分及结构构造

该矿床矿体多是由单独的闪锌矿体、方铅矿体和黄铁矿体或者是锌、铅、硫相伴生综合矿体组成,因此形成有不同的矿石类型及其特有的组分和结构构造。

1) 矿石类型

各类矿体的矿石按其矿物组分分为氧化矿石和硫化矿石两类。硫化矿石又可根据矿石矿物相对含量分为黄铁矿矿石、综合矿石和方铅矿矿石 3 类。

2)矿物共生组合

(1)氧化矿石:矿化的方铅矿石组合有方铅矿、菱镁矿、异级矿、铅矾、黄钾铁矾、褐铁矿及硫镉矿等;氧化的黄铁矿石铁帽组合为褐铁矿、赤铁矿、水赤铁矿、针铁矿及黄钾铁矾等。

(2)原生硫化矿石:黄铁矿石主要金属矿物为黄铁矿,次要矿物为闪锌矿、方铅矿;脉石矿物以石英为主,方解石、白云石次之。综合矿石主要矿物为闪锌矿、黄铁矿,次要矿物为方铅矿、黄铜矿、磁黄铁矿;脉石矿物以白云石为主,石英、方解石次之。

(3)矿石结构构造:黄铁矿石常见矿石结构为自形—半自形粒状结构和压碎结构;结构有块状,条带状。综合矿石结构有侵蚀结构、骸晶结构、网格状结构;构造多见块状构造、角砾状构造。方铅矿石结构多以自形—半自形颗粒结构和块状构造为主。

4. 矿体围岩蚀变特征

本矿床矿体均赋存于白云石大理岩层中,一般常见的围岩为中厚层白云石大理岩,薄层、薄板状白云石大理岩及片岩等,较为常见围岩蚀变有滑石化、硅化、透闪石化及黄铁矿化。其中以滑石化、硅化与成矿关系密切,而硅化在闪锌矿体的围岩中更为常见,透闪石化与黄铁矿化相伴出现是寻找黄铁矿床的重要标志。

5. 控矿因素及找矿标志

该矿床为黄铁矿、闪锌矿及方铅矿单独赋存或伴生的沉积热液改造型的多金属硫铁矿床,其主要控矿因素和找矿标志如下。

1)主要控矿因素

(1)该矿床矿体产出明显受老岭岩群珍珠门岩组上部地层镁质碳酸盐岩建造控制,矿体围岩皆为白云质大理岩。矿体产状总体上与围岩产状相一致,具有层控矿床的某些基本特征。珍珠门期形成的镁质大理岩层具有胚胎矿源层特点,是本矿床形成的主导因素。

(2)附近印支期—燕山期大量酸性岩浆侵入提供成矿的热能带来的岩浆热液及挥发分与在断裂及裂隙中的天水混合形成的流体矿化剂,是活化并萃取地层内的矿质迁移至构造带改造形成新的矿体的必要因素。矿区内老秃顶子似斑状黑云母花岗岩体与珍珠门岩组外接触带是本矿区成矿的重要控矿部位。

(3)矿体多发育在珍珠门岩组中的同生断裂、层间剥离破碎带或岩层层面内,矿体边缘平整并与围岩界线清晰,具有构造裂充填高角度脉状矿体特征。矿体形成明显受北北东—北东向断裂构造体系控制,区内该组断裂发育的构造带是控制矿床成矿就位的重要前提。

2)主要找矿标志

(1)珍珠门岩组上部层位镁质大理岩夹薄层片岩地层岩系中的薄层白云石大理岩、薄层角闪绿泥石片、角闪片岩发育的岩段,是赋矿的有利岩段,也是找矿标志之一。

(2)发育珍珠门岩组的北北东—北东向断裂集中的构造带控制了铅锌硫铁钾矿体的产出,是找矿不容忽视的标志。

(3)利用地表氧化铁帽指导找矿是最直接有效的标志。硫铁矿体地表形成氧化铁帽的氧化物有褐铁矿、水赤铁矿、赤铁矿及黄钾铁矾等;铅锌矿体地表形成有方铅矿、异极矿等氧化矿物。

(4)矿体赋存围岩受含矿热液作用常形成明显的滑石化、硅化、黄铁矿化、透闪石化等蚀变。其中硅化多为闪锌矿体围岩蚀变特征,透闪石化与黄铁矿化相伴出现时为寻找黄铁矿体的重要标志。

(二)地球物理特征

1. 矿床所在区域重磁场特征

在1:25万布格重力异常图上,白山市荒沟山硫铁矿床位于七道沟-临江老岭背斜基底隆起形成的相对布格重力高异常带在东部二道河子附近由北东向转为东西向的转折部位局部重力高异常北侧边缘,同时也是老秃顶子及草山似斑状黑云母花岗岩体局部重力低异常西南边部弧形梯度带的顶部位置。局部重力高异常近等轴状,直径约5.3km,为老岭岩群珍珠门岩组及花山岩组、临江岩组、大栗子岩组引起,其中珍珠门岩组大理岩为硫铁矿含矿层位。

二道河子局部重力高异常北侧边缘还有荒沟山、天湖沟两处热液型小型铅锌矿床,位于硫铁矿床西部附近;异常中部和南部分布有热液型荒沟山中型金矿床,高丽沟、错草沟小型金矿床及海相沉积变质型迎门沟小型含铜硫铁矿床;异常与西部梨树沟似斑状黑云母花岗岩体局部重力低异常之间弧形梯度带上分布有海相沉积变质型银子沟西坡小型硫铁矿床1处。由此可以看出,二道河子局部重力高异常与梨树沟、老秃顶子及草山岩体重力低异常之间梯度带或重力高一侧是寻找海相沉积变质型硫铁矿床及热液型铅锌金矿床的有利地段。

在1:25万区域航磁异常图上,荒沟山硫铁矿床位于老秃顶子岩体产生的近东西走向椭圆状正磁异常的东南边部梯度带上,草山岩体则无异常出现,可能是黑云母等暗色矿物明显变少所致。矿床所处珍珠门岩组及花山岩组、临江岩组、大栗子岩组共同产生低缓的正、负磁异常区。老秃顶子岩体与西南部梨树沟岩体产生的磁异常相连,组成北东走向哑铃状异常,老秃顶子岩体异常强度略高,为300nT。

在航磁异常化极等值线图上,矿床处于老秃顶子岩体正磁异常东南部外侧低缓负磁异常区一侧。

2. 矿床所在地区磁场特征

在1:5万航磁异常剖面平面图和等值线平面图上,荒沟山硫铁矿床位于老秃顶子岩体产生的等轴状正磁异常的东南部100nT等值线上。该处等值线梯度比内、外两侧略陡,呈向东南凸起的弧形,推断为老秃顶子岩体在深部局部南倾与珍珠门岩组的接触界线。

(三)临江市荒沟山硫铁矿床地质-地球物理找矿模型

综合上述矿床地质特征和地球物理异常特征,可归纳总结出矿床地质-地球物理找矿模型,见表6-10-5。

表6-10-5 临江市荒沟山硫铁矿床地质-地球物理找矿模型表

地质条件	岩石类型	主要为白云石大理岩、条带状大理岩、滑石大理岩、眼球状大理岩、透闪石大理岩、燧石大理岩、角砾状大理岩及角闪片岩和绿泥片岩
	成矿时代	前寒武纪
	成矿环境	矿床位于荒沟山"S"形断裂带中部。区域北北东向及其次级的一组断裂构造为主要的控矿和容矿构造;老岭岩群珍珠门岩组白云石大理岩层为主要的赋矿层位
	构造背景	矿床位于前南华纪华北东部陆块(Ⅱ),胶辽吉古元古代裂谷带(Ⅲ),老岭隆起内

续表 6-10-5

矿床特征	控矿条件	地层和岩性控矿：荒沟山硫铁矿床及其他铅锌矿床（点）主要赋存在古元古界老岭岩群珍珠门岩组中层—薄层—微层硅质及碳质条带状或含燧石结核的白云石大理岩夹滑石大理岩及透闪石大理岩中，矿化具有明显的层位性。 岩相古地理环境和生物的控制作用：根据荒沟山铅锌矿床的硫同位素 δ^{34}S 均为较大的正值，表明硫化物中的硫属于生物成因硫，且反映是在一个封闭或半封闭的浅海湾或潟湖相中硫酸盐补给不足的条件下形成的。薄层—微层条带状白云石大理岩与中—厚层白云石大理岩成互层状并夹有泥质碎屑岩变质而成的片岩，反映矿床所处部位位于后礁相的古地理环境。 构造控矿作用：矿床受区域北北东向及其次级的一组断裂构造控制，是典型受压扭性层间破碎带控制的后生矿床。黄铁矿脉是在岩层发生褶皱时沿大理岩或片岩的层理或挠曲部位发生的张性层间剥离构造充填而成，之后又发生层间的挤压运动，黄铁矿脉被破碎，铅锌矿化叠加在黄铁矿脉之上。构造的控矿作用还表现在，由压扭性作用造成的围岩次级张性层间剥离和挠曲的地段，矿体厚度大，往往成为硫铁矿、铅锌富矿体所在部位
	蚀变特征	围岩蚀变主要有滑石化、硅化、透闪石化、白云石化、蛇纹石化、黄铁矿化，其次有绿泥石化、绿帘石化、碳酸盐化、钠长石化、绢云母化等，其中以黄铁矿化、硅化、滑石化及透闪石化与成矿的关系比较密切，此外当透闪石化与黄铁矿化相伴出现时，亦是寻找黄铁矿体的重要标志
	矿化特征	荒沟山硫铁矿床内已知发现矿体60条，其中黄铁矿体49条、闪锌矿体9条、方铅矿体2条，组成了一个北东—南西向的中央矿带，长度1500m左右，各矿体或矿脉之间在平面上和剖面上均呈雁行式排列，具有尖灭侧现或尖灭再现特点，矿体长120～360m，宽0.1～5m，矿体为变化不大的脉状矿体，黄铁矿体为稍大的透镜体，而方铅矿体则常为不规则的囊状，矿体规模一般不大，综合矿体的倾斜延深一般大于走向长度
综合信息	地球化学	没有S元素的化探异常信息
	地球物理	在1∶25万布格重力异常图上，荒沟山硫铁矿床位于七道沟-临江老岭背斜基底隆起形成的相对布格重力高异常带在东部二道河子附近由北东向转为东西向的转折部位局部重力高异常北侧边缘，同时也是老秃顶子及草山似斑状黑云母花岗岩体局部重力低异常西南边部弧形梯度带的顶部位置。局部重力高异常近等轴状，直径约5.3km，为老岭岩群引起，其中珍珠门岩组大理岩为硫铁矿含矿层位。 在1∶5万航磁异常剖面平面图和等值线平面图上，荒沟山硫铁矿床位于老秃顶子岩体产生的等轴状正磁异常的东南部100nT等值线上。该处等值线梯度比内、外两侧略陡，呈向东南凸起的弧形，推断为老秃顶子岩体在深部局部南倾与珍珠门岩组的接触界线
	重砂	圈定的黄铁矿异常没有矿致源响应，对典型矿床不支持，可用于矿床外围硫铁矿的寻找
	遥感	北东向、东西向断裂多处，老秃顶块状构造内，区域性规模脆韧性变形构造或构造带通过，分布在白云质大理岩形成的带要素内，区内为遥感浅色色调异常区，有铁染异常分布，有一个与隐伏岩体有关的环形构造
找矿标志		珍珠门岩组中的薄层—微层硅质或碳质条带状或含燧石结核的白云石大理岩是形成和寻找硫铁矿、铅锌等硫化物矿床的最有利岩层； 压扭性层间破碎带或其临近地段是硫铁矿化、铅锌矿化的有利场所；利用氧化带铁帽中的Zn、Pb、As、Cd、Sb、Hg等元素含量判断原生硫化物矿体类型； 化探Pb、Zn、As、Sb、Cd、Hg异常的存在； 物探高阻高极化异常

四、伊通县放牛沟多金属硫铁矿床

(一) 典型矿床成矿地质特征

1. 地质构造环境及成矿条件

对于放牛沟多金属硫铁矿床成因，当前一些矿床学家认为其属于海相火山-沉积成因的块状硫化物型多金属硫铁矿床。矿床铅锌矿和硫铁矿储量分别达到大型和中型。

该矿床位于吉黑海西褶皱系，吉林复向斜西部大黑山条垒南端，洪喜堂-新立屯倾伏向斜北翼与大黑山倾伏背斜南翼之间近东西向压性层间破碎带上。

区域出露地层主要为上奥陶统石缝组和下志留统桃山组，其岩性均为一套浅变质的海相火山-沉积岩系，总体呈东西向展布。岩浆活动主要为加里东晚期和燕山期的花岗岩体侵入。

矿区出露地层为石缝组上段，由上而下岩性为灰绿色片理化安山质凝灰岩、灰白色大理岩夹条带状大理岩、安山岩、流纹岩夹安山质晶屑凝灰岩、英安岩、灰绿色帘石化安山岩、浅肉色条带状大理岩、含石墨绢云母绿泥片岩。上述岩性在空间分布上变化较大，由矿区向东、西两侧火山岩变薄，岩性由复杂变为简单，喷发旋回由强到弱，喷发韵律由下向上增强，矿床正处于岩性最复杂，相变最频繁地段。

矿区花岗岩分布于南部，属于后庙岭白岗质花岗岩体单元南侧的一个近东西向侵位大岩枝。北侧与石缝组呈超覆侵入接触。岩体属钙碱性铝过饱和系列，岩体 Rb-Sr 全岩等时线年龄为 352.65Ma，K-Ar 法年龄为 371~315Ma，成岩应属加里东晚期。此期岩浆活动对早期海底火山喷气成矿有叠加改造作用，这一东西向的侵入接触带对矿床的产出有一定的控制作用。

矿区位于轴向近东西向的洪喜堂-新立屯倾伏向斜北翼，石缝组呈东西向分布，构成一简单的单斜构造，产状倾向 190°~210° 倾角 30°~60°。

该矿床共有 9 个矿体群 41 条矿体，构成东西长 1700m，宽 150~400m 的含矿带，详见图 6-10-3。

矿体产于加里东晚期花岗岩体外接触带石缝组中、距岩体 400m 范围之内（大矿体多在 200m 内）。矿体直接围岩主要为条带状大理岩、变质安山岩、变质凝灰岩及流纹岩等。矿体多呈似层状、透镜状和脉状产出，与围岩多为整合接触，产状一致，多向南倾，倾角 35°~70°。矿体规模大小不等，长 50~756m，厚 0.22~9.94m，延深 20~180m。其中 3 号、7 号、9 号 3 个矿组矿体规模较大。

矿体类型可分为锌铜矿体、铅锌矿体、铅锌硫铁矿体、硫铁矿体和磁铁矿体。各类型矿体在空间分布上显有一定的分带性，由南至北（由上而下）依次为磁铁矿体-硫铁矿体或锌硫矿体-锌或铅锌矿体。

矿石矿物成分比较复杂，主要矿物有磁铁矿、黄铁矿、磁黄铁矿、闪锌矿、方铅矿、黄铜矿、辉铜矿等，次为辉钼矿、辉铋矿、毒砂、白钨矿。次生矿物有褐铁矿、菱铁矿、软锰矿、硬锰矿。脉石矿物有石榴子石、透辉石、透闪石、绿帘石、方解石、石英、绿泥石、萤石等

矿石类型可分为磁铁矿矿石、硫铁矿矿石、闪锌矿-硫铁矿矿石、闪锌矿矿石、方铅矿-闪锌矿矿石 5 种。

矿石主要有自形—半自形粒状、他形粒状交代残留、乳滴状、碎裂及斑状等结构，致密块状、条带状、浸染状、细脉状、变胶状、似鲕状、层纹状、团块状及角砾状等构造。

围岩蚀变主要有青磐岩化、绿泥石化、绿帘石化、黝帘石化、硅化、绢云母化、萤石化、闪石化、矽卡岩化、碳酸盐化及黄铁矿化等。

对于该矿床的成因问题，前人存在着的矽卡岩型、矽卡岩-热液型以及在与海底火山喷气作用有关块状硫化物矿床基础上受后期岩浆-气水热液作用的叠加改造而形成等不同认识。经本次对前人资料的研究分析，认为放牛沟多金属硫铁矿床归属第三种成因是适宜的。

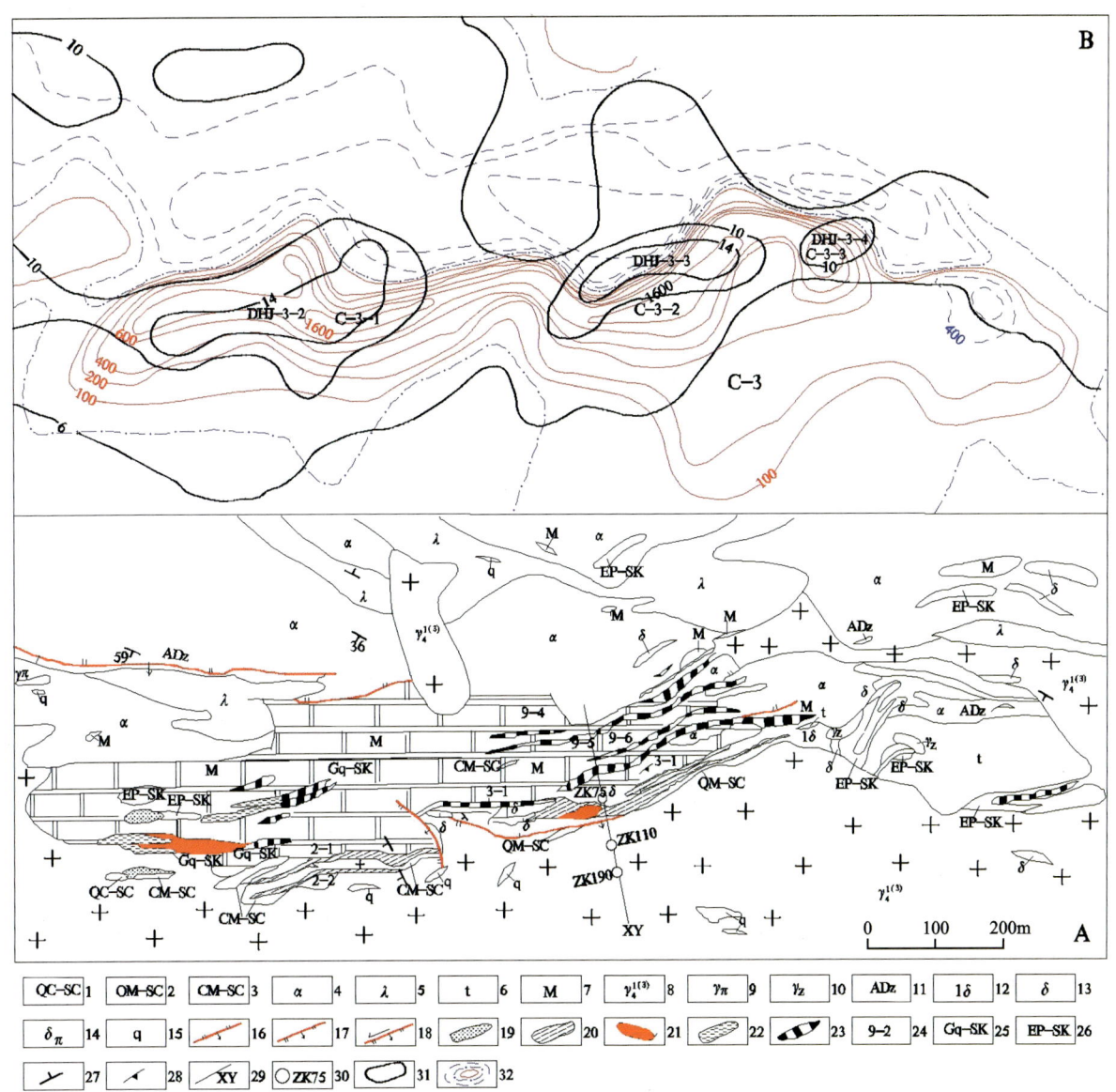

图 6-10-3 放牛沟多金属硫铁矿典型矿床所在位置地质矿产及物探剖析图
A.地质平面图；B.矿区磁电综合平面图

1.石英绢云母片岩；2.石英绿泥片岩；3.绢云母绿泥片岩；4.变质安山岩；5.变质流纹岩；6.凝灰岩；7.大理岩；8.花岗岩；9.花岗斑岩；10.花岗细晶岩；11.斜长细晶岩石；12.蚀变闪长岩；13.细粒闪长岩；14.闪长斑岩；15.石英脉；16.压性断层；17.张性断层；18.张扭性断层；19.磁铁矿体；20.褐铁矿体；21.硫铁矿体；22.硫铁锌矿体；23.锌矿体；24.矿体编号；25.石榴子石矽卡岩；26.绿帘石矽卡岩；27.地层产状；28.片理产状；29.勘探线编号；30.钻孔及编号；31.中间梯度激电充电率异常曲线；32.地磁等值线

(二)地球物理特征

1. 矿床所在区域重磁场特征

1）区域重力异常特征

在 1∶25 万布格重力异常图上，放牛沟多金属硫铁矿床处在火主岑-刘房子-陶家屯-范家屯与靠山镇-莫里青-乐山-大南两条近平行北东走向区域性重力梯度带之间夹持的长轴呈北东向椭圆状重力高异常东南侧梯度带南段。以重力零等值线圈定，异常长约28km，宽约10km，异常等值线匀称规律，极大值位于异常北东段，在以14km×14km为窗口的滑动平均剩余重力异常，将布格重力高分解为北东分布的靠山北西侧和乐山西侧两处似椭圆形小的剩余重力高异常。放牛沟多金属硫铁矿床处在乐山剩余重力高异常南东侧之北东向梯度带与东西向梯度带转换部位。在1:50万区域布格重力异常图上，本区重力高异常属于大黑山北东向断续分布的重力高异常带南西段异常组成部分。

综合资料分析认为，区内布格重力高异常北西侧和南东侧重力梯度带分别是四平-长春-榆树和伊通-舒兰两条区域深大断裂构造带的反映，是本区控岩、控矿的主体构造，控制了大黑山银、金铜、铅锌、铁、镍、硫等内生多金属矿带的产出。重力高异常区内出露岩性以下古生界奥陶系和志留系一套浅变质火山-沉积岩系为主，其次为加里东晚期、燕山期花岗岩类。依据该区古老变质岩和花岗岩类岩石密度特征，前者密度大于后者密度，推断重力高异常为早古生代古老变质岩基底隆起所引起。由于本区出露的上奥陶统石缝组和下志留统桃山组的中酸性变质火山岩系为吉林省重要含矿层位，是区内成矿活动的主要矿质来源之一。此外，根据区域重力场的线性要素（线性正、负异常带，梯度带，异常零值线等）和重力场等值线同向扭曲，沿走向发生横向错位等特征分析，本区发育有北东向、东西向、北西向及南北向4组断裂构造，放牛沟矿床主要受前三组断裂联合控制，其中东西向断裂为主要储矿构造。

综上认为，区内下古生界含矿变质岩系地层发育，构造岩浆活动强烈，具有良好的成矿地质条件。该区重力高异常边缘梯度带，尤其重力梯级弯曲变异处是成矿有利部位，也是找矿重要的地球物理标志。

2) 区域航磁异常特征

放牛沟多金属硫铁矿床在1:25万区域航磁场上为大黑山北东向高磁异常带南西段。在1:25万航磁异常图上是处在两条北东向分布高磁异常带之间的呈北东东向展布的公主岭—西大城县低磁异常带的南侧，其北西侧刘房子—响水镇高磁异常带宽缓，可分为刘房子和响水镇两个呈北东向分布的长椭圆形高值区，最大强度分别为150nT、200nT，低值带南东侧黄岺子—乐山高磁异常带相对较窄，最高异常位于南西段黄岺子乡一带，形态为不规则椭圆状，最大强度可达500nT。

经与地质关联不难看出，区内两条北东向高磁异常主要与受北东向断裂控制的加里东期、海西期及燕山期构造岩浆活动关系密切，多为角闪辉长岩、花岗闪长岩、石英闪长岩、二长花岗岩及碱性花岗岩等侵入体的反映，航磁异常指出区内自早古生代以来发生了多期构造岩浆活动，基性、中—酸性岩浆岩普遍发育，是本区成矿物质和成矿热源的重要来源。中部北东东向低磁异常带与下古生界上奥陶统和下志留统浅变质的海相火山-沉积岩系地层分布有关，依据航磁异常分布推断，下古生界变质岩产出主要受东西向和北东向断裂构造控制，地层走向由西至东则由东西向逐渐转为北东向。总之，航磁异常有效提供了有关本区地层、岩浆岩、构造及矿产等空间分布信息，并且指出放牛沟多金属硫铁矿、西大城号及新立铜矿等矿产主要分布在早古生代地层与岩浆岩带的接触界线的内侧。区域正、负异常带间的过渡带，尤其是发生转折的部位应是航磁异常找矿标志。

2. 矿床所在地区（矿田）磁场特征

放牛沟多金属硫铁矿床在1:5万航磁异常图上处在由4个似圆形磁力高异常组成的东西向展布串珠状异常带上。前人将该异常带编为吉C-1989-97和吉C-1989-98。前者位于异常带西段，呈北西向分布的椭圆状，异常形态规整，最大强度140nT，后者包括3个串珠状异常，其中中间异常规模和强度要大于东、西两侧异常，南北长约500m，东西宽约400m，异常曲线较对称，北侧梯度略大于南侧，异常最大值为600nT，而东、西两侧异常强度要低于中部异常，最高值分别为220nT和240nT。经与地质关联，吉C-1989-98航磁异常实属放牛沟多金属硫铁矿床引起。由于该矿床是一个磁铁矿、磁黄铁矿与铅锌矿紧密伴生的复合型矿床，属于磁性矿产类型，这是引起磁异常主要地质原因。呈东西向排列的3个局部异常分别是矿床东部矿段（主要包括4矿组、5矿组）反映，中部矿段（3矿组、9矿组）及西部矿段（1矿组、2矿组、7矿组）反映。其西部的吉C-1989-97异常经初步勘查，地表未见工业矿体出露，推断是埋深较大的隐伏矿体的反映,找矿远景较大。总之,放牛沟地区1∶5万航磁异常直接反映出了多金属硫铁矿化活动分布范围,较详细地指出了主要矿段产出部位。在较平稳背景场上呈现出的有规律中等强度的航磁异常,是本区直接寻找同类型矿床的标志。

3. 矿床所在位置地球物理特征

1)矿区岩(矿)石物性参数特征

经矿区岩(矿)石标本磁性测定,该矿床中磁铁矿体、硫铁矿体及铅锌硫铁矿体因矿石含有磁铁矿和磁黄铁矿而具有较强的磁性。磁铁矿、磁黄铁矿、含铅锌硫铁矿石磁化率(κ)为 $26\ 600\times10^{-5}$ SI,剩余磁化强度(J_r)可达 $50\ 260\times10^{-3}$ A/m,其围岩(大理岩)为无磁性,安山岩及安山质凝灰岩常见磁化率(κ)为 $(350\sim1500)\times10^{-5}$ SI,剩余磁化强度(J_r)多为 $(230\sim2000)\times10^{-3}$ A/m,属于中—弱磁性,二者存在明显磁性差异。然而,矿床中不含磁铁矿、磁黄铁矿的锌铜矿体和铅锌矿体中的闪锌矿石、铅锌矿石均属弱磁性,与其围岩则无大的磁性差异。因此,磁法仅对磁铁矿体、硫铁矿体及含铅锌硫铁矿体具有找矿前提。

矿区岩(矿)石标本电化学活动性测定结果显示,磁铁矿体、磁黄铁矿(黄铁石)矿体、铅锌硫铁矿体中的磁铁矿石、硫黄铁矿石、含铅锌硫铁矿石(黄铁矿石)均具有较强电化学活动性,常见充电率(M)值多在 $16.5\%\sim26.2\%$ 之间,而其各类围岩充电率(M)多在 $6.6\%\sim10.5\%$ 之间,属于中—弱电化学活动性。老地层中因黄铁矿化、石墨化较普遍,具有一定电化学活动性,但相对矿石而言仍明显偏低。这种电性差异为采用激电异常普查找矿提供了电化学前提。

2)矿床所在位置电场、磁场特征

矿区大比例尺详查磁、电异常特征和已知勘探剖面物、化探综合方法工作开展方面,于20世纪80年代初期先后在矿区开展了1∶1万地面磁法和激发极化法测量,两种方法配合使用,在快速、全面评价放牛沟多金属硫铁矿床资源远景上,取得了较好的地质效果。

经地面磁法详查,在矿区发现了与1∶5万吉C-1989-98航磁异常位置十分吻合的C-3近东西向展布的地磁异常带,东西带长约1800m,南北宽200~400m,异常等值线规律明显,其内由西向东可划分为3个依次向北斜列分布的局部高磁异常。每个高值异常北侧伴有负值,强度-300~-100nT,曲线梯度北陡南缓,最大强度一般在1000~1600nT之间。此外,激发极化法测量在C-3地磁异常带上又发现了与其位置和形态大体相似的DHJ-3号视充电率(M_s)高值异常带,长约2000m,宽200~300m,其内同样亦可划分出依次向北斜列错开的3个与局部磁异常相吻合的局部视充电率异常。矿区视充电率(M_s)背景在4%~6%之间,异常下限为10%,其中DHJ-3-2和DHJ-3-3异常规模和强度要大于东侧的DHJ-3-4异常,最大强度为14%~20%,详见图6-10-3。

矿区磁、电异常的同步性较好地反映了引起异常的同源性。经与地质关联,磁、电异常带与放牛沟多金属硫铁矿化带产出是一致的,而且其内3个重合的磁、电局部异常恰好与矿带的3个矿段吻合。由此证明,矿区磁、电重合异常应是放牛沟矿床中的3个矿段内矿体所引起。实践证明,大比例尺磁、电异常不仅在圈定矿带、划分矿段效果显著,而且尚能指出各矿段矿化活动强弱、矿化规模大小以及矿体的大致产状。

3)已知勘探线上综合物化探异常特征

放牛沟多金属硫铁矿床为硫铁矿体类型和矿石类型较为复杂的复合矿床。由于不同矿体类型矿石矿物组成差异较大,从而各具有不同的磁、电性特征,因此,磁法、电法及化探测量在不同类型矿体上的异常组合亦不尽相同。

a.12号勘探线

12号勘探线位于矿床中矿段,其段面赋存有3和9两个矿组(图6-10-4)。3矿组位于其南侧,主要矿体类型由褐铁矿体(深部为磁铁矿体)、磁黄铁矿体和含锌铅锌硫铁矿体组成;该矿组矿体以富含磁性矿物为特征;9矿组位于其北侧,由多条平行脉状产出的锌矿体组成,以富含金属硫化物为特点。

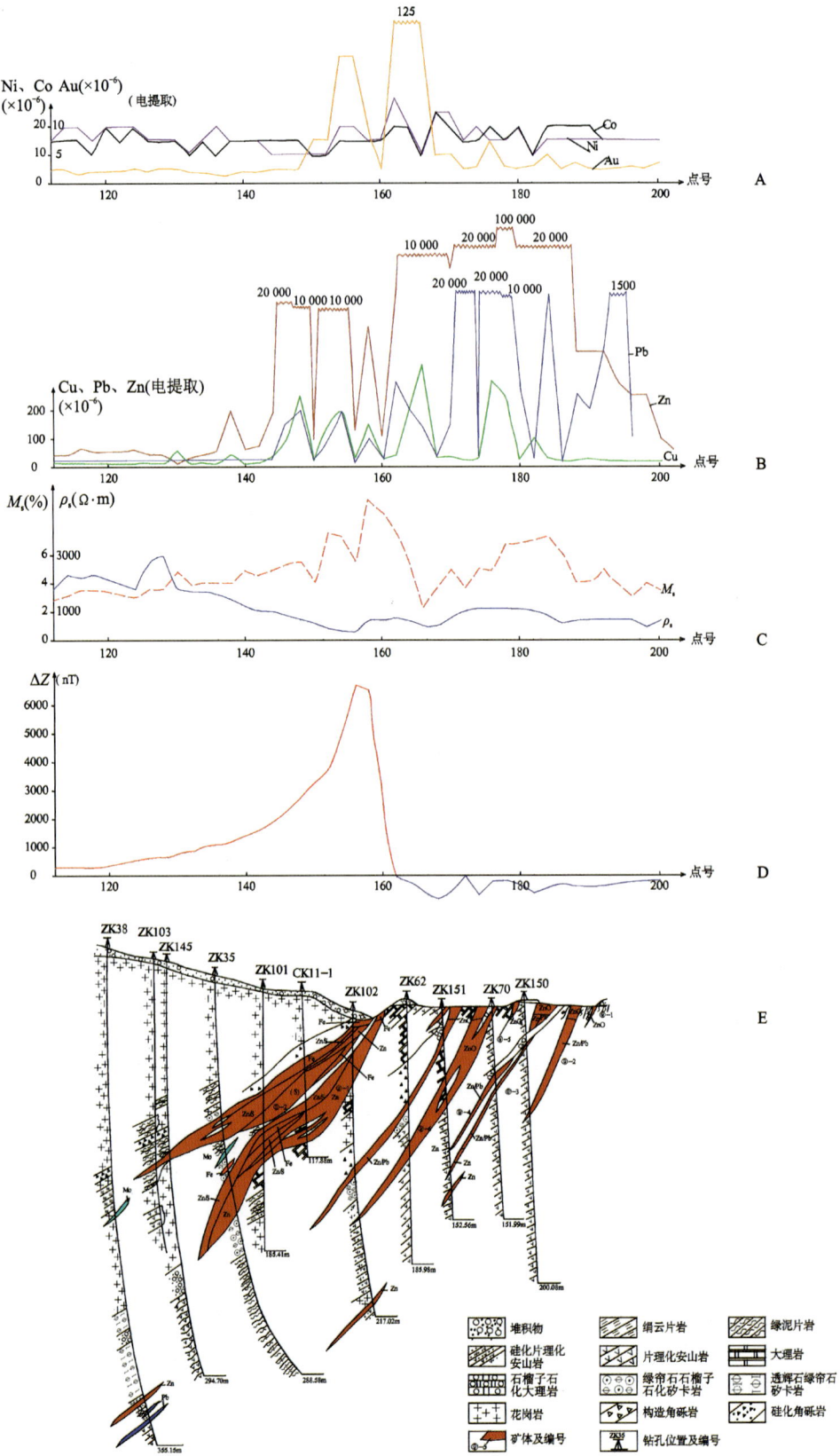

图 6-10-4 放牛沟多金属硫铁矿典型矿床 12 号勘探线剖面图
A. 化探土壤 Ni、Co 异常曲线；B. 化探（电提取）Cu、Zn、Pb 异常曲线；C. 激电中梯视充电率、视电阻率曲线；D. 地磁 ΔZ 等值线；E. 地质剖面图

由图 6-10-4 可以看出，激发极化法和电提取 Zn、Pb、Cu 测量分别在 3 矿组和 9 矿组上均获得较好的异常反映。电法视充电率（M_s）出现明显高值异常（$M_{s\,max}≈8\%～12\%$），视电阻率（ρ_s）为低阻异常显示（$\rho_{s\,min}≈500～1000\Omega\cdot m$）。电提取法显示有高丰度的 Zn、Pb、Cu 异常组合。然而，地面磁测仅在富含磁性矿物的褐铁矿体，硫铁矿体和含锌硫铁矿体组成的 3 号矿组上有 6500nT 高磁异常出现，异常形态规则，梯度北侧大于南侧。而由富含金属硫化物的锌，锌铅矿体组成的 9 号矿组上则无有磁异常显示。由此可见，激电和化探找矿效果具有普遍性，而磁法局限性明显，但对于区分激电、化探异常划分矿体类型则有独道作用。

b. 31 号勘探线

31 号勘探线位于矿床西矿段上，段面上主要赋存有 1 和 7 两个矿组。1 矿组位于其南侧，主要由磁铁矿体、褐铁矿体、磁黄铁矿体组成，具有铁磁性矿产特征；7 矿组位于其北侧，由多条相互平行的锌、铅锌硫铁矿体组成。

地面磁测和激发极化法在这两个不同类型矿组上取得了良好的找矿效果。ΔZ 和 M_s 呈同步的高值异常反映，ρ_s 在矿带上出现平稳的低阻异常（1000$\Omega\cdot$m 左右）。但是，电提取 Zn、Pb 测量在该勘探线上，仅在 7 矿组多金属硫铁矿体上取得高丰度异常，而在以铁矿为主的 1 矿组则没有明显异常出现。由此可知，化探测量对于区分磁、电异常和划分矿化类型是有效的方法手段。

（三）伊通县放牛沟多金属硫铁矿床地质-地球物理找矿模型

综合上述矿床地质特征和地球物理异常特征，可归纳总结出矿床地质-地球物理找矿模型，见表 6-10-6。

表 6-10-6　伊通县放牛沟多金属硫铁矿床地质-地球物理找矿模型表

地质条件	构造环境	放牛沟多金属矿床位于华北陆台北缘槽区一侧，哈尔滨-长春断裂带和伊通-伊兰断裂带之间，大黑山隆起带的中心部位
	岩石组合	上奥陶统石缝组的片理化安山岩、片理化流纹岩、绢云母石英片岩夹大理岩透镜体、大理岩、条带状大理岩组合；海西早期第二阶段酸性岩浆活动侵入体
	构造标志	东西向放牛沟-后铁炉压性断裂带，洪喜堂-新立屯近东西倾伏向斜
	围岩蚀变	青磐岩化、绿泥石化、绿帘石化、黝帘石化、硅化、绢云母化、萤石化、闪石化、黄铁矿化等，在岩体接触带附近石榴子石-透辉石或透闪石矽卡岩及碳酸盐化发育，并伴有黄铁矿化，大理岩中的纹层状黄铁矿大多形成以绿泥石化为主的蚀变
地表找矿标志		花岗岩体与上奥陶统石缝组的片理化安山岩、片理化流纹岩、绢云母石英片岩夹大理岩透镜体、大理岩、条带状大理岩组合的接触带附近，并发育硅化-绢云母化-绿泥石化-矽卡岩化
找矿历史标志	采矿遗迹	1949 年后石油六厂及伊通县工业科小规模露天开采铁帽；1958—1959 年伊通县工业科大规模露天开采铁帽；1962—1964 年伊通县工业科对 2 号矿体东段、3 号矿体中段、4 号矿体的磁铁矿进行小规模露天和硐采；1972—1973 年伊通县工业科筹备建矿，准备小规模开采
	文字记录	1954 年东北地质局 128 队对地表检查；1956 年东北地质局 145 队对地表检查；1957 年沈阳地质局长白大队四分队对地表检查；1958—1959 年吉林省地质局吉中地质大队放牛沟分队进行了普查和初勘；1973—1977 年四平地质大队三分队及吉林省化学矿山地质大队一区队重新对矿区进行详查与勘探

续表 6-10-6

地球物理标志	重力	在1:25万布格重力异常图上,矿床处在乐山剩余重力高异常南东侧之北东向梯度带与东西向梯度带转换部位,该区重力高异常边缘梯度带,尤其重力梯级弯曲变异处是成矿有利部位,也是找矿重要的地球物理标志
	磁法	在1:5万航磁异常图上,矿床处在由4个似圆形磁力高异常组成的东西向展布串珠状异常带上,编号为吉C-1989-97和吉C-1989-98。前者位于异常带西段,呈北西向分布的椭圆状,异常形态规整,最大强度140nT;后者包括3个串珠状异常,其中间异常规模和强度要大于东、西两侧异常,北侧梯度略大于南侧,异常最高值为600nT,吉C-1989-98异常为放牛沟多金属硫铁矿床的反映。物性磁参数特征如下:磁铁矿和磁黄铁矿具有较强的磁性,磁化率(κ)为 26 600×10^{-5}SI,剩余磁化强度(Jr)可达 50 260×10^{-3}A/m,其围岩(大理岩)为无磁性,安山岩及安山质凝灰岩常见磁化率(κ)为(350~1500)×10^{-5}SI,剩余磁化强度(Jr)多为(230~2000)×10^{-3}A/m,属于中一弱磁性,二者存在明显磁性差异,铅锌矿石均属弱磁性
	电法	电法在矿段、矿体上出现明显视充电率(M_s)高值异常,视电阻率(ρ_s)低阻异常显示。物性电参数特征如下:磁铁矿石、硫黄铁矿石、含铅锌硫铁矿石(黄铁矿石)充电率(M)值较高,多在 16.5%~26.2%之间;而其各类围岩充电率(M)较低,多在 6.6%~10.5%之间

第十一节 硼矿典型矿床地质-地球物理特征

吉林省硼矿主要分布在南部古元古界集安岩群蚂蚁河岩组变质岩中,共有中型、小型硼矿床18处。矿产预测类型为沉积变质型。本次选取集安高台沟沉积变质型硼矿床作为硼矿典型矿床。

(一)典型矿床成矿地质特征

1. 地质构造环境及成矿条件

大地构造位置位于华北陆块(Ⅰ2),华北东部陆块(Ⅱ7),胶辽吉裂谷(Ⅲ7),老岭隆起(Ⅳ10)。

(1)地层:矿区出露主要地层有古元古界集安岩群蚂蚁河岩组、荒岔沟岩组、大东岔岩组(图6-11-1)。

蚂蚁河岩组:主要岩性为磁铁浅粒岩、黑云变粒岩、蛇纹石化大理岩、橄榄大理岩、斜长角闪岩、含硼蛇纹岩、菱镁蛇纹岩、镁质大理岩、电气石变粒岩等,均呈大小不等包裹体分布在古元古界钾长花岗岩中。

荒岔沟岩组:为一套含墨岩系,主要岩性为含墨黑云变粒岩、含墨透辉(透闪)变粒岩夹斜长角闪岩、含墨大理岩等。

大东岔岩组:为一套高铝岩系,主要岩性为堇青硅线斜长片麻岩、石榴黑云变粒岩、黑云斜长片麻岩、石英岩等。

硼矿体严格受地层层位控制,蚂蚁河岩组有上段、中段、下段3个含硼层位,以上段含矿层为主,且含矿层层位稳定,后两者次之。含矿层呈似层状或连续的扁豆状,沿走向、倾向均有波状起伏,其产状与地层一致,厚度膨缩显著,无明显规律,含矿层厚度一般为20~80m,含矿层厚度在20m以上常见蛇纹石化,以下很少见蛇纹石化。

(2)构造特征:高台沟硼矿床赋存在两期褶皱叠加部位,第一期褶皱轴(F1)走向60°左右,第二期褶皱轴(F2)走向330°左右,矿体在次一级褶皱核部,含矿层厚度大,矿体厚度亦大。断裂构造有北(北)东向、北西向及近东西向3组,均为成矿后构造,对矿体起破坏作用。

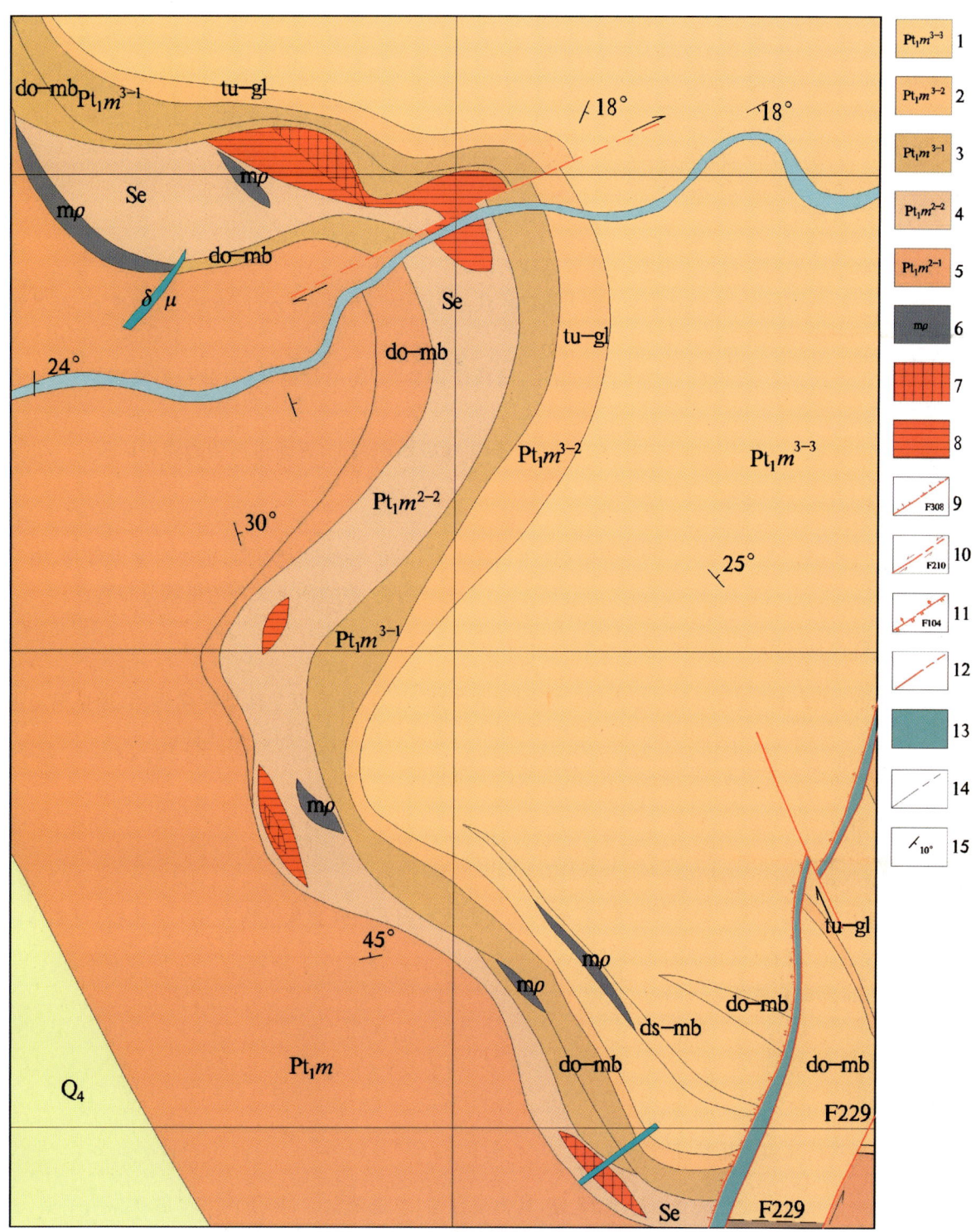

图 6-11-1 吉林高台沟硼矿矿区地质图

1.上部混合岩;2.电气石变粒岩;3.顶板混合岩;4.第一层蛇纹岩;5.中部混合岩;6.混合伟晶岩;7.表内矿体及编号;8.表外矿体及编号;9.实测及推测正断层及编号;10.实测及推测平移断层及编号;11.实测及推测逆断层及编号;12.性质不明的实测及推测断层;13.构造破碎带;14.实测及推测地质界线;15.产状;Se.蛇纹岩(蚀变岩);ma-Sc.菱镁矿蛇纹岩;ds-mb.透辉大理岩(交代岩);do-mb.白云石大理岩(蚀变为主);gr-mb.石墨大理岩(钙质);plam.斜长角闪岩;tu-gl.电气石变粒岩

2. 矿体三维空间特征

矿区共发现大小矿体 13 个,其中工业矿体 11 个。B_2O_3 品位 9.3%,属中型沉积变质型硼矿,勘查程度为详查。绝大多数矿体赋存在含矿层厚度大于 30m 的地段。一般规律为厚 40~50m 的含矿层,赋存有厚 10~15m 的矿体。矿体形态受含矿层控制,呈似层状或扁豆状产出。

3. 矿石类型及矿物组合

矿石类型主要有硼镁石矿石和含磁铁矿硼镁石矿石。

硼镁石矿石:矿石矿物为硼镁石;脉石矿物以蛇纹石、菱镁石为主,白云石、方解石、橄榄石、磁铁矿次之。

含磁铁矿硼镁矿石:矿石矿物以硼镁石为主,硼镁铁矿少量,偶见硼铝镁石;脉石矿物以蛇纹石、菱镁矿为主。

在空间上含磁铁矿硼镁石矿多居于矿体中部,向边缘磁铁矿减少,逐渐过渡到硼镁石矿石。

4. 围岩蚀变及蚀变分带

长英质伟晶岩脉或其他脉岩穿切矿体或矿体顶底板时,发生明显蚀变作用,主要有金云母化、电气石化、镁橄榄石化、透闪石化、蛇纹石化、滑石化,局部见透辉石化,在空间上表现为带状分布特点。

5. 成矿时代及成因

硼矿就位期,矿体形成后,在古元古代 1900Ma(陈尔臻,2001)前后发生区域变质作用,坳拉槽压缩变形以及花岗岩体就位,有小的岩枝伟晶岩侵入,使原有硼矿再次活化、迁移,局部富集。

该硼矿床属于岩浆热液(原混合岩化)改造的火山沉积变质矿床。

6. 控矿因素

(1)矿体受蚂蚁河岩组控制。

(2)褶皱构造控矿,北北东向或北东向、北西向及近东西向 3 组断裂构造均为成矿后构造,对矿体起破坏作用,特别是小断层往往成为矿体边界。

(3)元古宙伟晶岩控矿。

(二)地球物理特征

1. 矿床所在区域重磁场特征

高台沟硼矿床所在地区共有硼矿床 18 处,其中高台沟、三道阳岔、二驴子沟 3 个硼矿床为中型,其余 15 个为小型。在 1:25 万布格重力异常图上,高台沟等 10 余处硼矿床均位于清河附近北西向重力梯度带西南一侧相对重力高异常区内,重力异常区内矿床处有正向变异及扰动出现。重力高异常为古元古界集安岩群蚂蚁河岩组、荒岔沟岩组、大东岔岩组引起,其中蚂蚁河岩组为含矿地层。重力梯度带东部重力低异常区与早白垩世二长花岗岩大面积分布有关。北西向重力梯度带梯度陡,走向平直,具有一定规模,推断为古元古界集安岩群变质岩系与规模较大的早白垩世二长花岗岩侵入体之间大断裂的反映。该规模较大的重力梯度带西部清河以南古元古界集安岩群变质岩系内有一条北北西向次一级重力梯度带,梯度缓,沿走向规模相对较小,向南穿过硼矿床密集分布区即截止,推断为集安岩群变质岩系内与成矿关系密切断裂。

在剩余重力异常图上,硼矿床处于低缓重力高异常之上。

在1:25万区域航磁异常图上,台上附近正磁异常呈北东东展布,北西侧及东侧梯度较陡,东半部异常宽,且出现异常中心,最大值为250nT,与南部正磁异常有相连之势,向南西西方向异常强度缓慢降低,宽度变窄。正磁异常北西部有规模较大的东西走向的低缓负磁异常区相伴,强度最小值为-100nT。

东部集中分布的10余处中、小型硼矿床位于正磁异常北侧边部的北东东向梯度带上,西部4处小型硼矿床位于低缓负磁异常区内。

在航磁异常化极等值线图上,大部分硼矿床位于局部正磁异常之上、边部梯度较陡处或异常扭曲处。

矿石有硼镁石矿石和含磁铁矿硼镁石矿石两种类型。含磁铁硼镁石矿石磁性较强,硼镁石矿石磁性微弱,集安岩群变质岩系磁性较弱。据此分析,局部正磁异常与蚂蚁河岩组中含铁硼矿(化)体的分布关系密切,局部正磁异常北西边部梯度带推断为控矿断裂构造,为深部热源提供通道。

因此,古元古界集安岩群蚂蚁河岩组变质岩系与重力高异常、磁力高异常相叠加地段为寻找硼镁(铁)矿床的有利部位。

2. 矿床所在地区磁场特征

在1:5万航磁异常等值线图上,东部包括3个中型硼矿床在内共有13个硼矿床分在正磁异常上及边部上,西部有5个小型硼矿床分布在负磁场区内。高台沟中型硼矿床和小东沟小型硼矿床位于南部高磁异常向北部低磁异常过渡的梯度带上,梯度带呈北东东走向,梯度陡。硼矿床所在的成矿区(带)上磁异常最大值达440nT,出现在四道阳岔附近。

在航磁异常化极等值线图上,硼矿床有15处在局部正磁异常上或边部梯度带上、有3处位于靠近正磁异常的负磁场区一侧的梯度带上。局部正磁异常与蚂蚁河岩组中含磁铁矿硼镁矿中的磁铁矿有关。硼矿床所在位置普遍磁异常等值线密集、梯度陡,并有扭曲、错动,整体走向北东,反映出硼矿床受古元古代裂谷内北东东向区域性断裂构造及次一级一般性断裂构造活动影响的特点。

(三)集安市高台沟硼矿床地质-地球物理找矿模型

综合上述矿床地质特征和地球物理异常特征,可归纳总结出矿床地质-地球物理找矿模型,见表6-11-1。

表6-11-1 集安市高台沟硼矿床地质-地球物理找矿模型表

地质条件	岩石类型	蛇纹岩、菱镁蛇纹岩、镁质大理岩、电气石变粒岩、钾长花岗岩、斜长花岗岩、伟晶岩脉
	成矿时代	古元古代,1900Ma左右(陈尔臻,2001)
	成矿环境	辽吉古元古代裂谷内集安岩群蚂蚁河岩组含硼岩系受二期叠加褶皱构造控制。晚期褶皱一般表现为宽缓向斜及较紧密背斜,硼矿床保留在晚期宽缓向斜构造中。成矿带位于集安-长白Au、Pb、Zn、Fe、Ag、B、P成矿带(Ⅳ17)、正岔-复兴Au、B、Pb、Zn、Ag找矿远景区(V56)
	构造背景	大地构造位置位于华北陆块(Ⅰ2),华北东部陆块(Ⅱ7),胶辽吉裂谷(Ⅲ7),老岭隆起(Ⅳ10)。褶皱构造控矿,北(北)东向、北西向及近东西向3组断裂构造均为成矿后构造,对矿体起破坏作用,特别是小断层往往成为矿体边界

续表 6-11-1

矿床特征	控矿条件	①矿体受蚂蚁河岩组控制； ②褶皱构造控矿，北(北)东向、北西向及近东西向 3 组断裂构造均为成矿后构造，对矿体起破坏作用，特别是小断层往往成为矿体边界； ③古元古代花岗岩类控矿
	蚀变特征	长英质伟晶岩脉或其他脉岩穿切矿体或矿体顶底板时，发生明显蚀变作用，主要有金云母化、电气石化、镁橄榄石化、透闪石化、蛇纹石化、滑石化，局部见透辉石化，在空间上表现带状分布特点
	矿化特征	矿区矿化面积大，矿体分布广且比较零散。矿体均产于含矿层内，赋存于中上部蛇纹岩、菱镁矿蛇纹岩中。矿体多为盲矿体，成群出现，平行叠置的矿体最多层数可达 3 层，产于含矿层厚度膨大蛇纹石化强烈地段，含矿层厚度与矿体厚度大致成正比。绝大多数矿体赋存在含矿层厚度大于 30m 地段。一般规律为厚 40～50m 的含矿层里赋存有厚 10～15m 的矿体。 矿体形态受含矿层控制，呈似层状或扁豆状产出，矿体与含矿层顶、底板大致平行，随含矿层褶皱而褶皱，其产状与含矿层、地层一致。 在空间上含磁铁矿硼镁矿石多居于矿体中部，向边缘磁铁矿减少，逐渐过渡到硼镁石矿石
综合信息	地球化学	矿床所在区域可圈出分带清晰、浓集中心明显的 B 元素异常，峰值达到 125.15×10^{-6}，面积为 $155\ km^2$，近椭圆状，异常轴向东西。该异常与高台沟硼矿积极响应，是优良的矿致异常。有益组分 MgO、Na_2O 与 B 空间套合紧密，其组合异常信息是重要的找矿依据。Fe_2O_3 在硼矿所在区域异常反映很弱，表明高台沟硼矿相对贫铁；As、Sb、Hg 异常主要围绕 B 呈环状分布，表明相对酸性的地球化学环境
	地球物理	在 1:25 万在布格重力异常图上，矿床处于清河附近北西向重力梯度带西南侧相对重力高异常区内，重力高异常为古元古界集安岩群变质岩引起。 在 1:5 万航磁异常等值线图上，硼矿床普遍分布在正磁异常及边部上，正磁异常与蚂蚁河岩组中含磁铁矿硼镁矿石有关。硼矿床所在位置磁异常等值线密集、梯度陡，并有扭曲、错动，整体走向北东，反映出硼矿床受古元古代裂谷内北东向线性断裂构造活动控制的特点
	重砂	主要指示矿物硼镁铁矿没有重砂异常，与之紧密共生的磁铁矿、橄榄石有较好的重砂异常，面积分别为 $0.87\ km^2$、$3.54\ km^2$，矿物含量分级较高，与高台沟硼矿积极响应，是硼富集成矿的产物，对硼矿具有重要的间接指示作用
	遥感	头道-长白断裂带穿过矿区，矿区北西有北东东走向的大川-江源断裂带，东南分布大路-仙人桥断裂带，矿区处在不同方向小型断裂密集交会部位；与隐伏岩体有关的环形构造呈串珠状分布；矿区有侵入岩体内外接触带及残留顶盖分布；遥感羟基、铁染异常较密集分布
找矿标志		①古元古界集安岩群蚂蚁河岩组分布区，蛇纹石化大理岩、暗绿色蛇纹岩分布区。蚂蚁河岩组有 3 个含矿层，其中上层含矿性最好； ②矿床主要分布于褶皱构造的核部，核部含矿层变厚，矿体也变厚； ③被后期断裂构造切割断块，向斜分布区矿体保留好，有可能发现新矿体； ④标志层荒岔沟组以下 130m 左右，电气石变粒岩之下几十米见含硼层； ⑤混合伟晶岩脉富集区； ⑥蛇纹石化、金云母化、透闪、透辉石化、电气石化、镁橄榄石化等蚀变标志

第十二节　萤石矿典型矿床地质-地球物理特征

本次选取 3 个萤石矿典型矿床，代表两种不同矿产预测类型，分布在天山-兴蒙造山带吉黑褶皱系内。矿产预测类型划分和典型矿床选择见表 6-12-1。

表 6-12-1　萤石矿典型矿床矿产预测类型划分一览表

典型矿床	矿产预测类型	成矿时代	预测方法类型	预测工作区
永吉县金家屯萤石矿床	金家屯式热液充填交代型	燕山期	层控内生型	一拉溪
磐石市南梨树萤石矿床	南梨树式热液充填交代型	海西期	层控内生型	明城
九台市牛头山萤石矿床	牛头山式火山热液型	燕山期	火山岩型	其塔木

一、永吉县金家屯萤石矿床

(一)典型矿床成矿地质特征

1. 地质构造环境及成矿条件

永吉县金家屯中型热液充填交代型萤石矿床位于东北叠加造山-裂谷系(Ⅰ1),小兴安岭-张广才岭叠加岩浆弧(Ⅱ3),张广才岭-哈达岭火山-盆地区(Ⅲ3),南楼山-辽源火山-盆地群(Ⅳ4)内。

(1)地层:矿区出露地层主要为上二叠统一拉溪组上段,其次为白垩系泉头组(图 6-12-1)。

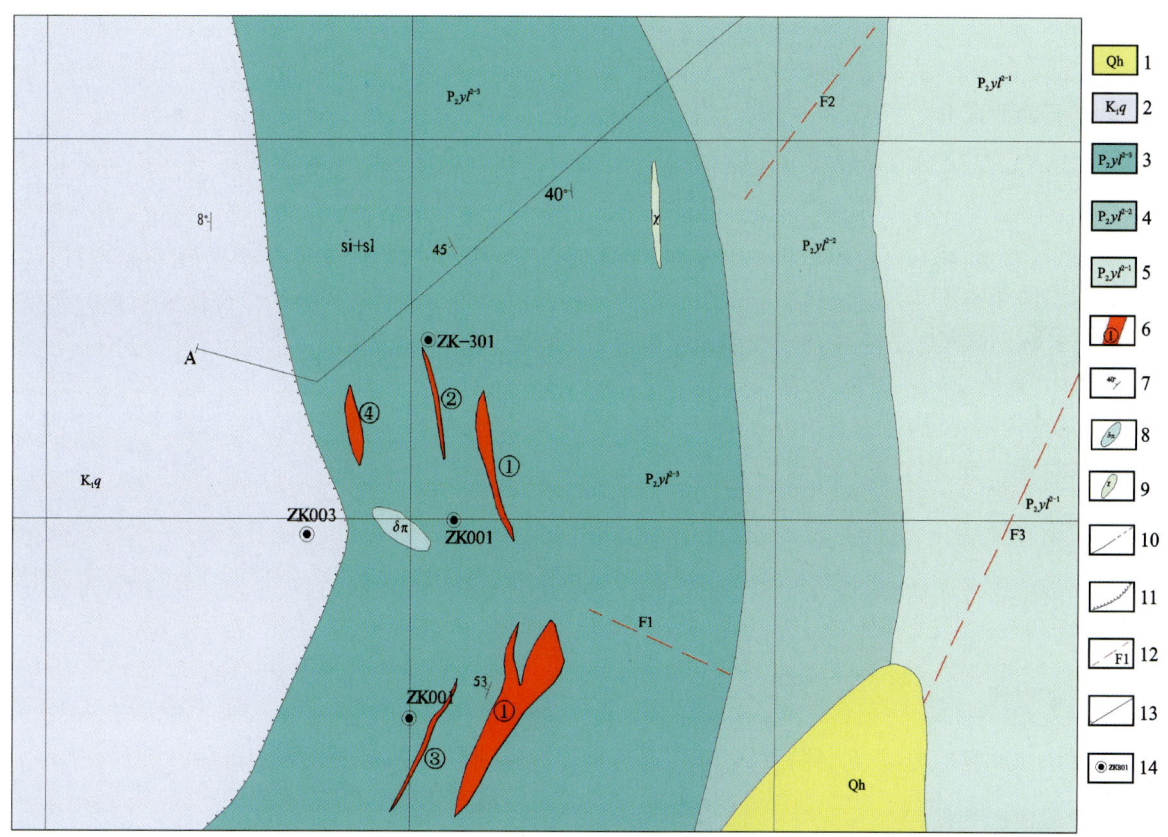

图 6-12-1　金家屯萤石矿床地质图

1.第四系砂砾石及黏土;2.白垩系泉头组含砾砂岩;3.一拉溪组上段板岩夹灰岩(含萤石矿);4.一拉溪组上段泥质板岩;5.一拉溪组凝灰质板岩;6.萤石矿体及编号;7.产状;8.闪长玢岩;9.煌岩脉;10.实测及推测地质界线;11.不整合地质界线;12.实测推测断层及编号;13.剖面线;14.钻孔及编号

一拉溪组上段（P_2yl^2）总体走向近南北,倾向西,倾角40°～60°。厚度大于414m。按岩性自下而上分为3层:凝灰质板岩由安山岩岩屑及少量长石晶屑组成,厚度大于63m;泥质板岩主要由泥质组成,厚度142m;板岩夹灰岩主要岩性为绢云母板岩及微晶灰岩,其次为硅质岩、大理岩,厚度209m,萤石矿赋存于该层位。矿体的直接围岩是灰岩及泥质板岩。白垩系泉头组（K_1q）不整合于一拉溪组之上,岩性为含砾砂岩、晶屑凝灰岩、含砾晶屑岩屑凝灰岩、火山角砾岩及硅质岩等,厚度大于38m。

（2）岩浆岩:矿区内仅见燕山早期闪长玢岩、闪长岩、煌斑岩及安山玢岩岩脉。侵入岩主要为燕山早期侵入体,具有多次侵入的特征。第一期侵入阶段为花岗岩类,第二期侵入阶段为闪长岩。燕山期中酸性岩体控制矿体产出。

（3）变质作用:包括区域变质作用和动力变质作用。

（4）构造:断裂构造复杂程度属中等,主要为层间破碎带,属控矿构造,分布在矿区中部,充填物主要为构造角砾岩、糜棱岩及萤石矿,萤石矿多分布在下部,构造角砾岩多分布在上部。褶皱构造较简单,由一拉溪组组成近南北向的单斜构造,倾向总体向西,北部走向北北东,中部为近南北向及北北西向,IV线以南又转为北北东向而略呈"S"形。

2. 矿体三维空间分布特征

（1）矿体空间分布:矿体呈南北带状展布,长700m,宽200m,矿体主要赋存于上二叠统一拉溪组上段,围岩是灰岩及泥质板岩。共有4条矿体,其中1号矿体为主矿体,其余3条为主矿体上盘围岩中的小矿体。主矿体厚10.12m,其余小矿体合计厚4.39m。矿石品位47.82%。矿床类型属中型热液充填交代型萤石矿。

3. 矿石物质成分

（1）矿物成分:主要由萤石和石英组成,萤石含量一般为50%～70%,局部可达95%以上,石英含量30%～40%。

（2）矿石类型:矿石自然类型主要为石英-萤石型矿石及萤石型矿石,少量方解石-萤石型矿石;矿石工业类型为泥质板岩及灰岩层间破碎带中的石英-萤石型脉状矿石,其特征介于硅酸盐岩石中的充填型脉状萤石矿床与碳酸盐岩石中的层控型似层状萤石矿床之间。

（3）矿物组合:萤石、石英、方解石、褐铁矿、高岭土。

（4）结构构造:结构为粒状结构,局部有角砾状、蜂窝状、葡萄状及网格状结构;构造有块状构造,少量条带状构造。

4. 蚀变特征

矿区内围岩蚀变类型主要有硅化、高岭土化、碳酸盐化、褐铁矿化、萤石化、黄铁矿化、绢云母化及大理岩化等。

5. 成矿时代

根据矿体赋存的地层、矿体特征、区域构造运动等特征,推测其成矿时代为燕山期。

6. 矿床成因类型

该矿床属热液充填交代型。

7. 控矿因素

（1）地层控矿:矿床产于一拉溪组上段泥质板岩夹灰岩岩层之中,矿体的直接围岩是灰岩及泥质板岩,矿石中的脉石主要是泥质板岩及硅质岩,因此,灰岩、泥质板岩及硅质岩石为控矿岩石。

(2) 构造控矿：矿体产于层间破碎带，矿体最厚的地段是断裂（层间破碎）最发育的地段，表明控矿构造就是层间破碎带，而层间破碎带最发育的地段是不同岩性交接带以及岩层产状发生较大转折的部位。

（二）地球物理特征

1. 矿床所在区域重磁场特征

金家屯萤石矿床位于小绥河铬铁矿床西南方向约 20km，1∶25 万区域布格重力异常图可参见本章第七节小绥河典型铬铁矿床所在区域地质矿产及物探剖析图（图 6-7-1）。在 1∶25 万布格重力异常图上，区内沿一拉溪—大绥河东南侧有一条北东向重力高异常带，其上有 3 个局部重力高异常断续分布。重力高异常带北西部为伊通-舒兰中新生代断陷盆地重力低异常区，东南部为南楼山中生代火山盆地重力低异常区。重力高异常带西南宽，东北部窄，与地表出露的古生界分布范围、走向形态相吻合。

重力高异常带与北西部重力低异常区以一拉溪—大绥河北东向巨大的线性重力梯度带为界。重力梯度带走向平直，宽度大，梯度陡，与已知伊通-舒兰岩石圈断裂带东界位置一致。金家屯萤石矿床位于重力高异常带上的一拉溪东南侧两局部重力高异常之间，该处等值线呈北东向，地质上有已知的北西向碾子沟断裂构造。矿床靠近北东侧团块状重力高异常边部，处于志留系—泥盆系四别河组和上三叠统四合屯组分布区。四别河组海相碎屑岩岩性为砂岩、灰岩、板岩及泥岩，为含矿建造；四合屯组岩性为安山岩、安山质熔结凝灰岩。四别河组西侧为白垩系金家屯组安山岩、酸性凝灰岩、流纹岩及凝灰质砂岩，位于伊通-舒兰断陷盆地一侧。

在剩余重力异常图上，矿床位于北东向带状重力高异常与南部重力低异常的过渡带上。重力低异常分布范围内有被北西向碾子沟断裂错断的侏罗纪花岗闪长岩出露，在花岗闪长岩体断开处建有碾子沟水库。

在 1∶25 万区域航磁异常图（图 6-7-1）上，金家屯萤石矿床位于北东向展布的负磁场区与正磁场区的过渡带上负磁场一侧，该处等值线走向北东，梯度略陡，其南侧有一呈北北东向分布的长条状叠加正磁异常，强度不大，为 100nT。在航磁异常化极等值线图上，叠加正磁异常向北西方向位移，异常近椭圆状，走向北东，异常强度最大值为 200nT。矿床处在异常北西边部梯度较陡处，附近等值线由北北东向转为北东向。在航磁异常化极垂向一阶导数等值线图上，叠加正磁异常呈条带状，宽度比化极异常窄。

航磁化极异常图上叠加正磁异常北东、南西两端分别有侏罗纪花岗闪长岩和花岗岩出露，北东端花岗闪长岩的异常强度高于南西端花岗岩异常，分别与两个局部重力低异常相吻合，反映出燕山期中酸性侵入岩磁力高、重力低的特点。

金家屯萤石矿床处在四别河组的南端，伊通-舒兰岩石圈断裂带的火山活动和沿碾子沟断裂的燕山期中酸性岩浆活动，为金家屯热液充填交代型萤石矿床的形成创造了条件。

2. 矿床所在地区磁场特征

在 1∶5 万航磁异常等值线图（图 6-12-2）上，矿床处于大面积负磁场区内东部，负磁场区东侧有较强的正局部磁异常沿北东向排布。正磁异常梯度陡，最大强度为 440nT，矿床处负异常等值线沿北西向产生错动。在航磁异常化极等值线图上，矿床处于西部低缓正磁异常区与东部较强正磁异常带之间梯度带的西侧附近。该梯度带西南段沿北东走向，在矿床处沿东西向产生错动，向北转为北北东向。在航磁异常化极垂向一阶导数等值线图上，矿床处在强度$-50\sim0$nT 略有扰动变化的负磁场区内，周围有规模较小、强度不大的正磁异常零星分布。磁异常特征反映出北东向和北西向断裂控矿构造。

东部较强的正磁异常为燕山期中酸性岩和侏罗系玉兴屯组安山岩、安山质凝灰角砾岩、安山质熔结凝灰岩引起。西部低缓的正、负磁场区为古生界鹿圈屯组和伊通-舒兰断陷盆地引起。

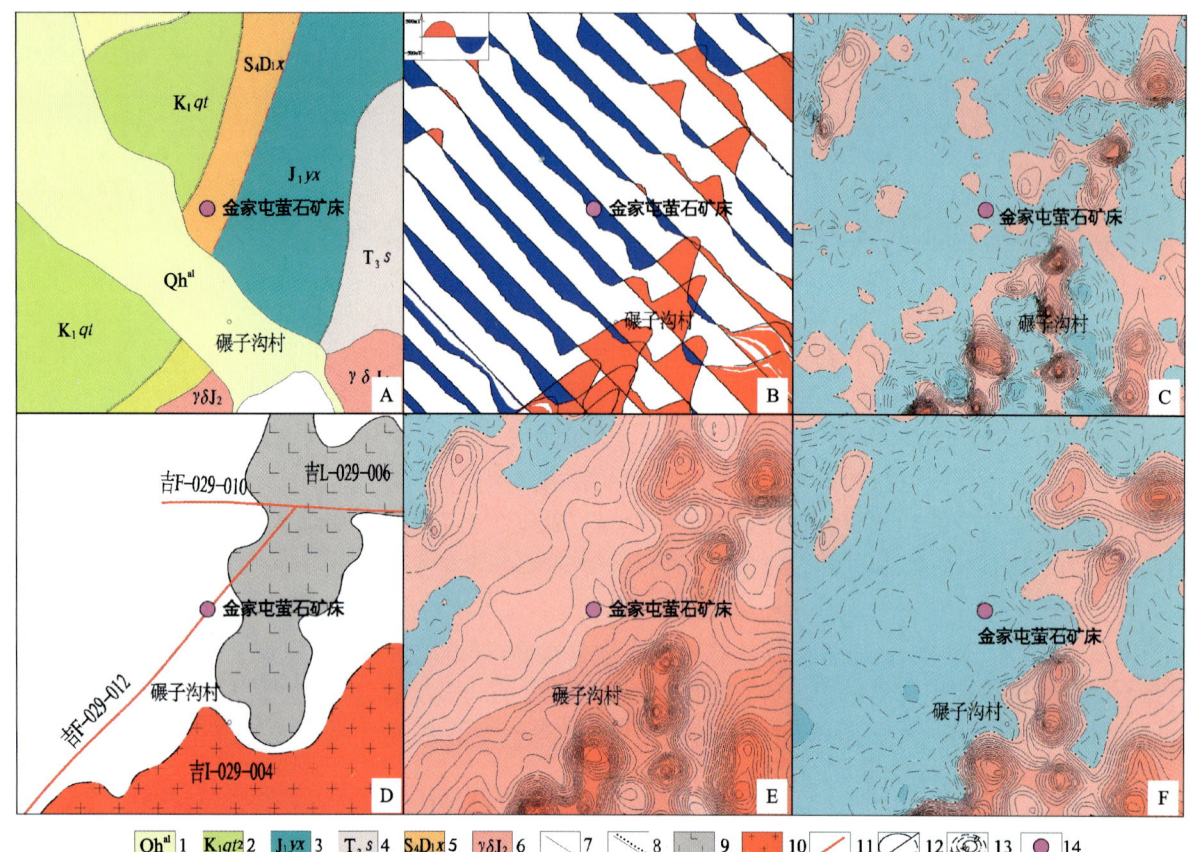

图 6-12-2 金家屯典型萤石矿床所在地区地质矿产及物探剖析图

A. 地质矿产图；B. 航磁 ΔT 剖面平面图；C. 航磁 ΔT 化极垂向一阶导数等值线平面图；D. 航磁推断地质构造图；E. 航磁 ΔT 化极等值线平面图；F. 航磁 ΔT 等值线平面图

1. 全新统；2. 泉头组；3. 玉兴屯组；4. 四合屯组；5. 西别河组；6. 中侏罗世花岗闪长岩；7. 整合岩层界线；8. 角度不整合岩层界线；9. 磁法推断火山岩地层；10. 磁法推断酸性岩体；11. 磁法推断断裂构造及注记；12. 磁法推断出露、隐伏、半隐伏地质界线；13. 航磁异常零值线及注记、航磁异常正等值线及注记、航磁异常负等值线及注记；14. 萤石矿床

3. 矿床所在位置地球物理特征

1）矿区岩（矿）石物性参数特征

矿区内各类岩（矿）石有明显电性差异，具有物探找矿前提。微晶灰岩电阻率达到 10 300Ω·m，属极高阻；萤石矿电阻率 4637Ω·m，为高阻；板岩和角砾岩电阻率均不超过 200Ω·m，属中低阻。矿区及外围岩（矿）石物性参数详见表 6-12-2。

表 6-12-2 金家屯萤石矿区岩（矿）石电参数（电阻率）统计表

岩（矿）石名称	样品数/块	电阻率/(Ω·m)		
		最大值	最小值	平均值
板岩	30	745	3	197
角砾岩	30	652	2	103
萤石矿	30	16 873	208	4637
微晶灰岩	30	55 195	55	10 300

2)矿区电场特征

为了配合地质圈定追索萤石矿体,前人曾在矿区开展了 1:1 万的视电阻率中间梯度法及联合剖面法工作。

萤石矿产于上二叠统一拉溪组上段板岩和灰岩层间破碎带中,而与之相伴的微晶灰岩属极高电阻率,两者不易区分,但和围岩电阻率有明显的差异,板岩一侧为低电阻率异常区,灰岩一侧为高电阻率异常区,萤石矿应分布在靠近低、高电阻率异常区分界线高阻一侧,因而可以把高电阻率异常带圈定出来,再根据萤石矿电阻率比微晶灰岩低一个数量级的特点,可以大致推断出萤石矿带分布范围。

由中间梯度视电阻率剖面平面图和电测成果可知,从 11 线到 28 线的 85—110 号点,有一条高视电阻率异常带,呈"S"形,近南北向展布,宽度 100~200m 不等。4 线、12 线视电阻率曲线较窄,梯度较陡,3 线、11 线、20 线、28 线异常曲线宽缓,并叠加有锯齿状起伏。由物性测定结果推断,该高阻带为微晶灰岩和萤石矿的综合反映,异常峰值范围应为微晶灰岩引起,而峰值降低及异常曲线拐点,主要是较缓一侧的拐点范围内应是萤石矿引起的异常。从 3 线的锯齿状异常来看,93 号点、99 号点及 102 号点应有 3 条萤石矿体,102 号点为一条主要的萤石矿体,向南通过 4 线异常曲线较缓一侧的梯度带位置,即 103—106 号点,再通过 12 线异常曲线梯度带的 91—92 号点,到 20 线异常尖灭,20 线及 28 线的高阻异常应为微晶灰岩引起。

联合剖面法在破碎带上有低阻正交点显示,据此推断构造破碎带位置及走向。

3)中子活化测井

萤石矿的主要化学成分为 CaF_2,F 元素为活化指示元素,通过中子源对其进行活化分析可确定萤石矿体的存在位置和品位,并用于确定萤石矿的 CaF_2 含量。根据分析品位与实际计数率统计分析可知,萤石矿 CaF_2 含量与 γ 计数率值呈正比,具线性关系。

对矿区内 ZK003、ZK401、ZK301 及 ZK801 进行了中子活化测井,共测定 4 个钻孔总长 423.73m。采用中子源为 1 居里,源距 1m。

从中子活化记数率分布直方图上,中子活化异常与钻孔中相应层段的地质编录采样测试结果吻合较好,测井品位与化验品位相对误差仅为 4.71%,表明测井结果比较可靠。中子活化测井可以弥补钻探在部分层段取芯不足的缺点。

(三)永吉县金家屯萤石矿床地质-地球物理找矿模型

综合上述矿床地质特征和地球物理异常特征,可归纳总结出矿床地质-地球物理找矿模型,见表 6-12-3。

表 6-12-3 永吉县金家屯萤石矿床地质-地球物理找矿模型表

	岩石类型	一拉溪组灰岩、泥质板岩及硅质岩石、燕山期闪长岩
地质条件	成矿时代	燕山期
	成矿环境	矿床赋存于上古生界上二叠统一拉溪组上段泥质板岩夹灰岩层位中,区内侵入岩为海西期闪长岩及脉岩,矿体主要产于层间破碎带内
	构造背景	大地构造位置位于吉林省晚三叠世—新生代构造单元分区,东北叠加造山-裂谷系(Ⅰ1),小兴安岭-张广才岭叠加岩浆弧(Ⅱ3),张广才岭-哈达岭火山-盆地区(Ⅲ3),南楼山-辽源火山-盆地群(Ⅳ4)内。矿体产于层间破碎带最发育的地段,不同岩性交接带以及岩层产状发生较大转折的部位

续表 6-12-3

矿床特征	控矿条件	灰岩、泥质板岩及硅质岩石为控矿岩石;层间破碎带、不同岩性交接带以及岩层产状发生较大转折的部位;燕山期中酸性岩体提供热量与成矿物质
	蚀变特征	围岩蚀变主要有硅化、高岭土化、碳酸盐化、褐铁矿化、萤石化、黄铁矿化及绢云母化等。 硅化主要分布于矿体及其两侧,两侧厚一般为1m左右,硅化发育地段生成一些石英细脉,岩石硬度增大,硅化蚀变与矿体紧密共生,其生成严格受构造控制。萤石化主要分布于矿体两侧围岩中,多呈细脉状,宽一般5m左右,属热液交代近矿围岩蚀变
	矿化特征	矿区矿化呈南北带状展布,长700m,宽200m,矿体主要赋存于上二叠统一拉溪组上段,围岩是灰岩及泥质板岩。共有4条矿体,其中1号矿体为主矿体,其余3条为主矿体上盘围岩中的小矿体。主矿体厚10.12m。其余小矿体合计厚度4.39m
综合信息	地球物理	在1:25万布格重力异常图上,矿床处于伊通-舒兰中新生代断陷盆地重力低异常区东南侧局部重力高异常间断处。 在1:5万航磁异常等值线图上,矿床处负异常等值线沿北西向错动部位,负磁场区东侧有较强的正磁异常沿北东向展布,推测为燕山期中酸性岩体和侏罗系玉兴屯组火山岩引起。西部低缓的正、负磁场区为古生界和伊通-舒兰断陷盆地引起。 物性参数特征:矿区内各类岩(矿)石有明显电性差异,微晶灰岩电阻率达到10 300Ω·m,属极高阻;萤石矿电阻率4637Ω·m,为高阻;板岩和角砾岩电阻率均不超过200Ω·m,属中低阻。 视电阻异常特征:微晶灰岩和萤石矿均为高视电阻异常反映,而峰值降低及异常曲线拐点主要是较缓一侧的拐点范围内萤石矿引起的异常。 中子活化测井:萤石矿CaF_2含量与γ计数率值呈正比,具线性关系
	遥感	位于依兰-伊通断裂带与北北西向断裂交会处;北东向与北北东向断裂发育;与隐伏岩体有关的环形构造比较发育,遥感浅色调异常区,矿区及周围遥感羟基异常密集,铁染异常零星分布
找矿标志		①泥质岩与灰岩交接带处的层间破碎带构造角砾岩发育; ②深大断裂边缘次一级断裂分枝; ③萤石化、硅化、绢云母化及高岭土化发育; ④燕山期中酸性岩体; ⑤地球物理电测异常高阻带,在覆盖区用电阻率方法追索矿脉,并使用中子活化测井确定矿层品位和深度、厚度

二、磐石市南梨树萤石矿床

(一)典型矿床成矿地质特征

1. 地质构造环境及成矿条件

磐石市南梨树热液充填交代型小型萤石矿床位于东北叠加造山-裂谷系(Ⅰ1),小兴安岭-张广才岭叠加岩浆弧(Ⅱ3),张广才岭-哈达岭火山-盆地区(Ⅲ3),南楼山-辽源火山-盆地群(Ⅳ4)内。

(1)地层:区内地层出露有下石炭统鹿圈屯组中段,主要岩性为灰岩、变质砂岩、板岩、硅质岩、凝灰岩等,与矿产关系密切,是萤石矿体的直接围岩;下侏罗统南楼山组流纹质凝灰岩。

(2)侵入岩:区内侵入岩出露面积较广泛,主要为燕山早期石英正长斑岩及花岗斑岩脉。岩体侵入下石炭统鹿圈屯组和下侏罗统南楼山组。岩体与成矿作用关系密切,为萤石矿床形成的直接母岩。

(3)构造:区内断裂构造发育,其中规模最大为梨树沟断裂,横贯全区,为一走向近东西向、倾向向南的压扭性断裂。北西向断裂最为发育,是控制矿带和矿体的主要断裂,大部分萤石矿体在该组断裂中发育。断裂走向320°～340°,Ⅰ号矿带主矿体倾向北东,Ⅱ号、Ⅲ号、Ⅳ号矿带主矿倾向南西,倾角60°～90°,断层面多呈舒缓波状,构造扁豆体和片理化挤压带发育,性质表现为扭性。北东向张扭性裂隙中亦有些矿体,但因其规模较小,一般不具工业意义。

2. 矿体三维空间分布特征

南梨树中型萤石矿床分为Ⅰ号、Ⅱ号、Ⅲ号矿带,累计19条矿体。

Ⅰ号矿带断续出露,矿带长500m,宽60～200m,走向320°～340°,矿带内赋存矿体以北西向为主,北东向次之。矿石品位59.85%,属小型热液充填交代型萤石矿,勘查程度为详查。矿体呈脉状、透镜状,沿走向具舒缓波状,局部可见有分枝复合及膨胀萎缩现象,沿倾向具逐渐变窄趋势。矿体顶板为凝灰岩,底板主要为石英正长斑岩,局部为凝灰岩,其他矿体赋存于灰岩、泥质灰岩层间构造破碎带中,少数矿体产于石英正长斑岩体中。

3. 矿石类型及矿物组合

矿石类型有石英-萤石型、萤石-硅质岩型、萤石-碳酸盐岩型。矿物组合主要为萤石、石英,少量方解石、黄铁矿及褐铁矿等。

4. 蚀变类型

蚀变类型主要见有硅化、碳酸盐化,偶见黄铁矿化。其中硅化与萤石矿化关系密切,萤石矿化处一般硅化较强。

5. 成矿时代

推测成矿时代为燕山早期。

6. 成因类型

燕山早期石英正长斑岩提供的大量热源及含氟热液沿着围岩与侵入体接触破碎带和围岩断裂构造带、节理裂隙交代围岩中的钙质成矿。

区内断裂具多期活动特点。既是控矿断裂,后期复活又破坏矿体。萤石有的作为构造角砾岩的胶结物,有的萤石破碎成紫色断层泥及断层角砾。

南梨树萤石矿床成因属凝灰岩和碳酸盐岩中的热液充填交代型萤石矿床。

7. 控矿因素

(1)构造控矿:构造运动产生的次一级北西向、北东向构造破碎带既为容矿构造,也为控矿构造。
(2)燕山早期石英正长斑岩为控矿岩体。
(3)矿体围岩主要为鹿圈屯组凝灰岩。

(二)地球物理特征

1. 矿床所在区域重磁场特征

在1:25万布格重力异常图上,南梨树热液充填交代型萤石矿床处于著名的磐-双接触带形成的总体呈北西走向的重力梯度带上。梯度带南部为重力低异常区,为大面积的印支期花岗岩分布区,北侧为重力高异常区,为大面积的下石炭统鹿圈屯组、上石炭统磨盘山组及小面积上三叠统大酱缸组、四合屯组分布区。在局部布格重力场上,萤石矿床处在走向由西向东的较陡重力梯度带突然向南西方向凸起的转折部位。在剩余重力异常图上,矿床位于东西走向带状局部重力低异常的北东边部,同时也是重力低异常北部、东部边缘的东西向和北东向梯度带交会处,局部重力低异常长 13.9m,宽 4.8m,地表主要出露有晚三叠世红石砬子单元中粗粒角闪石正长花岗岩、青顶子山单元中细粒角闪石石英正长岩,其北部重力高异常区地表主要出露有下石炭统鹿圈屯组砂岩夹灰岩、上石炭统磨盘山组中厚层灰岩及上三叠纪四合屯组酸性含砾熔结凝灰岩、安山质熔岩、安山岩。

南梨树萤石矿床在 1:25 万区域航磁异常图上,位于片状负磁异常北部,最小强度－100nT,在航磁异常化极等值线图上位于片状负磁异常中部。北西走向的磐-双接触带在片状负磁异常区中部穿过,两侧鹿圈屯组、磨盘山组、四合屯组和印支期中酸性侵入岩均显示负磁场特征。接触带本身无异常显示,矿床在航磁异常图上也无直接或间接异常显示。

2. 矿床所在地区磁场特征

在 1:5 万航磁异常等值线图上,矿床处于大面积负磁场区内,磁场略有起伏波动,场值一般在－160nT 左右。在航磁异常化极等值线图上,亦处于大面积负磁异常区内。石炭系鹿圈屯组、磨盘山组,三叠系四合屯组和印支期中酸性侵入岩均显示负磁异常特征,磐-双接触带和矿床在航磁负场区内无异常显示。

(三)磐石市南梨树萤石矿床地质-地球物理找矿模型

综合上述矿床地质特征和地球物理异常特征,可归纳总结出矿床地质-地球物理找矿模型,见表 6-12-4。

表 6-12-4　磐石市南梨树萤石矿床地质-地球物理找矿模型表

地质条件	岩石类型	燕山早期石英正长斑岩,鹿圈屯组凝灰岩、灰岩、泥质灰岩
	成矿时代	燕山早期
	成矿环境	所属成矿区(带)为山河-榆木桥子 Au、Ag、Mo、Cu、Fe、Pb、Zn 成矿带(Ⅳ)、石嘴-官马 Au、Fe、Cu 找矿远景区(Ⅴ)。石英正长斑岩为萤石矿床形成的直接母岩,鹿圈屯组灰岩、变质砂岩、硅质岩、凝灰岩与矿产关系密切,是矿体直接围岩
	构造背景	大地构造位置位于天山-兴蒙-吉黑造山带(Ⅰ1),包尔汉图-温都尔庙弧盆系(Ⅱ6),下冶-呼兰-伊泉陆缘岩浆弧(Ⅲ4),盘桦上叠裂陷盆地(Ⅳ5)。梨树沟断裂次一级的北西向和北东向两组断裂既是控矿构造,也破坏矿体
矿床特征	控矿条件	①构造控矿:构造运动产生的次一级北西向、北东向构造破碎带既为容矿构造,也为控矿构造; ②燕山早期石英正长斑岩为控矿岩体; ③鹿圈屯组凝灰岩控矿
	蚀变特征	主要见有萤石矿化、褐铁矿化、硅化及碳酸盐化,偶见黄铁矿化,其中硅化与萤石矿化关系密切,萤石矿化处一般硅化较强
	矿化特征	南梨树萤石矿Ⅰ号矿化带呈带断续出露,矿带长 500m,宽 60~200m,走向 320°~340°,矿带内赋存矿体以北西向为主,北东向次之。矿体呈脉状、透镜状,沿走向具舒缓波状,局部可见有分枝复合及膨胀萎缩现象,沿倾向具逐渐变窄趋势。矿体顶板为凝灰岩,底板主要为石英正长斑岩,局部为凝灰岩,其他矿体赋存于灰岩、泥质灰岩层间构造破碎带中,少数矿体产于石英正长斑岩体中。矿体夹石主要为流纹质凝灰岩,局部含角砾岩。矿物成分以长石、石英晶屑、火山灰为主

续表 6-12-4

综合信息	地球化学	1：20万化探异常显示，明城预测工作区 2 号 F 元素异常与矿床依存关系紧密，矿致性质比较明显。该异常具三级分带，浓集中心较小，峰值 $593×10^{-6}$，面积为 $12.7km^2$，呈不规则状，东西向展布的趋势，是找矿主要指示元素。CaO、Pb 异常主要分布在矿床的外围区域，与矿床关系呈弱势。由于二者与萤石呈负相性，因此，CaO、Pb 在矿床所在区域的低背景状态可指示萤石的富集，同样具有不可忽视的找矿指示意义。SiO_2 与萤石呈反消长关系
	地球物理	在 1：25 万在布格重力异常图上，矿床处于磐-双接触带总体呈北西走向的重力梯度带上。在 1：5 万航磁异常等值线图上，矿床处于大面积略起伏波动负磁场区内。石炭系鹿圈屯组和印支期中酸性侵入岩均显示负磁异常特征，磐-双接触带和矿床在航磁负场区内无异常显示
	重砂	萤石重砂异常没有反应，找矿指示作用有限
	遥感	双阳-长白断裂带与北东向断裂圈成块状体，矿区西部与中生代花岗岩体有关的环形构造发育，分布遥感浅色色调异常区，矿区及周围遥感羟基、铁染异常密集
找矿标志	①吉昌-土顶子褶皱带南延花岗斑岩、石英正长斑岩与鹿圈屯组的外接触带是找矿有利地段；②北西向和东北向构造破碎带是找矿的有利部位；③石英正长斑岩中的碳酸盐岩捕虏体往往形成规模不等的萤石矿体；④硅化、碳酸盐化、萤石化发育地段是直接的找矿标志	

三、九台市牛头山萤石矿床

（一）典型矿床成矿地质特征

1. 地质构造环境及成矿条件

九台市牛头山小型萤石矿床位于东北叠加造山-裂谷系（Ⅰ1），小兴安岭-张广才岭叠加岩浆弧（Ⅱ3），张广才岭-哈达岭火山-盆地区（Ⅲ3），大黑山条垒火山-盆地群（Ⅳ2）内（图 6-12-3）。

（1）地层：矿区出露下白垩统营城子组，该组上部为碎屑岩层、流纹岩层、角砾岩层，下部为碎屑岩层。营城子组岩性主要为流纹岩、花岗质碎屑岩，少量花岗质及凝灰质碎屑岩类和安山玢岩。岩层产状简单，碎屑岩夹流纹岩、角砾岩层分布于矿区中部及西部，呈南北走向，层面倾向西，倾角由北向南逐渐变陡，即 30°～80°，无明显的构造破坏现象。安山玢岩广泛出露于东部。各岩层的岩性、厚度沿走向或倾向时有变化。营城子组为控矿和赋矿层。流纹岩、花岗质碎屑岩为主要围岩

（2）岩浆岩：区内出露侵入岩主要为燕山期四楞山中—粗晶花岗岩，提供萤石矿成矿物质及热量，为控矿岩体。花岗霏细岩岩体在矿区中呈小的岩墙、岩楔体产出，南北向或北东向展布，陡倾斜穿入安山玢岩及下部碎屑岩内。岩浆活动主要在中生代，后期的热液作用形成牛头山萤石矿床。

（3）构造：区域贯穿着两条大断层，即北东向九台-其塔木断层和北西向上河弯-桃山断层，二者在牛头山一带交会。推测矿液原生通道为受上述大断层运动产生的次一级南北向破裂，该断裂既为容矿构造，亦为控矿构造，对矿体未产生破坏作用。

2. 矿体特征

萤石矿脉主要有两条，之间垂直间距为 10m，呈南北向延伸。其中以西侧Ⅰ号矿脉稳定，南北长达 450m。东侧Ⅱ号矿脉仅在北端局部分布，主矿脉旁常见有数厘米厚的小矿脉近平行伴生。矿石品位 55.00%，属小型热液充填交代型萤石矿，勘查程度为详查。

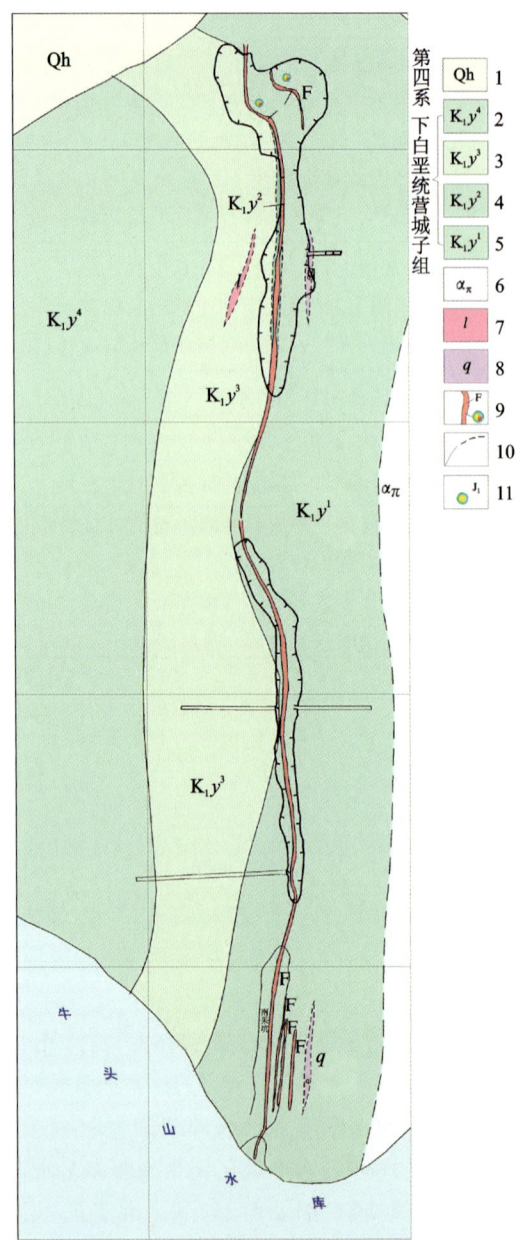

图 6-12-3 牛头山萤石矿床地质简图

1.腐殖土、残坡积、冲积物;2.上碎屑岩层;3.流纹岩层;4.角砾岩层;5.下碎屑岩层;
6.安山玢岩;7.花岗霏细岩;8.石英脉;9.萤石矿体及编号;10.地质界线(实测及推测);11.浅井

矿体一般为规整脉状,上、下脉壁近平行,局部呈囊状和不规则状,与围岩产状一致。走向近南北,倾向西,倾角北侧缓,向南渐变陡。

矿脉围岩为流纹岩或黑色角砾岩及花岗质碎屑岩、凝灰质砂岩以及安山玢岩。

3. 矿石物质成分及矿石类型

(1)矿物成分:萤石矿主要由萤石及石髓等组成。
(2)矿石类型:以石英-萤石型矿石为主,其他为萤石型矿石、含角砾石英萤石型矿石。
(3)矿物组合:石髓、萤石、石英、高岭石、叶蜡石、方解石、黄铁矿组合。
(4)结构构造:结构为多半自形、晶粒结构;构造有块状构造,少量条带状构造。

4. 蚀变类型

矿区内围岩蚀变类型主要有硅化、高岭土化、萤石化、黄铁矿化等。

5. 成矿时代

推测其成矿时代为燕山期。

6. 成因类型

成因类型属酸性火山岩系中石英萤石建造的低温热液型矿床。

7. 控矿因素

(1)构造控矿:受大断层运动产生的次一级南北向破裂影响,既为容矿构造,亦为控矿构造,为直接找矿标志。

(2)侵入岩控矿:燕山期四楞山花岗霏细岩提供成矿物质及热源,为控矿岩体。

(3)地层控矿:下白垩统营城子组提供成矿物质,为控矿、赋矿地层;流纹岩、花岗质碎屑岩为主要围岩。

(二)地球物理特征

1. 矿床所在区域重磁场特征

在1∶25万布格重力异常图上,九台市牛头山火山热液型小型萤石矿床位于城子街附近重力低异常的东部边缘,该异常中间向北东向凸起,其北部为相对重力高异常区(带)。在剩余重力异常图上,局部重力低异常出现3处明显低值中心,异常东部边缘上的北西向梯度带、北东向梯度带在矿床东南部相交,矿床处在北西向梯度带上。局部重力低异常区与下白垩统营城组中酸性火山岩、碎屑岩分布区基本吻合。北部相对重力高异常区(带)为新元古界机房沟岩群和下古生界哲斯组沉积地层的综合异常反映。

在1∶25万区域航磁异常图上,磁异常整体呈北东走向,萤石矿床位于北西高磁异常向南东低磁异常过渡带上,磁异常最高值大于250nT,最低值小于50nT。经化极处理,异常形态变化不大。经化极垂向一阶导数处理,异常北东走向特征略为明显,但异常幅度变化不大,带状正、负磁异常沿北西-南东方向相间分布,矿床处于负磁异常带内。综合分析,正磁异常为下白垩统营城子组中酸性火山岩引起,负磁异常为新元古界机房沟岩群、下古生界哲斯组、下白垩统泉头组及第四系沉积地层引起。

2. 矿床所在地区磁场特征

在1∶5万航磁异常等值线图及化极等值线图上,矿床处于大面积低缓正磁场区内。萤石矿床西南部出露的下白垩统营城子组中酸性火山岩、碎屑岩为含矿层位,可引起一定强度的磁异常;而北部、东部出露大面积下白垩统泉头组泥岩、砂岩、砾岩及第四纪沉积地层,南临水库,表现出大面积低缓正磁异常特征。矿区外围有多处较强正磁异常分布,各异常大小不等,走向各异,形态以条带状、等轴状居多,推断为下白垩统营城子组中酸性火山岩、碎屑岩引起。

(三)九台市牛头山萤石矿床地质-地球物理找矿模型

综合上述矿床地质特征和地球物理异常特征,可归纳总结出矿床地质-地球物理找矿模型,见表6-12-5。

表 6-12-5　九台市牛头山萤石矿床地质-地球物理找矿模型表

地质条件	岩石类型	流纹岩、花岗质碎屑岩、花岗岩
	成矿时代	燕山期
	成矿环境	所属成矿区(带)为兰家-八台岭 Au、Fe、Cu、Ag 成矿带(Ⅳ3),八台岭-上河湾 Au、Ag、Cu、Fe 找矿远景区(Ⅴ5)
	构造背景	大地构造位置位于东北叠加造山-裂谷系(Ⅰ1),小兴安岭-张广才岭叠加岩浆弧(Ⅱ3),张广才岭-哈达岭火山-盆地区(Ⅲ3),大黑山条垒火山-盆地群(Ⅳ2)。北东向的九台-其塔木断层,北西向的上河弯-桃山断层,既为容矿构造,亦为控矿构造
矿床特征	控矿条件	受大断层运动产生的次一级南北向破裂,既为容矿构造,亦为控矿构造;燕山期四楞山花岗霏细岩,提供成矿物质及热源,为控矿岩体;下白垩统营城子组提供成矿物质,为控矿、赋矿地层,流纹岩、花岗质碎屑岩为主要围岩
	蚀变特征	矿区内围岩蚀变类型主要有硅化、高岭土化、萤石化、黄铁矿化等
	矿化特征	萤石矿化一般在主脉附近数米内,不超过 10m。钻孔及深槽资料表明萤石矿化主要在Ⅰ号脉下盘。矿脉围岩在矿区北面为流纹岩或黑色角砾岩及花岗质碎屑岩、凝灰质砂岩以及安山玢岩,南面则主要是凝灰质砂岩及部分花岗质岩石。在上、下盘均为流纹岩或黑色角砾岩时,矿脉为规整板状,接触面平直,厚度变化小而稳定(厚度也较小);插于凝灰质砂岩或花岗质粗砂岩中的矿脉,厚度变化较大,局部形状复杂不规则,分枝较多
综合信息	地球化学	主要组分 F、CaO 分布在矿床外围,对典型矿床不支持,可用于外围预测
	地球物理	在 1:25 万布格重力异常图上,矿床位于城子街附近重力低异常的边缘,异常北部为相对重力高异常区。在剩余重力异常图上,局部重力低异常东部边缘上的北西向梯度带、北东向梯度带在矿床东南部相交,矿床处在北西向梯度带上。局部重力低异常区与下白垩统营城子组沉积区基本吻合。北部重力高异常区为新元古界机房沟岩群和下古生界哲斯组地层的综合异常反映。在 1:5 万航磁异常等值线图上,矿床处于大面积低缓正磁场区内。萤石矿床西南部出露的下白垩统营城子组中酸性火山岩、碎屑岩为含矿层位,可引起一定强度的磁异常;而北部、东部出露大面积下白垩统及第四纪沉积地层,南临水库,表现出大面积低缓正磁异常特征
	重砂	萤石重砂异常没有反应,找矿指示作用有限
	遥感	受四平-德惠岩石圈断裂与北西向断裂控制;与隐伏岩体有关的环形构造较发育,遥感浅色调异常区,矿区西北及东南遥感羟基异常密集,铁染异常零星分布
找矿标志		①燕山期四楞山花岗霏细岩直接找矿标志; ②下白垩统营城子组为直接找矿标志,流纹岩、花岗质碎屑岩接触部位为成矿有利部位; ③北东向、北西向大断裂交会部位为找矿有利部位; ④物探营城子组火山地层磁力高梯度带为间接找矿标志

第七章　预测工作区重力资料应用成果

第一节　铁矿产预测重力资料应用成果

2009 年度开展研究的 11 个铁矿预测工作区矿产预测类型、预测方法类型如下：吉林省四方山-板石、夹皮沟-溜河、安口、天合兴-那尔轰、石棚沟-石道河子、金城洞-木兰屯、荒沟山-南岔、六道沟-八道沟、塔东、海沟 10 个沉积变质型铁矿预测工作区，预测类型均为沉积变质型，预测方法类型均为变质型；吉林省头道沟-吉昌矽卡岩型铁矿预测工作区，预测类型为沉积变质型，预测方法类型为层控内生型。

一、四方山-板石沉积变质型铁矿预测工作区

1. 重力场特征

四方山-板石铁矿预测工作区 1:20 万区域重力测量全部覆盖，为吉林省勘查地球物理研究院 1988 年、1990 年完成的重力测量成果。

区内西南部大安布格重力高异常，为区外通化团块状重力高异常的组成部分，重力高异常为太古宙基底隆起及古元古界老岭岩群、新元古界青白口系变质岩引起。四方山中型铁矿床位于异常向北东方向局部凸起变异部位，该处中太古界杨家店岩组零星出露，为铁矿赋矿层位。

中部板石附近重力高异常带总体呈北北东走向，由 3 处椭圆状局部重力高异常组成。西南段异常呈北北东走向，由古元古界老岭岩群及新元古界青白口系变质岩引起；中段异常呈北东东走向，由中太古界杨家店岩组引起，为板石大型沉积变质型铁矿产出层位；北段异常呈南北走向，地表出露大面积中太古代英云闪长质片麻岩，推断为隐伏中太古界杨家店岩组引起，具有寻找铁矿潜力。

板石以西、大安以北的重力低异常区，是中太古代英云闪长质片麻岩、古元古代花岗质片麻岩的反映。

东北部重力低异常区为靖宇第四纪玄武岩及火山机构综合引起。

大安北侧近东西向梯度带、大安-板石北东向梯度带、板石重力高异常东侧近南北向梯度带反映了 3 条主要断裂分布。

在剩余重力异常图上，太古宙基底隆起及元古宙变质岩系引起重力高异常总体上沿北东向呈狭长带状分布，在板石附近走向发生明显转折。

综合分析可知，中太古界四道砬子河岩组、杨家店岩组，局部重力高异常、局部高磁异常等特征相结合，可作为本区沉积-变质型铁矿的找矿标志。

2. 重力推断地质构造

在本区利用重力、地质矿产资料，结合航磁和地面磁法资料，开展重力异常解释推断，划分出断裂构

造,圈定侵入岩、老地层、盆地等,并初步确定了重力推断地质构造与矿产的分布关系。

共划分出断裂构造5条,均属二级断裂。其中出露3条,半隐伏2条;北东走向1条,北北东走向1条,东西走向3条;5条断裂均与成矿有关。圈定出侵入岩体3个,均为隐伏岩体。其中基性岩体2个,酸性岩体1个;与铁矿有关的岩体1个。圈定出老地层10处,出露3处,半隐伏4处,隐伏3处;与铁矿有关的地层5处,与金矿有关的地层2处,与银、铜、磷矿有关的地层1处。圈定出中生界断陷盆3个,分别是浑江沉积盆地、孙家堡子沉积盆地、板石东沉积盆地。

二、夹皮沟-溜河沉积变质型铁矿预测工作区

1. 重力场特征

在1:5万布格重力异常图上,该区位于华北地台北缘上,桦甸和红石砬子之间的北东向重力梯度带和夹皮沟北侧的北西向重力梯度带恰好与台区和槽区之间的断裂带位置吻合。以区内中部向北东向凸起呈起伏状的弧形梯度带为界,其内侧为相对重力高异常分布区,与太古宙表壳岩、TTG组合出露区相对应,为老牛沟铁矿的赋矿层位。老牛沟铁矿分布在重力高异常北东侧边部弧形梯度带的内侧。弧形梯度带外侧,为相对重力低异常分布区,是低密度大面积侏罗纪花岗闪长岩的重力异常反映,异常最低值出现在预测区北东边部。

从1:5航磁反映的情况来看,以太古宙英云闪长质片麻岩的平稳负磁场为背景,老牛沟铁矿航磁异常带明显,呈条带状分布,最高强度2250nT,现已查明属于大型铁矿。

2. 重力推断地质构造

以本区布格重力异常图、剩余重力异常图及水平方向导数、垂直方向导数等图件为基础,以地质为先验,结合航磁等有关信息,开展重力推断地质构造。共划分出断裂构造27条,其中一级2条,二级2条,三级3条;出露2条,半隐伏5条。圈定出侵入岩体7个,其中出露1个,半隐伏19个;老地层10处;中、新生代盆地2个。

三、安口镇沉积变质型铁矿预测工作区

1. 重力场特征

在1:5万布格重力异常图上,区内以重力低场区为背景,分布有3处重力高异常区。北部重力高异常呈椭圆状,与古生代地层(包括寒武纪、奥陶纪地层)相对应;中部重力高异常形态特征不明显,为北部重力高异常向南伸出的次一级异常,该处出露有大面积的太古宙英云闪长质片麻岩及零星太古宇龙岗岩群杨家店岩组;南部重力高异常区整体呈条带状,其上分布有3个局部重力高异常,中间一个强度最大,地表全部为太古宙英云闪长质片麻岩分布区。南部呈条带状重力高异常区的西侧分布有一北东向条带状重力低异常,与中新生代沉积盆地相对应。

2. 重力推断地质构造

以本区布格重力异常图、剩余重力异常图及水平方向导数、垂直方向导数等图件为基础,以地质为先验,结合航磁等有关信息,开展重力推断地质构造。共划分出断裂构造5条,均为二级;出露3条,半隐伏2条。圈定出侵入岩体2个,均为半隐伏;老地层6处;中生代盆地2个。

四、天合兴-那尔轰沉积变质型铁矿预测工作区

1. 重力场特征

在 1∶5 万布格重力异常图上，区内分布有两条明显的重力梯度带。一条在西北角，北东走向，梯度带陡，向两端延出区外，与台区和槽区之间的断裂带位置吻合。另一条在中部，重力梯度带整体呈北东向，在区内从西南部到东北部走向变化为北东向—北北东向—东西向—南东向。两条重力梯度带中间为重力高异常分布区，西部宽大，向东北部变窄，异常形态与龙岗岩群杨家店岩组斜长角闪岩夹磁铁石英岩分布区基本吻合。两条重力梯度带外侧为重力低异常区，西北重力低异常区为中生代沉积盆地的反映，东南部分布有由南向北规模依次变小的 3 个椭圆状重力低局部异常，整体呈北北东向，异常中心部位有早白垩世花岗斑岩脉出露，与 3 个重力低局部异常整体走向一致。

2. 重力推断地质构造

以本区布格重力异常图、剩余重力异常图及水平方向导数、垂直方向导数等图件为基础，以地质为先验，结合航磁等有关信息，开展重力推断地质构造。共划分出断裂构造 9 条，其中一级 1 条，二级 3 条，三级 5 条；均为半隐伏。圈定出侵入岩体 5 个，其中出露 1 个，半隐伏 2 个，隐伏 2 个；老地层 11 处；中生代盆地 2 个。

五、石棚沟-石道河子沉积变质型铁矿预测工作区

1. 重力场特征

在 1∶5 万布格重力异常图上，以穿过预测区中部的北东向重力梯度带为界，南部为太古宙英云闪长质片麻岩古老基底隆起分布区，与重力高异常区相对应，重力高异常最大值出现在西南部和东南部两个局部异常上，两个局部异常之间重力高异常呈北东向条带状，强度略低。北部中生代沉积盆地与重力低异常区相对应，异常呈北东向分布，形态简单，向北西方向逐渐降低。北东向重力梯度带位于隆起区与沉积盆地界线的北侧，平行排列，相距约 3.8km，推断隆起区在深部北倾。该重力梯度带为台区和槽区之间的断裂带在深部位置的反映。

石棚沟-石道河子预测工作区内近 10 个铁矿航磁异常及推断铁矿航磁异常大多为北东走向的航磁局部异常，处于北东走向平静负磁场背景上，地质背景为中太古代闪长质片麻岩，说明铁矿航磁异常与杨家店岩组变质岩有关。

2. 重力推断地质构造

以本区布格重力异常图、剩余重力异常图及水平方向导数、垂直方向导数等图件为基础，以地质为先验，结合航磁等有关信息，开展重力推断地质构造。共划分出断裂构造 5 条，其中一级 2 条，二级 3 条；出露 2 条，半隐伏 3 条。圈定出侵入岩体 2 个，其中出露 1 个，半隐伏 1 个；老地层 3 处；中生代盆地 5 个。

六、金城洞-木兰屯沉积变质型铁矿预测工作区

1. 重力场特征

在 1∶5 万布格重力异常图上，区内以重力低场区为背景。中北部分布有"入"字形相对重力高异常，主要与官地岩组浅粒岩与黑云变粒岩互层夹磁铁石英岩分布区相对应，其上叠加 4 处椭圆状局部重力高异常，官地铁矿位于中部局部高异常的东南边缘，分布在西南支。"入"字形重力高异常南、北边部各有一条密集的重力梯度带分布，梯度较陡，北支梯度带北西走向，为台区和槽区之间的断裂带在深部位置的反映，南支梯度带呈向北凸起的弧形。重力高异常以北重力低异常分布区主要为古生代、中生代花岗岩及花岗闪长岩引起。弧形梯度带以南重力低异常分布区主要为太古宙英云闪长质片麻岩和新生代玄武岩的反映。

2. 重力推断地质构造

以本区布格重力异常图、剩余重力异常图及水平方向导数、垂直方向导数等图件为基础，以地质为先验，结合航磁等有关信息，开展重力推断地质构造。共划分出断裂构造 10 条，其中一级 1 条，二级 3 条，三级 6 条；出露 5 条，半隐伏 5 条。圈定出侵入岩体 12 个，其中半隐伏 10 个，隐伏 2 个；老地层 11 处；中、新生代盆地 6 个。

七、荒沟山-南岔沉积变质型铁矿预测工作区

1. 重力场特征

在 1∶5 万布格重力异常图上，区内从西南部到东部，即南岔—临江—贾家营，有一带状布格重力高异常分布，异常强度从西向东逐渐降低。南岔—临江段异常呈北东东走向，南、北两侧梯度带较陡，局部重力高异常特征明显，多为椭圆状，规模逐渐变小。在金矿床北东 8km 处出现布格重力异常最大值；临江—贾家营段重力高异常呈东西走向，中间略低。此布格重力高异常带与老岭背斜基底隆起有关。重力高异常带的南部、北部为相对重力低异常带（区）。北部重力低局部异常区主要是侏罗系果松组、林子头组火山沉积盆地及梨树沟花岗岩体、草山花岗岩体、蚂蚁河花岗岩体的反映，两者分布范围大体一致。南部重力低异常区主要为印支期幸福山、头道沟花岗岩体及六道沟花岗岩体引起。重力高异常带南、北两侧梯度带为老岭岩群与青白口系沉积地层、印支期和燕山期花岗岩体及侏罗系、白垩系火山沉积盆地的断层接触带的反映。

这些重力高异常边缘梯度带上，或分布有沉积变质型铁矿、铜钴矿，或分布有岩浆热液改造型金矿，即南岔、大横路、错草沟、荒沟山、八里沟、老三队等金矿和荒沟山铅锌矿、天后沟铅锌矿、大横路铜钴矿、大栗子铁矿等，反映了这些与老岭岩群等老地层有关的矿产和重力高异常的密切关系。

2. 重力推断地质构造

以本区布格重力异常图、剩余重力异常图及水平方向导数、垂直方向导数等图件为基础，以地质为先验，结合航磁等有关信息，开展重力推断地质构造。共划分出断裂构造 5 条，其中一级 3 条，二级 1 条，三级 1 条；出露 5 条。圈定出侵入岩体 5 个，其中半隐伏 4 个，隐伏 1 个；老地层 9 处；中生代盆地 4 个。

八、六道沟-八道沟沉积变质型铁矿预测工作区

1. 重力场特征

预测区东部被一片很大的新生代玄武岩所覆盖,中部以中生代沉积地层为主,中南部出露有东西向分布的古元古界大栗子岩组和早古生代灰岩地层,西部、南部中朝边境内侧主要分布有中生代晚期花岗岩岩体。

在1∶5万布格重力异常图上,预测区编图范围内以西全部为负重力场区,北东部以相对重力高分布区为背景,该背景上分布有数量较多、规模较小的重力高局部异常,强度相差不大,东西向、北东东向、北西向及等轴状均有分布,其中以东西向为主,主要分布在靠近南部重力低异常区的北侧。重力高异常主要是元古宇大栗子岩组、早古生代灰岩地层及中生代沉积地层的反映,反映出基底隆起的重力异常特征。

重力低异常分布区有两处,一处在南部,八道沟—宝泉山一线东西向梯度带以南,向南延至中朝国界。梯度带较宽且平直,在预测区东南角十二道沟东部出现重力最低值,其中心在预测区东南角外侧。另一处在六道沟北西部,整体呈北西向,向西延至中朝国界,异常中心分布有呈北东东向椭圆状重力低局部异常。两处重力低异常区与中生代晚期花岗岩分布区相对应。

2. 重力推断地质构造

以本区布格重力异常图、剩余重力异常图及水平方向导数、垂直方向导数等图件为基础,以地质为先验,结合航磁等有关信息,开展重力推断地质构造。共划分出断裂构造4条,其中二级2条,三级2条;出露1条,半隐伏3条。圈定出侵入岩体4个,其中出露1个,半隐伏3个;老地层6处;中生代盆地3个。

九、塔东沉积变质型铁矿预测工作区

1. 重力场特征

塔东铁矿(吉C-60-33异常)出露于一片$\gamma\delta_4^3$花岗闪长岩捕虏体中的塔东岩群变质岩系中,而靠近南侧则被一片很大的新近纪玄武岩覆盖,因此磁场背景反映北部为宽的起伏正磁场,而南部为起伏、强度较高的抖动正磁场。在航磁图上,该异常在预测工作区为较醒目的梯度陡而狭窄的尖峰正异常,反映在两条航线上,长轴近南北。整个磁场由高峰值与低峰值叠加组成,极大值2000nT,负值主要在东南侧,最低值-250nT。

塔东铁矿在区域重力场上处于海龙—敦化北东向重力低异常带北东段西侧秃顶子林场局部重力高异常北侧边缘变异带上。异常呈北东东向似椭圆状,长13km,宽8km。异常南侧梯度带等值线平行密集,北侧梯度带等值线向北西出现同向弯曲变异,形成了明显正向变异异常,长7km,宽5km,塔东铁矿位其南西侧。

该区重力场特征较清晰地反映了塔东铁矿的区域构造地质背景。从重力异常上看出塔东铁矿区恰处在北东向和北西向构造交会处。区域重力异常是圈定该类型铁矿成矿远景地段和研究成矿地质构造背景的重要地球物理信息。

2. 重力推断地质构造

以本区布格重力异常图、剩余重力异常图及水平方向导数、垂直方向导数等图件为基础,以地质为先验,结合航磁等有关信息,开展重力推断地质构造。共划分出断裂构造 4 条,其中一级 1 条,二级 2 条,三级 1 条;出露 3 条,半隐伏 1 条。圈定出侵入岩体 2 个,均为出露地层;老地层 1 处。

十、海沟沉积变质型铁矿预测工作区

1. 重力场特征

区内南部出露地层主要为太古宙表壳岩、TTG 组合及元古宙、古生代变质岩地层,其北侧边部即华北地台北缘东段的边界,北部主要分布有大面积侏罗纪花岗闪长岩。在 1∶5 万布格重力异常等值线图上,槽区和台区接触部位表现为整体走向以北西向为主的"S"形重力梯度带,梯度带陡且宽,长度大,反映出区域性深大断裂特征。以此重力梯度带为界,南部古老基底为重力高异常分布区,最大值出现在东南部;北部以重力低异常区为特征,其上分布多处形态各异的重力低局部异常,为规模较大的侏罗纪花岗闪长岩分布中心。

2. 重力推断地质构造

以本区布格重力异常图、剩余重力异常图及水平方向导数、垂直方向导数等图件为基础,以地质为先验,结合航磁等有关信息,开展重力推断地质构造。共划分出断裂构造 7 条,其中一级 3 条,二级 1 条,三级 3 条;出露 3 条,半隐伏 4 条。圈定出侵入岩体 4 个,其中出露 2 个,半隐伏 1 个,隐伏 1 个;老地层 8 处;中、新生代盆地 2 个。

十一、头道沟-吉昌矽卡岩型铁矿预测工作区

1. 重力场特征

在 1∶5 万布格重力异常图上,区内中部有一条北西西走向的重力梯度带,与著名的磐-双接触带相对应,其南部为相对重力低异常区,其上分布有 3 处大小不等的似椭圆状局部重力低异常,走向为北西西向、南北向和东西向,与中生代花岗岩分布区相吻合。北西西走向梯度带北部区域分布有面积较大的三角形相对重力高异常区,其中心部位有一面积较小的北北东向椭圆状局部重力低异常,重力高异常为磨盘山组灰岩建造及鹿圈屯组砂岩、灰岩互层建造的反映,中心局部重力低异常推断为南楼山火山盆地的喷发中心。高异常区西北部分布有近等轴状重力低异常,为双阳盆地的反映。

吉昌-新立铁矿化集中区,位于沙河镇区域重力低异常与其北侧烟筒山重力高异常之间呈北西向分布伊通—桦甸重力梯度带的中段,吉昌—明城东西向重力梯度带南侧近南北分布的红石村—太平岭局部重力低异常的北半部。该异常在剩余重力等值线图上可分解成两个叠加局部异常(红石村和太平岭)。红石村异常呈南北条带状,长 20km,东西宽 10km;北部太平岭叠加异常呈东西向椭圆状,长 15km,宽 7.5km。吉昌铁矿位于此异常的西端。

在 1∶5 万航磁异常图上,磐-双接触带两侧航磁异常形态迥然不同,在此接触带南侧大面积的航磁负背景场中,分布有总体走向以东西向和北西向为主的条带状正磁异常,这与本区石岭隆起区域北西向

断裂构造带有关,这些北西走向的各个构造单元控制了磁异常分布形态特征。中侏罗世黑云母花岗岩、早侏罗世花岗闪长岩、晚二叠世正长花岗岩、晚二叠世花岗闪长岩和早三叠世黑云母花岗岩都具有较强的磁性,因此都产生了较强的航磁异常。早三叠世中粒二长花岗岩、早侏罗世正长花岗岩、早三叠世花岗闪长岩和晚侏罗世碱长花岗岩磁性不强,呈现出负航磁异常特征。

2. 重力推断地质构造

以本区布格重力异常图、剩余重力异常图及水平方向导数、垂直方向导数等图件为基础,以地质为先验,结合航磁等有关信息,开展重力推断地质构造。共划分出断裂构造13条,其中二级6条,三级7条;均为半隐伏。圈定出侵入岩体9个,其中出露7个,半隐伏2个;老地层11处;中生代盆地3个。

第二节 铜矿产预测重力资料应用成果

2010年度开展的23个铜矿预测工作区包括:石嘴-官马、大黑山-锅盔顶子、地局子-倒木河、梨树沟-红太平、闹枝-棉田、刺猬沟-九三沟、杜荒岭7个火山岩型铜矿预测工作区,荒沟山-南岔沉积变质型铜矿预测工作区,夹皮沟-溜河、金城洞-木兰屯、安口镇3个复合内生型铜矿预测工作区,兰家、万宝、大营-万良3个层控内生型铜矿预测工作区,红旗岭、漂河川、农坪-前山、长仁-獐项、天合兴-那尔轰、二密-老岭沟、赤板松-金斗、小西南岔-杨金沟、正岔-复兴9个侵入岩浆型铜矿预测工作区。

一、石嘴-官马火山岩型铜矿预测工作区

1. 重力场特征

在1∶5万布格重力异常图上,主要分布有贯穿全区的北西向和东西向两条重力异常梯度带,东西向梯度带向西到明城与北西向梯度带相交并终止,分别与北西走向的磐-双接触带及次一级断裂构造有关。北西向重力异常梯度带北东侧分布有与其平行的重力高异常带,在官马附近被东西向重力梯度带截断;南西侧石嘴附近分布有一块状局部重力低异常,长、宽约12.4km。

局部重力高异常区(带)地表分布有寒武系黄莺屯岩组变粒岩与大理岩,石炭系鹿圈屯组砂岩夹灰岩、磨盘山组灰岩,下三叠统四合屯组安山岩、石嘴子组砂岩与页岩互层夹灰岩、寿山沟组砂岩夹灰岩,下侏罗统南楼山组中酸性火山熔岩及其碎屑岩。重力低异常区(带)主要为侏罗纪花岗岩和新生代沉积地层分布区。

区内中部有官马镇火山热液型金矿、石嘴子铜矿、驿马火山热液型锑矿等,产于四合屯组和南楼山组火山岩中,在重力场上处于重力异常梯度带或局部重力高与重力低异常的过渡部位。

2. 重力推断地质构造

以本区布格重力异常图、剩余重力异常图及水平方向导数、垂直方向导数等图件为基础,以地质为先验,结合航磁等有关信息,开展重力推断地质构造。共划分出断裂构造4条,其中二级2条,三级2条;半隐伏4条。圈定出侵入岩体5个,其中出露2个,半隐伏3个;老地层5处。

二、大黑山-锅盔顶子火山岩型铜矿预测工作区

1. 重力场特征

火山岩在预测区内广泛分布,是区内铜及多金属矿的成矿主体,主要有上三叠统四合屯组,下侏罗统南楼山组和玉兴屯组火山岩。

四合屯组火山岩分布在预测区南部兴隆屯、大桥村—八家子一带,主要岩性为安山岩、安山质凝灰角砾岩、熔结凝灰岩等。安山岩与燕山期花岗斑岩接触带形成小型铜矿及多金属矿床。

玉兴屯组火山岩分布在预测区东南黑凤顶子一带,岩性为凝灰质砂岩、砾岩及中酸性火山碎屑岩。在锅盔顶子北玉兴屯组火山岩与燕山期花岗闪长岩接触带内带有锅盔顶子小型铜矿床。

南楼山组火山岩分布在取柴河、倒木河、白石砬子、前半拉川等地,岩性为安山岩、安山质凝角砾岩、中酸性熔岩。在倒木河一带南楼山组火山碎屑岩中有大型砷、铜矿床和多处矿点、矿化点。区内除火山岩外,还有大量燕山期侵入岩分布。

在布格重力异常图上,区内重力场处于由重力高向重力低过渡地带,大面积分布的火山岩和侵入岩,重力特征接近,无明显差异。在预测区南部是一片东西向分布的重力高异常带,与区外连成一片,推断为古生代基底隆起。在五黑河子一带有一北东向的重力低异常,推断为一断陷带。

区内断裂从布格重力异常图上看,存在北东向断裂3条,位于预测区北部;北西向1条,东西向1条,位于预测区南部。东西向断裂在图上最清晰,并有铜矿点和钼矿点沿断裂分布。

2. 重力推断地质构造

以本区布格重力异常图、剩余重力异常图及水平方向导数、垂直方向导数等图件为基础,以地质为先验,结合航磁等有关信息,开展重力推断地质构造。共划分出断裂构造3条,其中二级2条,三级1条;半隐伏3条。圈定出侵入岩体11个,其中出露7个,半隐伏2个;老地层5处。

三、地局子-倒木河火山岩型铜矿预测工作区

1. 重力场特征

在1:5万布格重力异常图上,穿过区内中部有一条南北走向呈波状起伏的梯度带,其西部重力场值高于东部。两侧局部重力异常多,大小规模不等,形态、走向各异。东北部分布有总体呈北西向在中段发生东西向错动重力梯度带,与南北走向梯度带在北部相交。布格重力最高值出现在西南部八道河子附近,最低值出现在东北部。重力高异常区地表分布有寒武系黄莺屯组变质岩,二叠系范家屯组浅海相陆源碎屑岩、火山碎屑岩,侏罗系南楼山组中酸性火山熔岩及其碎屑岩;重力低异常区主要为侏罗纪花岗岩分布区;两条重力异常梯度带与区域性断裂构造有关。

区内已知共分布有11处矿床(点),其中7处矿床(点)赋存于中生代火山岩中,另有2处矿床(点)与侵入岩有关,各有1处矿床(点),均赋存于寒武系黄莺屯组及下二叠统范家屯组中,以火山热液型、中温热液型为主,少量为接触交代型。

2. 重力推断地质构造

以本区布格重力异常图、剩余重力异常图及水平方向导数、垂直方向导数等图件为基础，以地质为先验，结合航磁等有关信息，开展重力推断地质构造。共划分出断裂构造5条，其中二级2条，三级3条；均为半隐伏。圈定出侵入岩体10个，其中出露5个，半隐伏5个；老地层32处。

四、梨树沟-红太平火山岩型铜矿预测工作区

1. 重力场特征

预测区位于延边地区北部，敦-密深大断裂东侧，区内西部侵入岩及火山岩较发育。侵入岩主要有二叠纪二长花岗岩，三叠纪花岗闪长岩，早侏罗世花岗闪长岩以及下白垩统剌猬沟组火山岩等。东部分布二叠系庙岭组及大面积分布的上三叠统天桥岭组火山岩，构成天桥岭火山洼地。区内二叠系、三叠系火山岩中含有铜矿产，并伴生有铅、锌，形成火山岩型矿床、矿点多处。已知有红太平铜、银小型矿床一处，大梨树沟铅矿点和桃源村铜矿点各一处。

区内重力场处于大片重力低异常内，主要反映了不同期次的侵入岩及火山岩的重力场特征，仅在红太平、拉其岭一带，有一条北东向的重力高异常带分布，反映了二叠系庙岭组。区内断裂据重力曲线分布特点，推断存在两组断裂，其中北东向3条，北东东向2条，北东向断裂为区内主要控矿构造。

2. 重力推断地质构造

以本区布格重力异常图、剩余重力异常图及水平方向导数、垂直方向导数等图件为基础，以地质为先验，结合航磁等有关信息，开展重力推断地质构造。共划分出断裂构造6条，其中一级1条，二级1条，三级4条；出露2条，半隐伏4条。圈定出侵入岩体5个，均为出露地层；老地层11处；中生代盆地2个。

五、闹枝-棉田火山岩型铜矿预测工作区

1. 重力场特征

预测区位于汪清盆地内，中生代侵入岩较发育，主要是早侏罗世花岗闪长岩，在区内大面积分布。区内重力场，在区域布格异常图上，是一片重力低异常，主要反映了侵入岩及火山岩重力场特征。在预测区南部，有一条东西向的梯度带，向南重力场升高，出现重力高异常，推断存在一条东西向的断裂带。在预测区东部有一条北北西向梯度带，其东面是一条重力低异常。在区域剩余重力图上，显示更明显，可看出有3组断裂存在，即东西向、北西向和北东向3组断裂。东西向断裂和北西向断裂为区内容矿构造。本区闹枝沟金矿即在东西向的梯度带上。

2. 重力推断地质构造

以本区布格重力异常图、剩余重力异常图及水平方向导数、垂直方向导数等图件为基础，以地质为先验，结合航磁等有关信息，开展重力推断地质构造。共划分出断裂构造1条，为三级，半隐伏；圈定出侵入岩体2个，均为出露地层；老地层32处；中生代盆地3个。

六、刺猬沟-九三沟火山岩型铜矿预测工作区

1. 重力场特征

预测区位于五凤-刺猬沟-小西南岔金铜多金属成矿带上。区内已发现刺猬沟中型金矿床和九三沟小型金矿床及多处矿点、矿化点,成因类型主要为陆相火山岩型。

区内重力场呈北低南高、西低东高的趋势。在区域布格重力图上,西部南沟——汪清县城一带为一北西向的重力低异常,北部较大范围的重力低异常,梯度带走向近东西向,反映了可能存在的东西向断裂。预测区东南部为一近南北向的重力高异常。

在区域剩余重力异常图上,局部重力高异常及重力低异常十分清晰。从图上看,存在北西向、北东向及东西向断裂,刺猬沟金矿床、九三沟金矿床均处于东西向的梯度带上。与金属成矿密切相关的下白垩统刺猬沟组和金沟岭组火山岩处在重力低异常中。

2. 重力推断地质构造

以本区布格重力异常图、剩余重力异常图及水平方向导数、垂直方向导数等图件为基础,以地质为先验,结合航磁等有关信息,开展重力推断地质构造。共划分出断裂构造 5 条,其中均为二级;出露 1 条,半隐伏 4 条。圈定出侵入岩体 2 个,均为出露地层;老地层 32 处;中、新生代盆地 4 个。

七、杜荒岭火山岩型铜矿预测工作区

1. 重力场特征

预测区位于吉林东部重要成矿区,五凤-小西南岔-春化金铜等多金属成矿带上。区内已发现的金矿床、矿点及金铜矿点多处,类型为陆相火山岩型,分布于下白垩统金沟岭组火山岩中。

在区域布格重力异常图上,预测区中部是一条北西向的重力低值带,两端延出区外,低值带大体与下白垩统金沟岭组火山岩的分布一致,反映出中生代火山盆地的轮廓。从重力场走向上看,区内存在东西向、北西向、南北向 3 组断裂,金矿床、矿点处于东西向和北西向梯度带上,反映了金矿床、矿点产于火山岩的边部或断裂带上。预测区东北部为重力高异常,反映了古生代基底隆起。

2. 重力推断地质构造

以本区布格重力异常图、剩余重力异常图及水平方向导数、垂直方向导数等图件为基础,以地质为先验,结合航磁等有关信息,开展重力推断地质构造。共划分出断裂 5 条,其中二级 5 条;出露 2 条,半隐伏 3 条。圈定出侵入岩体 3 个,其中出露 2 个,半隐伏 1 个;老地层 8 处;中、新生代盆地 5 个。

八、荒沟山-南岔沉积变质型铜矿预测工作区

1. 重力场特征

从区域布格重力异常图上可以看出,区内构造线方向受鸭绿江大断裂和本溪-浑江断裂的影响,主

要为北东向分布。

在1∶5万布格重力异常图上,区内从西南部到东部,即南岔—临江—贾家营,有一带状布格重力高异常分布,异常强度从西向东逐渐降低。南岔—临江段异常呈北东东走向,南、北两侧梯度带较陡,局部重力高异常特征明显,多为椭圆状,规模逐渐变小。在金矿床北东8km处出现布格重力异常最大值;临江—贾家营段异常呈东西走向,中间略低。此布格重力高异常带与老岭背斜基底隆起有关。重力高异常带的南部、北部为相对重力低异常带(区)。北部重力低局部异常区主要是侏罗系果松组、林子头组火山沉积盆地及梨树沟花岗岩体、草山花岗岩体、蚂蚁河花岗岩体的反映,两者分布范围大体一致。南部重力低异常区主要为印支期幸福山花岗岩体、头道沟花岗岩体及六道沟花岗岩体引起。重力高异常带南、北两侧梯度带为老岭岩群与青白口系沉积地层、印支期和燕山期花岗岩体及侏罗纪、白垩纪火山沉积盆地的断层接触带的反映。

本区处于荒沟山多金属成矿带上,区内矿床矿点密集分布于重力高异常、重力高梯度带或次级重力高异常上,分布有沉积变质型铜钴矿、镍矿或岩浆热液改造型金矿,即南岔、大横路、错草沟、荒沟山、八里沟、老三队等金矿和荒沟山铅锌矿、天后沟铅锌矿、大横路铜钴矿、大栗子铁矿等,反映了这些与老岭岩群等老地层有关的矿产和重力高异常的密切关系。

2. 重力推断地质构造

以本区布格重力异常图、剩余重力异常图及水平方向导数、垂直方向导数等图件为基础,以地质为先验,结合航磁等有关信息,开展重力推断地质构造。共划分出断裂构造7条,其中一级1条,二级3条,三级3条;出露4条,半隐伏3条。圈定出侵入岩体8个,其中半隐伏6个,隐伏2个;老地层12处;中生代盆地6个。

九、夹皮沟-溜河复合内生型铜矿预测工作区

1. 重力场特征

在1∶5万布格重力等值线图上,该区位于华北地台北缘上,桦甸和红石砬子之间的北东向的重力梯度带和夹皮沟北侧的北西向重力梯度带恰好与台区和槽区之间的断裂带位置吻合。以区内中部向北东向凸起呈起伏状的弧形梯度带为界,其内侧为相对重力高异常分布区,与太古宙表壳岩、TTG组合出露区相对应,为老牛沟矿床的赋矿层位。老牛沟矿床分布在重力高异常北东侧边部弧形梯度带的内侧。弧形梯度带外侧为相对重力低异常分布区,是低密度大面积侏罗纪花岗闪长岩的重力异常反映,最低值出现在预测区北东边部。

在剩余重力异常图上,区内中西部分布有5个重力高异常,规模最大的长13km、宽6km,最小的长5km、宽2km,异常走向多为东西、北东;异常区出露的岩性为中太古界龙岗岩群杨家店岩组变质海相中、基性火山岩系和中太古代云英闪长质片麻岩,新太古代变二长花岗岩及夹皮沟岩群三道沟岩组、老牛沟岩组含金、铜矿硅铁质建造,新元古界达连沟岩组的变质砂、板岩系,局部有变质辉长-辉绿岩侵入,北西向韧脆性构造十分发育,属板庙子-夹皮沟构造韧性剪切带南东延伸部分,具有较好成矿地质条件。金矿化较普遍,分布有中—大型构造蚀变型金矿床(六批叶)1处,矿点多处,银矿点1处。推断异常主要由花岗-绿岩地体引起,变质绿片岩系属金、铁矿源层,加之构造岩浆发育,成矿地质条件较好,多元素化探套合异常进一步指出了该区为一铜、铅、金、镍等多矿种成矿有利地段。

南部有一叠加在北西向分布的重力低异常带中近圆形重力低局部异常,面积约$50km^2$,异常形态规整明显,西南侧零等值线平直,呈北西向分布。重力低异常推断与规模较大构造韧性剪切带分布有关,而局部近圆形重力低叠加异常可能由隐伏的偏酸性花岗质侵入岩体引起。鉴于区内构造岩浆活动强

烈,矿化活动较普遍,应属金、银、铅、铜、镍重要成矿远景区。

2. 重力推断地质构造

以本区布格重力异常图、剩余重力异常图及水平方向导数、垂直方向导数等图件为基础,以地质为先验,结合航磁等有关信息,开展重力推断地质构造。共划分出断裂构造 7 条,其中一级 2 条,二级 2 条,三级 3 条;出露 2 条,半隐伏 5 条。圈定出侵入岩体 7 个,其中出露 1 个,半隐伏 4 个,隐伏 1 个;老地层 8 处;中生代盆地 1 个。

十、金城洞-木兰屯复合内生型铜矿预测工作区

1. 重力场特征

在 1∶5 万布格重力异常图上,区内以重力低场区为背景。中北部分布有"入"字形相对重力高异常,主要与官地岩组浅粒岩和黑云变粒岩互层夹磁铁石英岩分布区相对应,其上叠加 4 处椭圆状局部重力高异常,官地位于中部局部高异常的东南边缘,分布在西南支。"入"字形重力高异常南北边部各有一条密集的重力梯度带分布,梯度较陡。北支梯度带北西走向,为台区和槽区之间的断裂带在深部位置的反映;南支梯度带呈向北凸起的弧形。重力高异常以北重力低异常分布区主要为古生代、中生代花岗岩及花岗闪长岩引起。弧形梯度带以南重力低异常分布区主要为太古宙英云闪长质片麻岩和新生代玄武岩的反映。

在 1∶5 万剩余重力异常图上,区内西部边缘分布弧带状重力高异常,长 25km,宽 5~8km,异常完整明显,中间段宽而东、西两侧变窄,重力高异常中心位于其中部,常由新太古代花岗-绿岩地体引起,属含金、铁、铜矿源层。区内岩浆构造活动较强,结合矿产和化探异常分析,认为异常区为金、铜、镍、铁成矿远景区。区内中部重力高异常呈不规则圆形,面积约 80km²,形态呈低缓状,推断异常与新太古代花岗-绿岩地体有关,为本区金、铜、铁重要含矿层位。区内铁矿化较普遍,结合化探异常分析,应属铁、金、铜、镍成矿远景区。区内东部有一近南北向带状重力高异常,长 20km,宽 7km。异常形态规整,其高值中心位于其北段,其周围除了南侧与正重力异常相连外,其他均为负重力异常,异常系由新太古代表壳岩引起,为金、铜、铁矿源层,加之断裂构造发育,为成矿提供有利场所。综合分析区内矿产和化探异常等特点后认为,该区为金、铜、镍和铁成矿有利地段。

2. 重力推断地质构造

以本区布格重力异常图、剩余重力异常图及水平方向导数、垂直方向导数等图件为基础,以地质为先验,结合航磁等有关信息,开展重力推断地质构造。共划分出断裂构造 5 条,其中二级 1 条,三级 4 条;出露 2 条,半隐伏 3 条。圈定出侵入岩体 5 个,均为半隐伏;老地层 5 处;中生代盆地 1 个。

十一、安口镇复合内生型铜矿预测工作区

1. 重力场特征

在 1∶5 万布格重力异常图上,区内以重力低场区为背景,分布有 3 处重力高异常区。北部重力高异常呈椭圆状,与古生代地层(包括寒武纪、奥陶纪地层)相对应;中部重力高异常形态特征不明显,为北部重力高异常向南伸出的次一级异常,该处出露有大面积的太古宙英云闪长质片麻岩及零星龙岗岩群

杨家店岩组；南部重力高异常区整体呈条带状，其上分布有3个局部重力高异常，中间一个强度最大，地表全部为太古宙英云闪长质片麻岩分布区。南部呈条带状重力高异常区西侧北东向条带状重力低异常区分布区，与中新生代沉积盆地相对应。

在1∶5万剩余重力异常图上，3处重力高异常中南部北东向分布的带状重力高异常，长32km，宽3~7km，其带内分布3个呈似圆形、椭圆形二级叠加局部重力高值异常。北西侧与柳河重力低异常带相邻，两者间零值线呈北东向线状；南东侧多为负重力场区，异常由新太古代变质的片麻岩（TTG）引起，铁矿化普遍，在其北西侧分布金、铜、多金属矿化点多处，尤其在变质片麻岩中出现有较好的铜化探异常，推断异常区为主要铁、铜成矿远景区。中部分布有呈北东向展布的椭圆状重力高异常，长15km，宽7km，异常低缓规整，最高值中心位于南西部。北西侧与柳河重力低异常带相伴，两者间零值线平直；南东侧为负重力场区，零值线亦多近线状。该异常为新太古代花岗-绿岩地体引起，属铜、金、硅铁质建造，而且有多处古元古代基性、超基性岩侵入，结合化探异常特征认为，该区应属铜、镍、金成矿有利地段。北部为呈北东东向分布的椭圆状低缓重力高异常，长8km，宽5km，强度不高，异常周围均属负重力场，推断异常由新太古代、中—新元古代和早古生代地层引起。区内岩性复杂，构造发育，具有较好的成矿条件，而且见有化探异常分布，综合分析后认为区内为铜、金成矿远景区。

2. 重力推断地质构造

以本区布格重力异常图、剩余重力异常图及水平方向导数、垂直方向导数等图件为基础，以地质为先验，结合航磁等有关信息，开展重力推断地质构造。共划分出断裂构造5条，其中二级5条；出露3条，半隐伏2条。圈定出侵入岩体2个，均为半隐伏；老地层6处；中生代盆地2个。

十二、兰家层控内生型铜矿预测工作区

1. 重力场特征

在1∶5万布格重力异常图上，区内西部和北部分布有布格重力正异常，中东部分布有布格重力负异常，西南部边界处重力正异常规模较大，强度在区内最高，东部布格重力负异常北东向等值线密集带为伊通-舒兰断陷盆地的西界，该处在区内异常最低。在剩余重力异常图上，预测区西北边部分布有两处椭圆状局部重力高异常，沿北东方向分布；东南边部分布有北东走向条带状局部重力高异常带，这两处重力高异常中心出现在东南角和东北角；中部分布有北东走向的重力低异常带。局部重力高异常带（区）主要出露有石炭系磨盘山组灰岩，三叠纪石英闪长岩，局部重力低异常带（区）主要出露有侏罗纪二长花岗岩、白垩纪花岗岩和白垩纪火山沉积地层。

兰家金矿床位于呈北东向且近平行于四平—长春—榆树两条区域重力梯度带间夹持的大黑山断续分布的重力高异常带中段绿家湾重力高异常北东缘兰家村向北延伸"舌状"正向变异东侧。在14km×14km为窗口滑动平均剩余重力异常图上，矿床处于伊-舒重力梯度带西支大南—新安—桦皮厂重力梯度带北西侧相邻重力高异带中部，新安镇长椭圆状重力高异常北西缘兰家村向北突出"舌状"正向变异异常南端东侧，该处为布格重力异常梯度带由北东向转为南北向的转折部位。剩余异常分布形态特征在一定程度上突出了地质浅源重力信息。

在1∶5万航磁平剖图及平面等值线图上，兰家矿田处南部东风异常带同心北东向椭圆状高磁异常北半部北东侧边缘。同心高磁异常在兰家地区大体呈北东楔状，属于一两级叠加异常。Ⅱ级异常呈北东条带状叠加在Ⅰ级高背景磁异常上，大体分为东、西两个异常带，西带规模要大于东带。在航磁等值线上，两个异常带均由多个串珠状局部小异常组成，异常排布规律明显，尤其东带与兰家金、铁、铜、硫等矿产空间分布关系密切，反映了兰家矿田的磁场特征。

2. 重力推断地质构造

以本区布格重力异常图、剩余重力异常图及水平方向导数、垂直方向导数等图件为基础，以地质为先验，结合航磁等有关信息，开展重力推断地质构造。共划分出断裂构造 1 条，均为三级、半隐伏。圈定出侵入岩体 4 个，其中出露 1 个，半隐伏 2 个，隐伏 1 个；老地层 5 处；中、新生代盆地 2 个。

十三、万宝层控内生型铜矿预测工作区

1. 重力场特征

预测区位于中朝准地台与吉黑造山带接触带槽区一侧。区内侵入岩较发育，且具有多期、多阶段性，形成大面积分布的侵入岩浆岩带。主要有海西期小蒲柴河黑云母花岗闪长岩、亮兵二长花岗岩、吉祥二长花岗岩、太平屯闪长岩，燕山期小黄泥沟二长花岗岩等岩体。在预测区东部万宝镇附近呈北东向分布新元古界万宝岩组大理岩、变质砂岩等变质岩地层。本区金矿成矿与万宝岩组变质岩及燕山期二长花岗岩、闪长玢岩密切相关。

区内重力场由布格重力异常图可知，全部处于东西向的重力低异常中，只有在万宝镇附近为一局部重力高异常。重力低异常主要反映了大面积花岗岩体的重力场特征，而重力高异常认为与新元古界万宝镇组变质岩有关。区内断裂从图上看存在两组，即东西向和南北向。东西向断裂与预测区处南部深大断裂方向一致，南北向为局部小断裂。

2. 重力推断地质构造

以本区布格重力异常图、剩余重力异常图及水平方向导数、垂直方向导数等图件为基础，以地质为先验，结合航磁等有关信息，开展重力推断地质构造。共划分出断裂构造 3 条，其中一级 1 条，三级 2 条；出露 1 条，半隐伏 2 条。圈定出侵入岩体 7 个，其中出露 2 个，半隐伏 5 个；老地层 4 处。

十四、大营-万良层控内生型铜矿预测工作区

1. 重力场特征

预测区位于浑江盆地东北部，与长白山火山构造隆起带接壤部位。区内大面积分布上侏罗统果松组火山沉积岩及军舰山组玄武岩。在南部松树镇—温泉镇一带，出露古生代地层。北部四方顶子—万良镇一带，主要是新元古代及新太古代变质岩。区内侵入岩体分布在四方顶子附近及大营林场一带，岩性为晚侏罗世二长花岗岩，岩体与晚中生代火山岩和寒武系碳酸盐岩的内外接触带形成矽卡岩型或热液型铅锌矿床或矿点。

区内重力场呈南低北高的特征，在南部仙人桥镇一带，有一东西向的重力低，向西延出区外。重力低与二长花岗岩体吻合。在头道庙岭以北，为南北向逐渐升高的重力场，并有局部重力高，与新元古代及新太古代变质岩分布一致。根据重力梯度带的分布，推断有 4 条断裂。其中，2 条东西向断裂，位于松树镇以北和仙人桥镇以北，近南北向，位于头道庙岭—万良镇一线；1 条北北西向断裂。区内铅锌矿床位于重力低异常边部。

2. 重力推断地质构造

以本区布格重力异常图、剩余重力异常图及水平方向导数、垂直方向导数等图件为基础,以地质为先验,结合航磁等有关信息,开展重力推断地质构造。共划分出断裂构造 7 条,其中一级 1 条,二级 4 条,三级 2 条;出露 3 条,半隐伏 4 条。圈定出侵入岩体 1 个,为半隐伏;老地层 4 处;中生代盆地 2 个。

十五、红旗岭侵入岩浆型铜矿预测工作区

1. 重力场特征

预测区位于辉发河深大断裂北侧,即华北地台北缘陆缘活动带上。区内岩浆活动强烈,燕山期花岗岩、二长花岗岩、花岗闪长岩广泛分布,还见有花岗斑岩、闪长岩等。而印支期、海西期基性岩分布在红旗岭、茶尖岭等地。据地质资料,红旗岭铜、镍矿的成矿母岩主要是印支期基性—超基性岩体。

区内重力场表现为东部低、西部高。在区内西部红旗岭一带为重力高异常,呈北西向分布,与寒武系黄莺屯组(ϵhy)、奥陶系小三个顶子岩组(Oxs)地层吻合。区内中型铜镍矿床及小型铜镍矿床集中分布在重力高异常梯度带上。在预测区西部主要是一条北东向的重力低异常,该重力低异常反映了辉发河中生代断陷盆地。在西半截河—小呼兰一带重力低异常,反映了燕山期二长花岗岩体。区内断裂构造发育,在布格重力异常图上,有北东向、北西向及东西向断裂。北东向断裂为辉发河大断裂的一部分,为区内控矿构造;在预测区西部北西向断裂与岩体分布方向一致,为控岩断裂。在预测区南部黑石镇附近,有一条东西向断裂,断裂以南为大片重力高异常,推测与太古宙变质岩有关,其北侧为重力低异常,推测与侵入岩有关。区内红旗岭大型铜、镍矿床分布于该断裂带上。

2. 重力推断地质构造

以本区布格重力异常图、剩余重力异常图及水平方向导数、垂直方向导数等图件为基础,以地质为先验,结合航磁等有关信息,开展重力推断地质构造。共划分出断裂构造 6 条,其中一级 1 条,二级 3 条,三级 2 条;出露 2 条,半隐伏 4 条。圈定出侵入岩体 6 个,其中出露 2 个,半隐伏 4 个;老地层 8 处;中、新生代盆地 3 个。

十六、漂河川侵入岩浆型铜矿预测工作区

1. 重力场特征

预测区位于敦-密深大断裂的北西一侧,沿断裂岩浆活动强烈,燕山期岩浆岩在区内大面积分布,主要有花岗闪长岩、二长花岗岩、花岗斑岩、闪长玢岩等,以及沿东西向分布的印支期基性或超基性岩,该岩性与区内铜镍矿成矿有关。区内变质岩呈大面积分布,主要是寒武系黄莺屯组,岩性为变粒岩、大理岩夹斜长角闪岩。黄莺屯组变质岩是区内金矿的主要矿源层。

在布格重力异常图上,出现 2 处重力低异常,主要反映了中生代断陷盆地。重力高异常也有 2 处,1 处在区内西部,呈近东西向分布,为寒武系变质岩的反映,在重力高异常的边部有二道甸子大型金矿分布,在重力高异常向重力低异常过渡的梯度带上有小型铜镍矿床分布。另一重力高异常分布在区内东北部近东西向分布,反映了寒武系黄莺屯组,两重力高异常之间的重力低异常是燕山期侵入岩的分布区。

从布格重力异常图上看，区内断裂存在4条，分别是北东向、北西向、北北东向和东西向各1条。北东向断裂靠近敦-密断裂带，是敦-密断裂带的一部分。北东向、北西向断裂均为控矿断裂。其中二道甸子大型金矿即处于东西向断裂中。

2. 重力推断地质构造

以本区布格重力异常图、剩余重力异常图及水平方向导数、垂直方向导数等图件为基础，以地质为先验，结合航磁等有关信息，开展重力推断地质构造。共划分出断裂构造4条，其中一级2条，三级2条；出露2条，半隐伏2条。圈定出侵入岩体5个，其中出露3个，半隐伏2个；老地层4处；中生代盆地2个。

十七、农坪-前山侵入岩浆型铜矿预测工作区

1. 重力场特征

预测区位于五凤-小西南岔和马滴达-春化金铜多金属成矿带上。寒武系—奥陶系五道沟岩群总体呈南北向展布在小西南岔—马滴达一带，由一套海底火山-碎屑岩建造组成。在本套地层中发现大量的金铜矿化及化探组合异常，是区内金、铜等多金属矿产的主要矿源层。在区内重力场中，梯度带走向为南北向、东西向、北东东向和北西向，反映了南北向、东西向等不同方向的断裂。以南北向断裂最长，南起闹枝沟，向北至小西南岔延出预测区。沿断裂古生代地层呈南北向展布，并有闪长岩及次火山岩分布，是区内岩浆活动的重要通道，并且沿断裂矿化蚀变明显，地表有套合较好的化探异常，有大型金铜矿及金矿点，是区内重要的控矿构造。断裂东侧是寒武系—奥陶系变质岩，南北向展布，与重力高异常吻合。预测区南部是北东东向梯度带，推测为与图们江同方向的断裂，其北侧重力低梯度带与中生代沉积盆地吻合。

2. 重力推断地质构造

以本区布格重力异常图、剩余重力异常图及水平方向导数、垂直方向导数等图件为基础，以地质为先验，结合航磁等有关信息，开展重力推断地质构造。共划分出断裂构造4条，其中均为二级；出露1条，半隐伏3条。圈定出侵入岩体5个，其中出露1个，半隐伏4个；老地层32处；新生代盆地2个。

十八、长仁-獐项侵入岩浆型铜矿预测工作区

1. 重力场特征

预测区位于古洞河深大断裂带上，沿断裂分布具有一定规模的基性—超基性岩群，岩体含矿性好，有利于形成岩浆岩型铜镍矿床。区内已知和龙长仁铜镍矿床（中型）、和龙獐项硫化矿床（小型），以及铜镍矿点、矿化点多处。

在区域布格重力异常图上，预测区处于重力低异常中，尤其是区内中部为一条明显的北西向重力低异常，主要反映了北西向的断陷带。预测区南部是东西向的梯度带，但在西端向北较弯，近南北向分布。区内北部和东部，梯度带走向为北西向和北北西向。从梯度带的走向看，区内断裂构造较发育，主要为北西向、北北西向，以及局部的东西向、南北向。北西向、北北西向断裂为区内主要断裂，为古洞河深大断裂的一部分及次一级断裂，是区内主要控岩控矿构造，长仁-獐项附近的北北西向断裂是区内控矿断裂。

2. 重力推断地质构造

以本区布格重力异常图、剩余重力异常图及水平方向导数、垂直方向导数等图件为基础,以地质为先验,结合航磁等有关信息,开展重力推断地质构造。共划分出断裂构造 5 条,其中一级 1 条,二级 2 条,三级 2 条;出露 1 条,半隐伏 4 条。圈定出侵入岩体 5 个,均为半隐伏;老地层 4 处;中生代盆地 2 个。

十九、天合兴-那尔轰侵入岩浆型铜矿预测工作区

1. 重力场特征

在 1∶5 万布格重力异常图上,预测区内分布有两条明显的重力梯度带。一条在西北角,北东走向,梯度带陡,向两端延出区外,与台区和槽区之间的断裂带位置吻合。另一条在中部,重力梯度带整体呈北东向,在区内从西南部到东北部走向变化为北东向—北北东向—东西向—南东向。两条重力梯度带中间为重力高异常分布区,西部宽大,向东北部变窄,异常形态与龙岗岩群杨家店岩组斜长角闪岩夹磁铁石英岩分布区基本吻合。两条重力梯度带外侧为重力低异常区,西北重力低异常区为中生代沉积盆地的反映,东南部分布有由南向北规模依次变小的 3 个椭圆状重力低局部异常,整体呈北北东向,异常中心部位有早白垩世花岗斑岩岩脉出露,与 3 个重力低局部异常整体呈走向一致。

在 1∶5 万剩余重力异常图上,预测区内有两个南北向似椭圆状重力低异常。南部的重力低异常长 13km,宽 9km,异常规整均匀,其周边被重力高异常围拢;北部重力低异常为近南北向分布的椭圆状重力低异常,长 10km,宽 7km,等值线圈闭完整明显,边缘为高值重力异常。地表出露岩性以中太古代云英闪长质片麻岩、新太古代变钾长花岗岩为主,其次有中太古界龙岗岩群杨家店岩组零星分布。区内岩浆活动强烈,中部分布有早白垩世酸性、中酸性火山熔岩、碎屑岩和花岗斑岩、石英斑岩沿南北向断裂侵入。区内北东向、南北向、北西向断裂发育。矿产有那尔轰小型金矿床,金矿、金银矿点各 1 处,铜矿点 1 处及沉积变质铁矿点 1 处。异常推断由隐伏的偏酸性花岗质侵入岩体引起。因区内分布有杨家店岩组金、铁含矿建造,加之有多期岩浆侵入喷发活动,又有多组断裂交会,具备了良好的成矿条件,此外,化探异常和矿产分布特进一步指出了该异常分布区实属岩浆内生成矿的有利地段。

2. 重力推断地质构造

以本区布格重力异常图、剩余重力异常图及水平方向导数、垂直方向导数等图件为基础,以地质为先验,结合航磁等有关信息,开展重力推断地质构造。共划分出断裂构造 5 条,其中二级 2 条,三级 3 条;均为半隐伏。圈定出侵入岩体 3 个,其中半隐伏 1 个,隐伏 2 个;老地层 7 处。

二十、二密-老岭沟侵入岩浆型铜矿预测工作区

1. 重力场特征

在 1∶5 万布格重力异常图上,预测区处于二密中生代火山盆地内,呈现出大面积重力负背景场区特征,其上叠加有比较明显的两处重力低局部异常和两处重力高局部异常。

西部二密—柳南一带分布有近南北走向的椭圆状布格重力低局部异常,长 12.6km,宽 6.4km,北宽南窄,中心偏北,向南等值线较缓,场值逐渐升高。东、西两侧梯度带梯度略陡,梯度接近,西侧呈弧形向西凸起,东侧梯度带平直但在铜矿床处向东南方向发散。在二密铜矿附近椭圆状布格重力低局部异常向南东方向凸起,显示出次一级的重力低异常带的存在。椭圆状重力低异常大部分处于松顶山石英闪长岩体、花岗斑岩体及上侏罗统果松组分布区,仅重力低异常中心东北外侧为新太古代变质二长花岗质片麻岩分布区。

东北部光华附近有一处面积较小的重力低局部异常,中心在区外,地表为新生代沉积盆地。

北侧边部偏东位置分布有椭圆状布格重力高局部异常,东西走向,周围梯度略陡;南西边部有通化县杨木桥子小型沉积-变质型矿床。地表主要分布有古元古界双庙岩组变质玄武岩、斜长角闪岩夹大理岩建造和同心岩组二长片岩夹变玄武岩建造。

东南部有重力高局部异常,向北西方向有较小的次一级的重力高异常伸出,端部左、右两侧分别有通化县羊场小型和长春沟小型沉积-变质型铁矿床。地表主要分布有新元古代沉积地层。

2. 重力推断地质构造

以本区布格重力异常图、剩余重力异常图及水平方向导数、垂直方向导数等图件为基础,以地质为先验,结合航磁等有关信息,开展重力推断地质构造。共划分出断裂构造 3 条,均为二级;出露 1 条,半隐伏 2 条。圈定出侵入岩体 4 个,其中半隐伏 3 个,隐伏 1 个;老地层 4 处;中生代盆地 1 个。

二十一、赤柏松-金斗侵入岩浆型铜矿预测工作区

1. 重力场特征

在 1:5 万布格重力异常图上,区内北部有一向北凸起的近弧形重力高异常带,弧顶向北伸出区外,布格重力异常最大值出现在东南部;南部为重力低异常分布区,中心在区内,部分向南伸出区外,异常强度最低值出现在南部边界处。重力高异常带与重力低异常分布区以弧形梯度带相隔,梯度较陡。

赤柏松大型硫化铜镍矿床处在弧形重力高异常带东段中部南侧南北向椭圆状剩余局部重力高异常中心。在剩余重力异常图上,矿床处于椭圆状剩余重力高异常中心,异常长 4.4km,宽 2.5km。赤柏松铜镍矿床处于北西向、北北东向重力梯度带交会部位,推断有断裂构造在此交会。新安小型铜镍矿床位于赤柏松铜镍矿床西南 5.7km,处于南部重力低异常北部边缘梯度带内侧。预测区西部有一呈北东向分布的"哑葫芦"状重力高异常,其内可分为两个高值区。南西段高值区呈近南北向椭圆状,异常低缓,面积 35km²;北东段高值区等值线圈闭形状呈北东向椭圆形,面积 28km²,由新太古代片麻岩类隆起引起。区内基性岩发育,具有较好的铜镍成矿地质前提。预测区中部有一呈不规则"倒三角"形的重力高异常,高值区有三足鼎立之势,其中南部高值区呈近南北向椭圆状,而北侧两个高值区不甚明显,异常总面积约 32km²,异常与新太古代片麻岩类隆起和基性—超基性岩群集中产出关系密切,依据岩群、矿产、化探异常分布,认为该区是硫化铜镍成矿有利远景区。

与 1:5 万地质图进行对比,新太古代英云闪长质片麻岩、花岗岩片麻岩分布区与重力高异常带较吻合,推断是引起重力高异常带的主体,侵入其中的新元古代冰湖沟变质辉绿岩体呈北东走向,沿北西方向呈雁行排列和平行排列,构成赤柏松基性—超基性岩群,是引起重力高异常带上的局部重力高的主要因素,推断辉绿岩体深部规模变大。重力低异常区与侏罗系火山沉积范围基本一致。

2. 重力推断地质构造

以本区布格重力异常图、剩余重力异常图及水平方向导数、垂直方向导数等图件为基础,以地质为

先验,结合航磁等有关信息,开展重力推断地质构造。共划分出断裂构造 2 条,均为二级;为半隐伏。圈定出侵入岩体 4 个,其中半隐伏 3 个,隐伏 1 个;老地层 1 处;中生代盆地 2 个。

二十二、小西南岔-杨金沟侵入岩浆型铜矿预测工作区

1. 重力场特征

预测区位于吉黑褶皱系延边优地槽褶皱带东部,断裂和火山构造较发育的延边复向斜和春化-四道沟中间凸起内。

在 1:5 万布格重力异常图上,区内重力曲线走向主要为南北向。在区域布格重力异常图上,梯度带呈南北走向,密集分布,小西南岔大型金铜矿床位于梯度带上,其西部为重力低异常,东西部为重力高异常。南北向梯度带反映了小西南岔-四道沟断裂带,该断裂形成于古生代末,中生代再次活动,沿断裂带海西期中基性岩呈串珠状展布,燕山期闪长岩、花岗岩侵入,并控制了春化-四道沟中间凸起,是区内重要的控矿构造。在剩余重力异常图上,形态更清晰,南北向重力高异常反映了古生代基底隆起,两侧的重力低异常反映了海西期和燕山期闪长岩、花岗闪长岩等中酸性岩体。区内金矿床、矿点主要分布在重力梯度带上。

2. 重力推断地质构造

以本区布格重力异常图、剩余重力异常图及水平方向导数、垂直方向导数等图件为基础,以地质为先验,结合航磁等有关信息,开展重力推断地质构造。共划分出断裂构造 4 条,其中二级 3 条,三级 1 条;出露 1 条,半隐伏 3 条。圈定出侵入岩体 5 个,其中出露 1 个,半隐伏 4 个;老地层 6 处;中、新生代盆地 3 个。

二十三、正岔-复兴侵入岩浆型铜矿预测工作区

1. 重力场特征

预测区主要矿产有集安金厂岩浆热液中型金矿床、集安西岔岩浆中温热液小型金银矿床、集安复兴屯热液充填型小型铜金矿床。

在 1:5 万布格重力异常图上,区内全部为负重力场区。在花甸—清河有一条总体以北东走向为主重力梯度带,其中段沿北西方向有较大错动、转折,错动距离约 6.7km,两个转折处集中分布有金矿床、金银矿、铜金矿及硼矿等中小型矿床。花甸—清河重力梯度带以西,为相对重力高异常区,呈由西南向北东凸起状,最大值出现在区内西北部吉林省与辽宁省交界处。花甸—清河重力梯度带以东,为相对重力低异常区,异常中心有两处,分别出现在南部花甸南侧和东北部清河东侧。

重力高异常区对应密度较高的古元古界集安岩群荒岔沟岩组、大东岔岩组老变质岩分布区。重力低异常区对应密度较低的古元古代花岗岩分布区;西岔金矿床、金厂沟金矿床、正岔铅锌矿床及复兴屯铜金矿床所在的两处剩余重力低异常均为已知晚印支期复兴村二长花岗岩、石英闪长岩岩体所引起。金矿床、铅锌矿床、铜金矿床处重力梯度带的错动转折,基本上与已知的北东向区域性断裂构造及北西向一般性断裂构造位置、规模一致,反映出断裂构造的控岩、控矿作用。

在 1:5 万剩余重力异常图上,区内东部有一不规则"花朵"状重力低异常,总面积约 $60km^2$。异常区内有两个相邻北东走向小的椭圆状叠加局部异常。北西侧异常长 7km,宽 4km;南东侧异常长 6km,

宽3km。周边除了东侧与一重力低异常相邻外，其余均为正异常。异常由两个小的中—酸性侵入岩体引起，依据区内矿产和化探异常分布，推断成矿与岩浆活动关系十分密切，应是成矿的主导因素。岩浆活动不仅携带了矿质，而且为活化富集含矿围岩金、锌、钨、铜成矿提供了热源，故为找矿的重要靶区。区内西部有一近东西向分布的椭圆状重力高异常，长约8km，宽6km，异常西端未封闭（伸出省界），北东侧等值线向北东伸出，与一近东西向重力高异常带相连，南、北两侧均与负异常相伴；推断异常为古元古界集安岩群含铜、铅、锌地层引起，根据区矿化和化探异常特征，应是铜矿成矿远景地段。区内南部有一呈近南北向椭圆状重力高异常，长8km，宽6km，形态低缓，除异常北侧为正场外，其余方向均与负重力异常相邻；异常推断为古元古界集安岩群含金、多金属矿建造引起。区内构造岩浆活动比较发育，依据该区矿化特征和化探异常分布，认为具备金、多金属成矿条件，是找矿有利地段。

2. 重力推断地质构造

以本区布格重力异常图、剩余重力异常图及水平方向导数、垂直方向导数等图件为基础，以地质为先验，结合航磁等有关信息，开展重力推断地质构造。共划分出断裂构造2条，其中二级1条，三级1条；均为半隐伏。圈定出侵入岩体5个，其中出露1个，半隐伏4个；老地层1处；中生代盆地1个。

第三节 铅锌矿产预测重力资料应用成果

2010年度开展的8个铅锌矿预测工作区包括：放牛沟、地局子-倒木河、梨树沟-红太平3个火山岩型铅锌矿预测工作区，大营-万良、荒沟山-南岔、正岔-复兴屯、矿洞子-青石镇4个层控内生型铅锌矿预测工作区，天宝山复合内生型铅锌矿预测工作区。其中地局子-倒木河、梨树沟-红太平、大营-万良、荒沟山-南岔、正岔-复兴屯5个铅锌矿预测工作区与相应铜矿预测工作区范围相同，可参见相应铜矿预测工作区重力场特征与重力推断地质构造。现将放牛沟、矿洞子-青石镇、天宝山3个铅锌矿预测工作区重力场特征与重力推断地质构造叙述如下。

一、放牛沟火山岩型铅锌矿预测工作区

1. 重力场特征

在1∶5万布格重力异常图上，区内北部景台东侧分布一个北东走向椭圆状正重力异常，异常长27.3km，宽10.3km，最大值在北东部出现，向南西方向强度逐渐降低，东、西两侧梯度陡，东侧梯度带为伊通-舒兰断裂带西支附近次一级断裂的反映。在正重力异常的南西端走向转为北西向，并在黄岭子—靠山形成向南东方向凸起的强度进一步降低的相对重力高异常。

放牛沟多金属矿床位于椭圆状正重力异常的东南边部，该处为北东向梯度带发生转折并由陡变缓部位，反映出北东向、北西向及东西向断裂构造的存在。

局部重力高异常区主要与下志留统桃山组，上志留统石缝组、弯月组变质岩系分布有关。局部重力低异常区与中生代花岗岩岩体、中新生代沉积地层分布有关。

放牛沟多金属硫铁矿床处在乐山剩余重力高异常南东侧之北东向梯度带与东西向梯度带转换部位，早古生代含矿变质岩系引起的重力高异常边缘梯度带，尤其重力梯级弯曲变异处是成矿有利部位。

放牛沟多金属硫铁矿床处在较平稳背景场上呈现出的有规律的中等强度航磁异常之上，是本区直接寻找同类型矿床的磁异常标志。

2. 重力推断地质构造

以本区布格重力异常图、剩余重力异常图及水平方向导数、垂直方向导数等图件为基础,以地质为先验,结合航磁等有关信息,开展重力推断地质构造。共划分出断裂构造 1 条,为一级,为出露。圈定出侵入岩体 1 个,为隐伏;老地层 2 处;新生代盆地 2 个。

二、矿洞子-青石镇层控内生型铅锌矿预测工作区

1. 重力场特征

预测区处于鸭绿江多金属成矿带上,已发现铅锌矿小型矿床 2 处,矿点多处。成矿类型为火山岩型。区内岩性以侵入岩和火山岩为主,呈大面积分布,主要有早白垩世二长花岗岩,早白垩世花岗斑岩,在区域上呈北东向分布。火山岩分布在预测区北部,岩性为上侏罗统果松组的安山岩、安山质熔结凝灰岩和林子头组中酸性凝灰岩等。本区火山岩与铅锌矿成矿关系密切。

从布格重力异常图上可以看出,区内重力场处于重力低异常中,走向大体呈北东向,与侵入岩体及火山岩分布范围吻合,反映了两种岩性的重力场特征。在青石镇和汞洞子附近有两处,局部重力高异常推断与寒武系有关。区内铅锌矿分布在重力高异常的边部。据区内重力梯度带的分布特点分析,推断有 2 条断裂,北东向和北西向断裂各 1 条,其中北东向断裂是区内主要控矿构造。

2. 重力推断地质构造

以本区布格重力异常图、剩余重力异常图及水平方向导数、垂直方向导数等图件为基础,以地质为先验,结合航磁等有关信息,开展重力推断地质构造。共划分出断裂构造 4 条,其中一级 1 条,二级 1 条,三级 2 条;出露 1 条,半隐伏 3 条。圈定出侵入岩体 8 个,其中出露 1 个,半隐伏 7 个;老地层 3 处;中生代盆地 1 个。

三、天宝山复合内生型铅锌矿预测工作区

1. 重力场特征

预测区处于深大断裂带北侧,沿断裂岩浆活动十分强烈,海西期、燕山期侵入岩大面积分布,为区内多金属成矿创造了极为有利的条件。区内已知矿床有天宝山大型多金属矿床 1 处,以铅、锌为主,延吉二道沟多金属矿床(小型)1 处,以及多金属矿点多处。成因类型分别是矽卡岩型、火山岩型和热液充填型,其形成与石炭系天宝山组灰岩、三叠系托盘沟组火山岩、晚三叠世石英闪长岩有关。

区内重力场自西向东有逐步升高的趋势,在区内东南部,重力低异常与区外大片北西向的重力低异常连成一片,构成北西向重力低异常带。该重力低异常与大面积分布的海西期花岗岩有关。在预测区东部出现局部重力高异常,推测在中生代盖层下面存在古生代地层。在天宝山矿区一带,石炭系天宝山组可能因范围较小,在布格重力异常图上反映不明显,但在剩余重力异常图上有重力高异常显示。区内断裂依据布格重力异常图,推断北西向断裂 4 条、东西向断裂 1 条、南北向断裂 1 条,其中北西向断裂是区内重要控矿构造。

2. 重力推断地质构造

以本区布格重力异常图、剩余重力异常图及水平方向导数、垂直方向导数等图件为基础,以地质为先验,结合航磁等有关信息,开展重力推断地质构造。共划分出断裂构造4条,其中一级1条,二级2条,三级1条;出露2条,半隐伏2条。圈定出侵入岩体7个,其中出露4个,半隐伏3个;老地层5处;中生代盆地1个。

第四节 金矿产预测重力资料应用成果

2010年度开展的30个金矿预测工作区包括头道沟-吉昌、石嘴-官马、地局子-倒木河、香炉碗子-山城镇、五凤、闹枝-棉田、刺猬沟-九三沟、杜荒岭、金谷山-后底洞9个火山岩型金矿预测工作区,山门、兰家、万宝、浑北、荒沟山-南岔、冰湖沟、古马岭-活龙、六道沟-八道沟、长白-十六道沟、漂河川10个层控内生型金矿预测工作区,海沟、小西南岔-杨金沟、农坪-前山3个侵入岩浆型金矿预测工作区,安口镇、石棚沟-石道河子、金城洞-木兰屯、夹皮沟-溜河、四方山-板石、正岔-复兴6个复合内生型金矿预测工作区,黄松甸子地区砾岩型(沉积型)金矿预测工作区,珲春河流域沉积型金矿预测工作区。其中石嘴-官马、地局子-倒木河、闹枝-棉田、刺猬沟-九三沟、杜荒岭、兰家、万宝、荒沟山-南岔、漂河川、小西南岔-杨金沟、农坪-前山、安口镇、金城洞-木兰屯、夹皮沟-溜河、四方山-板石、正岔-复兴16个金矿预测工作区重力场特征与重力推断地质构造与前述相应铜矿预测工作区相同。现将头道沟-吉昌、香炉碗子-山城镇、五凤、金谷山-后底洞、山门、浑北、冰湖沟、古马岭-活龙、六道沟-八道沟、长白-十六道沟、海沟、石棚沟-石道河子、黄松甸子地区、珲春河流域14个金矿预测工作区重力场特征与重力推断地质构造叙述如下。

一、头道沟-吉昌火山岩型金矿预测工作区

1. 重力场特征

在1:5万布格重力异常图上,区内中部有一条北西西走向的重力梯度带,与著名的磐-双接触带相对应,其南部为相对重力低异常区,其上分布有3处大小不等的似椭圆状局部重力低异常,走向为北西西向、南北向和东西向,与中生代花岗岩分布区相吻合。北西西走向梯度带北部区域分布有面积较大的三角形相对重力高异常区,其中心部位有一面积较小的北北东向椭圆状局部重力低异常,重力高异常为磨盘山组灰岩建造及鹿圈屯组砂岩、灰岩互层建造的反映,中心局部重力低异常推断为南楼山火山盆地的喷发中心。高异常区西北部分布有近等轴状重力低异常,为双阳盆地的反映。

吉昌—新立化集中区,位于沙河镇区域重力低异常与其北侧烟筒山重力高异常之间呈北西向分布伊通—桦甸重力梯度带的中段,吉昌—明城东西向重力梯度带南侧近南北分布的红石村—太平岭局部重力低异常的北半部。该异常在剩余重力等值线图上可分解成两个叠加局部异常(红石村和太平岭)。红石村异常呈南北向条带状,长20km,东西宽10km;其北部太平岭叠加异常则呈东西向椭圆状,长15km,宽7.5km。吉昌金矿位于此异常的西端。

2. 重力推断地质构造

以本区布格重力异常图、剩余重力异常图及水平方向导数、垂直方向导数等图件为基础,以地质为

先验,结合航磁等有关信息,开展重力推断地质构造。共划分出断裂构造 6 条,其中二级 3 条,三级 3 条;均为半隐伏。圈定出侵入岩体 6 个,其中出露 5 个,半隐伏 1 个;老地层 32 处;中生代盆地 3 个。

二、香炉碗子-山城镇火山岩型金矿预测工作区

1. 重力场特征

在 1∶5 万布格重力异常图上,香炉碗子火山热液型金矿床位于横跨西部预测区边界的楔形相对重力高异常东侧梯度带向内凹陷处,该异常呈北东走向,楔形尖部指向北东,异常长 55km,宽 20.6km,布格重力异常最大值出现在姜家街东侧附近。重力高异常由南西向北东在吉乐附近突然变窄,反映了北西向断裂的存在,其北东部布格重力异常等值线局部变宽缓处,为金矿床分布区,有中型金矿床(香炉碗子)一处、小型金矿床两处、金矿点一处,楔形重力高异常在形态上与新太古代变质二长花岗岩、花岗闪长岩分布区完全吻合。以楔形重力高异常的两侧梯度带为界,东、西两侧为相对重力低异常分布区,两区均属敦-密断裂带在吉林省南段(山城—曙光、向阳—杏岭)区域。两侧线性梯度带密集且平直,走向延伸很长,东支恰好贯穿全区,西支贯穿全省,西支比东支更密集,反映出同为区域性深大断裂的场态特征,但西支是敦-密断裂带的主体,规模更大。两侧梯度带为敦-密断裂带与新太古代中酸性岩体断层接触界线。金矿床与东支梯度带距离较近。在剩余重力异常图上,以水道及金矿床所处的近东西向异常突变带为界,北部重力高局部异常更为突出,异常规整,其形态与新太古代变质二长花岗岩分布区相吻合,花岗岩分布区内有呈岩墙侵入的古元古代变质辉长岩;与此不同,南部重力高异常则以宽缓为主,与新太古代花岗闪长岩分布区相对应。总之,从重力场上看,金矿床处于敦-密断裂带东支的西侧,楔形剩余重力高异常南北不同场态特征分界处,金矿床的形成应受新太古代花岗闪长岩内近东西向、北东向(与敦-密断裂带平行的次一级断裂)交会断裂的控制。

2. 重力推断地质构造

以本区布格重力异常图、剩余重力异常图及水平方向导数、垂直方向导数等图件为基础,以地质为先验,结合航磁等有关信息,开展重力推断地质构造。共划分出断裂构造 2 条,均为二级,且为出露断裂。圈定出中、新生代盆地 2 个。

三、五凤火山岩型金矿预测工作区

1. 重力场特征

在 1∶5 万布格重力异常图上,预测区处于五凤-小西南岔-春化金铜多金属成矿带上,成因类型为陆相火山岩型。区内从八道村—五凤村、东兴村、新仓一带,以及新兴洞—延大基地一带,出露上侏罗统屯田营组火山岩地层,其余大部分为早侏罗世二长花岗岩、花岗闪长岩等中酸性侵入岩。

区内重力场为一片重力低异常。在区域布格重力异常图上,在八道镇附近及朝阳川附近分别是两块北西走向的重力低异常,向东重力场值逐步升高。在重力剩余异常图上,五凤金矿处于北东向和北西向两组断裂交会处,并处于剩余重力高异常的边部,该重力高异常呈北西向分布,高值在预测区外。对照 1∶5 万地质图,该重力高异常处于二叠系庙岭组的残留体中,推测重力高异常与二叠系有关。

2. 重力推断地质构造

以本区布格重力异常图、剩余重力异常图及水平方向导数、垂直方向导数等图件为基础,以地质为先验,结合航磁等有关信息,开展重力推断地质构造。共划分出断裂构造 2 条,其中二级 1 条,三级 1 条;出露 1 条,半隐伏 1 条。圈定出侵入岩体 3 个,其中出露 1 个,半隐伏 2 个;老地层 3 处;中生代盆地 1 个。

四、金谷山-后底洞火山岩型金矿预测工作区

1. 重力场特征

预测区处于和龙地块北缘的陆缘活动带上,褶皱、断裂构造发育。断裂主要有东西向、南北向、北西向及北东向断裂,其中以图们江南北向断裂和东西向断裂最长。

在区域布格重力异常图上,预测区中部是一条近南北向的梯度带,其东部彩绣洞附近是一条近南北向的重力高异常。南北向梯度带西部是一条平行的重力低值带。预测区南部是一条近东西向的梯度带。从梯度带走向看,区内断裂主要为南北向和东西向,并且规模较大,延伸较长,均延出预测区。区内金矿分布在断裂东侧开山屯附近的重力高异常上,重力高异常反映了下二叠统大蒜沟组、中二叠统寺洞沟组。由此可以看出,金矿的形成主要受断裂和地层控制。断裂西侧的重力低值区反映了智新镇附近的中生代沉积盆地。

2. 重力推断地质构造

以本区布格重力异常图、剩余重力异常图及水平方向导数、垂直方向导数等图件为基础,以地质为先验,结合航磁等有关信息,开展重力推断地质构造。共划分出断裂构造 3 条,其中一级 1 条,二级 1 条,三级 1 条;出露 1 条,半隐伏 2 条。圈定出侵入岩体 5 个,其中出露 2 个,半隐伏 2 个,隐伏 1 个;老地层 7 处;中、新生代盆地 3 个。

五、山门层控内生型金矿预测工作区

1. 重力场特征

在 1∶5 万布格重力异常图上,预测区刚好落在北东向展布大黑山条垒基底隆起的南段山门—孟家岭区域之上。布格重力异常总体以北东走向的布格重力高异常带(区)为特征,其上局部高异常则以南北、北东走向为主,最大值出现在南部,最小值出现在东北角。以预测区东西边界外侧附近的北东向布格重力异常梯度带为界,两侧外部分布有与中新生代沉积地层有关的北东向展布重力低异常区。

在 $14km \times 14km$ 窗口滑动平均剩余重力异常图上,浅部重力异常特征得到突出。局部重力高异常带(区)出露有奥陶系黄顶子组灰岩,石炭系磨盘山组灰岩,早寒武世片麻状角闪石闪长岩,晚志留世片麻状石英闪长岩,中二叠世石英闪长岩,早侏罗世花岗闪长岩、正长花岗岩,晚三叠世辉长岩。局部重力低异常带(区)出露有中新生代沉积地层和面积较小的中侏罗世二长花岗岩。

山门银(金)矿位于石岭—叶赫梯度带北西侧太平屯重力高异常的南东侧。该重力异常呈椭圆状北

东向展布,在省域内长约20km,宽7~10km,面积约170km²,其形态规整并略向南东突出,重力异常强度由北向南逐渐增高。

2. 重力推断地质构造

以本区布格重力异常图、剩余重力异常图及水平方向导数、垂直方向导数等图件为基础,以地质为先验,结合航磁等有关信息,开展重力推断地质构造。共划分出断裂构造3条,其中一级1条,二级1条,三级1条;出露1条,半隐伏2条。圈定出侵入岩体9个,其中出露2个,半隐伏4个,隐伏3个;老地层9处;中、新生代盆地3个。

六、浑北层控内生型金矿预测工作区

1. 重力场特征

预测区位于辽-吉古陆块(Ⅱ级),龙岗古陆(Ar—Pt₂)与浑江坳陷盆地(Nh—P)接壤地带。西部为由太古宙变质花岗岩和表壳岩组成的古老岩块,其上有古、中元古代光华裂谷闭合期后形成的碳酸盐岩变质组合(珍珠门岩组)。新元古代青白口纪始图区东部进入坳陷盆地发展阶段,形成石英砂砾岩建造、铁质岩建造、碳酸盐岩建造和碎屑岩建造。古生代形成叠加盆地,即形成含磷碎屑岩建造、蒸发岩建造、碳酸盐岩建造和有机岩建造。中生代在坳陷盆地局部形成火山-沉积断陷盆地。总之,区内沉积地层十分发育,岩浆活动微弱,以脆性变形构造发育为特点,是成矿条件较有利的区域之一。区内的主要矿产以沉积型铁、磷、石膏矿产为主,有少量的铅、锌等层控矿点出现。

区内马当—大安—板石—八道羊岔—爱林一线有一条总体北东走向并略向南东凸起的相对重力高异常带,该带在板石、八道羊岔两处呈"之"字形转折状。重力高异常带的两侧为重力低异常分布区。西北区域重力低异常呈似椭圆状,走向北东,一半在区外,异常长25.6km,宽约17.8km;爱林附近重力高局部异常的四周被重力低异常环绕,重力低异常延出区外。

与1:5万地质图对比分析,重力高异常带主要出露有太古宙表壳岩(四道砬子河岩组与杨家店岩组)、古元古代珍珠门岩组、新元古代青白口系和震旦系。重力低异常区主要与太古宙变质花岗岩、中生代火山沉积盆地分布区相吻合。

2. 重力推断地质构造

以本区布格重力异常图、剩余重力异常图及水平方向导数、垂直方向导数等图件为基础,以地质为先验,结合航磁等有关信息,开展重力推断地质构造。共划分出断裂构造2条,其中二级1条,三级1条;均为半隐伏。圈定出侵入岩体4个,均为隐伏;老地层9处;中、新生代盆地6个。

七、冰湖沟层控内生型金矿预测工作区

1. 重力场特征

预测区位于早古生代老岭隆起西北缘,与长白山新生代火山隆起接壤部位。周围(除西部外)大面积覆盖着新近纪—早更新世玄武岩。区内主要出露晚印支期—早燕山期火山-沉积建造和早燕山期二

长花岗岩类,此外零星散布古元古界老岭岩群变质岩建造块体和南华系石英砂岩建造块体。在玄武岩分布区,地质调查工作相对薄弱,但具有找矿潜力。区内有数处热液型铅矿点。

在 1:5 万布格重力异常图上,区内的西南部分布有规模较大的椭圆状局部重力低异常,走向北西,并延出区外,异常中心部分在区内,异常长 23.6km,宽 10.0km,边部梯度带较陡。局部重力低异常周围(主要在区外)有局部重力高异常环绕,仅在区内东侧环绕特征不甚明显,主要表现在以东西走向为主的长条状局部重力低异常、局部重力高异常沿南北向相间分布,局部重力高异常较为明显。北部重力高异常呈长条状,边部梯度带南陡北缓,南部重力高异常呈北西西向椭圆状,边部梯度带较陡。在剩余重力异常图上,局部重力高、重力低异常的相对关系及形态特征更为醒目,反映出浅部地质体的密度差异及分布形态特征。

结合 1:5 万地质图,西南部椭圆状局部重力低异常为蚂蚁河岩体即中侏罗世二长花岗岩引起。东部两处局部重力高异常地表分别出露有晚三叠世长白组火山岩和中侏罗世石英闪长岩。西北部局部重力高异常主要为花山岩组云母片岩夹大理岩和中太古代英云闪长质片麻岩分布区,前者密度高于后者。东北部相对重力低异常区出露有新生代新近系军舰山组玄武岩及中更新统Ⅱ阶地堆积层。

2. 重力推断地质构造

以本区布格重力异常图、剩余重力异常图及水平方向导数、垂直方向导数等图件为基础,以地质为先验,结合航磁等有关信息,开展重力推断地质构造。共划分出断裂构造 4 条,其中一级 1 条,二级 1 条,三级 2 条;出露 2 条,半隐伏 2 条。圈定出侵入岩体 1 个,为半隐伏;老地层 5 处。

八、古马岭-活龙层控内生型金矿预测工作区

1. 重力场特征

预测区内已知矿产地多达 17 处,其中有金矿床 2 处,金矿点、矿化点 3 处,其余为铜、铅、铁等矿点和矿化点。

在 1:5 万布格重力异常图上,区域重力场总体上以呈北西向展布,沿北东向重力高异常与重力低异常相间排列为特征。凉水—榆林一线以西,重力高异常与重力低异常之间线性梯度带陡且平直,排列特征规律明显;以东区域重力高异常、重力低异常形态及规模发生变化,显示出似椭圆状局部重力低异常或分布近等轴状局部重力高异常,其中局部重力低异常规模较大。布格重力最高值出现在西南部,最低值出现在东部榆林南侧。

南部重力高异常带(区)形态与古元古界集安岩群荒岔沟岩组石墨变粒岩、含石墨透辉变粒岩、含石墨大理岩夹斜长角闪岩分布区相吻合。重力低异常带(区)形态与古元古代正长花岗岩及侏罗系果松组火山角砾岩分布区相吻合。中部重力低异常带形态与早白垩世二长花岗岩分布区完全一致。北部的北东、北西两处重力高异常带(区)分别与古元古界集安岩群大东岔岩组和寒武纪灰岩分布区大致吻合。集安市古马岭金矿、集安市下活龙金矿分别处于北西和北东两处局部重力高异常的边部位置。

2. 重力推断地质构造

以本区布格重力异常图、剩余重力异常图及水平方向导数、垂直方向导数等图件为基础,以地质为先验,结合航磁等有关信息,开展重力推断地质构造。共划分出断裂构造 2 条,其中一级 1 条,三级 1 条;出露 1 条,半隐伏 1 条。圈定出侵入岩体 6 个,其中出露 3 个,半隐伏 1 个,隐伏 2 个;老地层 4 处。

九、六道沟-八道沟层控内生型金矿预测工作区

1. 重力场特征

预测区内东部被一片很大的新生代玄武岩所覆盖，中部以中生代沉积地层为主，中南部出露有东西向分布的元古界大栗子岩组和早古生代灰岩，西部、南部中朝边境内侧主要分布有中生代晚期花岗岩岩体。

在1:5万布格重力等值线图上，预测区编图范围内以西全部为负重力场区，北东部以相对重力高分布区为背景，该背景上分布有数量较多、规模较小的重力高局部异常，东西向、北东东向、北西向及等轴状均有分布，其中以东西向为主，主要分布在靠近南部重力低异常区的北侧。重力高异常主要是古元古界大栗子岩组、早古生代灰岩及中生代沉积地层的反映，反映出基底隆起重力异常特征。

重力低异常分布区有两处，一处在南部，八道沟—宝泉山一线东西向梯度带以南，向南延至中朝国界。梯度带较宽且平直，在预测区东南角十二道沟东部出现重力最低值，其中心在预测区东南角外侧。另一处在六道沟北西部，整体呈北西向，向西延至中朝国界，异常中心分布有呈北东东向椭圆状重力低局部异常。两处重力低异常区与中生代晚期花岗岩分布区相对应。

2. 重力推断地质构造

以本区布格重力异常图、剩余重力异常图及水平方向导数、垂直方向导数等图件为基础，以地质为先验，结合航磁等有关信息，开展重力推断地质构造。共划分出断裂构造4条，其中二级2条，三级2条；出露1条，半隐伏3条。圈定出侵入岩体3个，其中出露1个，半隐伏2个；老地层6处；中、新生代盆地3个。

十、长白-十六道沟层控内生型金矿预测工作区

1. 重力场特征

预测区位于沿江多金属成矿带上，侵入岩比较发育，并有多期、多阶段性，分别为古元古代花岗岩，中生代基性、中酸性侵入岩，构成近东西向分布的鸭绿江构造岩浆带。区内元古宇、寒武系、奥陶系沿江分布，为区内多金属成矿提供了有利条件。在区内已知金矿点1处，为石英脉型，围岩为上三叠统长白组火山岩；铜矿点2处，分布在中寒武世鲕状灰岩及方解石脉中；铅、锌矿点2处，分布在下石炭统—下二叠统山西组中。

预测区重力场为大面积重力低异常，该重力低异常对应了长白山地区分布的长白组和军舰山组两期火山岩，反映了长白山火山岩洼地重力场特征。在区域布格重力异常图上，从重力梯度带的分布情况看，区内存在3条断裂，即北西向、北东向、东西向断裂各1条，3条断裂对区内多金属成矿都有重要意义。在剩余重力异常图上，有一条重力高异常带沿江分布，在预测区西部呈东西向，在东部呈北西向分布，推测该重力高异常带与寒武系、奥陶系有关。

2. 重力推断地质构造

以本区布格重力异常图、剩余重力异常图及水平方向导数、垂直方向导数等图件为基础，以地质为先验，结合航磁等有关信息，开展重力推断地质构造。共划分出断裂构造2条，均为二级；出露1条，半

隐伏 1 条。圈定出侵入岩体 3 个，其中半隐伏 1 个，隐伏 2 个；老地层 3 处；中、新生代盆地 2 个。

十一、海沟侵入岩浆型金矿预测工作区

1. 重力场特征

区内南部出露地层主要为太古宙表壳岩、TTG 组合及元古宙、古生代变质岩地层，其北侧边部即华北地台北缘东段的边界，北部主要分布有大面积侏罗纪花岗闪长岩。在 1∶5 万布格重力异常图上，槽区和台区接触部位表现为整体走向以北西向为主的"S"形重力梯度带，梯度带陡且宽，长度大，反映区域性深大断裂特征。以此重力梯度带为界，南部古老基底为重力高异常分布区，最大值出现在东南部。北部以重力低异常区为特征，其上分布多处形态各异的重力低局部异常，为规模较大的侏罗纪花岗闪长岩分布中心。

在剩余重力异常图上，预测区中部偏北为重力低局部异常，呈北西向分布，负异常带南东部为不规则状叠加的负重力异常，北西长 12km，宽 5~8km。异常分为两个低值中心，南段异常向北东侧延伸呈"舌状"，其东南端插入两个重力高异常之间，两侧出现明显梯度带。区内出露岩性主要有晚二叠世—早三叠世中细粒黑云母花岗岩、似斑状花岗闪长岩。此外，在其北西段和南东段有中侏罗世小型中细粒二长花岗岩岩体侵入，在南东端与中元古界东方红岩组变质中—酸性火山岩接触部位有大型海沟金矿床分布，而且恰处在区域性两江断裂和富尔河-古洞河大断裂的交会处。推断异常为海西期—燕山早期中—酸性多期侵入的复合型花岗岩体引起，依据周边金成矿特征和金、砷化探异常分布认为，晚期岩浆活动是金成矿物质来源之一。预测区东部呈北西向椭圆状的重力高异常，长 12km，宽 7km。异常较规整，其南西侧等值线局部出现正向变异。异常周围均为负重力异常，该异常由中元古界东方红岩组变质中—酸性火山岩系引起。此岩组可能是本区含金建造，也是金成矿的矿质矿源层。南西侧变异处有海沟大型金矿床和 Au 化探异常分布，是重要成矿远景地段。预测区南部有一东西向分布的椭圆状重力高异常，长 10km，宽 5km。北侧等值线向北出现正向凸起，其东、西两侧为正重力场，而南、北两侧为负重力场。异常推断由中元古界东方红岩组含金建造引起，依据附近金矿化和 Au 化探异常存在，认为其具有金成矿地质条件，是找金矿的有利地段。

2. 重力推断地质构造

以本区布格重力异常图、剩余重力异常图及水平方向导数、垂直方向导数等图件为基础，以地质为先验，结合航磁等有关信息，开展重力推断地质构造。共划分出断裂构造 7 条，其中一级 3 条，二级 1 条，三级 3 条；出露 3 条，半隐伏 4 条。圈定出侵入岩体 3 个，其中出露 2 个，半隐伏 1 个；老地层 32 处；中、新生代盆地 2 个。

十二、石棚沟-石道河子复合内生型金矿预测工作区

1. 重力场特征

在 1∶5 万布格重力异常图上，以穿过预测区中部的北东向重力梯度带为界，南部为太古宙英云闪长质片麻岩古老基底隆起分布区，与重力高异常区相对应，重力高异常最大值出现在西南部和东南部两个局部异常上，两个局部异常之间重力高异常呈北东向条带状，强度略低。北部中生代沉积盆地与重力低异常区相对应，异常呈北东向分布，形态简单，强度向北西方向逐渐降低。北东向重力梯度带位于隆

起区与沉积盆地界线的北侧,平行排列,相距约 3.8km。推断隆起区在深部向北倾。该重力梯度带为台区和槽区之间的断裂带在深部位置的反映。

在 1∶5 万剩余重力异常图上,预测区中部有一呈北东向分布带状重力高异常,长 15km,宽 5km,异常形态规整,异常周边除东南侧与一低缓重力高异常相邻外,其余均为负重力异常,北西边缘零值线呈线状北东向展布。异常由中太古代老变质岩含金、铁建造引起,区内金、铁矿普遍成矿条件良好,是成矿有利地段。

2. 重力推断地质构造

以本区布格重力异常图、剩余重力异常图及水平方向导数、垂直方向导数等图件为基础,以地质为先验,结合航磁等有关信息,开展重力推断地质构造。共划分出断裂构造 4 条,其中一级 1 条,二级 3 条;出露 1 条,半隐伏 3 条。圈定出侵入岩体 1 个,为半隐伏;老地层 3 处;中生代盆地 4 个。

十三、黄松甸子地区砾岩型(沉积型)金矿预测工作区

1. 重力场特征

预测区位于小西南岔金铜多金属成矿带北部春化—四方顶子—黄松甸子一带。出露地层主要有二叠系解放村组、新近系中新统土门子组,北部较大范围被玄武岩覆盖。土门子组砂砾岩中含金,并已发现具有一定规模的砾岩型金矿床及矿点。土门子组在区内出露面积较大,形成土门子组沉积盆地,北部被玄武岩覆盖。

从区域重力场上看,区内重力值升高,但仍处于重力低异常中,只在西部有一局部重力高异常,推测深部可能存在早古生代变质岩。区内重力低异常主要反映了沉积盆地或侵入岩的重力场特征。从重力场形态看,区内存在北东向、北西向、近南北向、近东西向 4 组断裂。南北向断裂位于区内西侧边部,是一条延伸较长的控岩控矿断裂,北西向、北东向、近东西向断裂则为局部小断裂。

2. 重力推断地质构造

以本区布格重力异常图、剩余重力异常图及水平方向导数、垂直方向导数等图件为基础,以地质为先验,结合航磁等有关信息,开展重力推断地质构造。共划分出断裂构造 1 条,均为二级、半隐伏。圈定出侵入岩体 1 个,为半隐伏;老地层 4 处;新生代盆地 1 个。

十四、珲春河流域沉积型金矿预测工作区

1. 重力场特征

预测区位于五凤-小西南岔-春化金铜多金属成矿带南部马滴达一带。区内珲春河水系发育,是形成砂金矿的有利地段。已知在珲春河柳树河子附近有一中型砂金矿床及砂金矿点多处。砂金的形成源于已知的珲春河上游的杨金沟、小西南岔金矿床。

区内重力场特征表现为北部为重力低异常,东部、西部和南部为重力高异常。在预测区东部有一条近南北向的重力高异常带,主要反映了寒武系—奥陶系五道沟群变质岩地层,是区内金、铜等多金属矿产的主要矿源层。预测区西部重力高异常反映了二叠系解放村组沉积岩地层。预测区北部重力低异常与大面积分布的晚三叠世花岗闪长岩有关。从布格重力异常图上看,区内断裂存在 3 条。其中,近南北

向断裂,为小西南岔-四道沟断裂的南延,该断裂控制了春化-四道沟中间凸起,沿断裂矿化明显,是重要的控矿断裂。在预测区南部存在北东东向断裂,该断裂与图们江断裂平行。

2. 重力推断地质构造

以本区布格重力异常图、剩余重力异常图及水平方向导数、垂直方向导数等图件为基础,以地质为先验,结合航磁等有关信息,开展重力推断地质构造。共划分出断裂构造 4 条,均为二级;出露 1 条,半隐伏 3 条。圈定出侵入岩体 4 个,其中出露 1 个,半隐伏 3 个;老地层 32 处;新生代盆地 2 个。

第五节 钨矿产预测重力资料应用成果

2010 年度开展的钨矿预测工作区,只有 1 个小西南岔-杨金沟侵入岩浆型钨矿预测工作区。重力场特征与重力推断地质构造与小西南岔-杨金沟侵入岩浆型铜矿预测工作区相同。

第六节 锑矿产预测重力资料应用成果

2010 年度开展的 2 个锑矿预测工作区包括荒沟山-南岔侵入岩浆型锑矿预测工作区、石嘴-官马侵入岩浆型锑矿预测工作区。重力场特征与重力推断地质构造与前述相应铜矿预测工作区相同。

第七节 稀土矿产预测重力资料应用成果

2010 年度开展的稀土矿预测工作区只有 1 个,即西北岔风化沉积型稀土矿预测工作区。重力场特征与重力推断地质构造如下。

1. 重力场特征

预测区位于富尔河深大断裂带上,花岗岩大面积分布,主要是海西期小蒲柴河中细粒黑云母花岗闪长岩、仁义顶子似斑状花岗闪长岩,沿北东向、北西向不连续分布。区内独居石砂矿赋存于东清岩体花岗闪长岩、花岗伟晶岩、细晶岩的风化砂中。

区内重力场特征为一带状东西向重力低异常,主要反映了花岗岩地区的重力场特征。仅在预测区南部出现局部重力高异常,主要反映了预测区南部的新太古代和新元古代变质岩。从区内梯度带弯曲情况分析,存在北西向、北东向和东西向 3 组断裂。东西向梯度带密集分布独居石砂矿,位于东西向梯度带的边部。

2. 重力推断地质构造

以本区布格重力异常图、剩余重力异常图及水平方向导数、垂直方向导数等图件为基础,以地质为先验,结合航磁等有关信息,开展重力推断地质构造。共划分出断裂构造 4 条,其中一级 2 条,三级 2 条;出露 2 条,半隐伏 2 条。圈定出侵入岩体 3 个,其中出露 2 个,半隐伏 1 个;老地层 3 处;中生代盆地 1 个。

第八节　磷矿产预测重力资料应用成果

2010 年度开展的磷矿预测工作区只有 1 个,即鸭园-六道江沉积型磷矿预测工作区。重力场特征与重力推断地质构造如下。

1. 重力场特征

预测区位于浑江坳陷带上,古生代地层在区内广泛分布。区内沉积型磷矿主要与下古生界寒武系有关。含矿层位水洞组主要分布在通化水洞、东热一带,在浑江古生代盆地的北西缘,上四平、板帐沟、江北一带呈带状分布。

预测区重力场表现为一重力低异常,但从局部看,呈现两端高、中部低的趋势,即在预测区南西端鸭园—五道江一带和北东端孙家堡子—江原一带,重力场升高,而在中部石人镇附近,为一北东向的重力低异常。该重力低异常主要反映油页岩、砂岩、砾岩构成的中生代沉积盆地。鸭园—五道江一带的寒武纪沉积地层处于重力场由低向高的过渡地带,水洞磷矿接近西部重力高异常的边部,等值线沿东西向产生错动、扭曲,推断该处有东西向断裂构造分布。从地质图上看,区内断裂十分发育且密集分布,但从布格重力异常图上看,仅能推断 3 条断裂,其中北东向 2 条,北西向 1 条。

2. 重力推断地质构造

以本区布格重力异常图、剩余重力异常图及水平方向导数、垂直方向导数等图件为基础,以地质为先验,结合航磁等有关信息,开展重力推断地质构造。共划分出断裂构造 3 条,其中二级 1 条,三级 2 条;出露 2 条,半隐伏 1 条。圈定出侵入岩体 1 个,为隐伏;老地层 7 处;中生代盆地 8 个。

第九节　钼矿产预测重力资料应用成果

吉林省钼矿有 3 种预测类型,7 个预测工作区,包括:前撮落-火龙岭、西苇、季德屯-福安堡、大石河-尔站、刘生店-天宝山 5 个斑岩型钼矿预测工作区,预测类型为大黑山式斑岩型;天合兴斑岩型钼矿预测工作区,预测类型为天合兴式斑岩型;六道沟-八道沟矽卡岩型钼矿预测工作区,预测类型为铜山式矽卡岩型。

一、前撮落-火龙岭斑岩型钼矿预测工作区

1. 重力场特征

在区域上,预测区处于伊-舒断裂带与辉发河深断裂带之间,构造线方向以北东向为主,其次为北西向和东西向。

预测区北部八道河子—管马镇—烟筒山镇—山河镇一线,是一条由东西转向北西的重力高异常带。重力场由东向西逐步升高,在八道河子附近出现次高值,在烟筒山镇附近出现最高值。该重力高异常在二甲营村附近,与另一组北东向的重力高异常连成一体,构成半环形重力高异常带。从该带向东重力场

值逐步下降,在取柴河镇—双河镇—西阳镇—头道沟一带,是从重力高值带向重力低值带的过渡地带,前撮落钼矿处重力场值更低一些。在重力高异常与次一级重力高异常之间有一条北北西向密集梯度带,可能与北北西向构造有关。次级重力高异常主要反映中生代火山岩、侵入岩构造带的重力场特征,与之有关的矿产是钼、砷、铜、硫。东侧重力高异常则与银矿成矿有关。头道沟、五里河以东,常山镇一带,是更低的常山重力低异常带。重力低异常反映了燕山早期花岗闪长岩和二长花岗岩的重力场特征。区内新立屯、地局子铜铅锌多金属矿床位于相对重力高异常向重力低异常过渡的近南北向的梯度带上,反映了构造的控矿作用。

预测区南部有两组重力异常,即北西向的次级重力高异常和北东向的重力低异常。细林镇—铁西村一带的次级重力高异常,北西向分布,并与航磁异常的走向一致,主要反映呈北西向分布的中酸性侵入岩带。北东向的重力低异常沿走向贯穿全区,为辉发河断陷盆地的反映。在北西向次级重力高异常与北东向重力低异常的交会部位,赋存红旗岭钼镍矿床,反映出本区的构造控矿作用。

大黑山钼(铜)矿床所在区域布格重力场,是处在由取柴河—南楼山—旺起—永吉—黄榆—取柴河环形重力梯度带所围成的似圆状形态复杂的负重力异常区内。含矿岩体上大比例尺物探结果表明,大黑山式斑岩钼(铜)矿的含矿岩体上出现激电充电率、自然电位高异常,而磁、重力及视电阻率出现低异常,可作为斑岩型钼矿综合找矿标志。

2. 重力推断地质构造

以本区布格重力异常图、剩余重力异常图及水平方向导数、垂直方向导数等图件为基础,以地质为先验,结合航磁等有关信息,开展重力推断地质构造。共划分出断裂构造 27 条,其中一级 3 条,二级 11 条,三级 13 条;出露 5 条,半隐伏 22 条。圈定出侵入岩体 42 个,其中出露 23 个,半隐伏 19 个;老地层 35 处;中、新生代盆地 6 个。

二、西苇斑岩型钼矿预测工作区

1. 重力场特征

预测区内侵入岩分布面积较广,为驿马—吉林火山-岩浆构造带的组成部分,其中花岗闪长岩和二长花岗岩分布较广,空间上与钼矿化关系密切。变质岩地层及沉积地层出露面积较小,其中,新元古界西保安岩组黑云斜长变粒岩、角闪斜长片麻岩夹片岩大理岩含铁建造主要分布在北部边界附近;中志留统石缝组板岩、变质砂岩夹大理岩分布在东北部;上志留统椅山组千枚状板岩、红柱石板岩、变质砂岩、大理岩分布在东南部。

在布格重力异常图上,以中部贯穿全区的富民—新德一线北东向重力梯度带为界,西北部为重力高异常区,东南部为重力低异常区。西南部富民—南天门一线北西向重力梯度带延出区外。两条线性梯度带均为区域性断裂构造的反映。

在剩余重力异常图上,北部为重力高异常区,显示出两处局部重力高异常,主要出露有大面积的晚志留世花岗闪长岩、印支期(中三叠世)花岗闪长岩、燕山早期(中侏罗世)花岗闪长岩(二长花岗岩)。在升礼村北部区边界和营房后沟附近则出露有新元古界西保安岩组变质岩,且分别位于两处局部重力高异常中心位置。因此推断局部重力高异常为半隐伏西保安岩组变质岩引起。大面积重力低异常区为规模和延深较大的燕山期花岗闪长岩、二长花岗岩的异常反映。

西苇钼矿点为大黑山式斑岩型,产于燕山期花岗闪长岩和二长花岗岩中,位于重力低异常区内,距离富民—新德北东向、富民—南天门一线北西向两条线性梯度带即区域性断裂构造较近,并对应低缓磁异常。断裂构造及岩浆热液活动使岩体磁性明显降低，并有利成矿，是钼矿成矿的有利地段。低缓磁异常和重力低异常是钼矿找矿的综合物探标志。

2. 重力推断地质构造

以本区布格重力异常图、剩余重力异常图及水平方向导数、垂直方向导数等图件为基础，以地质为先验，结合航磁等有关信息，开展重力推断地质构造。共划分出断裂构造5条，均为三级；均为半隐伏断裂。圈定出侵入岩体3个，均为出露岩体；老地层2处。

三、天合兴斑岩型钼铜矿预测工作区

1. 重力场特征

预测区内分布有两条明显的重力梯度带。一条在西北角，北东走向，梯度带陡，向两端延出区外，与台区和槽区之间的断裂带位置吻合。另一条在中部，重力梯度带整体呈北东向，在区内从西南部到东北部走向变化为北东向—北北东向—东西向—南东向。两条重力梯度带中间为重力高异常分布区，西部宽大，向东北部变窄，异常形态与龙岗岩群杨家店岩组斜长角闪岩夹磁铁石英岩分布区基本吻合。两条重力梯度带外侧为重力低异常区，西北部重力低异常区为中生代沉积盆地的反映，东南部分布有由南向北规模依次变小的3个椭圆状重力低局部异常，整体呈北北东向，异常中心部位有早白垩世花岗斑岩岩脉出露，与3个重力低局部异常整体走向一致。

在1∶5万剩余重力异常图上，预测区内有两个南北向似椭圆状重力低异常。南部的重力低异常长13km，宽9km，异常规整均匀，其周边被重力高异常环绕；北部的重力低异常近南北向分布，呈椭圆状，长10km，宽7km，等值线圈闭完整明显，边缘为高值重力异常。地表出露岩性主要是中太古代云英闪长质片麻岩、新太古代变钾长花岗岩为主，其次有中太古界龙岗岩群杨家店岩组零星分布，区内岩浆活动强烈，中部分布有早白垩世酸性、中酸性火山熔岩、碎屑岩和花岗斑岩、石英斑岩沿南北向断裂侵入。天合兴重力低局部异常与北北东方向那尔轰、王家店（延出区外）两个规模小一半的重力低局部异常构成北北东走向的重力低异常带，分布在北北东走向长条状白垩世花岗斑岩、石英斑岩脉组成的岩带之上。天合兴钼铜矿床位于剩余重力低异常的中部，异常为半隐伏的酸性花岗质侵入岩体引起。重力低异常是含钼铜矿酸性岩体重要标志，天合兴—那尔轰北北东向重力低局部异常带是寻找斑岩型钼铜矿的有利区域。

另外有沉积变质型和热液型铁矿、磷矿、铜矿、金矿、金银矿小型矿床及矿点分布在天合兴—那尔轰—王家店重力低异常带上或边部。区内北东向、南北向、北西向断裂发育。因区内分布有杨家店岩组金、铁含矿建造，加之有多期岩浆侵入、喷发活动，又有多组断裂交会，具备了良好的成矿条件。此外，化探异常和矿产分布特征进一步指出了该预测区实属岩浆内生成矿有利地段。

椭圆状或线状重力低局部异常的边部内侧，梯度陡，椭圆状正、负磁异常过渡带零值线两侧附近，磁异常梯度带转折端低、负磁场区一侧，电法低阻高极化带的存在是铜钼矿间接找矿标志。

2. 重力推断地质构造

以本区布格重力异常图、剩余重力异常图及水平方向导数、垂直方向导数等图件为基础，以地质为先验，结合航磁等有关信息，开展重力推断地质构造。共划分出断裂构造6条，二级3条，三级3条；半隐伏6条。圈定出侵入岩体6个，其中半隐伏1个，隐伏2个；老地层6处。

四、季德屯-福安堡斑岩型钼矿预测工作区

1. 重力场特征

从1:50万布格重力异常图上可以看出,预测区内构造线方向以北东向为主,次为东西向。区内南部是重力低异常,占预测区大部分面积,与不同期次花岗岩分布是一致的。重力异常在边部梯度带分别为北东向和东西向,在太平堡附近曲线转折。在南部季德屯—龙头村一带是更低的重力低异常带,呈带状东西向展布,在福安屯附近重力低异常向北凸起,该重力低异常与航磁反映的负磁场吻合,主要反映的是印支期侵入体,季德屯大型钼矿和福安堡小型钼矿均在该异常带的边部。

预测区北部春田村—福安堡一带,是一条北东向的重力高异常带,反映了古生代基底隆起,其北西侧的北东向重力低异常带为伊-舒断裂带的反映,与航磁负异常一致。

低重力异常与低磁异常的二长花岗岩为钼矿的重要预测标志。

2. 重力推断地质构造

以本区布格重力异常图、剩余重力异常图及水平方向导数、垂直方向导数等图件为基础,以地质为先验,结合航磁等有关信息,开展重力推断地质构造。共划分出断裂构造7条,其中一级2条,二级2条,三级3条;出露2条,半隐伏5条。圈定出侵入岩体3个,均为出露岩体;老地层3处;中、新生代盆地1个。

五、大石河-尔站斑岩型钼矿预测工作区

1. 重力场特征

在剩余重力异常图上,区内重力高异常、重力低异常相间分布,走向主要有北东向、东西向,其次为北西向及等轴状。重力高异常多数分布在新元古界新兴岩组及上二叠统红山组沉积地层及其周围,说明新兴岩组及红山组隐伏在侵入岩体之下。尔站北沟东侧北东走向重力高异常西南端宽度大、强度高,北东端宽度小、强度低,地表分布有海西期中酸性侵入岩体,推断为古生代隐伏基底隆起引起的异常。区内重力低异常主要为燕山期中酸性侵入岩体引起。

大石河钼矿床处于本区南部大石河附近重力高异常与重力低异常过渡带上。重力低局部异常呈椭圆状,东西走向。重力高局部异常西宽东窄,长约20km,宽约6.5km,地表有新元古界新兴岩组变质砂岩、板岩零星出露。推断重力高局部异常为半隐伏的新元古界新兴岩组引起,重力低局部异常为半隐伏燕山期酸性侵入体引起。

通过对大石河大型斑岩型钼矿典型矿床地质-地球物理找矿模型研究可知,大石河大型斑岩型钼矿产于燕山期酸性侵入体中,具有重力低、磁力低异常特征,为本区斑岩型钼矿找矿标志。因此,本区具有"燕山期酸性侵入体、重力低、磁力低"三项特征的地段即可作为寻找钼矿的靶区。

2. 重力推断地质构造

以本区布格重力异常图、剩余重力异常图及水平方向导数、垂直方向导数等图件为基础,以地质为先验,结合航磁等有关信息,开展重力推断地质构造。共划分出断裂构造15条,二级12条,三级3条;出露6条,半隐伏9条。圈定出侵入岩体12个,其中出露9个,半隐伏3个;老地层13处。

六、刘生店-天宝山斑岩型钼矿预测工作区

1. 重力场特征

在区域布格重力异常图上，预测区位于两江镇—和龙东西向重力高异常的北部，黄松甸镇—额穆镇重力高异常带的南东侧，西部是老金厂重力高异常。

区内重力场由重力高异常向重力低异常过渡带和重力低异常带构成。北部的江源镇、大石头镇、亮兵镇、石门镇、三道弯镇一带，处于高、低重力异常过渡带上，曲线走向多为北东向，在安图县以东重力场值略有上升。预测区南部重力场值更低，出现一条东西向的重力低异常带，长约105km，宽30～35km，部分延出预测区以外，东端向南弯曲，构造线方向主要是东西向和北西向。

预测区北部重力场特征为敦-密深断裂带和区域性断裂（如石门-天桥岭等断裂）及海西期—燕山期侵入岩和中—新生代喷出岩。南部重力场特征主要与华北陆块北缘东段的富尔河、古洞河断裂的控制作用有关。

在剩余重力异常图上，区内北西部重力低异常带呈北东走向，斜穿本区，位于敦-密断陷盆地之上，南部近东西向、北西向重力低异常带与华北陆块北缘东段的海西期及燕山期酸性岩浆岩带有关。重力高异常带与新元古代、古生代变质和沉积地层分布关系密切。

通过对刘生店斑岩型钼矿床、天宝山矿区东风北山热液脉型钼矿床典型矿床地质-地球物理找矿模型研究可知，刘生店斑岩型钼矿床围岩为燕山早期二长花岗斑岩和二长花岗岩，矿体主要赋存于石英-绢云母化带中，围岩蚀变形态控制钼矿体产状。而构造蚀变带及晚古生代火山岩与斑状二长花岗岩、花岗闪长岩接触带附近矽卡岩等，为天宝山矿区东风北山热液脉型钼矿床找矿标志。钼矿床位于局部高磁异常向低磁异常、局部重力低异常向重力高异常过渡部位，该部位一般有线性梯度带出现，与断裂构造有关，起到控矿作用。

2. 重力推断地质构造

以本区布格重力异常图、剩余重力异常图及水平方向导数、垂直方向导数等图件为基础，以地质为先验，结合航磁等有关信息，开展重力推断地质构造。共划分出断裂构造29条，其中一级5条，二级13条，三级11条；出露10条，半隐伏19条。圈定出侵入岩体45个，出露22个，其中半隐伏19个，隐伏1个；老地层32处；中、新生代盆地4个。

七、六道沟-八道沟矽卡岩型钼矿预测工作区

1. 重力场特征

在1:5万区域地质图上，预测区内东部被一片很大的新生代玄武岩所覆盖，中部以古生代、中生代沉积地层为主，中南部出露有东西向分布的古元古界大栗子岩组、早古生代灰岩，西部、南部中朝边境内侧主要分布有中生代晚期花岗岩岩体。

在1:5万布格重力异常图上，预测区编图范围内以西全部为负重力场区，北东部以相对重力高异常分布区为背景，该背景上分布有3处明显的局部重力高异常，各自强度比较接近，走向分别为北东东

向、北西向及等轴状。其中以东西向为主,主要分布在靠近南部重力低异常区的北侧。

重力低异常分布区有两处,一处在南部,八道沟—宝泉山一线东西向梯度带以南,向南延至中朝国界。梯度带较宽且平直,在预测区东南角十二道沟东部出现重力最低值,其中心在预测区东南角外侧。另一处在六道沟北西部,整体呈北西向,向西延至中朝国界,异常中心分布有呈北东东向的椭圆状重力低局部异常。

在1:5万剩余重力异常图上,异常特征简单、清晰,从南到北,重力低异常带与重力高异常带相间分布。重力高异常带共有两条,宽度比较接近,约6.7km,南部的一条呈东西走向,地表出露有古元古界大栗子岩组和寒武纪、奥陶纪灰岩地层,推断异常与元古宙基底隆起有关。北部的一条呈北西西走向重力高异常,地表出露有奥陶纪灰岩,推断异常与早古生代基底隆起有关。重力低异常区与燕山期花岗岩分布区相对应。

从本区矽卡岩型铜钼矿及重、磁场特征综合分析,矿床产于燕山期花岗岩体与早古生代灰岩地层接触带的矽卡岩中,燕山期花岗岩体表现为重力低异常、中等磁异常,早古生代灰岩地层表现为重力高异常、低磁异常或负磁异常,接触带对应重力异常梯度带、磁异常梯度带或出现蚀变带磁异常,据此确定矽卡岩型铜钼矿预测靶区。

2. 重力推断地质构造

以本区布格重力异常图、剩余重力异常图及水平方向导数、垂直方向导数等图件为基础,以地质为先验,结合航磁等有关信息,开展重力推断地质构造。共划分出断裂构造4条,其中二级2条,三级2条;出露1条,半隐伏3条。圈定出侵入岩体3个,其中出露1个,半隐伏2个;老地层6处;中、新生代盆地3个。

第十节　镍矿产预测重力资料应用成果

吉林省镍矿有两种预测类型,共9个预测工作区。包括:红旗岭、双凤山、川连沟-二道岭子、漂河川、大山咀子、六颗松-长仁6个基性—超基性岩浆熔离-贯入型镍矿预测工作区,预测类型为红旗岭式基性—超基性岩浆熔离-贯入型;赤柏松-金斗、大肚川-露水河2个基性—超基性岩浆熔离-贯入型镍矿预测工作区,预测类型为赤柏松式基性—超基性岩浆熔离-贯入型;荒沟山-南岔沉积变质型镍矿预测工作区,预测类型为杉松岗式沉积变质型。

一、红旗岭基性—超基性岩浆熔离-贯入型镍矿预测区

1. 重力场特征

预测区处于辉发河深大断裂的北侧,团林镇—黑石镇—桦甸重力低异常带贯穿全区。南部是板石河—松山镇重力高异常带,在黑石镇附近形成向北凸起伸入预测区。预测区的北部是烟筒山—官马镇北西向重力高异常带南部边界,在三道岗附近呈舌状伸入区内。

在1:5万布格重力异常图上,梯度带走向主要有两组,即北东向和北西向,北东向规模大,分布于南部和北部,主要反映辉发河深大断裂。北西向梯度带分布于细林镇、红旗岭附近,反映北西向断裂构

造,区内红旗岭岩体群的分布与红旗岭一带的重力高异常吻合,该重力高异常大体呈北东向分布,北部的三道岗出现重力高异常中心。区内重力高异常是区外大面积重力高异常的延续部分。红旗岭基性—超基性岩体分布在重力高异常的边部或重力异常梯度带上。

在1∶5万剩余重力异常图上,红旗岭重力高异常可分为3个局部异常:红旗岭重力高异常,呈等轴状;细林镇重力高异常,呈北西向的带状;三道岗重力高异常,呈等轴状。红旗岭、三道岗重力高异常反映下古生界寒武系—奥陶系的变质岩。细林—茶尖岭重力高异常反映上古生界二叠系的沉积岩。同时,在剩余重力异常图上,北东向、北西向构造线的反映更清晰。

2. 重力推断地质构造

以本区布格重力异常图、剩余重力异常图及水平方向导数、垂直方向导数等图件为基础,以地质为先验,结合航磁等有关信息,开展重力推断地质构造。共划分出断裂构造13条,其中一级4条,二级5条,三级4条;出露5条,半隐伏8条。圈定出侵入岩体13个,其中出露5个,半隐伏6个;老地层15处;中、新生代盆地5个。

二、双凤山基性—超基性岩浆熔离-贯入型镍矿预测工作区

1. 重力场特征

在区域布格重力异常图上,区内重力场特征是"两重力高夹一重力低"。预测区北部重力高异常分布于康大营镇—磐石市一带。该重力高异常面积较小,总体方向为北西向,中心部位近南北向,重力高异常在区内部分呈北西向分布,梯度带较为密集。在剩余重力异常图上,北西向梯度带更密集,并出现两个局部重力高异常。

区内南部重力高异常是区域上较大面积重力高异常的边部,呈舌状延伸至预测区内。该重力高异常东西向分布于辽源的安石镇—渭津镇一带,在区内梯度带走向由近东西向转为北西向,梯度带不够密集。在区域剩余重力异常图上,梯度带曲线密度增加,并出现北西向的局部重力高异常,反映了浅部的地质信息。

区内北西向的重力低异常带,断裂迹象明显,与从区内通过的辉南-伊通断裂吻合,应是该断裂的一部,其两侧有基性—超基性岩分布,是本区重要控岩构造之一。

2. 重力推断地质构造

以本区布格重力异常图、剩余重力异常图及水平方向导数、垂直方向导数等图件为基础,以地质为先验,结合航磁等有关信息,开展重力推断地质构造。共划分出断裂构造2条,二级1条,三级1条;半隐伏2条。圈定出侵入岩体8个,其中出露3个,半隐伏3个,隐伏2个;老地层2处。

三、川连沟-二道岭子基性—超基性岩浆熔离-贯入型镍矿预测工作区

1. 重力场特征

预测区位于大黑山条垒南端。从1∶50万区域布格重力异常图上可看出,区内重力曲线走向总体

呈北东向。但从局部看,曲线走向较凌乱,在孟家岭一带,曲线走向近南北。在剩余重力异常图上,走向形态和布格异常图基本一致,但细节更清晰。主要反映了浅部的地质信息。在南部叶赫—山门一带表现为北东向的重力高异常,重力值高于北部,曲线规律性更强。在剩余重力异常图上可以看到,不仅突出了重力高异常,也突出了重力低异常,如东侧的重力低异常与北部的重力低异常对应起来。重力高异常主要反映了古生代基底隆起,山门镍矿产于该带中。

2. 重力推断地质构造

以本区布格重力异常图、剩余重力异常图及水平方向导数、垂直方向导数等图件为基础,以地质为先验,结合航磁等有关信息,开展重力推断地质构造。共划分出断裂构造1条,其中一级1条;出露1条。圈定出侵入岩体1个,为出露岩体;老地层3处;中、新生代盆地1个。

四、漂河川基性—超基性岩浆熔离-贯入型镍矿预测工作区

1. 重力场特征

在1:5万布格重力异常图上,北东向区域性密集重力梯度带从预测区通过,梯度带向北延出预测区至大山咀子附近,主要反映了敦-密断裂带的重力场特征。敦-密断裂带的东侧,是敦化重力低异常,走向为北东东,异常规模约15km×40km。在异常范围内有3个局部异常,分别呈北东向和东西向分布。在敦-密断裂带西侧,分布3个重力异常,分别是二道甸子重力高异常、漂河川重力高异常及小南沟重力高异常。漂河川重力高异常呈东西向分布,二道甸子、小南沟重力高异常呈北西向分布。在1:50万剩余重力异常图上,重力异常细节更清晰,如漂河川重力高异常北侧梯度带密集,并有局部异常出现,二道甸子重力高异常近东西向分布。本区重力高异常反映了古生代地层的隆起。区内的镍矿床或矿点均分布于重力高异常的边缘或重力梯度带上。

2. 重力推断地质构造

以本区布格重力异常图、剩余重力异常图及水平方向导数、垂直方向导数等图件为基础,以地质为先验,结合航磁等有关信息,开展重力推断地质构造。共划分出断裂构造12条,其中一级5条,二级2条,三级5条;出露5条,半隐伏7条。圈定出侵入岩体16个,其中出露10个,半隐伏6个;老地层16处;中、新生代盆地3个。

五、大山咀子基性—超基性岩浆熔离-贯入型镍矿预测工作区

1. 重力场特征

在1:50万区域布格重力异常图上,重力异常呈现两侧偏高、中间低的特点,即在大山咀子一带为一条北东向的重力低异常,异常带两侧重力值升高。在1:50万的剩余重力异常图上,该特点更明显。重力低异常反映了敦-密断裂带形成的断陷盆地。重力高异常反映了老地层、隆起北侧的重力高异常反映了中元古代变质岩及二叠系,而南侧的重力高异常反映了晚古生代变质岩地层隆起。

2. 重力推断地质构造

以本区布格重力异常图、剩余重力异常图及水平方向导数、垂直方向导数等图件为基础，以地质为先验，结合航磁等有关信息，开展重力推断地质构造。共划分出断裂构造5条，其中一级2条，二级1条，三级2条；出露5条。圈定出老地层8处；中、新生代盆地1个。

六、六颗松-长仁基性—超基性岩浆熔离-贯入型镍矿预测工作区

1. 重力场特征

区内重力场大体分为3部分，北部是一条明显的重力低值带沿北西向分布，与预测区外的东西向重力低异常带连成一体，主要反映了沿深大断裂侵入的构造岩浆岩带。中部是近东西向分布的重力高异常带，重力高异常带北侧呈北西向分布重力低异常在其边部北西向梯度带密集分布，反映了北西向的深大断裂。重力高异常主要反映了新太古代变质岩的重力场特征。

预测区南部沿东西向分布的重力低异常与区外大面积重力低异常相连，反映了海西期和燕山期侵入岩的重力场。从区内重力场梯度走向看，应存在北西向、北东向、东西向3组断裂。

2. 重力推断地质构造

以本区布格重力异常图、剩余重力异常图及水平方向导数、垂直方向导数等图件为基础，以地质为先验，结合航磁等有关信息，开展重力推断地质构造。共划分出断裂构造13条，其中一级1条，二级6条，三级6条；出露4条，半隐伏9条。圈定出侵入岩体15个，其中半隐伏7个，隐伏8个；老地层12处；中、新生代盆地4个。

七、赤柏松-金斗基性—超基性岩浆熔离-贯入型镍矿预测工作区

1. 重力场特征

从布格重力异常图上可见，预测区重力场呈"两低一高"的特征，即南北低、中部高。北部的三棵榆树重力低异常走向为北北东向，两侧梯度带走向为北东向。南部大泉源重力低异常走向为东西向，其南侧梯度带延出预测区，出现强度最低值。南、北重力低异常为中生代断陷盆地的反映，并且南部面积略大于北部。

预测区中部的重力高异常呈东西向分布，在英额布以东变宽，在平面上呈"人"字形，与西部重力高异常及东部快大茂子—通化重力高异常连成一体，为两重力高异常的降低部分。在区域剩余重力异常图上，"人"字形重力高异常显得更突出。重力高异常反映了隆起带，主要是鞍山岩群四道砬子河岩组变质岩。区内的赤柏松铜镍矿、新安铜镍矿和金斗镍矿均处于重力低异常向重力高异常过渡的北西向梯度带上。

2. 重力推断地质构造

以本区布格重力异常图、剩余重力异常图及水平方向导数、垂直方向导数等图件为基础，以地质为

先验,结合航磁等有关信息,开展重力推断地质构造。共划分出断裂构造5条,二级5条;出露3条,半隐伏2条。圈定出侵入岩体9个,其中半隐伏5个,隐伏4个;老地层4处;中、新生代盆地3个。

八、大肚川-露水河基性—超基性岩浆熔离-贯入型镍矿预测工作区

1. 重力场特征

预测区东部重力低异常与区域上东西向重力低异常连为一体。该异常长约110km,宽30～35km。预测区内异常梯度带呈北西向分布。重力低异常带与北西向及近东西向分布的大断裂有关,主要反映了海西期酸性侵入岩体的分布特征。预测区西部是老金厂重力高异常,平面形态在区内近等轴状,等值线在区内近于环状,向西经红石镇延至区外。老金厂重力高异常反映了太古宙变质基底的隆起。区内东南部有一个次一级的重力高异常,走向近东西,与区外重力高异常相连。

预测区南部有一处明显的重力低异常,呈舌状近南北向分布。异常的最低值部分在区内边部,形态近等轴状,重力低异常附近全部被玄武岩覆盖并有几处火山口分布,推断该重力低异常为火山机构引起。

2. 重力推断地质构造

以本区布格重力异常图、剩余重力异常图及水平方向导数、垂直方向导数等图件为基础,以地质为先验,结合航磁等有关信息,开展重力推断地质构造。共划分出断裂构造16条,其中一级3条,二级4条,三级9条;出露3条,半隐伏13条。圈定出侵入岩体14个,其中出露4个,半隐伏7个,隐伏3个;老地层20处;中、新生代盆地3个。

九、荒沟山-南岔沉积变质型镍矿预测工作区

1. 重力场特征

从区域布格重力异常图上可以看出,区内构造线方向受鸭绿江大断裂和本溪-浑江断裂的影响,主要为北东向分布。

区内明显的重力低异常有3处,一是红土崖-石人镇重力低异常,北东向分布,异常形态两端大,中间细,呈哑铃状,其中北东端更低,该异常反映了中生代断陷盆地的重力场特征。二是东侧的青沟里重力低异常,异常范围较小,近东西向分布,该异常与草山岩体吻合,反映了酸性侵入岩体的重力场特征。值得注意的是,草山岩与老秃顶子岩体岩性相同,都处于不同的重力场,老秃顶子岩体处于高级梯度带上,说明二者在物质成分上有差别。三是预测区东部的干沟子重力低异常,异常中心在区外闹枝镇附近,区内部分位于异常边部梯度带上,异常反映了闹枝中生代断陷盆地。

本区重力高异常有2处,其余为次级重力高异常或重力高异常过渡地带。一处重力高异常位于北部,即通化—大安—六道江重力高异常带上,为通化重力高异常的次级异常,异常带反映了新元古代、古生代地层局部隆起。

预测区南部重力高异常位于七道沟—临江一带呈北东向沿江分布,异常带反映了新元古代、中元古代的地层重力场特征。本区处于荒沟山多金属成矿带上,区内矿床、矿点密集分布于重力高异常,重力高梯度带或次级重力高异常上。

2. 重力推断地质构造

以本区布格重力异常图、剩余重力异常图及水平方向导数、垂直方向导数等图件为基础，以地质为先验，结合航磁等有关信息，开展重力推断地质构造。共划分出断裂构造7条，其中一级1条，二级3条，三级3条；出露4条，半隐伏3条。圈定出侵入岩体8个，其中半隐伏6个，隐伏2个；老地层12处；中生代盆地6个。

第十一节 铬矿产预测重力资料应用成果

吉林省铬矿只有一种预测类型，共3个预测工作区，即小绥河、开山屯、头道沟侵入岩浆型铬矿预测工作区，预测类型为小绥河式侵入岩浆型。

一、小绥河侵入岩浆型铬矿预测工作区

1. 重力场特征

在剩余重力异常图上，古生代地层、超基性岩体及基底隆起引起的北东走向重力高异常带贯穿本区，异常轴部位于伊-舒断陷盆地东南侧附近，小绥河超基性岩体上出现异常最大值。小绥河超基性岩体磁异常和吉C1-1959-100航磁异常均位于其轴部之上。伊-舒岩石圈断裂带为重要的基性—超基性岩浆上涌通道，即控岩构造，其次一级构造往往是控矿构造。该重力高异常带是寻找半隐伏超基性岩带及与其有密切关系的铬铁矿产的有利地带。西北部伊-舒盆地和东南部中侏罗世花岗闪长岩、二长花岗岩分布区表现为重力低场区特征。

2. 重力推断地质构造

以本区布格重力异常图、剩余重力异常图及水平方向导数、垂直方向导数等图件为基础，以地质为先验，结合航磁等有关信息，开展重力推断地质构造。共划分出断裂构造2条，其中一级1条，三级1条；出露1条，半隐伏1条。圈定出侵入岩体4个，其中半隐伏3个，隐伏1个；老地层1处；中、新生代盆地1个。

二、开山屯侵入岩浆型铬矿预测工作区

1. 重力场特征

预测区处于和龙地块北缘的陆缘活动带上，褶皱、断裂构造发育。断裂主要有东西向、南北向、北西向及北东向断裂。

在区域布格重力异常图上，预测区中部是一条近南北向的梯度带，其东部彩绣洞附近是一条近南北向的重力高异常。南北向梯度带西部是一条平行的重力低值带。预测区南部是一条近东西向的梯度带。从梯度带走向看，区内断裂主要是南北向和东西向，并且规模较大，延伸较长，分别延出预测区。区内金矿分布在断裂东侧开山屯附近的重力高异常上，反映了下二叠统大蒜沟组、中二叠统庙岭组。由此

可以看出,金矿的形成主要受断裂和地层控制。断裂西侧的重力低值区,反映了智新镇附近的中生代沉积盆地及其南部的中生代火山岩、燕山期酸性岩体的分布。

在剩余重力异常图上,区内重力场主要由东部靠近中朝边境的北北东走向的波状起伏重力高异常带及其西侧的近南北走向的重力低异常带组成。含小型铬铁矿的超基性岩体及其南部超基性岩体、北部的基性岩体均分布在重力高异常带的最强局部异常之上。该局部重力异常近等轴状,宽约9km,与超基性岩体有关的航磁异常分布其上,"重、磁同高"区域是寻找含铬铁矿超基性岩体的有利区域。

2. 重力推断地质构造

以本区布格重力异常图、剩余重力异常图及水平方向导数、垂直方向导数等图件为基础,以地质为先验,结合航磁等有关信息,开展重力推断地质构造。共划分出断裂构造3条,其中一级1条,二级1条,三级1条;出露1条,半隐伏2条。圈定出侵入岩体5个,其中出露2个,半隐伏2个,隐伏1个;老地层7处;中、新生代盆地3个。

三、头道沟侵入岩浆型铬矿预测工作区

1. 重力场特征

在区域布格重力异常图上,预测区处于山河镇—烟筒山重力高异常的东侧,其边部梯度带走向为北西向。北部是双阳—吉林北东向的重力高异常带,两处重力高异常反映了晚古生代基低隆起。预测区处在重力高异常向重力低异常的过渡带上,区外重力场值升高,两者有明显的差异。区内重力场主要反映了大面积分布的中生代火山岩及中酸性侵入岩的重力低异常特征。在区域剩余重力异常图上双河镇—头道沟一带有两个局部重力高异常,反映了古生代地层的重力场特征,头道沟和芹菜沟超基性岩体位置与重力高异常吻合。撮落屯附近的重力低异常反映了赋存大黑山式钼矿的花岗岩体。

超基性岩分布在重力高异常或其梯度带上,同时表现为高磁异常。重、磁场结合是寻找超基性岩的有效方法。

2. 重力推断地质构造

以本区布格重力异常图、剩余重力异常图及水平方向导数、垂直方向导数等图件为基础,以地质为先验,结合航磁等有关信息,开展重力推断地质构造。共划分出断裂构造3条,其中二级3条,半隐伏3条。圈定出侵入岩体7个,其中出露5个,半隐伏1个,隐伏1个;老地层5处。

第十二节　银矿产预测重力资料应用成果

吉林省银矿有8种预测类型,共9个预测工作区。包括:山门热液型银矿预测工作区,预测类型为山门式热液型;民主屯火山热液型银矿预测工作区,预测类型为民主屯式火山热液型;热闹-青石热液改造型银矿预测工作区,预测类型为西岔式热液改造型;梨树沟-红太平火山岩型银矿预测工作区,预测类型为红太平式火山岩型;天宝山火山岩型银矿预测工作区,预测类型为红太平式火山岩型;西林河岩浆热液型银矿预测工作区,预测类型为西林河式岩浆热液型;百里坪岩浆热液型银矿预测工作区,预测类型为百里坪式岩浆热液型;上甸子-七道岔热液充填型银矿预测工作区,预测类型为刘家堡子-狼洞沟式热液充填型;八台岭-孤甸子构造蚀变岩型银矿预测工作区,预测类型为八台岭式构造蚀变岩型。

一、山门热液型银矿预测工作区

1. 重力场特征

预测区位于大黑山条垒的南端,在1∶5万布格重力异常图上,区内处于向重力高异常的过渡地带,即从北东向南西,重力场幅值在逐步降低,并且曲线规律性不够明显,梯度带走向近东西向,并且曲线向北突起。区内有3处局部重力高异常,即北部的郭家店附近的重力高异常,四平市川重力高异常和山门镇—叶赫重力高异常。前2处规模较小,山门—叶赫重力高异常范围较大。该重力高异常处于预测区最南端,形态近等轴状,南、北两侧梯度带大体平行,为近东西向或北东东向,东侧梯度带呈北东向,局部为向东突起的重力高异常。山门重力高异常为奥陶系黄莺屯组、西保安组(1∶25万地质图上西保安组为新元古代)和花岗闪长岩、闪长岩、石英闪长岩等地质体的综合反映。该处成矿条件有利,有已知的大型山门银矿和山门镍矿(小型)。

在1∶5万剩余重力异常图上不同方向重力高异常或重力低异常清晰,如预测区东部叶赫—石岭镇重力低异常,四平市附近的重力低异常近南北向分布,与区外连成一片。

山门银(金)矿位于石岭—叶赫梯度带北西侧太平屯早古生代地层引起的重力高异常上。1∶5万航磁异常图上显示出在一较复杂高磁异常区内,以一条北北东向分布低磁异常带为特征,其南东侧与伊-舒断裂带低磁异常带相邻。北东向重力高异常、磁异常带及附近重、磁异常梯度带为本区银矿成矿带预测标志。

2. 重力推断地质构造

以本区布格重力异常图、剩余重力异常图及水平方向导数、垂直方向导数等图件为基础,以地质为先验,结合航磁等有关信息,开展重力推断地质构造。共划分出断裂构造6条,其中一级2条,二级2条,三级2条;出露2条,半隐伏4条。圈定出侵入岩体10个,其中出露2个,半隐伏5个,隐伏3个;老地层10处;中、新生代盆地3个。

二、民主屯火山热液型银矿预测工作区

1. 重力场特征

在1∶50万布格重力异常图上,预测区处于烟筒山—山河镇重力高异常带的东部,重力高异常的走向近南北,重力高异常边部取柴河—大岗子附近是一组北北西向密集的重力梯度带,梯度带以东重力场值降低。重力高异常面积较大,主要反映了晚古生代的基底隆起,本区民主屯银矿位于重力高异常东部边缘梯度带附近。预测区的南部和北部同样处于重力高异常带上,北部重力高异常走向北东向,为伊-舒断裂带的东南侧边缘。预测区南部重力高异常走向近东西向。3处重力高异常在区域上连成一体,成为一处面积较大的重力高异常带。

区内重力场有自东向西逐步降低的趋势。在取柴河—双河镇—西阳—五里河一带,处于重力场值降低的地带,但重力场值仍高于常山镇一带。该地带侏罗纪中酸性侵入岩及火山岩分布区,对多金属成矿十分有利,赋存有大黑山钼矿、倒木河砷多金属矿、头道沟硫铁矿、锅盔顶子铜矿等金属矿产。

预测区东部常山镇一带,向北至大顶子村,向南至预测区边界,除局部重力高异常外,是大面积的重力低异常,向东、向南均延出预测区。重力低异常与大面积出露的侏罗纪花岗岩体有关,反映了中酸性

侵入岩体的重力场特征。

盘-双接触带北部的重力高异常为余富屯组中酸性火山岩夹灰岩的反映，重力低异常为中、新生代火山盆地分布区。低重力异常、中等强度磁异常及重、磁异常梯度带为该区火山热液型银矿床的物探预测标志。

2. 重力推断地质构造

以本区布格重力异常图、剩余重力异常图及水平方向导数、垂直方向导数等图件为基础，以地质为先验，结合航磁等有关信息，开展重力推断地质构造。共划分出断裂构造10条，二级4条，三级6条；半隐伏10条。圈定出侵入岩体20个，其中出露13个，半隐伏6个；老地层21处；中、新生代盆地3个。

三、热闹-青石热液改造型银矿预测工作区

1. 重力场特征

预测区西北部江甸—老房沟一线以西，为高背景的正磁异常分布区，地表出露有新太古代变质二长花岗岩，晚三叠世二长花岗岩，早白垩世碱长花岗岩，上侏罗统果松组安山岩、凝灰岩、砂岩，另有规模较小的石英闪长岩及超基性岩脉出露。

在重力异常图上，区内重力高异常带与重力低异常带相间分布，但在西部和东部异常带走向明显不同。大东岔—果松一线以西，重力高异常带与重力低异常带呈东西走向，沿南北相间排列，重力高异常带与大面积分布的古元古界蚂蚁河岩组、大东岔岩组、荒岔沟岩组及新元古代南华纪地层关系密切；大东岔—果松一线以东，重力高异常带与重力低异常带呈北东走向，沿北西-南东方向相间排列，重力高异常带与大面积分布的蚂蚁河岩组、大东岔岩组及规模较小的荒岔沟岩组关系密切。其中望江—关门砬子一带的重力高异常带分布区地表主要出露果松组安山岩、凝灰岩、砂岩地层，推断为隐伏的元古宙基底隆起引起。重力低异常带与燕山晚期酸性侵入体及中、新生代沉积盆地有关。

太古宙变质岩地层中有部分基性—超基性岩出露，重力高异常、高磁异常是寻找与基性—超基性岩有关的铜镍矿产的有利地段。

古元古界集安岩群荒岔沟岩组内靠近燕山期中酸性侵入体一侧，即重力高异常与重力低异常过渡带的重力高异常一侧，磁力高异常与磁力低异常、负磁异常过渡带的低磁异常一侧，是热液改造型银矿、沉积变质型硫矿成矿有利部位。

2. 重力推断地质构造

以本区布格重力异常图、剩余重力异常图及水平方向导数、垂直方向导数等图件为基础，以地质为先验，结合航磁等有关信息，开展重力推断地质构造。共划分出断裂构造12条，其中一级2条，二级3条，三级7条；出露4条，半隐伏8条。圈定出侵入岩体14个，其中出露2个，半隐伏10个，隐伏2个；老地层9处；中、新生代盆地1个。

四、梨树沟-红太平火山岩型银矿预测工作区

1. 重力场特征

在重力异常图上，区内重力高异常带与重力低异常带以北东方向展布为主，重力高异常带与重力低

异常带相间分布。重力高异常带多数与二叠系庙岭组砂岩夹有薄层灰岩透镜体,砂岩、板岩夹厚层灰岩透镜体、火山碎屑岩、凝灰岩出露范围有关。少数重力高异常带与新元古代万宝岩组、杨木岩组变质岩石关系密切。这说明本区重力高异常带主要为古生代基底隆起所致。本区重力低异常带与燕山期酸性侵入体、三叠纪以来的火山岩分布区关系密切。

上二叠统庙岭组火山碎屑岩、凝灰岩以及构造破碎带为银(铜)多金属成矿有利地段。上二叠统庙岭组火山岩具有重力高异常、磁力高异常特征,燕山期中酸性侵入体具有重力低异常和相当磁力低异常特征,这种地质及重、磁组合异常特征是红太平式火山岩型银矿的找矿标志。

2. 重力推断地质构造

以本区布格重力异常图、剩余重力异常图及水平方向导数、垂直方向导数等图件为基础,以地质为先验,结合航磁等有关信息,开展重力推断地质构造。共划分出断裂构造 13 条,二级 6 条,三级 7 条;出露 4 条,半隐伏 9 条。圈定出侵入岩体 10 个,其中出露 8 个,半隐伏 2 个;老地层 25 处;中、新生代盆地 7 个。

五、天宝山火山岩型银矿预测工作区

1. 重力场特征

在区域布格重力异常图上,预测区位于两江镇—和龙东西向重力高异常的北部,黄松甸镇—额穆镇重力高异常带的南东侧,西部是老金厂重力高异常。

区内重力场由重力高异常向重力低异常过渡带和重力低异常带构成。北部的江源镇—大石头镇—亮兵镇—石门镇—三道弯镇一带,处于重力异常过渡带上,曲线走向多为北东向。在安图县以东重力场值略有上升。

预测区南部重力场值更低,出现一条东西向的重力低异常带,长约 105km,宽 30~35km,部分延出预测区以外,东端向南弯曲。构造线方向主要是东西向和北西向。南部重力场特征主要与华北陆块北缘东段的富尔河、古洞河断裂的控制作用有关。预测区北部重力场特征取决于敦-密深断裂和区域性断裂(如石门-天桥岭等断裂)的影响及海西期—燕山期侵入岩和中—新生代喷出岩的影响。

在剩余重力异常图上,区内北西部重力低异常带呈北东走向,斜穿本区,位于敦-密断陷盆地之上,南部近东西向、北西向重力低异常带与华北陆块北缘东段的海西期及燕山期酸性岩浆岩带有关。重力高异常带与新元古代、古生代变质和沉积地层分布关系密切。

通过对刘生店斑岩型钼矿床、天宝山矿区东风北山热液脉型钼矿床典型矿床地质-地球物理找矿模型研究可知,构造蚀变带及晚古生代火山岩与斑状二长花岗岩、花岗闪长岩接触带附近矽卡岩等,为天宝山银多金属矿床找矿标志。矿床位于局部高磁异常向低磁异常、局部重力低异常向重力高异常过渡部位,该部位一般有线性梯度带出现,与断裂构造有关,起控矿作用。

2. 重力推断地质构造

以本区布格重力异常图、剩余重力异常图及水平方向导数、垂直方向导数等图件为基础,以地质为先验,结合航磁等有关信息,开展重力推断地质构造。共划分出断裂构造 29 条,其中一级 5 条,二级 13 条,三级 11 条;出露 10 条,半隐伏 19 条。圈定出侵入岩体 45 个,其中出露 22 个,半隐伏 21 个,隐伏 2 个;老地层 32 处;中、新生代盆地 4 个。

六、西林河岩浆热液型银矿预测工作区

1. 重力场特征

在重力异常图上,区内西部、北部双阳、东部片砬子分布有 3 处片状重力高异常。西部重力高异常强度相对较低,北部双阳、东部片砬子两处异常相对较高。中部偏东位置白河—白河岗一线分布有一条强度不高的北北西走向线状重力高异常,并与北部双阳附近片状重力高异常相连。

重力低异常主要有 3 处,在北部边界的沿江和江南两处重力低异常在区内面积较小,南部西林河林场—白河岗一线分布有一规模较大的、总体呈北西走向的重力低异常区,其上有 3 处局部重力低异常,走向有南北向、东西向、北西向。南部较大规模的重力低异常区主要对应大面积新生界满江组玄武岩、新太古代变质二长花岗岩及出露面积不大的上三叠统托盘沟组流纹岩、流纹质角砾凝灰岩分布区。

北部边界的沿江和江南两处重力低异常区主要与中、新生代正常沉积、火山沉积及印支期、燕山期半隐伏酸性侵入体关系密切。

重力高异常区(带)主要与新太古代变质二长花岗岩,古元古界蚂蚁河岩组、荒岔沟岩组、张三沟岩组、东方红岩组等老地层有关。

西林河岩浆热液型银矿床位于北东走向线性局部正异常带东侧,北东走向长轴较短的局部负磁异常中。负异常带推断为北东走向的控矿断裂,正异常带推断为燕山期中酸性侵入岩体引起,与西林河银矿的形成关系密切,为银矿形成提供热源。在重力异常图上,矿床处重力低异常中。矿体赋存在珍珠门岩组大理岩与太古宙花岗质糜棱岩接触带。因此,西林河岩浆热液型银矿床地球物理找矿标志为重力低异常、磁力低异常。

2. 重力推断地质构造

以本区布格重力异常图、剩余重力异常图及水平方向导数、垂直方向导数等图件为基础,以地质为先验,结合航磁等有关信息,开展重力推断地质构造。共划分出断裂构造 7 条,其中一级 1 条,三级 6 条;出露 1 条,半隐伏 6 条。圈定出侵入岩体 1 个,为隐伏岩体;老地层 4 处;中、新生代盆地 2 个。

七、百里坪岩浆热液型银矿预测工作区

1. 重力场特征

在重力异常图上,区内南部、北部各有一条重力高异常带沿东西走向分布,中间以东西走向的重力低异常带相隔。北部重力高异常带的沙金沟以东部分,地表局部出露有规模不大的新太古界鸡南岩组、官地岩组变质岩,推断该异常段为半隐伏的新太古界鸡南岩组、官地岩组变质岩引起。长兴林场以西部分重力高异常段推断为早古生代基底隆起及海西期石英闪长岩、英云闪长岩的反映。南部重力高异常带与半隐伏、隐伏的海西期石英闪长岩、英云闪长岩等中性岩体有关。两条重力高异常带之间及外侧的重力低异常带与海西期、印支期及燕山期侵入岩体分布有关。

百里坪岩浆热液型银矿床处在中部重力低异常带之上四○二工队局部低异常与南部重力高异常带之上杨树沟局部重力高异常之间的过渡带上。该类型矿床一般处于重力高异常与重力低异常、磁力低异常与磁力高异常的过渡带上,与接触带或断裂构造关系密切,这种重、磁异常特征可作为该岩浆热液型银矿床的地球物理找矿标志。

2. 重力推断地质构造

以本区布格重力异常图、剩余重力异常图及水平方向导数、垂直方向导数等图件为基础，以地质为先验，结合航磁等有关信息，开展重力推断地质构造。共划分出断裂构造10条，二级5条，三级5条；出露2条，半隐伏8条。圈定出侵入岩体10个，其中出露1个，半隐伏8个，隐伏1个；老地层8处。

八、上甸子-七道岔热液充填型银矿预测工作区

1. 重力场特征

从区域布格重力异常图，可以看出，区内构造线方向受鸭绿江大断裂和本溪-浑江断裂的影响，主要为北东向分布。

区内明显的重力低异常有3处，一是红土崖—石人镇重力低异常，北东向分布，异常形态为两端大、中间细，呈哑铃状，强度北端低于南端。该异常反映了中生代断陷盆地的重力场特征。二是东侧的青沟里重力低异常，异常范围较小，近东西向分布，该异常与草山岩体吻合，反映了酸性侵入岩体的重力场特征。值得注意的是，草山岩与老秃顶子岩体岩性相同都处于不同的重力场，老秃顶子岩体处于高级梯度带上，说明二者在物质成分上有差别。三是预测区东部的干沟子重力低异常，异常中心在区外闹枝镇附近，区内部分为异常边部梯度带上。异常反映了闹枝中生代断陷盆地。

预测区南部重力高异常，位于七道沟—临江一带北东向沿江分布。异常带反映了新元古代、中元古代地层的重力场特征。本区处于荒沟山多金属成矿带上，区内矿床（点）密集分布于重力高异常、重力高异常梯度带或次级重力高异常上。

刘家堡子-狼洞沟热液充填型银矿床位于由六道江—白山中生代火山、碎屑沉积盆引起的重力低异常与中元古界、新元古界及下古生界引起的重力高异常之间的梯度带上，梯度带与地质上已知的江家沟-七道江区域性大断裂的位置大致吻合。古生代灰岩地层与中酸性侵入体接触蚀变带磁异常和重力高异常、重力低异常之间梯度带可作为该热液充填型银矿床的地球物理找矿标志之一。

2. 重力推断地质构造

以本区布格重力异常图、剩余重力异常图及水平方向导数、垂直方向导数等图件为基础，以地质为先验，结合航磁等有关信息，开展重力推断地质构造。共划分出断裂构造10条，其中一级3条，二级3条，三级4条；出露6条，半隐伏4条。圈定出侵入岩体5个，其中半隐伏3个，隐伏2个；老地层11处；中、新生代盆地6个。

九、八台岭-孤甸子构造蚀变岩型银矿预测工作区

1. 重力场特征

在重力异常图上，区内重力高异常带与重力低异常带以北东方向展布为主，重力高异常带与重力低异常带相间分布。中部北东走向的重力低异常带西南段宽、东北段窄，向两端延出区外，与伊-舒中新生代沉积盆地分布范围基本吻合。重力低异常带中的4处异常中心反映了4个沉降中心。

盆地西北部有两条重力高异常带分布，西侧的比东侧的规模小。西侧的重力高异常带与下三叠统卢家屯组砾岩、砂岩、泥岩地层分布范围基本吻合；东侧的重力高异常带与新元古界鳌龙背岩组、机房沟

岩组,中二叠统哲斯组,上二叠统林西组,下三叠统卢家屯组等分布及基底隆起有关。

局部重力高异常、较强磁异常区内低磁异常带为该区构造蚀变岩型银矿床的地球物理找矿标志之一。

2. 重力推断地质构造

以本区布格重力异常图、剩余重力异常图及水平方向导数、垂直方向导数等图件为基础,以地质为先验,结合航磁等有关信息,开展重力推断地质构造。共划分出断裂构造13条,其中一级3条,二级3条,三级7条;出露11条,半隐伏2条。圈定出侵入岩体9个,其中出露6个,半隐伏1个,隐伏2个;老地层8处。

第十三节　硫矿产预测重力资料应用成果

吉林省硫矿有4种预测类型,共5个预测工作区。包括:放牛沟海相火山岩型硫矿预测工作区,预测类型为放牛沟式海相火山岩型;西台子湖相沉积型硫矿预测工作区,预测类型为西台子式湖相沉积型;倒木河-头道沟矽卡岩型硫矿预测工作区,预测类型为头道沟式矽卡岩型;热闹-青石沉积变质型硫矿预测工作区,预测类型为狼山式沉积变质型;上甸子-七道岔沉积变质型硫矿预测工作区,预测类型为狼山式沉积变质型。

其中放牛沟、热闹-青石、上甸子-七道岔3个硫矿预测工作区重力场特征、重力推断地质构造参见相应铅锌矿、银矿预测工作区。现将西台子、倒木河-头道沟2个硫矿预测工作区重力场特征、重力推断地质构造叙述如下。

一、西台子湖相沉积型硫矿预测工作区

1. 重力场特征

西台子硫铁矿赋存于桦甸沉积盆地内,属沉积型硫铁矿床。盆地的基底是上二叠统大河深组、下二叠统窝瓜地组,大体呈弧带状分布于盆地的北西边缘。岩性上部为片岩、千枚岩夹少量变质砂岩,中下部为安山玢岩、流纹斑岩及少量凝灰岩。

盆地盖层古近系渐新统桦甸油页岩组呈不整合覆盖于范家屯组之上。该地层下部为含硫铁矿亚组,中部为油页岩亚组,上部为砂页岩含碳质页岩亚组,下部亚组是硫铁矿床的容矿层位。岩性主要为砂砾岩、黏土岩、含硫铁矿煤岩等。

区内岩浆有海西期和燕山期花岗岩沿断裂构造侵入。

从区域上看,预测区处于北东向的重力低异常带上,异常不连续,局部异常呈东西向分布,反映了辉河深大断裂上的系列断陷盆地。重力低异常带在预测区一带宽度变大,并出现局部低异常,呈近东西向分布,具有西部窄、向东变宽的特点,最窄处在桦甸市附近,宽约3km,最宽处在安子岭屯一带以东,宽9km。局部重力低异常反映了桦甸盆地,并说明盆地厚度较大。西台子硫铁矿位于重力低异常边部梯度带转弯处,反映可能存在近南北向及东西向构造。区内另一处硫铁矿床处在重力低异常梯度带上。

在剩余重力异常图上,局部重力低异常呈东西向梯度带密集分布,重力低异常周围呈局部重力高异常,使桦甸盆地在重力场中的反映更清晰。

桦甸盆地边部的古近系渐新统桦甸油页岩组处于局部重力低异常区边部及负磁异常区边部梯度带

附近,是桦甸油页岩组中寻找沉积型硫铁矿床的有利地段。

2. 重力推断地质构造

以本区布格重力异常图、剩余重力异常图及水平方向导数、垂直方向导数等图件为基础,以地质为先验,结合航磁等有关信息,开展重力推断地质构造。共划分出断裂构造5条,其中一级2条,二级1条,三级2条;出露2条,半隐伏3条。圈定出侵入岩体2个,均为半隐伏;老地层4处;中、新生代盆地2个。

二、倒木河-头道沟矽卡岩型硫矿预测工作区

1. 重力场特征

预测区位于晚古生代吉林褶皱带与北东向的雁行排列的印支晚期—燕山早期驿马-吉林火山-岩浆构造带的叠合部位。区内西部主要出露下侏罗统南楼山组火山岩及碎屑岩和上三叠统四合屯组火山岩及碎屑岩,中侏罗世花岗闪长岩、二长花岗岩及石英闪长岩。区内中部及东部出露寒武系头道岩组变质岩和二叠系范家屯组、寿山沟组碎屑岩。

在区域布格重力异常图上,预测区南部处于山河镇—烟筒山重力高异常的东侧,边部梯度带走向为北西向,北部为双阳—吉林北东向重力高异常带。两处重力高异常反映了古生代基底隆起。预测区处于重力高异常向重力低异常的过渡地带。区内重力场主要反映了大面积分布的中生代火山岩及中酸性侵入岩体的重力场特征。在区域剩余重力异常图上,双河镇—头道沟一带有两个局部重力高异常,即双河镇和头道沟,反映了早古生代和晚古生代地层的重力场特征。头道沟和芹菜沟超基性岩体与重力高异常吻合,撮落屯附近的重力低异常反映了赋存大黑山式钼矿的花岗岩体。

头道沟矽卡岩型硫铁矿床位于头道岩组的重力高异常与侏罗纪中酸性侵入岩体的重力低异常之间过渡部位。

超基性岩体可引起强正磁异常,硫铁矿体仅能引起中等强度的磁异常。负磁异常为头道岩组与超基性岩体斜磁化或剩磁方向反转综合影响所致。

中等强度的磁异常和重力高、重力低异常之间过渡部位是矽卡岩型硫铁矿床成矿的有利地段。

2. 重力推断地质构造

以本区布格重力异常图、剩余重力异常图及水平方向导数、垂直方向导数等图件为基础,以地质为先验,结合航磁等有关信息,开展重力推断地质构造。共划分出断裂构造3条,均为二级;半隐伏3条。圈定出侵入岩体7个,其中出露4个,半隐伏2个,隐伏1个;老地层5处。

第十四节　萤石矿产预测重力资料应用成果

吉林省萤石矿有2种预测类型,共3个预测工作区,包括:一拉溪热液充填交代型萤石矿预测工作区,预测类型为金家屯式热液充填交代型;其塔木火山热液型萤石矿预测工作区,预测类型为牛头山式火山热液型;明城热液充填交代型萤石矿预测工作区,预测类型为南梨树式热液充填交代型。

一、一拉溪热液充填交代型萤石矿预测工作区

1. 重力场特征

区内西北部分布有重力低异常区,为伊-舒中新生代沉积盆地的场态特征。中部有一北东走向的重力高异常带斜穿本区,为区内最高重力异常。东部为重力高异常与重力低异常交替分布区。

中部有一北东走向的重力高异常带,地表出露有面积较大的古生代地层,有志留系—下泥盆统西别河组含砾粗砂岩、粉砂岩夹灰岩透镜体、细砂岩、粉砂岩、页岩夹泥灰岩、灰岩,下石炭纪通气沟组,中二叠统大河深组、范家屯组砂岩、砂砾岩,上二叠统杨家沟组粉砂质板岩、泥质板岩夹细砂岩。重力高异常带与西别河组、范家屯组、杨家沟组(相当于一拉溪组)等地层分布范围存在对应,因此,推断异常主要为晚古生代地层及早古生代基底隆起综合引起。

东部与重力低异常相伴的重力高异常,地表出露有几处泥盆系西别河组、上二叠统杨家沟及较大面积的下侏罗统南楼山组火山岩。推断重力高异常为半隐伏的晚古生代地层引起。重力低异常区主要为中侏罗世二长花岗岩引起,仅在南部商登沟及东部铜匠屯附近与下侏罗统南楼山组火山岩关系密切,推断两地为中生代火山喷发中心。

金家屯热液充填交代型萤石矿床位于中部一北东走向的重力高异常带的间断处,靠近北部西别河组、杨家沟组(相当于矿区上二叠统一拉溪组)引起的局部重力高异常的边部,该处有东西向梯度带通过,南侧为侏罗纪花岗闪长岩引起的重力低异常。重力找矿标志为:中酸性岩体重力低异常与杨家沟组重力高异常过渡带附近的地层一侧,东西走向梯度带反映了断裂构造的位置,是成矿的有利部位。

2. 重力推断地质构造

以本区布格重力异常图、剩余重力异常图及水平方向导数、垂直方向导数等图件为基础,以地质为先验,结合航磁等有关信息,开展重力推断地质构造。共划分出断裂构造 4 条,其中一级 1 条,三级 3 条;出露 1 条,半隐伏 3 条。圈定出侵入岩体 6 个,其中出露 4 个,半隐伏 2 个;老地层 4 处;中、新生代盆地 1 个。

二、其塔木火山热液型萤石矿预测工作区

1. 重力场特征

区内西北部分布有一处片状重力高异常、重力低异常镶嵌分布,异常规模较大。

北部两处重力高异常区为区内最高异常,地表出露有新元古界机房沟岩组绢云石英片岩、绢云片岩,哲斯组砂岩,下白垩统营城组火山岩,第四纪沉积。除哲斯组规模较小外,其余地层分布面积均较大。推断重力高异常为出露及隐伏的新元古界机房沟岩组和哲斯组引起。

南部重力高异常比北部的明显降低,南部地表出露有大面积下三叠统芦家屯组砂岩、泥岩地层,推断异常为下三叠统芦家屯组及古生代基底隆起综合引起。

区内西部边界有一处向西未封闭重力高异常,强度比南部大,与北部的接近,推断为隐伏的新元古界机房沟岩组引起。

区内重力低异常为下白垩统营城组火山岩、第四纪沉积地层,即中新生代火山沉积、正常沉积盆地引起。

牛头山火山热液型萤石矿床处于中新生代火山及正常沉积盆地的下白垩统营城组中酸性火山岩、碎屑岩地层中，即处于中、新生代火山及正常沉积盆地引起的重力低异常区中。营城组火山岩的中等强度磁异常区内低缓弱异常带反映了控矿构造。这种重、磁场特征可作为本区火山热液型萤石矿的地质地球物理找矿标志。

2. 重力推断地质构造

以本区布格重力异常图、剩余重力异常图及水平方向导数、垂直方向导数等图件为基础，以地质为先验，结合航磁等有关信息，开展重力推断地质构造。共划分出断裂构造 4 条，其中二级 1 条，三级 3 条；均为半隐伏。圈定出侵入岩体 3 个，其中出露 1 个，隐伏 2 个；老地层 4 处；中、新生代盆地 3 个。

三、明城热液充填交代型萤石矿预测工作区

1. 重力场特征

区内西北部分布有一处片状重力高异常，北东部分布有一北北西走向的带状异常，其北西段宽，向南东方向逐渐变窄，并有一向南西方向的分支。地表主要出露晚古生代地层：下石炭统鹿圈屯组、磨盘山组，上石炭统—下二叠统石嘴子组，中二叠统寿山沟组。因此，重力高异常区（带）主要与出露、半隐伏的晚古生代地层及早古生代基底隆起有关。

西南部、南部两处较大面积重力低异常与广泛分布的燕山期中侏罗世花岗闪长岩、二长花岗岩、正长花岗岩有关。

本区东部的南北走向狭窄重力低异常为中、新生代沉积盆地的反映。

区内燕山期酸性侵入体侵入下石炭统鹿圈屯组和下侏罗统南楼山组中，岩体与成矿作用关系密切，为南梨树中型萤石矿床形成的直接母岩。酸性侵入体表现为重力低异常，热液蚀变、矿化蚀变使岩石磁性降低。因此，本区南梨树萤石矿床地球物理找矿标志为重力低异常、磁力低异常。

2. 重力推断地质构造

以本区布格重力异常图、剩余重力异常图及水平方向导数、垂直方向导数等图件为基础，以地质为先验，结合航磁等有关信息，开展重力推断地质构造。共划分出断裂构造 7 条，其中二级 3 条，三级 4 条；半隐伏 7 条。圈定出侵入岩体 6 个，均为出露岩体；老地层 4 处；中、新生代盆地 1 个。

第十五节 硼矿产预测重力资料应用成果

吉林省硼矿只有高台沟式沉积变质型一种预测类型，1 个预测工作区，即高台沟沉积变质型硼矿预测工作区。

1. 重力场特征

在布格重力异常图上，高台沟等 10 余处硼矿床集中产于江甸子—财源重力高异常与热闹—阳岔重力低异常向南所夹持区域，也是重力高异常向东部重力低异常的过渡部位，该部位也是本区蚂蚁河岩组分布规模最大、最集中区域。

在剩余重力异常图上，由南向北重力高异常与重力低异常大体上呈相间分布。重力高异常带在南

部呈北西西展布,与大面积分布的蚂蚁河岩组、大东岔岩组及规模较小的荒岔沟岩组分布有关;在中部为近东西向展布,与大面积分布的荒岔沟岩组、大东岔岩组及规模较小的蚂蚁河岩组分布有关;在北部呈近东西向断续分布,与新太古代变质岩及古太古代基性—超基性岩体分布有关。重力低异常带与中酸性侵入体关系密切。

古元古界蚂蚁河岩组、重力高异常、高磁异常及异常梯度带等结合是寻找硼矿的有利标志,特别是附近有多期次、规模较大的岩浆活动及断裂构造活动,有利于矿产的运移、富集。

2. 重力推断地质构造

以本区布格重力异常图、剩余重力异常图及水平方向导数、垂直方向导数等图件为基础,以地质为先验,结合航磁等有关信息,开展重力推断地质构造。共划分出断裂构造7条:二级4条,三级3条;出露2条,半隐伏5条。圈定出侵入岩体11个,其中出露2个,半隐伏4个,隐伏5个;老地层7处;中、新生代盆地1个。

第八章　结论与建议

第一节　结　论

一、重力基础图件编制

本次吉林省矿产资源潜力评价重力资料应用中，根据全国项目办下发的吉林省 1∶20 万和 1∶100 万重力数据，编制了 1∶50 万吉林省布格重力异常图、剩余重力异常图，铁、铜、铅、锌、钨、金、锑、稀土、磷、镍、铬、钼、银、硼、硫、萤石 16 个矿种 114 个预测工作区 1∶5 万布格重力异常图、剩余重力异常图。同时还编制了其他位场转换图件，如不同高度的向上延拓、垂向一阶导数、二阶导数等图件。图件编制方法正确，布局合理，重力异常特征明显，规律性强，编图质量高，为吉林省及上述矿种预测工作区重力资料的应用研究，基础地质研究及预测工作区找矿潜力评价提供了重要的基础地球物理资料。

二、全省和预测区推断地质构造图编制

在完成的 1∶50 万、1∶5 万吉林省重力基础图件基础上，结合全省 1∶50 万、1∶25 万、1∶5 万地质研究及其他物化探成果进行综合推断解释，完成了 1∶50 万吉林省重力推断地质构造图及 16 个矿种 114 个预测工作区 1∶5 万重力推断地质构造图。

1. 吉林省 1∶50 万重力推断地质构造成果

(1) 依据重力场分区特征，对全省地质构造单元进行了划分，划分出 I 级构造单元 2 个，II 级构造单元 6 个，III 级构造单元 7 个，IV 级构造单元 38 个。

(2) 以重力负异常为标志，结合地质、航磁有关信息，对全省中、新生代构造盆地进行了划分，划分出中生代盆地 77 个，新生代盆地 20 个，总计 97 个。

(3) 对全省断裂构造进行了划分，划分出 I 级断裂 8 条，II 级断裂 50 条，III 级断裂 79 条，总计 137 条，为建立全省断裂构造体系提供了重力信息。

(4) 圈定、划分酸性侵入岩体 261 个，其中隐伏岩体 40 个，半隐伏岩体 100 个，出露岩体 121 个。按其产出规律，共划分出构造岩浆带 26 条，为深入找矿指明了方向。圈出中性侵入岩体 5 个，其中半隐伏岩体 4 个，出露岩体 1 个。

(5) 划分出基性—超基性岩区 34 处。

(6)圈定出老地层302处,其中隐伏地层53处,半隐伏地层231处,出露地层86处。

2. 推断地质构造图编制

完成铁、铜、铅、锌、钨、金、锑、镍、铬、钼、银、硼、硫、萤石矿种114个预测工作区重力推断地质构造图编制,其中半隐伏和隐伏地质构造的圈定具有重要地质找矿意义。

三、成果方面

(1)系统地收集了省域内的区域岩(矿)石密度参数,并按岩石类型、时代进行了全面系统地整理统计,为重力异常解释推断、深入开展基础地质构造研究和矿产资源潜力评价建立了坚实的基础。

(2)以重力异常为依据全面系统地从全省构造单元划分,断裂构造推断,岩浆岩地层及中、新火山沉积盆地圈定等方面进行了研究。

(3)在成矿规律研究方面,从成矿控制因素和控矿条件分析入手,划分了吉林省16个矿种的矿床成因类型,遴选各类矿种典型矿床共计64个,建立了地质-地球物理综合找矿模型,为资源潜力评价重力异常解释和建立各预测类型的预测准则奠定了基础。

(4)较详细地研究了吉林省内含矿地层成矿岩体、控矿构造与重力异常的关系,建立了各成矿要素的地球物理模型,为划分成矿远景区(带)提供了依据。

(5)以含矿建造和矿床成因系列理论为指导,以综合信息为依据,总结了Ⅲ级成矿区(带)重力异常特征及找矿标志,为全省矿产资源潜力远景评价提供了不可缺少的地球物理依据。

第二节 建 议

岩(矿)石物性参数(密度参数、磁参数)是重磁资料解释的重要基础资料,直接影响到重、磁异常的推断解释质量。本次吉林省16个矿种资源潜力评价重力资料应用研究过程中,物性资料比较齐全,在有的地区重力异常解释就比较准确、可靠。而在个别1∶20万区域重力调查工作区,没有开展物性标本采集,因此没有物性参数资料可用,只好借鉴邻区同一地质单元、同一时代的岩石物性参数测定统计结果。建议对没有物性资料的1∶20万区域重力调查工作区及全省重要成矿区(带)重点开展物性标本采集测定工作,为今后全省大比例尺重、磁推断解释提供基础物性资料。

主要参考文献

戴洪建,王信,2000.通化二密铜矿地球物理特征及综合找矿标志[J].吉林地质,19(3):45-54.
邓树令,杨献德,黄勤,等,1987.大黑山斑岩型钼矿床地球物理场特征[J].吉林地质(2):20-33.
范正国,黄旭钊,熊盛青,等,2009.磁测资料应用技术要求[M].北京:地质出版社.
方文昌,1992.吉林省花岗岩类及成矿作用[M].长春:吉林技术出版社.
冯守忠,1999.香炉碗子金矿床成矿物质来源及矿床成因探讨[J].桂林理工大学学报(2):214-223.
傅德彬,陈尔臻,1988.吉林省硫化铜镍矿床成矿规律[J].吉林地质(2):124-144.
关键,1997.大功率激电在二密铜矿应用效果[J].吉林地质,16(2):65-70.
胡惠民,1995.大比例尺成矿预测方法[M].北京:地质出版社.
吉林省地质矿产局,1988.吉林省区域地质志[M].北京:地质出版社.
贾大成,孙鹏惠,徐志勇,等,1998.吉林省永吉县倒木河金矿控矿构造特征[J].吉林地质,17(2):42-48.
李长顺,于文卿,1996.香炉碗子金矿床稳定同位素研究及矿床成因探讨[J].黄金地质,2(2):50-55.
穆石敏,刘万崧,王锡奎,等,1993.东北南部地区地球物理特征与地壳结构研究[R].长春地质学院.
王思远,徐公愉,1988.吉林省地槽区的成矿作用[J].吉林地质(2):92-101,91.
王维武,1988.物探工作的进展及效果[J].吉林地质(2):75-84.
杨贵林,刘志和,1992.山门银矿床物化探勘查效果及标志[J].吉林地质(1):81-87.
曾华霖,2005.重力场与重力勘探[M].北京:地质出版社.
张明华,乔记花,刘宽厚,等,2010.重力资料解释应用技术要求[M].北京:地质出版社.
张文博,1998.吉林省大黑山条垒北东段金、银成矿系列的划分[J].黄金,19(1):13-17.
张文军,李想,张雪峰,等,2010.吉林省长春兰家金矿地质特征[J].吉林地质(1):41-45.
朱春生,孙兆祥,张扬,等,2005.物探综合方法在吉林省六批叶金矿区找矿中的作用[J].吉林地质,24(2):72-77.

内部参考资料

毕振纲,等.吉林通化四方山铁矿最终储量勘探报告[R].吉林省地质局通化地质大队,1959.

长白山南部地区航空物探结果报告(1∶10万和1∶20万)[R].地质部地球物理探矿局,航磁大队九〇六队,1958.

戴洪建,等.吉林省通化二密铜矿外围综合物探普查成果报告[R].吉林省地质局通化大队,2000.

丁志刚,侯启满.吉林省双阳县兰家金矿床勘探报告[R].吉林地质局第一地质调查所,1993.

范正国,等.磁测资料应用技术要求[R].全国矿产资源潜力评价项目磁法组,2009.

冯连有,李东阳,等.吉林省临江县青沟子锑矿详查报告[R].吉林省地质矿产局第四地质调查所,1993.

傅万城,林平波.矿床发现最佳途径—红旗岭大型镍矿床—有效的地质物化探结合找矿(张秋生主编)[R].吉林省地质学会,1986.

傅万城.物探方法在夹皮沟金矿找矿评价中的应用[R].吉林省有色地质勘探公司,1988.

贡文光,等.综合研究成矿信息在覆盖层下发现富铁矿床[R].吉林省有色金属地质勘探六〇二队,1986.

关显祖,等.吉林省桦甸县老牛沟铁矿区总结勘探报告[R].吉林省地质矿产局第二地质调查所,1983.

侯启满,等.吉林省集安县金厂沟矿区西岔金矿床详细普查地质报告[R].吉林省地质矿产局第四地质调查所,1984.

侯启满,等.吉林省双阳县兰家金矿床勘探报告(1992—1993年)[R].吉林省地质矿产局第一地质调查所,1993.

吉林、黑龙江张广才岭南部地区航空物探(磁及放射性)工作结果报告(1∶20万和1∶10万)[R].地质部地球物理探矿局航测大队九〇六队,1959.

吉林珲春地区航空物探(磁)勘查成果报告(1∶5万)[R].地质矿产部航空物探遥感中心物探部,1994.

吉林集安—辽宁桓仁地区航空物探(磁)勘查成果报告(1∶5万)[R].地质矿产部航空物探遥感中心九〇八队,1990.

吉林省白城地区航空物探(磁测、放射性)工作成果报告(1∶20万和1∶5万)[R].地质部航空物探大队九〇三队,1962.

吉林省白城西部地区航磁力和放射性测量成果报告(1∶5万)[R].国家计委地质局航空物探大队九〇五队,1975.

吉林省东南部地区航空磁测结果报告(1∶5万和1∶10万)[R].国家地质总局航物探大队九〇一队,1977.

吉林省珲春县小西南岔金铜矿床地质特征及成矿规律[R].吉林省地质矿产局黄金地质调查所,1983.

吉林省浑江市板石沟铁矿地质勘探最终报告[R].吉林省地质局通化地质大队,板石沟地质队,1963.

吉林省及西部邻区航磁异常查证总结[R].吉林省地质局物探大队,1979.

吉林省吉林地区航磁异常汇编[R].吉林省地质局第二地质调查所,1983.

吉林省区域矿产总结报告:有色金属矿产[R].吉林省区域地质矿产调查所,1987.

吉林省深部构造研究报告[R].吉林省地质矿产局物探大队,1984.

吉林省四平-长春地区航空物探(电/磁)综合测量成果报告(1∶5万)[R].地矿部物化探研究所,1989.

吉林省四平地区东南部航磁异常查证工作总结报告[R].吉林省地质局四平地区综合地质大队,1978.

吉林省铁矿种预测资源量估算复核报告[R].吉林省地质调查院,2010.

吉林省铁矿资源潜力评价磁测资料应用研究报告[R].吉林省地质调查院,2010.

吉林省铁矿资源总量预测报告[R].吉林省地质矿产局,1985.

吉林省通化地区1∶50 000航磁异常检查总结报告[R].吉林省地质局第四地质大队七分队,1980.

吉林省通化西部地区航空磁测成果报告(1∶5万)[R].国家地质总局航物探大队九〇五队,1975.

吉林省通化西部地区航空磁测成果报告[R].国家地质总局航空物探大队九〇五队,1976.

吉林省通化县赤柏松硫化铜镍矿床研究报告[R].吉林省地质局第四地质调查所,1982.

吉林省鸭绿江沿岸地区航磁磁测成果报告(1∶5万和1∶10万)[R].地质矿产部航空物探总队调查部九〇八队,1987.

吉林省延边地区航磁检查及铁矿普查报告[R].吉林省地质局第六地质大队,1978.

吉林省延边地区航磁异常检查及铁矿普查报告[R].吉林省地质局第六地质大队,1978.

吉林省永吉—磐石地区航空物探综合普查成果报告(1∶5万)[R].黑龙江省地质物探队航空综合测站分队,1982.

吉林延边北部地区航空磁力测量成果报告(1∶5万)[R].国家地质总局航空物探大队九〇一队,1979

吉中地区航空物探结果报告(1∶5万)[R].国家计委地质局航空物探大队九〇五队,1972.

吉中地区航空物探结果报告[R].国家计委地质局航空物探大队九〇五队,1973.

金丕兴,等.吉林省东部山区贵金属及有色金属矿产成矿预测报告[R].吉林省地质矿产局,1992.

金丕兴,等.吉林省东部山区贵金属矿产成矿预测报告[R].吉林省地质矿产局,1992.

金丕兴,等.中比例尺成矿预测方法及技术要求[R].吉林省地质矿产局,1990.

开鲁地区构造航磁普查成果报告(1∶20万)[R].地质矿产部航空物探总队地质成果部九〇九队,1984.

李昌吉,等.吉林省长春、四平、辽源、梅河口幅1∶20万区域重力解释报告[R].吉林省地质矿产局物探大队,1991.

李昌吉,等.吉林省区域重力调查成果报告(1∶1 000 000)[R].吉林省地质矿产局物探大队,1987.

李昌吉,等.吉林省通化市、浑江市、桓仁县、集安市幅1∶20万区域重力解释报告[R].吉林省地质矿产局物探大队,1991.

李家厚,等.吉林省镍矿资源总量预测及其方法研究[R].吉林省地质矿产局,1983.

李世杰.吉林省小西南岔铜金矿物化探工作总结报告[R].吉林省地质局物探大队,1969.

李文贵,洪京柱,等.吉林省通化县南岔金矿Ⅰ矿段详查地质报告[R].吉林省地质矿产局第四地质调查所,1990.

辽盆地南部长春—榆树地区航空物探(磁)勘查成果报告(1∶5万和1∶10万)[R].地质矿产部航空物探遥感中心,1991.

刘孟奇,等.吉林省梅河口市香炉碗子金矿床西山矿段普查报告[R].吉林省地质调查院,1990.

孟祥聪,等.华北北缘航磁解释成果报告(1∶1 000 000)[R].地矿部航空物探遥感中心,1992.

牟森,曹明厚.吉林省通化县赤柏松铜镍矿区外围物化探工作成果报告[R].吉林省地质局通化大队,1974.

牡丹江南部航空物探报告(1∶5万)[R].黑龙江省地矿局物探大队航测队,1974.

内蒙古东部莲花山地区航空硬架综合站(电磁)试生产结果报告(1∶2.5万)[R].地质部航空物探地质总队,1980.

朴成旭.朝鲜地质[R].吉林省地质科学研究所,1976.

松辽盆地高精度构造航磁成果报告(1∶20万)[R].地质矿产部航空物探总队成果部,1982.

松辽平原及周围山区航空磁测总结报告(1∶100万)[R].地质部地球物理探矿局九〇四队——中苏合作航磁队,1957.

松权衡,等.吉林省铬矿资源潜力评价成果报告[R].吉林省地质调查院,2012.

松权衡,等.吉林省金矿资源潜力评价成果报告[R].吉林省地质调查院,2011.

松权衡,等.吉林省磷矿资源潜力评价成果报告[R].吉林省地质调查院,2011.

松权衡,等.吉林省硫矿资源潜力评价成果报告[R].吉林省地质调查院,2012.

松权衡,等.吉林省钼矿资源潜力评价成果报告[R].吉林省地质调查院,2012.

松权衡,等.吉林省镍矿资源潜力评价成果报告[R].吉林省地质调查院,2012.

松权衡,等.吉林省硼矿资源潜力评价成果报告[R].吉林省地质调查院,2012.

松权衡,等.吉林省铅锌矿资源潜力评价成果报告[R].吉林省地质调查院,2011.

松权衡,等.吉林省锑矿资源潜力评价成果报告[R].吉林省地质调查院,2011.

松权衡,等.吉林省铁矿资源潜力评价成果报告[R].吉林省地质调查院,2010.

松权衡,等.吉林省铜矿典型矿床成矿规律研究报告[R].吉林省地质调查院,2010.

松权衡,等.吉林省铜矿资源潜力评价成果报告[R].吉林省地质调查院,2011.

松权衡,等.吉林省钨矿资源潜力评价成果报告[R].吉林省地质调查院,2011.

松权衡,等.吉林省稀土矿资源潜力评价成果报告[R].吉林省地质调查院,2011.

松权衡,等.吉林省萤石矿资源潜力评价成果报告[R].吉林省地质调查院,2012.

松权衡,等.吉林银矿资源潜力评价成果报告[R].吉林省地质调查院,2012.

松权衡.吉林省梅河口市香炉碗子金矿典型矿床研究[R].吉林省地质调查院,2010.

王宏光,等.吉林省区域矿产总结报告(送审稿)[R].吉林省地质矿产局区域地质矿产调查所,1987.

延边及其以北地区航空物探结果报告(1∶10万和1∶20万)[R].地质部航测大队九〇六队,1960.

伊通县放牛沟多金属硫铁矿床总结报告[R].吉林省地质局第三地质大队,省化工局化工矿山地质队,1979.

于文卿,等.吉林省梅河口市水道乡香炉碗子金矿八九年度详细普查地质报告[R].核工业东北地勘局二四四大队一分队,1989.

张克奇,等.吉林省和龙县官地铁矿区初步勘探地质报告[R].吉林省冶金地质勘探公司六〇五队,1972.

张明华,乔记花,等.重力资料解释应用技术要求[R].中国地质调查局发展研究中心,2009.

张秋生.矿床发现的最佳途径[R].吉林省地质学会,1986.

张希友,等.吉林省敦化市塔东铁矿勘探报告[R].吉林省地质矿产勘查开发研究院,2007.

张仲学,万毅,等.吉林省通化县南岔—浑江市大横路一带1∶5万区域物化探调查报告[R].吉林省地质矿产局物探大队,1989.

郑贵春,等.吉林省长春市二道区兰家金矿床资源储量核实报告[R].长春恒利黄金矿业有限责任公司,2008.

朱裕生.成矿预测方法[R].中国地质科学院成矿远景区划一室,1992.

邹敏熙,等.吉林省浑江市乱泥塘铁矿储量报告[R].吉林省地质局通化地区综合地质大队,1971.

邹敏熙,宋克,等.吉林省通化县赤柏松硫化铜镍矿床Ⅰ号矿体地质勘探报告[R].吉林省地质局通化大队,1976.